中国海洋法年刊

CHINESE YEARBOOK
OF THE LAW OF THE SEA

—— **2016** ——

中国海洋法学会 主办

高之国　贾 宇　主编

中国民主法制出版社

2018年·北京

图书在版编目（CIP）数据

中国海洋法年刊. 2016 / 高之国，贾宇主编. --北京：中国民主法制出版社，2018.5

ISBN 978-7-5162-1659-0

Ⅰ.①中… Ⅱ.①高… ②贾… Ⅲ.①海洋法—中国—文集 Ⅳ.①D993.5-53

中国版本图书馆 CIP 数据核字（2017）第 243208 号

图书出品人：刘海涛
出 版 统 筹：乔先彪
责 任 编 辑：程王刚
封 面 设 计：黄慧君

书名/ 中国海洋法年刊 2016
作者/ 高之国　贾　宇　主编

出版·发行/ 中国民主法制出版社
地址/ 北京市丰台区玉林里 7 号（100069）
电话/（010）63292534　63057714（发行部）　　63055259（总编室）
传真/（010）63056975　63292520
http：//www.npcpub.com
E-mail：flxs2011@163.com
经销/ 新华书店
开本/ 16 开　787 毫米×1092 毫米
印张/ 30　字数/ 670 千字
版本/ 2018 年 5 月第 1 版　2018 年 5 月第 1 次印刷
印刷/ 三河市航远印刷有限公司

书号/ ISBN 978-7-5162-1659-0
定价/ 88.00 元

序 言

国际海洋法在中国的历史不算久远，但对当今我国海洋事业的发展乃至民族复兴大业的影响和重要性日渐突出。改革开放以来，国内始终有一批领导、专家学者和社会人士关心着中国的海洋权益和海洋发展，致力于海洋法在中国的研究和实践。1981 年成立的中国海洋国际问题研究会是中国海洋法学会的前身。1994 年经国家主管部门批准，中国海洋国际问题研究会正式更名为中国海洋法学会，并注册登记成为国家的一级学会。

中国海洋法学会自创立以来，团结全国海洋法学界和社会的研究力量，为推动我国的海洋法理论研究和实践进行了有益的探索和努力，在维护国家海洋权益、促进海洋立法和管理、开展国际学术交流等方面，发挥了积极的作用。

中国海洋法学会坚持举办学术年会和形式多样的形势报告与研讨会，广泛开展国际交流与合作，研究和讨论的议题涉及海洋法理论和实践的诸多方面。广大会员发表了很多真知灼见和有价值的论著。2004 年以来，学会坚持每年将海洋法学术年会和学术报告会上提交和发表的优秀论文集结成册，已连续出版了十余本海洋法论文集。这些成果对于进一步推动和促进海洋法在我国的研究和实践具有积极的意义，为中国的海洋事业发展和海洋法制建设做出了重要的贡献。

2012 年党的十八大提出了"建设海洋强国"的战略决策。为了更好地服务于国家建设"一带一路"的倡议，推动我国海洋法学的研究与实践，客观反映和呈现新的历史时期海洋法在我国的繁荣和发展，我们决定自 2016 年起将中国海洋法学会年度学术论文集改版为《中国海洋法年刊》。

《中国海洋法年刊》旨在选收中国海洋法学会年会和其他学术报告会上发表和提交的部分优秀论文，其目的是将海洋法学者在海洋法领域内辛勤耕耘的结果付梓面世，以推动和促进国内海洋法理论研究和实践的发展，争取在国际上发出中国海洋法学者的声音。

为了保持论文原貌，编者仅对文字做了少量必要的更动，原则上不触及原文的风格和内容。文中所述仅属作者个人观点，不代表中国海洋法学会、编者和任何其他有关方面的意见。

由于编者水平所限，疏漏之处在所难免，敬请读者批评指正。

编 者

目　录
CONTENTS

辑

一————海洋法的新发展

公海渔业法律制度的发展及其在北极渔业的适用性

■ 沈卉卉*　　黄硕琳**

【内容摘要】《联合国海洋法公约》及一系列国际协议和条约都在致力于公海的渔业管理。文章介绍了公海和公海渔业的基本概念，对公海渔业法律制度的发展和实践进行了阐述，其中着重介绍了现有法律制度的特点和发展趋势。在文章讨论部分，作者分析了北极渔业的发展现状，并就北极渔业管理制度提出以下看法：（1）公海的渔业管理框架应用于北极公海。在北极水域不存在法律真空区域。所有国家都需要严格遵守北极公海区域的生物资源养护条款和措施。（2）在国际渔业的法律框架内，区域性渔业管理组织将在公海渔业管理上承担更大的责任和义务。现有的区域性渔业管理组织的管辖内容无法覆盖整个北极公海区域，因此需要建立一个新的涵盖整个北极海域的区域渔业管理组织，以便更好地确保北极渔业资源的可持续利用，保护北极生态系统。（3）减少和制止非法捕捞是北极的区域性渔业组织的主要工作。（4）全球气候变暖对北极的渔业资源和生态系统有不可预测的影响，因此需要在渔业资源的养护、管理的开发利用上采取预防性管理措施。

【关键词】北极　渔业　公海　法律制度

一、前言

进入 20 世纪，国际社会开始认识到海洋生物资源的有限性，长期的过度捕捞将导致海洋生物资源的枯竭。为养护与管理海洋生物资源，国际社会通过谈判签署了一系列国际公约。如 1946 年的《国际捕鲸管制公约》、1958 年的《公海公约》《捕鱼及养护公海生物资源公约》等。这些国际公约对公海生物资源的养护作出了一些规定，明确公海捕鱼自由原则应受国际法方面的制约[1]。

1982 年的《联合国海洋法公约》（以下简称《公约》）没有直接给公海下定义，但其关于"公海"部分的规定是："不包括在国家的专属经济区、领海或内水或群岛国的群岛水域内的全部海域"。也就是说，根据 1982 年的《公约》，公海不仅不包括传统的领海和内水，也不包括专属经济区和群岛水域。"公海"是指专属经济区外部界限以外的全部海域。

随着公海概念的变化，公海捕鱼自由的概念也发生了根本性的变化。1982 年《公约》规定了公海捕鱼自由的制约条件，即捕鱼自由受国家的条约义务、采取养护公海生物资源措施的义务与《公约》关于特殊鱼种的条款中规定的沿海国的权利、义务和利益的制约。1995 年 8 月 4 日，联合国关于跨界鱼类和高度洄游鱼类种群大会通过了《执行1982 年 12 月 10 日〈联合国海洋法公约〉有关养护和管理跨界鱼类种群和高度洄游鱼类

---

　*　女，上海海洋大学海洋政策与法律研究所讲师，主要研究方向为海洋管理与渔业政策、渔业法规。
　**　上海海洋大学海洋政策与法律研究所教授、博士生导师，主要研究方向为海洋法、渔业政策、渔业法规与管理等。
〔1〕　郭文路、黄项琳、曹世娟：《国际渔业法律制度的发展及其对世界海洋渔业的影响分析》，《海洋开发与管理》2002 年第 2 期。

种群的规定的协定》（以下简称《执行协定》），对公海捕鱼做了更为严格的规定。

二、公海渔业制度的基本内容

1. 《公约》的有关规定

《公约》在公海捕鱼和渔业资源养护方面规定的基本原则与 1958 年的《公海公约》和《捕鱼与养护公海生物资源公约》是一致的。但特别强调了从事公海捕鱼的国家应当承担的义务。1982 年《公约》关于公海渔业的规定主要有：

所有国家的国民，无论沿海国还是内陆国，都享有在公海上捕鱼的权利，但是在公海上的捕鱼活动受到有关国际公约、协定、决议、规则以及分区域的、区域的多边协定的制约。

从事公海捕鱼的任何国家，都负有采取适当措施养护公海生物资源的义务。这种义务分为从事公海捕鱼所必须承担的基本义务和在公海捕捞特殊鱼种涉及与沿海国有关的义务。基本义务包括：根据科学的证据采取适当的养护措施；与有关国家合作开展渔业资源养护与管理，提供科学情报、渔获量资料和渔捞统计等；各国在确定公海生物资源的可捕量及制定有关养护措施时，应考虑到有关环境、经济、社会等方面的因素，并考虑到与所捕捞鱼种有关联或依赖该鱼种而生存的鱼种所受的影响。

对于公海渔业，《公约》重申了公海捕鱼自由的原则，并确立了公海渔船的船旗国管辖原则。一般情况下，公海渔船的管辖权归船旗国。船旗国对公海渔船的管辖权包括行政、技术和社会事项的有效管辖与控制。

2. 《促进公海渔船遵守国际养护和管理措施的协定》

1993 年，联合国粮农组织通过了《促进公海渔船遵守国际养护和管理措施的协定》。该协定共 16 条（不包括序言），旨在加强公海渔船船旗国的责任，建立国家级公海渔船档案，规范所有公海渔船的活动。其主要内容为要求缔约各国：采取必要的措施，以确保有权悬挂其国旗的渔船不从事任何损害国际养护和管理措施效力的活动；实行公海捕捞授权制度，未经授权的渔船不得用于公海捕捞，经授权在公海上进行捕捞的渔船应按授权规定的条件进行捕捞；确保所有有权悬挂其旗帜的渔船均有适当标志，以便按照公认的标准，如粮农组织的《渔船标志和识别标准》随时加以识别；确保有权悬挂其旗帜的渔船向其提供有关作业情况的必要资料，其中特别要提供有关其捕捞作业区域、渔获量和上岸量的情况；应对违反协定条款的本国渔船采取强制措施，对违法行为的制裁必须严厉得足以有效地确保本协定得到遵守，包括没收违法者的非法得益、拒绝授予、中止或撤销公海捕捞权；应建立公海捕捞渔船的档案，并采取措施，确保此类渔船全部登记入档；应酌情合作实施本协定，尤其应交流同渔船有关的资料，包括证据材料，以协助船旗国查明据报告悬挂其船旗而从事损害国际保护和管理措施活动的那些渔船。

该协定还规定：必要时各缔约方应酌情在全球、区域、分区或双边基础上缔结合作协定或作出互助安排；凡有适当根据认为无权悬挂其旗帜的某一艘渔船从事了损害国际保护和管理措施效力的任何活动，均应提请有关船旗国予以注意，并可酌情提请粮农组织予以注意。该缔约方应向船旗国提供全部证据，并可向粮农组织提供此类证据的概要。各缔约方应以符合本协定和国际法的方式合作，以使有权悬挂非缔约方旗帜的渔船不从事损害国际保护和管理措施的效力的活动；应直接或通过粮农组织，相互交流有关悬挂非缔约方旗帜的渔船损害国际保护和管理措施效力的活动情况。

3. 《执行协定》

1995 年 8 月联合国大会通过了《执行 1982 年 12 月 10 日〈联合国海洋法公约〉有关养护和管理跨界鱼类种群和高度洄游鱼类种群的规定的协定》。《执行协定》要求沿海国和公海捕鱼国应直接或通过分区或区域渔业管理组织及安排就这些种群的管理进行合作，均有义务养护和管理这些种群；并规定一个国家若要在某一区域或安排的公海内从事捕捞活动，首先应该加入该组织或安排，并遵守其养护和管理措施。

《执行协定》赋予船旗国更多的义务。如采取必要的措施，确保悬挂本国国旗的船只遵守有关养护和管理措施；建立国家级档案，记录在公海捕鱼的渔船的资料；按统一标志标识渔船和渔具；允许其他国家的检查员登临检查及实施船只监测系统，对在公海上捕鱼的本国船进行监测、管制和监督；等等。

《执行协定》的一个明显的特点是强化分区域或区域渔业管理组织和"安排"的功能和作用。长期以来，公海渔业制度得不到有效的执行，原因有许多，其中之一是区域或分区域渔业管理组织和"安排"，不能发挥监督和执行养护和管理措施的作用。因此，《执行协定》对强化区域或分区域渔业管理组织和"安排"的功能和作用作出了详细规定。《执行协定》规定，如果某一分区域或区域渔业管理组织或安排有权就某些跨界鱼类种群或高度洄游鱼类种群订立养护和管理措施，那么在公海捕捞这些种群的国家和有关沿海国均应履行其合作义务，成为这种组织的成员和"安排"的参与方，或同意适用这种组织和"安排"所订立的养护和管理措施。如果没有这种分区域或区域渔业管理组织或"安排"，有关沿海国和公海捕鱼国应合作设立这种组织或达成其他适当"安排"，并应参加该种组织和"安排"的相关工作[2]。

与传统的公海捕鱼自由原则不一致的是，《执行协定》规定：只有参与分区域或区域渔业管理组织或安排的国家，或同意适用这种组织或安排所订立的养护和管理措施的国家，才可以在该分区域或区域内捕捞适用这些措施的渔业资源[3]。由此可见，公海捕鱼不再是任何国家都可行使的权利，只有在遵守该渔业管理组织和"安排"所订立的养护和管理制度的前提条件下，国家才有权进入该海域利用公海渔业资源。各国的捕鱼权利受到国家间合作采取的行动的限制，受到分区域或区域渔业管理组织或"安排"所

---

〔2〕 刘振民编著：《海洋法基本文件集》，海洋出版社 2002 年版，第 410—415 页。
〔3〕 刘振民编著：《海洋法基本文件集》，海洋出版社 2002 年版，第 416 页。

采取的措施的限制。

三、公海渔业制度的最新发展

一系列国际公约、协定、决议、宣言，构建了现代公海渔业制度的法律框架，传统的公海捕鱼自由和公海渔船的船旗国管辖原则受到了挑战，公海捕鱼自由的概念已基本不复存在，取而代之的是对公海渔业的强化管理。进入 21 世纪以来，许多区域渔业管理组织，在国际渔业法律框架下，加强了对公海渔业的监管与控制。

2006 年联大 61/105 号决议明确提出了监管深海底层渔业的要求。要求各国立即各自并通过区域性渔业管理组织或安排（RFMO/As），按照预防性原则和生态系统方法采取行动，以可持续的方式管理鱼类种群和保护脆弱海洋生态系统，使其免受毁灭性捕捞作业的损害[4]。2007 年联大关于实现可持续渔业的 62/177 号决议，再次呼吁各国立即各自并通过 RFMO/As 采取可持续地管理鱼类种群的行动，防止脆弱海洋生态系统受到毁灭性捕捞的危害[5]。2009 年联大关于实现可持续渔业的 64/72 号决议，进一步要求：有关 RFMO/As 和船旗国在国家管辖范围以外采取紧急行动，确保不在评估底层渔业对脆弱海洋生态系统的影响之前进行底层渔业活动；在已知存在或可能存在脆弱海洋生态系统的区域，采取养护和管理措施，防止对其造成重大不利影响，或在制定养护和管理措施之前，禁止在这些区域进行底层渔业活动[6]。

2003 年东北大西洋渔业委员会（NEAFC）开始在公海上监管底层捕捞活动，禁止在罗科尔浅滩使用除延绳钓外的其他渔具。2004 年，禁止在其公海管辖区内的 5 个海山和部分雷恰内斯海岭的底拖网捕捞和定置渔具作业；2006 年开始，禁止在冰岛南部的公海区域进行深海捕捞。2008 年，NEAFC 对在其管辖区内的底层捕捞活动采取附加综合措施，包括：通过观察员收集的数据，增加对深海脆弱生态系统的了解；发展负责任捕捞技术，以避免或减轻对脆弱海洋生态系统的不利影响[7]。2011 年，NEAFC 通过了禁

---

〔4〕 UN. Sustainable fisheries, including through the 1995 Agreement for the Implementation of the Provisions of the United Nations Convention on the Law of the Sea of 10 December 1982 relating to the Conservation and Management of Straddling Fish Stocks and Highly Migratory Fish Stocks, and related instruments. A/RES/61/105. 2007, paragraphs 80-90.

〔5〕 UN. Sustainable fisheries, including through the 1995 Agreement for the Implementation of the Provisions of the United Nations Convention on the Law of the Sea of 10 December 1982 relating to the Conservation and Management of Straddling Fish Stocks and Highly Migratory Fish Stocks, and related instruments. A/RES/62/177. 2008, paragraphs 97-101.

〔6〕 UN. Sustainable fisheries, including through the 1995 Agreement for the Implementation of the Provisions of the United Nations Convention on the Law of the Sea of 10 December 1982 relating to the Conservation and Management of Straddling Fish Stocks and Highly Migratory Fish Stocks, and related instruments. A/RES/64/72. 2010, paragraphs 112-130.

〔7〕 NEAFC Secretariat. Information on the Protection of Biodiversity and Mitigating Impact of Fisheries in the North East Atlantic [EB/OL]. http://www.neafc.org/international/3540. 19 October 2010.

止捕捞深海鲨鱼的提议。

南极海洋生物资源保护委员会（CCAMLR）制定和实施了南大洋底层渔业活动的全面监管措施，包括禁止在南乔治亚大陆架用底拖网捕捞冰鳕鱼及其他底栖鱼类，暂停进行所有底拖网捕捞活动。对于特殊情况需要进行底拖网作业的渔船，只有事先对其捕捞活动的影响作出评估，方可通过一个发放许可证的程序取消这项禁令。

西北大西洋渔业组织（NAFO）2006 年开始禁止在一些海山和珊瑚礁、海绵区域从事底层捕捞作业，并决定将这些封闭区的有效期延到 2014 年。NAFO 已开始着手收集那些非常脆弱以致可能被深海渔业伤害的物种和生态系统的信息，到 2016 年要求深海捕捞活动在许可前应进行环境影响评估[8]。

2011 年 1 月 1 日起，东南大西洋渔业组织（SEAFO）禁止了 4 个区域的 11 个海山区的渔业活动[9]；2012 年 12 月又通过决议，要求从 2013 年 2 月 6 日起各成员向秘书处提交在关闭区域以外海域的底层渔业作业位置，以绘制现有底层渔业的捕捞足迹（fishing foot print）；在新区域新开发底层渔业的，需提前评估对脆弱海洋生态系统的影响，并提交详细的捕捞作业计划、防止对脆弱生态系统重大影响的措施计划、渔获量监测计划、数据收集计划，在船上配置观察员，等等[10]。

南太平洋区域渔业管理组织（SPRFMO）从 2007 年 9 月 30 日起在南太平洋公海区域冻结现有的底层渔业规模，并要求不得将现有底层渔业扩展到未曾作业过的区域；2010 年起建立养护和管理措施，以防止底层渔业对脆弱海洋生态系统和深海鱼类种群长期可持续性造成重大不利影响[11]。

《北太平洋公海渔业资源养护与管理公约》谈判过程中于 2007 年 2 月通过了"保护西北太平洋脆弱海洋生态系及公海底层渔业可持续管理机制"。2011 年达成协议，建立北太平洋渔业委员会（NPFC）。NPFC 初期首要的管理目标就是涉及脆弱海洋生态系的公海底层渔业管理，2011 年通过了保护东北太平洋脆弱海底海洋生态系统临时管理措施，要求整个北太平洋的公海底层渔业接受百分之百观察员、事前提报作业计划、减缓计划、渔获监控计划及资料搜集计划，并通过各成员国公务船舶、飞机监督执行[12]。

---

[8] FAO. Report of the FAO Workshop on the Implementation of the International Guidelines for the Management of Deep-sea Fisheries in the High Seas-Challenges and Ways Forward [R]. FAO Fisheries and Aquaculture Report No. 948. Rome, Italy. 2011：49.

[9] SEAFO. Conservation Measures 18/10 on the Management of Vulnerable Deep Water Habitats and Ecosystems in the SEAFO Convention Area [EB/OL]. http：//www. seafo. org/ConservationManagementMeasures. html.

[10] SEAFO. Conservation Measure 24/12：on Bottom Fishing Activities in the SEAFO Convention Area [EB/OL]. http：//www. seafo. org/ConservationManagementMeasures. html.

[11] SPRFMO. Interim measures adopted by participations in negotiations to establish South Pacific Regional Fisheries Management Organization [EB/OL]. http：//www. southpacificrfmo. org/interim-measures. 4 May 2007.

[12] 《北太平洋公海渔业资源养护与管理公约》 [EB/OL], http：//www. cndwf. com/news. asp? news_ id = 6232. 2011-5-11.

2008 年，FAO 审议并通过了《公海深海渔业管理国际指南》（以下简称《指南》）。《指南》要求各国和 RFMO/As 应依照符合 1995 年《联合国鱼类种群协定》和《负责任渔业行为守则》的预防性原则，根据生态系统方法，按照国际法相关规则，尤其是 1982 年《联合国海洋法公约》所体现的相关规则，采取和实施各项措施；确定已知或可能存在的脆弱海洋生态系统的海域；利用可得到的最佳信息采取管理行动。《指南》确定了已知或极有可能的脆弱海洋生态系统的范围或特点，分析了对脆弱海洋生态系统造成重大不利影响的因素，列出了确定脆弱海洋生态系统和评估重大不利影响所需的标准清单，提出了一些关键管理问题[13]。

国际渔业管理组织、RFMOs/As 所采取的针对公海渔业的一系列行动，代表了国际渔业法律制度的一种发展趋势：通过现有的 RFMOs/As 或者有关国家合作建立新的 RFMOs/As，强化对公海渔业的管理；通过 RFMO/As 采取行动，保护脆弱海洋生态系统免受毁灭性捕捞作业的损害；RFMO/As 的公海渔业管理措施正在朝着强制执行的方向发展。

四、北极渔业管理制度探讨

根据联合国粮农组织（FAO）的划分，北纬 66°内的海域属于北极海域（图 3-1），包括 18 区块，21、27 区块的部分海域。然而，北极理事会协调下进行的北极监测和评价项目（Arctic Monitoring and Assessment Program，AMAP）则把北极海域定义为北纬 66 度 32 分内的海域，亚洲部分指北纬 62 度以北海域，北美部分指北纬 60 度以北海域，即图 1 中的 18 区块和部分 21、27、61、67 区块（见图 1）。

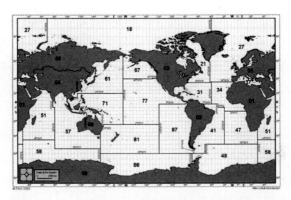

图 1　北极海域示意图[14]

北极地形特色为"陆地包围海洋"，北极八国拥有各自北极陆地领土主权，根据

〔13〕 FAO, Report of the FAO Workshop for the Development of a Global Database for Vulnerable Marine Ecosystems. Rome. FAO Fisheries and Aquaculture Report. No. 1018. Rome, FAO, 2013.

〔14〕《联合国粮农组织 2010 年渔业和水文统计年鉴》，http：//www.fao.org/fishery/publications/yearbooks/en，访问日期：2016 年 4 月 15 日。

《联合国海洋法公约》，除了在北冰洋中心北极点周围、挪威海、巴伦支海及白令海存在公海之外，北极八国分享其他北极海域的管辖权（见图2）。

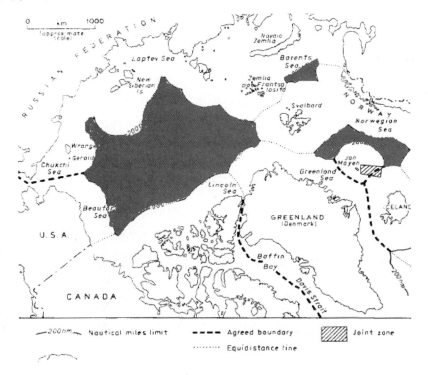

图2　high seas in Arctic maritime area[15]

现有的北极渔业管理的组织大致分为三类。适用于北冰洋边缘海的：大西洋金枪鱼类保护委员会、西北大西洋渔业组织、北大西洋鲑鱼养护组织、太平洋大比目鱼委员会、美加太平洋鲑鱼委员会、北太平洋溯河渔业委员会、中西太平洋渔业委员会等。适用于北冰洋海域的：东北大西洋渔业委员会、挪俄渔业联合委员会，以及北极五国之间开展双边渔业合作而设立的一些非正式的渔业管理组织，比如格陵兰—挪威、格陵兰—俄罗斯、加拿大—格陵兰、俄罗斯—美国之间的渔业组织等。未来可能适用于北极海域的：中西太平洋渔业委员会、大西洋金枪鱼类保护委员会，这两个金枪鱼组织并没有确定其管理范围的北部界限，但在气候转暖、北冰洋海冰融化的背景下，随着这类高度洄游鱼类向北迁移，未来这类渔业组织可能会把管辖范围拓展到北极海域[16]。

北极各国之间的渔业协议大致有：1975年挪威与苏联签订的《渔业事务合作协议》，并依此成立了挪威—俄罗斯联合渔业委员会；1985年美国和加拿大政府签订了关

〔15〕　Map copied from Prof. Erik J. Molenaar, K. G. Jebsen Centre for the Law of the Sea, University of Tromsø & Netherlands Institute for the Law of the Sea, Utrecht University.

〔16〕　Molenaar, E. J. & Corell, R. Background Paper Arctic Fisheries Ecologic Institute EU. 2009, p. 12.

于太平洋鲑鱼的条约；1992 年格陵兰和挪威签订了《格陵兰/丹麦—挪威共同渔业关系协议》（Agreement Between Greenland/Denmark and Norway Concerning Mutual Fishery Relations）；1988 年美国—苏联订立共同渔业关系协议（Agreement Between the Government of the United States of America and the Government of the Union of Soviet Socialist Republics on Mutual Fisheries Relations）；1992 年格陵兰/丹麦—俄罗斯共同渔业关系协议（Agreement Between Greenland/Denmark and the Government of the Russian Federation Concerning Mutual Fishery Relations）。上述双边及多边协议的管理区域除了各国管辖的北极海域外，还包括各国管辖区域外的北冰洋海域（挪威与苏联的《渔业事务合作协议》管理区域甚至延伸到北冰洋中央公海区域），另外还包括北极海域存在的其他公海区域（Banana Hole；Donut Hole；Loop Hole）。但是，北极渔业管理还缺乏北极所有国家均参与的多边协议，也缺乏管理权限覆盖整个北冰洋的 RFMOs/As。

目前，所有的北极国家都是《联合国鱼类种群协定》的签署国，除了美国以外，也都是《联合国海洋法公约》的缔约国。因此，北极海域渔业资源管理机制应当遵循《联合国海洋法公约》、《联合国鱼类种群协定》、FAO《负责任渔业行为守则》等影响广泛的国际公约，也就是应当符合当前国际渔业法律制度的基本规定。在北极，并不存在法律的真空海域，对北极的公海海域来说，适用现代公海渔业制度：所有国家的国民，无论沿海国还是内陆国，都享有在公海上捕鱼的权利，但是在公海上的捕鱼活动受到有关国际公约、协定、决议、规则以及分区域的、区域的多边协定的制约。所有在北极从事公海渔业的国家，都必须确保其国民遵守北极公海海域渔业资源养护的措施和规定。

根据前面分析的国际渔业法律发展趋势，区域渔业组织将在渔业管理中，特别是公海渔业管理中发挥越来越重要的作用。虽然在北极存在一些区域性渔业组织，就特定鱼类种群或北极海域的特定区域执行着渔业管理的职责，但是缺乏管理权限覆盖整个北冰洋的区渔业组织或安排。这种状况使得北极渔业管理很难按照预防性原则和生态系统方法采取行动，并以可持续的方式管理鱼类种群和保护脆弱海洋生态系统。因此，北极各国及涉及北极公海捕捞的相关国家应该按照相关规定，合作建立覆盖整个北极海域的区域渔业管理组织或安排，以便更好地确保北极渔业资源的可持续利用，保护北极生态系统。

北极渔业正面临着"非法的、未报告的、未受管制的"（Illegal, Unreported, Unregulated，以下简称"IUU"）现象的困扰。未来，如何应对 IUU 将是北极渔业管理的一大挑战。有学者指出巴伦支海"Loop Hole"公海区域 IUU 现象严重，鉴于该海域丰富的渔业资源，IUU 现象屡禁不止，呈现不断上升势头，使该海域捕捞量严重超出捕捞配额[17]。未来，如果北极渔业得以发展，IUU 将是亟待解决的问题。打击 IUU 现象最有效的办法就是开展国际合作，通过沿海国、港口国、贸易国之间的国际合作有效杜绝 IUU

---

〔17〕 Stokke, O. & Honneland, G. *International Cooperation and Arctic Governance.* Routledge, 2006.

现象的发生，北极各国是上述三个角色的重要担当者，因此北极国家之间的区域性合作对打击 IUU 影响巨大。

　　由于目前缺乏全球气候变暖对北极渔业资源和生态环境影响的确切科学证据，也无法确切预测全球气候变暖会给北极的渔业资源和生态系统带来何种影响，在北极渔业管理上应该更广泛地采用预防性原则和生态系统方法，对北极公海的渔业资源及海域生态系统做科学调查及勘探，采取养护和管理措施，防止对其造成重大不利影响。

北极安全机制的体制构建与相关条约发展

■ 邓贝西*

【内容摘要】 受制于美国与俄罗斯在北极战略安全领域的结构性矛盾，北极区域安全机制自"冷战"开始以来长期缺失。从"冷战"时期北极作为美苏战略对峙的前沿，到"冷战"结束后大国关系缓解促进北极政府间（次）区域性合作机制的形成与发展，北极安全局势得到一定的缓和。北极安全机制的体制构建一直是包括北极国家在内的北极利益攸关方关注的焦点，并主要涵盖三个层面：北极区域层面、北极国家多边层面与北极国家双边层面。在北极区域层面，北极常规军控与去核化受到北极军备竞赛、俄美关系对北极外溢效应等现实因素影响而进展停滞，北极理事会在非传统安全和民事安全领域机制化的发展趋势则促进北极安全信任措施的建立；在北极国家多边层面，不同国家根据其安全关切和防务需求，意图开展多边合作寻求共同安全，同样需要考量的是这些在地缘范围上能够涵盖北极地区的国际性/区域性安全框架，如北约、欧安组织等，是否具备处理北极安全事务的合法性、能力和意愿；至于双边层面，北极国家在领土主权、海洋边界与外大陆架划界、对相关公约的解释以及对北极航道法律地位的分歧使得北极双边深层次矛盾复杂敏感，但美俄、俄挪通过双边协议的方式解决争议海域的海洋划界问题，为北极安全构建带来积极的影响。

【关键词】 北极安全机制 北约 北极理事会

鉴于海权与陆权存在的结构性矛盾，"冷战"时期，作为美苏战略对峙的前沿，北极成为全球霸权国家进行战略威慑和部署防御设施的地域空间。以美国为主导的北约军事集团与苏联，利用陆基弹道导弹、核潜艇、远程战略轰炸机为打击平台，将北冰洋/北极地区视为直接对对方本土产生战略威慑的捷径和最短距离。美苏确保相互摧毁的战略核威慑，以及签署的如《美苏防止海上事故协定》（INCSEA）等技术性规则，使得北极在冷战期间安全机制和军控协议缺失的情况下仍维持相对稳定。随着"冷战"结束，美俄关系缓解并投射到北极，促进北极政府间区域性（如北极理事会、北极经济理事会）或次区域性（如巴伦支—欧洲北极理事会）合作机制的形成与发展，也使北极安全局势得到一定缓解。但是，美俄北极关系作为北极地缘政治发展的基石，仍受制于长期战略互信缺失、大战略冲突，以及美俄在其他地区冲突的外溢。下文将从北极区域层面、北极国家多边层面和双边层面的角度探讨北极现有安全机制、制度安排以及相关条约的发展。

一、北极区域层面的安全机制构建

1987年，苏联前总统戈尔巴乔夫的"摩尔曼斯克讲话"提出构建北极和平合作的

---

* 中国极地研究中心极地战略研究室助理研究员。
本文为国家海洋局南北极环境综合考察与评估专项（CHINARE2015-04-05-01）子专题"极地地缘政治研究"阶段性成果。

六点创议[1]，意旨将冷战以来高度军事化的北极转变成为一个低争端的和平地区，在其六点创议中，有两点涉及北极军事安全的构建：其一是在欧洲北部建立无核区，苏联单方面部分拆除其位于科拉半岛、列宁格勒和波罗的海等军事基地的核军备；其二是北约与华约达成共识，限制在北冰洋及其近海海域（包括波罗的海、北海、挪威海、格陵兰海）的军事活动，建立互信措施。随后，加拿大非政府组织——哥顿基金会（Gordon Foundation）于1989年10月发布了名为《北极安全合作：加拿大对摩尔曼斯克回应》的报告，提议创设"环北极事务大使"和建立"北极安全合作会议机制"[2]。

　　然而后"冷战"时期，戈尔巴乔夫对北极军事安全构建的两点创议和加拿大对北极安全机制构建的建议均未能实现。评估北极区域军事安全机制的发展现状与趋势需重点观照三个因素，即常规军控、北极去核化/无核化和安全信任建立措施（SCBMs）。

（一）常规军控

　　"冷战"以来，随着北极航道利用和资源开发等经济潜力与价值的凸显，北极国家不断提升其在北极地区行动的海陆空军事能力。这种北极国家在北极地区以捍卫主权权利、保障战略资源运输、应对突发事件和确保民事安全为初衷或首要目的的军备能力建设，往往被其他国家视为启动军备竞赛的举措，从而陷入相互竞争的安全困境。而外部事件，如乌克兰危机爆发导致俄美关系紧张并对北极产生外溢效应，将进而催化北极安全局势的复杂化。

　　近年来，除冰岛之外的北冰洋沿岸国均已推进扩充北极军事实力的计划。俄罗斯启动新船与舰艇的建造工作，在位于科拉半岛的佩琴加镇（Pechenga）成立机械化步兵旅，北方舰队重启位于新西伯利亚群岛和北地群岛的常设军事基地[3]。自2007年以来，俄战略轰炸机在北欧北极区域巡航的次数与频率也有所加强。作为回应，挪威将其国防指挥部空军基地北移至博德（Bodo），并计划购置新船及联合打击战斗机；2009年起，挪威陆军最大的部队——北部旅（Brigade North）开始在挪威北部、北极圈以北驻扎[4]。丹麦也于2012年在格陵兰努克（Nuuk）成立北极指挥部[5]，增置多艘护卫驱逐舰。美国的北极作战能力维持于较高水平：阿拉斯加陆军司令部由常规机械化步兵和空降部队组成，不定期针对北极开展行动[6]；美国航母等主要舰艇普遍具有北部气候

[1]　参见郭培清、田栋：《摩尔曼斯克讲话与北极合作——北极进入合作时代》，《海洋世界》2008年第5期，第67—73页。

[2]　John Lamb："Reflections on the Past and Future of the Arctic Council", Gordon Foundation, http：//gordonfoundation. ca/sites/default/files/images/Jan17%20-%20Lamb＿Reflectionson the Past and Future of the Arctic Council. pdf.

[3]　参见《未雨绸缪：俄罗斯北方舰队在北极建基地》，http：//sputniknews. cn/radiovr. com. cn/2014＿09＿10/277115797/。如无特别注明，本文访问日期均为2014年9月10日。

[4]　Norwegian Armed Forces（Note 43），https：//forsvaret. no/en/Pages/default. aspx.

[5]　参见《丹麦成立北极国防指挥部》，http：//news. xinhuanet. com/world/2012-11/01/c＿123903130. htm。

[6]　Joint Base Elmendorf-Richardson（Note 83）；US Army Alaska（Note 80）.

条件下的行动能力，而核攻击潜艇多数能在冰盖下行驶并具备破冰能力。

对于北极国家，特别是北冰洋沿岸国而言，捍卫资源、航道、主权权利等国家利益成为北极再军事化的基石，在常规军控协议或措施缺失的情况下，各国北极军事设施的重建和军备现代化项目使得其军队快速反应能力更强、行动区域范围更大，更为激化北极地区的军备竞赛，也加剧了北极安全困境。

（二）北极去核化

1963 年生效的《部分禁止核试验条约》（Partial Test Ban Treaty，PTBT）以及 1972 年生效的《禁止在海底试验核武器条约》，对核试验场所进行了限制，要求缔约国保证在其管辖或控制范围内的"水下、包括领海或公海，以及海床洋底及其底土"[7] 禁止安置核武器或进行核试验，限制了"冷战"期间美苏在北冰洋及其近海水下开展核试验的可能。1968 年签署的《不扩散核武器条约》（Treaty on Non-proliferation of Nuclear Weapons，NPT），北极主要核力量美国与俄罗斯（苏联）为该条约的创始缔约方，根据该条约（第6条），缔约国"承诺就及早停止核军备竞赛和核裁军方面的有效措施，以及就一项在严格和有效国际监督下的全面彻底裁军条约，真诚地进行谈判"，这使得美国与俄罗斯（苏联）在北极地区部署核军备的总量不超过冷战时期的峰值。北极去核化可以参照其他区域性去核条约的经验，如《拉丁美洲禁止核武器条约》、《南太平洋无核区条约》，以及《南极条约》对南极大陆去核化的约定；但是北极作为美俄之间距离最短的地区，其独特地缘位置使之成为美俄对对方，以及北半球其他核大国实施核威慑的重要场所，北极去核化问题受制于现实因素。

（三）安全信任建立措施

北极缺乏具备军事磋商功能的多边机制，因此难以开展机制化和常规化的军事对话、舰队互访、军事演习等安全信任建立措施，仅有的合作领域也仅限定于低军事层级和规范性安全领域。北极理事会不具备处理军事或传统安全事务的能力，其《北极理事会成立宣言》[8]，即《渥太华宣言》第7条规定"北极理事会所做决定将采取成员国一致通过的方式"，这使得北极国家如果寄希望于北极理事会的平台开展安全合作与军事磋商将受制于"协商一致"的决策机制。

2011 年 5 月，北极八国联合签署了《北极海空搜救合作协议》（Agreement on Cooperation on Aeronautical and Maritime Search and Rescue in the Arctic，以下简称《协议》），这是在北极理事会框架下经协商一致达成的第一部具有法律约束力的专门性协议，它将协调北极国家在面积达 2100 万平方公里的广袤海域开展海空应急搜救行动。该《协议》具有准军事安全合作协议的特征，主要体现在：一方面，根据《协议》第 4 条，执行搜

---

〔7〕 《禁止在海床洋底及其底土安置核武器和其他大规模毁灭性武器条约》第1条。

〔8〕 Declaration on the Establishment of the Arctic Council, September 19, 1996, http://www.arctic-council.org/index.php/en/document-archive/category/5-declarations？download = 13：ottawa-declaration.

救任务的主管部门和机构主要为各国军事或准军事部门，如美国国防部、海岸警卫队、加拿大国防部、海岸警卫队，北欧国家的海事机构和海岸警卫队，俄罗斯联邦空运局、海运局，等等；搜救协议的签订为北极八国（准）军事部门举行定期磋商、互访、联合训练和演习，或开展信息交换和协同合作奠定了行动基础（《协议》第10条）。另一方面，《协议》第3条对各国开展搜救的区域范围和界限划分作出界定，并声明搜救区域划界"无关乎国家或其主权、主权权利或司法管辖权界限的划分"。如一当事方因搜救工作的目的请求允许进入其他当事方的领土时，应将其请求递交至该当事方的主管机构，"收到该请求的当事方以及任何需要允许才能通过其领土的当事方，应在符合其法律和国际责任的情况下尽可能地提供最迅速的过境程序"（协议第8条）。上述表述规定了因开展搜救工作需要，过境或进入他国管辖区所应遵循的程序和规则，也为在北极海域行动的（准）军用舰船/飞行器过境或进入他国管辖所应遵循的程序和规则提供了参照依据。与此类似的低军事层级的合作是北极理事会成员国创设"北极海岸警卫队论坛"（Arctic Coast Guard Forum），该论坛是一个以操作性为导向，以加强北冰洋海域航行安全管辖能力为出发点的合作性创议[9]。

在缺乏北极总体安全框架的情况下，逐步开放和开展低军事层级与非传统安全领域的机制性合作是北极安全构建的发展趋势。在非传统安全和民事安全领域不断深化机制性合作是迈向在北极建立信任措施的重要步骤和途径，并通过外溢效应，促成北极理事会成员国建立安全共识和伙伴关系，向构建北极区域安全机制迈进。尽管北极缺乏有效的区域军控机制和安全信任建立措施，但是北极治理在其形成与发展过程中通过达成一系列协议与安排建立了制度集成，并形成了相应的北极安全话语体系与共识，即北极的安全与合作将会给北极带来更多回报；北极的军事透明不仅仅对一个稳定、安全的北极，而且对北极理事会指导下的搜救合作与应急反应都是极为重要的。

二、北极国家多边层面安全架构与防务机制

由于北极理事会规避安全议题以及北极区域安全框架的缺失，为北极地区留有政治真空。在双、多边层面，不同北极国家根据其安全关切或防务需求，特别是军事实力较弱的北欧国家或加拿大，通过开展多边防务合作，或加入大国主导的军事联盟寻求共同安全，使得北极安全局势更为复杂。在北极国家多边层面安全架构上，需要讨论的是北约是否具备介入北极事务的合法性问题，以及其他地缘范围上能够涵盖北极地区的国际性/区域性安全框架，如联合国安理会、欧洲安全与合作组织（以下简称欧安组织），以及北极理事会未来制度化的发展趋势，是否具备处理北极安全事务的资质、能力和意愿。

---

[9] U. S. Coast Guard Newsroom："Historic Arctic Coast Guard Forum Gathers Nations to Progressively Foster Safe, Secure and Environmental Responsible Maritime Activity in the Arctic", March 26, 2015.

（一）北约介入北极事务的合法性问题

"北大西洋公约组织"（以下简称北约）成员国涵盖美国、加拿大、丹麦、挪威、冰岛在内的五个北极国家，乌克兰危机的爆发使得瑞典和芬兰两个中立国也有加入以寻求共同安全的意向。俄罗斯对北约介入北极事务持反对态度，其最大质疑是合法性问题。《北大西洋公约》（以下简称《公约》）第 6 条对北约活动范围作出界定，即"欧洲或北美任一缔约国的领土、北大西洋区域回归线以北任何缔约国所辖岛屿，以及该区域内任何缔约国之船舶或飞机"，若北约一个或数个缔约国若受到武装攻击，则根据《公约》第 5 条之规定："每一个缔约国都要履行《联合国宪章》第 51 条所应允的行使单独或集体自卫的权利，采取认为必要的措施，包括使用武力援助受到攻击的一个或数个缔约国。"

《公约》条款只界定其活动范围的南部界限，可以解读为其活动范围可以向北延伸至北极地区。北欧国家，特别是作为北冰洋沿岸国的挪威、丹麦和冰岛受到《公约》第 5 条集体防务的保护，其国防安全战略充分依赖并与北约紧密相连。北约成立以来，先后在冰岛凯夫拉维克（于 2006 年撤销）和格陵兰图勒（运营至今）设有空军基地。但伴随"冷战"结束，北约在北极地区的军事存在受到一定程度的削弱，位于挪威斯塔万格的北极盟军欧洲司令部于 2003 年撤销，取而代之的是盟军转型司令部（ACT）的分支机构。尽管如此，北约仍构成北极地区不容小觑的潜在力量，特别是一旦俄罗斯与北欧国家发生军事冲突，将面临北约集体防务的迎击，这意味着俄罗斯与北欧国家在北极军事力量对比中将不占据优势。而乌克兰危机促使北约重新审视以关注边界安全和集体防御义务的第 5 条核心条款的重要性。

实际上，北约对其介入北极事务表现出相对低调和审慎的姿态，这既有来自俄罗斯的外部压力，也有内部阻力，如加拿大认为北极安全事务应由北极国家内部处理，以及北约如何说服其北极域外成员国参与北极事务的重要性。北约从未正式出台过北极地区官方政策文件，涉北极的常规性项目也相对有限，包括挪威牵头、联合北约成员国和其他相关国参与的冬季军事演习项目——"极冷反应"（Cold Response）[10] 和北约国家与挪威、芬兰、瑞典共同开展的空中数据交换项目（ASDE）等。上述军事演训活动均强调"成员国主导"的自愿参与属性，弱化了北约的领导作用。

如何理解北约对介入北极安全事务的谨慎和在北极军事投入方面的保守？毫无疑问，北极并非作为北约领导国——美国的战略重心，一个稳定和免于军事冲突的北极有助于美国全球战略的实现。如果北约高调介入北极安全事务，或是北约扩张性地吸纳瑞典与芬兰成为成员国将会打破现有的地区平衡，迫使俄罗斯做出反应；这些都是美国不愿意冒的风险。北约在北极的角色可以归纳为其成员国提供事实上的威慑性防御，抵御

---

〔10〕　Canadian Department of National Defence, "Exercise COLD RESPONSE Warms Up in Norway", March 11, 2014-Ottawa, http://news.gc.ca/web/article-en.do? mthd = index&crtr.page = 1&nid = 824139.

来自俄罗斯的潜在威胁。这首先体现在北约在北欧国家的军事部署多以保障领海与领空安全为首要目标，以防御为主要目的，不具有扩张性；其次，俄罗斯在北极地区的军事行动的常规手段是对北欧国家（尤其是挪威）进行抵境侦查，以此表达对这些国家希望北约介入北极事务或有意加入北约的不满，而不会直接针对美国引发正面冲突；最后，北约分布于欧洲的军事部署具有快速反应能力，即便俄罗斯在北极地区发起主动性或扩张性行为，北约可以通过其在东欧与波罗的海的军事部署威胁俄西部腹地，起到战略制衡的作用。因此，北约对于其在北极的作用限于超视距存在，并通过成员国定期开展旨在增强应急反应能力的军事演习，对俄罗斯不构成主动威胁但又能保证一定的威慑力，维持北极地区的相对稳定。

（二）其他涉北极多边安全防务机制

其他在地缘范围上能够涵盖北极地区的国际性/区域性安全框架还有欧安组织，其成员国包含全部北极国家，在泛欧洲裁军、军控和建立信任措施等领域发挥着一定作用。欧安组织 2013 年通过的《伊斯坦布尔宣言》和 2014 年通过的《巴库宣言》均有涉及北极安全议题。《伊斯坦布尔宣言》"承认北极理事会在应对北极新的挑战和机遇中的领导角色"，并"敦促各成员国了解北极的经济发展潜力，及其对北极战略安全政策带来的机遇和挑战，以及主张区域的重叠构成未来的安全风险"[11]。《巴库宣言》则"敦促成员国密切关切北极地区的军事存在，了解其对北极构成的潜在安全隐患与环境风险，并持续维护北极的和平与稳定"[12]。

但是，北极并不是欧安组织的重点关注区域，其组织架构也较为松散，其决议达成需成员国一致通过，且对成员国没有法律约束效力，而且随着乌克兰危机冲突升级，俄罗斯与欧安组织之间的内部矛盾也与日俱增。另外，欧安组织成员国数量过于庞大，也将稀释北极国家在其中的影响。上述种种因素限制了欧安组织在北极安全机制构建和安全信任措施建立中所能发挥的作用。

除此之外，部分北极国家出于地缘关系的毗连性和国防政策的相似性，建立北极双多边共同安全防务机制，如北欧防务合作机制（NORDEFCO）和北美防空联合司令部（NORAD）。北欧防务合作机制建立于 2009 年，北欧五国国防部长每年轮流担任主席，合作领域包括政策与行动协调、能力建设与军备，意旨通过资源整合，提高北欧军费与国防开支使用效率和效力，协调北欧五国以及与北约、波罗的海国家合作开展的军事训

---

〔11〕 Resolution on the Arctic, 2013 Istanbul Final Declaration Adopted by the OSCE Parliamentary Assembly at the 22nd Annual Session, http：//www. oscepa. org/meetings/annual-sessions/2013-istanbul-annual-session/2013-istanbul-final-declaration/1653-16.

〔12〕 Baku Declaration and Resolutions Adopted by the OSCE Parliamentary Assembly at the 23rd Annual Session, 28 JUNE – 2 JULY 2014, http：//oscepa. org/publications/all-documents/annual-sessions/2014-baku/declaration-2/2540-2014-baku-declaration-eng/file.

练和联合演习[13]，发展成为北欧国防军事对话的平台。在北极安全合作方面，主要有北极冬季军事训练（Arctic Winter Training）和跨边境海陆空军事训练（Cross-Border Training-Land, Sea and Air）。北美防空联合司令部则负责对美国和加拿大的北极领土、领海和领空的空防、预警、雷达监测和导弹防御。

三、双边海洋划界协议

北极国家间双边深层次矛盾与冲突复杂敏感，短期内难以解决，主要表现在美加波弗特海划界、丹加对汉斯岛（Hans Island）的主权争议、北冰洋沿岸国对外大陆架管辖权归属的争议，俄挪对《斯匹茨卑尔根条约》适用范围的争议，以及俄罗斯和加拿大在北极航道的法律地位与其他国家存在的分歧。这反映了当今及今后的一段时间内双边关系依然构成北极国际关系的重要层级。北极地区双边海洋划界争议，主要有美俄关于楚科奇和白令海的海洋划界，以及俄挪巴伦支海海洋划界。上述争议均以通过双边协议的形式得以解决，并对北极安全格局产生了积极影响。

美俄关于楚科奇海和白令海的海洋划界争议的谈判在冷战甫一结束就已开始，这也印证了俄美北极关系在其双边关系中的重要地位。1990 年 6 月 1 日，两国政府签署《美利坚合众国与苏维埃社会主义共和国海上边界协议》，根据此协议，两国在北冰洋的海上界限从北纬 65 度 30 分沿西经 168 度 58 分 37 秒向北延伸直至国际法允许的范围。美国国会于 1991 年 9 月批准了该协议；但无论是当时苏联最高苏维埃还是现在俄罗斯国家杜马、俄罗斯联邦委员会一直没有批准这一条约。从国际法角度，此协议并没有生效，但在实际操作上，俄罗斯在北方海航道东端范围的定义上，包括 1991 年发布的《北方海航道海路航行规则》以及 2013 年生效的《北方海航道水域航行规则》，均使用协议中的划界经线，明确指出北方海航道"东起与美国的海上划界线及其到杰日尼奥夫角的纬线"。另外，俄罗斯 2001 年提交的外大陆架划界案等法律文件中也使用了该划界线。因此，俄罗斯实际已经确认了该协议的有效性。美俄北极双边海洋划界协议的达成打通了阻碍美俄北极关系和缓的最后屏障，为北极区域性合作机制的形成和后冷战时期北极相对稳定的安全局势奠定了基石。

巴伦支海海洋边界划界是困扰俄挪双边关系发展的重大历史性问题，尽管俄挪巴伦支海争议海域仅有 17.5 万平方公里，但争议海区富含石油、天然气、渔业等战略性资源，划界谈判异常艰难[14]。两国将争议区域定位为灰色区域，共同管理和协调区域内的油气勘探、渔业、海上交通等活动。2010 年 9 月，挪威与俄罗斯签署了《关于巴伦支海海洋划界协议》，解决了持续 40 年之久的争端。一方面，协议达成为俄挪巴伦支海油气勘探开发合作铺平了道路，深化两国经济互联互通，进而推动两国在处理科拉半岛废弃

---

[13] 信息摘录自"北欧防务合作机制"官方网站（http://www.nordefco.org/）。
[14] 匡增军：《2010 年俄挪北极海洋划界条约评析》，《东北亚论坛》2011 年第 5 期。

核材料、核装置的核安全问题上展开磋商与合作；另一方面，俄罗斯以北极开发合作者的姿态呈现在北欧国家面前，俄罗斯对挪威以及其他北极国家在经济和产业技术上依赖性不断增强，使得冲突爆发的成本激增，一定程度上也维系着北极局势的安全和稳定。

四、结语：北极安全机制构建的发展趋势

在缺乏北极总体安全制度安排的条件下，笔者认为，北极安全机制构建的未来发展趋势是在北极理事会合作框架下，通过开放、开展和深化低军事层级与非传统安全领域的制度性合作，推动北极地区安全信任措施的建立。具体而言，是通过北极国家达成如海岸警卫队协同搜救、油污泄漏处置、突发事件应急反应能力建设等民事安全的合作协议，建立领域性的制度集成，从而形成促进北极安全稳定的话语体系和共识。从已达成的搜救协议、油污防治协议到日后可能拓展并涵盖民事安全的方方面面，包括强化北极国家边境管理以防范走私、人口贩卖、跨国犯罪及恐怖活动，加强北极地区民用核安全和辐射预防，加强对海岸侵蚀、极端天气带来的突发灾害的应对能力等。但如果要达到军事透明、军备控制、核裁军等目的，不仅在短时间内难以实现，而且北极理事会作为论坛性质的政府间政治磋商平台处理传统安全事务也显得力不从心。

对于在地缘范围上能够涵盖北极地区并可能引发对抗性质的多边军事与安全组织，北极国家对其介入北极安全事务或充当北极安全机制框架持谨慎或观望态度。比如北约，鉴于美俄结构性冲突，北极不可能形成类似"北约—俄罗斯北极安全合作对话"的机制，因而北约在北极的作用只能限于超视距存在，通过《公约》第5条款对其北极成员国行使集体防卫权，对俄罗斯不构成主动威胁但有保持一定的威慑力，维持北极的相对均势和稳定。而其他国际安全组织或架构，如欧安组织或联合国安理会，因其组织架构松散，对成员国缺乏法律约束力，成员国之间存在内在矛盾，以及北极不构成重点关注区域，从而在北极安全事务上所能发挥的作用与影响力极为有限。

中国作为域外国家，与北极国家没有在主权、主权权利和管辖权上的利益冲突，但这并不代表北极安全与中国不相关。首先，作为北极潜在资源与航道利用大国，中国参与北极开发合作需要营造一个和平稳定的地区安全环境；其次，作为北半球国家，美俄在北极地区部署的导弹防御系统、核潜艇等设施对中国保有战略威慑、美俄对北极制空权和对北极战略通道（如白令海峡）的制海权掌控的绝对优势也对中国保障未来利用北极航道的商业通航带来挑战；最后，由于尚未发布官方的北极政策文件，我国参与北极事务易被西方舆论冠以脸谱化的"威胁论"或"资源饥渴论"等论调，将中国假想为不满足于观察员角色与现有利益和权利分配而试图改变现有北极体系的修正力量，从而对北极地缘政治与安全产生影响，这将不利于中国与北极国家开展深入合作。因此，在密切关注北极安全态势发展的同时，中国应适时参与北极低政治层级或非传统安全领域的多边合作，如冰区搜救、油污防治等，与北极国家建立安全与政治互信，塑造利于中国和平开发利用北极的安全环境。

过境通行制度下国际海峡航行安全与环境保护的合作

——《联合国海洋法公约》第 43 条的解释与适用

■ 宋　可*

【内容摘要】过境通行制度是第三次海洋法会议的关键成果，作为肇始于科孚海峡案，最终在《联合国海洋法公约》生效后适用于国际海峡的重要制度体系，无疑对于国际海峡的航行实践具有举足轻重的意义。然而，在其复杂的制度体系运作中，存在对海峡环境保护和航行安全保障不足的问题。

《联合国海洋法公约》第 43 条作为立法者独具匠心安排在过境通行制度下的条款，为应对环境污染和航运安全问题上的各国合作提供了框架。通过对《联合国海洋法公约》第 43 条的法理剖析，《联合国海洋法公约》第 43 条的合作并非具有强制性，在合作方式上也并未赋予沿岸国通过提供特定服务而直接向过境船舶收费的权利，其合作主体上包括海峡沿岸国和海峡使用国，而且对于使用国的范围应做扩大解释从而鼓励更多主体参与到海峡合作中，以促进改善海峡环境现状。在合作争端机制问题上，本文以著名的麦氏金枪鱼案为切入点，剖析《联合国海洋法公约》第 43 条实施过程中可行的争端解决方案。

【关键词】国际海峡　过境通行制度　环境合作　争端解决机制

一、制度背景——过境通行制度的产生与确立

在 12 海里领海制度确立之前，国际海峡之特殊国际法地位便得以司法判例形式确认。这体现在 1949 年国际法院第一个案件科孚海峡案的判决："所有船舶，包括和平时期的军舰在内，有权航行通过国际海峡，只要通过为无害，则无需沿岸国的事先允许，即便该海峡部分或全部位于沿岸国的领海之内。"[1]

国际法院在该案判决中确立了判断国际海峡的两条标准：该海峡须连接公海的一部分与另一部分，以及必须有利用该海峡作为国际航行的一些惯例。[2]

科孚海峡案的判决得到国际社会的广泛认可，这种认可国家海峡特殊地位的态度，

---

　*　中国政法大学 2014 级国际法专业硕士研究生。

〔1〕 Corfu Channel（merits）（United Kingdom v. Albania），1949 I. C. J. Reports，4，para. 28.

〔2〕 Corfu Channel（merits）（United Kingdom v. Albania），1949 I. C. J. Reports，4，para. 28-29. 有学者将这两个标准表述为地理标准和功能标准。关于第二个标准，即功能标准的惯例数量的讨论仍在继续，常见于关于加拿大西北航道国际法地位的讨论。西北航道问题的背景为：1969 年美国 Manhattan 号油轮穿越西北航道，由此西北航道的法律地位问题引起了法学界和政治界的激烈争论。美国认为西北航道将有潜力（potential）成为用于国际航行的国际海峡，并应当在其区域内实行过境通行制度，而加拿大认为西北航道是加拿大的内水，应当适用内水制度。全球变暖趋势下的气候变化，导致西北航道航运能力将有可能会在今后几十年内得到大幅度提升，同时船舶航行也会引发更大程度上的环境污染。在这样的科学事实下，西北航道的法律地位问题在法学界的激烈争论进一步升级。See Donald R. Rothwell，"The Canadian-U. S Northwest Passage Dispute：A Reassessment"，Cornell Intl. L. J，26（1993），p. 331，354-355；See also David Vander Zwaag，"Canada and the Governance of the Northwest Passage：Rough Waters，Cooperative Currents，Sea of Challenges"，in Navigating Straits：Challenges for International Law，A Law of Sea Institute Publication，2013，p. 87～123.

对后来国际立法之态势产生深刻影响[3]。1958 年《领海与毗连区公约》第 16 条第 4 款吸纳了科孚海峡案判决中"穿越用于国际航行的、位于公海的一部分和另一部分之间，或者公海与外国领海之间的海峡"的无害通过权。有意思的是，尽管该条款吸纳了无害通过领海制度，但它显然不同于领海无害通过，该条款还规定"沿岸国无权停止通过这些海峡的权利"。值得注意的是，后来国际法院在大贝尔特海峡通行案[4]中认可了这一不同。可见这一阶段，无论是国际司法判例还是国际立法实践，都把国际海峡区域视为特殊的、适用不同于一般通行制度的区域。

时光过了十余载，12 海里领海制度[5]经历了第一、第二次海洋法会议失败的谈判后，终于在第三次海洋法会议中得以确立，[6] 也极大推动了国际海峡制度中独特的通行制度的确立。[7] 这是因为，包括美国在内的许多海洋国家[8]，都非常担心领海扩展至 12 海里后，将使得 116 条[9]宽度不足 24 海里的国际海峡落入海峡沿岸国的领海之中，而他们认为适用无害通过制度的领海，将会妨碍自由航行，美国特别指出，这是因

---

[3] See Myron H. Nordquist, Santa N. Nandan, James kraska：*United Nations Convention on the Law of the Sea* 1982：*A Commentary*, Martinus Nijhoff,（hereinafter "*Commentary*"），2012, p. 290.

[4] See *Case Concerning Passage through the Great Belt*（*Finland v. Denmark*），1991 I. C. J. Reports, 12, p. 348. 在该案中，当丹麦计划在两座丹麦岛屿间修建桥梁横跨波罗的海与北海间的一处海峡时，芬兰向国际法院寻求临时救济，理由是该桥梁将会妨碍在芬兰制造与组装的大型钻井船和石油钻塔过境。丹麦提出如下理由：过境通行权不适用于此类船舶，有可利用的替代路线，并且对这些船舶进行拆卸或其他改装能使这些船舶在计划中的桥梁之下通过。在丹麦支付芬兰约 1500 美元以达成协议后，该案终止，桥梁建成。

[5] 在 12 海里领海制度确立之前，各国关于其领海宽度的主张十分不一致。大致有 3 海里领海主张、12 海里领海主张、200 海里领海主张三方面。关于 12 海里领海制度的形成原因，英国国王学院法学院院长 David D. Caron 认为，12 海里制度的确立背后基于两点原因：第一是蒸汽动力的发明和冷藏技术的发展，让更远距离和更高效率的渔业开采成为现实；第二是对大陆架油气资源的发现和对其进行开采的技术进步，使得大陆架油气资源在经济发展中发挥越来越重要的作用。这两方面的原因促使沿岸国诉求更加广阔的沿海水域权利，从而使得 12 海里制度得到更多国家的认同。See David D. Caron, "The Great Straits Debate：The Conflict, Debate, and Compromise that Shaped the Straits Article of the 1982 United Nations Convention on the Law of the sea", in *Navigating Straits：Challenges for International Law*, A Law of Sea Institute Publication, 2013, p. 12.

[6] See *Commentary*, p. 282.

[7] See UN Office for Ocean Affairs and the Law of the Sea, Straits Used for International Navigation：Legislative History of Part III of the United Nations Convention on the Law of the Sea, Vol I, UN Sales No. E. 91. V. 14, 1992.

[8] 美国为代表的包括意大利、苏联等国家主张在这一海域适用自由通航制度。See A/AC. 138/SC. IIILA and Corr. 1, article II, paragraph 1, reproduced in SBC Report 1971, p. 241（U. S. A.）；A/AC. 138/SC. IIIL. 7, first article, paragraph 1, and second article, paragraph 1, reproduced in SBC Report 1972, p. 162（USSR）；A/AC. 138/SC. IIIL. 30 and Corr. l, paragraph（a），reproduced in III SBC Report 1973, p. 70（Italy）；Item 4. 2, "Other related matters …," Variant C, article 1（1），reproduced in IV SBC Report 1973, p. 49；Item 4, "Straits used for international navigation," Variant D, first article, paragraph 1, and second article, paragraph 1；and Variant E, paragraph 1, reproduced in IV SBC Report 1973, pp. 50-51.

[9] 海峡数量统计数据来自 Kennedy, A Brief Geographical and Hydrographical Study of Straits Which Constitute Routes for International Traffic, 1 UNCLOS Off. Rec, 114-115, 134, U. N. Doc. 1958。

为无害通过制度在某些情况下沿岸国能够停止无害通过。[10] 相反的是，海峡沿岸国则主张领海主权权利，认为在国际海峡实行无害通过制度是其主权权利，若是适用自由航行制度，则会损害国家主权并且巨大的航运压力会给本国带来一系列环境和安全问题。[11] 为了解决这一问题，《联合国海洋法公约》（以下简称《公约》）[12] 建立了"一套适用于国际海峡过境通行的综合的、折中两方诉求的制度（规定于《公约》第三部分，即过境通行制度），与领海无害通过制度独立适用"[13]。

《公约》被称为"海洋宪章"（A Constitution for the Oceans）。[14] 从这一表述可见《公约》对于新海洋秩序建立之重要意义。更有意思的是："领海问题（过境通行与领海问题密切关联），在第三次海洋法会议一开始，就被看作是最为复杂、关键、具有核心意义的问题。"[15] 不可否认，过境通行制度作为适用于国际海峡的特殊通行制度，折中于公海自由通行制度和领海无害通过制度[16]，亦是海洋大国之国际航行权利主张和沿岸国之环境和航行安全主张之间的平衡。[17] 是第三次海洋法会议谈判艺术和政治博弈的重要结晶。[18]

但如前所述，过境通行制度如同《公约》是折中、妥协之产物，那么必然《公约》本身在其制定过程中为顾及各方利益会存在规定不够清晰之处，因为《公约》欲获得通过，必然要顾及最大数量国家的赞成。反过来想，这也为《公约》的解释留下很大空间。我们看到，从《公约》制定后三十余载的实践来看，"国际海峡的问题层出不穷，

---

〔10〕 See Wiilam Burke, "Consequences for Territorial Sea Claims of Failure to Agree at the Next Law of the Sea Conference, Law of Sea: A New Geneva Conference", In Proceedings of the "6th Annual Conference of the Law of the Sea Institute", 1972, p. 41.

〔11〕 See A/AC. 138/SC. IIIL. 18, article 5, paragraph 4, reproduced in III SBC Report 1973, p. 3, 5 (Cyprus, Greece, Indonesia, Malaysia, Morocco, Philippines, Spain and Yemen); A/AC. 138/SC. IIIL. 42 and Corr. 1, article 4, paragraph 2, reproduced in III SBC Report 1973, p. 91, 94 (Fiji).

〔12〕 21 I. L. M. (1982), 1261, in force since 16 November 1994.

〔13〕 *Commentary*, p. 285.

〔14〕 See Tommy T. B. Koh, of Singapore, President of the Third United Nations Conference on the Law of Sea, in The Law of Sea: Official Text of the United Nations Convention on the Law of the Sea with Annexes and Index (United Nations 1983), p. xxxiii.

〔15〕 John R. Stevenson, Bernard H. Oxman, "The preparation for the Law of the Sea Conference", *American Journal of International law*, 68 (1974), p. 1, 3-4; Satya N. Nandan, "The provisions on Straits Used for International Navigation in the 1982 United Nations Convention on the Law of the Sea", *SJICL.*, 393 (1998), p. 393.

〔16〕 国际民航组织评价其为"两种制度的中间点", See Secretariat Study, United Nations Convention on the Law of the Sea-Implication, if any, for the application of the Chicago Convention, its Annexes and other international air law instruments, ICAO doc. C-WP/777 (1984, mimeo.), paras. 9. 1 and 9. 3. Reproduced as LC/26-WP/5-1 (1987, mimeo.) in 3 NILOS YB (1987), p. 243, 251.

〔17〕 See Document A/CONF. 62/C. 2/L. 19 (1974), Art 9, III Off Rec 196, 198 (Fiji). See also document A/AC. 138/SC. II/L. 42 and Corr 1, Art 9, reproduced in III SBC Report 1973, p. 91, 97 (Fiji).

〔18〕 See M. H. Nordquist and C. Park (eds.), Reports of the United States Delegation to the Third United Nations Conference on the Law of Sea, Law of the Sea Institute Occasional Paper, No. 33, 1983.

这特别体现在海峡沿岸国的环境保护和航行安全"[19]。正如 B. H. Oxman 教授所言，海峡问题之最大困境在于商业需求与环境保护之矛盾，很多评论者担心沿岸国之环境问题的严重性会破坏《公约》之新海洋法体系[20]。1982 年《公约》制定出来后，各国也在实践中进一步寻求平衡："他们试图保有通行制度、通过国际合作以及通过国际争端机制以推动和保持海峡沿岸国和使用国间的相互信任进而解决《公约》适用过程中的问题。"[21]

二、《公约》第 43 条的适用范围及制度价值

（一）适用范围

《公约》第 43 条规定了海峡使用国和海峡沿岸国在环境保护方面合作的义务。这样看来，"《公约》第 43 条为各国环境问题上利益平衡的实现提供了新的契机"[22]。同时，"《公约》第 43 条为各国建立环境保护合作构建了框架。"[23]

《公约》第 43 条规定在《公约》第三部分"用于国际航行的海峡"，更确切地说，规定于第三部分的第二节"过境通行"："本节适用于在公海或专属经济区的一部分和公海或专属经济区的另一部分之间的用于国际航行的海峡。"[24] 第二节确立了过境通行权，即"专为在公海或专属经济区的一部分和公海或专属经济区的另一部分之间的海峡继续不停和迅速过境的目的而行使航行和飞越的自由"[25]。因此，《公约》第 43 条应是专门适用于国际海峡下的过境通行制度的。

当然并非所有的国际海峡都适用过境通行制度。《公约》将三种海峡排除在过境通行制度之外。[26]

第一种例外情形为："如果穿过某一用于国际航行的海峡有在航行和水文特征方面同样方便的一条穿过公海或穿过专属经济区的航道，本部分不适用于该海峡。"[27] 此

〔19〕 Jon M. Van Dyke, "Rights and Responsibilities of Strait States", in *Navigating Straits*: *Challenges for International Law*, A Law of Sea Institute Publication, 2013, p. 44.

〔20〕 See B. H. Oxman, "Centennial Essay, The territorial Temptation: A Siren Song at Sea", 100 *AM. J. INT'L. L*, (2006), p. 830.

〔21〕 David D. Caron, "The Great Straits Debate: The Conflict, Debate, and Compromise that Shaped the Straits Article of the 1982 United Nations Convention on the Law of the sea", in *Navigating Straits*: *Challenges for International Law*, A Law of Sea Institute Publication, 2013, p. 32.

〔22〕 See B. H. Oxman, "Centennial Essay, The territorial Temptation: A Siren Song at Sea", *AM. J. INT'L. L*, 100 (2006), p. 830.

〔23〕 Satya N. Nandan, "The provisions on Straits Used for International Navigation in the 1982 United Nations Convention on the Law of the Sea", 2 *SJICL*. 393 (1998), p. 397.

〔24〕 《公约》第 37 条。

〔25〕 《公约》第 38 条第 2 款。

〔26〕 参见 〔美〕路易斯·B. 宋恩等：《海洋法精要》，傅崐成等译，上海交通大学出版社 2014 年版，第 126 页。

〔27〕 《公约》第 36 条。最为典型的为意大利的墨西拿海峡，位于意大利半岛和西西里岛之间，而西西里岛与地中海有一条在航行和水文方面同样方便的穿过专属经济区的航道，因此墨西拿海峡构成例外情形。

时，应用无害通过制度替之以适用。

第二种例外情形为："某些海峡的法律制度，这种海峡的通过已全部或部分规定在长期存在、现行有效的专门关于这种海峡的国际公约中。"[28] 当然这些海峡适用于这些国际条约规定的通行制度，一般为无害通过制度。

第三种例外情形是"如果海峡是由海峡沿岸国的一个岛屿和该国大陆形成，而且该岛向海一面有在航行和水文特征方面同样方便的一条穿过公海或穿过专属经济区的航道"，[29] "过境通行就不应适用，而适用无害通过制度，且在这种海峡中的无害通过不应予以停止。"[30]

上文分析可见，《公约》第三部分于不同情形的国际海峡下，规定了两种不同的通行制度即第二节的过境通行制度适用于大部分国际海峡以及第三节的无害通过制度仅仅适用于一部分例外情形的海峡。换言之，除了少数例外情形，过境通行制度适用于大多数的国际海峡。

（二）制度价值

从《公约》第三部分的篇章布局和《公约》制定过程的历史分析，"在国际海峡区域，无害通过制度和过境通行制度是相互补充关系的"[31]。不可否认，如本文第一部分所述，在第三次海洋法会议确立过境通行制度之前，在国际海峡区域一以贯之适用的制度是无害通过制度，所以无害通过制度与过境通行制度在调整海峡船舶通行制度方面也具有一定程度上的取代关系。

虽然我们看到两种制度规制了与通行有关的几乎完全相同的领域，但其制度之规制方式却是有诸多不同。"最为明显之处便是其对环境污染规制方面的不同。"[32]

无害通过制度下，沿岸国具有强大的单方面管理权限。[33] 但是在过境通行制度下，沿岸国的管理权限受到极大的限制。首先，沿岸国关于海峡安全事项和交通航道的法律规章需要同国际海事组织协商，合作拟定提议[34]。可见对于沿岸国过境船舶类型（如载有危险物质的船舶、排污量大的船舶）的管控能力比较薄弱。第二，沿岸国关于规制

---

〔28〕 《公约》第 35 条（c）款。值得注意的是，这样的海峡比较多，包括达达尼尔海峡和博斯普鲁斯海峡（土耳其）、麦哲伦海峡（阿根廷和智利）、贝尔特海峡（丹麦）和松德海峡（丹麦和瑞典）、阿兰海峡（瑞典和芬兰）等。See *Commentary*, p. 308.

〔29〕 《公约》第 38 条第 1 款。

〔30〕 《公约》第 45 条。

〔31〕 B. H. Oxman, "Observations on the Interpretation and Application of Article 43 of the United Nations Convention of the Law of the Sea with Particular reference to the Straits of Malacca and Singapore", *Singapore Yearbook of international law* 3（1999），p. 413.

〔32〕 B. H. Oxman, "Observations on the Interpretation and Application of Article 43 of the United Nations Convention of the Law of the Sea with Particular reference to the Straits of Malacca and Singapore", *Singapore Yearbook of international law* 3（1999），p. 413.

〔33〕 《公约》第 18 条，第 19 条，第 21 条，第 22 条，第 25 条第 1 款，第 211 条第 4 款，第 220 条第 2 款。

〔34〕 《公约》第 41 条，第 42 条第 1 款。

船舶污染的规章必须"使有关在海峡内排放油类、油污废物和其他有毒物质的适用的国际规章有效，以防止、减少和控制污染"[35]。换句话说，其制定法律、规章的权力是受到很大限制的。更为关键的是，过境通行制度下，沿岸国法律规章的执行力问题《公约》第三部分并未提及，需要适用《公约》第 233 条以赋予执行力。但《公约》第 233 条的适用前提是要有"重大损害或重大损害威胁"，且要求执行措施应"适当"[36]，这给沿岸国法律规章执行力带来很多难题。[37] 由于《公约》第 233 条的实施其实限于一种"严重情形"，即要求"重大损害或重大损害威胁"，所以很大程度上第 233 条并不发挥赋予执行力的实际作用。[38] 第三，有意思的是，沿岸国一项重要义务是"不应妨碍过境通行"[39]。也就是说，即便是存在航行安全和环境污染之危机，沿岸国也不得认定过境通行"并非无害"而停止船舶过境通行。第四，由于军舰在过境通行时具有豁免权，[40] 军舰往往携带大量武器和特殊装备，若发生安全事故必然会对海峡环境产生巨大不利影响。所以 Tullio Scovazzi 教授批评这种豁免为"环境法领域内的预防原则的一个非常具有争议性的例外情形"[41]，显然其不利于沿岸国对海峡环境的保护。

为进一步清晰明见，笔者用列表法对比《公约》下国际海峡的两种制度下沿岸不同的管辖权。

表 1　无害通过制度和过境通行制度的对比[42]

沿岸国权限		无害通过制度	过境通行制度
沿岸国法律规章的制定权限	立法事项	"沿岸国可依本公约规定和其他国际法规则，对下列各项或任何一项制定关于无害通过领海的法律和规章：（a）航行安全和海峡交通……（h）防止违反沿岸国的海关、财政、移民或卫生的法律和规章"[43]，总共 8 项事宜，范围相当广泛。	"在本节规定的限制下，沿岸国可对下列各项或任何一项制定关于通过海峡的过境通行的法律和规章：（a）第 41 条……（d）违反海峡沿岸国海关、财政、移民或卫生的法律和规章，上下任何商品、货物或人员"[44]。总共 4 项事宜，规定地相对抽象且受到诸多限制，下表将进一步分析。

〔35〕《公约》第 42 条，第 233 条。

〔36〕［美］路易斯·B. 宋恩等：《海洋法精要》，傅崐成等译，上海交通大学出版社 2014 年版，第 128 页。

〔37〕Jon M. Van Dyke, "Rights and Responsibilities of Strait States", in *Navigating Straits：Challenges for International Law*, A Law of Sea Institute Publication, 2013, p. 40.

〔38〕Satya N. Nandan, David H. Anderson, "Straits Used for International Navigation：A Commentary on Part III of the United Nations Convention on the Law of the Sea 1982", *British Yearbook of International Law*, (1989), p. 192.

〔39〕《公约》第 44 条。

〔40〕《公约》第 42 条第 5 款。

〔41〕Tullio Scovazzi, *Management Regimes and Responsibility for International Straits*, *The Straits of Malacca：International Cooperation in Trade, Funding and Navigational Safety*：Maritime Institute of Malaysia, Kuala Lumpur, Pelanduk Pubication, 1997, p. 338.

〔42〕此表为本文作者自行制作。

〔43〕《公约》第 21 条第 1 款。

〔44〕《公约》第 42 条第 1 款。

续表

沿岸国权限		无害通过制度	过境通行制度
沿岸国法律规章的制定权限	立法权的限制	"这种法律和规章除使一般接受的国际规则或标准有效外，不应适用于外国船舶的设计、构造、人员配备或装备"〔45〕。可见，沿岸国的这种立法只需达到一般国际标准即可。对其立法权力限制相对较小。	"使有关在海峡内排放油类、油污废物和其他有毒物质的适用的国际规章有效，以防止、减少和控制污染"〔46〕。这种国内立法负担着将国际法转化的义务，可见对其国内立法权限制相对较大。
	法律执行力	"如有明显证据认为在一国领海内航行的船只，在通过领海时，违反关于防止、减少和控制来自船只的污染的该国按照本公约制定的法律和规章或可适用的国际规则和标准……可就违反行为对该船进行实际检查，并可在有充分证据时……提起司法程序，包括对该船的拘留在内"〔47〕。分析可得，《公约》对其违反法律和规章的责任及沿岸国的执行力做了十分清晰、明确的规定，并对沿岸国可开展的司法程序做了充分规定。	"如外国船舶违反了第四十二条第 1 款（a）和（b）项所指的法律和规章，对海峡的海洋环境造成重大损害或有重大损害威胁，沿岸国可采取适当执行措施……"〔48〕，这里沿岸国"可采取适当执行措施"被附加了一系列条件，首先必须是构成对第 42 条所指的法律和规章的违反，还必须达到"重大损害"或"重大损害威胁"。
	法律责任豁免	《公约》并没有规定。	"对于享有主权豁免的船舶，对海峡沿岸国造成损失由其船旗国负国际责任"〔49〕。这种间接的追责机制不利于预防原则的实施，对海峡沿岸国环境利益构成很大威胁。
沿岸国的保护权		"沿岸国可在其领海内采取必要的步骤以防止非无害的通过。在船舶驶往内水或停靠在内水外的港口设备的情形下，沿岸国也有权采取必要的步骤，以防止对准许这种船舶驶往内水或停靠港口的条件的任何破坏"〔50〕。	无沿岸国保护权的规定，只有"过境通行不应予以停止"〔51〕。

---

〔45〕《公约》第 21 条第 2 款。

〔46〕《公约》第 42 条第 1 款（b）项。

〔47〕《公约》第 220 条第 2 款。

〔48〕《公约》第 233 条。

〔49〕《公约》第 42 条第 5 款。

〔50〕《公约》第 25 条。

〔51〕《公约》第 44 条。

续表

沿岸国权限	无害通过制度	过境通行制度
装载核物质、有毒有害物的船舶的通行	"外国核动力船舶和载有核物质的船舶或其他本质上危险或有毒物质的船舶，在行使无害通过领海时，应持有国际协定为这种船舶所规定的证书并遵守国际协定所规定的特别预防措施"[52]。	没有此项规定。
向外国船舶征收费用	"对通过领海的外国船舶，仅可作为对该船舶提供特定服务的报酬而征收费用"[53]。	没有此项规定。

从上表可以看出，"虽然过境通行制度作为折中制度下沿岸国仍保有对于船舶航行及其环境污染管控的权限"[54]，但是，"过境通行制度作为制度折中之产物，通过以上多方面的分析可得，沿岸国管控权限不及无害通过制度"[55]。

过境通行制度其本身作为介于无害通过制度和自由通航制度的"中间制度"使得海峡沿岸国对于其领海范围内的环境事务的管控力比较薄弱，而且随着近年来航运压力日益增加，国际海峡水域污染和船舶碰撞事件频发，给国际海峡的环境维护带来巨大压力[56]，因而有十分紧迫之必要开展环境污染治理上的国际合作。因此，《公约》第43条的适用具有其独立价值。通过《公约》上述制度安排可以推断，类似《公约》第43条的合作义务并未出现在无害通过制度下（no equivalent），而且这样的省略绝非偶然。"我们看到在第三次海洋法会议中，商讨制定无害通过制度（公约第二部分）及海峡制度基本上是同一批与会代表。斐济代表和英国代表在修订无害通过制度（在日内瓦四公约的基础上）和新的过境通行制度上都发挥着关键性的作用。于是可以合理推测，若是两个制度在措辞和条款规定上有任何不同之处，应是立法者为达到"区分"之目的所为。"[57] 因此可以认为"《公约》第43条被立法者精细雕琢，其目的是为了鼓励沿岸国

---

[52] 《公约》第23条。

[53] 《公约》第26条。

[54] Satya N. Nandan, "The provisions on Straits Used for International Navigation in the 1982 United Nations Convention on the Law of the Sea", *SJICL.*, 393 (1998), p. 397.

[55] B. H. Oxman, "Observations on the Interpretation and Application of Article 43 of the United Nations Convention of the Law of the Sea with Particular reference to the Straits of Malacca and Singapore", *Singapore Yearbook of international law* 3 (1999), p. 416.

[56] See http://www.thestar.com.my/story/? file = % 2f2006% 2f1% 2f2% 2fmaritime% 2f12941448&sec = maritime. 最后访问日期：2015年5月25日。

[57] See S. N. Nandan and D. H. Anderson, "Straits Used for International Navigation: A Commentary on Part III of the United Nations Convention on the Law of the Sea 1982", *BYIL*, 159 (1989), p. 193.

和使用国展开合作"〔58〕，而且，甚至有海洋法会议当时的立法者撰文认为，"《公约》第43条被制定出来，就是用以解决沿岸国对于海峡管控力的不足所引发的环境和安全困境"〔59〕。

三、《公约》第43条构成要素分析——以文义和历史解释为视角

《公约》第43条〔60〕规定了海峡使用国和海峡沿岸国在环境污染方面的合作。结合《公约》第43条的内容，我们着重分析以下几个构成要素：《公约》第43条的合作制度是否具有强制性？《公约》第43条合作方式上是否允许沿岸国向过境船舶收取费用？《公约》第43条合作主体包括哪些？"使用国"（user states）概念做何界定？

因此，此时就涉及《公约》第43条的解释和适用问题，其一，《维也纳条约法公约》第31条第1款规定："条约应依其用语按其上下文并参照条约之目的及宗旨所具有之通常意义，善意解释之。"其二，《维也纳条约法公约》第32条标题为"解释之补充资料"，其规定："所获结果显属荒谬或不合理时，为确定其意义起见，得使用解释之补充资料，包括条约之准备工作及缔约之情况在内。"本部分将依照以上《维也纳条约法公约》的条约解释方法展开讨论。

（一）合作强制性

《公约》中文文本〔61〕表述第43条时，使用的是"应对下列各项通过协议进行合作"，那么从中文语义的角度来看，显然"应"表示合作具有强制性。

但是通过对《公约》英文文本的解读并不能得出这个结论。因为《公约》第43条使用的语言是should而并非是代表强制性的shall。我们需要通过上下文解释审视《公约》整体语言风格进行推论。《公约》规定强制性义务时，都用shall而并非may或should。用文字检索的方法算出《公约》有239处用shall表达强制性义务。如果表达shall cooperate这样一种强制性合作的义务，《公约》从第130条第2款到第278条共有25处。

例如，《公约》第130条是关于避免或消除过境运输发生迟延或其他技术性困难的措施，第130条第2款表述为："如果发生这种迟延或困难，有关过境国和内陆国的主

---

〔58〕 Satya N. Nandan, "The provisions on Straits Used for International Navigation in the 1982 United Nations Convention on the Law of the Sea", 393 *SJICL* (1998), p. 397.

〔59〕 B. H. Oxman, "Observations on the interpretation and Application of Article 43 of the United Nations Convention of the Law of the Sea with Particular reference to the Straits of Malacca and Singapore", *Singapore Yearbook of international law*, 3 (1999), p. 416.

〔60〕 《公约》第43条规定："海峡使用国和海峡沿岸国应对下列各项通过协议进行合作：（a）在海峡内建立并维持必要的助航和安全设备或帮助国际航行的其他改进方法；和（b）防止、减少和控制来自船舶的污染。" http：//www.un.org/Depts/los/convention_agreements/texts/unclos/unclos_c.pdf，访问日期：2015年5月18日。

〔61〕 http：//www.un.org/Depts/los/convention_agreements/texts/unclos/unclos_c.pdf，访问日期：2015年5月18日。

管当局应（shall）进行合作，迅速予以消除。"再如，《公约》第143条有关海洋科学研究，第143条第3款表述为："各缔约国可在'区域'内进行海洋科学研究。各缔约国应（shall）以以下方式促进'区域'内海洋科学研究方面的国际合作。"《公约》第130条第2款、第143条第3款都是用shall将这种义务强制化。[62] 通过对比可见，《公约》没有用should这样带着劝说性的语气表达强制义务。换句话说，《公约》条文的语言风格表明should的语气是劝说性的，而shall的语气则是强制性的，二者有很大的区别。[63]

我们从《联合国海洋法公约评注》上的表述来看，"第43条并未提供一个具有直接强制效力的合作机制以保证这样的合作机制得到海峡使用国的遵守"[64]。显然，《联合国海洋法公约评注》本身并不认为第43条的合作机制具有强制力。

因此，从文义解释的角度解读不能得出《公约》第43条的合作机制具有强制性的结论。为了进一步加强论证，我们回顾第43条制定的历史，可以看到立法者的态度也是在否认第43条的强制性。

从浩若星辰的历史资料中，我们发现在第三次海洋法会议中，1974年英国的提议表现出"合作方式共同分担费用"的合作思维。这体现在英国提议的第5条，[65] 其内容关于强制力问题可以总结为以下两方面：第一，各国可以（should）通过协议的方式开展以下领域的合作：在海峡内建立并维持必要的助航和安全设备或帮助国际航行的其他改进办法或防止、减少和控制来自船舶的污染。第二，英国的提议选择用劝说性的should措辞来引导各国合作而不是采取强制性的shall。英国的提议被收录到第三次海洋法会议的工作文件中，[66] 成为推动会议进程的重要提议。由此可见，作为推动会议进行的重要方案，[67] 反映了与会大多国对待"强制力问题"的态度——即赞同海峡合

---

[62] 类似的分析路径参见 Nilufer Oral , "Straits Used in International Navigation, User Fees and Article 43 of the 1982 Law of the Sea Convention", *Ocean Y. B*, 561 (2006), p. 584。

[63] 持相同观点的学者如：Nilufer Oral 教授认为在《公约》话语体系下，shall 的语气是 mandate（强制性），should 是 hortatory（劝说性），may 是 permissive（建议性）；第三次海洋法会议海底委员会总秘书长 Satya N. Nandan 先生认为《公约》第43条的用语是"故意采用劝说性的语气"（deliberately hortatory in nature），See Nilufer Oral , "Straits Used in International Navigation, User Fees and Article 43 of the 1982 Law of the Sea Convenion", 20 *Ocean Y. B*, 561 (2006), p. 586; See also Satya N. Nandan, "The provisions on Straits Used for International Navigation in the 1982 United Nations Convention on the Law of the Sea", 2 *SJICL.* , 393 (1998), p. 397.

[64] *Commentary*, p. 583.

[65] 其具体内容为："使用国和沿岸国可以通过协议方式开展如下合作：在海峡内建立并维持必要的助航和安全设备或帮助国际航行的其他改进方法的合作和防止、减少和控制来自船舶的污染方面的合作。"See A/CONF. 62/C. 2/L. 3 (1974), Chapter III, article 5, III Off. Rec. 183, 186 (U. K.) .

[66] A/CONF. 62/L. 8/Rev. 1 (1974), Annex II, Appendix I (A/CONF. 62/C. 2/WP. 1), Provision 67, III Off. Rec. 93, 107, 117 (Rapporteur general) (Main Trends) .

[67] 《〈联合国海洋法公约〉评注》第382页记录："英国的提议成为代表会议主流观点的工作文件组成部分，作为第67款加入到工作文件中。"可见在1974年联合国海洋法大会中，与会国家对于英国的提议持赞成和支持的态度。

作机制的"非强制性"。

1974 年，马来西亚、摩洛哥、也门、阿曼组成的沿岸国利益团体提出的提议中，却体现出一种不同风格的合作思维方式。其内容为："沿岸国可以（May）要求海峡受益国（Interested States）和合适的国际组织（appropriate international organizations）在海峡内开展建立并维持必要的助航和安全设备领域的合作。"[68]该条将在海峡开展合作规定为沿岸国的一种权利，而并非沿岸国和使用国之间的一种义务。而且，值得注意的是，同样在本次提议中，该四国团体提出的合作机制上使用了 may，表明非强制性的意愿。

同时，1975 年阿曼的提议[69]和 1976 年也门[70]、西班牙的提议[71]也都使用了 should cooperate 表达海峡合作的非强制性。

从以上的材料我们可以得出结论：对于《公约》第 43 条所涉及领域是强制性合作还是非强制性合作的问题上，各国提议一致都采用 should，甚至是 may，并且没有一个国家的提议使用了 shall。可见与会各国的态度是将第 43 条的合作"去强制化"。[72]

最后，我们回到现实层面上看，海峡问题是一个实地适用问题。每个海峡的情况不同，对第 43 条具体如何适用也就涉及一个因地制宜（strait-by-strait）的过程。[73]因此，对于第 43 条，不同海峡采取不同的合作制度既符合条文本义又是法理使然。因此，可以推断《公约》的立法者意图不可能也没有任何必要将第 43 条的义务强制化。

综上所述，无论从《公约》第 43 条文义解释、制定历史还是从立法者意图的角度，其规定的合作机制都是没有强制性的。

（二）合作方式

我们看到《公约》第 43 条在合作强制性上是"劝说性"而非"强制性"，这样一种"去强制化"的合作机制会引起新的思考——既然各国之间合作出于自愿，那么能否以《公约》第 43 条为依据，直接向船舶征收费用以解决环境问题呢？部分国际法学者认为，《公约》第 43 条项下的合作方式下可以对过境船舶直接收费[74]。甚至，笔者发

---

〔68〕 A/CONF. 62/C. 2/L. 16（1974），article 23，III Off. Rec. 192，195（Malaysia，Morocco，Oman and Yemen）.

〔69〕 Oman（1975，mimeo.），fourth article. Reproduced in IV Platzodered. ，*Third United Nations Conference on the law of the sea*：*Documents*，*Oceana Publications*，1982～1988，（hereinafter "*Platzoder*"），p. 267，268.

〔70〕 Yemen（1976，mimeo. ），fourth article. Reproduced in IV of *Platzoder*，p. 267，268.

〔71〕 Spain（1976，mimeo. ）article 41，para. 1（RSNT II）. Reproduced in IV of *Platzoder*，p. 396，398.

〔72〕 第三次海洋法会议海底委员会总秘书长 Satya N. Nandan 先生称《公约》第 43 条的合作是"不具有直接强制力"（no direct enforcement mechanism），See Satya N. Nandan，"The provisions on Straits Used for International Navigation in the 1982 United Nations Convention on the Law of the Sea"，2 *SJICL.*，393（1998），p. 397.

〔73〕 持相同观点的论文，See M. L. Pal and G. Gottesche-Wanli，"Proposed Usage and Management of the Fund Part IV：Funding and Managing International Partnerships"，*Singapore Yearbook of International Law*，3（1993），p. 103。

〔74〕 See Jon M. Van Dyke，"Rights and Responsibilities of Strait States"，*Navigating Straits*：*Challenges for International Law*，A Law of Sea Institute Publication，2013，p. 36.

现英国在 1997 年、1998 年在国际海事组织（IMO）关于海峡合作的提议[75]中也指出第 43 条项下的合作机制是可以向船舶直接收费的。

《公约》第 43 条本身没有提到收费问题，所以我们有必要回溯第 43 条制定过程中各国的立法来推测立法者对能否以《公约》第 43 条为依据向船舶收费的态度。我们从第三次海洋法会议的立法历史资料中发现对这一问题的回应。

1973 年海底委员会主持的会议讨论中，很多国家主张建立收费机制下的海峡合作，即要求海峡使用国就沿岸国对于维护海峡安全所需要的费用提供补偿。马耳他在其提议文件[76]中谈及这一问题，马耳他的提议内容在 1973 年海底委员会主持的许多提议文件中有所反映，[77] 可见其内容体现与会国家的主流观点。马耳他提议开门见山地指出"不能因船舶过境通行而向其收取任何费用"[78]，并在提议中指出"如果沿岸国向过境船舶收费，则必须与使用国签订协议"[79]。

我们从马耳他提议的内容来看，"在该区域，如果沿岸国需要对过境船舶征收任何费用则需要以签订特定条约为前提。"[80]

可见，这样的一种资金运作链条是沿岸国向使用国收费的，是"国与国"之间的收费。如果沿岸国向过境船舶因为过境或者提供特定服务的原因收费，则必须签订协议。

1974 年，作为主流工作文件组成部分的英国的提议[81]也十分明确地表明：第一，"本条任何'合作方式共同分担费用'的义务主体是国家，而并非任何船舶或飞行器。"[82] 换句话说，沿岸国不能根据本条规定向过境船舶或飞行器收取任何有关费用。第二，英国的提议也十分明确地指出："本条的目的不在于赋予沿岸国收费的权利，而在于提供一种各国在助航、安全和环境保护、污染防治领域的合作。"[83]

值得一提的是，1976 年会议中，马来西亚提交的一份非正式提议[84]中指出应在第 43 条中增加另外 2 款，内容为："对外国船舶不得仅以其过境通行为由而征收任何费用。对过境通行的外国船舶，仅可作为对该船舶提供特定服务的报酬而征收费用，征收上述

〔75〕　Documents LEG 76/INF 2 of 12 September 1997, LEG 77/10 of 20 March 1998.

〔76〕　A/AC. 138/SC. II/L. 28, article 39, paragraph 1, and article 40, para. 2 ~ 4. Reproduced in III SBC Report 1973, at 35, 51（Malta）.

〔77〕　Item 4, "Straits used for interntional navigation", Variant C, article 39, paragraph 1, and article 40, paragraph 2 – 4, reproduced in IV SBC Report 1973, at 50, 52.

〔78〕　*Commentary*, p. 380.

〔79〕　*Commentary*, p. 381.

〔80〕　A/AC. 138/SC. II/L. 28, article 39, paragraph 1, and article 40, paragraphs 2 ~ 4. Reproduced in III SBC Report 1973, at 35, 51（Malta）.

〔81〕　A/CONF. 62/L. 8/Rev. 1（1974）, Annex II, Appendix I（A/CONF. 62/C. 2/WP. 1）, Provision 67, III Off. Rec. 93, 107, 117（Rapporteur general）（Main Trends）.

〔82〕　*Commentary*, p. 381.

〔83〕　*Commentary*, p. 381.

〔84〕　Malaysia（〔1976〕, mimeo.）, article 41, para. 1（RSNT II）. Reproduced in IV of *Platzoder*.

费用不应有任何歧视。"可见其内容与《公约》第 26 条第 2 款过境船舶收费制度基本一致。但是,本段所指的提议都没有在接下来的会议文件中被采纳进去[85],换句话说,大多数国家并不认同这样的提议。

从以上材料可以得出结论:从《公约》制定过程上看,对于《公约》第 43 条的合作有没有以过境通行或提供特定服务为前提,赋予沿岸国向过境船舶收取任何费用的权利,与会各国一直持消极(silent)态度。其一,最开始的 1973 年的马耳他提议以及受到与会代表推崇的英国 1974 年提议也明确表明"不向过境船舶收费"。其二,马来西亚在 1976 年提出加入类似于第 26 条第 2 款直接向船舶收费的立法提议,也被与会各国所漠视。因此,立法者在《公约》第 43 条关于收费问题的态度上是消极的。

即便从文义解释的角度出发,我们也得出《公约》第 43 条对其合作下的直接收费制度采取消极态度。

首先,《〈联合国海洋法公约〉评注》指出:"我们看到,《公约》并没有任何一项条款规定了沿岸国可以因仅仅过境通行而收取任何费用的权力。"[86]

然而我们注意到学界对这一问题存在不同观点。这主要基于《公约》第二部分(无害通过制度)第 26 条第 2 款规定了以沿岸国提供特定服务为前提的直接收费制度[87],有学者认为可以将第 26 第 2 款沿岸国向外国船舶征收费用的权利类推适用到《公约》第三部分中。Jon M. Van Dyke 教授类比了无害通过制度下第 26 第 2 款的收费制度与过境通行制度,认为过境通行制度下并不禁止适用第 26 第 2 款的收费制度。他在文中说:"《公约》第三部分没有一个条款禁止第 26 第 2 款的适用。而且,我们看到第 26 第 2 款也并不与第三部分的目的相冲突。"然后,Jon M. Van Dyke 教授进一步从现实角度出发,认为在过境制度的海峡实现收费制度有利于保证海峡沿岸国和使用国在经济负担上的平衡。[88]

即便学界对这一问题存在广泛的争论,但我们有理由认为,第 26 第 2 款是不能类推适用在《公约》第三部分的,更不能包括在第 43 条的合作框架之内。前文提及,沿岸国对特定服务收费的权利在《公约》第三部分并未规定,在《公约》第 26 第 2 款规定的收费权利显然是仅仅适用于《公约》第二部分无害通过制度的情况。通过前文比较可知,《公约》第二部分无害通过制度和第三部分过境通行制度是两个相似的制度,但

---

[85] A/CONF. 62/WP. I0/Rev. 2(ICNT/Rev. 2, 1980, mimeo.), article 43. Reproduced in II of *Platzoder* p. 3, 35; A/CONF. 62/WP. 10/Rev. 3 *(ICNT/Rev. 3, 1980, mimeo.), article 43. Reproduced in II of *Platzoder* p. 179, 211; A/CONF. 62/L. 78(Draft Convention, 1981), article 43, XV Off. Rec. 172, 182.

[86] *Commentary*, p. 383.

[87] 《公约》第 26 条规定:"沿岸国可对通过领海的外国船舶,仅可作为对该船舶提供特定服务的报酬而征收费用。征收上述费用不应有任何歧视。"

[88] Jon M. Van Dyke, "Rights and Responsibilities of Strait States", *Navigating Straits: Challenges for International Law*, A Law of Sea Institute Publication, 2013, p. 36.

《公约》立法之所以将其分开是为了区分，而且《公约》第三部分在立法上措辞是十分谨慎的。[89] 因此绝不能在解释《公约》时，认为二者可以类推，否则有违《公约》本身的文义。[90] 我们还看到，全程参与第三次海洋法会议立法的 B. H. Oxman 教授认为"《公约》第三部分省去第二部分第 26 第 2 款的内容是立法者有意所为"[91]，这就进一步论证了不可类推适用第 26 第 2 款的观点。所以，我们认为第二部分第 26 条第 2 款的规定体现了无害通过和过境通行制度的区分，《公约》第三部分没有规定，就不存在沿岸国家依据《公约》第 43 条进行收费的权利。

那么如何实现通过对船舶提供特定服务的报酬进而征收费用的权利呢？《〈联合国海洋法公约〉评注》给出了回答："《公约》第 43 条并没有规定在用于过境通行的国际海峡的制度框架下，沿岸国有任何可以通过对船舶提供特定服务的报酬而征收费用的权利。因此，若是要实现这种征收费用，必须要能够达成特定的协议来规定征收费用问题。"[92] 显然，这里的协议是指实施《公约》第 43 条合作事务的具体协议。

总结上述论述，得出的结论为：其一，《公约》第 43 条并没有规定沿岸国可以仅仅针对过境通行或沿岸国特定服务而收取任何费用，但亦没有禁止。若沿岸国要实现通过对提供特定服务的报酬而征收费用的权利，必须首先与使用国达成特定协议，将其转化为条约义务，这是征收费用的前提条件。其二，不能根据第 26 条第 2 款类推出《公约》第 43 条赋予了沿岸国通过提供特定服务而向过境船舶征收费用的权利。[93]

（三）合作主体——对"使用国"概念的讨论

上文充分讨论了合作强制性和合作方式的问题，似乎合作的框架已浮出水面。可仍有一个问题亟待回答：这样一种"国与国之间"（state-to-state）的"非强制性"（hortatory）的合作究竟其主体包括哪些国家？这一问题非常关键，因为这也密切关系到《公约》第 43 条合作来源于哪些国家的资助。《公约》第 43 条表述为："海峡沿岸国"（States bordering a strait）和"海峡使用国"（User States）。海峡沿岸国可通过地理标准得到判断，这并不存在争议。相反，"使用国"判断标准十分模糊：一是《公约》正文文本还是序言都没有对出现在 43 条的"使用国"概念做任何说明；二是学术界对于这

---

[89] See *Commentary*, p. 293，该页第 22 段表述："过境通行制度、无害通过制度和群岛水域通过制度是三个不同制度并且存在很多相似之处，一些词语采用了相同的表述，然而如有不同论述之处则是立法委员会刻意所为。"笔者推论，三个相似制度如果有不同安排，则是立法者刻意为了区分目的而做的调整。

[90] See S. N. Nandan and D. H. Anderson，"*Straits Used for International Navigation*：*A Commentary on Part III of the United Nations Convention on the law of the Sea 1982*"，60 BYIL 159（1989），p. 193.

[91] See B. H. Oxman，"Observations on the interpretation and Application of Article 43 of the United Nations Convention of the Law of the Sea with Particular reference to the Straits of Malacca and Singapore"，*Singapore Yearbook of International Law* 3（1999），pp. 408-426.

[92] *Commentary*，p. 383.

[93] 持同样观点的有：B. H. Oxman，"Observations on the Interpretation and Application of Article 43 of the United Nations Convention of the Law of the Sea with Particular reference to the Straits of Malacca and Singapore"，*Singapore Yearbook of International Law* 3（1999），pp. 408-426。

一概念也存在不同观点。

翻看《联合国海洋法公约评注》所记录的《公约》制定历史，英国在 1974 年的提议反映出立法者对于"使用国"定义的一些端倪。[94] 评注在论及英国提议时说道："提议并非将对沿岸国的经济补偿义务直接规定在过境船舶或飞行器上，而是将义务的主体限定在使用国——即过境通行的船舶所在国。"[95]

《〈联合国海洋法公约〉评注》作为解释《公约》最为权威的文件，其对立法态度和本义的反映是不能忽视的。然而，我们看到的《〈联合国海洋法公约〉评注》对"使用国"的定义仅仅出现在关于 1974 年英国提议上，并非是一个结论性的定义。而且，1974 年，英国提议对《公约》第 43 条的形成虽然发挥着巨大的作用，但是在后来会议讨论中亦做了很多修改。让人费解的是，1974 年后的第三次海洋法会议，各国对于何为"使用国"没有任何讨论的记录。因此，我们看到英国提议虽然反映出"使用国"的含义，但其显然不是结论性和终局性的。

立法者对"使用国"定义为何并没有给出明确解释，我们认为应当对"使用国"做广义解释。

《公约》本身对"使用国"应当做何解释采取了沉默的态度。如果我们认为"使用国"仅仅指船舶之船旗国，会导致那些并非提供船运，而立足于提供航运动力（如石油国）、收货方、发货方、保险和银行业务等国家在海峡航运中无需担负任何安全和环境义务。然而，不可忽视的是，这些国家亦从航运中获得很大的商业利益。显然，狭义解释会导致经济利益上的不平衡。举一个假设性的例子，一艘西班牙的船舶载着沙特阿拉伯国家的货物，目的港口是日本。其穿过马六甲海峡[96]从而节省了大量运费，西班牙作为船旗国从本次航运中获得诸多利益，但不可否认的是，沙特阿拉伯和日本同样在本次航运中获得收益，这样的一种收益为沙特阿拉伯和日本参与《公约》第 43 条的合作机制提供了合理化理由。

对其做广义的解释，即任何通过海峡航行获取相应利益的国家都是"使用国"。也就是说，从过境船舶的船旗国到其他任何由于通过海峡航行带来便利和节省资金的国家都是海峡的"使用国"，且无论其是直接利益还是间接利益的受益者。如果列举所有能够通过海峡航行获取相应利益的国家，其范围将是非常广泛的，典型的比如：提供航行所需石油或其他燃料的国家，提供银行担保、保险和单据服务的国家（一般为国有银行

---

[94] A/CONF. 62/C. 2/L. 3（1974），Chapter III，article 5，III Off. Rec. 183，186（U. K.）．

[95] *Commentary*，p. 381. 英国提议的原文表述是让人费解的，"拥有使用海峡的船舶的国家"［whose ships use the strait（user States）］，为什么不直接表述为船旗国（flag states）？但根据船舶国籍的"注册登记地"原则，推断这样表述等同于"船旗国"也是比较严密的。反过来说，如果不是"船旗国"，其他概念则更不相关了。

[96] 马六甲海峡符合科孚海峡案和《公约》第 37 条所指用于国际航行的海峡，且不属于《公约》第 35 条和《公约》第 36 条的任何例外情形，国际社会普遍承认其应适用过境通行制度。

或国家实际控制的银行），货物托运人的商业利益所属国家（进口国、出口国），等等。而且，对于使用国概念的讨论，在多篇论文中都有谈到。这些论文对于"使用国"的概念都是采用广义解释的[97]，不可忽视的是，这种广泛的海洋环境保护的参与制度亦有国家实践支撑，比如1971年设立的《国际油污损害赔偿基金的国际公约》，收货港口所在国家也参与到了基金会的建立中。[98]

有意思的是，现在越来越多国家的经济发展更多依赖于市场经济和私人企业的推动。[99] 因此，从条约实践角度来看[100]，进一步说，允许更多私人主体参与到《公约》第43条的合作中一方面促进和推动合作的运作和完善，另一方面也在这一过程中提高了私人主体之话语权。这样一种"私人主体的参与在海事领域实践中也很常见"[101]，所以《公约》第43条的实践不应当禁止这样的参与，其无疑也会推动海峡合作机制的发展。但必须承认的一点是，目前《公约》第43条的合作并没有真正付诸实践，也就是说《公约》第43条仍然处于休眠条款的状态，所以，目前对于"使用国"范围的讨论仅限于一种学理和假设性的推论，并无实践的支撑。

四、《公约》第43条合作机制的争端解决——以"麦氏金枪鱼案"为切入点

我们在明确《公约》第43条的合作强制性、合作方式和主体问题后，讨论其程序问题——争端解决机制便十分必要。

"关于《公约》第43条之争端可以适用《公约》第十五部分的争端机制。"[102]《公约》的争端解决机制是用来解决"有关本公约解释和适用的争端"的。因此，只有当存在争端而且该争端"有关公约的解释或适用"时，该机制才适用。[103] 对特定争端性质

---

[97] See S. Tiwari, "Funding and Managing International Partnerships: Legal Mechanisms for Establishing a Fund", *Singapore Journal of International and Comparative Law* 3, 2 (1999), p. 470-474; A. T. Khee-Jin, "Control of Pollution in the Straits of Malacca and Singapore: Modalities of Co-operation—Rapporteur's Report", 2 *SJICL*, (1998), *p.* 269-283; *Jon M. Van Dyke*, "Rights and Responsibilities of Strait States", in *Navigating Straits: Challenges for International Law*, A Law of Sea Institute Publication, 2013, p. 44.

[98] See Satya N. Nandan, "*The provisions on Straits Used for International Navigation in the* 1982 *United Nations Convention on the Law of the Sea*", 2 *SJICL*. 393 (1998), p. 398.

[99] 这一事实在《公约》1994年第六部分补充性协定中得到认可。

[100] Satya N. Nandan 教授认为"使用国"概念应当用"实践的，实用主义的视角得以阐释"（defined in a practical and pragmatic manner）。See Satya N. Nandan, "The provisions on Straits Used for International Navigation in the 1982 United Nations Convention on the Law of the Sea", 2 *SJICL*., 393 (1998), p. 398.

[101] B. H. Oxman, "Observation on the Interpretation and Application of Article 43 of UNCLOS with Particular reference to the Straits of Malacca and Singapore", 2 *SJICL*, 408 (1999), p. 418.

[102] *Commentary*, p. 383.

[103] See Shabtai Rosenne, Louis B. Sohn (vol. eds), *United Nations Convention on the Law of Sea* 1982: *A Commentary*, Martinus Nijhoff Publication, 1989, p. 18.

的判断将决定公约争端解决机制的可适用性。[104] 由于《公约》第 43 条的合作机制是通过协议（agreement）[105] 的方式展开，所以对于该协议产生的争端性质之判断就尤为关键。

那么如果合作各方对《公约》第 43 条合作机制下的协议发生争议，是否属于"有关本公约的解释或适用的争端"？分析"麦氏金枪鱼案"，对解决本问题具有重要意义，得出这一结论基于两点原因：第一，麦氏金枪鱼案中，《养护麦氏金枪鱼公约》是实施《公约》第 64 条高度洄游鱼种养护的具体协定，而《公约》第 43 条的沿岸国和使用国在海峡安全和环境上合作的协议亦是实施第 43 条具体合作事务的具体协定，二者具有高度类似性。第二，麦氏金枪鱼案是海洋法公约争端解决机制的经典案例，具有重要借鉴意义。[106]

（一）事实描述

麦氏金枪鱼（South Bluefin Tuna）是《联合国海洋法公约》附件一规定的高度洄游鱼，主要分布在南大洋的公海中，但也穿越一些国家的专属经济区和领海，特别是澳大利亚、新西兰和南非；而其主要销售市场在日本。[107] 1985 年日本、澳大利亚和新西兰为麦氏金枪鱼引入了一个总可捕量（TAC），并规定三国之国别配额。然而该总可捕量和国别配额一直处于持续争议状态。1993 年上述三国缔结了《养护麦氏金枪鱼公约》[108]，该《养护麦氏金枪鱼公约》第 16 条规定了解决"缔约国之间就本公约的解释或实施发生争端"的程序[109]。日本主张提高总可捕量，而澳大利亚和新西兰反对。因而 1998 年，日本宣布单方面实验性捕捞计划（experimental fishing programme），在原有

---

[104] 国际法院曾指出，为了决定管辖权这一初步事项，法院需要查明当事方各方间的争端。See *Fisheries Jurisdiction*（*Spain v. Canada*），Jurisdiction of the Court, Judgement of 4 December 1998, I. C. J. Reports 1998, p. 432, para. 33.

[105] 参见《公约》第 43 条。

[106] 该案涉及"异常复杂和重要问题"，对于理解"公约以及实施这一伟大的造法性条约规定的条约或与公约规定相关的条约中所包含的和平解决争端程序"极其重要。See *South Bluefin Tuna Case*, Jurisdiction and Admissibility, para. 44.

[107] *South Bluefin Tuna Case*, Jurisdiction and Admissibility, para. 21.

[108] Convention for the Conservation of Southern Bluefin Tuna, 1993 年 5 月 10 日制定，1994 年 5 月 20 日生效，http://www.ccsbt.org/userfiles/file/docs_english/basic_documents/convention.pdf，访问日期：2015 年 5 月 27 日。

[109] 《养护麦氏金枪鱼公约》第 16 条的内容为：（1）如果两个或更多缔约国之间就本公约的解释或实施发生任何争端，这些当事国应相互协商以求通过谈判、调查、调解、和解、仲裁、司法解决或其他他们自行选择的和平方法解决该争端。（2）任何未解决的此类争端，经每一案件中所有争端方的同意，应提交国际法院或仲裁解决；但未能就将争端提交国际法院或仲裁达成协议应不免除争端当事方继续使用上述第（1）款所规定的各种和平方法之一寻求解决争端的责任。（3）倘若争端被提交仲裁，仲裁法庭应按照本公约附件的规定组建。该附件构成本公约不可分割的组成部分。

配额基础上每年多捕捞 2010 吨。[110] 新西兰和澳大利亚虽提出强烈抗议、警告，但日本仍继续其单方面实验性捕捞计划，双方调解不成，最终澳大利亚和新西兰将争端提交给《联合国海洋法公约》附件七项下的仲裁法庭。

（二）法庭裁判

在仲裁庭有关管辖权的审理过程中，双方提出了截然相反的主张和论证。原告新西兰和澳大利亚主张这是一个有关《联合国海洋法公约》解释和适用的争端。它们强调，第一，《养护麦氏金枪鱼公约》目的是执行公约而非替代公约，[111] 是实施公约所设置的有关高度洄游鱼义务的手段而非逃避这些义务的手段。[112] 第二，它们认为《养护麦氏金枪鱼公约》与《联合国海洋法公约》不存在特别法优于一般法原则，《养护麦氏金枪鱼公约》是《联合国海洋法公约》第 64 条所许可的一种《联合国海洋法公约》实施条约。[113] 而被告日本认为，当事方之间有关麦氏金枪鱼的问题只受《养护麦氏金枪鱼公约》调整长达 26 个月之久，而《联合国海洋法公约》在三国之间的生效也并没有从根本上增强它们在这一问题上的条约关系。[114] 第三，原告所依赖的《联合国海洋法公约》条款已经全部被《养护麦氏金枪鱼公约》更为详细的规定所覆盖。按照特别法在实体和程序上的优先原则，应按照《养护麦氏金枪鱼公约》第 16 条来决定法庭的管辖权。[115]

该案的实质是争议是否属于《联合国海洋法公约》解释和适用之争端。法庭裁定："以澳大利亚和新西兰为一方，以日本为另一方的，有关日本在管理麦氏金枪鱼种群中的作用，特别是其单方面实验性捕捞计划的争端，虽然集中在《养护麦氏金枪鱼公约》，但也源于《联合国海洋法公约》。在法庭看来，该结论符合《公约》第 311 条第 2 款和第 5 款的规定，特别是《维也纳条约法公约》第 30 条第 3 款。"[116] 法庭后来更加明确地指出："本争端各方……并非纠缠于两个不同的争端，它事实上是一个源于两个公约的单一争端。"[117] 最终判定应当适用《公约》第十五部分的争端解决机制。

（三）判决合理性分析

出于适用《公约》争端解决机制的目的，"有关本公约的解释或适用的争端"适用

---

[110]　See R. R. Churchill, "International Tribunal for the Law of the Sea The southern Bluefin Tuna Cases（New Zealand v. Japan；Australia v. Japan）：Order for Provisional Measures of 27 August 1999", *International and Comparative Law Quarterly* 49（2000），p. 981.

[111]　See *South Bluefin Tuna Case*, Jurisdiction and Admissibility, para. 41（1）.

[112]　See *South Bluefin Tuna Case*, Jurisdiction and Admissibility, para. 33.

[113]　See *South Bluefin Tuna Case*, Jurisdiction and Admissibility, para. 41（h）.

[114]　See *South Bluefin Tuna Case*, Jurisdiction and Admissibility, para. 38（c）.《养护麦氏金枪鱼公约》于 1993 年 5 月 10 日缔结，而三国对于《公约》的批准生效都晚于此时间，澳大利亚为 1994 年 10 月 4 日，日本为 1996 年 6 月 20 日，新西兰为 1996 年 7 月 19 日。

[115]　See *South Bluefin Tuna Case*, Jurisdiction and Admissibility, para. 38（c）.

[116]　See *South Bluefin Tuna Case*, Jurisdiction and Admissibility, para. 52.

[117]　See *South Bluefin Tuna Case*, Jurisdiction and Admissibility, para. 54.

包括三项条件：第一，当事国之间存在某一争端。第二，该争端有关公约的解释和适用。第三，该争端在请求书提交之日存在。[118] 所谓争端是两个国家之间"有关法律或事实点的争执，法律观点或利益的冲突"[119]。"麦氏金枪鱼案"的仲裁庭指出，"必须合理地与有关条约的法律标准相关，或可以结合有关条约的法律标准加以评估。换言之，各方之间的'真实争端'应'与声称遭到违反的条约'所规定的义务合理地（而非仅仅微弱地）相关"[120]。这些判断是否为"有关本公约的解释或适用的争端"标准中，前面四项标准更多是涉及程序性、形式性的要求，容易得到满足。而最后一个标准"真实争端"应与声称遭到违反《公约》所规定的义务"合理"相关的标准则更难得到满足，这亦是下文着重讨论的内容。

我们看到，《养护麦氏金枪鱼公约》之前言即已确认，该公约是根据《联合国海洋法公约》的规定起草的。[121] 那么《养护麦氏金枪鱼公约》其实施符合《联合国海洋法公约》第 64 条之目的，所以法庭裁定"《养护麦氏金枪鱼公约》源于（arise）《联合国海洋法公约》"是有道理的，但问题是《联合国海洋法公约》第十五部分争端解决机制适用的前提是"有关本公约的解释或适用的争端"。显然，"有关"（concern）与"源于"（arise）之含义不同，"源于"之范畴大于"有关"，因此法庭在此的表述是含糊不清的[122]。那么我们回到本案之核心争议点，即"总可捕量水平的分歧"，这一密切与《养护麦氏金枪鱼公约》有关的争端，[123] 按照法庭措辞，"源于"《联合国海洋法公约》，但其是否与《联合国海洋法公约》的解释或适用有关呢？

在"麦氏金枪鱼案"中仲裁法庭指出，"必须合理地与有关条约的法律标准相关，或可以结合有关条约的法律标准加以评估。换言之，各方之间的'真实争端'应'与声称遭到违反的条约所规定的义务合理地（而非仅仅微弱地）相关'。"[124] 同时还应注意，"在判断真实争端时，需要依据请求书和最后诉讼主张等相关证据，并特别关注原告对

---

[118] See *Application of the International Convention on the Elimination of All Forms of Racial Discrimination*（*Georgia v. Russian Federation*），Preliminary Objections, Judgement of 1 April 2011, I. C. J. Reports 2011, p. 70.

[119] *Mavrommatis Palestine Concessions*, Judgement of 30 August 1924（Objection to the jurisdiction of the Court），P. C. I. J. Series A, No. 2, p. 11.

[120] *Southern Bluefin Tuna Case*（*Australia and New Zealand v. Japan*），Arbitral Tribunal Constituted under Annex VII of the United Nations on the Law of Sea, Award on jurisdiction and Admissibility, 4 August 2000, reprinted in 119 ILR 508（2002），para. 48.

[121] 《养护麦氏金枪鱼公约》的前言规定："适当顾及各方在相关国际法原则项下的权利和义务。"并"注意到 1982 年制定的《联合国海洋法公约》"。根据《养护麦氏金枪鱼公约》第 3 条，该条约目的是"确保通过适当的管理，养护和最适度利用麦氏金枪鱼"。而《联合国海洋法公约》第 64 条 1 款规定："沿岸国和其国民在区域内捕捞附件一所列的高度洄游鱼种的其他国家应直接或通过适当国际组织进行合作，以期确保在专属经济区以内和以外的整个区域内的这种鱼种的养护和促进最适度利用这种鱼种的目标。"

[122] 高健军：《联合国海洋法公约争端解决机制研究》，中国政法大学出版社 2014 年版，第 26 页。

[123] See *South Bluefin Tuna Case*, Jurisdiction and Admissibility, para. 47.

[124] *Southern Bluefin Tuna Case*, jurisdiction and Admissibility, para. 48.

争端的表述。"[125]

然而，分析原告澳大利亚和新西兰的诉讼主张[126]，我们看到，要求仲裁法庭命令日本所采取的行动包括四项，它们全部与《养护麦氏金枪鱼案公约》有关，关于日本违反公约义务指控的（a）、（b）、（c）、（d）项，其中（b）项属于《养护麦氏金枪鱼公约》的义务，按照法庭自己的表述，该案争议点与《联合国海洋法公约》仅仅是"微弱"相关，因此，不应视其为与《联合国海洋法公约》"合理"相关的公约。[127] 因此，在本案中，法庭不应将任何"不会完全与公约的解释和适用无关"的争端都看成是"有关本公约的解释或适用的争端"，或者说用含糊的"源于"来掩盖是否存在"合理"相关标准，而应严格审查争端事由和原告对争端的表述，以重视证据事实的法律标准判断其是否为"有关本公约的解释或适用的争端"。[128]

（四）对《公约》第 43 条争端解决方案的预测

那么在《联合国海洋法公约》第 43 条下，海峡使用国和海峡沿岸国为达到在航行安全和环境保护上的协议应类似于《养护麦氏金枪鱼公约》，本质上符合《联合国海洋法公约》第 43 条实施的目的，或者按照麦氏金枪鱼案仲裁法庭之表述，应是"源于"《联合国海洋法公约》的公约。

若是依照《公约》第十五部分的争端解决机制，法庭应当首先审查原告之诉讼请求和争端事实证据，判断是否与《联合国海洋法公约》的解释和适用"合理"相关，这一标准的判断十分关键。在判断"合理"相关标准时，必须十分注意原告的诉讼请求——包括其权利请求和关于被告违反公约的指控是否是基于《公约》本身具体权利和义务的条款规定。"原告不能泛泛援引公约条款而将与实际联系并不密切的《公约》条款内容包括在诉讼请求中"[129]，或者作出诉讼包装将实际并非基于《公约》本身权利义务的诉讼请求和指控说成是基于《公约》的诉讼请求和指控。

若是符合"合理"相关标准，首先应尊重争端各方自行选择的争端解决方法。若"争端当事方诉诸自行选择的和平方法谋求解决争端，但诉诸这种方法而仍未得到解决以及争端当事方之间的协议并不排除任何其他程序的情形下"[130]，则经争端任何一方请求，进入《联合国海洋法公约》争端解决机制。但若即使达到"合理"相关，但"作为有关本公约的解释或适用的争端各方的缔约各国如已通过一般性、区域性或双边协定或以其他方式，经争端任何一方请求，应将这种争端提交导致有拘束力的裁判程序，该

---

[125] See *Fisheries Jurisdiction* (Spain v. Canada), Jurisdiction of the Court, paras. 30-31.

[126] *Southern Bluefin Tuna Cases*, Request for Provisional Measures, paras. 28-29.

[127] 高健军：《〈联合国海洋法公约〉争端解决机制研究（修订版）》，中国政法大学出版社 2014 年版，第 28 页。

[128] See *South Bluefin Tuna Case*, Jurisdiction and Admissibility, para. 48.

[129] *The M/V "Virginia G" Case* (Panama/Guinea-Bissau), ITLOS, Judgement of 14 April 2014 (www. itlos. org/index. php? Id = 35&L = 0), paras. 398-399.

[130] 《联合国海洋法公约》第 281 条。

程序代替本部分（第十五部分）的程序而适用，除非争端各方另有协议"[131]。但若是"适用该方法仍未得到解决，经争端任何一方请求，应提交根据第十五部分的法院或法庭"。从而也进入到《联合国海洋法公约》争端解决机制。[132]

相反，若达不到"合理"相关标准，则无论如何无法进入到公约第十五部分的争端解决机制。

结论

过境通行制度在经历数十载演进后，在第三次海洋法会议中最终确立下来，并广泛适用于国际海峡中。通过本文分析，《公约》第 43 条作为立法者独具匠心地加入到过境通行制度下的合作条款，无疑为各国环境问题上利益平衡的实现提供了新的契机。

在合作强制性上，由于《公约》第 43 条在措辞上使用了劝说性的 should 而非强制性 shall，因此《公约》第 43 条只是在"劝说"或"鼓励"使用国与沿岸国开展合作并为海峡合作提供一种参考性的制度。在合作方式上，《公约》第 43 条并未赋予沿岸国向过境船舶收费的权利如要实现收费，有且只有通过与使用国签订条约或协议的方式。在合作主体上，《公约》第 43 条中合作主体"使用国"的概念应做广义理解，从而一方面促使更多国家参与海峡合作，另一方面保障经济利益的平衡。在合作争端解决机制上尤其需要注意《公约》第 43 条框架下的协议争端是否属于"有关《公约》解释和适用"的争端，并在原告诉求和相关事实证据的基础上做出"合理"相关标准的判断。

总之，《公约》第 43 条为海峡使用国与沿岸国之间开展合作提供了重要的法律基础。而且，《公约》第 43 条作为一条相对孤立的条文，也是过境通行制度下海峡开展合作的唯一法律基础。但是，《公约》第 43 条现今仍然只是休眠条款，所有用于过境通行的国际海峡区域，并没有开展《公约》第 43 条框架下的国际合作，目前为止《公约》第 43 条的国家实践尚不存在。[133]

事实上，世界上很多国际海峡的环境和航行安全面临着严重困境。[134] 而《公约》

---

[131] 《公约》第 282 条。

[132] 参见《公约》第 286 条。

[133] See Nilufer Oral，"Straits Used in International Navigation, User Fees and Article 43 of the 1982 Law of the Sea Convenion"，*Ocean Y. B* 561（2006），p. 586.

[134] 有学者整理过世界重要海峡面临的环境和安全困境以及本国目前的对策，包括多佛海峡、土耳其海峡、马六甲海峡、对马海峡、托雷斯海峡、丹麦海峡等。See Nilufer Oral，"Straits Used in International Navigation, User Fees and Article 43 of the 1982 Law of the Sea Convention"，*Ocean Y. B* 561（2006），pp. 572-581.

第 43 条适用的前景尚不明朗。[135] 在国际航运迅猛发展的趋势和海峡沿岸国与海洋大国之间的博弈之下，在海峡环境面临日益紧迫的危机的冲击之下，笔者认为，《公约》第43 条规定的海峡合作的开展是今后国家实践之大势所趋，《公约》第 43 条也会在未来国际海峡环境和安全问题的解决中发挥其应有的作用。

---

[135] 有部分海洋法学者对《公约》第 43 条和整个过境通行制度的可行性持否定和悲观态度，认为其已经不能适应海峡环境保护和安全保障的核心利益需求，需要修改《公约》对制度本身做调整。See T. A. Grigalunas, Y-T Chang and J. Opaluch, "Sustainable Financing for Controlling Transboundary Pollution from shipping in the Malacca Straits—Options and Implications", *International Journal of Maritime Economics*, 4 (2000), pp. 331-351; Tullio Scovazzi, *The evolution of International Law of the Sea: New Issues, New Challenges*, The Hague: MartinusNijhoff, 2001, p. 174; Jon M. Van Dyke, "Rights and Responsibilities of Strait States", *in Navigating Straits: Challenges for International Law*, A Law of Sea Institute Publication, 2013, p. 44。

《联合国海洋法公约》下台湾海峡船源污染防治措施探析

■ 徐　鹏*

【内容摘要】防止船源污染的重点应是加强海峡内船舶的航行管理。首先，依据《联合国海洋法公约》，台湾海峡不应属于"用于国际航行的海峡"，亦不应适用过境通行制，且澎湖水道被划为内水，可限制外国船舶的通行，以有效地防止船源的污染。其次，由于海峡内的自然及航运状况，我国可向 IMO 申请建立 PSSA，禁止船舶在海峡内特定区域，或禁止特定类型的船舶在海峡内航行。最后，通过实施分道通航制，规范海峡内的航行，尽量避免海难事故以保护海峡环境。

【关键词】台湾海峡　船源污染　防治措施

一、引言

2010 年最令人瞩目的国际环境事件可能非"深海地平线"钻井平台溢油事故莫属。在经历了近 3 个月的喷发之后，位于墨西哥湾隶属英国石油公司的"深海地平线"钻井平台才终止了向海洋的原油倾泻。其间造成了约 2 万平方公里的海域污染以及约 10 亿美元的经济损失，而环境损失更是无可估量。由此，联想到溢油达 120000 吨的"Torrey Canyon 事件"与"Amoco Cadiz 溢油事件"，以及被称为我国"四大船舶溢油污染高风险"区域之一的台湾海峡，不禁为海峡的环境安全暗自担心。台湾海峡一旦出现海难，特别是油轮或有毒危险品运输船舶事故，考虑到该海域的自然条件及航运状况，必然会造成不可估量的损失。因此，采取必要的管制和执行措施，防止海峡海难事故及船舶排放造成污染已是刻不容缓。

二、台湾海峡现状

台湾海峡位于台湾与福建之间，呈东北—西南走向，以台湾的富贵角与福建平潭岛连线为北界，以台湾的鹅銮鼻与广东南澳岛连线为南界。南北长约 245 海里，东西宽 70 至 150 海里。

（一）台湾海峡的自然特点

台湾海峡自然环境复杂，多浅滩、沟谷、海岛礁石，西岸多为岩石海岸，岸线曲折多湾；海峡常年受季风影响，海况较为恶劣，全年大于 6 级风的时间约为 160 天，年均

* 徐鹏，法学博士，厦门大学南海研究院助理教授，厦门大学海洋法和东南海疆研究中心助理研究员，研究方向为国际法、国际海洋法。

本文为福建省社会科学研究基地重大项目"台湾浅滩生物资源的共管机制研究与规划"以及厦门大学校长基金项目"海洋维权巡航执法法律问题研究"的成果之一。

有雾日约 30 天，大风和有雾的天气对海峡的航行与生产造成了较大的影响；海峡是重要的沿海和国际通道，东北亚各国与东南亚、印度洋沿岸各国间的海上往来，绝大多数从这里经过，我国沿海南北港口间的交通以及闽台间海上直航也途经此处。海峡资源丰富，鱼虾种类多，是海峡两岸传统的捕鱼场所，也是我国重要渔场之一。

（二）台湾海峡的交通状况

1. 海峡内的航线主要分为三种：南北纵向穿越海峡，主要为前往我国北方或东北亚各国以及南下东南亚或印度洋的国内外船舶；东西横向穿越海峡，主要为两岸三通船舶；大陆或台湾港口间的沿岸航线。[1] 三种航线存在交叉，增大了船舶碰撞的几率。

2. 海峡主航道的交通特点：交通流宽度大；北上、南下对遇交通流冲突明显；航迹线交错繁杂；航运与渔业船舶大范围交错；等等。这种特点造成的潜在危险：交通流宽度大，在大范围内存在对遇碰撞的风险；大量的渔船与商船混杂，不仅影响航运而且威胁着渔业生产。[2]

3. 交通流量大。作为国内外南北交通要道，除了川流不息的普通商船外，几乎每 5 分钟就有一艘油轮从此经过。各型油轮，尤其是超大油轮频繁出现于海峡。更值得注意的是，日本九家电力公司发电后的高强度核辐射废料运往英、法重炼的来回航线，也都"可能"经过海峡。因其运送时，一贯采取秘密行动。[3] 此外，由于台湾海峡是我国的传统重要渔场，仅福建省沿岸渔船就达 3.8 万艘。渔区与航线交杂一起，为海峡埋下了事故的隐患。

（三）台湾海峡水域船源污染事件

2004 年两艘巨型外籍油轮"骏马输送者"号与"海角"号于湄州湾发生碰撞，所幸未发生重大溢油事故，但也为我们敲响了环保的警钟。然而，我们并非总是如此幸运，由于台湾海峡风大浪高以及岛礁密布，自 1973 年至 2007 年间，海峡西岸共发生了 8 起重大溢油事故。几乎相同期间（1977—2008），台湾沿岸发生的溢油超过 100 吨的事故有 5 起，最大一例溢油量达 15000 吨。[4]

三、《联合国海洋法公约》下我国为防止船源污染可采取的航行管理措施

船源污染与航行安全密切相关，绝大多数的船舶溢油事故都是船舶的碰撞、海上自然灾害、触礁或搁浅等原因造成的。因此，为防止船源污染，国际社会要求对船舶的航行加强管理。也正因如此，除船旗国外，国际法赋予沿海国、港口国对位于其管辖海域内的船舶管辖权。本文将结合《联合国海洋法公约》（以下简称《公约》）有关规定以

---

〔1〕　郭禹、张吉平：《再论台湾海峡分道通航方案》，《大连海事大学学报》1995 年第 2 期。

〔2〕　高岩松：《台湾海峡交通流的调查与分析》，《中国航海》2005 年第 3 期。

〔3〕　傅崐成：《海洋法专题研究》，厦门大学出版社 2004 年版，第 368 页。

〔4〕　张国栋等：《台湾海峡地区油污事故的风险与对策》，载《"金门会议"论文集》。

及台湾海峡的实际情况，对我国为防止船源污染可采取的航行管理措施予以讨论。

（一）限制海峡内部分区域的通航以防止船源污染

依照国际法，我国有权在海峡内的特定水域采取限制外国船舶航行的措施，以防止来自船舶的污染。

1. 外国船舶在海峡内不享有过境通行权

依据《公约》，沿海国的领海宽度不得超过 12 海里，海峡两岸的领海之和亦不应超过 24 海里。由于台湾海峡的宽度超过 24 海里，其超出部分应视为我国的专属经济区，在专属经济区内各国享有航行与飞越的自由。《公约》第三部分中"用于国际航行的海峡"概念实际上是为"领海峡"而创立的，即整个海峡属于沿海国的领海，而台湾海峡拥有专属经济区水道，各国船舶、飞机的通行应适用专属经济区航行制度，不应适用《公约》第三部分内容，各国船舶在台湾海峡内不享有过境通行权。[5] 在此情况下，外国船舶在海峡内航行时，如在我领海内，则仅可主张无害通过权，飞机仅可于专属经济区上空通过，而在污染防治方面我国可于领海内制定比"用于国际航行的海峡"更为严格的法律。

2. 在澎湖水道内可禁止外国船舶的通行

澎湖水道是位于澎湖列岛与台湾岛间的狭窄水道，宽约 24 海里。水道西侧即为以风景优美著称的澎湖列岛，东侧是台湾南部的人口密集区，同时该水道又是繁忙的船舶通行水域，一旦发生海难污染事故，后果将不堪设想。

由于澎湖列岛与台湾岛距离较近，依据《公约》可采取直线基线法，将澎湖列岛与台湾岛连成一体，使澎湖水道成为内水，外国船舶不得通行。[6] 虽然《公约》第 35（a）条规定，原非内水，因采直线基线才被划为内水的"供国际航行的海峡"，仍应开放给外国船舶、飞机过境通行，但依《公约》第 36 条的精神，因为澎湖列岛西侧，即海峡内的专属经济区水域，已经存在有"航行和水文"上同样方便的一条航道，所以不准外国船舶、飞机于水道内通行。[7]

（二）设立"特别敏感海域"以防止船源污染

依据《公约》第 211（6）条的规定，沿海国在专属经济区内可以生态、环保或航运上的特殊性质设置特定的区域，在该区域内沿海国于征得主管国际组织同意后，可针对来自船只的污染制定并实施特殊的法律和规章，但《公约》并未明确该类区域建立的具体标准，而是将之授权国际主管机构予以确立和实施。

与此相应，为加强海洋环保，国际海事主管机构 IMO 确立了"特别敏感海域"

---

〔5〕 傅崑成、刘先鸣：《台湾海峡船源污染法律问题刍议》，《中国海洋法学评论》2006 年第 1 期。
〔6〕 台湾当局于 1999 年公布基点基线，也是以直线基线方式将澎湖水道包围其中成为内水。
〔7〕 参见傅崑成：《海洋法专题研究》，厦门大学出版社 2004 年版，第 369 页。

（Particularly Sensitive Sea Areas：PSSA）的概念[8]，并通过了《确认和指定特别敏感海域指导纲领》的决议案，规范成员政府在设立 PSSA 所需考虑因素及申请程序。依据该文件，建立 PSSA 应考虑以下因素：生态标准；社会文化和经济标准；科学和教育标准；船舶交通因素；以及水文、气象和海洋学因素。[9] 沿海国可依据《公约》第 211（6）条的规定，按照 IMO 的标准及程序申请建立 PSSA。

在特定海域经 IMO 批准为 PSSA 后，沿海国可采取相比《公约》更为严格的船舶管制措施。[10] 在已经批准建立的几个 PSSA 中，沿海国采取了诸如禁航区等船舶管制措施，如古巴、哥伦比亚、美国等在其 PSSA 内采取了全部禁止、部分区域禁止或特定类型船舶禁止航行的措施。

依据前述建立 PSSA 的标准，台湾海峡已经在生态、社会文化与经济以及航运方面满足了标准。[11] 如在航运领域，作为重要的国际通道，海峡担负着繁重的交通任务。一旦造成船舶污染，特别是溢油、放射性或其他有毒物质的污染，不仅会直接影响到海洋生态、渔业生产、观光旅游等，对于航运产生的影响也不可轻视。鉴于此，我国可考虑在台湾海峡建立 PSSA。

参照前述各国的经验，我国在建立 PSSA 时，为规范交通以有效保护海峡环境，可采取特殊的船舶管制措施，如禁止或部分禁止航行等。

如可采取全面禁航措施当然可以最有效保护海峡环境，但无论从国内还是国际考虑，该措施成本太大。然而，对于海峡内部分海域，如在台湾浅滩或其他重要渔场周围一定水域禁航则是可行的。此外，还可禁止超过一定吨位的船舶、油轮、核动力或装载核物质或有毒危险物质的船舶通行，令其改行台湾东岸航线。台湾岛的东面是浩瀚的太平洋，其"航行与水文"特征足以替代海峡内的航道。其实，日本从中东、非洲和东南亚地区进口的石油和其他原料大都从台湾南部的巴士海峡，经太平洋航线运往国内。[12]

（三）采取分道通航制以防止船源污染

依《公约》第 22（1）条，我国可于海峡中的领海水域内采取分道通航制以规范海上交通，避免海难污染事故的发生。对于海峡内专属经济区水域亦可依据《公约》第 211（5）条、第 221 条的精神采取分道通航制，即为保护海峡免受海难以致造成重大有

---

[8] PSSA 是指该海域由于生态、社会、经济或科学价值较高，并且易受国际航海活动的影响，必须由 IMO 给予特殊保护的海域。其所涉及的区域不限于 EEZ，在领海甚至海峡都可以设定。Markus J. Kachel, *Particularly Sensitive Sea Areas：The IMO's Role in Protecting Vulnerable Marine Areas*, Berlin Heidelberg：Springer-Verlag, 2008，p. 184.

[9] 参见韩文：《PSSA 的发展及在台湾海峡建立 PSSA 的法律思考》，厦门大学 2010 年硕士学位论文，第 5 页。

[10] 参见姜皇池：《国际海洋法》（下），台湾学林文化事业有限公司 2004 年版，第 1245—1247 页。

[11] 参见韩文：《PSSA 的发展及在台湾海峡建立 PSSA 的法律思考》，厦门大学 2010 年硕士学位论文，第 16—18 页。

[12] 参见 http：//baike. baidu. com/view/62389. htm，访问日期：2010 年 1 月 1 日。

害后果的污染或污染威胁，在领海外采取与实际或可能发生损害相称的措施。为此目的，我国可对专属经济区立法，以防止、减少和控制船源污染，但立法应符合主管国际组织制定的一般接受的国际规则和标准，而分道通航制正是主管海事国际机构 IMO 所力推的规则和标准。

分道通航制是指在船舶来往比较频繁的海区，用分隔线或分隔带等方法划定专门的区域，规定在这些区域中，船舶只能单向行驶，以避免船舶对遇碰撞的制度。在该规则下，沿海国可要求油轮、核动力船舶和载运核物质或材料或其他本质上危险或有毒物质或材料的船舶只在特定海道通行［第 22（2）条］。在制定海峡的分道通航制度时，应考虑如下因素：航线应尽可能遵循海峡原有交通流模式，尊重现有渔场；针对船舶密集区设置航道；分道通航的分段宜短，应能有效分隔反向交通流以减少对遇情况的发生；尽量减少航向改变，尤其是在接近汇聚区和航路连接处及可能有大量横越通航的区域；在习惯航线的交汇区设置警戒区；组织船舶有序通过渔场。[13]

四、《公约》下我国针对台湾海峡船源污染可采取的执行措施

依据《公约》的分类，对于船源污染的管理可分为船旗国、港口国及沿海国的管辖，因篇幅所限本文仅对港口国和沿海国的管辖予以论述。

（一）我国作为港口国针对台湾海峡船源污染可采取的执行措施

当外国船舶处于我的港口或岸外设施时，对于该船在海峡内所发生的违反我国污染立法，或可适用的国际规则和标准的行为，我国可提起司法程序［第 220（1）条］。司法程序应包括对船舶的扣留以及提起民事和刑事诉讼，但除了在领海内故意和严重地造成污染的情形外，仅可处以罚款（第 229、230 条）。

为避免因船舶不适航而引起的污染，在已查明位于海峡内港口或岸外设施的船舶违反关于船舶适航条件的可适用的国际规则和标准，从而有损害海洋环境的威胁时，我国可采取行政措施以阻止该船航行，但可准许该船前往最近的适当修船厂（第 219 条）。

（二）我国作为沿海国针对台湾海峡船源污染可采取的执行措施

作为重要的国际航道，有大量的来往于东北亚、东南亚及印度洋国家的外国船舶穿越台湾海峡。对于这些船舶，为保护海峡环境目的，依据《公约》我国可采取如下执行措施：

1. 针对位于领海内的外国船舶可采取的执行措施

当外国船舶在通过海峡内的领海时，如有明显证据认为该船违反了污染防治的立法，或可适用的船源污染国际规则和标准，则我国可对该船进行实际检查，并在充分证据下，对之提起包括拘留在内的司法程序，除了污染是"故意且严重"情形外，处罚仅

---

［13］　参见翁跃宗、张寿桂：《台湾海峡主航道船舶定线的研究》，《中国航海》2006 年第 2 期。

限于罚款［第 220（2）条、第 230（2）条］。"实际检查"包括查阅该船按照一般接受的国际规则和标准所须持有的证书、记录或其他文件或其所持有的任何类似文件［第 226（1）（a）条］。

2. 针对位于专属经济区内的外国船舶可采取的执行措施

如有明显证据认为外国船舶在海峡内专属经济区水域，违反了污染防治立法，或可适用的船源污染国际规则和标准，我国可要求涉事船舶提供该船的识别标志、登记港口、上次和下次停泊的港口，以及其他必要的情报，以确定是否已有违法行为的发生［第 220（3）条］。

如有明显证据认为前款船舶的违法行为，进行了大量排放，对海洋环境造成或威胁造成重大污染，且该船拒不提供情报，或提供情报显然不实，在依案件确有检查理由时，我国可就有关违反事项对之进行实际检查［第 220（5）条］。

如有明显客观证据证明前款船舶的违法行为导致的排放，对海峡的海岸或有关利益，或领海、专属经济区内的任何资源，造成或威胁造成重大损害时，在有充分证据下，我国可对之提起包括拘留在内的司法程序，但对之的处罚仅限于罚款［第 220（6）条、第 230（1）条］。

五、结论

台湾海峡的船源污染防治与船舶的航行安全密切相关，防止船源污染的重点就是加强海峡内船舶的航行管制。首先，依据《公约》的规定，台湾海峡不属于"用于国际航行的海峡"，不应适用过境通行制，并且可将澎湖水道划为内水，限制外国船舶的通行，以更有效地防止船源的污染。其次，鉴于海峡内的自然及航运状况，我国还可向 IMO 申请建立 PSSA，禁止在海峡内特定区域，或特定类型的船舶在海峡内航行。再次，通过实施分道通航制，规范海峡内的航行，尽量避免海难事故以保护海峡环境。最后，我国可依据船旗国、港口国以及沿海国的不同身份，分别对海峡中航行的船舶采取不同的执行措施，以有效防止、减少和控制海峡中的船源污染。

南极海洋保护区建设：政治与法律

■ 唐建业*

【内容摘要】《南极海洋生物资源养护公约》框架下的海洋保护区建设备受国际社会关注。2009 年，南极海洋生物资源养护委员会建立了第一个海洋保护区；但自 2012 年以来，罗斯海海洋保护区提案以及东南极海洋保护区代表体系提案一直没有取到进展。其中涉及了南极条约体系解读与海洋保护区定义等法律争论以及保护区建设与地缘政治控制、排斥其他国家渔业活动等政治争论。研究表明，委员会有权建立海洋保护区，以实现养护南极生物资源的目标，但两个提案一定程度上超越了委员会的职责范围；两个提案一定程度上都与提案国南极领土主权以及渔业活动相关联，无法排除其他国家的政治关切；提案每年变化，也体现了政治妥协。因此，为真正实现公约养护南极生物资源的目标，应切实解决相关的法律与政治关切，提高程序的透明度、扩大参与度，并认真实施已建立海洋保护区的研究与监测工作。

【关键词】南大洋　海洋保护区　生物多样性　《南极海洋生物资源养护公约》

南大洋（the Southern Ocean）因其独特的生物资源和环境而具有非常重要的养护价值；因地理位置遥远，相对而言受人类活动影响较少。但随着海洋科学研究、捕鱼、旅游等活动日益增多，以及气候变化的影响，国际上出现了要求在南极海域建立海洋保护区代表体系的呼声，以使该海域生物多样性得到长期养护。在此过程中，南极海洋生物资源养护委员会（CCAMLR）被寄予了很大的期望。[1] 对此，CCAMLR 积极响应，曾采取一系列措施，支持各国提交关于建立海洋保护区代表性网络的提案。[2] 国际社会在南大洋建立代表性海洋保护区网络的努力在 2009 年迈出了实质性的一步，即 CCAMLR 宣布建立世界上第一个位于国家管辖外的海洋保护区，即南奥克尼岛保护区。[3] CCAMLR 以及《南极条约》的成员国的这种努力为世界上其他海域的海洋生物多样性养

---

* 上海交通大学凯原法学院、极地与深海发展战略研究中心博士后，上海海洋大学海洋科学学院副教授。本文发表于《极地研究》2016 年第 28 卷第 3 期。

[1] Lucinda L. Douglass, Joel Turner, Hedley S. Grantham, et al. , "A Hierarchical Classification of Benthic Biodiversity and Assessment of Protected Areas in the Southern Ocean," *Plos Ooe*, July 2014, Vol. 9, Issue 7, p. 1; ASOC, Climate Change, Marine Ecosystems, and Non-Native Species: The view from the Southern Ocean, CCAMLR-XXXII/BG/15, 21 September 2013.

[2] UN General Assembly, Report of the Secretary-General on Actions taken by States and regional fisheries management organizations and arrangements in response to paragraphs 80 and 83 to 87 of General Assembly resolution 61/105 and paragraphs 113 to 117 and 119 to 127 of General Assembly resolution 64/72 on sustainable fisheries, addressing the impacts of bottom fishing on vulnerable marine ecosystems and the long-term sustainability of deep-sea fish stocks, A/66/307, 15 August 2011, paragraph 64.

[3] Lucinda L. Douglass, Joel Turner, Hedley S. Grantham, et al. , A Hierarchical Classification of Benthic Biodiversity and Assessment of Protected Areas in the Southern Ocean, *Plos One*, July 2014, Vol. 9, Issue 7, p. 13.

护提供了一个先例。[4] 但 2011 年以后，CCAMLR 在海洋保护区方面工作进展不顺，引发各方争议。

为此，本文首先根据 CCAMLR 及其科学委员会（SC-CAMLR）历年报告以及作者的亲身经历[5]总结 CCAMLR 在海洋保护区建设方面的发展历程；其次，就罗斯海保护区和东南极保护区体系两个提案，根据历年来提案文本梳理该两个提案的变化趋势以及截止 2014 年的主要内容；再次，分别从法律和政治的角度，梳理主要国家关于保护区提案的主要关注，并进行理论分析；最后，对南极海洋保护区发展趋势进行分析与小结。

一、南极海洋保护区实践历程

2002 年在南非约翰内斯堡通过的《可持续发展世界首脑会议实施计划》要求在 2012 年前根据国际法和科学依据在全球建立起海洋保护区网络[6]；随着国际社会对海洋生物多样性的关注以及环境保护主义影响越来越大，在南极海域建立海洋保护区的呼声也越来越高。

综观历年来 CCAMLR 及其 SC-CAMLR[7]在海洋保护区方面的工作以及取得的进展，可以将其分成四个阶段。第一个阶段是 2000 年至 2004 年，为起步阶段；第二阶段是 2005 年至 2008 年，为科学推进阶段；第三阶段是 2009 年至 2011 年，为实质进展阶段；第四阶段为 2012 年至 2014 年，为僵持阶段。

1. 第一阶段（2000—2004 年）

2000 年，CCAMLR 开始讨论海洋保护区议题[8]，由生态监测与管理工作组（Working Group on Ecosystem Monitoring and Management，WG-EMM）下的关于生态监测地址的选定与保护分组对监测地址管理计划进行评估。2002 年，该分组改名为"保护区咨询分组"（Advisory Subgroup on Protected Areas）[9]；2003 年，该分组的职责进行调整，其中包括对于根据《南极海洋生物资源养护公约》（以下简称 C-CAMLR）第 9 条（2）

---

〔4〕　S. Christiansen, Background Document for the High Seas MPAs Regional Approaches and Experiences: Side Event at the 12th UNEP global meeting of the regional seas conventions and action plans, 20th of September 2010. WWF InterNational, www. unep. org/regionalseas/globalmeetings/12/inf. 06-high-seas-side-event. pdf, accessed on 14 September 2014.

〔5〕　作者自 2010 年以来一直作为中国政府代表团的顾问参加了 CCAMLR 年会。

〔6〕　UN, Report of the World Summit on Sustainable Development（A/CONF. 199/20），pp. 24-25, paragraph 32（a）and（c）.

〔7〕　有意思的是，在会议期间经常会出现关于 SC-CAMLR 与 CCAMLR 相互之间关系争论；SC-CAMLR 主席一般主张两个机构都是根据《南极海洋生物资源养护公约》而成立，不存在附属关系，也就是 SC-CAMLR 是独立于 CCAMLR 的科学机构。

〔8〕　Report of the Twenty-Seventh Meeting of the Scientific Committee（hereinafter as SC-CAMLR XXVII Report），2008, paragraph 3. 54.

〔9〕　Report of the Twenty-First Meeting of the Commission（hereinafter as CCAMLR XXI Report），2002, paragraph 4. 17.

(g) 建议的海洋保护区提案如何实施提供咨询意见。[10] 2004 年，CCAMLR 要求 SC-CAMLR 将海洋保护区作为优先工作进行处理，重申了根据 C-CAMLR 第 2 条和第 9 条提供海洋保护区的建议。[11] 至此，海洋保护区议题上升到 CCAMLR 层面。

2. 第二阶段（2005—2008 年）

2005 年，SC-CAMLR 在美国召开海洋保护区专题研讨会[12]；由此将海洋保护区议题从 WG-EMM 中分离出来。同年，CCAMLR 大会同意了 SC-CAMLR 提交的海洋保护区专题研讨会的建议，确认首要目标是在南极条约体系下建立一个协调一致的海洋环境保护制度；[13] 同意 SC-CAMLR 关于召开南大洋生物区域化研讨会的建议。[14]

2006 年成立了生物区域化研讨会指导委员会（the Bioregionalisation Workshop Steering Committee），由 CCAMLR 和 CEP 等组织的成员组成；CCAMLR 赞扬了生物区域化研讨会的工作，认为是 CCAMLR 在南大洋建立一个海洋保护区代表网络的重要一步。[15] 2007 年生物区域化研讨会在布鲁塞尔举行，提出了 11 个优先区域[16]；SC-CAMLR 提出，未来关于海洋保护区的工作应纳入 WG-EMM 范围[17]。

2008 年，WG-EMM 下设了一个专题"推进实施空间管理措施，促进海洋生物多样性养护"，讨论了脆弱海洋生态系统（VME）确认，讨论优先建立海洋保护区的区域、制定海洋保护区建立的协调措施、工作计划等内容[18]；并确认了 11 个优先区域，集中在东南极地区[19]。这样，海洋保护区议题将重新纳入其讨论范围，但与脆弱海洋生态系统议题并列。

3. 第三阶段（2009—2011 年）

2009 年，CCAMLR 通过了英国关于建立南奥克尼群岛海洋保护区的提案，制定了新的养护措施 CM91-03，建立起了 C-CAMLR 范围内第一个海洋保护区。该提案首先经过 WG-EMM 讨论（WG-EMM-09/22）后，向 SC-CAMLR 提出建议[20]；然后由 SC-CAMLR 支持同意 WG-EMM 建议，再提交给 CCAMLR 大会讨论[21]；最后由 CCAMLR 同意通过，形成养护措施 CM91-03[22]。

---

〔10〕 CCAMLR XXII Report, 2003, paragraph 4.26; SC-CAMLR XXVII Report, 2008, Annex 4, paragraph 3.2.

〔11〕 CCAMLR XXIII Report, 2004, paragraph 4.13.

〔12〕 SC-CAMLR XXIV Report, 2005, Annex 7.

〔13〕 CCAMLR XXIV Report, 2005, paragraph 4.12.

〔14〕 CCAMLR XXIV Report, 2005, paragraph 4.17.

〔15〕 CCAMLR XXV Report, 2006, paragraphs 6.1-6.6.

〔16〕 SC-CAMLR XXVI Report, 2007, Annex 9; SC-CAMLR XXVVII Report, 2008, Annex 4, Figure 12, p.281.

〔17〕 CCAMLR XXVI Report, 2007, paragraph 7.19.

〔18〕 SC-CAMLR XXVII Report, 2008, Annex 4, paragraphs 3.1-3.78.

〔19〕 SC-CAMLR XXVII Report, 2008, paras 3.51, 3.55, and figure 12 of Annex 4.

〔20〕 SC-CAMLR XXVIII Report, 2009, Annex 4, paragraphs 5.15-5.37.

〔21〕 SC-CAMLR XXVIII Report, 2009, paragraph 3.14-3.19.

〔22〕 CCAMLR XXVIII Report, 2009, paragraph 7.1.

南奥克尼岛海洋保护区，位于 11 个优先区域中的第 2 块区域；CCAMLR 认为它的建立是一个重大成就，确立了 CCAMLR 在养护海洋生物资源方面的革新精神与全球领先地位。[23] 对该海洋保护区是否构成一个先例的问题，各国代表观点不一；中国代表认为该海洋保护区不能构成先例，以后海洋保护区建设必须分别进行个案审查。[24]

除此之外，2009 年 4 月 3—4 日，SC-CAMLR 和南极环境保护委员会（CEP）在美国联合召开了研讨会。双方确定五个共同感兴趣的领域：气候变化与南极海洋环境；南极海洋环境中的生物多样性和外来物种；需要特别保护的南极物种；空间海洋管理（spatial marine management）和保护区；生态系统和环境监测。[25]

2010 年，澳大利亚介绍了关于在数据不足（data-poor）区域内海洋保护区代表体系的详细计划[26]，促发了海洋保护区建设过程中合理利用（rational use）的问题，使其成为了 SC-CAMLR 和 CCAMLR 会议中一个非常激烈的议题。SC-CAMR 认为，SC-CAMLR 和 CCAMLR 应为此提供一个指南。[27]

2011 年，召开了第二次海洋保护区专题会议；SC-CAMLR 认为这 11 个优先区没有涵盖所有 C-CAMLR 区域，其作用受到限制。在此基础上，SC-CAMLR 支持对公约区域划分不同的海洋保护区代表体系的工作。[28] 根据规划，整个公约区域被划成 9 个区块（domain）。最为重要的是，在澳大利亚的积极推进下，CCAMLR 于 2011 年通过了一个关于建立海洋保护区的一般性框架，即养护措施 CM91-04。此框架为今后的海洋保护区建设提供了以下几点意见：（1）必须以国际法，特别是《联合国海洋法公约》为依据，以最佳可获得的科学依据为基础，充分考虑 C-CAMLR 第 2 条规定的目标；（2）建立保护区的目标可包括：保护代表性的海洋生态系统、生物多样性和栖息地等；建立科学参考区域，以监测自然或人类活动引发的变化；（3）对于每个保护区，应确定具体的目标、限制内容、四至边界和设定期限；（4）为每个海洋保护区制定管理计划和研究监测计划；（5）CCAMLR 每隔 10 年或其他商定的年限对保护区进行评估。[29]

总体上，在此阶段 CCAMLR 在海洋保护区议题上取得了实质性进展，既建立了第一个海洋保护区，还制定了一般性框架规则。这种实质性进展，一方面激发了主张保护的

[23] CCAMLR XXVIII Report, 2009, paragraph 7.2.
[24] CCAMRL XXVIII Report, 2009, paragraph 7.12.
[25] SC-CAMRL XXVIII Report, 2009, Annex 4, paragraphs 5.25-5.27.
[26] Delegation of Australia, Elaborating a representative system of marine protected areas in data-poor regions, SC-CAMLR XXIX/11.
[27] SC-CAMLR XXIX Report, 2010, paragraph 5.17.
[28] SC-CAMLR XXX Report, 2011, paragraphs 5.19-5.20
[29] 关于养护措施 CM91-04 文本，主要争议的内容包括："养护"与"合理利用"的关系，管理计划与研究监测计划和保护区设立之间的时间关系，保护区是否应该有期限，定期评估的结果使用，等等。详细关于该养护措施的评论，参见杨雷、韩紫轩、陈丹红等：《〈关于建立 CCAMLR 海洋保护区的总体框架〉有关问题分析》，《极地研究》2014 年第 26 卷第 4 期，第 522—534 页。

国家建立海洋保护区的积极性，另一方面引发了捕鱼国关于海洋保护区的设立可能对合理利用影响的关注。

4. 第四阶段（2012—2014 年）

2011—2012 年大会闭会期间，SC-CAMLR 召开了 3 个技术工作组会议，分别讨论第 1 区、第 5 区以及第 3、4、9 区。[30] 根据工作组会议，关于第 1 区的海洋保护区提案于 2015 完成；SC-CAMLR 同意 WG-EMM 将协调未来第 1 区海洋保护区的发展。[31]

2012 年，CCAMLR 大会共收到 4 个提案涉及 3 个海洋区域，分别是：新西兰和美国各自关于罗斯海保护区的提案[32]，欧盟关于南极大陆的冰架海域保护区的提案[33]，澳大利亚、法国和欧盟关于东南极保护区提案[34]。对于欧盟关于冰架海域的提案，尽管对此海域未来可能存在的科学研究价值没有异议，但鉴于该提案所涉及海域目前仍为冰架覆盖，不存在任何人类活动，包括渔业生产，因此 SC-CAMLR 在讨论时，相关国家代表对是否有必要对这样实际不存在的海域提前建立保护区存在不同观点。[35] 在会议的最后一天，欧盟预计到其该提案很难以海洋保护区的形式通过，对此提案作出本质上修改，将提案的题目改为"科学研究特殊区域"，即"88.3、48.1 和 48.5 亚区内冰架消退或崩塌后海洋生境与群落的科学研究特殊区域"，即便如此，该提案最终没有获得通过。在此之后，欧盟再也没有重提此案。

关于罗斯海保护区的两个提案，在大会主席的建议下，新西兰与美国在 2012 年 CCAMLR 会议期间进行了整合，联合提出一个提案供大会进行讨论。[36] 此后，新西兰和美国关于罗斯海保护区提案和澳大利亚、法国与欧盟关于东南极保护区提案一直成为 CCAMLR 会议关于海洋保护区议题的主要内容。

同时，在 2012 年 CCAMLR 会议期间，针对有磷虾生产渔船进入《南极条约环境保护议定书》规定的第 153 号南极特别保护区（ASPA）进行生产作业的情况，欧盟和美

〔30〕 SC-CAMLR XXX Report, 2011, paragraph 5.15.

〔31〕 SC-CAMLR XXX Report, 2011, paragraphs 5.18-5.20.

〔32〕 Delegation of New Zealand, A Proposal for the Establishment of a Ross Sea region Marine Protected Area, CCAMLR-XXXI/16, 7 September 2012; Delegation of the USA, A Proposal for the Ross Sea Region Marine Protected Area, CCAMLR-XXXI/40, 7 September 2012.

〔33〕 Delegation of the European Union, EU Proposal for spatial Protection of marine Habitats and Communities following ice Shelf Retreat or Collapse in Subarea 88.3, Subarea 48.1 and Subarea 48.5, CCAMLR-XXXI/30, 8 September 2012.

〔34〕 Delegations of Australia, France and the European Union, Proposal for a Conservation Measure Establishing a Representative System of Marine Protected Areas in the East Antarctica Planning Domain, CCAMLR-XXXI/36, 8 September 2012.

〔35〕 SC-CAMLR XXXI Report, 2012, paragraphs 5.42-5.56.

〔36〕 Cassandra M. Brooks, "Competing Values on the Antarctic High Seas: CCAMLR and the Challenge of Marine-protected Areas", *The Polar Journal*, 2013, 3 (2), p.285.

国联合向 CCAMLR 提出制定一个新的养护措施[37]。最终，CCAMLR 通过了养护措施 CM91 - 02（2012），以协调实施南极条约协商会议通过的旨在保护南极环境的南极特别保护区（ASPA）和南极特别管理区（ASMA），要求各国应使其渔船知晓所有涉及海洋区域的 ASPA 和 ASMA 的地理位置，并遵守这种保护区的管理规定。[38]

2013 年，CCAMLR 还专门为这两个提案在德国召开了 SC-CAMLR 第一次闭会期间会议和 CCAMLR 第二次特别会议；2013 年和 2014 年 CCAMLR 大会将这两个海洋保护区提案作为新养护措施提案进行了讨论，但都没有取得实质性进展。相关的具体情况，将在下文做详细介绍。

2014 年，CCAMLR 大会收到很多涉及海洋保护区的文件，除上述两个保护区的提案外，还涉及欧盟（代表英国）提交的关于南奥克尼群岛海洋保护区的评估报告[39]、俄罗斯提交的关于在罗斯海建立海洋保护区的俄罗斯主张[40]、日本提交的关于建立 CCAMLR 海洋保护区标准化程序的思考[41]等大会正式文件，以及 ASOC、俄罗斯等提交的一些背景文件。会议没有取得任何进展，相关国家在会议最后发表了各自立场声明。

二、罗斯海保护区与东南极保护区代表体系提案

自 2012 年以来，罗斯海和东南极保护区提案一直是 CCAMLR 重点讨论的内容之一；它们被 SC-CAMLR 认为是基于目前"最佳可获得的科学依据"且强调是根据 CM91-04 的框架而提出的。因此，这两个提案持续不能获得通过，引发了各方的关注，也使 CCAMLR 备受一些非政府组织的非议。

1. 罗斯海保护区提案

罗斯海，被认为是地球上最后一块保存完好的海洋生态区域；这里有数量庞大的哺乳动物和鸟类，包括1/3 的阿德利企鹅（Pygoscelis adeliae）和 1/4 的皇帝企鹅（Aptenodytes forsteri）；这个区域也是科学研究开展较多的区域。[42] 同时，它是南极犬牙鱼的栖息地；犬牙鱼是罗斯海食物链中重要的捕食者，是其他动物的食物；犬牙鱼数量的下降，将会影响罗斯海整个生态系统的结构。因此，非政府环境保护组织如皮尤（The

---

[37]　提案名称为："EU and USA Proposal for a Conservation Measure on the Protection of the Values of Antarctic Specially Management and Protected Areas"，30 October 2012。

[38]　Protection of the Values of Antarctic Specially Managed and Protected Areas, CM 91-02（2012），paragraph 1.

[39]　Delegation of the European Union, Review of the South Orkney Islands Southern Shelf（MPA Planning Domain 1, Subarea 48. 2）CCAMLR-XXXIII/24, 5 September 2014.

[40]　Delegation of the Russian Federation, Principal Provisions of the Russian Federation regarding the Proposal to Establish an MPA in the Ross Sea, CCAMLR-XXXIII/26, 5 September 2014.

[41]　Delegation of Japan, Consideration on a Standardised Procedure to Establish CCAMLR Marine Protected Areas（MPAs）in accordance with the Conservation Measure 91-04, CCAMLR-XXXIII/27, 5 September 2014.

[42]　Ainley, David G. , Grant Ballard and John Weller, "Ross Sea Bioregionalization, Part I. " CCAMLR WG EMM-10/11. Hobart：CCAMLR, 2010.

Pew Charitable Trusts）等，认为 CCAMLR 应对罗斯海进行全面保护，以缓解企鹅、鲸鱼、海豹等所面临来自气候变化、过度捕捞、生境退化等方面的压力。[43] 根据 ASOC 的统计，约 500 名科学家签名要求在此区域建立海洋保护区。[44]

美国是 CCAMLR 非捕鱼成员国；而罗斯海是新西兰重要的犬牙鱼捕捞渔场，每年可为新西兰提供约 0.2 亿—0.3 亿新西兰元的经济收益[45]，因此双方在涉及犬牙鱼渔场的处理方面出现很大分歧（也就是后面双方联合提案中的特别研究区），所以最初两国各自提出议案。美国主张关闭此区域的理由是，这样可以为保护区以外捕捞渔场提供一个很好的参照区域，以评估罗斯海的渔业活动对海洋生态系统的影响。新西兰则主张，这个区域重要的犬牙鱼渔场，对于新西兰犬牙鱼渔业所实施的标志放流项目（tagging programme）的延续性和完整性至关重要。

2011 年，新西兰最初提出了一个面积达 220 万平方公里的提案，美国则提出一个近 180 万平方公里的提案。2012 年，CCAMLR 要求新西兰和美国两国必须合并其提案，否则大会无法就同一个区域的两个不同提案进行讨论。最后，在各方面的压力下，2012 年 10 月 29 日，美国和新西兰达成共识，联合提出一个提案，涉及罗斯海全部岸线，总面积达 227 万平方公里，其中约有 160 万平方公里为禁止作业区（NO-TAKE），包括了大部分罗斯海的大陆架。将争议区域纳入海洋保护区，但允许在此争议区域捕捞犬牙鱼，并设定相应捕捞限额。该联合提案几乎原封不动地又提交给 2013 年 7 月召开的 CCAMLR 第二次特别会议。[46]

根据提案，保护区要实现 10 个目标，包括养护生态结构与功能、参照区（对比渔业活动与气候变化对生态的影响）、促进研究和科学活动、保护代表性底栖海洋环境、保护大规模生态进程、保护核心的中上层被捕食物种的分布、保护核心的产卵场、保护具有重要生态价值的沿岸区域、保护南极犬牙鱼生命史中的重要区域以及保护已知的稀有和脆弱底栖生境等。保护区将分三类区域，分别是一般保护区（the General Protection Zone）、特殊研究区（the Special Research Zone）和产卵保护区（the Spawning Protection Zone）。一般保护区为禁止作业区，即禁止商业捕捞作业；特殊研究区允许商业捕捞作业，但捕捞数量将逐渐减少，增加标志比例；产卵保护区在夏季允许商业捕捞，在冬季关闭。保护区有效期为 50 年。值得注意的是，生产力最高的犬牙鱼渔场，如艾斯林滩

---

〔43〕 The PEW Charitable Trusts, Protecting the Ross Sea: Fact Sheet, October 2014.

〔44〕 Antarctic and Southern Ocean Coalition（ASOC）, "Scientists' Consensus Statement on Protection of the Ross Sea", http: //www. asoc. org/storage/documents/MPAs/Ross_ Sea_ Scientists_ Statement_ October_ 2011. pdf（accessed 8 August, 2013）.

〔45〕 NIWA, "Survey Reveals Plenty of Fish in the Ross Sea", http: //www. niwa. co. nz/news/survey-reveals-plenty-of-fish-in-the-ross-sea.

〔46〕 Delegations of New Zealand and the USA, A Proposal for the Establishment of a Ross Sea Region Marine Protected Area, CCAMLR-SM-II/04, 31 May 2013.

（Iselin Bank），则被排除在保护区范围之外。

2013 年 10 月，在第 32 届 CCAMLR 会议上，新西兰与美国对提案内容进行了五点修改，分别是：在序言增加了新段落，以强调该保护区与渔业活动的影响以及 CCAMLR 成员国相互合作的重要性；修改了保护区的边界范围；修改了特别研究区犬牙鱼捕捞限额的计划公式；明确了 CCAMLR 每十年对保护区进行评估与修改；相应调整了管理计划和研究与监测计划的优先要素等。[47] 具体边界的修改包括删除产卵场保护区，以回应没有充分科学证据的意见；减少斯科特海山区域的保护区面积，以更好对应该区域的保护目标；罗斯海西北部的一般保护区增加一小块，为重要的深海栖息地的生物多样性（包括海山）提供代表性保护；删除东北部海山的保护区，因为这些生物区系出现在增加的西北部分。[48] 可以看出，提案仍保留了 10 个目标；保护区只剩下两个类型，其中特别研究区的面积没有变化，一般保护区有所调整、面积下降。总体上，修改后的保护区面积缩减至 134 万平方公里，其中 125 万平方公里为禁止作业区。

2014 年，新西兰与美国对提案进行了四点修改，分别是：在序言增加新段落，重申公约目标中养护包含合理利用以及公约是南极条约体系的有机组成部分等；进一步明确保护区与国际法之间的关系，即不影响各国在国际法下的权利与义务；明确保护区具体目标等；相应调整了管理计划、研究与监测计划等部分的内容。[49]

最终，2014 年罗斯海提案包括序言（18 段）、正文（24 段）和 3 个附件。正文涉及：罗斯海保护区由该养护措施设立，明确该养护措施与国际法之间的关系；保护区的 10 个具体目标；保护区的区域分布，即四个区域、两种类型，面积约为 130 万平方公里；限制、禁止和受管制活动；管理计划；研究和监测计划；报告；评估；设立期限；遵守与监督；与其他国家和组织的合作；等等。根据南极海洋联盟（Antarctic Ocean Alliance，AOA）的观点，罗斯海海洋保护区的面积应为 330 万平方公里。[50]

2. 东南极保护区代表体系提案

澳大利亚和法国所提的东南极，是指东经 30 度至东经 150 度之间、南极大陆至南纬 60 度之间的区域；也就是 CCAMLR 的大部分 58.4.1 区和 58.4.2 区。相对于罗斯海而言，这是一个数据缺乏的区域。值得注意的是，该提案是要建立海洋保护区代表体系，而罗斯海提案是要建立海洋保护区。

根据 CCAMLR 统计数据库统计，在该区域有过 3 种规模性商业渔业，即冰鱼渔业、

---

〔47〕 Delegations of New Zealand and the USA, A Proposal for the Establishment of a Ross Sea Region Marine Protected Area, CCAMLR-XXXII/27, 2 September 2013.

〔48〕 CCAMLR XXXII Report, 2013, paragraph 7.4.

〔49〕 Delegations of New Zealand and the USA, A Proposal for the Establishment of a Ross Sea Region Marine Protected Area, CCAMLR-XXXIII/211, 5 September 2014.

〔50〕 ASOC, Maintaining CCAMLR's Ambition on Marine Protected Areas, CCAMLR-XXXIII/BG/24, 20 September 2014.

犬牙鱼渔业和磷虾渔业。冰鱼渔业在 20 世纪 70—80 年代曾有较大规模的生产，现在规模很小；磷虾渔业也是在 20 世纪 70—80 年代，特别是 80 年代有过大规模的生产，现已经基本没有；犬牙鱼渔业，以细鳞犬牙鱼（Dissostichus eleginoides）渔业为主，南极犬牙鱼（Dissostichus mawsoni）渔业在 2005 年以后有一定规模的发展，但数量相对较少。

2010 年，在第 29 届 CCAMLR 会议上，澳大利亚就分别向 SC-CAMLR 和 CCAMLR 提出了两个文件，分别是"关于在数据不足（data-poor）区域内海洋保护区代表体系详细计划"。[51] 澳大利亚提议的东南极海洋保护区代表体系覆盖巨大的范围，特别是缺少该区域的生态数据，成为一些国家关切的重点。[52]

2011 年，此东南极保护区提案先提交 8 月底在法国召开的第二次海洋保护区专题研讨会，然后根据研讨会的讨论情况进行修改后形成正式提案再提交给 SC-CAMLR[53]，法国加入成为提案国。因为这一年，澳大利亚向 CCAMLR 提交了一个关于建立海洋保护区一般框架的提案[54]，因此希望东南极保护区提案在 2012 年进入 CCAMLR 会议。该提案目标是支持 CCAMLR 的生态系统监测项目（CEMP），区分渔业活动和气候变化对生态系统造成的影响。作为代表体系，其遵循的原则是综合（Comprehensiveness）、充分（Adequacy）和代表（Representativeness）；提案包含了 7 个保护区，其中 4 个保护区是代表底层和中上层生态类型，另外 3 个仅代表底层生态类型。鉴于关于此区域的保护区存在许多不确定性以及缺乏数据，因此这个提案预留了很大的区域，以确保重要的物理的和生物的进程得到保护。[55]

2012 年，该提案正式提交给 CCAMLR，欧盟正式参与提案。[56] 鉴于 2011 年 CCAMLR 通过了澳大利亚提议的"建立海洋保护区的一般框架"规则，即养护措施 91-04（2011），所以提案增加了对该养护措施的援引；提案在序言中指出其总体目标是养护生物多样性、保护生态进程、评估渔业活动对生态系统影响等；在正文中具体规定了每个保护区的具体目标，从而在整体上满足 CEMP 的要求。[57]

2013 年，该提案经修改后先提交了 CCAMLR 第二次特别会议；修改后的提案，在

---

〔51〕 Delegation of Australia, Elaborating a representative system of marine protected areas in data-poor regions, SC-CAMLR XXIX/11, 10 September 2010.

〔52〕 SC-CAMLR XXIX Report, 2010, paragraph 5. 30；CCAMLR XXIX Report, 2010, paragraphs 7. 13-7. 16.

〔53〕 Delegations of Australia and France, Proposal for a Representative System of Marine Protected Areas (RSMPA) in the East Antarctica Planning Domain, SC-CAMLR-XXX/11, 27 September 2011.

〔54〕 Delegation of Australia, Proposal for a General Conservation Measure to Implement Marine Protected Areas in the CCAMLR Area by 2012, including management arrangements needed in conservation measures that will govern the MPAs in CCAMLR in the future, CCAMLR-XXX/30, 9 September 2011.

〔55〕 SC-CAMLR, XXX, 2011, Annex 6, paragraphs3. 14 – 3. 19；CCAMLR, XXXI, 2012, paragraph 7. 63.

〔56〕 Delegations of Australia, France and the European Union, Proposal for a Conservation Measure establishing a Representative System of Marine Protected Areas in the East Antarctica Planning Domain, CCAMLR-XXXI/36, 8 September 2012.

〔57〕 CCAMLR XXXI, 2012, paragraphs 7. 78-7. 81.

正文第一段列出 5 个总体目标，包含确保所有的生物地理区系的代表性、养护生物多样性、保护生态进程、评估渔业活动对生态系统影响、保证保护区的多目的利用（multiple use）；强调了多目的利用与"合理利用"之间的联系。保护区代表体系的面积大致保持与原来相近，只是缩小了两个保护区（MacRobertson 和 D'Urville Sea-Mertz）和增加了三个保护区（Gunnerus、Enderby 和 Wilkes）。保护区代表体系的有效期得到明确，即根据公约第 2 条（3）（c）的内容确定了 30 年的期限；此后如果有代表要求终止、调整或替代某个保护区，则 CCAMLR 需要在期满后的 5 年内决定该保护区是否终止、调整或由新的保护区替代。[58]；提案国认为此提案是为了建立一个包含养护、科学和多目的利用的综合体系，以实现单个保护区不能达到的目标[59]；符合 C-CAMLR 第 2 条的目标，为南极海洋生态系统管理提供了一个机制，符合 2011 年通过的养护措施 91－04[60]。

在 10 月份的第 32 届 CCAMLR 大会上，该提案基本没有做出实质修改，只是做了一些解释性的调整，涉及提案和 C-CAMLR 与养护措施 91－04 之间的援引关系、限制活动的批准、研究与监测的责任关系、与相关组织之间的沟通、有效期限等内容[61]。在会议期间，有国家认为提案所覆盖面积太大、总体目标太笼统；提案国对此提案再进行调整，将具体保护区建立分两步走，第一步建立四个保护区，第二步是在十年之后再考虑建立另外三个保护区[62]。但总体目标没有改变。

2014 年，提案再经修改，包括降低保护区面积、删除第二阶段建立另外三个保护区的内容、把允许在保护区进行研究和监测活动增加进总体目标等。在四个保留的保护区中，三个是作为科研参照区，一个是生物多样性和生物地理区的代表区[63] 提案国认为，所有调整都是为了解决相关成员国表达的关注；东南极保护区代表体系的建立将为保护区域生物多样性提供有效机制，同时也允许南极生物资源的可持续利用[64]。

根据南极海洋联盟（Antarctic Ocean Alliance，AOA）的计算，东南极保护区代表体系的提案覆盖面积从 2010 年的 172 万平方公里，增加到 2011 年的 180 万平方公里，此后逐步下降，2014 年提案面积为 104 万平方公里。据 AOA 的观点，该提案面积应为 243 万平方公里。[65]

[58] Delegations of Australia, France and the European Union, Proposal for a Conservation Measure Establishing the East Antarctic Representative System of Marine Protected Areas, CCAMLR-SM-II/03, 29 May 2013.

[59] SC-CAMLR IM I, 2013, paragraph 2. 62.

[60] CCAMLR SM II, 2013, paragraph 3. 41.

[61] Delegations of Australia, France and the European Union, Proposal for a Conservation Measure Establishing an East Antarctic Representative System of Marine Protected Areas, CCAMLR-XXXII/34 Rev. 1, 23 October 2013.

[62] CCAMLR XXXII, 2013, paragraphs 7. 22-7. 26.

[63] Delegations of Australia, France and the European Union, Proposal for a Conservation Measure Establishing the East Antarctic Representative System of Marine Protected Areas, CCAMLR-XXXIII/23, 5 September 2014.

[64] CCAMLR XXXIII, 2014, paragraph 7. 48.

[65] ASOC, Maintaining CCAMLR's ambition on Marine Protected Areas, CCAMLR-XXXIII/BG/24, 20 September 2014.

四、讨论与分析

综上所述，在 CCAMLR 框架下的南极海洋保护区建设过程中，既有一般性辩论，也有针对具体提案的讨论；既有 SC-CAMLR 层面的科学问题的讨论，也有 CCAMLR 层面的政策与法律的争论；是一种多层次相互作用的过程。在此过程中，既有关于保护区的科学问题，如保护区的科学性（目标与面积）、有效期限、评估周期、管理计划、研究与监测计划等；也有关于保护区的法律问题，如 CCAMLR 是否有权建立公海海洋保护区、保护区的定义、CCAMLR 与南极条约体系之间的法律关系等；更有关于保护区的政治问题，如保护区建设与地缘政治控制、排斥其他国家渔业活动等。因此，本文首先就相关国家就海洋保护区建设的法律与政治的立场进行梳理与总结，然后进行相应讨论与分析。

1. 法律问题的讨论

对于 CCAMLR 在南极海域建立海洋保护区的法律依据及海洋保护区法律定义问题，在 2013 年 CCAMLR 第二次特别会议期间，俄罗斯和乌克兰质疑了 CCAMLR 是否有权建立公海海洋保护区，同时强调 CCAMLR 从来没有就海洋保护区形成统一的认识或定义。俄罗斯认为如果这两个问题得不到解决，则拒绝继续进行任何谈判。[66] 欧盟对俄罗斯的观点表示了质疑，认为养护措施 91 - 04 实际已经提供了一个 CCAMLR 框架内海洋保护区的定义。[67] 美国认为在 C-CAMLR 区域内公海上设立海洋保护区是符合国际法的，相关条款包括 C-CAMLR 第 9 条 1（f）、2（f）、2（g）和 2（i）；养护措施 91-04 也强调"海洋保护区的设立与实施必须依据国际法，包括《联合国海洋法公约》"。因此，美国认为在 CCAMLR 范围内设立海洋保护区纯属 CCAMLR 的职责；而且东南极保护区代表体系提案的一个重要特点就是限制捕鱼活动，这完全是属于 CCAMLR 职责。[68] 澳大利亚也持类似观点，认为 CCAMLR 已经通过了养护措施 91-04，建立了在 C-CAMLR 下建立海洋保护区的法律制度框架；CCAMLR 有能力根据 C-CAMLR 第 9 条通过养护措施，建立海洋保护区。[69]

对于现有养护措施，如渔场关闭、脆弱海洋生态系统保护等与海洋保护区之间的关系，日本在 2008 年 CCAMLR 会议上，就指出在南极条约体系框架下有其他空间管理措施可利用，如 CEMP 地址、南极特别管理区（ASMA）、南极特别保护区（ASPA）和 VME 风险区域，认为 CCAMLR 应根据 C-CAMLR 目标对海洋保护区进行谨慎和明确的定义。[70] 在此会议上，CCAMLR 确认没有单一的海洋保护区定义，一些空间管理工具可

〔66〕 CCAMLR, SM-II, 2013, paragraphs 3. 18, 3. 26, 3. 34.

〔67〕 CCAMLR XXXIII Report, 2014, paragraphs 7. 55-7. 57.

〔68〕 CCAMLR XXXIII Report, 2014, paragraph 7. 53.

〔69〕 CCAMLR XXXIII Report, 2014, paragraph 7. 66.

〔70〕 CCAMLR XXVII Report, 2008, paragraphs 7. 12-7. 13.

用来养护海洋生物多样性；同意海洋保护区有不同的存在形式。[71] 2014 年，法国承认目前没有一个国际认可的海洋保护区定义，即使《生物多样性公约》第 6 条也只是一个有用的参考。[72] 新西兰认为关闭研究区域或渔场等措施是一种渔业管理决定，不能用来实现如生物多样性、生境和生态系统等目标。也就是，它们不能满足养护措施 91-04 的要求，不能替代海洋保护区。[73] 同样，美国认为这种关闭研究区域或渔场的措施不是为了实现养护措施 91-04 所列的任何一个目标，所以它们不是海洋保护区；罗斯海保护区提案旨在实现养护措施 91-04 全部 6 个目标。[74] 中国认为 C-CAMLR 仍是 CCAMLR 工作的基本法律依据；第 2 条是 CCAMLR 工作目标，因此任何 CCAMLR 通过的养护措施，包括养护措施 CM91-04，仍应遵循第 2 条的目标和原则。然而，目前两个提案可能偏离了上述目标和原则。[75]

对于保护区与 C-CAMLR 第 2 条规定的"合理利用"之间的关系，2011 年 SC-CAMLR 曾建议海洋保护区提案应清楚说明其在生态功能保护与允许捕捞或保护对捕捞影响之间的平衡。[76] 2014 年，中国指出目前两个提案都试图限制渔业活动，但没有充分证据证明渔业活动是否或在多大程度上影响 C-CAMLR 的目标和原则，因此认为两个提案实际上是要引入新的义务，将破坏 C-CAMLR 第 2 条所建立的平衡。[77] 俄罗斯也持有类似观点。对此，新西兰认为其罗斯海保护区提案已经考虑这个问题，并对边界进行了调整，最大化减少对渔业生产的影响，同时满足目标保护的要求；而且提案中的特别研究区域就是为了兼顾合理利用。东南极保护区代表体系提案也尽量减少对渔业生产活动的影响；2014 年提案面积更小。同时，新西兰强调 C-CAMLR 第 2 条规定的养护包括（includes）合理利用，而不是说"养护就是（is）合理利用"。[78]

2. 相关法律分析

C-CAMLR 作为南极条约体系的一个组成部分，相关法律分析应在这个体系框架下进行。在此，1991 年《关于环境保护的南极条约议定书》（以下简称《议定书》）与此密切相关，特别是其附件五"保护区"。

首先，C-CAMLR 与 1991 年《议定书》目的都是保护海洋生态系统，但两者的内涵有所差异。C-CAMLR 更强调"海洋生态系统"中种群及生态系统的养护；《议定书》强调生态的"内在价值"。也就是说，C-CAMLR 养护内容是与南极生物资源的养

---

[71]　CCAMLR XXVII Report, 2008, paragraph 7.16.
[72]　CCAMLR XXXIII Report, 2014, paragraphs 7.55-7.57.
[73]　CCAMLR XXXIII Report, 2014, paragraph 7.65.
[74]　CCAMLR XXXIII Report, 2014, paragraph 7.53.
[75]　CCAMLR XXXIII Report, 2014, paragraph 7.69.
[76]　SC-CAMLR XXX Report, 2011, paragraphs 5.15-5.17.
[77]　CCAMLR XXXIII Report, 2014, paragraph 7.69.
[78]　CCAMLR XXXIII Report, 2014, paragraph 7.65.

护（包括合理利用）密切相关的。其次，在责任分担方面，C-CAMLR 序言及第 5 条承认保护南极环境的主要责任在于《南极条约》协商国，也就是《南极条约》及《议定书》是保护南极"环境及其生态系统"的基本法律文件。最后，不可忽略的是，C-CAMLR 的适用范围与《南极条约》及《议定书》并不一致，CCAMLR 的管辖范围要大些。

同时，仔细分析"南极生物资源"的定义可以发现，C-CAMLR 适用的对象，除传统鱼类资源和鸟类外，还应包括"生物有机体"（living organisms）。根据目前联合国大会关于国家管辖范围外海洋生物多样性养护与可持续利用特设工作组（BBNJ）9 次会议的进展看，国际社会重点关注的应是这种生物有机体养护、可持续利用及惠益分享等，而非传统鱼类资源。

通过上述比较分析可以验证，C-CAMLR 在南极海洋环境保护方面的职责是十分有限的，仅限于因捕捞及相关活动可能造成的对海洋生态的影响，由此决定了它在南极海洋保护区方面的职责以及所建立海洋保护区的内容也是十分有限的，这也反映在 2011 年 CCAMLR 通过的养护措施 CM91-04 中。在此方面，2006 年 CCAMLR 通过的关于底层渔业活动对脆弱海洋生态系统的 6 个养护措施应属于此类，即养护措施 22-05 至 22-09。同时，根据 C-CAMLR 第 5 条以及 2005 年第 28 届《南极条约》协商会议（ATCM）通过的第 9 号决定，可以看出非渔业类因素对生态系统影响的保护应是《南极条约》协商成员国的责任。

从海洋保护区的法律概念来看，前述分析与讨论显示缺少一个统一认可的海洋保护区的法律定义为南极海洋保护区建设带来一些困扰。C-CAMRL 没有给出海洋保护区的定义。《联合国海洋法公约》在第五部分关于专属经济区制度中提及了海洋保护区，也没有给出相应定义。1992 年《生物多样性公约》和 2011 年 CCAMLR 养护措施 91-04 也没有此类法律定义。这也是俄罗斯提议或在南极条约体系下根据 1991 年《议定书》通过一个决议或在 CCAMLR 的养护措施中定义的原因。

根据 2014 年 CCAMLR 会议上主要提案国的声明，它们一致认为那种为了养护渔业资源而采取的区域管理措施不是它们想要的保护区，即不是能够实现海洋生物多样性养护的保护区。提案国的这种观点与 2014 年 BBNJ 第 8 次会议关于海洋保护区的讨论相似。在此会议上，世界自然保护联盟（IUCN）提出，海洋保护区是一种以长期养护自然为目标的区域管理工具；它与那种针对具体活动的、为保护特定区域的区域管理工具不同，后者不能有效养护国家管辖外的海洋生物多样性。澳大利亚支持 IUCN 对海洋保护区的定义，认为需要关于多目标用途的海洋保护区以及采取可能对第三方实施影响的管理措施。根据 IUCN 的观点，区域渔业管理组织实施的关闭渔场的措施不能认为是海洋保护区，因为它们仅针对一种活动，没有考虑多种活动的累积影响。同时，澳大利亚认为，由区域渔业管理组织建立的为养护生物多样性的海洋保护区才是新协定管理对象，而那些为恢复鱼类种群的保护区，则不应纳入全球海洋保护区网络。[79]

所以，从 2014 年提案国的声明以及澳大利亚在 BBNJ 会议上的立场看，其主张在南极建立海洋保护区的目标是纯粹保护海洋生物多样性，不论是否受到渔业活动的影响；不是通过规制渔业活动来达到保护海洋生物多样性的目标。从此角度看，这种目标也与上述分析的 C-CAMLR 的目标与职责不一致；应属于 1991 年《议定书》的目标与职责范围。

3. 政治问题的讨论

对于保护区建设与地缘政治控制的关系，2014 年俄罗斯先是向第 37 届《南极条约》协商国会议提交了一份关于 "南极条约体系下的海洋保护区" 的工作文件，指出："鉴于《南极条约》和《养护南极海洋生物资源公约》的 7 个缔约国在南极主张领土，俄罗斯不得考虑海洋保护区可被用对其原主张区域建立地缘政治控制的可能性。"[80] 然后，俄罗斯将此文件再次提交给 CCAMLR 会议。[81] 在 2014 年 CCAMLR 会议上，澳大利亚对俄罗斯的观点进行辩解，认为在 C-CCAMLR 框架下建立的海洋保护区是 CCAMLR 的保护区，而不是提案国的保护区。[82] 法国强调，作为《南极条约》的一个负责任成员国，完全遵守《南极条约》第 4 条关于领土冻结的规定，因此没有理由认为东南极保护区代表体系提案有任何地缘政治控制的意图。[83] 新西兰也进行了解释，指出没有在其南极属地附近海域主张领海或专属经济区，新西兰完全遵守《南极条约》第 4 条的规定。同时，强调罗斯海保护区的建立是集体决策与管理的事项，需要得到所有 CCAMLR 成员国的同意；建立后，将接受 CCAMLR 的监督。[84]

对于保护区建立与排斥其他国家渔业活动的关系，俄罗斯提出，澳大利亚、英国、新西兰、法国等这些提案国都是犬牙鱼主要捕捞国，且产量主要来自这些国家在南极主张的专属经济区内。因此，有理由怀疑这些国家可能利用海洋保护区，关闭犬牙鱼的作业渔场，把其他犬牙鱼捕捞国排除出来，垄断犬牙鱼生产。因此，俄罗斯认为南极海洋生物资源的养护不应是政治目标。[85] 美国则认为，罗斯海保护区提案并没有降低该海域现有犬牙鱼配额，也不会降低各成员国利用这些配额的可能性。[86]

[79] IISD, Briefing Note on the WG on Marine Biodiversity, 23 June 2014, pp. 3-4.

[80] Russian Federation, Marine Protected Areas in the Antarctic Treaty System, ATCM XXXVII, WP 20, 14 March 2014.

[81] Delegation of Russia, Marine Protected Areas in the Antarctic Treaty System, CCAMLR-XXXIII/BG/09, 8 September 2014.

[82] CCAMLR XXXIII Report, 2014, paragraph 7. 66.

[83] CCAMLR XXXIII Report, 2014, paragraph 7. 54.

[84] CCAMLR XXXIII Report, 2014, paragraph 7. 65.

[85] Delegation of the Russian Federation, Principal provisions of the Russian Federation regarding the proposal to establish an MPA in the Ross Sea, CCAMLR-XXXIII/26, 5 September 2014.

[86] CCAMLR XXXIII Report, 2014, paragraph 7. 53.

法国认为，不能接受在南极拥有专属经济区的 CCAMLR 成员国试图通过建立海洋保护区来垄断犬牙鱼生产的观点。[87] 新西兰认为，该国现有的专属经济区内也没有大量犬牙鱼渔业，其在南极犬牙鱼渔业完全是和俄罗斯渔船在同样的渔场进行生产。[88]

4. 相关政治分析

南极环境问题，历来就是南极政治中的"高级政治"（High Politics）。在南极条约体系大框架下，南极环境一方面是主权要求国维护其既得利益的有效手段，另一方面又是非主权要求国试图获得新的南极利益的借助对象。[89]

在南极条约体系下，与海洋保护区相类似的是南极特殊保护区（ASPA）和南极特别管理区（ASMA）。在这种特殊保护区内，管理和科学研究活动主要以申请建立保护区的国家为主。因此，各南极考察大国纷纷申请建立以本国为主导的南极特别保护区；一定程度上，建立并管理 ASPA 和 ASMA 成为相关国家显示其在南极"软存在"的重要手段。[90] 如 2007 年第 30 届《南极条约》协商会议上美国提出的特别管理区面积达到 26400 平方千米。[91]

就 C-CAMLR 而言，鉴于其覆盖有争议的海域，涉及南极资源的分配问题，当时该《公约》本身就是一个具有高度政治敏感性的问题。它曾经使南极合作濒临失败，但由于第三世界对南极生物资源的高度关注促使发达国家尽快就此达成协议。[92]

就两个具体提案而言，两个提案分别涉及了新西兰的南极"罗斯属地"和澳大利亚"南极领土"，很难不让人将此两个提案与地缘政治问题相联系。新西兰在南极有很重要的战略利益，既有地理位置和地缘战略的需要，也有历史的需要和为保持早期获得的利益的政治需要。2006 年，新西兰向外大陆架界限委员会（CLCS）提交申请，没有包括南极区域；但新西兰政府重申他将保留未来申请的权利。根据《南极条约》第 4 条，新西兰积极采取一系列活动以支持其领土主张，包括斯科特科学考察站（Scott Base）、将新西兰科学考察的重点放在"罗斯属地"、承担此区域的国际搜救任务、罗斯海的气象观察和水文监测、试图在"罗斯属地"建立 19 个环境方面的保护区等。[93]

澳大利亚则是距离南极最近的国家之一，也是 7 个主权要求国中提出领土面积要求最大的国家。在澳大利亚的外交政策中，南极外交占有重要的位置。[94] 在其 2004 年向

〔87〕 CCAMLR XXXIII Report, 2014, paragraph 7. 67.

〔88〕 CCAMLR XXXIII Report, 2014, paragraph 7. 65.

〔89〕 郭培清、石伟华：《南极政治问题的多角度探讨》，海洋出版社 2012 年版，第 66—67 页。

〔90〕 吴依林：《环境保护与南极的"软存在"》，《海洋开发与管理》2009 年第 4 期，第 43—45 页。

〔91〕 Annex E of Report of the Committee for Environmental Protection, Final Report of the Thirtieth Antarctic Treaty Consultative Meeting, 30 April -11 May 2007, New Delhi.

〔92〕 Judith G. Gardam, "Management Regimes for Antarctic Marine Living Resources: An Australian Perspective," *Melbourne University Law Review*, 1985, vol. 15, pp. 279-312.

〔93〕 Anne-Marie Brady, "New Zealand's Strategic Interests in Antarctica", *Polar Record*, 2011, 47 (241), pp. 127-128.

〔94〕 郭培清、石伟华：《南极政治问题的多角度探讨》，海洋出版社 2012 年版，第 139—143 页。

外大陆架界限委员会（CLCS）提交的 200 海里外大陆架申请中，就包括了澳大利亚南极领土（东经 45 度至 136 度、东经 142 度至 160 度）的外大陆架，其主张 200 海里外大陆架面积达 68.68 万平方千米。澳大利亚承认，这些面积主张可能会受挪威和法国相应主张的影响。[95] 鉴于其特殊法律与政治地位，澳大利亚请求 CLCS 不审理其南极外大陆架的申请。[96] 在此背景下，很难排除这些国家在提出建立海洋保护区的同时不存在着政治的考量。

在此方面，英国在南奥克尼岛保护区方面的实践是值得思考的。2009 年 10 月，第 29 届 CCAMLR 会议通过英国提案，建立南奥克尼岛保护区。随即，英国外交部于 2009 年 11 月 10 日，对外宣布世界上第一个公海海洋保护区——南奥克尼岛海洋保护区设立，该保护区面积为 9.4 万平方公里，自 2010 年 5 月生效。[97]

就保护区建立与渔业之间的关系而言，在 2013 年 CCAMLR 第二次特别会议上，有 12 个表达关切的国家，其中，有 11 个在 CCAMLR 范围内从事渔业活动，有 9 个国家的渔业活动会受到两个保护区提案的影响。而在 11 个支持保护区的国家中，有 5 个是非捕鱼国。澳大利亚、法国和英国在南极拥有其主张的专属经济区，提供良好的渔业生产场所，他们也是从开发南大洋海洋生物资源中受益最大的三个国家。新西兰、波兰和西班牙是支持保护区提案的 3 个捕鱼国。[98] 从此角度看，保护区建设问题似乎使 CCAMLR 成员国形成了两个不同政治阵营，即捕鱼国与非捕鱼国；这与当初 C-CAMLR 谈判时的情况相似。[99] 同样情况在南奥克尼岛保护区提案讨论中也出现过。当把可能涉及蟹渔业的北部区域排除出保护区范围后，CCAMLR 很快就达成了一致意见。

就罗斯海保护区提案发展过程看，新西兰与美国在 2012 年前不达形成联合提案的根本原因也在于犬牙鱼渔业方面。后来两国形成的联合提案保留了渔业活动，是各种政治压力的结果，而不是科学需要的结果。此外，从两个提案发展看，其覆盖面积都有了大幅下降，区域做了相应的调整，但各自的保护目标仍保持不同。值得注意的是，2014 年国际法院在南极捕鲸案的判决中，尽管认为日本南极鲸类研究项目第二期（JARPA

---

[95] Australia, United Nations Convention on the Law of the Sea: Submission to the Commission on the Limits of the Continental Shelf on the Outer Limits of Australia's Continental Shelf Extending Beyond 200 Nautical Miles for the Territorial Sea Baseline, Executive Summary, Commonwealth of Australia, 2004, p. 11.

[96] Australia, United Nations Convention on the Law of the Sea: Submission to the Commission on the Limits of the Continental Shelf on the Outer Limits of Australia's Continental Shelf Extending Beyond 200 Nautical Miles for the Territorial Sea Baseline, Executive Summary, Commonwealth of Australia, 2004, pp. 48-49.

[97] Peter H Sand, "'Marine protected areas' off UK overseas territories: comparing the South Orkneys Shelf and the Chagos Archipelago", Geographic Journal, 2012, Vol. 178, pp. 201-207.

[98] Cassandra M. Brooks, "Competing Values on the Antarctic High Seas: CCAMLR and the Challenge of Marine-protected Areas, The Polar Journal, 2013, 3 (2), p. 289.

[99] Olav Schram Stokke, "The Effectiveness of CCAMLR", in Olav Schram Stokke and Davor Vidas (eds.), Governing the Antarctic: The Effectiveness and Legitimacy of the Antarctic Treaty System, Cambridge: Cambridge University Press, 1996, p. 122.

II）是一种科学研究性的项目，但其实施过程中实际捕鲸数量与计划的数量明显不一致，且没有对研究方案目标做出相应调整，因此认定日本在此项目下的捕鲸活动不是一种为了科学研究目的的活动。[100] 按照国际法院的这种推理逻辑，两个保护区提案很难被认为是一种科学意义上的提案。

五、小结

全球气候变化与海洋生物多样性丧失以及南极海洋所处的特殊位置，使南极海洋保护区建设备受国际社会的关注。在海洋保护区建设初期，各国似乎对海洋保护区保持着乐观的态度，取得了积极的成就，并于 2009 年通过了第一个海洋保护区、于 2011 年通过海洋保护区建设的一般框架规则。但随着具体海洋保护区建设讨论的深入，各国逐渐意识到海洋保护区建设可能对现有南极海洋生物资源养护管理体系带来的影响。由此，各国在科学、政治、法律等方面展开了拉锯式的争议，导致了海洋保护区建设进入了一种僵持状态。

即使如此，建设新海洋保护区的步伐并没有停止。在 2015 年 6 月华沙召开的 WG-EMM 的会议上，德国正式向会议提交了关于设立威德尔海保护区提案，面积达到 360 万平方公里[101]，美国在此会议上也表达了参加第一区域的海洋保护区工作[102]。

在各国就罗斯海和东南极两个保护区体系提案的一些关切没有完全解决的情况下，继续提出新海洋保护区提案，不可避免地使南极海洋保护区在 CCAMLR 会议的议程上占据越来越重的分量。这种局势，可能会造成相关国家对海洋保护区建设更大的担忧。一旦某个海洋保护区被 CCAMLR 通过，将为其他海洋保护区提案的通过打开方便之门。可以预测，未来 CCAMLR 在海洋保护区建设方面的形势将是，要么持续目前的僵持局势，不能取得任何新的进展；要么一下子通过几个海洋保护区提案，且后续建设更加快速。

从 2009 年南奥克尼群岛保护区建设现状[103]，以及目前各国关于罗斯海保护区与东

---

〔100〕 *Whaling in the Antarctic (Australia v. Japan: New Zealand Intervening)*, Judgment of 31 March 2014, I. C. J., paragraph 227.

〔101〕 K. Teschke, D. Beaver, M. N. Bester et al, Scientific Background Document in Support of the Development of a CCAMLR MPA in the Weddell Sea (Antarctica) -Version 2015-Part A, WG-EMM-15/38, 21 June 2015; Scientific Background Document in Support of the Development of a CCAMLR MPA in the Weddell Sea (Antarctica) -Version 2015-Part B, WG-EMM-15/38, 21 June 2015.

〔102〕 G. Watters, Report of a Domestic Workshop to Identify U. S. Stakeholders' Objectives and Protection Priorities for One or More Marine Protected Areas in Planning Domain 1, WG-EMM-15/34, 20 June 2015.

〔103〕 2014 年是南奥克尼群岛海洋保护区建成的第 5 年，根据规定需要进行评估，对此欧盟提交了评估材料。鉴于该保护区仍没有通过相应的研究和监测计划，各国对该评估报告的科学性表示疑问，最后 CCAMLR 大会也没有对此做出任何结论。See, Delegation of the European Union, Review of the South Orkney Islands Southern Shelf MPA (MPA Planning Domain 1, Subarea 48. 2), CCAMLR-XXXIII/24, 5 September 2014; SC-CAMLR XXXIII Report, 2014, paragraphs 5. 51-5. 76; CCAMLR XXXIII Report, 2014, paragraphs 5. 80-5. 88

南极保护区体系提案争论的关注看，除非通过政治压力强迫通过其中一个或两个海洋保护区提案，各国在法律和政治方面的担忧应给予回应和解决。否则，即使 CCAMLR 能够通过一些海洋保护区提案，也不能有效发挥这些海洋保护区在养护南极海洋生物资源方面应有作用。在此方面，衷心希望日本提出的海洋保护区建设清单提案能够部分或全部解决这些问题，为未来 CCAMLR 海洋保护区提供科学与法律方面的制度确信。同时，希望进一步完善现有海洋保护区提案程序，增加提案制定过程的透明度，加大信息公开，鼓励更多国家参加，以此化解相关国家之间的政治矛盾。

用于国际航行的海峡制度对平时海上军事活动的影响

■ 杨　瑛*

【内容摘要】《联合国海洋法公约》（以下简称《公约》）将海洋划分成若干不同的海域，并针对各种海域规定了各自适用的通行制度。过境通行制、无害通过制度不仅规制着具有重大经济和战略意义的用于国际航行的海峡上的秩序，而且与其他相关法律制度一起影响着各国平时在用于国际航行的海峡上的军事活动。

【关键词】《联合国海洋法公约》　军事活动　用于国际航行的海峡制度　过境通行制　无害通过制

　　从本质上来说，在用于国际航行的海峡的军事活动可以归纳到在领海内的军事活动中，因为这一部分的通行制度涉及领海的无害通过制度，只是由于用于国际航行的海峡有其特殊的地理特征，因此，《公约》除了规定不但要适用无害通过制度以外，还专门规定了其特殊的法律制度。

一、用于国际航行的海峡及其通行制度

　　在《公约》确定了领海宽度为 12 海里以后，全世界上千个大大小小的海峡中，就有 116 个海峡将处于一个或几个国家的领海范围以内，在这些海峡中，有 30 多个海峡可以被认为是"用于国际航行的海峡"，而具有重要的战略地位的海峡有 10 个。[1] 在世界政治、经济和军事形势迅速发展变化的今天，正是由于海峡具有重大的经济和战略意义，因此也就成为了不同利益集团国家争夺的战略要点。

　　《公约》中规定的用于国际航行的海峡制度涉及关于海上军事活动的主要条款有第 38 条"过境通行权"，第 39 条"船舶和飞机在过境通行时的义务"，第 40 条"研究和测量活动"，第 41 条"用于国际航行的海峡内的海道和分道通航制"，第 42 条"海峡沿岸国关于过境通行的法律和规章"，第 45 条"无害通过制度"，等等。

---

　　* 中山大学法学院副研究员。

〔1〕仲光友：《海峡的法律地位和通行制度》，《当代海军》2006 年第 7 期。本文所指具有重要战略地位的海峡是：亚洲 6 个（马六甲海峡、台湾海峡、巽他海峡、白令海峡、达达尼尔海峡、博斯普鲁斯海峡）；欧洲 2 个（多佛尔海峡和墨西拿海峡）；南美洲 1 个（麦哲伦海峡）；非洲 1 个（直布罗陀海峡）。

表1　海峡分类及其通行制度[2]

海 峡 分 类	通 行 制 度
1. 非用于国际航行的海峡	原则上不适用《公约》第三部分，除非第2种海峡有例外情形，这三种海峡适用《公约》的以下部分规定： 第二部分领海通行制度 第四部分群岛国通行制度 第五部分专属经济区通行制度 第七部分公海通行制度
2. 中间存在公海或专属经济区通道的海峡	
3. 有长期存在的、现行有效的通行制度的海峡	
4. 非2或3的海峡，并且是用于国际航行的海峡	适用《公约》第三部分的通行制度
4.1 连接两端是公海（专属经济区）且非第38（1）条例外的海峡	适用《公约》第三部分：第二节 过境通行制
4.2 连接公海（专属经济区）的一个部分和外国领海之间的海峡	适用《公约》第三部分：第三节 不得停止的无害通过制度
4.3 第38（1）条例外的海峡	

表2　用于国际航行的海峡分类及其通行制度[3]

用于国际航行的海峡的海域分类	通 行 制 度
1. 海峡全部是领海	适用《公约》第三部分；如果属于表1中的4.2、4.3海峡，适用无害通过制度
2. 海峡沿岸是领海，海峡中间航道只存在专属经济区	适用《公约》第五部分专属经济区通行制，除非该航道不存在在航行与水文特征方面同样方便的条件，则适用过境通行制度。海峡领海部分适用无害通过制度
3. 海峡沿岸是领海，海峡中间航道只存在公海	适用《公约》第七部分公海通行制度，除非该航道不存在航行和水文特征方面同样方便之条件，则适用过境通行制度。海峡领海部分适用无害通过制度
4. 海峡沿岸是领海，海峡中间航道存在专属经济区和公海	适用《公约》第五、第七部分，除非该航道不存在航行和水文特征方面同样方便之条件，则适用过境通行制度。海峡领海部分适用无害通过制度

二、用于国际航行的海峡制度对军事活动的影响

根据《公约》第37条的规定，用于国际航行的海峡是指"在公海或专属经济区的一个部分和公海或专属经济区的另一部分之间的用于国际航行的海峡"。完全处于海峡沿岸国的领海内的用于国际航行的海峡的通行制度包括了两种，一种是过境通行制（规

---

[2]　王泽林：《北极航道法律地位研究》，上海交通大学出版社2014年版，第95页。

[3]　王泽林：《北极航道法律地位研究》，上海交通大学出版社2014年版，第95页。

定在第 37 条至第 44 条），另一种是持续不停的无害通过制（第 45 条）[4]。

（一）过境通行制度对军事活动的影响

1. 过境通行制

过境通行制是《公约》创设的一种关于海峡航行的新制度。根据《公约》第 38 (2) 条的规定，过境通行是指，专为在公海或专属经济区的一个部分和公海或专属经济区的另一部分之间的海峡继续不停和迅速过境的目的而行使航行和飞越自由，即海峡使用国的船舶和飞机以正常的方式进行航行和飞越，包括船舶保持戒备和航行习惯、保持编队队形、起降飞机、潜艇潜航等。过境通行制是用于国际航行的海峡中最重要的制度，该制度并不适用于其他海域。所有船舶和飞机在这种海峡中通过时都享有过境通行的权利，而且"这种过境通行的权利是不应当受到任何阻碍的"[5]。

但是，对继续不停和迅速过境的要求，并不排除在一个海峡沿岸国入境条件的限制下，为驶入、驶离该国或自该国返回的目的而通过海峡。对于任何非行使海峡过境通行权的活动，要受到《公约》其他适用的规定的限制。过境通行制也不应在其他方面影响构成这种海峡的水域的法律地位。而且过境通行制不适用于这样一种情形，即"如果海峡是由海峡沿岸国的一个岛屿和该大陆形成，而且该岛屿在向海一面还有一条在航行和水文特征方面同样方便地穿过公海或穿过专属经济区的航道，这种情形就应当适用无害通过制度"[6]。

《公约》对用于国际航行的海峡的规定确立了"过境通行制"，并没有采纳海洋强国的主张——"自由通行"，而且还规定了海峡沿岸国对用于国际航行的海峡享有的主权权利或管辖权权利[7]。但是过境通行制是一种"不同于无害通过权并且对现存的无害通过权有所附加的制度"[8]。因为，从本质上来说，实行过境通行制的用于国际航行的海峡位于沿岸国的领海范围内，这种海峡属于沿岸国的领海水域。《公约》将这种情况下的海峡，规定了特别的航行制度，以区别于领海。"所有船舶和飞机"在这种海峡内"均享有过境通行的权利"，因此，军舰和军用飞机也当然地享有这种权利，而且海峡沿岸国对这种权利不得加以"阻碍"、"防止"或"停止"，所以，实际上这是对海峡沿岸国主权权利的一种限制性的规定。

2. 过境通行制对军事活动的影响

如果说军舰在领海内的无害通过是非常敏感的问题的话，那么军舰在用于国际航行

---

〔4〕《公约》第 35（c）条：除非航行已经全部或部分地规定在长期存在的、现行有效的专门关于这种海峡的国际公约中。

〔5〕《公约》第 38 条第 1 款。

〔6〕《公约》第 38 条第 1 款、第 45 条第 1 款。

〔7〕《公约》第 42 条、第 43 条。

〔8〕［英］詹宁斯·瓦茨修订：《奥本海国际法》（第一卷第二分册），王铁崖等译，中国大百科全书出版社 1998 年版，第 45 页。

的海峡中的过境通行就显得更加敏感。《公约》创立的过境通行制度，是部分军事强国努力为了确保对军舰在无害通过制度下的相关通道的限制不能适用于一些重要的交通线[9]。这也是具有强大海军舰队的成员国之间为了保护他们的军事利益的动机，从而促使他们创建了这样一个新的通道制度。《公约》创立的过境通行制对海上军事活动有以下的影响。

首先，军事活动应当遵守一般的义务规定。

过境通行制不同于公海自由航行制度，《公约》第 39（1）条规定了过境通行制[10]。与无害通过一样，过境通行也需要船舶和飞机"毫不迟延地通过和飞越"[11]。过境通行并不禁止如无害通时所禁止的一系列的可能有损于沿海国的和平、良好秩序以及安全的行为，而是要求军舰"不得对海峡沿岸国的主权、领土完整或政治独立进行任何武力威胁或使用武力"[12]。所有船舶，包括军舰在过境通行时，在行使航行权时必须限制自己的行为，除非在"因为不可抗力或遇难"这样的必要情况下，否则不能"从事以其继续不停和迅速过境为目的的通常方式所附带发生的活动以外的任何活动"[13]。过境通行权不仅适用于军舰也适用于军用飞机，因此，与无害通过相比，过境通行允许更大的航行权。行使过境通行权的军舰被允许在穿越海峡时的行为应当保持与所携带的装置的安全活动相一致的活动，如适用雷达、声纳以及空中掩护等[14]。著名的科孚海峡案中，国际法院对英国军舰第二次通行海峡时的行为认定的是无害通过，这说明军舰在行使过境通行时只关注的是当时的行为方式，而不是通行时的行为目的，这也是判断军舰是否违反了过境通行权利的重要的决定因素。

关于军舰和军用飞机在行使过境通行时可以"通常的方式"进行航行和飞越，这种"通常的方式"被认为是各种不同类型的军用舰机进行一系列活动的可能性。"通常方式"的含义应当是保持船舶可以戒备的状态和其他航行习惯、保持编队、潜艇潜航、起降飞机等。例如，航空母舰的过境通行被认为是可以包括起飞和降落飞机和直升机的，从而使航空母舰的特遣部队搭起空中战斗巡逻作为一种防御措施[15]。《公约》第 38

---

[9]　Natalie Klein, *Maritime Security and the Law of the Sea*, Oxford University Press, 2011, p. 33.

[10]　所有船舶和飞机在行使过境通行权时的相应的义务有以下几点，即毫不迟延地通过或飞越海峡；不对海峡沿岸国的主权、领土完整或政治独立进行任何武力威胁或使用武力，或以任何其他违反《联合国宪章》所体现的国际法原则的方式进行武力威胁或使用武力；除因不可抗力或遇难而有必要外，不应从事其继续不停和迅速过境的通常方式所附带发生的活动以外的任何活动；以及要遵守本部分的其他规定。

[11]　《公约》第 39（1）（a）条。

[12]　《公约》第 39（1）（b）条。

[13]　《公约》第 39（1）（c）条。

[14]　Rear Admiral Bruce A. Harlow, UNCLOS III and Conflict Management in Straits, (1985) 15 ODIL 197, p. 201, Quoted from Natalie Klein, *Maritime Security and the Law of the Sea*, Oxford University Press (2011), p. 33.

[15]　John Astley III and Michael N. Schmitt, "The Law of the Sea and Naval Operations", 1997, 42 *Air Force Law Review* 119, p. 133.

（2）条规定了在用于国际航行的海峡中的过境通行是指"继续不停和迅速过境的目的而行使航行和飞越自由……"因此，克雷认为："无论一个特定的军舰的一次特定的行为是不是在'通常方式'下，应当在特定的情况下进行解释，很大程度上都应当在过境通行的背景下来广义地理解'航行和飞越的自由'。"[16] 在关于是否过境通行更像无害通过或者更像公海上的航行自由时，雷斯曼认为："对传统的航行自由必须强加一些限制，以阻止在国际海峡中公开的军事演习和武器试验、监视和情报收集等活动。"[17] 因此，军舰在通过用于国际航行的海峡时应当遵守上述的基本义务规定。

其次，军事活动应当遵守专门的国际规章、程序和惯例等规定。

根据《公约》第39（2）条的规定，对于行使过境通行权利的船舶来说，应当"遵守一般接受的国际规章、程序和惯例的规定，如关于海上安全的规定，及《国际海上避碰规则》"、关于"防止、减少和控制来自船舶的污染的规定"等。因此，军舰在行使过境通行时也应当遵守这些专门的规定。

根据《公约》第39（3）条的规定，过境通行的飞机应当"遵守国际民用航空组织制定的适用于民用飞机的《航空规则》"，当然，"国有飞机通常也应当遵守这种安全措施，并在操作时随时适当顾及航空安全"；"随时监听国际上指定的空中交通管制主管机构所分配的无线电频率，或有关的国际呼救无线电频率"；等等。

最后，军舰的通过应当得到海峡沿岸国的事前准许。

《公约》第40条规定："外国船舶，包括海洋科学研究和水文测量的船舶在内，在过境通行时，未经沿岸国事前准许，不得进行任何研究或测量活动。"该条规定解决了外国船舶在过境通行时执行海洋科学研究和水文测量活动的问题，规定了这种活动"未经沿岸国的事前准许"是不能够进行的。关于这一方面，第49条是对第19（2）（j）条[18]关于外国船舶在领海内行使无害通过时的"研究或测量活动"的补充。同时也是对第245条关于在领海内的科学研究应当"经沿海国的明示同意并在沿海国规定的条件下才可进行"的规定的补充。在海洋法的编纂过程中，关于这一点，所有的提议都涉及了关于军舰的问题。最后形成了《公约》第40条禁止在执行"任何研究和测量活动时未经海峡沿岸国的同意"，该条并不仅仅只限制海洋科学研究，该条禁止应该是一般性的禁止，即针对的是行使过境通行权的执行任何研究的外国船舶。因此，军舰在行使过境通行权利以前，应当提前得到沿岸国的准许，以免发生不必要的冲突。著名的"科孚海峡案"就涉及这一问题。

---

[16] Natalie Klein, *Maritime Security and the Law of the Sea*, Oxford University Press, 2011, p. 34.

[17] W. Michael Reisman, "The Regime of Straits and National Security: An Appraisal of International Lawmaking", 1980, 74 *America Journal of International Law* 48, p. 72.

[18] 《公约》第19（2）（j）条规定了外国船舶在领海内进行研究或测量活动，即视为损害沿海国的和平、良好秩序或安全的活动。

（二）无害通过制度对军事活动的影响

在领海中的无害通过制度当然地适用于用于国际航行的海峡的水域。根据《公约》第 45 条关于在用于国际航行的海峡中的无害通过制度的规定，无害通过适用于这样两种海峡，第一种海峡是"在公海或专属经济区的一个部分和外国领海之间的用于国际航行的海峡"[19]；第二种海峡是"由海峡沿岸国的一个岛屿和该国大陆形成，而且该岛向海一面有在航行和水文特征方面同样方便的一条穿过公海，或穿过专属经济区的航道，尽管这类海峡也是专为连接公海或专属经济区的一个部分和公海或专属经济区的另一部分的用于国际航行的海峡"[20]，但这种海峡不适用过境通行制而应当适用无害通过制。军舰在通过这样的两种海峡时要遵守无害通过制度的相关规定，如对军舰通过沿海国领海时的行为的限制和约束；遵守《联合国宪章》的规定；《公约》第 19（2）条对军舰的约束以及对特殊船舶的约束；等等（该相关规定在笔者的《领海制度与军事活动》中进行了详细的探讨）。

在无害通过制度中还有关于对潜水艇的规定，潜水艇在通过用于国际航行的海峡时在享有无害通过权利的同时，也应当受到这种通行制度的各种限制，以及沿海国的控制的权利。因此，潜水艇通过用于国际通行的海峡在行使无害通过权的同时，应当露出水面以及展示其国旗。

1996 年，我国全国人民代表大会常务委员会关于批准《公约》的决定时重申"《公约》有关领海内无害通过的规定，不妨碍沿海国按其法律规章要求外国军舰通过领海必须事先得到该国许可或通知该国的权利"[21]，但并没有涉及海峡通过的问题。由于在我国的领海范围内，并没有用于国际航行的海峡，我国现行的有关法律制度与《公约》所确立的海峡过境通行制度也并不冲突，因此，过境通行制度并不会对我国的实际利益造成任何的影响。

三、用于国际航行的海峡制度以外相关规定对海上军事活动的影响

《公约》在用于国际航行的海峡中的规定，除了对过境通行制度的规定以外，其他的一些规定也对海上军事活动产生着一定的影响。

（一）穿过用于国际航行的海峡的公海航道或穿过专属经济区的航道对军事活动的影响

《公约》第 36 条规定："如果穿过某一用于国际航行的海峡有在航行和水文特征方面同样方便的一条穿过公海或穿过专属经济区的航道，本部分不适用于该海峡；在这种航道中，适用本公约其他有关部分其中包括关于航行和飞越自由的规定。"该条是第三

---

[19]　《公约》第 45（1）（b）条。

[20]　《公约》第 45（1）（a）条。

[21]　国家海洋局政策法规办公室编：《中华人民共和国海洋法规选编》，海洋出版社 1998 年版，第 3 页。

部分的一个例外规定，这个规定适用于以下两种海峡：第一种是这种海峡的宽度只有 24 海里宽，或者小于 24 海里，但是海峡沿岸国并没有建立 12 海里的领海宽度，因此就留有一个通向公海或者专属经济区的通道。第二种是海峡的宽度大于 24 海里，例如在加拿大和格陵兰岛之间的戴维斯海峡。对于这两种海峡，应当适用"本公约的其他部分的规定"。根据该条规定，军舰在通过这种海峡时，也应当不适用过境通行和无害通过制度。

（二）主权豁免权对海上军事活动的影响

《公约》第 42（5）条规定了"享有主权豁免权的船舶的船旗国或飞机的登记国，在该船舶或飞机不遵守法律和规章或本部分的其他规定时，应对海峡沿岸国遭受的任何损失和损害负国际责任"。尽管军舰和军用飞机享有主权豁免权，但当军舰和军用飞机在违反这条法律的规定时也应当对海峡沿岸国遭受的任何损失和损害负国际责任。如果对如何恢复享有主权豁免的船只造成的损害没有规定，而且海峡沿岸国又不能够阻止通行的话，海峡沿岸国是不会接受的。因此《公约》规定了一般的国家责任原则来适用于这种情况，该条应当和第 235 条、第 263 条和第 304 条[22]一起来理解。

（三）沿岸国的海道和分道通航制对军事活动的影响

《公约》第 41 条规定了海峡沿岸国在为了通行船舶安全的情况下，有权在用于国际航行的海峡内指定、规定或者替换必要的海道和分道。过境通行的船舶应当尊重海峡沿岸国根据《公约》该条的规定制定的其他国家在通行时应当适用的海道和分道通航制。

该条规定只适用于过境通行的船舶[23]，并没有为飞机规定相应的制度，因此，军舰在通过用于国际航行的海峡时，应当遵守沿岸国对海道和分道的制度。尽管军舰并不适用沿岸国对海道和分道的制度，但是关于飞机这方面的规定已经由国际民航组织详细地规定在了《航空规则》中了。因此，外国军舰在通过用于国际航行的海峡时并不适用海峡沿岸国关于适用的海道和分道通航的制度。

（四）海峡沿岸国的保护权利对军事活动的影响

《公约》第 42 条授权海峡沿岸国可以出于对海峡的保护制定相应的关于通过海峡的过境通行方面的法律和规定。根据这条规定，军舰或军用飞机在用于国际航行的海峡内通过或在其上空飞行时，应当遵守海峡沿岸国所制定的关于以下事项的法律和规章，这些事项包括："关于海道和分道通航制所规定的航行安全和海上交通管理的法律规章"[24]；"适用有关在海峡内排放油类、油污废物和其他有毒物质的国际规章，以防止、减少和控制污染"[25]；尽管该条还规定了沿海国有权制定关于"违反海峡沿岸国海关、

---

〔22〕 此三条都是关于责任的法律规定。
〔23〕 《公约》第 41（7）条。
〔24〕 《公约》第 42（1）（a）条。
〔25〕 《公约》第 42（1）（b）条。

财政、移民或卫生的法律和规章，包括任何商品、货币或人员"[26] 的法律法规，但是由于军舰以及军用飞机特殊的法律地位——享有主权豁免权，因此，军舰和军用飞机在违反该条款的规定时，沿海国只能命令其立即离开或通过外交途径解决争端。沿海国在制定这些法律和规章时，不应当造成对其他国家船舶的任何歧视，以及造成对过境通行权的任何妨碍。

四、科孚海峡案涉及海峡问题的辩证分析

科孚海峡案，即 1949 年国际法院审理的英国诉阿尔巴尼亚案。科孚海峡位于阿尔巴尼亚大陆和希腊的科孚岛之间，是地中海东部进入亚得里亚海的航道，"二战"后，驻扎在希腊的英国海军舰队经常从科孚海峡通过。

1946 年 5 月 14 日，两艘英国海军巡洋舰在通过科孚海峡时遭到阿尔巴尼亚的炮轰，尽管英国巡洋舰并没有被阿尔巴尼亚的炮击中，但是英国政府也立刻向阿尔巴尼亚政府发出了强烈的抗议，声称其船只应当享有无害通过权，而阿尔巴尼亚政府则明确表示，海峡的最狭窄部分是阿尔巴尼亚和希腊的领海，因此，外国军舰或商船在没有得到事先允许的情况下是没有权利通过这部分领水的。1946 年 10 月 22 日，为了试探阿尔巴尼亚政府的态度，英国派出由巡洋舰和驱逐舰组成的舰队从南向北地驶进了科孚海峡的北部，这部分海峡时属阿尔巴尼亚领海的一部分。在进入这部分海峡时，该舰队的两艘驱逐舰就因触发水雷而被炸毁，造成了军舰被严重损害以及舰上许多海军人员伤亡的巨大损失。该事件发生以后，英国政府便通知阿尔巴尼亚政府，声称英国将会在科孚海峡内进行扫雷活动，然而阿尔巴尼亚政府却拒绝了英国政府的这一要求。英国海军于 11 月 13 日单方面开始了在阿尔巴尼亚海峡内的扫雷活动，这次扫雷活动的结果是在阿尔巴尼亚北部海峡内扫除了 22 枚水雷。英国的扫雷活动遭到了阿尔巴尼亚政府的强烈抗议，谴责英国政府严重侵犯了其主权。英国政府认为阿尔巴尼亚政府对此负有责任，在于地拉那进行了外交通信后，将事件提交安全理事会处理。该机构邀请了并不是联合国会员国的阿尔巴尼亚参加对问题的讨论，条件是它要承担一个会员国在类似情况下的全部义务。阿尔巴尼亚接受了这一条件，因此，也就事实上接受了国际法院的管辖，安理会于 1947 年 4 月 9 日通过了一项决议，该决议建议相关政府可以根据《国际法院规约》的相关规定将双方的争端提交国际法院审理。

该案涉及了许多重要的国际法问题，如延续管辖权问题、领海的法律地位问题、军舰的无害通过问题、无害通过与使用武力的界限问题，以及用于国际航行的海峡问题等，笔者试图仅对该案涉及的用于国际航行的海峡问题进行分析。

国际法院在 1949 年的判决中关于科孚海峡的认定涉及以下几个问题。

---

[26] 《公约》第 42（1）（d）条。

(一) 科孚海峡法律地位分析

阿尔巴尼亚认为在没有提前通知也没有提前获得其允许的情况下，英国军舰就通过其领水，这一行为应当属于侵犯其领土主权的行为，而且认为科孚海峡是其沿岸的地方性海峡，外国军舰未经许可不能通过。英国则认为该海峡是连接两面公海的国际航道，任何船舶都可以自由通过。法院根据国际海峡的标准认为，"根据国际惯例原则，在和平时期，任何国家都享有派军舰通过位于公海两部分之间的用于国际航行的海峡，而这种通行可以在不经过沿岸国事先许可的情况下进行，只要通行属于无害就可以；除非条约有其他不同的规定，否则沿岸国是不可以采用任何措施以阻止这种无害通过的行为"[27]。因此，法院判定了科孚海峡属于用于国际航行的海峡的国际航道性质，沿岸国不得禁止所有船舶平时在其内的无害通过。然而，阿尔巴尼亚又认为科孚海峡并不是两端连接公海的唯一通道，因此并不能认为它属于可以让所有船舶享有过境通行权的海峡[28]。但最终国际法院在判决书中否定了阿尔巴尼亚的这些论点，在判决书中否认了阿尔巴尼亚的这些理由，认为地理位置是用来判断海峡国际地位的重要条件，科孚海峡不仅两端连接公海，且在海峡上的航行不仅非常忙碌而且许多国家都在使用该海峡。[29]因此，在该案中，国际法院认为科孚海峡是一种用于国际航行的海峡。

(二) 科孚海峡案涉及的无害通过权问题分析

阿尔巴尼亚政府指控英国舰队的第二次通过不是无害通过。阿尔巴尼亚政府认为其"是在执行一项政治使命，并且使用的方法——船舶的数量，它们的构造、装备、部署——都显示是在进行恫吓"[30]。然而法院认为："英国军舰在科孚海峡上的通过，在原则和使用方法这两方面都是无害的。在原则方面无害是因为它打算确认一项被不公正地否认了的权利，在使用方法方面无害是因为鉴于 5 月 15 日阿尔巴尼亚炮兵的轰击，因此它不是不合理的。"因此，法院否定了阿尔巴尼亚的这一指控，因为，尽管试探阿尔巴尼亚政府的态度是英国军舰第二次通过科孚海峡的目的，但实质上，英国也是要证明一项被阿尔巴尼亚政府不合理剥夺的航行权，只要军舰的通行并没有违反国际法的规定，而且这种通行行为是以无害通过的方式进行的，那么这种通行就应当具有合法性，而且是不应当被沿岸国所禁止的。国际法院最终在判决中判定第二次英国军舰在科孚海峡的通过行为不属于侵犯阿尔巴尼亚领土主权的行为。因此，国际法院在该案中肯定了

---

[27] 国际法院 1949 年 4 月 9 日关于科孚海峡案的判决，http：//www.icj-cij.org/homepage/ch/files/sum_ 1948-1991.pdf，访问日期：2016 年 3 月 15 日。

[28] 参见国际法院 1949 年 4 月 9 日关于科孚海峡案的判决，http：//www.icj-cij.org/homepage/ch/files/sum_ 1948-1991.pdf，访问日期：2016 年 3 月 15 日。

[29] 参见国际法院 1949 年 4 月 9 日关于科孚海峡案的判决，http：//www.icj-cij.org/homepage/ch/files/sum_ 1948-1991.pdf，访问日期：2016 年 3 月 15 日。

[30] 国际法院 1949 年 4 月 9 日关于科孚海峡案的判决，http：//www.icj-cij.org/homepage/ch/files/sum_ 1948-1991.pdf，访问日期：2016 年 3 月 15 日。

在和平时期，任何国家的船舶可以在这样一种用于国际航行的海峡中，享有无害通过的权利。

科孚海峡的法律地位问题是该案涉及的一个重要的国际法问题。在传统国际法上，海峡只有领海海峡与非领海海峡的区别。然而，在该案中国际法院提出的"连接两面公海而用于国际航行的海峡"概念后，1958 年的《领海及毗连区法》将这一概念规定在第 16 条，1982 年《公约》更将这一概念发展为"用于国际航行的海峡"的新制度。

表3　过境通行权与无害通过权之比较[31]

过境通行（Transit Passage）	无害通过（Innocent Passage）
定义：对继续不停和迅速过境为目的而行使航行和飞越的自由。[第38（2）条]	定义：只要不损害沿海国的和平、良好秩序以及安全地通过就是无害的。[第19（1）条] 非无害通过[第19（2）条]
过境通行并不排除在一个海峡沿岸国入境条件的限制下，为驶入、驶离该国或自该国返回的目的而通过海峡。[第38（2）条]	无害通过是在穿过领海或驶往或驶出内水或停靠这种泊船处或港口设施。[第18（1）条]
当通过被视为是因不可抗力或遇难可以不需"继续不停"以及"迅速过境"。[第39（1）（c）条]	"继续不停"以及"迅速过境"的例外：通常航行所附带发生的，或由于不可抗力或遇难所必要的或为救助遇险或遭难人员、船舶或飞机的目的为限
海峡沿岸国不应无故妨碍过境通行。[第44条]	除了按照本公约规定外，沿海国不应妨碍外国船舶无害通过领海。[第24条]
海峡沿岸国应将其所知的海峡内或海峡上空的航行或飞越有危险的任何情况妥为公布。[第44条]	沿海国应将其所知的在领海内对航行有危险的任何情况妥为公布。[第24（2）条]
该权利明文赋予商用以及军用两者航空器飞越自由的权利。[第38（1）条]	本权利只适用于船舶，不适用于航空器（明文授权）
船舶及飞机均享有过境通行权，过境通行不应当受到阻碍。[第38条]	对本权利之行使是否可以加以阻碍，法无明文规定。但是依据本公约的规定，沿海国似乎可以妨碍无害通行之行使。[第24（1）条]
过境通行的船舶应当尊重按照本条制定的适用的海道分道通航制。[第41（7）条]	行使无害通过权之船舶，被要求使用沿海国为管制船舶通过而指定或规定的海道和分道通航制。[第22（1）条]
海峡沿岸国制定关于通过海峡的过境通行的法律和规章的权能较受影响。[第42（1）条]	授权沿海国制定关于无害通过的法律和规章的范围较广。[第21条]
海峡沿岸国在指定或替换海道或在规定或替换分道通航制以前，应将提议提交主管国际组织，以期得到采纳。[第41（4）条]	沿海国对海道及分道通航制的指定和规定不需提交任何外在的主管机关，但在指定及规定时应当考虑主管国际组织对指定的海道或分道通航规定的建议。[第22条]

---

[31] K. L. Koh., *Straits in International Navigation*, New York：Oceana Publications, 1982, pp. 167-169. 转引自周怡：《从国际法论台湾海峡的法律地位》，台湾《"国立"中正大学法学集刊》第 8 期。

过境通行（Transit Passage）	无害通过（Innocent Passage）
海峡沿岸国指定航道或分道通航制时，该指定航道或分道通航制应当符合一般接受的国际规章。第 42（3）条	当沿海国在其领海内考虑到航行安全而指定航道或分道通航制时，并没有规定关于沿海国此项作为必须符合一般接受的国际规章
法律以及规章不应当在其适用上有否定、妨害或损害过境通行权的实际后果。第 42（2）条	在依《公约》制定任何法律或规章时，沿海国不应对外国船舶强加要求，而其实际后果等于否定或损害无害通过的权利。第 24（1）（a）条
没有禁止潜水艇和其他潜水器在水面下航行的规定	在领海内，潜水艇和其他潜水器须在海面上航行并展示其旗帜
没有关于军舰是否可以因不遵守海峡沿岸国的法律规章而被要求停止过境通行的规定	军舰可能因不遵守沿海国的法律规章而被要求离开领海。第 30 条
没有关于对非过境的通行的阻止	沿海国可以在其领海内采取必要的步骤以防止非无害的通过。第 25（1）条
没有关于对船舶提供特定服务是否收取费用的规定	对外国船舶仅可因对该船舶提供特定服务的报酬而征收费用，且该费用的征收不应有任何歧视。第 26（2）条
不允许海峡沿岸国以安全理由停止过境通行。第 45（2）条	为保护国家安全，沿海国可在其领海之特定区域内事先妥为公布，可以暂时停止外国船舶的无害通过。第 25（3）条
无论特定与否，船舶无须符合任何无害之标准	沿海国保留对通过系无害与否的决定权，而且有权防止非无害的通行
军舰有权在国际海峡过境通行	军舰是否有无害通过权，仍然有极大的争议

防空识别区的法理分析与实践

——从国际法角度探讨中日东海防空识别区争议

■ 张琪悦 *

【内容摘要】防空识别区制度是各国为保护国家安全而设立的空中预警制度，至今已有近 65 年的历史。尽管防空识别区制度并未得到国际法授权，缺乏明确的成文法依据，但该制度不违反国际法的相关规定，并以各国国内立法方式确立，包括中国在内的 20 多个国家和地区实施并得到他国遵守，有成为国际习惯的趋势。本文立足于中国 2013 年 11 月新设东海防空识别区的事实，从法理分析入手，对该制度的法律依据进行全面的梳理与辩证的分析，并对实践运作中存在的问题展开探讨。同时，本文针对我国东海防空识别区制度设立之后，中国所面临的中日防识区范围重合等问题从国际法角度加以分析，以期针对中国防空识别区的实践提出建议，并对国际社会防空识别区制度的未来发展予以展望。

【关键词】防空识别区　法理分析　中日争议　国际法

引言

防空识别区（Air Defense Identification Zone，即 ADIZ）是"二战"之后于 20 世纪 50 年代出现的空中预警防卫制度，对于保障沿海国以空防、海防为重点的国家安全，以及维护国家主权和国家利益起到重要积极作用。防空识别区制度最初于 1950 年在美国设立，如今已在包括美国、加拿大、日本、韩国、澳大利亚、印度、中国台湾地区在内的 20 多个国家和地区得以实施。中国国防部于 2013 年 11 月 23 日发布了中国政府关于划定中国东海防空识别区的声明，将钓鱼岛及其附近海洋空域划入范围内，在保障国家安全的同时达到了宣誓主权的目的。然而，此举也导致中日防空识别区大面积重合，中国防空识别区缺乏国际社会承认等问题，成为该项制度日后实践的阻碍。

对于防空识别区制度的合法性分析，国内学者的研究集中于 21 世纪初期，其思维脉络大多从国际航空法、国际海洋法、国家自卫权、国际习惯法等方面力图展开多角度的分析，所得结论大多为防空识别区制度不违反国际法规定，与中国政府当下在中国防空识别区的行为相一致。而外国学者的研究于 20 世纪上半叶开始，时间上远早于中国，思路上更为个性化。以乔治·阿什（George W. Ash）所著的《1982 年联合国海洋法公约对航空法的影响》一文与凯·埃尔布罗内（Kay Hailbronner）的《空中飞跃自由与海洋法公约》为例，部分学者以《联合国海洋法公约》为基础，分别从船舶在领海中的无害通过权、船舶与飞机在国际海峡中的过境通行制度、群岛水域的群岛海道通过权、专属经济区与公海的航行和飞越自由，以及公约对第三国影响和国际习惯法等角度，将海洋内各区域详细划分，分别论证海洋法沿海国、其他国家在不同区域的权利义务对于航

---

* 武汉大学法学院国际法研究所 2014 级硕士研究生。

空法的影响。以伊丽莎白·夸德拉（Elizabeth Cuadra）的《防空识别区：空域管辖权的延伸》为例，部分学者更倾向于从航空法角度以防空识别区制度的发展史及运作现状探讨该制度的法律依据。也有研究单纯从具体的运作步骤及反制措施着手分析该制度的实践，例如米歇尔·希茨（Michele S. Sheets）的《从防空识别区到特别飞行规则区：美国联邦航空管理局制定的华盛顿地区飞行限制规则》一文便是。相比之下，我国学者对此问题的探讨较为全面、笼统，且带有一定的政治色彩，而外国学者大多从学理角度切入，分析更为详尽、具体。

本文完成于防空识别区制度已在中国实施一年的时间背景下。文章在探讨识别区制度的国内法与国际法法律依据之外，更注重探讨我国在实际运作中存在的问题与阻碍：中日防空识别区大范围重合，以及中国防空识别区缺乏国际社会普遍的承认。对此，本文在理论分析之后立足于实践展开论述。通过对中日东海防空识别区各自的历史与现状、重叠范围、法律依据，以及冲突的表现与实质加以梳理，从而以国际法角度论证中国防空识别区的合法性，阐明中国政府立场和态度的合理性，为中日和平解决东海冲突，为实现防空识别区制度的积极运作从国家、区域、国际三个层面提出建议。文章在理论分析部分运用了法条分析法、辩证法、比较法，理论结合实际，运用功能主义分析法研究中日防空识别区的争议。为增强直观性与说服力，全文通过引用数据、图片力图使论证更加清晰、明确，并得出如下结论：（1）从理论角度，识别区设立不违反国际法规范，且有成为国际习惯的趋势；（2）从实践角度，各国识别区运作方式差异较大，实践中有待互相尊重与谅解；（3）从中日东海防空识别区争议角度，中国设立东海防空识别区是在国际法框架内行使主权的表现，争议两国应当在解决领土主权纷争的同时增进沟通与理解，力争达成谅解，共同维护亚太区域的和平与稳定。

一、防空识别区的法理分析

（一）防空识别区的法律性质

防空识别区是沿海国在毗连领空的国际空域内范围中划定一定的范围作为空中预警区域。出于空中防御与维护国家安全的目的，防空识别区的设立国需要对进入该区域的航空器的种类、国籍、飞行目的立即识别，从而对其进行定位、跟踪监视等安全管制措施，并对有意进入该国领空的航空器采取进一步预防措施[1]，同时也要求航空器在进入一国防空识别区前，必须按沿海国的规定就识别内容以正确的方式向该国航管单位做出报告，以便该国及时反应，采取有效防卫措施，降低来自海上威胁的可能性。自 1950 年率先在美国设立后，防空识别区已有 60 余年的历史，目前已在 20 多个国家和地区得以实施。

---

〔1〕　参见梁巍：《警惕日本将防空识别区领空化》，《中国周边》2013 年第 4 期。

防空识别区制度本身无国际法依据，且尚无明确的法律法规对沿海国及其他国家的权利义务加以规制。但无论从国际法的一般性原则，还是从航空法、海洋法、习惯法等多个角度分析，防空识别区制度不为法律所禁止，不违反国际法规定，并且已得到越来越多国家的承认与实施，大有逐渐成为国际习惯法的趋势。

与领空概念不同的是，沿海国在其防空识别区内行使的是有限的、相对的权利，国外学者通常用"limited sovereignty in airspace"来形容此项权利，用以说明其并非绝对的、完全的、排他性的主权。根据《联合国海洋法公约》第58条第1款规定，"在专属经济区内，所有国家……在本公约有关规定的限制下，享有第87条所指的航行和飞越自由"，表明任何国家的航空器在沿海国领空以外的专属经济区及公海上空均享有法定的飞越自由。由于防空识别区范围大多在专属经济区与公海上空，因此按照国际法的要求，沿海国应当尊重与保障其他国家飞越自由的实现，不应以维护国家安全为由对此加以限制。

此外，防空识别区与禁飞区存在较大差别。根据《国际民用航空公约》第9条的规定，禁飞区分为三种情况：一是缔约各国由于军事需要或公共安全的理由，可以限制或禁止其他国家的航空器在其领土内的某些地区上空飞行；二是在非常情况下，或在紧急时期内，为了公共安全，缔约各国也保留暂时限制或禁止航空器在其全部或部分领土上空飞行的权利并立即生效；三是缔约各国可以按照其指定的规章，令进入上述地区的任何航空器尽快在其领土内指定的机场降落。与禁飞区概念不同的是，从法律地位上，防空识别区不属于一国领空范畴，而属于广义上的国际空域；识别区的设立目的是维护本国安全长期设立，并非在紧急时间或为公共安全而设立；在对航空器的要求仅为报告与识别，仅仅在违反识别制度时才会采取拦截、迫降等反制措施，其要求较禁飞区相对宽松。

与防空识别区的概念相类似的还有飞行情报区。二者差别主要在于：在设立目的上，飞行情报区以航管及飞航情报服务为主，较少涉及为维护本国飞行安全对航空器的管制；在范围上，情报区几乎与一国领空重合，但有时因特殊原因会切入邻国领空，而防空识别区范围为与领空毗连的国际空域；从性质上，飞行情报区是民用航空范畴的概念，由国际民航组织规划和管理，而防空识别区针对民用及国家航空器均有管辖权。

综上所述，防空识别区的法律定位为沿海国在不违反外国航空器在国际空域中飞行自由的前提下，为维护国家安全而实施的有限度的空中权利。

（二）防空识别区的国内法律依据

对于防空识别区的设置，各国均有国内法作为法律依据。各国国内航空法大多源于1944年《国际民航公约》及以国际民航组织为核心的国际航空法律体系，例如：我国1995年以此为国际法律依据，设立了《中华人民共和国民用航空法》。国际民航组织明确规定，允许各国要求民航飞机进入一国领空之前，首先针对航班、航线、高度、速度、目的地等相关信息予以通报，得到允许后方可进入。各国国内航空法依据国际航空法所赋予的权利，对所管辖空域的航空器行使情报搜集、飞行管理、交通管制的职权，并以国内法形式将此项权利加以明确，由此成为一国设立防空识别区的国内法依据。

同样，我国关于保护国家领土主权和维护海洋权益的法律规定是我国建立防空识别区的直接国内法依据，与上述 1944 年《国际民航公约》的精神相一致。《中华人民共和国国防法》第 26 条规定："中华人民共和国的领陆、内水、领海、领空神圣不可侵犯。国家加强边防、海防和空防建设，采取有效的防卫和管理措施，保卫领陆、内水、领海、领空的安全，维护国家海洋权益。"这一规定表明，维护国家安全、加强国防建设是我国行使自卫权的体现，而防空识别区正是为实现上述目的而采取的有效防卫和管理措施，符合我国加强海防、空防建设的需要，因此符合我国《国防法》的规定。

在国内航空法方面，《中华人民共和国民用航空法》第 2 条规定："中华人民共和国对领空享有完全的、排他的主权"；《中华人民共和国飞行基本规则》第 112 条规定："航空器飞入或者飞出中华人民共和国的领空，或者在中华人民共和国境内飞行、停留，必须按照中华人民共和国的有关规定获得批准。"上述法律在赋予我国对领空享有完全的主权权利的同时，更明确了对以进入我国领空为目的的航空器有权行使批准权利。由于批准的前提是对该航空器有充分的了解，因此我国有权要求其遵守报告与识别制度。

此外，从海洋法方面，我国《领海及毗连区法》第 4 条"中华人民共和国对领海的主权及于领海上空、领海的海床及底土"，明确了领海上空空域为我国主权范畴。《专属经济区和大陆架法》第 11 条规定："任何国家在遵守国际法和中华人民共和国的法律、法规的前提下，在中华人民共和国的专属经济区享有航行、飞越的自由。"从而确定了航空器飞越我国专属经济区须以遵守我国包括防空识别区在内的法律、法规为前提，因此从海洋法角度为我国设立防空识别区提供了国内法依据。

（三）防空识别区的国际法依据

1. 以《国际民用航空公约》领空权利为基础的法律分析

防空识别区的航空法依据来源于一国对领空主权的确认。领空主权是国际社会公认的基本权利，即国家对领空拥有完全的、排他性的管辖和控制。主权国家有权禁止航空器进入、飞越领空；外国军用航空器未经特许不得飞越或降停在该国领土。主权国家必要时可采取反制措施，对非法越境、侵犯领空主权的航空器进行拦截并令其迫降在指定机场。[2]

领空权利首次以法律形式在国际公约中予以确认是在 1919 年 26 国于巴黎签署的《关于管理空中航行的公约》（即《巴黎公约》）规定中。[3] 而后，经过近半世纪的实践与发展，领空权利于 1949 年在《国际民用航空公约》中予以明确。

---

〔2〕 参见林泉：《国际空中航行的权利与自由》，《中国民航学院学报》2002 年第 2 期。

〔3〕 Elizabeth Cuadra，"Air Defense Identification Zones：Creeping Jurisdiction in the Airspace"，*Virginia Journal of International Law*，1978，Vol. 18（3），p. 487.

从权利属性分析，领空权利是来源于包括领陆与领水在内的领土权利。根据领空应当与其下方的陆地和领水范围相一致原则，由于一国对包括领海在内的领水具有完全的、排他性的主权，在毗连区和专属经济区内拥有部分限制性的权利，因而在上述区域上空设立防空识别区符合"空间应当服从于下方的国家主权"的原则。[4]

《国际民用航空公约》第12条规定："缔约各国承允采取措施以保证在其领土上空飞行或在其领土内运转的每一航空器及每一具有其国际标志的航空器，无论在何地，应遵守当地关于航空器飞行和运转的现行规则和规章。缔约各国承允使这方面的本国章程，在最大可能范围内，与根据本公约随时制定的规章相一致。在公海上空，有效的规则应为根据本公约制定的规则。"因此，航空器应当遵守当地关于飞行和运转的现行规则和规章，而对于"当地"的理解，既应包括主权范围内的领空、领土与领水，也应包括防空识别区的所属国，原因在于该范围的空域实际上有国家对其加以管辖，不是无主的、纯粹的国际空域。

针对公海上空设置防空识别区规则是否违法，《国际民用航空公约》第12条亦给出相应的解释：只要根据本公约制定，在不阻碍他国航空器的飞越自由的前提下设置的规则均为有效，从而证明了在公海上空设置防空识别区制度不违反国际法规定。此外，《奥本海国际法》也指出："在公海上空的飞行，原则上当然向所有国家的航空器都自由开放；但是交通管制常常延伸到虽在公海但接近国家领土飞行的航空器"。[5]鉴于防空识别区是设立国有限的天空权利的行使，因此，在不阻碍他国飞行器自由飞行的必要范围内实施识别区制度不违反国际法规范。

2. 以《联合国海洋法公约》专属经济区权利为基础的法律分析

目前在国际海洋法中，尚无国际公约允许、授权或禁止沿海国在专属经济区内设立防空识别区。是否应当建立防空识别区，以及其范围的划定属于国家自由裁量权的范畴。扩大"连接空间"是沿海国的权利，其范围应该由沿海国根据其防止危险的需要来自行决定。[6]1982年《联合国海洋法公约》（以下简称《公约》）第56条、第58条成为分析防空识别区合法性的理论依据，合法论者与违法论者均以此出发，基于自身利益做出不同解读。

合法论者认为，防空识别区的设立以专属经济区的范围和权利的确认为基础，并将识别区制度视为对一国专属经济区内剩余权利的有效利用。此处的剩余权利是指《公约》未明确规定亦未明令禁止的权利。尽管《公约》未对沿海国可采取的行为逐一授权，但并不意味着该权利事实上不存在。《公约》第56条第1款c项规定"沿海国在专属经济区内有本公约规定的其他权利和义务"，实际上概括地肯定了沿海国在尊重他国

〔4〕　Ivan L. Head, "ADIZ, International Law, and Contiguous Airspace", *Alberta Law Review*, 1964, Vol. 3, p. 185.

〔5〕　王崇敏、邹立刚：《我国在专属经济区建立防空识别区的探讨》，《法学杂志》2013年第1期。

〔6〕　参见王铁崖：《国际法》，法律出版社1995年版，第158页。

合法利益的前提下，有权行使公约未能详尽列举的权利，其中包括沿海国根据海上安全形势特点结合当前国际通行实践，依据国际法中"只用于和平目的"等原则，设立不妨害非沿海国相对的飞越自由的防空识别区制度，并要求他国遵守。同理，从空域权利角度理解，防空识别区可视为一国在不影响他国飞行自由的前提下，对除领空以外其他空域剩余权利的行使。

《公约》第 58 条对他国在沿海国专属经济区的权利和义务所做的规定，可作为他国应当遵守沿海国防空识别区制度的法律依据。《公约》第 58 条第 3 款要求"各国在专属经济区内根据本公约行使其权利和履行其义务，应适当顾及沿海国的权利和义务，并应遵守沿海国按本公约的规定和其他国际法规则所制定的与本部分不相抵触的法律和规章"。

在本文中，国家安全是沿海国最重要的权利，尽管他国享有该区域内的穿越自由，一旦后者对前者构成威胁，应当以保护前者的利益为首要职责。同时，本款后半部分表明，只要沿海国所制定的法律和规章不违反《公约》和其他国际法则规定，各国均有义务予以遵守。由于沿海国所设的防空识别区制度符合本公约规定、且未与国际法规则相抵触，因而是合法有效的。

相反，违法论观点持有者则依据第 56 条第 2 款："沿海国在专属经济区内依据本公约行使其权利和履行其义务时，应适当顾及其他国家的权利义务，并应以符合本公约规定的方式行事。"本款采取了与第 58 条第 3 款类似的表述，站在利益的相对方对其他国家的正当权利加以保护，即他国在专属经济区内正当行使权利的同时，要求沿海国顾及他国的权利和义务、正当行使权利，使国家行动符合本公约规定的方式。若防空识别区的规定过于严苛，且已侵害到他国正当的飞越自由，同时违反《公约》的规定。

综上，不难看出《公约》意在对专属经济区所属沿海国和其他国家的权利义务做出平衡与协调。面对利益相冲突的情形，《公约》通过对二者权利做出类似陈述与模糊表达的方式，以达到衡平的目的。相似的规定还存在于第 59 条解决关于专属经济区内权利和管辖权归属的冲突中，认为解决冲突"应在公平的基础上参照一切有关情况，考虑到所涉利益分别对有关各方和整个国际社会的重要性，加以解决，其中以"公平""参照一切有关情况""考虑各方利益和国际社会"等概括性的价值判断作为解决争议的标准，看似不具有可行性，但实际上为各国做出与自身利益相适应的解读提供了更广阔的发挥空间。事实上存在一个例外，由于军舰和军用飞机本身享有国家豁免权，在通过专属经济区时沿海国的管辖权基础是不牢靠的，由此引发的飞行争议并非第 59 条所能平衡。

上述分析大致按照国内学者的惯常思路展开行。然而，国外学者更多侧重于以《公约》为基础，分别探讨沿海国在领海、毗连区、专属经济区、公海、国际海峡、群岛水域各区域的权利义务，以及对航空法的影响。在领海中，由于一国对领海上方空域享有完全的管辖权，飞机未经允许不得进入或飞越。在国际海峡与群岛水域中，外国船舶和飞机均分别享有过境通行权和群岛海道通过权，航空器在此类区域拥有正当的飞越权利。在专属经济区与公海上，船舶与飞机享有航行和飞越自由，因此防空识别区的设立应以不干涉上述权利为前提。由此，将海洋法与航空法相结合，事实上赋予了沿海国从海底到海面再到空域全方位、立体化的权利。[7] 然而，值得注意的是，海洋从领海基线起算至公海为止，可分为四个区域；而空域仅分为领空与国际区域两类。因此，上述研究方法无法完成从海洋到空域完全一一对应的分析。

此外，为明确《公约》及与此产生的防空识别区的适用范围，还应探讨其对第三国的效力与影响。乔治·阿什（George W. Ash）认为应从两个方面出发：（1）参照《维也纳条约法公约》对第三国的规定；（2）参考公约对国际习惯法的影响。以美国为例，虽非为《公约》的缔约国，但美国仍基于《公约》内容作出声明：（1）对沿海国在各水域内的权利予以认可；（2）美国采取与公约一致的行为行使航行和飞越权利与自由；（3）美国基于国际法规定宣布200海里的专属经济区。由此可看出，非缔约国对公约赋予沿海国权利性的内容持肯定态度。同时，乔治还认为，据公约所使用语言而言，多运用"国家""所有国家""每一国"等表达，而非"缔约国"，由此可解释为《公约》除深海海底以外的其他内容均需所有国家遵守[8]，其中自然也包括遵守海上空域及防空识别区的规定。

3. 以国家自卫权为基础的法律分析

国家是国际法中最主要的主体，享有广泛的权利和义务。国家权利自1795年首次提出以来经过一个半世纪的发展，最终于1949年以联合国大会上通过的国际法委员会草拟的《国家权利义务宣言草案》加以明确。《草案》规定了国家的四项基本权利：独立权、管辖权、平等权和自卫权，以及相应的义务，成为国际社会公认的基本权利。[9]

以维护国家安全为目的的防空识别区是国家基本权利中自卫权的体现，其法理依据追溯到社会契约理论，即公民让渡自身权利建立国家的目的是为了更好地保障自身安全、维护社会秩序，因而国家有义务抵御外邦入侵、保障国民安全。[10] 自卫权在现代国际法的体现主要源于《联合国宪章》第51条的规定："联合国任何会员国受武力攻击时，在安理会采取必要办法，以维护国际和平与安全以前，本宪章不得认为禁止行使单独或集体自卫之自然权利。会员国因行使此项自卫权而采取之办法，应立即向安理会报

---

〔7〕 Elizabeth Cuadra, "Air Defense Identification Zones: Creeping Jurisdiction in the Airspace", *Virginia Journal of International Law*, 1978, Vol. 18 (3): p. 486.

〔8〕 George W. Ash, "1982 Convention on the Law of the Sea——Its Impact on Air Law", *The Air Force Law Review*, 1987, p. 71.

〔9〕 参见古祖雪主编：《国际法学》（第2版），厦门大学出版社2007年版，第181—183页。

〔10〕 Ruwantissa beyratne. In Search of Theoretical Justification for Air Defense Identification Zones. http: // www. aviationdevelopment. org/eng/2011111501_ publication, 2011-09-13.

告，此项办法于任何方面不得影响该会按照本宪章随时采取其所认为必要行动之权责，以维持或恢复国际和平与安全。"因此，自卫权作为《联合国宪章》所确认的"自然权利"，是国家保卫自身生存与独立的权利，也是国家独立、主权平等、领土完整和安全的保障。

自卫权包括两方面的内容：一是国家有权使用一切力量进行国防建设，防备可能来自外国的侵犯；二是当国家遭受外国武力攻击时，有权进行单独或集体自卫。本文探讨的防空识别区制度应属于第一种情况。它针对所有国家而非对特定国家或地区实施，其目的是为了保卫自身安全，从而采取的有限防御措施，其设立属于广泛的"自我保护"范畴，是对可能出现的潜在威胁以空中预警的方式，提早采取防御性准备措施。[11] 针对一国建立防空识别区是自卫权的体现，部分学者持反对意见，主要观点有两种：

第一，自卫权的行使必须满足《联合国宪章》规定的条件，即"只能是对已经实际发生的武力攻击进行的反击"。首先使用武力攻击他国，并构成对他国领土完整和政治独立的侵犯，才构成被侵犯国得以使用武力予以反击的合法根据。因此，不存在针对"紧迫攻击威胁"而进行"预先自卫"的权利。[12] 由于防空识别区作为空中预警系统，仅属对可能遇到的威胁采取预先防范措施，因此在部分学者看来，不属自卫权范畴。

其二，自卫权的行使必须遵循"必要性原则"与"比例性原则"。"必要性原则"要求所采取的保护性行为必须在面临紧迫的、刻不容缓、压倒一切、没有选择手段和没有考虑时间的情况下才可实施，而"比例性原则"要求武力反击的规模和强度与所受威胁相适应。在实践中，民用飞机对沿海国的威胁极小，而部分沿海国在防空识别区尤其在公海上针对不遵守识别制度与报告要求的民用飞机进行拦截，使其迫降甚至使用武力显然构成过度使用武力。此外，由于各国防空识别区通常以远程导弹的防御范围作为划定依据，然而随着陆上洲际导弹、核弹头及水下长射程武器的发展，远程导弹的最大射程可达 2000 海里，而世界范围内防空识别区最远距离仅为 400—500 海里，二者相差甚远。因此，反对论持有者认为，这样的对比说明防空识别区的并不具备自卫权行使的必要性。[13]

4. 以国际习惯为基础的法律分析

自 1950 年美国最早建立防空识别区制度以来，经过半个多世纪的发展，已在 20 多个国家和地区实施，得到了世界范围内大多数国家的许可或默认，大有逐渐成为国际习惯的趋势。

国际习惯作为国际法的创制方式和渊源的一种，依照国家间默示同意而形成。在有

---

〔11〕 参见赵鹏程：《关于我国设立防空识别区法律制度的构想》，《法制与社会》2009 年第 29 期。

〔12〕 参见古祖雪主编：《国际法学》（第 2 版），厦门大学出版社 2007 年版，第 184 页。

〔13〕 Elizabeth Cuadra, "Air Defense Identification Zones: Creeping Jurisdiction in the Airspace", *Virginia Journal of International Law*, 1978, Vol. 18 (3), p. 503.

先例存在的情况下，各国在一定的时间和空间上连续、一致地不断重复某一行为，使之能被国际社会广泛接受，从而成为有法律约束力的行为规则或制度。[14] 防空识别区的应用现状既符合国际习惯法物质要件中的通例，即各国长期重复类似行为，也符合心理因素即法律确信，成为被各国接受为法律。尽管各国和地区关于防空识别区识别制度、报告要求等规定各不相同，但此项制度已得到大多数国家的默认、遵守与接受，成为国际习惯并拥有法律效力，因此已逐渐成为国际习惯。作为国际法创制方式的一种，应当得到各国的遵守。

当然，也有持反对观点的学者认为，虽然防空识别区设立时间较久，但仅在 20 余个国家和地区实施，国际实践上范围较小。国际社会从法律层面对防空识别区的探讨主要出现在 20 世纪 50 年代。联合国为确立海洋法领域中的各项国际制度曾召开三次海洋法会议，讨论并形成一系列公约。早在 1958 年第一次海洋法会议期间便涉及识别区制度，主要议题有两个：（1）在公海上设置禁止、限制或危险区域；（2）设置离岸识别区，将其扩展至公海，进入该区的任何一架航空器必须标明自己的身份。[15] 但当时各国对此意见极不统一，因而未在后续的海洋法会议中予以探讨。[16]

然而，随着国防科技发展与力量的增强，国家实践的增加，识别区制度的发展逐渐完善，目前世界大多数国家对此已逐渐形成法律确信，在越来越多国家实践的推动下，有逐渐成为国际习惯的趋势。[17] 对此，中国应当正视现实，并采取更加积极主动的态度和应对策略，在拥护我国防空识别区制度，并保障其正常运作、发挥应有的作用，及时协调与处理实践中产生的一切问题的基础上，也应当对他国不违反国际法而设立的识别区予以承认和尊重，主动遵守其识别与报告制度，共同维护防空识别区法律秩序。

（四）立法层面的考量

上文已分别从国内法依据，以及以《国际民用航空公约》为核心的国际航空法、以《联合国海洋法公约》尤其是专属经济区权利确认为重点的国际海洋法、国家自卫权和国际习惯法角度阐明了防空识别区不违反国际法制度。然而，识别区运作已半个多世纪之久，却尚无明确的国际法依据予以认可、授权，且未对沿海国权利义务加以规制。本文认为，这样的现状除了因为识别区制度设立国家数量较少、应用较为狭小，法律制度发展不够成熟之外，还可能源于国际公约的立法层面上的考量。

关于识别区制度合法与否的探讨，焦点主要在于识别制度是否侵犯到航空器在专属

---

〔14〕　参见古祖雪主编：《国际法学》（第 2 版），厦门大学出版社 2007 年版，第 185 页。

〔15〕　第一次海洋法会议只表明某种类型的识别区可能会延伸至公海上空，但并未明确此识别区就是"防空识别区"。然而在同一份文件下文中便明确以美国和加拿大为例，直截了当提及"防空识别区"，并详细列举范围予以说明。此外，该文件还记录了美国和加拿大防空识别区的法律依据和基本要求。

〔16〕　参见李居迁：《防空识别区：剩余权利原则对天空自由的限制》，《中国法学》2014 年第 2 期。

〔17〕　Elizabeth Cuadra, "Air Defense Identification Zones: Creeping Jurisdiction in the Airspace", *Virginia Journal of International Law*, 1978, Vol. 18 (3), p. 485.

经济区与公海的飞越自由。沿海国对识别区内的航空器的管理主要存在于两方面：一是识别与报告：要求后者就航空器种类、国籍、飞行目的等识别内容向前者的航管单位予以报告；二是安全管制措施：前者对后者采取定位、跟踪监视等安全措施，并对有意进入该国领空者采取进一步的防御措施。

就实施强度而言，无论识别制度抑或是安全管理措施均远小于航空管制；同时，部分国家要求，不以该沿海国为飞行目的者有权不就识别内容予以应答，因此很难认定为沿海国对航空器拥有实质性管理的权利，也难以认定对其飞行自由构成侵犯。然而，沿海国行为毕竟对在专属经济区及公海上的外国飞行器形成了一定程度的干预。如果将防空识别区制度以国际法方式予以确认，则实际上使上述干预固定化、法定化，极有可能导致沿海国以维护国家安全、实施空中防御为目的进行更加严格的国内立法，甚至对在自由飞行区域的航空器采取拦截、迫降的方式，从而严重违反国际法规定，不利于国际航空秩序的维护。

另一方面，早期建立识别区制度的国家和地区空防、海防实力普遍较强，与其他沿海国相比针对领空以外的空域具备更强大的防御能力，并且拥有较为充足的经费维护防空识别区的巨额花销。因此，识别区制度确切而言是早期建立国的"特权"。相反，从国家利益角度考量，若识别区制度得到国际法确认，必将有更多的国家竞相设立，早期设立国便逐渐失去了"特权"地位，不利于其本国利益的维护。又由于这些国家在国际立法中起到主要作用，因此一定程度上致使防空识别区始终未在国际法中予以确认。

二、防空识别区的实践

（一）防空识别区实践发展

防空识别区于第二次世界大战之后出现。起初，美国为维护国防安全于 1950 年在距海岸线数百英里的公海上设置防空识别区，要求航空器进入前必须向美国当局提出申请，通报该航空器的性质和目的。随后，美国又陆续建立了几个防控区和防空识别区。例如：在阿拉斯加建立了"远距离早期预警识别区"（DEWIZ）。进入这些区域的驾驶员必须立即向美国当局报告并提供详细资料，否则会被拒绝进入美国领空。此外，还包括美国防空识别区、关岛防空识别区、夏威夷防空识别区。目前，美国关于防空识别区的规定是 2003 年联邦法规中的《空中飞行和一般操作规则》[18]。1951 年，加拿大以命令和法规形式建立了防空识别区。该区域跨越加拿大毗邻南极洲和阿拉斯加海岸的空中识别区，和美国在太平洋与大西洋海岸线以外的空中识别区相连。加拿大明确规定：该区域适用于包括军用航空器在内的一切航空器。如果违反防空识别区规定将受到空中拦

---

[18] 参见凌晨曦：《想知道：中国防空识别区在哪儿？》，http://zhidao.baidu.com/link? url = MwuAL36 YC-NUK2rUBSsyT-mmsibr YYUlMuxEBtEzoAvD _ gstAl7YIe-QxAeM8Druo0VTbVt2ODMO1hdoDYodQcadstWZlf0su PSgKU4T0vxC，访问日期：2013 年 11 月 25 日。

截。与美国有所不同的是，加拿大不但要求飞临的飞机报告信息，而且要求途经防空识别区飞往其他地方的飞机也接受识别。[19]

除美、加外，其他国家也建立起类似的区域，有些还在其航空之外划定飞行情报保障区和防空识别区两层保护区域，以防止飞机"误入"，避免冲突发生。为确保领空安全，有的国家还划出"空中走廊"和"空中禁区"；类似地，还有些国家建立起与防空识别区制度相类似的海事识别制度。[20] 海事识别制度与防空识别区原理相同。2004 年澳大利亚建立此种制度，按照进入距离澳大利亚海岸 1000 海里、500 海里和 200 海里的不同情况，分别要求外国船舶提供不同信息以便查验和识别。该制度远远超过《公约》规定的国家管辖权海域范围，因而遭到印尼等周边国家的反对，指责其违反国际法，扩大了国家管辖海域的范围。该制度建立以来，其管理制度基本得到外国船舶的配合，执行情况良好。然而，尽管识别区制度在实践中设立范围扩大、国家数量增多、实践形式多样，但其应用范围仍较为狭小。经过半个多世纪的发展，在世界上 224 个国家和地区、181 个沿海国家和地区中，设立防空识别区的国家数量仅为 20 余个，相当于总数的 1/9 至 1/10 左右。从设立国的权限而言，正如领海、毗连区、专属经济区，识别区终究是仅属于沿海国特有的制度，在内陆国家不具有可操作性。原因在于内陆国所设"防空识别区"会与邻国领空相重合，违反了国际民航法关于领空拥有完全性主权的要求。此外，正如上文所述，识别区制度的实施需要强大的军事与经济力量作为支持，致使设立识别区制度的国家始终维持在较小范围内。

（二）防空识别区的实践问题

1. 划定范围

防空识别区的划定是从一国海岸线向离岸方向延伸，直至到达设立国认为安全的限度为止。因此，防空识别区范围可较领空与专属经济区大很多，部分国家从领海基线计算向外延伸 70 海里或至 200 海里不等[21]，有的甚至延伸至 216—270 海里，或 400—500 海里[22]。以部分国家为例，美国关岛附近是半径为 250 海里或者 463 海里的圆圈，加拿大部分识别区向大西洋延伸 250 海里，韩国在国际航空图中将独岛东西各 90 海里、以南 110 海里及以北 55 海里的空域标注为"军事管制空域"[23]。由此可见，识别区所设范围过窄不利于维护国家权利，范围过宽可能超出现有国防实力[24]。

关于识别区范围划定的标准，目前有两种主流观点：观点一，应为远程导弹的防御范围。但这种观点在本文的上述论断中已经予以否定，原因在于随着武器的飞速发展，

〔19〕　参见邹立刚：《论国家对专属经济区内外国平时军事活动的规制权》，《中国法学》2012 年第 6 期。
〔20〕　参见李大光：《什么是"防空识别区"》，《生命与灾害》2013 年第 2 期。
〔21〕　参见王崇敏、邹立刚：《我国在专属经济区建立防空识别区的探讨》，《法学杂志》2013 年第 1 期。
〔22〕　参见李伟、王雅广：《关于我国设立防空识别区法律制度必要性之思考》，《信息科技》2009 年第 16 期。
〔23〕　何蓓：《我国设立防空识别区的法理依据与建议》，《法治研究》2013 年第 11 期。
〔24〕　参见邹立刚：《论国家对专属经济区内外国平时军事活动的规制权》，《中国法学》2012 年第 6 期。

远程导弹的射程可达 2000 海里，远远超出防空识别区最大的设定范围，这样的标准或许仅适用于早期防空识别区的范围划定。观点二，有国外学者认为，应以一般大型飞机 1 小时的飞行距离作为划界的基础。原因在于，领海范围设计之初 12 海里的选取是船舶 1 小时可航行的距离；类比可知，防空识别区的划定应取决于飞机 1 小时内的航程。因此，识别区距离的划定有充足的实践依据作为支撑，而非偶然设立[25]。这便说明识别区的范围划定很可能随着武器与航空器的进化与更新而不断扩大。但毋庸置疑的是，范围大小取决于一国国防力量与国家实力的大小。

2. 设立方式

尽管现阶段尚无统一的国际标准对识别区的设立方式予以规范，但从国际实践中可知，其设立往往与专属经济区范围的确立方式相同，即沿海国通过宣布建立防空识别区的声明，划设宽度与范围，指定生效日期之后方可成立。以我国防空识别区为例，国防部于 2013 年 11 月 23 日发布《中华人民共和国政府关于划设东海防空识别区的声明》，并将东海防空识别区航空器识别规则以公告形式予以公布。此外，国防部还对中国防空识别区设置的国内法律依据及具体范围加以声明，标志着中国东海防空识别区正式设立。

然而，国际社会当前对此仍持有不同意见，主要争议在于：防空识别区是否为纯粹的、不受他国干涉，而仅为国际法所调整的单方法律行为？如果一国识别区的设立与邻国的空中利益发生冲突，是否应当征得邻国认可？识别区的有效成立要件是否应以一定数量国家的认可为必要？若一国防空识别区的划设有违反国际法要求，则他国是否有权向特定的国际组织申请撤销？各国防空识别区是否应由特定国际组织统一管理？上述争议在国际社会中尚未形成一致性意见，也是中国在实践中面临的问题，一定程度上影响着中国防空识别区制度的正常施行。

3. 识别制度

尽管不同沿海国的识别内容之间存在差异，但仍有一定共性，即航空器需将自己的身份、国籍、飞行目的、所在地点通过无线电报告给航空管制部门。[26] 就识别方式而言，不同国家亦存在差异性规定。

以美国为例，针对识别区内的飞机大致提出六点要求：

（1）飞行员必须操作双向无线电，以便在识别区飞行过程中与航空管制部门保持联系。

（2）飞行员必须按照规定使应答器和自动高度报告器处于正在运作的状态。

（3）飞行员在飞向华盛顿防空识别区之前，必须向航空管制部门通报飞行计划；在离开识别区后应关闭并停止计划。

---

〔25〕 Ivan L. Head, "ADIZ, International Law, and Contiguous Airspace", *Alberta Law Review*, 1964, Vol. 3, pp. 188-190.

〔26〕 参见张林、张瑞：《建立海上防空识别区的法理依据及其对策》，《西安政治学院学报》2007 年第 6 期。

（4）飞行员须具有离散的应答器号码。

（5）飞行员必须经航空管制部门的净空之后，才可飞往华盛顿地区的相应识别区区域。

（6）飞机机组必须在整个飞行过程中与航空管制部门保持双向的无线电沟通。[27]

再以中国东海防空识别区为例，根据国防部要求，航空器必须提供以下识别方式：

（1）飞行计划识别区。位于东海防空识别区飞行的航空器，应当向中华人民共和国外交部或民用航空局通报飞行计划。

（2）无线电识别。位于东海防空识别区的航空器，必须开启双向无线电通信联系，即时准确回答东海防空识别区管理机构或授权单位的识别询问。

（3）应答机识别。位于东海防空识别区飞行的航空器，配有二次雷达应答机的应当全程开启。

（4）标志识别。位于东海防空识别区飞行的航空器，必须按照有关国际公约规定，明晰标示国籍和登记识别标志。

此外，需要特别注意的是，中国的识别制度较大多设立国而言相对严格。例如，以美国为首的国家仅针对以本国为飞行目的地而进入识别区的国家可采取识别要求，而中国的规定则不区分目的地，针对所有进入识别区的航空器均加以识别。尽管部分国家指责中国识别对象的范围过于宽泛，但中国外交部发言人对此作出解释，鉴于国际法并未明确规定何种飞机以何处为目的地的飞行应当进行何种方式的通报，因此事实上各国有权在遵守国际法及国际习惯的前提下，根据自身国防安全的需要作出不同的规定。

4. 反制措施

（1）处置原则。由于沿海国飞机在防空识别区内拥有巡逻、警告、驱赶三大核心任务，因此对于进入防空识别区的航空目标，可采取伴随飞行、警告飞行、驱赶飞行三种方式，符合国际上现有的通行处置原则。一旦发现属性不明的目标进入识别区，沿海国首先应当予以查证，对于无法识别的目标，应按敌情掌握，在实施 G 波道广播的同时通报军事最高当局有关情况，加强雷达监控，并命令空中待战飞机飞往这一区域。同时，地面防空兵、航空兵应根据情况提高战斗等级，做好战斗准备或者战斗起飞。执行战斗起飞任务的飞机通常在本国领海线、国境线、实际控制线或者公海以内监视、跟踪，通过对目标航向、机型、速度、姿态和以往情报的进一步掌握，判断目标是否具有敌意，即明确目标为"误入"还是"挑衅"。[28]

若目标在防空识别区内停留时间较短，可认为是"误入"，不宜采取武力措施，应

[27] Michele S. Sheets, "From ADIZ to SFRA: The FAA's Compliance with Administrative Procedures to Codify Washington D. C. Flight Restrictions", *Journal of Air Law and Commerce*, 2006, p. 619.

[28] 参见 http://baike.baidu.com/link? url = mEMQo3ZlIBWQrkjW9r1eBbKGkBi2vHvCEeYnsXr6UrP42Db0J7nPdo4DTNuNYD36，访问日期：2013 年 12 月 20 日。

以地面待命警戒为主，或可将其驱逐至识别区外。若发现目标停留时间过长且不听从地面广播警告，继续在识别区外延向领空方向飞行，且并无减速意图，可初步判断目标具有"挑衅"动机，可采用跟踪飞行的方式进行监视或外逼、警告等措施。如果目标航空器持续飞行时间过长，沿海国可加强雷达观测并实施防空导弹跟踪持续监视。若目标仍不听从劝告，且航行方向直指领空，可进一步采取相应的反制措施。[29]

中国在建立防空识别区制度之初明确表示，中国武装力量将针对不配合识别、拒绝服从指示的飞机采取紧急防御措施；同时，依据《中华人民共和国东海防空识别区航空器识别规则公告》，将根据不同情况，针对可能面临的威胁程度做出相应反应。此外根据国际航空法规定，针对不同性质的航空器，应当有区别地运用反制措施。

（2）对民用航空器的反制措施。国际社会就识别区内针对民用航空器可采取的反制措施这一问题较为关注，直接源于1983年苏联击落韩国民航客机事件。苏联在其防空识别区内击落大韩航空公司波音747KAL007号民航客机，致使机上240位乘客与29位机组人员无一幸存。由此，国际民航组织于1983年9月在蒙特利尔召开特别会议，通过了42国谴责苏联的决议。该决议宣称：在任何情况下，都决不能允许击落民用航空器。决议敦促国际民航组织秘书长调查和报告该事件的真相。同时，为防止类似事故再度发生，针对民用航空器所适用的《国际民用航空公约》及附件提出修正案。

1984年的《国际民用航空公约》对此具体修改措施如下：

"在第三条后，插入新的第三条分条：

一、缔约各国必须承认各国必须抑制向飞行中的民用航空器诉诸使用武器，如果进行拦截，必须不危及航空器上的人员生命和航空器安全。这一条款不应被解释为以任何方式修改《联合国宪章》规定的各国权利和义务。"

此外，修正案的主要内容还包括：每一国家必须避免对飞行中的民用航空器使用武器，如需拦截，以不危及航空器内人员的生命和航空器的安全为限；每一国家在行使主权时，对未经许可而飞越其领空的航空器，如有合理根据认为该航空器被用于与本公约宗旨不相符的用途，有权要求该航空器在指定的机场降落。该国也可以对该航空器发出其他任何指令，以终止此类侵犯。这时各国应使用符合国际法有关规则的适当的方法，并将有关民用航空器拦截的国内规则妥为公布；所有民用航空器应遵守领土国发出的命令；每一缔约国应采取适当措施，禁止将在该国登记的或者在该国有主要营业所或永久居所的经营人所使用的任何民用航空器肆意用于与本条约宗旨不相符的目的。但是，本规定不对禁止使用武器的第一款产生任何影响。因此，根据1984年《国际民用航空公约》修正案之规定，针对防空识别区内违反识别制度的民用航空器只能对其拦截、使其迫降而不得击落。

---

〔29〕 参见何蓓：《我国设立防空识别区的法理依据与建议》，《法治研究》2013年第11期。

二、对国家航空器的反制措施

"国家航空器"是包括军事、海关、警察部门在内的航空器的总称，与民用航空器共同组成国际法中对航空器的概括性分类。尽管国际法对此问题尚无明确规定，但国际社会已在一定程度上达成如下共识：首先，要求国家航空器适当遵守安全措施，在操作时适当顾及航行安全。[30] 此外，亦有学者认为，国家航空器属于国家财产，甚至在某些情况下代表国家。国家航空器享有豁免权，即在进入另一国家领空时，直接体现为享有司法豁免权或者不得被执行强制措施。若国家航空器违反沿海国法律，后者仅能通过外交途径予以处理，或者通过主权者行为予以报复或采取反制措施。

此外，在反制措施层面，根据《国际民用航空公约》与《联合国海洋法公约》的规定，沿海国仅在领空范围内方可享有完全的主权，因此外国军机在防空识别区所覆盖的专属经济区与公海上仍具有航行与飞越自由，若违反沿海国的识别制度仅为违反该国防空识别区的法规要求，而未对其国家安全构成实质性的威胁，沿海国仅可采用监视拍照、干扰航线的方式予以驱逐和拦截，而不得将其击落。当且仅当对方国家航空器不顾拦截与警告侵入领空时，沿海国军机方有权击落。

关于沿海国针对外国国家航空器违反识别制度所采取的反制措施是否已构成武装冲突，抑或仅为维护国家安全的行为，本文认为应根据"冲突"发生的地点及具体情况区别分析。首先，在专属经济区与公海上，二者并未发生直接接触，且均未使用武力，因此沿海国的行为仅构成维护国家安全。若外国国家航空器进入沿海国领空，但后者未对前者动用武力，则分析同上；反之，则应视外国航空器的目的加以区分。如果外国国家航空器进入沿海国领空属于误入、侦察或其他单纯、独立行为或偶然事件，应理解为沿海国采取行动维护国家安全；若该外国航空器充分表现出"挑衅"动机，或在得到所属国家授权的情况下蓄意而为，且以进入领空的方式作为挑起战争的导火索，说明双方冲突已达到相应强度，则已构成武装冲突。

三、中日东海防空识别区争议

（一）中国防空识别区概况

1. 设立的时机与原因

中国东海防空识别区于 2013 年 11 月 23 日设立，于当日上午 10 时开始施行。针对识别区设立时机的选取问题，外交部发言人曾概括性地归结为"根据相关工作安排"，"为捍卫国家主权和领土领空安全，维护空中飞行秩序而确定"。究其建立的重要原因，

〔30〕 George W. Ash, "1982 Convention on the Law of the Sea——Its Impact on Air Law", *The Air Force Law Review*, 1987, p. 45.

部分学者推测很有可能源于 2001 年 4 月 1 日发生的中美南海撞机事件[31]对中国空防与海防所造成的巨大冲击。如果我国在当时已经建立防空识别区制度，我国将有权随时对其采取相应措施将其驱逐。

另一重要原因在于 2013 年 9 月以后，在美国"重返亚太"的战略大背景下，美国与安倍政府加快了向"正常国家"转变的步伐，在安全和外交政策领域采取了诸如解除武器出口禁令，设立"国安会"，强行通过《特设秘密保护法》，接连推出《国家安全保障战略》《中期防卫力量整备计划》等安保文件，且日本海上自卫队军舰无视中国军方的警告，公然在中国海军实弹演习区长时间逗留并进行一系列挑衅性行为，致使我国面临空间安全压力。因此，我国东海防空识别区是对此采取的防御性应对策略，更是维护国家安全利益，防范战略误判、管控潜在危机的需要。[32] 这一制度已正式设立，不仅使我国在空防、海防领域可采取的自卫措施更加充分，更能有效预防与减少这种非法入侵事件的发生，为国家安全提供有效保障。

2. 位置与范围[33]

中华人民共和国政府根据 1997 年 3 月 14 日《中华人民共和国国防法》、1995 年 10 月 30 日《中华人民共和国民用航空法》和 2001 年 7 月 27 日《中华人民共和国飞行基本规则》，宣布划设东海防空识别区。

具体范围为以下六点连线与我国领海线之间的空域范围：北纬 33 度 11 分、东经 121 度 47 分，北纬 33 度 11 分、东经 125 度 00 分，北纬 31 度 00 分、东经 128 度 20 分，北纬 25 度 38 分、东经 125 度 00 分，北纬 24 度 45 分、东经 123 度 00 分，北纬 26 度 44 分、东经 120 度 58 分。

---

[31] 2001 年 4 月 1 日，一架美国海军 EP-3 型侦察机在中国海南岛附近海域上空执行侦察任务，中国海军航空兵派出两架歼-8II 战斗机进行监视和拦截。其中中方一架僚机在中国海南岛东南 70 海里的中国专属经济区上空与美军飞机发生碰撞，致使中国战斗机坠毁、飞行员王伟牺牲。美国军机迫降在海南岛陵水机场。对此，美国当局声称：撞机发生时，美机在所谓"国际空域"即公海上空飞行，而实际上事件发生在我国海南岛附近的专属经济区上空。然而，根据 1982 年《联合国海洋法公约》第 86 条明确规定，公海是"不包括专属经济区、领海或内水或群岛国的群岛水域内的全部水域"。自《联合国海洋法公约》生效后，专属经济区不再属于公海的一部分，其上空也不再是"国际空域"。《联合国海洋法公约》第 58 条第 3 款规定：各国在行使专属经济区的飞越自由时，"应当顾及沿海国的权利和义务，并遵守沿海国按照本公约的规定和其他国际法规则所制定的与本部分不相抵触的法律和规章"。沿海国的权利义务指《联合国海洋法公约》第 301 条所规定的缔约国在根据本公约行使其权利时，"应不对任何国家的领土完整或政治独立进行任何武力威胁或使用武力，或以任何其他与《联合国宪章》所载国际法原则不符的方式进行武力威胁或使用武力"。本规定意为外国飞机不得侵犯沿海国的主权与国防安全，不得从事与"飞越自由"不相称的、包括刺探沿海国军事情报在内的一切非法活动，不得损害其领土完整、和平秩序与政治独立。因此，美国在我国专属经济区上空侦查的行为显然不符合《联合国海洋法公约》及相关国际法的规定，因此，美方行为构成对中国领空、领土主权的严重挑衅，以及对国际法的严重违反。
[32] 参见林宏宇：《当代中日关系与中国东海防空识别区》，《现代国际关系》2014 年第 1 期。
[33] http：//zhidao.baidu.com/link? url = MwuAL36YCNUK2rUBSsyT-mmsibrYYUlMuxEBtEzoAv D_ gstAl7YIe-Qx-AeM8Druo0VTbVt2ODMO1hdoDYodQcadstWZlf0suPSgKU4T0vxC，访问日期：2013 年 12 月 9 日。

防空识别区内的主要岛屿设施有：

钓鱼岛，包括钓鱼岛（主岛）、南小岛、北小岛、赤尾屿、黄尾屿和3块小岛屿，即北屿、南屿、飞濑岛等8个无人岛屿；

苏岩礁，包括苏岩礁、虎皮礁、鸭礁和丁岩礁；

春晓油气田，包括春晓、平湖、残雪、断桥和天外天等油气田；

中日共同开发区。

3. 法律依据

中国防空识别区的设立有充分的法律依据作为支撑。首先，从国内法方面来看，《中华人民共和国国防法》第26条赋予国家加强边防、海防和空防建设，采取有效的防卫和管理措施保卫领陆、内水、领海、领空的安全，维护国家海洋权益的责任。维护国家安全、加强国防建设是我国行使自卫权的体现，而防空识别区正是为实现上述目的而采取的有效的防卫和管理措施，符合国防的基本精神。在国内航空法方面，《中华人民共和国民用航空法》第2条规定赋予我国领空绝对性、排他性的主权；《中华人民共和国飞行基本规则》第112条赋予我国针对进出领空行为享有完全的权利。而识别区制度的运作规则是依据我国《东海防空识别区航空器识别规则公告》，针对位于区域内航空器的识别所做的明确规定。此外，在海洋法方面，我国《领海及毗连区法》第5条与《专属经济区和大陆架法》第11条，分别从海洋各区域角度对相应空域的控制权予以明确，从而构成我国防空识别区的国内法依据。此外，《国际民用航空公约》《联合国海洋法公约》、国家自卫权、国际习惯法等国际公约及国际法理论均为我国防空识别区的建立提供了国际法律依据。

4. 面临的问题

中国防空识别区制度设立以来，主要面临两大棘手问题：其一，东海防空识别区在国际社会中认可度较低；其二，中日东海防空识别区存在大面积重合，增加了冲突发生的可能性，使识别区难以发挥作用，不利于我国维护东海地区的空防、海防及国家安全。本节主要对第一个问题展开探讨。

在中国设立东海防空识别区后，美国、日本、韩国、澳大利亚等国家纷纷表达了不满，认为中国此举有违识别区报告制度，对不服从识别指令的飞机"采取紧急防御措施"的做法过于严厉，是"具有挑衅性质的"、"违反了国际惯例"的行为，增加了冲突发生的风险与区域紧张的局势，使得区域矛盾进一步升级。日本首相安倍晋三及部分高级官员表示，基于中国行为"已侵犯到国际区域自由飞行"的事实，要求中国撤回防空识别区。美国则对此事表示极为关切，认为中国东海防空识别区不仅会加深地区的紧张态势，而且会引发事端，因此敦促中国"保持谨慎和克制"，并警告中国不要实施防空识别区制度。

美国对中国新设东海防空识别区表示反对，并非在于识别区制度本身，而是认为中国设立的方式及态度存在问题：（1）中国新设识别区覆盖日本和韩国已有范围，这种在国际实践中尚未发生过的情形已构成对日本和韩国主权的挑衅。（2）中国在设立识别区前未向日本、韩国等邻国事先通报，而韩国实施了这一程序。美国认为，中国作为区域性与世界性大国，应当履行事先通报与协商的义务。（3）中国对外国飞行器的要求是无论其是否以中国为飞行目的地均应在进入识别区时进行通报，而包括日本、韩国在内的大多数国家仅要求以该国为目的地的飞行器予以通报，认为中国的识别方式过于严苛。[34] 为表示反对，美方于 2013 年 11 月 26 日，派遣两架 B-52 远程轰炸机进入中国东海防空识别区内，意在宣告对中国新设防空识别区不予认可，并对此加以警示与试探。类似地，韩国亦于同日派遣巡逻机在未向中方通报的情况下对识别区内中韩存在争议的苏岩礁地带进行警戒飞行。韩方表示，今后飞经中方防空识别区将不会事先予以通报，此外将加速扩大本国识别区范围，使其覆盖苏岩礁区域。11 月 28 日，日本自卫队飞机亦在未通报的情况下进入中国防空识别区以表达不满与抗议。[35]

对此，中方所作回应主要包括以下三点：其一，中国东海防空识别区依据国内法、国际法做出，符合国际惯例，是不违反国际法的行为；其二，中国设立识别区的目的在于维护国家安全，从未采取行动增加地区紧张态势；其三，中国东海方向的国际空域航道密集、飞行繁忙，中方要求飞经东海防空识别区的外国航空器通报飞行计划，是为了掌握空中动态、防止误判，从而更好地维护中国领空安全，确保有关空域的飞行秩序。因此，中国东海防空识别区是安全区而非风险区，是合作区而非对抗区。[36]

在中国政府坚持立场与积极沟通的努力下，美国的态度于 2013 年 12 月初开始发生转变，认为问题的关键并非防空识别区本身，而是不应要求所有进入识别区的航空器均有遵守识别规定的义务；同时，呼吁美国民用航空器遵守中国防空识别区相关规定以减少发生冲突的可能。美国态度有所松动表明其有可能接受中国防空识别区，这样的态度让日本措手不及。基于上述事实，本文认为，我国识别区制度为国际社会接受与否很大程度上取决于国家间的沟通交流，以及长时间的磨合。中国应当在坚定立场的前提下，以维护国家利益为宗旨，与其他国家分别开展积极、有效的沟通，向国际社会传达中国旨在维护地区和平的愿望，更大程度上获得理解与认同。

（二）日本防空识别区概况

1. 历史发展

日本防空识别区早于中国 44 年之久。自 1945 年日本投降后，美国划定了日本周边的"防空识别区"，交由驻日美军管辖。1969 年，尼克松实施亚洲战略收缩，下令使驻日美军

---

[34] Raul Pete Pedrozo, "The Bull in the China Shop: Raising Tensions in the Asia-Pacific Region", *International Law Studies*, U. S. Naval War College, Volume 90, 2014. pp. 73-75.

[35] 参见赵经纬：《美国对中国防空识别区为何态度大变》，http://blog. tianya. cn/blogger/post_ read. asp? BlogID = 3108165&PostID = 54336216，访问日期：2013 年 12 月 6 日。

[36] 参见外交部：《关于东海防空识别区：中国政府回答的 60 个问题》，http://news. ifeng. com/mainland/special/fangkongshibiequ/content-5/detail_ 2013_ 12/10/32002409_ 0. shtml，访问日期：2013 年 12 月 10 日。

将这一权力移交给日方。交接之后，日本不断单方面扩大识别区范围，一次于 1972 年 5 月，最近一次是在 2010 年。几次扩大的方向明显为向西且向中国方向扩张。[37]

2. 位置与范围

日本所设立的防空识别圈分为北、中、西、西南四个区域。其中北区主要为北纬 39 度以北即北海道和本州部分地区。中区包括以北纬 34 度以北的本州大部、四国部分地区和首都东京地区。西区主要包括本州西部、四国大部和九州全部。西南区则包括了冲绳地区、日本西南岛屿及东海地区，是一个巨大的五边形，其在东海上空划定防空识别区的范围基本沿着东经 125 度往南，经北纬 30 度后，再往北纬 25 度、东经 120 度的方向斜向西南，至东经 123 度再折向西南。[38] 这一区域中，最西部距离中国浙江海岸线仅 130 公里，最南部与中国台湾地区的防空识别区呈重叠状态，覆盖了中国的海上资源和安全通道。此外，防空识别区跨越日本主张的"东海中间线"，将中间线以西的中国东海油气田全部囊括其中，并在上述区域中配备航空境界管制部队，对飞行器实行实时警戒监视[39]，致使中国飞机在"中间线"以西巡航，也会遭受日本战机近距离跟踪[40]。

3. 法律依据

由于日本是非防空识别区的首创国家，因而更多表现为对既有国际惯例的研习。该识别区的设立除不违反国际法规定外，亦有国内立法作为法律依据和理论支撑。首先，1976 年制定的《防卫计划大纲》作为日本防卫总体设想和扩军方针的总指导，为国防、军队、外交提供法律依据，以法律条文方式规定了防卫的基本政策，成为日本实施防空识别圈这一制度的思想来源与法律依据。此外，特别值得注意的是，自 2010 年修改以来，新版《防卫计划大纲》发生了重大改变。大纲聚焦中国，指出中国积极推进军事现代化，已成为地区和国际社会担忧的事项。对此，自卫队的整体部署与规模也将发生巨大变化。在地理位置与中国较为接近的西南诸岛离岛上将派驻陆上自卫队沿海监视部队并部署空中自卫队的自行式雷达。此外，将"基础防卫力"方针转化为"机动防卫力"，修改"集体自卫权"解释，加强海上和空中自卫力量，增强部署潜水艇，等等。这些针对中国修改的新规定不仅成为日本实施更加严厉的防空识别区制度的国内法依据，更为我国国家安全造成重大隐患，增加了国防压力。

在识别区制度的实践操作层面，日本以《自卫队法》为依据，其中第 84 条规定：对于进入"防空识别圈"乃至本国领空的可疑目标，日本将进入以下警告程序：第一

[37]　参见环球网：《日本防空识别区距浙江仅 130 公里，覆盖春晓油田》，http://mil.huanqiu.com/observa-tion/2013-11/4529370.html，访问日期：2013 年 11 月 5 日。

[38]　参见中国外交部：《2013 年 11 月 29 日外交部发言人秦刚主持例行记者会》，http://www.fmprc.gov.cn/mfa_chn/fyrbt_602243/t1103989.shtml，访问日期：2013 年 11 月 29 日。

[39]　参见 http://mil.cankaoxiaoxi.com/2013/1125/307134.shtml，访问日期：2013 年 11 月 25 日。

[40]　参见 http://www.xilu.com/20130111/news_928_312214_2.html，访问日期：2013 年 1 月 11 日。

步，雷达站探测到接近"防空识别区"的不明国籍飞机；第二步，比对实际飞行路线与事先提出的飞行计划是否一致；第三步，雷达站向该机发出国际紧急呼叫电波（波段为121.5 千赫至243 千赫），申明自身为"日本国航空自卫队"，同时用英语或对方国语言告知其"正接近日本领空"；第四步，派遣 F－15J 或其他型号战机紧急升空，接近并识别目标飞机；第五步，自卫队战机发出无线电警告，要求对方迅速变更飞行路线；第六步，战机以摆动机翼的方式向目标实施进一步警告，并用无线电再次警告对方飞机，若对方不理会并侵入日本领空，自卫队战机第三次发出警告，要求对方听从指挥迫降；第七步，用信号弹实施警告射击。而一旦日方飞机遭到对方攻击，或日本国土、海上船舶遭受袭击，自卫队将迅速发起"防卫作战"。海军自卫队"宙斯盾"陆军防空导弹部队也会同时投入战斗。

（三）中日东海防空识别区冲突

1. 事实概况

面对中日各自划定的防空识别区存在大范围重叠的事实，日本反应极为强烈。在中国公布识别区两天后，日本首相安倍晋三表示，中国军方划设识别区将有"招致不测事态的危险"，要求中方撤销划设规定，并表示"日方将与美国紧密合作应对相关事态"。此外，日本亦通过每年四次对外公布针对"可能侵犯领空"的外国战机紧急出动次数，尤其是近两年来针对中国飞机紧急出动次数的急升，向国民制造"受威胁"的假象，也试图以此从国际社会角度向中国施压。据媒体透露，为有效监控本国防空识别区，日本不惜耗费大量人力、物力，运用各种技术手段，对进入区域的不明飞行器展开"复合式探测"。中方军事分析人士认为，重叠区内中日双方均有诉求，若一方有意计划矛盾，则极容易发生冲突；而日方的态度必然增加了这种概率。因此，中方应当谨慎地做好应变准备。[41]

2. 法律分析

（1）冲突的实质。本文认为，中日防空识别区冲突的实质是两国领土与海洋的争端。其一是钓鱼岛主权归属的争端，其二是专属经济区与大陆架划界方法差别。以划定防空识别区的方式保障各自主张的领土主权与海域权利致使双方的冲突不可避免。

中国政府主张钓鱼岛群岛自古以来是中国领土。1992 年，全国人大通过《中华人民共和国领海及毗连区法》，正式将钓鱼岛诸岛列入中国领海范围。日本则认为钓鱼岛为其所有。在东海海域划界争议上，由于中日间的大陆架最大宽度为 325 海里，最小宽度为 167 海里，一般宽度为 216 海里，因此客观上导致两国大陆架和专属经济区的部分重合。又根据《联合国海洋法公约》第 56 条的规定，专属经济区关于海床和底土的权利应按照大陆架的规定行使，因此东海海域划界的根本是双方大陆架权利主张的对立，归

---

〔41〕 参见 http：//xhrb. jschina. com. cn/mp2/html/2013-11/26/content_ 903016. htm，访问日期：2013 年 11 月 26 日。

纳而言主要有两点：第一，双方大陆架划界原则不同。日本主张适用等距离/中间线的距离标准，而中国主张适用大陆架自然延伸原则，即根据《联合国海洋法公约》第76条"关于大陆架在海床上的外部边缘从测算领海宽度的基线量起不超过350海里"的规定享有大陆架主权，同时认为"等距离原则"本身并非大陆架划界的一般国际法原则，并未取得一般国际法或国际规则地位，不具有法律约束力，在国际公约与实践中均未上升到真正的划界原则高度，仅从属于公平原则。第二，在是否拥有共同大陆架问题上存在争议。中国认为，东海大陆架与冲绳海槽是两个不同的地理单元。大陆架属于稳定的大陆地壳，而海槽则属于大陆架地壳向海洋地壳过度的构造带。因此，冲绳海槽就构成中国大陆领土自然延伸的陆架和日本琉球群岛岛架之间的天然分界线。日本认为，日中两国处于共同大陆架，中国的大陆架终止于琉球海沟，琉球群岛是大陆架外缘的岛链，冲绳海槽仅仅是大陆架上的褶皱与凹陷，并非为划界时的决定因素。

钓鱼岛及其附属岛屿和东海海域蕴藏丰富的石油储备及天然气等矿产资源、渔业资源、药物资源的事实，以及该地区在东亚和西北太平洋地区重要的战略地位是致使半个世纪以来中日两国对此争议愈演愈烈的重要原因。两国通过划设防空识别区的方式试图达到对争议岛屿、海域、空域宣誓主权的目的，并以严格的识别制度对各自所主张的主权与国家安全予以维护。因此，钓鱼岛及附属岛屿的领土之争与东海划界之争得不到有效处理，中日防空识别区重叠问题就无法彻底解决。

（2）实践方式。无论从国际法来源抑或从国内法的依据而言，中日双方设立防空识别区的行为本身均不违反国际法规定，且符合国际习惯的要求。但判断识别区制度的合法性还应从具体实践角度进行考量。

① 划设范围。双方识别区的划设应遵循合法性、合理性及比例原则。中国防空识别区的东至边沿基本按照其主张的中日东海大陆架界限而划定，使得识别区范围基本与我国东海专属经济区与大陆架范围相重合；同时，远离别国领海领空，不干涉其正当飞行自由，是合法的。这样的划界既是对先前海域主张的遵循和延续，也体现出识别区与所保护的海域、空域、国家安全相适应，符合比例原则，因而是合理的。

然而，日本北海道岛北侧识别区范围较小，基本紧贴着领土边缘划设。自领土北端至东京，北海道与本州两岛东西侧识别区的面积相当，基本呈逐渐向下扩张的狭窄梯形状。自东京起，识别区向东南、正南、西南面积急剧扩大，甚至覆盖到1740公里以外的冲之鸟礁及其南部大片海域，南扩范围与日本四个主岛从北至南跨越的经度大致相当，大面积覆盖东海及太平洋部分海域。此外，九州岛附近的识别区也向西南方向大范围扩张，逼近中国海岸线，相当于日本最大岛本州岛自北向南跨越的范围。其中，西南部防空识别区将我国钓鱼岛及其附属岛屿及平湖、断桥、春晓等油气田范围覆盖在内。由此可见，日本防空识别区呈现上窄下宽、与国土面积严重不成比例的现象。同时，日本所谓的防空识别圈西侧远远超越其主张的"中间线"，向我国领海方向延伸，最近处距离我国浙江海岸线仅 130 公里。从功能主义角度分析，这样的划设方式不符合比例原则，与其需要保护的领土范围极不相称，亦违反了合理性要求。更重要的是，日本防空识别圈将中国领土、领海、专属经济区、大陆架及其资源包含在内，致使我国在上述区域正常的飞越、资源开采均被日本视为是对其识别区的入侵，已严重影响我国在领空及国际空域的飞行自由。因此，日本识别圈的制度违反国际法的要求。

② 设立方式。中日防空识别区的设立应当遵循公平原则。尽管国际法并未对设立方式明确予以规制，而国际惯例更多表现为一国政府以对外宣告的方式公之于众，并通过法律、法规或法令将其法律化、固定化、明确化，并且设立国需通过具体有效的措施施行飞行监管措施，识别区制度才得以正式建立。至于是否需经别国同意，国际法中无明确规定，因此可理解为不侵犯别国在国际空域内的正常飞行自由，识别区制度即为合法。综上，中国防空识别区的设立是合理且合法的。

日本无论是 1969 年防空识别圈的制度设立，还是历次范围的扩大，均未将中国及其他邻国的国家主权与国家利益纳入考量范围，更未进行相关情况的告知、意见的听取、利益的协调、协商与谈判。其他国家在识别区的设立方式上大多亦是如此。根据法理中公平原则的要求，基于他国设立识别区将中国利益置之度外的前提之下，包括日本在内的国际社会无权要求中国防空识别区的设立事先通报国际社会，并征得邻国同意，认为中国行为构成地区紧张局势的加剧与对国际社会的挑衅更是无稽之谈。

③ 实施强度。正如本文前述，识别区的划设应以不违反他国在领空内自由飞行的权利为限。基于这样的国际法要求，中国防空识别区仅对在区域内飞行的航空器识别方式与报告制度予以要求，对不配合识别或拒不服从指令的航空器，中国政府武装力量"将采取防御性紧急处置措施"。虽然我国对处置措施的具体实施方式未做陈述，但从设立以来的实践而言，尚未采取强度大于驱逐、拦截的反制措施。

然而，根据日本防空识别圈的制度要求，任何"非本国航空器要进入本国防空识别区之前，都要向该区的航管单位提出飞行计划及目的，否则会被视为非法入侵。空军的战斗机会升空向该机提出警告、强制降落。若威胁到安全时，甚至可将该机击落"。这样的航空安全管制措施强度已远远超过识别区制度的需要，事实上已对我国飞机在东海国际空域的飞行自由构成实质性侵犯，大有将其"领空化"的趋向，因而强度过大且构成对国际法的实质性违反。

（3）分析与小结。通过对中日两国防空识别区的历史与现状、范围与概况、法律依据与实践方式的梳理与分析，不难发现，中国的识别区制度在法律依据上不仅符合国际法要求，且有国内法律依据作为支撑，在实践方式上更符合国际法规范与国际惯例，因而无论从法律上还是道义上均符合合法性、合理性要求；而日本在实践方式上，尤其在范围划定、设立方式、实施强度上均有不妥之处，一定程度上构成对国际法的违反。

针对中日东海防空识别区重叠问题，中方已经表明立场：主张双方加强沟通，共同维护飞行安全。关于中日之间在钓鱼岛主权问题上的分歧，中方一贯主张双方通过对话谈判寻求有效管控分歧和解决问题的办法。目前，处理中日东海防空识别区重叠问题的困境主要在于日方一直在回避同中方进行实质性谈判。中方希望日方做出实实在在的努力。

四、防空识别区的未来发展

防空识别区自1950年于美国设立，至今有近65年的历史，与领空及海洋各区域范围的划设与权利的确认相比起步较晚，适用范围较小，制度本身仍有待成熟与完善，因而仍需要较长时间的实践与发展。迄今为止，各设立国作为该项制度的早期实施者，可在国际法框架内针对实践中出现的问题尝试寻求合适的解决方法，作出有益探索，并逐渐通过国家实践推动该制度在国际法中成立规则，形成国际习惯。

（一）国家层面

从中国防空识别区制度的设立至今，在实践中，中国经受着国际社会的质疑、试探、否认甚至指责，也面临着中日东海防空识别区大面积重合为识别区制度的实施造成的阻碍和对国家安全的威胁。因此，本文认为，中国现阶段主要有三个任务：

第一，通过与国际社会及各国政府采取积极有效的沟通，表达东海防空识别区设立的初衷，以及中国以正当方式维护国家安全的愿望，并做出承诺不干涉别国飞机在国际空域的飞行自由。通过协商与交流，中国会在识别区问题上逐渐得到别国的理解与认可。此外，在争议问题上可做适当妥协。例如，以美国为首的部分国家认为，中国除对以进入本国领空为目的的航空器施以识别和报告要求之外，不应要求飞行目的为别国的航空器必须遵守识别制度。若中国在确保国家安全的前提下，对争议问题做出适当的让步，抑或以技术性的方法巧妙协调解决，或许能得到更多国家的支持与认可。在中国的积极沟通与努力下，至今已有19个国家对中国东海防空识别区表示承认并主动做出报告。

第二，将防空识别区制度法律化。现有的东海识别区主要由《中华人民共和国东海防空识别区航空器识别规则公告》作为实施标准和依据，公告仅对实施细则加以明确，内容上有待严格、细致和全面。若将识别区制度纳入国内法律或行政法规体系，不仅会增强该制度的法律约束力和强制力，更将为识别区基本制度的构建及应急方案的实施于细节处提供法律依据。

第三，中国应当坚定自身立场，对违反识别区制度的飞行器按照既定规则规范管理。面对外国的试探、挑衅行为施以反制措施，无疑将进一步树立我国识别区制度的威信，确保其正常运作。

此外，中国作为国际社会较早设立防空识别区的国家，其东海识别区制度运作中的经验教训于国内将会对南海识别区的建立开辟有益的探索，积累宝贵经验教训；于国际社会而言，将会为解决争议海域与防空识别区重叠提供借鉴。在防空识别区问题上，中国不仅应为国际制度和秩序的遵守者，更应成为国际规则的尝试者与创造者。中国东海防空识别区的设立与实践应当从国内和国际各个层面发挥应有价值和作用。

（二）区域层面

在东海区际尤其是中日防空识别区冲突问题上，本文对此有如下主张：

第一，双方应当遵守《联合国宪章》第 2 条第 3 款的规定，应"以和平方法解决其国际争端"，并遵循中日两国 1972 年《中日政府联合声明》和 1978 年《中日和平友好条约》之规定，根据和平共处五项原则和联合国宪章之要求，在"相互关系中，用和平手段解决一切争端，而不付诸武力和武力威胁"。同时，应当以国际法为依据，尊重历史、正视争议，在法律框架内尽可能依靠协商、谈判等方式和平解决识别区冲突。

第二，在识别区范围的划定上，双方可适当妥协、达成谅解。一方面可尝试适用比例原则、公平原则方法，在双方重叠区域内重新划设范围；另一方面也可在确保国家安全的前提下，对重叠区域内对方航空器的行为方式管理，以此方式达成妥协与谅解，最大限度上避免武力与准武力的使用。在实践过程中，可参照中韩之间采取的开通专线的方式以防止冲突的发生。

第三，在解决防空识别区问题上，加紧钓鱼岛及东海大陆架与专属经济区划界问题的解决。正是由于防空识别区以一国领土及海域权利为基础，因此妥善解决上述问题必定有助于东海防空识别区争议的解决。

（三）国际层面

放眼国际社会，当防空识别区制度已逐渐成为各国默认与接受的国际习惯时，中国应当接受事实，并积极主动地适应此种现状。首先，应当认真遵守他国在不违反国际法的前提下设立的防空识别区制度，主动配合识别与报告制度，维护好别国空域及国家安全；另外，更应通过自身实践为防空识别区制度的运作积累经验，以促进该制度规范化，使得防空识别区制度在维护国家主权的同时，促进区域和世界和平与稳定发展。

五、结论

防空识别区作为"二战"之后兴起的空中预警制度，尚无国际法对此加以明确规制。由于其在航空法方面有《国际民用航空公约》中的领空权利的确认作为基础，在海洋法方面符合《联合国海洋法公约》沿海国专属经济区剩余权利的要求，识别区制度以"维护国家安全"为宗旨的设立目的符合国家自卫权的要求，并且已经逐渐成为国际习惯的事实，致使该制度不违反国际法规定，且得到越来越多国家的遵守与认可。在国内法层面，设立国均有根据国际公约制定的国内立法作为直接法律依据，引导与规范识别区制度的实施。因此，防空识别区制度具备较为充足的法律依据。面对防空识别区逐渐被国际社会接受并得到实践的现实，各国应当以积极的态度面对。

在防空识别区的运作方面，各国存在较大差异，但针对关键性问题已达成如下共识：在范围的划设上，并无国际统一标准。各国可按照国防需要及国家实力自行设定，通常国际惯例以远程导弹的最大射程范围，抑或大型航空器 1 小时的飞行距离作为划定标准。在设立方式上，目前多表现为单方面法律行为，即一国以宣布的方式予以设立。至于是否以邻国或国际社会承认为标准仍有待探讨。识别制度的设置由各国自行确立，但不得侵犯他国航空器的飞行自由。在反制措施方面，沿海国应当判断航空器的飞行目的，根据误入、挑衅、严重危害领空安全的行为区别对待。针对民用航空器，根据 1984 年《国际民用航空公约》修正案之规定，只能拦截与迫降而不得击落；针对国家航空器可采取驱逐、拦截、迫降的方式，非进入领空不得击落。

在 2001 年"中美南海撞机事件"和自 2013 年来美国"重返亚太"战略的影响下，中国于 2013 年 11 月 23 日设立防空识别区制度以应对渐趋紧张的东海局势。识别区设立以来，现阶段面临的主要障碍有两个：其一，是缺乏国际社会的普遍承认；其二，是中日东海防空识别区存在大面积的重叠，为我国识别区制度的实施造成阻碍。中国东海防空识别区缺乏国际社会承认的原因在于：一是与已有的日本、韩国防空识别区发生大范围重合，这种现象在已经设立防空识别区的 20 多个国家中不曾出现；二是中国设立识别区前未向邻国通报与商议；三是按照规则无论是否以中国为目的地的飞行器均应当向中方报告。鉴于上述分歧，中国东海防空识别区频频遭受外国飞行器试探性飞行与挑衅。

针对第二个问题，中日两国均试图通过设立识别区的方式达到维护并宣誓领土、海洋与空域主权的目的。通过针对划设范围、设立方式、实施强度进行比较分析，日本防空识别圈明显存在着范围和本土不成比例、不合理的问题，设立方式上未先向邻国通报与商议且更未将邻国利益纳入考量范围、违反公平原则，反制措施过于严厉等严重不合法行为，已构成对中国领土海洋主权的侵犯和对区域及世界和平的威胁。

面对上述问题，本文认为，中国应当在坚定立场的前提下与国际社会展开积极沟通，表明中国维护国家安全的无害性目的，争取国际社会的理解与认同。在中日东海识别区争议上，应当秉承协商、谈判等方式和平解决争端，在解决领土海洋争端的基础上解决识别区重叠争议。双方应当通过一定程度的妥协与谅解求同存异，共同维护区域与世界安全和稳定。

中国作为较早设立防空识别区的国家，应当在国际法框架内通过国家实践对识别区规则不断加以完备。中国不仅应当成为既有国际法制度的遵守者和践行者，也应成为规则的制定者与推动者。中国东海防空识别区的实践将为今后设立南海防空识别区以及世界范围内新设防空识别区提供宝贵的经验教训，以推动识别区制度的发展与完善，使该制度在维护国家主权的同时促进区域与世界的和平稳定发展。

论南极活动管理的国际法制度

■ 郭红岩*

【内容摘要】南极活动行政许可是指由申请人就拟开展的南极活动，按照法律规定的程序，向指定的审批机构提供必要的资料和信息，由评审机构审核决定的行政机制。南极条约体系为南极活动行政许可规定了较为完善的制度，英美等国也都制定了南极活动行政许可的国内立法。中国还没有国家层面的南极立法，只有由国家海洋局制定并于 2014 年 5 月 30 日开始实施的《南极考察活动行政许可管理规定》。但由于其较低的位阶，不能满足中国南极活动类型和主体多样化的需要，本文拟在对南极活动行政许可的国际法制度研究的基础上，对完善中国南极活动行政许可法律制度提出建议。

【关键词】南极活动　行政许可　南极条约体系　中国南极立法

南极活动是指在 1959 年《南极条约》范围内（以下称"南极条约区"）的科学考察、科学研究、人工建造物的建设、旅游、户外运动、文化教育等[1] 南极考察活动是指自然人、法人或其他组织以科学研究为目的，在南极条约区开展的相关活动。[2] 南极活动不包括纯粹为了商业目的的捕鱼、为了通过目的的船舶航行或航空器的上空飞越活动。

管理南极活动的国际法制度主要是指南极条约体系的所有文件关于南极活动的规划、申请、审查、许可、检查、报告和责任的原则、规则和规章制度的总体。其国际法依据除《联合国宪章》所载的一般国际法原则外，主要包括南极条约体系的所有国际法文件。

一、南极条约体系

《南极条约》体系是以 1959 年《南极条约》[3] 为核心，包括以《南极条约》为基础却又相互独立的下列一系列国际法文件：

---

* 中国政法大学教授，博士生导师。
本文是笔者主持的国家海洋局极地考察办公室项目"主要国家南极活动行政许可相关问题研究"的部分成果。

〔1〕 根据 1959 年《南极条约》的规定，"南极条约区"是指南纬 60 度以南的地区，包括一切冰架。

〔2〕 1984—2014 年，中国共组织 30 次南极科学考察活动。参见《张高丽与第 30 次南极考察队员座谈》ht-tp：//www. chinare. gov. cn/caa/gb_ news. php？modid =01002&id =1446。中国科学家在长城站和中山站，常年开展气象学、电离层、高空大气物理学、地磁和地震等学科的常规观测。在夏季除从事常规观测外，还进行包括地质学、地貌学、地球物理学、冰川学、生物学、环境学、人体医学和海洋学等现场科学考察。参见《科考项目》，http：//www. chinare. gov. cn/caa/gb_ article. php？modid =05001，访问日期：2015 年 12 月 1 日。

〔3〕 1988 年 6 月南极协商会议通过了《南极矿物资源活动管理公约》（Convention on the Regulation of Antarctic Mineral Resource Activities）的最后文件，该公约在向各协商国开放签字的过程中，由于"1991 年议定书"的通过而中止，因此，在南极条约体系中，不包括该公约。

1959 年《南极条约》是 1959 年 12 月 1 日由阿根廷、澳大利亚、比利时、智利、法兰西共和国、日本、新西兰、挪威、南非联邦、苏维埃社会主义共和国联盟、大不列颠及北爱尔兰联合王国和美利坚合众国等国缔结，1961 年 6 月 23 日生效，到 2015 年 8 月，共有 52 个成员国，包括 29 个协商国和 23 个非协商国。[4]

1964 年《保护南极动植物议定措施》是在 1964 年布鲁塞尔召开的第三届协商会议上通过的一系列措施，1982 年生效。它也是《南极条约》体系的一部分，旨在促进关于动植物的保护、科学研究和合理利用方面在南极条约体系内的国际合作。[5]

1972 年《南极海豹保护公约》于 1972 年 6 月 1 日签署，1978 年 3 月 11 日生效。[6]中国尚未参加该公约。

1980 年《南极海洋生物资源养护公约》于 1980 年 5 月 20 日签署，1982 年 4 月 7 日生效。[7]

1991 年《关于环境保护的南极条约议定书》[8]（以下简称"1991 年议定书"）及其六个附件。[9] 其中，前五个附件"南极环境评估"、"南极动植物保护"、"南极废物处理与管理"、"防止海洋污染"、"南极特别保护区"都是在 1991 年通过的，对南极环境的保护作出了严格规定。各当事国在南极开展活动前不仅需要进行环境影响评价，还需负责清理遗留在南极大陆的垃圾，对固体废弃物、食品废弃物、化学药品废弃物及可燃性废弃物要采取不同的处理方式，要把南极作为特别保护区来进行保护。附件六"环

---

〔4〕《南极条约》（The Antarctic Treaty），1983 年 6 月 8 日中国交存加入书，同日对中国生效，1985 年 10 月 7 日被接纳为协商国。工作语言：英语、法语、俄语和西班牙语。会议主办国必须为会议提供 4 种语言的同声传译和文件。南极条约依据其国名英文字母的排列顺序轮流主办会议，承担一切会议费用。2001 年 7 月，第 24 届协商会议在俄罗斯圣彼得堡举行。会议决定将南极条约常务秘书处总部设在阿根廷首都布宜诺斯艾利斯。参见 http://www.ats.aq/devAS/ats_parties.aspx? lang = e，访问日期：2015 年 12 月 1 日。

〔5〕《保护南极动植物议定措施》（The Agreed Measures for the Conservation of Antarctic Fauna and Flora），http://www.ats.aq/documents/recatt/att080_e.pdf，访问日期：2015 年 12 月 1 日。关于动植物保护，南极条约协商会议后来陆续通过了一系列文件，http://www.ats.aq/devAS/info_measures_list_filtered.aspx? lang = e&cat = 4，访问日期：2015 年 12 月 1 日。

〔6〕《南极海豹保护公约》（Convention for the Conservation of Antarctic Seals）1972 年 6 月 1 日签署，1978 年 3 月 11 日生效。条约适用南纬 60 度以南的海域，但是当事国应报告在南纬 60 度以北的浮冰海域捕捉南极海豹的活动情况。

〔7〕《南极海洋生物资源养护公约》（Convention on the Conservation of Antarctic Marine Living Resources）于 1980 年 5 月 20 日签署，1982 年 4 月 7 日生效。2006 年 9 月 8 日，中国决定加入《南极海洋生物资源养护公约》，同时声明：在中华人民共和国政府另行通知前，《南极海洋生物资源养护公约》暂不适用于中华人民共和国香港特别行政区。2006 年 9 月 19 日，外交部条法司副司长苏伟向澳大利亚驻华使馆递交了中国加入《南极海洋生物资源养护公约》的加入书。公约于 2006 年 10 月 19 日对我国生效。

〔8〕1991 年《关于环境保护的南极条约议定书》（Protocol on Environmental Protection to the Antarctic Treaty），1991 年 6 月 23 日订于马德里，中华人民共和国政府代表于 1991 年 10 月 4 日签署本议定书，1998 年 1 月 14 日该议定书生效。

〔9〕前五个附件都是在 1991 年 10 月 4 日通过的。1998 年 1 月 14 日前四个附件与 1991 年议定书同时生效。附件五、附件六"环境紧急状况下的责任"是在 2005 年 7 月 15 日南极条约协商国在斯德哥尔摩举行的第 28 届协商会议上通过的，至今尚未生效。

境紧急状况下的责任"是在 2005 年 7 月 15 日南极条约协商国在斯德哥尔摩举行的第 28 届协商会议上通过的，至今尚未生效。[10]

此外，各届协商会议所确定的有法律拘束力的措施、决定等也构成了南极活动管理的国际法律制度的重要组成部分。

二、南极活动的基本原则

和平利用、科学研究和环境保护是南极条约体系的三个主要的价值目标，这些价值目标决定了南极活动的如下基本原则：

1. 和平利用原则

南极条约体系首先确定了南极的"和平利用"。

1959 年《南极条约》在序言中指出："承认为了全人类的利益，南极应永远专为和平目的而使用，不应成为国际纷争的场所和对象；认识到在国际合作下对南极的科学调查，为科学知识做出了重大贡献；确信建立坚实的基础，以便按照国际地球物理年期间的实践，在南极科学调查自由的基础上继续和发展国际合作，符合科学和全人类进步的利益；并确信保证南极只用于和平目的和继续保持在南极的国际和睦的条约将促进联合国宪章的宗旨和原则。"

《南极条约》第 1 条规定："应特别禁止任何军事性质的措施，例如建立军事基地、建筑要塞，进行军事演习，以及任何类型武器的试验，等等，均予禁止。禁止在南极进行任何核爆炸或在该区域处置放射性废物。"1959 年《南极条约》第 10 条和 1964 年《保护南极动植物议定措施》第 10 条都规定："缔约各方保证做出符合《联合国宪章》的适当的努力，务使任何人不得在南极从事违反本条约的原则和宗旨的任何活动。"1945 年《联合国宪章》的宗旨与目的就是维持国际和平与安全。

为了真正实现南极的和平利用，就必须使南极处于有效的国际管理机制之下，而不是在任何国家的主权管理之下。因此，针对各国对南极的领土主权要求以及各国南极活动的目标和目的，1959 年《南极条约》第 4 条对南极的领土主权和主权权利主张进行冻结。该规定虽然没有从根本上解决南极的法律地位问题，但在一定程度上保证了南极的和平利用。另外，条约所确立的协商国观察员制度更进一步保证了南极的

---

[10] 附件六的生效需要参加 2005 年 6 月 6 日至 17 日瑞典斯德哥尔摩第 28 届南极条约协商会议全体协商国的核准。到 2015 年 5 月 20 日，瑞典（2006 年 6 月 8 日）、秘鲁（2007 年 7 月 10 日）、西班牙（2008 年 12 月 17 日）、波兰（2009 年 1 月 15 日）、芬兰（2010 年 12 月 14 日）、英国（2010 年 4 月 13 日）、挪威（2013 年 5 月 24 日）、新西兰（2013 年 5 月 31 日）、荷兰（2014 年 4 月 28 日）、澳大利亚（2014 年 5 月 15 日）等 10 个国家先后核准了附件六。参见 http：//www. ats. aq/devAS/info_ measures_ approval. aspx？id＝331&title＝Measure%201%20（2005）%20-%20AT-CM%20XXVIII%20-%20CEP%20VIII，%20Stockholm&fecharec＝06/17/2005&fa＝0&lang＝e，访问日期：2015 年 5 月 9 日。

和平利用。[11]

在这里需要特别指出的是，以往谈到南极"和平利用"的时候，重点似乎总是放在"和平"上，而没有关注"利用"，或者说没有给予"利用"足够的关注。如何理解"利用"的含义，不是《南极条约》本身可以解决的，一定要结合南极条约体系的所有文件和其他相关的国际法规则进行解释和说明。

2. 科学研究自由原则

由于南极独特的地质条件、远离人类聚居地和生产中心的位置以及对南极冰层分析的机遇等，特别适宜诸如大气上方或地球空间现象、海平面变化或气候变化等环境问题的科学研究，因此，南极条约体系明确了南极科学考察的自由以及科学考察中的国际合作，以便促进人类社会的发展和利益。

根据 1959 年《南极条约》的规定："在国际地球物理年内所实行的南极科学研究自由和为此目的而进行的合作，应按照本条约的规定予以继续。"[12] 甚至允许为了科学研究的目的而使用军事人员或军事设备。[13] 再有，"本条约的规定不应损害或在任何方面影响任何一个国家在该地区内根据国际法所享有的对公海的权利或行使这些权利。"[14]而在公海自由制度中，科学研究自由是其重要内容之一。

3. 合作原则

在南极的科学考察和研究活动是自由的，但各国在行使科学考察和研究自由的同时，必须要进行国际合作，以便人类对南极的科学考察和研究取得最大的效益。1959 年《南极条约》第 3 条规定：在南极促进科学调查方面的国际合作，缔约各方同意在一切实际可行的范围内：（甲）交换南极科学规划的情报，以便取得最大的经济效益；（乙）在南极各考察队和各考察站之间交换科学人员；（丙）南极的科学考察报告和成果应予交换并可自由得到。还应尽力鼓励与对南极科学和技术有兴趣的联合国专门机构及其他国际组织建立合作的工作关系。"1991 年议定书"第 6 条"合作"中明确规定："（1）

---

[11] 1959 年《南极条约》第 7 条规定："（1）为了促进本条约的宗旨，并保证这些规定得到遵守，其代表有权参加本条约第九条所述的会议的缔约各方，应有权指派观察员执行本条所规定的任何视察。观察员应为指派他的缔约国的国民。观察员的姓名应通知其他有权指派观察员的缔约每一方，对其任命的终止也应给以同样的通知。（2）根据本条第一款的规定所指派的每一个观察员，应有完全的自由在任何时间进入南极的任何一个或一切地区。（3）南极的一切地区，包括一切驻所、装置和设备，以及在南极装卸货物或人员的地点的一切船只或飞机，应随时对根据本条第一款所指派的任何观察员开放，任其视察。（4）有权指派观察员的任何缔约国，可于任何时间在南极的任何或一切地区进行空中视察。（5）缔约每一方，在本条约对它生效时，应将下列情况通知其他缔约各方，并且以后应事先将下列情况通知它们：（甲）它的船只或国民前往南极和在南极所进行的一切考察，以及在它领土上组织或从它领土上出发的一切前往南极的考察队。（乙）它的国民在南极所占有的一切驻所。（丙）它依照本条约第一条第二款规定的条件，准备带进南极的任何军事人员或装备。"

[12] 参见 1959 年《南极条约》第 2 条。

[13] 参见 1959 年《南极条约》第 1 条。

[14] 参见 1959 年《南极条约》第 6 条。

各缔约国在规划和从事南极条约地区活动时应进行合作。为此目的，各缔约国应努力：（a）促进具有科学、技术和教育价值的关于保护南极环境及依附于它的和与其相关的生态系统的合作性项目；（b）在其他缔约国准备环境影响评价时向其提供适当的协助；（c）根据请求向其他缔约国提供有关潜在环境危险的信息并提供协助，以最大限度地减少可能破坏南极环境或依附于它的和与其相关的生态系统的事故的影响；（d）与其他缔约国就未来的南极站或其他设施的选址进行协商，以避免因过于集中在一个地方而造成累积性影响；（e）在适当的时候共同进行考察，共同使用南极站和其他设施；并且（f）执行南极条约协商会议一致同意的其他此类步骤。（2）各缔约国保证尽最大可能共同享有可能有助于其他缔约国在南极条约地区规划和从事活动的信息以便保护南极环境及依附于它的和与其相关的生态系统。（3）各缔约国应与可在南极条约地区的毗连区域行使管辖权的缔约国进行合作，以保证在南极的活动不会对那些地区产生不良的环境影响。"

4. 环境保护原则

南极特殊的地理气候条件，环境和生态系统非常脆弱，恒定的低温环境使各类污染物长期遗存，很难净化，因此，各国在南极的活动必须不违反南极的环境保护原则。虽然 1959 年《南极条约》对南极的环境保护制度并不明确和具体，但《南极条约》生效后所制定的一系列文件则进行了非常明确和具体的规定。

1964 年《保护南极动植物议定措施》在序言中规定："认识到研究南极动植物，研究它们对严酷环境的适应性以及同这种环境的相互关系的科学意义；考虑到这些动植物的特性，它们在环极地区域，尤其要看到他们毫无防御能力且易遭灭绝；愿意通过《南极条约》范围内更多的国际合作，促进和达到对这些动植物的保护、科学研究以及合理利用等目标；并特别考虑到科学联盟国际委员会的南极研究科学委员会（SCAR）提出的保护原则；因此认为条约区就是特别保护区。"

1972 年《保护南极海豹公约》在序言中指出："这种资源不应由于过度开发而枯竭，因此任何捕捉都应受到控制，以便不超过可供持续捕获的最适当的产量。"

1980 年《南极海洋生物资源养护公约》序言指出："承认保护南极周围海域环境和生态系统完整性的重要意义；注意到在南极水域中发现的海洋生物资源的集中度，以及对利用这些资源作为蛋白源的可能性的兴趣日益增加；意识到保证养护南极海洋生物资源的迫切性。"

"1991 年议定书"的签署和生效标志着人类社会为保护南极环境的法律体制的建立迈出了坚实的一步。它不仅确认了南极条约协商国在处理南极环保方面进行国际合作的实践，而且还制定了一系列保护南极环境及其生态系统的法律规范。1991 年议定书序言中规定："忆及为了保护南极环境以及依附于它与其相关的生态系统，将南极确定为特别保护区以及根据南极条约体系所采取的其他措施；进一步确认南极给科学监测与研究具有全球重要性与区域重要性的演变进程所提供的独特机会；重申南极海洋生物资源保护公约的保护原则；深信制定一个保护南极环境及依附于它的和与其相关的生态系统的综合制度是符合全人类利益的。"

因此，各国在南极地区的活动，应当控制在南极环境所能承受的必要限度之内。南极活动的起源国应当了解和把握本国南极活动的总体情况，履行对南极环境保护的注意义务，在发生环境紧急状况时采取有效的应急行动，并对相关责任人进行追究，预防和避免对南极环境造成损害。但1959年《南极条约》赋予所有的缔约国可以在南极海域享有公海自由。因此，在履行南极的环境保护原则时，不能陷入环保的极端而完全否定对南极的和平利用。[15]

三、南极活动管理的国际法规则

为了实现南极条约体系的价值目标，所有国家必须做出符合《联合国宪章》的适当努力，使任何人在南极从事的活动不违反《南极条约》的原则和宗旨。[16] 就是说，为了实现《南极条约》的目的和宗旨，各国在进行南极活动时也必须遵守《联合国宪章》。南极只用于和平目的。一切具有军事性质的措施，例如建立军事基地、建筑要塞，进行军事演习以及任何类型武器的试验，等等，均予禁止；禁止在南极进行任何核爆炸或处置放射性废物。[17] 任何国家不得在南极或利用在南极的活动侵犯任何国家的主权、领土完整或政治独立，或任何其他有损于他国利益的活动。

根据南极条约体系相关文件的规定，南极活动管理的国际法规则，主要体现在南极活动的通知、许可、检查、报告和责任制度方面。

（一）通知制度

为了便于对南极活动的控制和管理，1959年《南极条约》规定了当事国对本国南极活动的通知义务，即把本国的南极活动通知给其他当事方。该条约第7条第5款规定："在本条约对其生效时，该缔约方应将下列情况通知其他缔约方，并且以后应事先将下列情况通知它们：其船只或国民前往南极或在南极所进行的一切考察，以及在其领土上组织或从其领土上出发的一切前往南极的考察队；其国民在南极占有的一切站所；其准备带进南极的任何军事人员或装备。"1972年《南极海豹保护公约》第4条第2款规定："每个当事国应尽快将根据本条第一段发放的所有许可证的目的、内容以及随后受到捕杀的海豹的数量通知其他当事国和南科委。"

"1991年议定书"第3条第4款规定："根据科学研究规划在南极条约地区从事的活

---

〔15〕　1959年《南极条约》第6条规定："本条约的规定应适用于南纬60度以南的地区，包括一切冰架；但本条约的规定不应损害或在任何方面影响任何一个国家在该地区内根据国际法所享有的对公海的权利或行使这些权利。"

〔16〕　参见1959年《南极条约》第10条和1964年《保护南极动植物议定措施》第10条的规定；再有，1964年《保护南极动植物议定措施》第11条规定："各当事国政府的考察船如果悬挂其他国家而不是本国国旗，该当事国政府应尽可能同船主安排，以使全体船员遵守《议定措施》。"

〔17〕　1959年《南极条约》第1条第（1）款和第5条（1）款。

动、在南极条约地区的旅游及一切其他政府性和非政府性活动，均须根据《南极条约》第7条第5款事先通知。"这种通知可以通过环境影响评价程序来进行；通知的内容不仅包括在南极条约地区从事的科学考察和研究活动、旅游以及一切其他政府性和非政府性活动，还包括与此相关的后勤支援活动、活动的任何变化，且不论该变化是起因于现有活动强度的增加或减少还是起因于活动的增加，设施的拆除或者其他方面的原因。[18]"1991年议定书"附件二第6条规定："1. 缔约国应为下列事宜做出安排：（a）搜集并交换各种记录（包括许可证的记录）和有关每年在南极条约地区捕猎的各种本地哺乳动物、鸟类或植物的数目或数量的统计资料；（b）获得和交换有关南极条约地区本地哺乳动物、鸟类、植物和无脊椎动物状况，以及任何种类或种群在多大程度上需要保护的信息；（c）确立缔约国能按照以下第2款的规定提交这种信息的共同方式。2. 各缔约国应于每年11月底之前，通知其他缔约国和委员会按照以上第1款所采取的任何步骤，以及在上年7月1日至本年6月30日的前一时期内，按照本附件发放的许可证的数目和性质。"

（二）许可制度

南极条约体系规定各当事国在进行相关南极活动时，必须持有相应的许可证。

1964年《保护南极动植物议定措施》第6条和第9条分别是"保护本地的动物"和"非土生的动植物品种、寄生虫和疾病的引进"的许可规定，规定了禁止未经许可的捕杀或骚扰；除非特别许可，禁止把任何种类的非土生的动植物带进条约区；颁发许可证的目的限制；许可证就应该要求把这些动植物置于受控制的环境中，待使用完后运出条约区或就地销毁；防止把寄生虫和疾病意外地带进条约区。[19]

---

〔18〕　参见"1991年议定书"第8条的规定。

〔19〕　1964年《保护南极动植物议定措施》第6条规定："1. 各当事国政府应该禁止在条约区内杀死、杀伤、捕捉或骚扰本地任何哺乳动物和鸟类，并禁止为此所做的任何尝试，但是根据许可证采取的行动除外。2. 这种许可证的措辞应尽可能具体明确，并只为以下目的发放：（1）按照这些议定措施的原则和目的，向条约区内的人和狗提供数量有限的必要食品；（2）为科学研究和科学资料提供标本；（3）为博物馆、动物园、其他教育或文化机构以及其他用途提供标本。3. 特别保护区的许可证只能按照第8条的规定发放。4. 当事国政府应限制这种许可证的发放数量，以便尽量保证：（1）任何一年中捕杀的本地哺乳动物和鸟类的数量不得超过它们在下一个繁殖季节靠自然繁殖通常所能弥补的数量；（2）条约区内的动物种类多样化和自然生态平衡应得到保护。5. 本议定措施附件列举的本地哺乳动物和鸟类的种类应被定为"受特别保护的种类"，当事国政府应给予特别保护。6. 当事国政府不应该授权主管机关发放有关"某种特别保护种类"的许可证，但是根据本条第7段发放的除外。7. 根据本条规定，可以发放有关某种特别保护种类的许可证，只要是：（1）为了某种紧迫的科学目的；（2）许可证所允许的行动将不危害现存的自然生态系统或那一种类的生存。"

1964年《保护南极动植物议定措施》第9条"非土生的动植物品种、寄生虫和疾病的引进"规定："（1）各当事国政府应该禁止把任何种类的非土生的动植物带进条约区，但符合许可证规定的除外。（2）根据本条第一段发放的许可证的措辞应尽可能具体明确，并应只允许引进附件C列举的动植物。一旦这类动植物在无人管理的情况下，对条约区的自然系统造成有害的干扰，许可证就应该要求把这些动植物置于受控制的环境中，待使用完后运出条约区或就地销毁。（3）本条第1和第2段的规定不适用于运进条约区的食品，但用作食品的动植物须置于受控条件之下。（4）各当事国政府同意，保证采取一切合理的预防措施，特别应该采取附件D列举的预防措施，以防止把寄生虫和疾病意外地带进条约区。"

1972 年《保护南极海豹公约》规定了捕杀海豹的目的只能是为人或狗提供必需的食品，而为了科学研究，为向博物馆、教育或文化机构提供标本，且必须在持有许可证的情况下才能进行。[20]

"1991 年议定书"附件二关于"非本地物种、寄生虫和病害的引进"也明确规定：没有合法的许可证，不得把不属于南极条约区本地种类的动物或植物引进到南极条约地区的陆地或冰架或水域，不得将狗带入陆地或冰架；许可证的发放只能在条约许可的范围内进行；引进的动植物应在许可证期满之前移出"南极条约区"，或焚化处理，或以能消除对本地动植物危害的同样有效的方式进行处理；任何引进到南极条约地区且不属于本地的其他植物或动物，包括其后代，应予以移出，或以焚化，或以同样有效的方式进行处理使其不再繁殖，除非确定它们不会对本地的动植物造成任何危害。[21] 各缔约国应于每年 11 月底之前，通知其他缔约国和委员会其在上年 7 月 1 日至本年 6 月 30 日的前一时期内，按照本附件发放的许可证的数目和性质。[22]

（三）检查制度

1959 年《南极条约》规定：南极条约的协商国有权指派观察员执行该条约所规定的任何视察。观察员有完全的自由在任何时间进入南极的任何一个或一切区域，包括一切站所、基地、设备以及在南极区域内装卸货物或人员的一切船只或飞机，进行视察，也有权于任何时间在南极的任何一个或一切区域进行空中视察。[23]

1980 年《南极生物资源保护公约》第 24 条规定了观察和检查制度的下列原则：（1）考虑到现行国际惯例，缔约方之间应彼此合作，确保观察和检查制度的有效实施。该制度中特别应包括委员会成员指派的观察员和检查员登临检查的程序以及船旗国根据登临检查获得的证据进行起诉和制裁的程序。进行这种起诉和制裁的报告，应包括在本公约第 21 条所述的通报内容中。（2）为检查依据本公约制定的措施的遵守情况，委员会成员指派的观

---

[20] 1972 年《保护南极海豹公约》第 2 条规定："（1）当事国同意，除非符合本公约的规定，否则，当事国国民或悬挂当事国旗帜的船舶不得在公约适用区域内捕杀第一条中列举的各类海豹。（2）各当事国应为其国民和悬挂其国旗的船舶制定为执行本公约所必需的法律、规定和其他措施，包括酌情建立发放许可证制度。"第 4 条规定："（1）尽管本公约已经作出了规定，但任何当事国仍可以在符合公约目标和原则的条件下，为了下列目的，发放少量捕杀海豹的许可证：为人或狗提供必需的食品；而为了科学研究；为向博物馆、教育或文化机构提供标本。（2）每个当事国应尽快将根据本条第一段发放的所有许可证的目的、内容以及随后受到捕杀的海豹的数量通知其他当事国和南科委。"

[21] 参见 1991 年议定书附件二第 4 条规定。

[22] 参见 1991 年议定书附件二第 5、6 条规定。

[23] 1959 年《南极条约》第 7 条前四款规定："（1）为了促进本条约的宗旨，并保证这些规定得到遵守，其代表有权参加本条约第九条所述会议的缔约各方，应有权指派观察员执行本条所规定的任何视察。观察员应为指派他的缔约国国民。观察员的姓名应通知其他有权指派观察员的缔约各方，对其任命的终止也应给以同样的通知。（2）根据本条第一款的规定所指派的每一位观察员，应有完全的自由在任何时间进入南极的任何一个或一切区域。（3）南极的一切区域，包括一切站所、基地、设备以及在南极区域内装卸货物或人员的一切船只或飞机，应随时对根据本条第一款指派的任何观察员开放，任其视察。（4）有权指派观察员的任何缔约国，可于任何时间在南极的任何一个或一切区域进行空中视察。"

察员和检查员应按照委员会制定的条款和条件，在公约适用区内从事海洋生物资源科学研究或捕捞的船舶上进行观察和检查。（3）指派的观察员和检查员须受其所属缔约方的管辖。他们应向指派他们的委员会成员报告，并由该委员会成员向委员会报告[24]。在建立观察和检查制度之前，委员会成员应寻求建立指派观察员和检查员的临时安排。

"1991 年议定书"第 14 条规定：观察员条件、指派程序、各当事国的合作义务、检查范围、检查报告的制作和发送等[25]。

此外，南极条约体系还规定了自行检查报告制度，如根据 1972 年《保护南极海豹公约》的规定，虽然条约适用于南纬 60 度以南的海域，但当事国应报告在南纬 60 度以北的浮冰海域捕捉南极海豹的活动情况；1991 年议定书缔约国每年应就为实施议定书所采取的步骤提交报告等[26]。

（四）在南极发生的行为的管辖

关于在南极条约区所发生的行为的管辖，1959 年《南极条约》第 8 条规定：南极活动的观察员、科学人员以及任何这些人员的随从人员，在南极为了履行他们的职责而逗留期间发生的一切行为或不行为，应只受他们所属缔约方的管辖[27]。对于在南极发生的环境紧急状况，则由南极活动经营者的国籍国、主要营业地国或经常居所地国进行管辖[28]。

综上所述，《南极条约》体系等法律文件所确立的南极活动管理的国际法制度不仅有原则性的规定，也有非常具体明确的规则和制度。但在这些制度中，除绝对禁止对南极矿产资源的开发外，对于"科学研究"和"和平利用"的概念没有明确的界定，这可能会引起争端。随着科学技术的发展和各国对南极资源的利用，这个问题也是不可以忽视的。

---

[24] 参见 1980 年《南极生物资源保护公约》第 24 条的规定。

[25] 参见"1991 年议定书"第 14 条规定：（1）为促进对南极环境和依附于它的及与其相关的生态系统的保护并保证本议定书的遵守，各南极条约协商国应单独或集体安排根据南极条约第七条进行的观察员的视察。（2）观察员系指：（a）由任何南极条约协商国指派的观察员，他应为该协商国的国民；和（b）为进行依照南极条约协商会议确定的程序的视察而在南极条约协商会议上指派的任何观察员。（3）各缔约国应与进行视察的观察员充分合作，并应保证观察员在视察期间可视察依南极条约第 7 条第 3 款向视察开放的站所、设施、设备、船舶和飞行器的全部以及依据本议定书在这些场所存放的所有记录。（4）视察报告应送交该报告涉及其站所、设施、设备、船舶或飞行器的各缔约国。在这些缔约国得到机会进行评论后，报告及对报告的任何评论应分送给所有缔约国和委员会，由下届南极条约协商会予以审议并于其后公开。

[26] 参见"1991 年议定书"第 17 条的规定。

[27] 1959 年《南极条约》第 8 条规定："（1）为了便利缔约各方履行本条约规定的职责，并且不损害缔约各方关于在南极对所有其他人员行使管辖权的各自立场，根据本条约第七条第一款指派的观察员、根据本条约第三条第一款（乙）项交换的科学人员以及任何这些人员的随从人员，在南极为了履行他们的职责而逗留期间发生的一切行为或不行为，应只受他们所属缔约方的管辖。（2）在不损害本条第一款规定并在依照第九条第一款（戊）项采取措施以前，有关缔约各方对在南极行使管辖权的任何争端应立即共同协商，以求达到相互可以接受的解决。"

[28] 2005 年《关于环境保护的南极条约议定书》附件六"环境紧急状况下的责任"第 7 条。

气候变化背景下海洋生物多样性保护研究

■ 王　慧*　　姚珣斌**

【内容摘要】气候变化对于海洋生物多样性的影响源于海水温度的变化，吸收来自大气中的二氧化碳，从而间接改变了海水的化学成分；洋流的强度与方向；极端气象事件的强度、频率和地理范围。气候变化对于海洋生物多样性的影响是一个复杂的问题，这个问题的出现，需要跨区域多部门在政策和管理上通力合作，统筹协调相邻和连接的辖区和区域，利用国际机制来探寻协调国际辖区之间的冲突。海洋生物多样性保护的全球框架正发挥着其宏观上的指导作用，而亚太地区的多国合作以及澳大利亚实践的成果也为其他国家和地区的行动提供了重要参考。

【关键词】气候变化　海洋生物多样性保护　法律　政策

　　海洋和海洋生物的多样性正经受着前所未有的破坏，各种人类活动伴随着其他因素使得海水中的有害元素的含量日益增高。[1] 海洋生物多样性的情况不容乐观，大多数物种灭绝都发生于物种聚集最多的地方。据统计，在全世界的珊瑚礁中，30% 处于危机状态下[2]；许多海洋生物诸如大海牛、加勒比海僧海豹、大西洋灰鲸、大海雀等物种早已淡出了我们的视线，而虎鲸、海獭、南大西洋礁鱼等物种也到了濒临灭亡的危险，并且气候变化似乎正加剧着这个问题。最近的观测表明，气候变化正在改变着全球不同海域的生态系统。[3] 例如：受海水变暖的影响，从我国南海的珊瑚礁生态系统到亚北极白令海的浅海陆架生态系统均有显著变化。[4]

　　气候变化对于海洋生物多样性的影响是一个复杂问题，要应对这个问题，我们需要跨区域多部门在政策和管理上进行统筹管辖与合作，国家间、地区间统筹协调相邻和连接的辖区和海域，利用国际机制来探寻协调国际辖区之间的冲突。我们需要在法律与政策的框架下"摸着石头过河"，只有如此方能有效应对气候变化对海洋资源带来的负面影响。[5]

---

　　*　上海海事大学法学院副教授。
　　**　上海海事大学法学院硕士研究生。

〔1〕　参见吴启堂、陈同斌：《环境生物修复技术》，化学工业出版社 2007 年版。
〔2〕　[美] 唐奈拉·H. 梅多斯、丹尼斯·H. 梅多斯、[日] 枝广淳子：《地球的治理方法》，穆伟娜译，中国电力出版社 2009 年版，第 64 页。
〔3〕　参见王慧、李廷廷：《气候变化背景下海洋安全的新挑战》，《浙江海洋学院学报（人文科学版）》2014 年第 3 期。
〔4〕　参见蔡榕硕：《气候变化对中国近海生态系统的影响》，海洋出版社 2010 年版。
〔5〕　参见王慧、周晓丹：《气候变化对海洋生物资源的影响及其应对之策》，《环境保护与循环经济》2014 年第 10 期。

一、气候变化对海洋生物多样性的影响

随着科学研究的深入，人类普遍意识到气候变化确实存在，并正向着有害生态和人类文明的方向发展，而科学研究和调查的结果都把导致气候不正常变化的罪魁祸首指向了人类自己。人类活动导致了气候的非正常变化，而气候变化同时也对地球和人类社会造成了不利影响，对海洋生物多样性的影响就是其中之一。可以说气候变化是危害海洋生物多样性最显著最主要的原因，其表现形式主要包括：海水水温上升，海水化学属性变化，海平面上升，反常的天气事件，气温升高以及其他因素。

1. 海水水温上升对海洋生物多样性的影响

人类和其他物种在面对气候变化时，一个核心问题是热耐受问题，研究表明，在过去的100年中，热带海域的海面温度上升了0.35℃左右。另一项数据表明，预计到2070年，澳大利亚海域的海面温度将会上升0.6℃—2.5℃。如果这种情况持续下去，对于热带海域的物种和种群的威胁将会大大增加，并将导致大量物种灭绝。海水水温上升还引起了海洋物种分布的变化，这对渔业问题的影响也是巨大的。

2. 海水化学属性变化对海洋生物多样性的影响

海水化学属性变化的最大危害是海洋酸化，如果海水的酸性增加，将会改变海水化学属性的平衡，使多种海洋生物乃至生态系统面临巨大威胁。海洋酸化会改变作为海洋中进行光合作用的主力浮游植物之间竞争的条件。由于浮游植物构成了海洋食物网的基础和初级生产力，它们的"重新洗牌"很可能导致从小鱼小虾到鲨鱼、巨鲸等众多海洋动物都面临冲击。

3. 海平面上升对海洋生物多样性的影响

海平面上升对人类的生存和经济发展是一种缓发性的自然灾害，是累积和渐进的。如果加上许多沿海地区地面沉降的影响，海平面的上升可能会更多。它将使沿海地区灾害性的风暴潮更为频繁，洪涝灾害加剧，沿海低地和海岸受到侵蚀，海岸后退，滨海地区用水受到污染，农田盐碱化，潮差加大，波浪作用加强，减弱了沿岸防护堤坝的能力，迫使设计者提高工程设计标准，增加工程项目经费投入，还将加剧河口的海水入侵，增加排污难度，破坏生态平衡。

4. 极端天气事件对海洋生物多样性的影响

从气象学原理上来说，全球变暖使得地表气温升高，较高的温度引起水面蒸发加大、水循环速率加快，这将使风暴的能量更强，更多降水将在更短时间内完成，这可能增加大暴雨和极端降水事件以及局部洪涝出现的频率；个别地区龙卷风、强雷暴以及狂风和冰雹等强对流天气也会增多；另外，由于从植物、土壤、湖泊和水库的蒸发加快，水分耗损增加，再加上气温升高，一些地区将遭受更频繁、更持久或更严重的干旱；大气水分的增多，也可能使一些较寒冷地区暴风雪的强度和频率增加。如果这种极端的天气事件持续发生并且愈演愈烈，对全球绝大部分海域的海洋生物的栖息地的破坏将是毁灭性的，随着栖息地的破坏，海洋生物也只能逐渐灭绝。

二、海洋生物多样性保护的全球框架

建立保护区可以保护生态系统的结构、功能的完整性，可以促进渔业生产，增加人们对海洋系统的了解以及提高海洋资源的非消耗性功能。[6] 保护海洋生物多样性政策的主要选择就是可持续发展，把气候变化和人为因素对生物多样性的影响降到最低，使得海洋生物资源按照自然的规律持续健康发展。这就要求政策必须要管理和制约人类活动，减少人为因素对生态系统的不利影响，用现今一个术语来说叫做"基于生态系统的管理"，联合国环境规划署（UNEP）如是描述：

基于生态系统的管理最重要的创新就是将人类本身也视为生态系统中的一员，强调公众参与的重要性，特别是将传统的自然资源利用方式，如狩猎、捕鱼等也视为保护管理的对象，统一实行符合生态学理论的管理。[7] 这个制度的核心在于以制度性安排协调部门管理，建立生态、社会、经济等各方面的可持续发展。

在气候变化背景下，保护海洋生物多样性的全球框架正在逐步形成。世界自然保护联盟（IUCN）1975 在东京召开的会议上第一次系统地阐述了建立海洋环境保护区的必要性。1982 年《联合国海洋法公约》（LOSC）的签订表明了越来越多保护海洋环境的整体方案的开始。1992 年的《生物多样性公约》（CBD）被认为是协助各国阻止物种快速灭绝以及栖息地的急速消失的常规法律框架。

气候变化是一个全球问题，它对海洋生物多样性的影响也是一个全球问题，所以要应对这一问题，就需要全球框架来提供指导。但由于地域、环境、各国国情的差异，并且在气候变化的背景下对海洋生物多样性的保护只是散见于各大全球框架中，难以形成完整体系，因此大多数全球框架注定只能是笼统地提供指导。辩证法的方法论告诉我们，具体问题要具体分析，所以，法律与政策的框架若要更细致具体地保护海洋生物的多样性，还需要建立相应的区域框架和各国的国内法与政策框架。

三、亚太地区海洋生物多样性保护的法律与政策框架

在亚太地区，减轻和适应气候变化对沿海和海洋生物多样性不利影响的努力在不以条约为基础的区域环境保护框架下已经逐渐开展。两项区域性举措已经在东亚和亚太地区付诸实施，来保护海洋环境以应对气候变化的挑战。东亚海环境管理伙伴关系计划（PEMSEA）和珊瑚三角区倡议（CTI）的出现表明，东亚与环太平洋国家已经普遍开始关注气候变化问题。东亚海环境管理伙伴关系计划是 1994 年由全球环境基金（GEF）建立的区域项目，由 12 个国家与 15 个非国家地区组成，其最初的目的是预防东亚海域的海洋污染。东亚海环境管理伙伴关系计划的主要目标是建立国际间跨部门的合作以取

---

〔6〕　Jack Sobel，Craig Dahlgren：《海洋自然保护区》，海洋出版社 2008 年版，第 77—78 页。

〔7〕　王斌：《中国海洋生物多样性的保护和管理对策》，《生物多样性》1999 年第 4 期。

得东亚海域的可持续发展。

2009 年 11 月，东亚海环境管理伙伴关系计划与世界银行签署了一份合约，内容为：应对人口急剧增加和持续的农村人口往沿海城市迁移给当地沿海生活的质量和可持续发展带来的威胁。东亚沿海各国、联合国、全球环境基金，将为保护沿海红树林、珊瑚礁，预防过度捕捞，提升海水质量，做好应对气候变化和自然灾害带来的不利影响的最好准备做出努力。珊瑚三角区倡议是另一个非基于条约建立的亚太地区海事合作框架，其主要聚焦于如何应对气候变化。珊瑚三角区位于西太平洋和印度洋交界沿赤道区域，这一区域被科学家视为地球上海洋生物多样性的宝库之一。它包括了 76% 的已知珊瑚物种、37% 的珊瑚鱼、33% 的珊瑚礁，还有沿海红树林资源和宝贵的金枪鱼渔业资源。CTI 区域面临的威胁主要包括过度捕捞、破坏性捕捞、陆源海洋污染还有气候变化的蹂躏。CTI 成员国承诺它们的主导原则包括对跨界性质的重要海洋资源的承认，并且保证他们的行为向现有的国际法律框架看齐。CTI 的许多国家和地区对沿海和离岸地区应对气候变化做出了直接的贡献。

四、海洋生物多样性保护的国家框架——以澳大利亚为例

澳大利亚独特的地理环境令其成为世界上生物资源最丰富的国家之一，其所拥有的物种占世界生物物种总数的 70% 以上 [8]。澳大利亚国内的立法机构在气候变化威胁之下，保护海洋和沿海生物多样性方面的主要立法有 1975 年的《大堡礁海域保护法》和 1999 年的《环境保护与生物多样性保护法》（EPBC）。这些法案对人类活动对海洋生物多样性的影响和对气候变化的影响的界定，为后世提供了一个法律权威。

随着气候变化对海洋和海洋生物多样性威胁的加剧，更多具体的政策随之产生，"保护澳大利亚生物多样性国家战略"（NSCABD）就是其中的优秀成果之一，因为它为保护澳大利亚的生物多样性设置了广泛的参数。NSCABD 的一些原则特别涉及了如何在气候变化的不利影响下保护海洋和海洋生物多样性以及如何进行下一步计划。NSCABD 经过对 2010—2020 年澳大利亚生物多样性保护战略的补充，已经明确了保护生物多样性与气候变化之间的联系。

在澳大利亚生物多样性保护目标的总体政策声明中，寻找对抗海洋生物多样性衰减的国家措施已经由国家资源管理部长级理事会海洋海岸委员会召集的一个工作组拟定。工作组认定海洋生物多样性的真正威胁来自于气候变化并建议联邦和州政府采取措施优先应对这个威胁。在面对气候变化对生物多样性的影响时，工作组推荐了两大政策措施，并且建议联邦和州政府改变原有的观念，认识到在气候变化背景下海洋生物多样的易损性和生态系统与物种所面临的特别风险。再进一步，工作组建议各地区在保护海洋

---

〔8〕　王菊英、韩庚辰、张志峰：《国际海洋环境监测与评价最新进展》，海洋出版社 2010 年版，第 59 页。

生物多样性时要顺应整体政策和计划的要求，最终构成一个保护海洋生物多样性的整体框架。

澳大利亚联邦所开展的海洋保护区计划的关键目标是提高澳大利亚海域生态系统的恢复力以适应气候变化所带来的影响。[9] 在海洋产业方面，越来越多的特殊措施被实施。在国家气候变化适应框架之下，澳大利亚政府委员会（COAG）实施了一项为期五年的气候变化行动计划，通过提高大堡礁海域海洋生态系统的恢复力将气候变化对该海域海洋生物多样性的影响降到最小。此外，国家渔业和气候变化行动计划在澳大利亚政府委员会的支持下也开始实施。虽然澳大利亚所进行的一系列保护海洋生物多样性措施已经取得了一定的成效，但是仍处于实施的初级阶段，关于这些措施是否对澳大利亚应对气候变化对海洋生物多样性的影响有重大贡献还需要进一步观察。

五、结语

伴随着气候变化，海洋生物的多样性正面临着巨大的挑战，如果情况继续恶化下去，最终将会危及人类社会。气候变化对生物多样性的挑战并不是一个新问题，但是传统的框架难以解决这个问题。国家、区域间协调管辖的法律与政策框架对寻找应对气候变化对海洋生物多样性的影响的对策贡献良多，当前国际社会和联合国普遍都认同了这一途径。协调管辖的重要性已经不言而喻，但是，最难处理的问题也在于此，气候变化对于生物多样性的影响是一个复杂问题，仅凭一国或几国之力是难以解决的，如何协调各国之间繁杂的恩怨纠葛、利益冲突，让各国携起手来解决这个人类共同的难题还需要国际社会的共同努力。

跨越国家地区整合建立的法律与政策框架将会使在气候变化背景下保护海洋生物多样性的努力受益匪浅，环太平洋地区的成效也从科学上和技术上表明了区域协作对于应对气候变化以保护生物多样性的可行性，相信随着科技的发展和全球化的进一步深入，其他地区也能通过区域协作或者其他有效的方法来应对气候变化对生物多样性影响的问题。

---

〔9〕 刘少宁：《澳大利亚与新西兰应对气候变化的新动向》，《中国环境管理干部学院学报》2007 年第 4 期。

辑二

海上丝绸之路与海洋权益问题

"一带"为实，"一路"为虚

——"一带一路"的政治地理学分析

■ 何 力*

【内容摘要】"一带一路"战略有陆上和海上两条路线，即陆上丝绸之路的"一带"和海上丝绸之路的"一路"。其战略方向性有必要进行政治地理学分析。政治地理学有大陆和英美两大流派，大陆学派导致法西斯侵略战争而被遗弃，而英美学派的海权论、陆权论以及边缘地带论对战后国际政治格局产生了很大的影响。"一带一路"战略体现了中国改革开放以来的东向朝着西向的战略转折。从政治地理学的原理分析，美国并不谋求欧亚大陆腹地霸权，"一带"为实，"一路"为虚能够避免与美国发生直接冲突，从而成功的可能性加大。结论是海上丝绸之路可以有所作为，但不能无限拔高，淡化陆上丝绸之路的重要性。

【关键词】"一带一路" 政治地理学 海权 海上丝绸之路

一、"一带一路"战略中的"一带"和"一路"

"一带一路"，即"丝绸之路经济带"与"21世纪海上丝绸之路"，是中国首倡和推动的中长期国家战略。它对于中国发挥新兴的发展中大国的作用，在新的国际经济法律规则创制中发出自己的声音，提高自己的话语权，具有重大的意义。"一带一路"中的"一带"，即丝绸之路经济带，是从中国向西向北的陆上丝绸之路。"一带一路"中的"一路"，即从中国向南的21世纪海上丝绸之路。陆上丝绸之路和海上丝绸之路是"一带一路"战略的两个方面，是相辅相成、不可分割的有机整体。但是，二者是否等量齐观、齐头并进，则是另外一个问题了。这是因为"一带一路"作为国家战略与国际和合作倡议，本身具有明显的地缘性，必然受到地理因素的直接或间接影响。因此，有必要从地缘政治学的角度进行分析，从而更为确切地把握陆上丝绸之路和海上丝绸之路的作用和发展前景，有利于我们更加有力地推进"一带一路"战略。

2015年3月28日，中国国务院授权国家发改委、外交部、商务部联合发布了《推动共建丝绸之路经济带和21世纪海上丝绸之路的愿景与行动》。它成为中国实施"一带一路"国家战略的纲领性文件，也是中国向"一带一路"沿线国家发出的"一带一路"国际合作的基础性倡议[1] 该《愿景与行动》第三部分"框架思路"提到："一带一路"贯穿亚欧非大陆，一头是活跃的东亚经济圈，一头是发达的欧洲经济圈，中间广大腹地国家经济发展潜力巨大。丝绸之路经济带重点畅通中国经中亚、俄罗斯至欧洲（波罗的海）；中国经中亚、西亚至波斯湾、地中海；中国至东南亚、南亚、印度洋。21世

---

* 复旦大学法学院教授，博士生导师。主要研究方向域为国际经济法、国际公法。

〔1〕 国家发改委：《推进"一带一路"建设工作领导小组办公室负责人就"一带一路"建设有关问题答记者问》，http：//xbkfs. ndrc. gov. cn/gzdt/201503/t20150330_ 669116. html，访问日期：2015年7月30日。

纪海上丝绸之路重点方向是从中国沿海港口穿过南海到印度洋，延伸至欧洲；从中国沿海港口经过南海到南太平洋。这实际上为"一带一路"的"一带"和"一路"画好了路线图，即"一带"有三条线路，"一路"有两条线路。"一带"的主线是中国经中亚、俄罗斯到欧洲；两条支线：一条是经过中亚及巴基斯坦通道分路到西亚地中海，并连接北非，另一条是经过缅甸通道连接孟加拉国和印度，并和海上丝绸之路对接。"一路"的主线是经过南海到印度洋连接欧洲，支线是经南海折向东南澳大利亚和新西兰。从方向性和空间位置及位移等地缘性特征上看，"一带"和"一路"大方向都是向西，但具体走向反面，"一带"的主线和支线都是指向西方，而"一路"的主线和支线都要过南海，却是向南。过了马六甲海峡后，主线一路向西但支线偏向东南。这样的走向及其地缘性对"一带"和"一路"都必将产生若干影响。如果是单纯的地缘性，那只是要给地理学概念，只要能够克服地理障碍，并且从经济学成本效益考量，就可以对于"一带"和"一路"的发展作出恰当的评估。但"一带一路"战略的推行也是一个政治问题、国际关系问题。国际关系与地缘性因素的相互作用和影响，就产生了从地缘政治学角度分析探讨"一带一路"战略的必要性，从而我们可以分别对于"一带"和"一路"进行地缘政治学分析。

二、政治地理学的陆权论与海权论

政治地理学（political geography）也称"地缘政治学"（Geopolitics），是从宏观的角度研究地理环境对于国家以及国际关系产生政治、军事以及经济上的影响的学科。[2]它属于政治和国际关系学与地理学交叉的学科，在英国、德国以及美国，政治地理学作为为国家战略提供科学性和正当性的学术论证而得到相当的重视。事实上，每一个国家在确定本国的发展方针大计的时候，都必须要认真考虑和分析自己国家所处的地理位置以及地缘特征，根据这样的地缘特征确立自己的国家战略。这是事关国家生死存亡的大事，往往决定了一个国家的未来走向和命运。历史上多有成功和失败的例子，从中可以看出在政治地理学分析的基础上正确确定国家战略对一个国家的前途是多么重要。第一次世界大战的德国和奥匈帝国，第二次世界大战的德国和日本，都是在不正确的地缘政治学的指引下把国家带进了死胡同。而美国和英国则是正确运用政治地理学，获得并维持世界霸权的成功例子。

把地理因素视为影响甚至决定国家对外政治决策的一个基本因素，并依据这些地理因素和政治格局的地域形成，分析预测世界或者地区范围内的战略形势以及有关国家的政治行为的地缘政治学历史并不久远。以第二次世界大战为界限，它可以分为古典政治地理学和现代政治地理学。古典政治地理学则分为大陆政治地理学和英美政治地理学两

---

〔2〕 王恩涌等编著：《政治地理学》，高等教育出版社 1998 年版，第 1 页。

大流派。

　　大陆政治地理学更多叫作"地缘政治学"，主要是在德国发展演化而成，最早可以追溯到康德关于政治和地理关系的论述，后来由德国历史学家、反犹主义者海因里奇·特雷茨克（Heinrich von Treitschke，1834—1896）以及地理学家亚历山大·洪堡（Alexander von Humboldt，1769—1859）和卡尔·利特（Carl Ritter，1779—1859）加以发展，被德国地理学家弗里德里希·拉采尔（Friedrich Ratzel，1844—1904）集成为学说体系。1897 年，拉采尔出版了《政治地理学》一书，系统论述了包括政治和国际关系在内的人类社会与地理的关系，成为地缘政治学的鼻祖。大陆地缘政治学此后从一般的学术研究走向了现实的政治舞台，到了第一次世界大战后成为影响德国国家战略的指导性学说，其关键人物就是卡尔·豪斯霍弗（Karl Ernst Haushofer，1869—1946）。

　　豪斯霍弗原在德国陆军大学执教，第一次世界大战中在德国西线任陆军少将，战后任慕尼黑大学教授。1919 年他接受了纳粹分子鲁道夫·赫斯（Rudolf Heβ，1894—1987，后为纳粹德国副元首）为弟子。1921 年，受赫斯介绍，与希特勒相识。1923 年啤酒馆暴动后希特勒入狱，对于豪斯霍弗地缘政治学中的国家生存圈理论入迷，在豪斯霍弗的指导下，将其"被剥夺生存圈的德国人为了生存下去，必须要实行军事扩张政策"的观点和理论写进《我的奋斗》一书中，并纳入纳粹党党纲。随着纳粹获得德国政权，豪斯霍弗地缘政治学中的国家生存圈理论付诸实践[3]。豪斯霍弗认为希特勒并没有真正理解生存圈理论，要给希特勒系统讲授拉采尔的理论，但被希特勒拒绝。希特勒只吸收了豪斯霍弗理论中可为纳粹党所用的部分，但也足以导致第二次世界大战的惨祸。豪斯霍弗德国的地缘政治学理论在日本得到共鸣，小牧实系 1940 年发表《日本地政学宣言》，提出了大东亚共荣圈理论，为日本侵略中国及亚洲其他国家提供了理论根据。

　　以上这些表明，大陆政治地理学虽然对于地缘要素和国家及国际关系的关系进行了系统的研究和解释，但作为一个历史上战争频繁发生的国家，德国与其周围国家基本上处于陆地相连接，国家安全性一直作为至上的命题，因而不可避免带有军国主义和扩张侵略的特征。鉴于两次世界大战策源于德国，并且与大陆地缘政治学直接相关，因而这一流派在战后声名狼藉，销声匿迹。这也导致地缘政治学一词由于其负面印象而被弃之不用[4]。

　　英美政治地理学是从 19 世纪末于英国和美国发展起来的政治地理学理论，也称为"海洋政治地理学"。这一学派主要是从海洋和陆地分布及其对国家及国际关系的影响的角度进行分析，其中最具代表性的是美国马汉的海权论与英国麦金德的心脏地带论（陆权论）。阿尔弗雷德·赛耶·马汉（Alfred Thayer Mahan，1840—1914）担任海军军官至上校后成为美国海军学院教官，1890 年发表名著《海权论》（See Power History，1660—

〔3〕　王恩涌等编著：《政治地理学》，高等教育出版社 1998 年版，第 12—13 页。
〔4〕　［美］普雷斯顿·詹姆斯：《地理学思想史》，商务印书馆 1982 年版，第 225 页。

1783）后胜任海军学院第二任校长。他在研究了罗马布匿战争、拿破仑战争以及荷兰、西班牙、英国建立世界海上霸权的兴衰史的基础上，提出了海权论主要观点：第一，成为世界大国的绝对前提是控制海洋。第二，避免同时成为陆上霸权国家和海上霸权国家。第三，获得制海权的条件有国家的地理位置、国土面积、人口、国民素质和统治机制的性质。他认为，美国具备海上霸权国家的所有条件，应该以此为目标，积极在海外的海上要道获得殖民地，保护美国海外贸易，建立海军基地以对外国施加压力。这个战略已经成为美国 20 世纪乃至当今不变的国策。[5]

英国地理学家哈尔福德·麦金德爵士（Sir Halford John Mackinder, 1861—1947）在对欧亚大陆国际关系进行研究的基础上提出了陆权论（land power），也称"心脏地带论"（hard land）。根据该学说，麦金德主张，第一，世界是一个封闭的空间。第二，人类的历史就是陆权与海权斗争的历史。第三，今后将进入陆权时代。第四，控制东欧就能称霸世界。所谓心脏地带就是指欧亚大陆的中央腹地，它的东南西各个方向分别是东亚、南亚、中东和欧洲几大文明地带为内新月地带，构成陆权的中心"世界岛"。而"世界岛"以外的美洲、大洋洲、非洲等构成外新月地带。他警示了陆权大国称霸世界的野心，即他的著名格言："谁统治东欧，谁就控制了心脏地带；谁统治心脏地带，谁就控制了世界岛；谁统治世界岛，谁就控制了全世界。"[6] 他提出：英国等海权国家没有陆权国家那样富有攻击性，但不喜欢邻国势力过于强大，必须防止大陆国家向海洋扩张，因此，陆权国家与海权国家的冲突不可避免。他的观点实际上反映了第一次世界大战前陆权国家德国在向东欧扩张试图控制心脏地带乃至世界岛的同时，也企图突破英国和美国等海权国家的制海权，从而称霸世界的现实。后来的第一次世界大战及其进程也正好印证了他的预警。

两次世界大战之间的时代，美国耶鲁大学教授尼可拉斯·斯皮克曼（Nicholas J. Spykman, 1893—1943）结合了马汉的海权论与麦金德的陆权论，提出了边缘地带论（rimland）。这里的边缘地带正是指麦金德所说的内新月地带，为陆权与海权争夺地带。美国作为海权国家必须放弃孤立主义（即门罗主义），积极介入边缘地带，防止当时的德国以及将来的苏联获得边缘地带而谋求世界霸权。这实际上为第二次世界大战后的"冷战"格局提供了美国国家战略的政治地理学根据。[7]

三、中国的崛起及"一带一路"战略的方向性考虑与"修昔底德陷阱"

进入 21 世纪以来，新兴经济体的崛起，金砖国家等发展中大国参与国际政治角逐与国际经济法律规则的制定，国际政治、经济关系发生了重大变化，金砖国家对西方七

---

〔5〕 王恩涌等编著：《政治地理学》，高等教育出版社 1998 年版，第 10 页。

〔6〕 ［英］麦金德：《历史的地理枢纽》，商务印书馆 1985 年版，第 54—55 页。

〔7〕 王恩涌等编著：《政治地理学》，高等教育出版社 1998 年版，第 14—15 页。

国的格局开始形成。除了西方七国在美国主导之下这一点已经 70 年不变外，我们还可以看到新兴经济体及金砖国家一方这些年有了一个领头者——中国。中国自 2010 年 GDP 超过日本成为世界第二之后，制造业及实体经济总量、外汇储备、对外贸易总量、按照物价购买力计算的经济总量相继超过美国成为世界第一。美国除了继续在名义 GDP、军事预算、科技、金融货币等方面称霸世界之外，中国和美国在很多方面不分伯仲了。特别是中国适时提出了"一带一路"战略，引起了沿线各国积极响应，也对美国的世界霸权带来了冲击。也就是说，美国作为一个已经称霸世界 70 余年的全球霸权国家，政治军事和经济上分别成功阻击了苏联、日本对世界霸权的挑战后，再一次面临中国的冲击和挑战。

2001 年，美国芝加哥大学教授米尔斯海默在《大国政治的悲剧》一书中指出，大国追逐权力成为支配性国家，必然产生大国之间的冲突，这是大国政治的悲剧。他认为崛起的中国将是现在的霸权国家美国最大的威胁，为美国战略上遏制中国提供了理论根据。古希腊历史学家修昔底德早在 2500 年前，在总结伯罗奔尼撒战争和雅典与斯巴达争夺希腊世界霸权时提出了所谓的"修昔底德陷阱"，即一个新崛起的大国必然要挑战现存大国，而现存大国也必然要回应这种威胁，因而霸权战争不可避免。历史上很多大国之间的争斗都陷入了"修昔底德陷阱"。

改革开放以来，中国首先在经济上实现崛起，形成挑战美国霸权的态势，接踵而来的将是在政治、军事、文化等方面的影响力不断上升，最后能否全面挑战甚至抑制美国霸权，而美国是否为了维持其霸权而不惜与新的中国发生激烈对抗，已是摆在中国、美国乃至各国面前一个必须要回答的问题。中国的回答是：我们都应该努力避免陷入"修昔底德陷阱"[8]，然而美国方面呢？

诚然，中国推进"一带一路"建设在于互利共赢，建立欧亚大陆各国间共同繁荣的命运共同体。但不可否认，这也是中国大国志向的体现，说明中国从此以后愿意承担大国的国际责任，并作为一个世界性大国，主动向国际社会提供公共产品。这也包括"一带一路"的副产品亚洲基础设施投资银行、金砖国家开发银行、丝绸之路基金等组合拳。

1978 年中国开始的改革开放是有战略方向性的。为了从计划经济向市场经济过渡，需要吸收西方国家的先进经验、技术和资本，而"冷战"时期西方国家，特别是美国日本等和中国之间有着战略性合作关系，因此至今为止的中国改革开放，除了往南方对港澳台及东南亚的华人华侨开放外，在外交上、经济上则是以美国和日本为中心的，即具有明显的东向性。这给我国改革开放带来了巨大的红利，特别是以 2001 年加入 WTO 为标志，中国进入了驶向世界经济大国的快车道。但随着中国崛起速度明显加快，俄罗斯

〔8〕《习近平：中国崛起应避免陷"修昔底德陷阱"》，http://news.ifeng.com/mainland/detail_2014_01/24/33325262_0.shtml，访问日期：2014 年 1 月 24 日。

的弱体化及向西方阵营靠近，中国威胁论在美日甚嚣尘上，排除中国参与以 TPP 为代表的贸易投资规则圈子，东海南海领土争端日益升级，美国重返亚洲战略实施，日本历史问题与修宪问题更加突出。所有这些表明，中国没有新的战略突破，是会逐渐陷入发展和开放困境的。

"一带一路"战略的提出，正是解决这样一个困局的大方略。它不但可以搞活我国中西部经济，为我国过剩产业和投资寻求出路，并可以带动"一带一路"沿线国家基础设施建设，促进经济贸易发展。"一带一路"虽有"丝绸之路经济带"和"21 世纪海上丝绸之路"，分别为陆路和海路两条基本线路，但海上丝绸之路除了进一步加强与沿线国家的经济联系而有所作为外，要作重大突破必然会和美国重返亚洲的战略发生直接冲突，受到美国及其盟国的强硬阻击。而且海上航行自由过去、现在和将来都没有受到任何现实的威胁，可以预期能够维持现状。而陆上丝绸之路方面则是大有作为，可以大胆突破、各方受益、无障无碍、做大做强。这让新疆成为中国开放的最前线，成为中国的中亚、南亚、中近东、东欧战略新的支点，并有助于"东突"等问题的彻底解决。因此，"一带一路"战略并非海陆齐头并进，也应该是有所侧重。"一路"为虚，"一带"为实，实质是我国对外开放战略从东向转为西向的重大转折。

四、美国并不谋求欧亚大陆腹地霸权

因此，从国际政治和国际关系看，"一带一路"战略的提出的确会打破现有国际关系格局，新旧势力交替的确有陷入"修昔底德陷阱"的风险。这是否会引起美国为首的西方阵营的强烈反弹，导致它们全面阻击"一带一路"战略的实施呢？如果我们从政治地理学角度进行分析可以知道：中国通过"一带一路"战略的展开实现国家目标并不对美国的地位构成直接的冲突和威胁，可以与美国在不影响其霸权的情况下实现长时期共存。

前述政治地理学各流派本身也具有浓厚的地缘特征。大陆国家德国由于地理位置和环境的影响，所发展起来的政治地理学流派体现出焦灼的生存危机意识。其所分析描绘出来的国际关系是一个你死我活的零和游戏，一旦对国家战略产生重大影响，成为国家基本国策，就容易导致军国主义倾向和赌徒心理，铤而走险，引发战争，困兽犹斗，两败俱伤。因此，大陆国家通过战争手段寻求世界或区域霸权，总是进展迅速，但来得容易，去得也快，败得彻底，昙花一现。从拿破仑开始，到威廉二世和希特勒，无不如此。

而英美政治地理学流派则形成于海洋国家环境，体现了海洋民族的国民性，一方面坚决维护自己国家利益，另一方面则进取有分寸，后退有余地。马汉的"不应同时谋求海权和陆权"的理论，麦金德站在英美海权国家立场上对陆权国家扩张的防范意识，斯皮克曼关于美国应在内新月地带积极介入的观点，都说明英美政治地理学虽然本质上具有帝国主义扩张侵略的要素，但其扩张侵略是有限度的，就像海洋是开放的和无边界一

样，始终为竞争对手留有余地，并不追求彻底消灭竞争对手，赢者通吃。无论是霸权时代的英国还是当今的霸权国家美国，虽然从未放弃国疆势力范围扩张到欧亚大陆腹地的野心，但在具体实行中必然会因大陆腹地的天然地理屏障而受阻，并在受阻后适可而止，颇有分寸，进退自如。19世纪后半期和20世纪前半期英国对波斯、阿富汗、中亚以及我国西藏的扩张及侵略行为，美国"9·11"事件后在阿富汗和中亚的举动等，都是这样。英美等新旧霸权国家在追求世界霸权的时候，始终贯彻了海权国家原则，以建立和维持制海权为根本，通过强大的海军控制海路，特别是控制若干个海角、海峡、岛屿等海上战略据点，通过海路将其连接起来，形成遍布全球的"珍珠链"。但是，它们从不刻意谋求大陆，特别是欧亚大陆腹地的霸权。其势力的扩张也都是触角式的试探。如果顺利则得寸进尺，如果不顺利便适时退缩。正是由于英美这样对海权的长期坚持和理性有节制，才使其霸权可以长期持续，并在英国国力衰退之际，由另一个海权国家美国接替其世界霸权，维持盎格鲁-撒克逊对世界的长达两个世纪之久的霸权。因此，正确的政治地理学对国家战略具有的积极作用，是英美国家成功的要素之一。

与此相对就是德国、日本和俄罗斯（苏联）的失败例。从政治地理学分析，德国和俄罗斯都是典型的大陆国家。大陆国家追求陆权，并且相互竞争，是非常自然的。但德国在第一次世界大战前后向海洋和海外扩张，并挑战英国的海上霸权。这样同时寻求海权和陆权遭到海权国家的狙击围剿，最后失败。第二次世界大战虽然没有追求海上霸权，但与英国交战和无限制潜艇战也遭到海权国家以及陆权国家苏联的联合打击，带来灭顶之灾。日本本是海洋国家，在适度范围内追求海权则比较理性。但日本向中国大陆进行扩张侵略，追求与其国家本质不相符的国家战略，陷入中国抗日战争不能脱身。太平洋战争是由日本向美英海权发起的挑战，但日本严重受德国地缘政治学影响，鼓动军国主义和赌徒游戏，无视国家地缘性质和国力的限度，最后彻底失败。陆权国家俄罗斯从帝俄时代到苏联时代都控制了欧亚大陆腹地，但在苏联时代后期同样开始追求海权，企图以阿富汗为突破口进出印度洋，与美国争夺海上霸权，最后陷入阿富汗战争的泥潭，导致到苏联的解体。

在美苏"冷战"时期，美国和苏联作为海权和陆权的霸权国家分别将这两个理论加以实践。但在苏联退出历史舞台后，美国虽然成为唯一的超级大国，却仍然是以海权为其基本战略，并没有深入推进陆权，向欧亚大陆深处发展。介入阿富汗以及随后试图在乌兹别克斯坦和吉尔吉斯斯坦建立军事基地属于美国的一个试探，但最后美国还能够理性撤退。从战后美国成为最强大的霸权国家以及后来的发展轨迹看，美国的确是严守马汉的海权战略，除了阿富汗为唯一失败例之外，未曾介入过离海岸线数百英里的内陆事务。马汉的海权论体现了英美的海上霸权的基本思维，那就是只控制海上交通线，维持制海权，维护国家最大利益，并不追求全面的世界霸权。这样既可避免把国力全面消耗在全球彻底称霸这一不可能实现的目标上，也可以留下大陆腹地为其他国家发展的空间，避免矛盾激化演化为对决式的世界大战。美国的这个战略至今也没有发现任何变更的迹象。因此，美国虽然标榜民主和普世价值，喜欢对全世界的事情指手画脚、横加干涉，但却不会对大陆腹地事务采取实质性的行动，因而也不会从军事等方面深入介入"一带一路"的陆路。

五、结论：中国如何开展 21 世纪海上丝绸之路

综上所述我们可以得出结论：我国的"一带一路"战略中海路为虚，陆路为实，西向战略将会大有作为，并且不会和美国的世界霸权发生冲突，"修昔底德陷阱"可以避免。得到俄罗斯的理解和配合，才是"一带一路"战略成功的关键。因此，海上丝绸之路我们可以有所作为，但不能将其无限度拔高，在中国目前国力范围之内做力所能及的一切。

第一，要处理好南海周边国际关系，维持南海稳定。海上丝绸之路的两条路线都必须要经过南海，因此南海的稳定是保证海上丝绸之路安全的关键。中国在南海南沙群岛的造岛非常有必要，但应该控制规模和速度，避免和美国产生新的摩擦和军事冲突。

第二，寻求马六甲海峡的替代通道。建造克拉运河可以起到宣传作用，虚晃一枪，维持与印度尼西亚的关系才是重要的。马六甲海峡通道如果受到威胁，海上丝绸之路还可以借助其他海峡和龙目海峡通道。而且印度尼西亚并非美国的同盟国。

第三，发挥中国基建和海外工程承包力量的优势，积极与海上丝绸之路关键节点港口合作，成为海上丝绸之路的重要基地。斯里兰卡科伦坡港、巴基斯坦瓜达尔港、埃及苏伊士港都属于海上丝绸之路的关键节点港口。另外一个重要的关键节点——亚丁港由于受到也门内乱的影响其作用大打折扣，但是可以通过加强吉布提港的合作加以弥补。吉布提到埃塞俄比亚铁路由中国援建已经接近尾声。[9]

第四，配合陆上丝绸之路的推进，重点建设陆上丝绸之路与海上丝绸之路的结合点港口。有效利用巴基斯坦瓜达尔港的战略价值，在缅甸物色一个适合的地点援建港口，专门用于转运到中国的货物，增建中缅油气管道。

---

〔9〕　参见 http：//news. takungpao. com/world/exclusive/2015-06/3024493. html，访问日期：2015 年 9 月 18 日。

"一带一路"战略背景下南中国海环境保护合作新视野

——以特别敏感海域制度为视角

■ 白佳玉[*]　　李玲玉[**]

【内容摘要】随着经济全球化和工业现代化的不断推进，海洋环境污染日益严重，已经成为全球性的重要问题。为保护海洋环境，各国纷纷制定国内法，并积极开展与他国的环境保护合作。南中国海是太平洋和印度洋之间的重要通道，其生态环境具有依赖性、多样性、脆弱性、自净能力差等特点。近年来，南中国海周边国家的环境保护滞后于经济发展，环境污染严重。在"一带一路"战略的指导下，可通过特别敏感海域制度的适用，探索南中国海周边国家环境保护合作的新出路。

【关键词】南中国海　"一带一路"　环境保护合作　特别敏感海域

"一带一路"战略是我国在 2013 年提出的综合性战略，它符合和平与发展的时代主题，是海洋强国战略的重要保护措施，对海洋经济的发展、资源的开发、环境的保护和保全等具有重大意义。

一、"一带一路"的战略定位与环保内涵

"一带一路"是"丝绸之路经济带"和"21 世纪海上丝绸之路"的简称。它将充分依靠中国与有关国家既有的双多边机制，借助既有的、行之有效的区域合作平台，带动中国及沿线国家的经济共同发展，符合各国的利益。

2013 年 9 月 7 日，习近平主席在哈萨克斯坦发表的重要演讲中提及"丝绸之路经济带"。2013 年 10 月，习近平总书记出访东盟国家时倡议建设"21 世纪海上丝绸之路"，并上升为国家战略。[1] 2015 年第十二届全国人大第三次会议李克强总理提出，将"一带一路"建设与区域开发开放相结合。[2]

（一）与海洋强国战略的关系

2012 年 11 月 8 日，党的十八大报告（全称《坚定不移沿着中国特色社会主义道路前进　为全面建成小康社会而奋斗》）明确了建设海洋强国的国家战略。[3] 2013 年 7 月

---

* 法学博士，中国海洋大学法政学院副教授。

** 中国海洋大学法政学院国际法学硕士研究生。

本文为 2012 年度教育部人文社会科学研究基金项目"我国防治海洋外来物种入侵的法律问题研究"（12YJC820001）成果之一。

〔1〕《21 世纪海上丝绸之路：实现中国梦的海上大通道》，http：//news. gmw. cn/2014-06/16/content_11617321. htm，访问日期：2015 年 7 月 5 日。

〔2〕《2015 年全国两会特别报道》，http：//news. sina. com. cn/c/z/2015qglh/report. html # tab4，访问日期：2015 年 3 月 25 日。

〔3〕http：//news. china. com. cn/politics/2012-11/20/content_ 27165856. htm，访问日期：2015 年 3 月 25 日。

30 日，习近平总书记在主持中共中央政治局就建设海洋强国研究进行第八次集体学习时，明确了建设海洋强国在经济和国家安全方面的重大意义，将海洋环境保护作为海洋强国建设的基本内涵之一。[4]

"一带一路"战略具有综合性，且 21 世纪海上丝绸之路是"一带一路"战略中的重要部分，故"一带一路"战略对海洋经济和海洋环境等海洋发展事务具有重要的指导作用。积极贯彻"一带一路"战略，是海洋强国战略的重要保证措施，符合海洋强国战略中的"四个转变"。第一，提高海洋资源的开发能力的过程是贯彻海洋强国战略的过程。"一带一路"战略中，以经济贸易手段发展海洋经济，与区域经济相结合，重视海洋勘探开发技术，能够提高海洋资源的开发能力。按照"搁置争议、共同开发"的理念，提高资源开发能力，各国可支配的海洋资源增多，经济收入增加，符合各国的利益。第二，"一带一路"战略是综合性的，不仅包括经济、政治、文化的交流，也重视环境的合作。海洋生态系统不受国家划界的限制，这要求周边国家积极开展环境保护合作，既是"一带一路"战略的体现，也符合海洋强国战略的基本内涵。第三，贯彻"一带一路"战略，不仅能带动周边国家经济大发展，而且能通过国家间的技术交流与合作，加强海洋资源开发技术的创新能力，是海洋强国的实现手段。第四，"一带一路"战略不仅符合我国利益，而且统筹兼顾他国利益，符合我海洋强国战略中强而不霸的主旨。

（二）"一带一路"的环境保护合作内涵

为推动"一带一路"建设，中国提出加强政策沟通、道路联通、贸易畅通、货币流通和民心相通，与沿线国家积极寻求共识。[5]"一带一路"战略的贯彻实施，要求我国与他国在政治、经济、文化、环境等各方面开展合作。具体到环境保护合作方面，"一带一路"战略要求我们注重了解周边国家的环境保护政策，积极开展绿色环境贸易，加强与周边国家的文化交流，达成合作共识。2013 年，李克强总理在第 16 次中国—东盟（"10 + 1"）领导人会议上提出中国与东盟的"2 + 7"合作框架，[6]并提出中国—东盟

---

〔4〕 海洋强国的内涵："要提高资源开发能力，着力推动海洋经济向质量效益型转变；要保护海洋生态环境，着力推动海洋开发方式向循环利用型转变；要发展海洋科学技术，着力推动海洋科技向创新引领型转变；要维护国家海洋权益，着力推动海洋权益向统筹兼顾型转变。"《习近平在中共中央政治局第八次集体学习时强调：进一步关心海洋认识海洋经略海洋　推动海洋强国建设不断取得新成就》，http://www.wxyjs.org.cn/zyldrhd_547/201308/t20130801_142999.htm，访问日期：2015 年 3 月 25 日。

〔5〕 ［美］弗雷德·克虏伯：《新论一带一路传递生态理念》，《人民日报》2015 年 5 月 12 日。

〔6〕 所谓"2"就是凝聚两点政治共识：一是推进合作的根本在深化战略互信，拓展睦邻友好；二是深化合作的关键是聚焦经济发展，扩大互利共赢。所谓"7"就是七个领域合作：一是积极探讨签署中国—东盟国家睦邻友好合作条约；二是启动中国—东盟自贸区升级版进程；三是加快互联互通基础设施建设；四是加强本地区金融合作与风险防范；五是稳步推进海上合作；六是加强安全领域交流与合作；七是密切人文、科技、环保等交流。七个领域涵盖了政治、经济、安全、人文和科技等方面，是两点政治共识的细化，也是全面推进中国—东盟关系的具体体现。《"2 + 7"助推中国　东盟合作向高水平发展》，http://finance.people.com.cn/n/2013/1010/c1004-23146924.html，访问日期：2015 年 6 月 30 日。

环保产业合作倡议，建立中国—东盟环保技术和产业合作交流示范基地。[7]　为加强"一带一路"沿线国家的环境保护合作，国内研究机构首次对"一带一路"沿线 53 国中的 38 个国家的资源环境绩效进行评估，评估结果表明该地区具有经济发展水平不高、发展方式以粗放为主、自然资源集中且消耗量大、人类活动强烈、生态环境脆弱等特点。[8]　有必要通过环境保护合作保障"一带一路"沿线国家经济的可持续发展，适用海洋环境保护的国际法律制度。

　　"一带一路"作为国家战略，对我国的政治、经济、文化、环境等方面事务都具有指导作用。国家战略承载着国家宏观的治理理念，其需要借助微观的法律制度得以有效实践。"一带一路"战略的实现需要沿线各国的配合，要求我国取得沿线国家的信任，具有道德—法律声誉，接受法律的约束。国家获得道德—法律声誉的主要途径便是对相关国际法律制度的遵守和适用。[9]　为了获得他国的信任，并将我国"一带一路"战略的治理理念传播到其他国家，我国需要通过加入一些多边条约且引进国际法律制度的方式提高我国的国家声誉。南中国海的海洋环境急需沿岸国家制定相关的制度予以保护，且目前国际上存在成熟的有关海洋环境保护的国际法律制度，我国可与周边各国商议在南中国海海域适用环境保护相关法律制度，并向主管国际组织提出申请。在南中国海适用相关国际法律制度能有效地保护海洋环境，增强国际社会对我国的信任，有助于我国"一带一路"战略中治理理念的广泛传播，并得到沿线国家的认同与支持。

　　南中国海周边四国均属"一带一路"的沿线国家，均对"一带一路"战略持欢迎和支持的态度。越南、马来西亚、文莱三国积极开展与中国的合作，追求共赢。其中，越南政府通过完善国内投资法的方式，吸引外资，并逐步开始重视外资项目带给环境的压力[10]；马来西亚政府表示将加快推进"两国双园"建设，拓展双方合作[11]；文莱积极寻求与中国加强港口合作。[12]　除此之外，尽管菲律宾政府没有明确对"一带一路"

---

〔7〕　参见 http：//www. hbzhan. com/news/detail/96921. html，访问日期：2015 年 6 月 8 日。

〔8〕　参见 http：//epaper. 21so. com/html/2015-06/01/content_ 128891. htm? div =-1，访问日期：2015 年 6 月 7 日。

〔9〕　参见陈寒溪：《中国如何在国际法律制度中谋求声誉——与王学东商榷》，《当代亚太》2008 年第 4 期。国家声誉分为道德—法律声誉和政治—权力声誉，道德—法律声誉是通过依据国际道德和国际法评价国家。

〔10〕　参见 http：//world. xinhua08. com/a/20150630/1518891. shtml，访问日期：2015 年 7 月 1 日。

〔11〕　"双园"是指中马钦州产业园区与马中关丹产业园区项目，是"两国双园"国际园区合作的新模式，也是中国与东盟各国携手共建"21 世纪海上丝绸之路"的重要产业合作项目。参见梁毅凌：《马来西亚驻华大使："一带一路"带来增长新动力》，http：//www. gx. xinhuanet. com/newscenter/dm/2015-04/14/c_ 1114968311. htm，访问日期：2015 年 6 月 5 日。

〔12〕　参见诸嘉薇：《"一带一路"提升中国—文莱海上互联互通》，http：//pic. people. com. cn/n/2015/0519/ c1016-27022301. html，访问日期：2015 年 6 月 8 日。

战略表态，但菲律宾总统愿与中国改善两国关系。[13]

目前，中国处于产能过剩、资本盈余的状态，要想实现海洋强国的目标，必须贯彻"一带一路"战略，加快改革开放的步伐。与此同时，我国与周边国家海上基础设施的建设，如果对海洋污染治理不及时或者采取的措施不适当，会对海洋环境造成破坏。因此，在贯彻"一带一路"战略时，应以国际环境保护合作的可持续性发展为界定因素，在不损害海洋环境的范围内加强合作。

二、半封闭海环境保护合作的法律基础

海洋环境具有系统性，且受到世界各国的普遍关注，国家间在海洋环境保护方面积极开展合作，使得海洋环境保护合作成为国家间的重要合作领域。本文重点研究南中国海的环境保护，因南中国海属典型的半闭海，故有必要在具体分析南中国海的环境保护合作和国际法律制度适用之前，着重研究半闭海环境保护合作的法律基础。

（一）硬法基础

在国际法层面，硬法相对于软法而言指国际条约和习惯国际法。[14] 国际条约是保护海洋环境的重要法律基础，本文侧重于探讨硬法中的国际条约对促成海洋环境保护合作的积极作用，尤其着重探讨海洋环境保护合作相关的全球性、区域性条约。习惯国际法通过各国国家实践及法律确信得以证明。海洋环境保护方面，"使用自己财产不得损及他人财产"、沿海国对管辖海域内资源和环境的保护等都属于习惯国际法的内容。[15]

1. 全球性条约基础

随着世界经济的一体化发展，海洋环境保护成为全球共同关注的议题，各国在平等自愿的基础上制定并签订了一系列全球性的环境保护条约，这些全球性的环境保护公约均可适用于半闭海海域。例如，防治海洋污染方面的《防止海洋油污染国际公约》《排除公海油污染事故国际公约》《防止倾倒废物和其他物质污染海洋公约》，有关生物资源保护的《生物多样性公约》，等等。

《联合国海洋法公约》（以下简称《公约》）具有综合性的特点，虽然它不是保护海洋环境的专门性条约，但其签署与生效都对海洋环境保护国际法规则的形成和发展具有深远影响。[16]《公约》对海洋环境的保护既有一般性规定，又有对陆源污染、船舶污染、大气层污染、倾倒污染、海底活动污染、国际海底活动污染防治的特殊规定。《公

---

〔13〕 在 2014 年亚太经济合作组织（APEC）会议期间，菲律宾总统阿基诺表示愿同中方解决有关问题，希望两国关系得到改善和发展。李晓闻：《外媒：菲为挑衅中国付昂贵代价或错失巨额投资》，http://mil. huanqiu. com/observation/ 2014-11/5199265. html，访问日期：2015 年 6 月 22 日。

〔14〕 万霞：《试析软法在国际法中的勃兴》，《外交评论》（外交学院学报）2011 年第 5 期。

〔15〕 李金旺：《论海洋环境国际法之规范与完善》，《福建法学》2013 年第 2 期。

〔16〕 屈广清、曲波：《海洋法》（第 2 版），中国人民大学出版社 2011 年版，第 22 页。

约》赋予沿海国、船旗国、港口国不同条件下的环境管辖权，各国可在其权利范围内防治海洋环境污染。

因半闭海海域的局部污染会对整个海洋生态系统造成不同程度的影响，故防治海洋环境污染应通过国际组织制定相关标准，有计划地预防与治理海洋环境污染。《公约》鼓励闭海或半闭海沿岸国在生物资源的开发与养护、海洋环境的保护和保全、科学研究等三个方面积极开展合作以保护海洋环境。[17]

2. 区域性条约基础

半闭海海域的环境污染情况各不相同，加之各沿海国的经济、政治、科学、技术存在差别，导致全球性条约难以适用于各半闭海海域。因此，沿海国在平衡国家利益的基础上，积极参与区域环境保护合作，制定了一系列的区域性条约或协定。这些条约或协定主要规定海洋环境的保护措施，规定了周边各国的权利、义务及责任，形成了半闭海国家海洋环境保护的不同模式，其中，较为典型的半闭海环境保护合作模式是北海模式、地中海模式和波罗的海模式。

第一，北海模式。北海海洋环境保护合作模式是由一系列的单项协定构成的，各协定互相独立，专门性较强。首次海洋环境保护的区域合作是在北海海域开展的，因1967年"托雷·卡尼翁"号油轮事件，北海沿岸国家签订了《关于处理北海油污事件合作的协定》。[18] 此后，针对北海环境又颁布了《防止船舶和航空器倾倒废弃物造成海洋污染的公约》。

第二，波罗的海模式。为保护波罗的海海域的生态环境，其周边国家在避免政治利益分歧的基础上，选择了区域合作的环境保护方式。1974年赫尔辛基大会中，波罗的海周边国家共同探讨波罗的海的环境保护问题。加入欧盟以后，波罗的海周边国家签署了《保护波罗的海区域海洋环境的公约》。[19] 与北海模式相比较，波罗的海模式更具系统性。

第三，地中海模式。与北海模式和波罗的海模式不同，因地中海沿岸各国海洋保护能力的差异，地中海特殊区域采用"公约附加议定书"的形式。换句话说，地中海模式是前两种模式的结合。1976年2月16日，地中海沿岸国缔结了《保护地中海海洋环境的巴塞罗那公约》，公约包含特殊区域的基本保护内容，又存在针对具体海洋保护内容

---

〔17〕《联合国海洋法公约》第123条：闭海或半闭海沿岸国在行使和履行本公约所规定的权利和义务时，应互相合作。为此目的，这些国家应尽力直接或通过适当区域组织：（a）协调海洋生物资源的管理、养护、勘探和开发；（b）协调行使和履行其保护和保全海洋环境方面的权利和义务；（c）协调其科学研究政策，并在适当情形下在该地区进行联合的科学研究方案；（d）在适当情形下，邀请其他有关国家或国际组织与其合作以推行本条的规定.

〔18〕屈广清、曲波：《海洋法》（第2版），中国人民大学出版社2011年版，第232页。

〔19〕屈广清、曲波：《海洋法》（第2版），中国人民大学出版社2011年版，第232页。

的议定书，且允许国家签署议定书与公约的时间可以不同步。[20]

（二）软法基础

国际法中的软法是指在严格意义上不具有法律约束力，但又具有一定法律效果的国际文件，包括国际组织和国际会议的决议、决定、宣言、建议和标准等。[21] 通过软法，国家与非政府组织可影响新的有法律拘束力规范的产生。软法可为将来条约谈判做好准备，或影响国家的立法和政策。此外，如果实践软法的国家能够证明对此存在法律确信，则软法可发展为习惯国际法。[22] 国际环境保护法领域的软法现象较为突出。[23] 各国在借鉴国际软法补充国内法的同时，也在这些软法的基础上与他国实现合作共赢。

半闭海海域内的环境保护合作不仅能以硬法为基础，也可以软法为基础。目前，沿海国为两国或多国的半封闭海域也存在一些软法形式的文件，以控制相对权利的软法形式，来保护该海域的海洋环境。例如，为保护泰国与马来西亚之间的泰国湾，两国于1979 年签署《泰马谅解备忘录》，决定共同开发此海域的海底非生物资源。1994 年，两国签订合同协议，旨在共同开发泰国湾的生物资源。[24] 1979 年的《泰马谅解备忘录》作为半闭海海域的环境软法之一，不仅保护了泰国湾的环境，更成为两国在泰国湾海域合作的基础，对两国经济和环境具有重要意义，也对其他半闭海海域的环境保护合作提供了一些参考经验。

三、南中国海海洋环境保护合作

南中国海是典型的半闭海海域[25]，海水流动性较差，海域内污染难以扩散，任一沿岸国的海上活动都会对其他沿岸国产生影响。可见，南中国海海域内的环境保护活动有必要上升为区域合作行动。

（一）南中国海环境保护合作的法律基础

在南中国海海域开展环境保护合作，是保护南中国海海域环境的重要方式。与其他海域相同，南中国海环境保护合作的法律基础同样可以分为硬法基础和软法基础。

〔20〕 参见［法］亚历山大·基斯：《国际环境法》，张若思编译，法律出版社 2000 年版。

〔21〕 王铁崖：《国际法》，法律出版社 1995 年版，第 456 页。

〔22〕 ［美］路易斯·B. 宋恩、克里斯汀·古斯塔夫森·朱罗、约翰·E. 诺伊斯等：《海洋法精要》，傅崐成等译，上海交通大学出版社 2014 年版，第 252 页。

〔23〕 李杨勇：《国际组织宣言和决议的法律意义——对国际环境法软法的探讨》，《孝感学院学报》2006 年第 2 期。

〔24〕 《泰马开发争议海域苦谈 11 年 南海争议海域很多》，http://finance.huanqiu.com/roll/2011-09/1994884.html，访问日期：2015 年 7 月 7 日。

〔25〕 《联合国海洋法公约》第 122 条："'闭海或半闭海'是指两个或两个以上国家所环绕并由一个狭窄的出口连接到另一个海或洋，或全部或主要由两个或两个以上沿海国的领海和专属经济区构成的海湾、海盆或海域。"

1. 硬法基础

目前，南中国海周边国家在南中国海地区并没有形成区域性协定或区域性条约，故南中国海周边国家间的环境保护合作主要基于南中国海周边国家共同加入的国际性条约，例如《联合国海洋法公约》。《联合国海洋法公约》对其缔约国具有约束力，南中国海周边五个国家（中国、越南、马来西亚、文莱、菲律宾）均是其缔约国，均应遵守其对海洋环境保护的规定。这使得南中国海周边国家都具有海洋环境保护的责任，成为南中国海周边国家海洋环境保护的硬法基础。

2. 软法基础

一般认为，硬法的安排具有统一性、滞后性、难以修改等特点。然而，软法的多样性、灵活性、不断变动性能够在很大程度上起到补足硬法的作用。此外，软法还可以增强参与意识，在取得合意的情况下对环境保护事务达成合作。[26] 南中国海周边国家虽没有形成区域性的国际条约，但是 21 世纪以来，南中国海周边国家通过协商和讨论，形成了该区域内争议解决的备忘录，可成为区域合作的软法基础。《南海各方行为宣言》，中、菲、越间的《在南中国海协议区三方联合海洋地震工作协议》，中、越《关于指导解决中国和越南海上问题基本原则协议》等软法增进了当事国的相互信任，维护了南中国海的稳定与安全，具有重要意义。

《南海各方行为宣言》是中国与东盟各国外长及外长代表于 2002 年 11 月 4 日签署的政治文件，是南中国海海域环境保护合作的重要软法基础。《南海各方行为宣言》规定在全面和永久解决争议之前，南中国海有关各方可探讨或开展海洋环保合作。[27] 作为一种备忘录性质的软法，《南海各方行为宣言》规避了各国的领土争议问题，探讨国家间的合作，这表明南周国海周边各国在保护和保全海洋环境方面的共同利益，也体现了南中国海周边国家的合作意识。《南海各方行为宣言》是中国与东盟各国基于政治信任而产生，这种信任对于维护海洋局势、促进中国与东盟间的睦邻友好关系具有重要意义，也为南中国海周边国家在海洋环境保护方面更进一步的合作奠定基础，具有里程碑式的重要意义。

中国、菲律宾、越南间的《在南中国海协议区三方联合海洋地震工作协议》以及中国、越南间的《关于指导解决中国和越南海上问题基本原则协议》等软法，虽不是针对南中国海的海洋环境保护的专门性协议，但它们对南中国海的资源共同开发提供了依据。这些政策性协议有利于和平解决地区间争议，实现了"搁置争议、共同开发"的理念，更有利于使南海成为"友谊之海"、"合作之海"。

---

〔26〕 罗豪才、宋功德：《软法亦法：公共治理呼吁软法之治》，法律出版社 2009 年版，第 336—337 页。

〔27〕《南海各方行为宣言》第 6 条："在全面和永久解决争议之前，有关各方可探讨或开展合作，可包括以下领域：（1）海洋环保；（2）海洋科学研究；（3）海上航行和交通安全；（4）搜寻与救助；（5）打击跨国犯罪，包括但不限于打击毒品走私、海盗和海上武装抢劫以及军火走私。"

（二）借鉴已有的环境保护合作实践

南中国海海域适用特别敏感海域制度并不是空穴来风，它符合特别敏感海域制度的适用条件，并且可以借鉴他国的国家实践。在目前已设立的特别敏感海域中，存在五个区域性的特别敏感海域：瓦登海海域、西欧水域、大礁堡及托雷斯海峡水域、波罗的海、博尼法乔海峡。西欧水域由法国和西班牙发起，但最终与葡萄牙、比利时、爱尔兰和英国共同申请。因特别敏感海域的设立并没有规定海域的大小，且 2004 年之前设立的特别敏感海域面积相对小，水域面积大且脆弱、海域缺乏连贯性的西欧水域在申请设立特别敏感海域时遭受争议，即是否需要建立特别保护区或者修改当前特别敏感海域的概念，以反映独特的小地区和广大地区的不同海洋威胁。[28] 2005 年，澳大利亚与巴布亚新几内亚之间的托雷斯海峡被设立为特别敏感海域，延长已有的大礁堡强制引航措施到托雷斯海峡，因托雷斯海峡是用于国际航行的海峡，此措施遭到国际社会的强烈争议。最终，国际海事组织海上环境保护委员会采纳了"建议适用澳大利亚领航制度"的措施。[29]

合作的本质是合作主体的一致赞同和共同契约，合作主体的行为是一种理性行为，系利益最大化行为。区域合作作为区域主体总的目标行为，来源于既定条件下局部利益主体最大化目标的有机组合。[30] 软法可以通过利益诱导以及羞耻感、谴责、互相模仿和学习等方式发挥作用，它在不能适用硬法的情况下，能够促使国家间达成合意并影响对方的行为，[31] 推动区域合作的开展，实现国家利益的最大化。因此，南中国海特别敏感海域的申请及实施措施应该在各国协商的基础上合作完成，从而共同保护南中国海的海洋环境，实现该区域内各国环境利益的最大化。虽然南中国海存在一些争议，但这并不阻碍南中国海沿岸国在通过软法形成共同意志的基础上开展合作，也并不阻碍南中国海沿岸国共同申请适用特别敏感海域制度保护该海域的海洋环境。

四、通过特别敏感海域制度开展的南中国海环境保护合作

南中国海相关的软法促进了国家间的友好关系，为南中国海实施海洋环境的保护制度奠定了基础。目前，南中国海在海洋环境保护方面缺乏具有国际性的海洋环境保护制度，不利于周边国家对南中国海环境保护工作的开展。因特别敏感海域具有措施广泛、适用范围广等特点，故在南中国海适用特别敏感海域制度既符合"一带一路"战略的要

---

[28] Markus Detjen, "The Western European PSSA—Testing a Unique International Concept to Protect Imperilled Marine Ecosystems", (2006) *Marine Policy*, p. 453.

[29] Markus J. Kachel, *Particularly Sensitive Sea Areas: The IMO's Role in Protecting Vulnerable Marine Areas*, Springer, 2008, p. 315.

[30] 陈泽明：《区域合作通论：理论·战略·行动》，复旦大学出版社 2005 年版，第 12—13 页。

[31] 罗豪才、宋功德：《软法亦法：公共治理呼唤软法之治》，法律出版社 2009 年版，第 338 页。

求，又能促进南中国海周边国家海洋经济的发展，加强互联互通，实现环境保护合作的共赢。

（一）南中国海适用特别敏感海域制度的可行性

南中国海适用特别敏感海域制度是可行的，其具有环境保护合作的法律基础，符合国际政治环境，满足周边国家经济发展需求和环境保护的迫切要求。

1. 环境保护合作的法律基础

目前，南中国海周边国家虽没有形成有法律强制力的条约或协定，但其特别敏感海域的申请具有软法基础。《南海各方行为宣言》，中、菲、越《在南中国海协议区三方联合海洋地震工作协议》，中、越《关于指导解决中国和越南海上问题基本原则协议》等协议易于在南中国海周边各国中达成共识。同时，它们体现了南中国海周边各国对和平解决争议的意愿，尤其可为低政治敏感度问题的解决及环境保护合作奠定基础。

2. 国际政治环境

2014 年 7 月 15 日以来，国际海事组织积极协助越南、菲律宾等国申请，考虑划定东南亚海域为特别敏感海域。因越南等国申请的东南亚水域范围与我国在南中国海划定的"九段线"水域存在重合，如果国际海事组织批准了菲律宾等国的申请，将严重影响我国在南中国海"九段线"的权益。鉴于此，我国有必要考虑与周边各国共同向国际海事组织申请设立南中国海特别敏感海域，保护南中国海海洋环境。

3. 周边国家经济发展需求

南中国海海域生物多样性复杂，具有丰富的生物资源和非生物资源。随着渔业技术的发展，南中国海内可捕捞的水生物种种类和数量均有所提高，渔民收入有所改观。同时，勘探和开发南中国海的非生物资源，促进了周边国家的工业发展。南中国海优美的生态环境也带动了以旅游业为主的第三产业的蓬勃发展。

4. 环境保护的迫切要求

南中国海地理位置优越、资源丰富、环境优美。然而，随着国际经济贸易的发展，此海域船舶运输流量增加，石油泄漏、垃圾污染的风险也随之增加。一旦发生海洋污染，将严重影响南中国海的海洋环境和生态安全。设立南中国海特别敏感海域，可以保护南中国海海洋环境，避免严重污染事故的发生。

（二）特别敏感海域制度在南中国海的适用

满足设立特别敏感海域的标准是在南中国海申请特别敏感海域的前提。大量的科学数据及事实证明南中国海已经满足这些标准，且存在适合设立为特别敏感海域的选址。

1. 有关特别敏感海域标准的验证

特别敏感海域的设立需要符合特定的生态标准、社会文化和经济标准、科学和教育标准中的三者之一。南中国海因其特殊的地理位置、生态环境、人文因素，符合设立特别敏感海域的三个标准。

第一，符合生态标准。[32] 南中国海的生态环境符合《特别敏感海域鉴定及指定指南》的规定。南中国海的生态环境具有以下特点：（1）依赖性。南中国的生物资源容易受到气候变化的影响，气候变化将严重影响此海域的生态稳定。（2）多样性。南中国海跨越温带与热带两个温度带，且海岸线较长，生物物种复杂丰富。（3）多产性。南中国海石油、天然气资源十分丰富，被称第二个"波斯湾"。[33]（4）脆弱性。南中国海容易受到季风的影响，容易引发海上恶性事件，对海上船舶人员的生命造成威胁的同时，也造成了海上污染。除此之外，南中国海与越南、马来西亚、文莱、菲律宾等国相邻，位居太平洋和印度洋之间的航运要冲，是联系亚洲和世界的重要航运通道。南中国海的生态特点要求周边国家应该通过合适的海洋环境保护制度及时防治此海域的海洋污染，也为周边国家申请南中国海特别敏感海域提供了依据。

第二，符合社会文化和经济标准。[34] 南中国海海域的特殊地形加强了中国与南中国海周边国家的经济联系，东盟、亚太经合组织的成立都对中国的经济产生了巨大影响，尤其带动了广东、广西、福建、台湾地区的经济发展。随着南中国海周边国家经济贸易的发展，南中国海周边国家的文化相互渗透，经济政策更加注重合作。

第三，符合科学和教育标准。[35] 南中国海海域面积较大、生物物种丰富，且目前研究有限，还有很多海洋未知的秘密，具有极高的科学研究价值。研究南中国海的生态环境不仅可以加强我国对南中国海的开发与利用，也将促进我国科研的发展和提升世界人民对南中国海的认知。

2. 具体选址

对于南中国海的特别敏感海域选址问题，比较客观的观点是：选取南中国海的受人类活动影响最大的区域、生物多样性体现最多的区域和航运密集度最高的区域等三区域的交集为特别敏感海域。[36] 这个观点不仅考虑了特别敏感海域的生态标准，还对其航运、人类活动进行了选址要素的分析，同时符合设立特别敏感海域的三个标准，是成功设立南中国海特别敏感海域的三层保障。南中国适用特别敏感海域制度保护海洋环境，

[32] Revised Guidelines for the Identification and Designation of Particularly Sensitive Sea Areas, IMO, Resolution A. 982（24），article4. 4. 1-4. 4. 11。参见《特别敏感海域鉴定和指定指南》，国际海事组织第 A. 982（24），法条 4. 4. 1-4. 4. 11。

[33] 《媒体称南海资源丰富，堪称第二个"波斯湾"》，http://politics. people. com. cn/GB/n/2012/0709/c70731-18472619. html，访问日期：2015 年 7 月 3 日。

[34] Revised Guidelines for the Identification and Designation of Particularly Sensitive Sea Areas, IMO, Resolution A. 982（24），article4. 4. 12-4. 4. 14。参见《特别敏感海域鉴定和指定指南》，国际海事组织第 A. 982（24），法条 4. 4. 12-4. 4. 14。

[35] Revised Guidelines for the Identification and Designation of Particularly Sensitive Sea Areas, IMO, Resolution A. 982（24），article4. 4. 15-4. 4. 17。参见《特别敏感海域鉴定和指定指南》，国际海事组织第 A. 982（24），法条 4. 4. 15-4. 4. 17。

[36] 管松：《南海建立特别敏感海域问题研究》，《中国海洋法学评论》2012 年第 2 期。

并不是在整个南中国海适用特别敏感海域制度，而主要是在南中国海周边国家专属经济区跨界领域适用特别敏感海域制度。

（三）超越政治分歧的环境保护合作

鉴于南中国海的特殊地理位置，如果周边各国仅通过国内法的形式管理南中国海海域，会造成一些立法与执法冲突，破坏南中国海周边国家的和平友好关系，故周边国家应通过区域性合作的方式共同予以保护，可以借鉴波罗的海的经验。波罗的海的经验中最为突出的一点便是强调了海洋环境利益的重要性可以超越区域内政治利益的分歧甚至对抗。[37]

波罗的海周边国家能适用多边合作机制共同保护海洋环境，是由于其建立在超越国家政治分歧的基础上。南中国海周边国家存在专属经济区的重叠，有必要超越分歧，从而搁置争议、共同保护海洋环境。南中国海周边国家划定的专属经济区重叠情况较为复杂（在南中国海水域，不仅存在两国间的专属经济区重叠，还存在多国间的专属经济区重叠），周边国家可共同申请设立南中国海特别敏感海域。申请成功后，采用双边合作与多边合作相结合的方式保护海洋环境。

首先，两国专属经济区的重叠水域中，可以根据两国重叠专属经济区的水域生态情况，在相互协商基础上展开双边合作。双边合作的形式可以选择制定具有法律约束力的双边协议，也可以选择达成备忘录，既有利于环境问题的解决，又稳固了睦邻友好关系。

其次，多国之间专属经济区的重叠水域内（主要是指南沙群岛附近的海域），因涉及多国的利益，应采用多边合作的保护机制。各国应在共同协商的基础上，在不违背《联合国海洋法公约》与《特别敏感海域鉴定和指定指南》的条件下，在目前已有的软法基础之上，可制定《南中国海特别敏感海域环境保护条约》，成立并授权南中国海环境保护委员会防治特别敏感海域内的环境污染。

最后，周边各国应该本着对自然环境负责的精神和对子孙后代负责的态度，努力超越政治利益分歧，在南中国海环境问题的治理上采取更加积极和合作的态度，并在谈判的基础上，有序合理地开发南中国海自然资源，切实保证南中国海的生态和环境。[38]中国作为南中国海地区的经济大国，应该充分行使在南中国海的权利，履行自己的义务，起到模范带头作用。

五、结语

基于海洋对人类的重要意义，海洋环境保护越来越成为全球性问题，各国纷纷签署

---

[37] Fitzmaurice, *Malgosina International Legal Problems of the Environmental Protection of the Baltic Sea*, The Hague: Kluwer Academic Publishers, 1992, p. 15.

[38] 汪洋：《波罗的海环境问题治理及其对南海环境治理的启示》，《牡丹江大学学报》2014 年第 8 期。

全球性海洋环境保护公约和区域性的海洋环境保护条约，但环境保护不仅可以硬法为基础，亦可以软法为基础。鉴于南中国海生态环境复杂脆弱，急需得到保护，周边国家应在《南海各方行为宣言》的基础上向国际海事组织积极申请设立南中国海特别敏感海域，共同协商环境保护合作问题。这是和平与发展这一世界主题的体现，也符合我国"一带一路"战略和海洋强国战略的目标。中国作为最具影响力的南中国海沿海国，应积极适用特别敏感海域制度，与其他国家在友好协商的基础上共同保护南中国海的海洋环境。

由国际海洋法论海上丝绸之路的挑战

■ 张晏瑲*

【内容摘要】被誉为"海洋宪法"的《联合国海洋法公约》诞生于 1982 年。此后，国际海洋法律体制进入一全新的纪元，但这是否意味着 1982 年《联合国海洋法公约》将解决所有国际海洋法律争端？事实上，国际社会确实有此错误理解，认为所有国际海洋法律议题将因 1982 年《联合国海洋法公约》的适用而得到合理的解决，正因为如此，即有必要重新检视 1982 年《联合国海洋法公约》中的规定，发现其中不足之处，以便明确在构建"21 世纪海上丝绸之路"的过程中将面临的法制挑战。本文以 1982 年《联合国海洋法公约》为依归，配合其他海洋法公约的规定，讨论国际海洋法制层面的局限性及挑战，并总结性地提出"21 世纪海上丝绸之路"将无可避免地面临沿海国对海洋权益扩张的挑战，各国的政治意愿将是构建"21 世纪海上丝绸之路"的关键难点。

【关键词】海上丝绸之路　《联合国海洋法公约》　海洋自由　法制挑战

前言

"海上丝绸之路"早在秦汉时代便已出现。唐朝中后期，陆上丝绸之路因战乱受阻，再加上当时中国的经济重心已转到南方，海路便取代陆路成为中外贸易主要渠道。宋元时期，由于航海技术的突破和经济贸易的空前诉求，使海上丝绸之路达到鼎盛。明朝虽有郑和下西洋的壮举，但其性质却非贸易通商，而是宣扬天朝国威，因此难以为继。而"海禁政策"的实施导致民间海外贸易被迫转型为非法的走私行为，民间海外贸易的诉求和朝廷政策矛盾所引发的冲突贯穿并撕裂明清两朝。

建设"21 世纪海上丝绸之路"，是习近平总书记在 2013 年 10 月访问东盟国家时所提出。古老的海上丝绸之路自秦汉时期以降，一直是东西方经济文化交流的重要桥梁，而东南亚地区自古就是海上丝绸之路的重要枢纽和组成部分。习近平总书记基于历史，着眼中国与东盟建立战略伙伴关系十周年这一新的历史起点，为进一步深化中国与东盟的合作，构建更加紧密的命运共同体，提出新战略构想。[1] 同时，"21 世纪海上丝绸之路"是我国主动创造和平、和谐对外合作环境的构想，而此构想的实施必须有健全的法律制度作为支撑。一套法律制度的设计不可能十全十美，受到质疑与挑战在所难免，本文旨在检视当前的国际海洋法律制度，并讨论"21 世纪海上丝绸之路"建构过程中可能面临的挑战。

---

* 山东大学法学院教授、博士生导师，山东大学海洋海事法研究所所长。
本文为国家社科基金重大项目"南海断续线的法理与历史依据研究"（14ZDB165），国家社科基金一般项目"维护国家海洋权益的政府管理体制研究"（13BZZ062），上海市政府决策咨询研究项目"中国海洋管理体制改革研究"（2012Z45C），山东大学自主创新基金"涉两岸的海上侵权争端解决机制之研究"（IFW12065），阶段性研究成果。

〔1〕 韩立余：《开辟海上丝绸之路双航道》，《中国社会科学报》2014 年 12 月 24 日。

一、问题意识

海洋在历史上具有两种重要功能，其一，作为交流沟通之媒介；其二，为全世界最大的资源保存者，而这两种功能亦成为构建"21 世纪海上丝绸之路"的基础。自现代国际法之父格老秀斯（Hugo Grotius）提出海洋自由论（the doctrine of open seas）以来，以往海上强权国家因开采海洋资源而奉为圭臬的"公海自由原则"（the principle of freedom of high seas）已被"人类共同的遗产"（common heritage of mankind）的概念所取代。海洋资源的开发与养护已不再拘泥于以往强调必须在单一国家管辖权限范围之内，相对的，跨国性的国际合作开发计划成为近期联合国大会关注之焦点[2]，亦是构建"21 世纪海上丝绸之路"不得不面对的问题。20 世纪 50 年代后期，一系列国际会议的举行，亦成就了为人所熟知的四大海洋法公约。自 1973 年起的第三届联合国海洋法会议，历经九年多的漫长协商，被誉为"海洋宪法"的《联合国海洋法公约》终于在 1982 年诞生，而此公约亦是"21 世纪海上丝绸之路"的法制基础。但这并不意味着 1982 年《联合国海洋法公约》将解决所有国际海洋法律难题。事实上，国际社会确实有此错误理解，认为所有国际海洋法律议题将因 1982 年《联合国海洋法公约》的出台而得到合理的解决，正因为如此，即有必要重新检视 1982 年《联合国海洋法公约》中规定，发现其中不足之处，以便明确在构建"21 世纪海上丝绸之路"的过程中将面临的法制挑战。本文以 1982 年《联合国海洋法公约》为依归，配合其他海洋法公约的规定，讨论国际海洋法制层面的局限性及挑战，并总结性地提出"21 世纪海上丝绸之路"将无可避免地面临沿海国对海洋权益扩张作为的挑战，各国的政治意愿将是构建"21 世纪海上丝绸之路"的关键难点。

二、1982 年《联合国海洋法公约》的局限性

领海是"21 世纪海上丝绸之路"的起始点，20 世纪 60 年代末出现的以 12 海里作为领海宽度的趋势很快开始勃兴，测量起点始自于沿低潮线（low-water mark）划定的正常基线（normal baseline），或由内水及岛屿间水域外端点连接而成的直线基线（straight baseline）。1982 年《联合国海洋法公约》最终在其第 3 条中将 12 海里确定为领海宽度的上限。在这段距离内，沿海国原则上可以实施任何法律法规，或利用及开采任何资源。与此同时，1982 年《联合国海洋法公约》在第 17 条中确定包括沿海国和内陆国在内的一切国家均享有"无害通过权"（innocent passage）。"无害通过"是指无损于和平、良好秩序及沿海国安全的通行，[3] 长久以来，无害通过的自由已经成为国际习惯法的

---

[2] 张晏瑢：《论海洋善治的国际法律义务》，《比较法研究》2013 年第 6 期。
[3] Articles 15-19 of UNCLOS.

一部分。但是，军舰是否可以未经特别授权而享有无害通过权却不无争议。[4] 一种普遍观点是，1982 年《联合国海洋法公约》并未将军舰与其他船只作出区分，因此军舰通过他国领海时并不需要事前通知沿海国乃至获得沿海国的事先许可，但是诸多沿海国坚持军舰的通行应基于许可。[5] 本文认为，军舰本身存在一定的威胁性，基于对沿海国主权的尊重，军舰在进行无害通过之前应先通报沿海国并获得其许可为妥。在实际操作层面，可以由我方主动释出善意，建议我国军舰通过沿海国领海之前主动向其通报并获得许可。反之，基于"互惠原则"亦希望外国军舰在通过我国领海之前先知会并获得我方之许可。此外，通过他国领海的潜艇在任何情形下都需浮出水面并展旗，且飞机无权飞越他国领海上空。[6] 在无害通过问题上，1982 年《联合国海洋法公约》并未对业已存在的法律做任何实质性的变动。

1982 年《联合国海洋法公约》第 15 条处理邻国或相对国之间领海的界定问题，该条实际上以 1958 年《领海及毗连区公约》第 12 条为基础。在该条所述的条件下，任何国家都无权违背 1982 年《联合国海洋法公约》将本国领海边界扩展至中线以外。但因历史因素或其他原因使其他领海划定方法具有正当性或必要性时，不适用该条款。[7] 值得注意的是，在领海划定争议及其解决上，该条款并未作出安排。[8] 在前述问题上，本文认为可以类推适用 1982 年《联合国海洋法公约》在专属经济区及大陆架关于划界的相规定。[9] 首先针对实际情况与海岸相邻或相向国协商做出临时安排，并在此基础之上协商最终决定，若协议不成还可以考虑通过 1982 年《联合国海洋法公约》的争端解决机制或其他国际司法仲裁机制解决争端。1982 年《联合国海洋法公约》第 33 条为将毗邻区由此前的 12 海里延伸至 24 海里提供了法源基础。[10] 该区域已不再被认为是公海的一部分。沿海国可以在毗邻区实施必要的控制措施，以防止或惩罚在其领土或领海内侵犯其海关、财政、移民或卫生法律法规的行为。[11] 不过，很多国家在此区域实施的权利已经超越了 1982 年《联合国海洋法公约》列举的范畴，在安全管辖权方面的实践尤为如此。

---

〔4〕　S. Davidson, "The Law of the Sea and Freedom of Navigation in Asia Pacific", in *International Law Issues in the South Pacific*, J. Leane & B. Van Tigerstrom (eds.), at 141 (Ashgate: 2005).

〔5〕　Z. Keyuan, "Law of the Sea Issues between the United State and East Asian States", 39 *Ocean Development and International Law*, at 70 (2008); I. Sheare, "Military Activities in the Exclusive Economic Zone: The Case of Aerial Surveillance", 17 *Ocean Yearbook*, at 552 (2003); J. A. Roach & R. N. Smith, *United States Responses to Excessive Maritime Claims* (2nd ed.), Chapter 2, at 23-23 (1996).

〔6〕　Article 20 of UNCLOS.

〔7〕　"The United Nations Convention on the Law of the Sea," 1982, *A Commentary*, Vol. II, S. N. Nandan and S. Rosenne (Volume Editors), N. R. Grandy (Assistant Editor), at 132, 136 (1993).

〔8〕　Ibid., at 143.

〔9〕　Articles 74 and 83 of UNCLOS.

〔10〕　1958 Geneva Convention on the Territorial Sea and the Contiguous Zone, Article 24.

〔11〕　Article 33 (1) of UNCLOS.

　　"21 世纪海上丝绸之路"所面临的挑战之一是沿海国海域管辖区的扩展，这种趋势将一百余条原用于国际航行的海峡置于国家主权之下，其中不乏很多战略要道，如直布罗陀海峡、马六甲海峡、霍尔木兹和曼德海峡。作为必然的应对措施，1982 年《联合国海洋法公约》引入了"过境通行（transit passage）"[12]的新概念，允许船只、飞行器和潜艇在这些海峡及其必经通道的穿行，以维持该区域内的通行自由。但是，过境通行的船只和飞行器必须遵循航行安全的国际规则，接受航行管制，防止船只带来的污染，除海难或空难情形外，过境船只需快速通过不得停泊，且不得对沿岸国造成任何威胁或使用武力。在过境通行以外的情形下，海峡均被认为是沿海国的领海。[13]

　　"21 世纪海上丝绸之路"将面对菲律宾与印度尼西亚这两个"群岛国"（archipelago state），而 1982 年《联合国海洋法公约》在第四部分引入了群岛国的概念。该概念是指全部领土由群岛，即地理上紧密联系的岛屿组成的国家。[14]这一概念的引入似乎受到了国际法院适用"直线基线法"的启发。对于群岛国家来说，群岛最外侧岛屿的最远端连线为其领海基线，由此向外 12 海里为其领海。这些岛屿间的水域被称为群岛水域，属于群岛国家的领海。群岛国家需尊重其他国家此前在其领海下方已经埋设的海底电缆，且各国船只均在其领海享有无害通过权。此外，一切船只和飞行器均享有"群岛海道通过（archipelagic sea lane passage）"权。这种通行类似于在国际通行海峡中的过境通行权，二者均由沿海国家指定海道和空中航线，以便各国"连续、迅速、无障碍通行"，同时，该指定海道需报国际海事组织（International Maritime Organisation）批准。在实践中，过境通行权和群岛海道通过权的实施造成了一些法律解释方面的问题，因为这两种权利都是针对"正常（normal mode）"[15]通行而言的。对于潜艇而言，"正常"通行通常意味着浮出水面，而这在某些情况下是存在安全风险的。不过，要想界定飞行器的"正常"通行并不是件易事。[16]海事强国与群岛国家在群岛海道的划定及其制度上也持续存在争议，一个开放性的问题便是：相关沿海国与过境国之间是否应采取某种分担机制，共同采取保障通行安全的措施。一个可行的做法是，可以透过国际海事组织的平台与菲律宾及印度尼西亚共同协商"群岛海道航行安全保障机制"，此举一方面体现我国愿意共同承担航行安全保障任务，另一方面也体现我国的大国气度。

　　"21 世纪海上丝绸之路"的构建将不可避免地需要去处理使用专属经济区（Exclusive Economic Zone）的问题，该区域自测定领海宽度的基线起，向外扩展至最远 200 海

----

〔12〕　Articles 37-41 UNCLOS.

〔13〕　根据 1982 年《联合国海洋法公约》第 25 条第 3 款，沿海国出于安全考虑，可以暂停他国船只在其领海特定海域内的无害通过，但不可暂停过境通行。

〔14〕　Article 46 of UNCLOS.

〔15〕　Articles 39（1）（c）and 53（3）of UNCLOS.

〔16〕　T. T. B. Koh, "The Territorial Sea, Contiguous Zones, Straits and Archipelagoes under the 1982 Convention on the Law of Sea", 29 *Malaya Law Review*, at 183（1987）.

里处。[17] 在该区域内，沿岸国享有勘探、开发、管理和保护一切自然资源及开展其他经济活动的主权权利，以及建立人工岛屿、设施和结构物，进行海洋科研和环境保护等权利。[18] 值得注意的是，1982 年《联合国海洋法公约》涉及公海的第 88 条至第 115 条均引入了专属经济区概念，因为它们彼此兼容。[19] 在公海问题上，1982 年《联合国海洋法公约》显然不是关涉专属经济区利用的唯一法律渊源。[20] 在这一区域内，包括沿海国和内陆国在内的一切国家均享有海面航行、上空飞行、在其海底铺设缆线及其他国际法允许的公海自由，包括与操作船只、飞行器和海底缆线相关的权利和 1982 年《联合国海洋法公约》认可的其他权利。[21] 相对的，原公海上的另一些基本自由则不复存在，如捕鱼、勘探开发资源及与科研活动相关的自由。专属经济区的法律地位非常特殊，它是沿海国主权权利与其他所有国家自由相互妥协的产物。专属经济区不是领海，但沿海国就其功能对其享有主权权利，它既不是领海也不属于公海，又不宜与其他海洋空间相类比。[22] 沿海国的权利与管辖及其他国家的自由均受到 1982 年《联合国海洋法公约》相关条款的规制。沿海国在其专属经济区中实现权利、履行义务时，需充分考虑其他国家的权利与义务，反之亦然。[23] 这种对国家责任的强调形成了国际海洋法的新特征，并在 1982 年《联合国海洋法公约》通篇得以反映。

沿海国在其专属经济区中的权利可以分为两类：其一是直接与资源相关的主权权利，其二是与资源勘探、开发和保护密切相关的管辖权。因此，沿海国对其专属经济区内航行权的限制被视为非法行为，除非该航行权对其资源的勘探、开发和保护构成了干涉。1982 年《联合国海洋法公约》第 73 条第 1 款允许沿海国在其专属经济区内叫停并检查任何涉嫌违反其资源开发法规的船只。该条款似乎授权沿海国可以要求任何外国渔船在进去其专属经济区时自证其身并对其通行目的作出解释，即便该船只只是过境前往某处远洋渔场。况且，沿海国在海洋资源保护方面的管辖权可能引发一个问题，即出于此种目的而对航行自由的干涉应以何种程度为限。[24] 在这种背景下，穿行专属经济区运输危险物质也可能引发潜在的争议。但必须注意的是，1982 年《联合国海洋法公约》没有基于货物性质而对航行进行限制的条款。本文认为，可以先小范围地与"21 世纪海

[17]　Article 75 of UNCLOS.

[18]　Article 56 of UNCLOS.

[19]　Article 58 (2) of UNCLOS.

[20]　Articles 87 (1) and 58 (2) of UNCLOS.

[21]　Article 58 (1) of UNCLOS.

[22]　J. Castaneda, Negotiations on the Exclusive Economic Zone in the Third United Nations Conference on the Law of the Sea—a reprint by the government of Mexico in commemoration of the 20th Anniversary of the United Nations Convention on the Law of the Sea, December 9-10, 2002, at 48, first published in: *Essays International Law in Honour of Judge Manfred Lachs*, J. Makarczyk (ed.), at 621 (1984).

[23]　Articles 56 (2) and 58 (3) of UNCLOS.

[24]　Article 220 of UNCLOS.

上丝绸之路"周边国家协商签订"专属经济区友好行为准则",将以上所提出之问题细化,再逐步推广到整个区域。

　　关于专属经济区中的军事活动,各国在缔约协商时争论不休,但这种现象在国家层面的实践中层出不穷。关键的问题是,军事活动是否可以被解释为包含于航行自由、飞越自由及 1982 年《联合国海洋法公约》所允许的其他海洋利用行为之中?一些沿海国主张别国不可未经许可在其专属经济区中进行军事活动,而主要的海事强国则持相反观点,认为专属经济区制度不允许沿海国在该区域内对与资源无关的传统公海活动设定限制。在这些国家看来,传统公海活动包括军事演习、飞行操作、军事训练、远程通讯及空间活动、情报和监视活动、海洋数据采集和武器实验及发射。[25] 国际社会真正需要的是一个规范在外国专属经济区从事军事和情报收集活动的准则,而这准则将提供友好(和不友好的)的行为指标,并帮助当事方避免不必要的事故。[26]

　　大陆架对"21 世纪海上丝绸之路"的意义表现在大陆架上的自然资源,1982 年《联合国海洋法公约》基本上保留了 1958 年《大陆架公约》中的大陆架概念,内陆国及地理不利国试图将其归入专属经济区的努力未能成功。不过与此同时,大陆架概念也得到了拓展,具有了双重含义:一方面,传统的大陆架概念系指整个大陆的边缘地带,包括大陆架、大陆坡和大陆隆;另一方面,该概念被延展至距基线 200 海里处,即便在该处已经不再存在地理上的大陆架。[27] 1982 年《联合国海洋法公约》在第 77 条中承认了沿海国出于资源勘探与开发目的而对大陆架拥有主权权利。这些资源系指大陆架海床及底土中矿产资源、非生物资源及定栖性物种的总和。沿海国在其专属经济区内拥有建立人工岛屿、设施和结构物的权利同样适用于其大陆架。[28] 在如前所述的大陆架法律制度下,沿海国对大陆架享有的权利并不及于其上覆水体及水上大气空间。[29] 大陆架权利的行使不得对其他国家基于 1982 年《联合国海洋法公约》享有的航行等权利及自由构成任何侵害或不当干预。[30] 各国仍有权在大陆架铺设海底缆线,[31] 不过这其实是一项"受规制"的权利,因而也不能再算作是自由了,究其原因在于铺设海底管线的进程需向沿海国进行汇报并征得其同意,如果不能达成共识,工程自然也无法开展。

---

[25]　参见张晏瑢:《"无暇号"冲突事件背后的国际海洋法思考》,《山东大学法学评论》2010 年卷,第 161—168 页。

[26]　参见张晏瑢:《"无暇号"冲突事件背后的国际海洋法思考》,《山东大学法学评论》2010 年卷,第 161—168 页。

[27]　Article 76 (1) UNCLOS; see further A. G. Oude Elferink, "Article 76 of the LOSC on the Definition of the Continental Shelf: Questions Concerning its Interpretation from a Legal Perspective", 21 *The International Journal of Marine and Costal Law*, at 275 (2006).

[28]　Article 80 of UNCLOS.

[29]　Article 78 (1) of UNCLOS.

[30]　Article 78 (2) of UNCLOS.

[31]　Article 79 of UNCLOS.

国家管辖区域以外的海床及其资源已经被视作"人类的共同遗产",如何明确划定该部分大陆架的边界成为了一个无法回避的问题,这也是 1982 年《联合国海洋法公约》在大陆架问题上的实质创新。1982 年《联合国海洋法公约》第 76 条规定:在大陆边缘自测算领海宽度的基线起超过 200 海里的情形下,大陆架的划定为基线外不超过 350 海里范围,或不超过连接 2500 米深度各点的 2500 米等深线 100 海里范围。[32] 鉴于各国都会采用对本国最有利的定义,沿海国基线外 350 海里范围的大陆架主权权利上限甚至都不是绝对的,[33] 这难免引发诸多纠纷,其中纷争尤甚的是,适用 350 海里界限的"海底山脊"(submarine ridge)与不适用该界限的作为大陆边缘自然构成部分的"海底高地"(submarine elevation)究竟有何区别。[34] 还需注意的是,1982 年《联合国海洋法公约》中使用的一些科学术语的含义已经发生了变化,因为人们对"大陆边缘"(continental margin)的性质及幅员的科学认识已经今非昔比。[35] 因此,有必要透过联合国的平台,针对以上议题提出讨论,并赋予以上这些科学名词新的时代意义。

若沿海国试图将其管辖权边界延伸至 200 海里以外的大陆架,则应在加入 1982 年《联合国海洋法公约》十年内将扩展该边界的申请提交到根据 1982 年《联合国海洋法公约》附件二成立的大陆架界限委员会(Commission on the Limits of the Continental Shelf)。[36] 该委员会的 21 名委员是由 1982 年《联合国海洋法公约》缔约国[37] 选拔的地质学、地球物理学或水文学方面的专家组成,[38] 每位委员任期五年。该委员会拥有广泛的授权,以监控和防止沿海国过分主张大陆架权利,1982 年《联合国海洋法公约》的全部缔约国和国际海底管理局(International Seabed Authority)成员国"基于"该委员会的建议而划定的大陆架界限为终局且具有约束力。[39] 此处"基于"一词是由联合国海洋法大会的议定者择定的,意在为沿海各国的实践留下一定的空间。随之而来的问题是:是不是任何国家都可以以 1982 年《联合国海洋法公约》条款适用错误,或该划界

[32]　Article 76 (5) of UNCLOS.

[33]　B. Kunoy, "The Rise of the Sun: Legal Arguments in Outer Continental Margin Delimitation", 53 *Netherlands International Law Review*, at 247-272 (2006).

[34]　Article 76 (5) of UNCLOS; S. V. Suarez, *The Outer Limits of the Continental Shelf*, Legal Aspects of their Establishment, at 247 (Springer: 2008).

[35]　C. Carleron, "Article 76 of the UN Convention on the Law of the Sea-Implementation Problems from the Technical Perspective", 21 *The International Journal of Marine and Costal Law*, at 307 (2006).

[36]　Annex II, Article 4 of UNCLOS.

[37]　Annex II, Article 2 (1) of UNCLOS.

[38]　Article 76 (8) and Annex II to UNCLOS.

[39]　L. D. M. Nelson, "The Continental Shelf: Interplay of Law and Science", in *Liber Amicorum Judge Shigeru Oda*, N. Ando et al. (eds.), at 1237 (Klawer: 2002).

系基于不完备乃至错误的科学数据为由，对大陆架的划定提出异议。[40] 针对上述问题，《公约》的规定是不明确的，因此有待国家实践加以补充。

"21 世纪海上丝绸之路"面对的是南中国海这一片"麻烦水域"，[41] 而南海除了岛屿的主权争端之外，另一个难题便是海域划界。1982 年《联合国海洋法公约》在第 74 条和第 83 条明确了海岸相向或相邻国家主张同一大陆架区域（overlapping claim）时的解决办法。基本的规范是，涉事各国应在《国际法院规约》（Status of the International Court of Justice）第 38 条所指向的国际法基础上，通过协议方式，公平解决争端。若有关国家未能在合理期间达成任何协议，则应诉诸 1982 年《联合国海洋法公约》第 15 部分所规定的争端解决程序。在协议达成之前，有关各国应尽力做出具有实践性的临时安排，且不得在此过渡期间危害或阻碍最终协议的达成。[42] 这两项条款是两条思路久经交涉与磨合后的产物：其一认为，海岸相向或相邻国家重叠主张的大陆架划界应参考适用中线或等距离线，特殊地理条件下另当别论；其二则认为，应严格恪守平等原则。但各国最终认定，只有协商解决才是平息相关争议的最佳出路。前述关于专属经济区和大陆架划界的条款在实质上是相同的，但它们折射出一个现实，即二者相关制度的发展是相互独立的，并在 1982 年《联合国海洋法公约》的不同章节得以阐述。尽管大陆架在地理上的范围大于 200 海里的专属经济区，两种制度均在大陆架范围内得以实施，且在一定程度上存在重合，但两种制度之间缺乏调和与统一。[43] 包括国际法院和国际仲裁庭在内的国际实践正迫切需求一元化的海洋地理边界线。[44]

"21 世纪海上丝绸之路"将通过一大片被称为"公海"的水域，在公海问题上 1982 年《联合国海洋法公约》在其第七部分实际上保留了 1958 年《公海公约》的条款，宣告公海对包括内陆国在内的一切国家开放，重申主张对公海的主权系无效行为，并确定了船旗国对该船只的排他管辖权[45]，完全的普遍自由成为公海法律地位的特征。无论在领土还是功能层面上，公海都是一片"无主权"的区域，为所有国家共同使用。至此，"领海说"已经遭到了抛弃。[46] 有学者阐明，公海既不能用"无主物"来描述，也

---

〔40〕 A. Cavnar, "Accountability and the Commission on the Limits of the Continental Shelf: Deciding Who Owns the O-cean Floor", 42 *Cornell International Law Journal*, at 8-9 (2009); see further R. Wolfrum, "The Delimitation of the Continental Shelf: Procedural Considerations", in *Les proces international-Liber amicorum Jean-Pierre Cot*, P. Badinter (President du Comited'Honneur), at 349-366 (2009).

〔41〕 张晏瑲：《论两岸共同开发南海资源之法制基础》，载李清伟主编：《上大法律评论》2013 年第 1 辑，第 44—52 页。

〔42〕 Articles 72 (2)(3), 83 (2)(3) of UNCLOS.

〔43〕 B. Oxam, *The Barbados/ Trinidad and Tobago Arbitration Award of 2006*, B. Macmahon (Series Editor), T. M. C. Asser Press, at 2, 3 (2009).

〔44〕 Ibid., at 3.

〔45〕 Articles 87 (1), 92 and 98 of UNCLOS.

〔46〕 D. Anderson, "Modern Law of the Sea", in *The Law of the Sea-Progress and Prospects*, D. Freestone, R. Barnes & D. M. Ong (eds.), at 331 (Oxford University Press: 2006).

不可用"共有物"来界定，因为国际社会不能接受公海被某国占有，也未将其置于国际社会的共管之下。它在实际上对一切国家平等地开放。相应的，公海的基本规则是，各国均在与其他国家相等的程度上享有该区域的自由使用权，但应顾及他国利益。[47]

1982 年《联合国海洋法公约》第 87 条第 1 款列出了一项关于公海自由的非详尽性清单，这些自由不仅适用于沿海国，也适用于一切内陆国，并在 1982 年《联合国海洋法公约》架构下及其他国际法规则中得以实施。航行自由将任何国家的船只在公海航行时受到的别国干预降到最低，在其例外情形中，至关重要的是他国在明确规定的情形下享有的登临权（right of visit）。[48] 1982 年《联合国海洋法公约》第 110 条列举了军舰有权登临其他船旗国船只的四种情形，包括海盗、贩奴、非法广播及对该船只的国籍存有怀疑。有学者指出，这些船旗国权力和公海自由的例外是顺应"当代全球各国的共同需求与困扰"而产生的。[49] 此外，1982 年《联合国海洋法公约》也规定了对外国船只采取特定措施以管理和保护渔业资源及海洋环境的例外事项。[50] 每艘船只必须仅悬挂一国旗帜，且该国与该船之间必须存在实质的联系。船旗国对该船具有排他的管辖权，除非另有条约做出明文的例外规定。[51] 军舰和一国国家所有的船舶在公海上对船旗国以外的他国享有完全的管辖权豁免。[52] 由此，第三国在公海上不再存在对别国军舰的管辖权。[53] 相反，试图对别国军舰适用执法管辖权将无异于对别国主权手段（sovereign instrumentality）的威胁或武力对抗。[54] 长久以来，公海上的渔业权一直被认为是公海自由的组成要素，水产资源则被认为是自然取之不尽的馈赠。然而，随着认知的拓展和捕鱼技术的迅速发展，人们认识到这些资源虽然可以再生，却不是无穷的，而是需要适当的管理。[55] 因此，1982 年《联合国海洋法公约》在第 116 条中为公海捕鱼设定了限制条件，其中包括与他国协同采用渔业保护措施及其他基于条约而产生的义务，均体现在

〔47〕　J. C. Lupinacci, "The Legal Status of the Exclusive Economic Zone in the 1982 Convention on the Law of the Sea", quoting Jimenez de Arechaga, in *The Exclusive Economic Zone*, *A Latin American Perspective*, F. Orrego Vicuna（ed.）, at 07（Westview Press：1984）.

〔48〕　N. Klein, "The Right of Visit and the 2005 Protocol on the Suppression of Unlawful Acts against the Safety of Maritime Navigation", 35 *Denver Journal of International Law and Policy*, at 295（2007）.

〔49〕　J. L Jesus, "Protection of Foreign Ships against Piracy and Terrorism at Sea-Legal Aspects", 18 *The International Journal of Martine and Coastal Law*, at 373（2003）.

〔50〕　Article 73, respectively Article 220 of UNCLOS.

〔51〕　Article 91（1）of UNCLOS.

〔52〕　Articles 95, 96 of UNCLOS.

〔53〕　张晏瑲：《和平时期的海洋军事利用与海战法的最新发展》，《东方法学》2014 年第 4 期。

〔54〕　B. H. Oxam, "The Regime of Warship under the United Nations Convention on the Law of the Sea", 24 *Virginia Journal of International Law*, at 815（1984）.

〔55〕　Code of Conduction for Responsible Fisheries, Food and Agriculture Organization of the United Nations（FAO）, Preface（1995）, available at：www. fao. org/docrep/005/v9878e/v9878e00. HTM（last visited：9 September 2014）.

1982 年《联合国海洋法公约》的生物资源保护与保全条款中。[56]

由于海洋环境退化已成为整个国际社会的心病，"21 世纪海上丝绸之路"亦不得不去处理海洋环境保护的议题，1982 年《联合国海洋法公约》在其第十二部分明确了关于海洋环境保护与保全的具体规则。其中第 192 条首次以条约形式明确了一切国家"保护和保全海洋环境"的普遍义务。要求各国在依据其环境政策行使资源开发主权的同时兼顾海洋环境保护与保全的基本义务可谓一项创举。在来自船舶的污染问题上，1982 年《联合国海洋法公约》优先采纳了相关国际规则和标准，而在已存在的污染源方面（即陆地来源的污染、海床活动造成的污染及倾倒造成的污染）则优先适用各国国内立法及相应措施。[57] 此外，关于海床活动和倾倒的原则和规定既适用于专属经济区，又适用于大陆架，各有关沿海国在来自船舶的污染问题上的权限则仅适用于专属经济区。[58] 1982 年《联合国海洋法公约》第 218 条赋予各港口国执法权，若外国船舶在该国管辖水域之外（beyond their jurisdictional waters）违反国际防污规则和标准，该国有权就此展开调查或提起诉讼。[59] 1982 年《联合国海洋法公约》第 220 条第 3 款至第 6 款似乎是最有利于沿海国当局的条款，这些条款授权沿海国在有"明显根据"相信其专属经济区内的商船违反国际防污规则和标准时，可索取关于该船只身份的信息并进行检查。1982 年《联合国海洋法公约》第 234 条包含的针对冰封区域的条款授权沿海国制定和执行非歧视性的法律和规章，以防止、减少和控制船只在其专属经济区范围冰封区域内对海洋的污染。该条款旨在保护冰封区域脆弱的生态环境，但军舰及其他享有管辖权豁免的船只不适用该条。[60] 一个可能存在的问题是，当冰封消融时，该条款又将何去何从？在该项下赋予沿海国的关于环境保护的特殊权利是否将被废止？本文认为，当冰封消融时，可以类推适用 1982 年《联合国海洋法公约》在专属经济区内关于海洋污染防治的相关规定，第 234 条的存废问题，并不影响国家实践层面对海洋环境的保护力度。

共同开展科研活动是"21 世纪海上丝绸之路"不可或缺的一环，在 1958 年《大陆架公约》建立关于大陆架科研活动的国际共识前，尚无规制该区域科研活动的国际法律文件。1982 年《联合国海洋法公约》延续了沿海国家在大陆架科研问题上的原则性共识，并将其扩展至专属经济区中。1982 年《联合国海洋法公约》在其第十三部分将关于海洋科学研究的条文进行了大幅度的延伸，并加入了规范科研行为的普遍原则及详细

---

〔56〕 Articles 116-120 of UNCLOS; see also G. D. Pendleton, "State Responsibility and the High Seas Marine Environment A Legal Theory for the Protection of Seamounts in the Global Commons", 14 *Pacific Rim Law and Policy Journal*, at501（2005）.

〔57〕 张晏瑲：《论航运业碳减排的国际法律义务与我国的应对策略》，《当代法学》2014 年第 6 期。

〔58〕 薛梦溪、张晏瑲：《论我国船舶油污损害赔偿基金制度的完善》，载郑智航主编：《山东大学法学评论》，山东大学出版社 2014 年版，第 171—184 页。

〔59〕 I B. Oxam, *The Barbados/ Trinidad and Tobago Arbitration Award of 2006*, at 169, 170.

〔60〕 J. Kraska, "The Law of the Sea Convention and the Northwest Passage", 22 *The International Journal of Marine and Costal Law*, at 274（2007）.

规定。[61] 1982 年《联合国海洋法公约》第 238 条确认一切国家及主管国际组织有权在 1982 年《联合国海洋法公约》赋予其他国家的权利和义务限制下开展海洋科学研究，但该种研究仅限于和平目的，且不得对海洋的正当利用构成不当干涉。[62] 但是，国际海洋法大会的议定者拒绝了为"科学研究"作出专门定义的提案，因为他们认为此举缺乏必要性。但根据该条，开展科研活动并不构成对该海洋空间的任何部分及其资源主张权利的法律基础。

若沿海国要求在其专属经济区及大陆架范围内进行的科学研究需经其同意，则该沿海国不得无正当理由拖延或拒绝做出许可。在特定性情形下，尤其是当该科研活动与生物或非生物资源[63] 的勘探和开发存在显著的直接关系时，沿海国有权拒绝许可。在上述情形下，沿海国也可以要求与科研方事先达成协议，要求其科研成果可为各国所获取（internationally available）。[64] 若国家或主管国际组织有意在他国专属经济区或大陆架范围内开展科研活动，则需将科研相关信息提交给沿海国，并遵守特定条件；若沿海国希望参与该科研活动，则科研方应当同意。[65] 问题在于，若专属经济区中的科研活动只是进行水文地理（hydrographic）调查等与资源无关的数据采集，沿海国是否仍对这些活动有管辖权？在这个问题上，国际社会存在观点分歧。有学者指出，海洋科学研究有明确达成共识的制度作为支撑，但没有明文规定是否可在专属经济区内开展水文地理调查。一些沿海国主张他国在其专属经济区内的水文地理调查活动须经该国许可，而相反的观点则认为该类调查应得以自由开展。不过，支持许可制度的思潮似乎正在进一步发展。为顺应此一世界潮流，本文建议我国可以"专属经济区友好行为准则"为题主动与海上丝绸之路周边国家展开磋商，将海洋科学研究、水文地理调查以及海洋军事活动等行为的判定标准具体化。并以明文的方式规定，以上这些活动在展开之前是否需要事先征得沿海国的同意，以明确目前混沌不明的法律关系。

三、沿海国主权和管辖权的扩张

包含于 1982 年《联合国海洋法公约》中的现代国际海洋法呈现了有利于沿海国的新变化，这可谓是相较于传统海洋法的显著特征。随着领海宽度上限从之前普遍采纳的 3 海里推进至 12 海里，空间巨大的海域被置于国家主权之下。与此同时，承载着沿海国特定权利的毗邻区也得到了拓展。"群岛国"的新兴法律概念被恰如其分地描述为"岛

---

〔61〕 P. Birnie, "Law of the Sea and Ocean Resources: Implication for Marine Scientific Research", 10 *International Journal of Martine and Coastal Law*, at 241-242 (1995).

〔62〕 The Law of the Sea, National Legislation, Regulations and Supplementary Documents on Marine Scientific Research in Areas under National Jurisdiction, UN Office for Ocean Affair and the Law of the Sea, at 1 (1989).

〔63〕 Article 246 of UNCLOS.

〔64〕 Article 249 (2) of UNCLOS.

〔65〕 Articles 248, 249 (1) of UNCLOS.

屿上的主权最可观的大扩张"，它在实际上将大片海洋变为了领海，并对航行自由构成了主要的潜在制约。基于以上所述，"21 世纪海上丝绸之路"所面临的挑战将不仅是各国的政治意愿，还包括沿海国主权和管辖权向海一面扩张。因此，有必要将沿海国权利与管辖的重大扩张与无害通过权、过境通行权及群岛海道通过权联系起来进行审视——这三种权利一直被称作"航行与飞越之冠上的明珠"。这些通行制度确保着国际主要海事强国的全球战略机动性，对这些国家至关重要。海事强国只有在这些条件得以保障的前提下，才可能同意有利于沿海国的海洋法变化。作为应对，我国可以利用现有双边及多边合作机制[66]积极沟通航行自由的核心理念，即确保船舶在特定航道上持续不断、无障碍通行的权利。也唯有在航行自由得以确保的前提之下，"21 世纪海上丝绸之路"的建构才可能达到互利共赢的目标。

无疑，专属经济区是 1982 年《联合国海洋法公约》最具革命性的创造之一。[67] 该制度使沿海各国对约 3800 万平方公里的海洋空间享有管辖权，这是一笔慷慨的馈赠，却也是海洋自由的一块巨大的绊脚石。专属经济区意味着沿海国管辖权在地理和功能上的显著扩张，也许在历史上，这是将资源置入国家管辖权下最大规模的转移行动。[68]这些专属经济区覆盖了地球约 8% 的表面积，占据了海洋约 36% 的疆域，为全球提供着约 25% 的初级生产力，并囊括了全球约 90% 的渔业和其他海洋资源。有科学家估测，距海岸 200 海里以内的海域中蕴藏着全球 87% 的海上油气资源，同时，专属经济区海域为全球"生态系统服务"（ecosystem service）贡献了 43% 的价值。必须强调的是，在该海域内保留与资源无关的公海自由是主要海事强国和其他国家接纳"专属经济区"概念的前提条件。[69]

主张建立专属经济区的主要论点是要保护发展中国家、尤其是沿岸渔业地区的经济利益，使他们得以获得此前未能提出合法或无争议主张的资源。[70] 最初，人们认为该制度将主要有利于发展中国家的利益，但事实证明这是个错误的假设。相反，专属经济区的创设主要为重要的工业化国家带来了好处，在拥有全球专属经济区面积 40% 的 7 个国家中，只有印度尼西亚一国是发展中国家。另有学者指出，建立专属经济区的实际效果是使得沿海国本国渔船可以在该区域内畅行无阻地收获海洋资源，而无须与他国渔船

〔66〕 例如利用上海合作组织（SCO）、中国—东盟"10 + 1"、亚太经合组织（APEC）、亚欧会议（ASEM）、亚洲合作对话（ACD）、中国—海湾合作委员会战略对话等现有多边合作机制。

〔67〕 G. Kulleenberg, "The Exclusive Economic Zone: Some Perspective", 42 *Ocean and Costal Management*, at 849 (1999).

〔68〕 Ibid.

〔69〕 I. A. Shearer, "The International Tribunal for the Law of the Sea and its Potential for Resolving Navigation Disputes", in *Navigational Rights and Freedoms and the New Law of the Sea*, D. R. Rothwell and S. Bateman (eds.), at 267-268.

〔70〕 Venezuelan President Carlos Andres Perez at the opening of the Caracas Session of the Third United Nations Conference on the Law of the Sea, as quoted by Anand, Freedom of the Seas, at 275.

相竞争，并由此促进对渔业资源保护与保存的妥善管理，然而令人意外的是，专属经济区的设置反倒加速了渔业资源的衰落。[71] 专属经济区制度最基本的问题在于沿海国和其他所有国家的权利义务之间的平衡，一旦将天平偏向对该区域主张权利的国家，专属经济区便可能逐渐被融化为领海，假以时日，便会对海上自由构成实质性的限缩。1982年《联合国海洋法公约》第59条为解决专属经济区中的权利与管辖分配问题提供了一项明智但尚不具体的原则，即"该种冲突的解决应在公平基础上参照一切有关情况，并考虑到所涉利益对有关各方和整个国际社会的重要意义"。无论如何，这项原则的实践价值还需进一步提升。

将"大陆架"概念扩展至延及基线外350海里以至更远的整个大陆边缘，并将法律上的"大陆架"扩展至200海里范围，意味着沿海国对于海床自然资源主权权利的实质性扩张。所谓"宽大陆架国家"所主张的对专属经济区以外广大海床的主张由此得到了认可。在特定条件下，这些国家可以实现其资源占有的基本目标，而其他国家却要为此支付代价。[72] 如果算上被纳入专属经济区的200海里以外的大陆架区域，97%的海上油气资源都将处于国家管辖权之下。需要指出的是，国际海洋法大会的参会国一度认为，能够对200海里以外大陆架主张权利的国家至多不过30到35个，[73] 但目前看来，有此种主张的国家已有约80个，由此带来的后果是人类的共同遗产进一步被鲸吞。[74] 根据1982年《联合国海洋法公约》第82条，宽大陆架国家有义务就其超出200海里范围的大陆架主张支付一定的对价，即其在开发200海里以外大陆架上的非生物资源时，应向国际海底管理局缴付一定的费用或实物，由后者向1982年《联合国海洋法公约》的各缔约国进行分配。

1982年《联合国海洋法公约》中关于海洋污染的条款为先前存在的国际海洋环境法带来了显著的改变，它的通过对专属经济区及大陆架海区广阔范围内的航行和通讯自由带来了直接的影响。1982年《联合国海洋法公约》甚至被评价为"现存最强大的系统性环境条约"并且"似乎将在未来很长时间内持续凸显"。[75] 相关条款试图使船旗国和沿海国在其利益主张上达成妥协，前者力求无障碍的航行自由，后者则希望明确沿海

[71]　J. R. Rasband, J. Salzman & M. Squillace, *Natural Resources Law and Policy*, at 462, 468 (Foundation Press: 2004).

[72]　S. Vasciannie, "Landlocked and Geographically Disadvantaged states and the Question of the Outer Limit of the Continental Shelf", 58 *British Yearbook of International Law*, at 272 (1987).

[73]　G. Taft, "Applying the Law of the Sea Convention and the Role of the Scientific Community Relating to Establishing the Outer Limit of the Continental Shelf Where It Extends Beyond the 200 Mile Limit", in *Law*, *Science & Ocean Management*, R. Long, T. H. Heidar & J. N. Moore (eds.), at 470 (Martinus Nijhoff Publishers: 2007).

[74]　Table of the Submissions to the Commission on the Limits of the Continental Shelf, available at: www. un. org/ Depts/los/clcs_ new/commission_ submissions. htm (last visited 9 September 2014).

[75]　E. B. Weinstein, "The Impact of Regulation of Transport of Hazardous Waste on Freedom of Navigation", 9 *The International Journal of Marine and Coastal Law*, at 168 (1994).

国和港口国家在环保领域的权利，从而对该种自由加以限制。在 1982 年《联合国海洋法公约》对海洋科研做出的规定上，有学者指出，科研许可制度是沿海国与国际社会权利平衡的产物，尽管普遍的国际法和 1982 年《联合国海洋法公约》都并未认可"国际社会"的法律地位。[76] 在此情形下，1982 年《联合国海洋法公约》相关条款的实施可能马上叫停全球约 1/3 的海上科学与环境监测活动[77]，而这无疑将会对"21 世纪海上丝绸之路"的构建造成挑战。

四、结论

本文以 1982 年《联合国海洋法公约》为核心具体提出该公约的局限性，并认为沿海国主权和管辖权有逐渐向海一面扩张的趋势。1982 年《联合国海洋法公约》尽管能提供解决问题的指导性原则，但也不是万灵丹。我们身处在一个动态的世界，而当前海洋问题的复杂性远非《公约》在议定之时所能预见。因此现在更迫切需要的是以国家实践来补充成文法的不足，并进而带动国际习惯法的形成，如此才有可能在这一股关于海洋的潮流中找出出路。"21 世纪海上丝绸之路"会受到两阵风的扰动："海洋吹向陆地的风是自由之风，而陆地吹向海洋的风则是统治之风"，这两股势力的交互作用塑造了国际海洋法的诸多原则性特征。[78] 在特定历史时期下，二者中的任一种占据上风，都反映了当时占据统治地位的力量之利益[79]——这正是政治利益构成国际法发展基础的另一力证。展望未来，"21 世纪海上丝绸之路"是以目标协调、政策沟通为主，不刻意追求一致性，可高度灵活，富有弹性，是多元开放的合作进程。在建构的过程中有必要利用既有双边、多边和区域、次区域合作机制，针对本文所提出以及总结出的议题进行协商讨论，促进沿线国家对共建海上丝绸之路内涵、目标、任务等方面的进一步理解与认同。

---

[76] M. Gorina-Ysern, *An International Regime for Marine Scientific Research*, at 347 (Translational Publishers: 2003).

[77] P. A. Verlaan, "Experimental Activities that Internationally Perturb the Marine Environment: Implications for the Marine Environment Protection and Marine Scientific Research Provision of the 1982 United Nations Convention of the Law of the Sea", 31 *Marine Policy*, at 213 (2007).

[78] T. T. B. Koh, "The Origins of the 1982 Convention on the Law of the Sea", 29 *Malaya Law Review*, at 2 (1987); R. Rayfuse & R. Warner, "Securing a Sustainable Future for the Oceans Beyond National Jurisdiction: The Legal Basis for an Integrated Cross-sectoral Regime for High Seas Governance for the 21st Century", 23 *The International Journal of Marine and Coastal Law*, at 400 (2008).

[79] E. D. Brown, "Freedom of the High Seas versus the Common Heritage of Mankind: Fundamental Principles in Conflict", 20 *San Diego Law Review*, at 521 (1982-1983).

构建海洋强国海上执法体制研究

■ 金 秋*

【内容摘要】 中共十八大将"建设海洋强国"确定为今后国家发展的重要战略，并突出强调维护海洋权益的重要性。2013 年中国《国务院机构改革和职能转变方案》将传统分散的海上执法力量整合，开始迈向海上统一执法体制。2014 年 4 月 16 日韩国"岁月号"沉船事故发生之后，韩国总统朴槿惠在 5 月 19 日即作出了解散韩国海洋警察厅的重大决定，新设了韩国国民安全处与海洋警备安全本部。本文在考察美国、日本、韩国的海上执法体制的基础上，结合中国海上执法体制的新变化，将各国海上执法体制进行对比分析，以探求中国海上执法体制的未来发展方向。

【关键词】 海洋强国 海上执法体制 统一执法 中国海警

自 1982 年《联合国海洋法公约》生效以来，各国管辖海域范围扩大，在海洋上的权益争夺越来越激烈。面对严峻复杂的海上形势，为谋求政治、经济、军事上的有利态势和战略意义，各沿海国家竞相调整海洋战略和政策、调整和完善本国海洋立法并强化海上执法力量。尽管各国由于政治制度、经济发展水平、地理条件以及海洋发展阶段存在差异，但具有统一海上执法力量的集中型海上执法体制是众多沿海国家的选择。同时，拥有强大的海洋执法力量也已成为海洋强国在海洋执法领域的主要发展方向。美国、日本、韩国在海上执法体制建设方面极具代表性且颇为成熟，对我国有很大借鉴意义。

中国是一个海洋大国，海岸线长达 1.84 万公里，加上岛屿共 3.2 万公里，拥有渤海、黄海、东海和南海四大海域。海区有 500 平方米以上的岛屿 6536 个，拥有 12 海里领海权的海域面积 37 万平方公里，管辖的 200 海里领海、毗连区、专属经济区和部分国际海底区域面积近 300 万平方公里，相当于我国陆地面积的 1/3。[1] 建设海洋强国是实现中华民族伟大复兴的必然选择。中共十八大将建设海洋强国提升为国家战略，并突出强调维护海洋权益的重要性。2013 年，中国《国务院机构改革和职能转变方案》将传统分散的海上执法力量整合，重新组建国家海洋局，并以海警局的名义进行巡航执法。自此，中国海上执法体制从分散型迈向集中型。

本文在考察美国、日本、韩国的海上执法体制的基础上，结合中国海上执法体制的新变化，将中、美、日、韩的海上执法体制进行对比分析，以探求中国海上执法体制的未来发展方向。

---

* 法学博士，北京工商大学法学院副教授，主要研究方向为海商法、海洋法、国际经济法。

〔1〕 姚慧娥：《论面向新世纪我国海洋法制建设的完善》，《中国法学会环境资源法学研究会 2003 年年会论文集》，第 507 页。

一、美国、日本、韩国海上执法体制

(一) 美国

美国是世界上最早成立海岸警卫队的国家。美国海岸警卫队 (U. S. Coast Guard, US-CG) 是世界各国海岸警卫队的鼻祖,是当今许多国家海上执法队伍建设的典范。美国海岸警卫队隶属当今美国联邦政府最大的部——国土安全部。它是美国五大军事力量之一,战时由美国海军统一指挥;是唯一不受国防部制约的一个部门;是美国经法律授权的唯一的海洋综合执法机构。

《美国海岸警卫队成立法案》 (Act to Create the Coast Guard)、 《美国法典》 (U. S. Code)、《美国海岸警卫队海上安全战略》 (Coast Guard Strategy for Maritime Safety, Security and Stewardship) 以及《美国海岸警卫队授权法案》 (Coast Guard Authorization Act) 等为 USCG 作为海上执法主体行使海上执法权提供了充分的法律保障。

《美国法典》第 14 卷是对美国海岸警卫队的专门规定。详细规定了海岸警卫队的性质、职能、隶属和机构设置等,并赋予海岸警卫队在履行海上执法职能时需要行使的抓捕权、登临权、检查权等。[2]《美国海岸警卫队海上安全战略》作为 USCG 公布的第一个战略,在客观分析美国海上安全和海洋管理所面临的新形势的基础上,按照美国国家安全战略的总体目标和要求,提出了 "海上先发制人战略" 维护海上安全、保护美国海上利益。

美国海岸警卫队的职能主要分为五个方面:国土防御、海上治安、海上搜救与安全、海上交通、海洋自然资源和环境的保护。[3] 在 "9·11" 恐怖袭击事件之后,美国海岸警卫队的海上职能又增加了反恐,甚至海上作业的重点也开始转移至国土安全防御,并由之前的交通部转隶属于新成立的国土安全部。

美国海岸警卫队司令部 (总部) 设在华盛顿,下设作战司令部、战备司令部。作战司令部负责指挥海岸警卫队所有军事行动;战备司令部负责训练、装备和提供海上巡逻力量以及海岸部队和新的可部署作战部队。目前,在太平洋地区设置 4 个管区,在大西洋设置 5 个管区,共配置有 41 个基地 (含 26 个航空基地)、191 个救助站。

从 2011 年的数据来看,美国海岸警卫队拥有现役官兵 4.3 万余人,其主要人员都有军籍、授军衔、着军装。另外,还编有预备役人员 7800 余人,并有志愿义务人员约 3.42 万人参与日常辅助工作。USCG 是当今世界最强大的海上执法队伍,拥有大量的各类舰船,其中大中型舰船 (长度在 65 英尺以上者) 叫 Cutter,船名前加前缀 "US-CGC",现役约 200 余艘;小型舰艇叫 Boat,现役约 1400 余艘;还拥有 200 余架各类固定翼飞机和直升机同时配备轻重武器。此外,USCG 指挥机关、基地、救助站和舰船、飞机等,都装备了现代化的 CISR (指挥信息系统) 相关设备,使其具有很高的指挥控

---

〔2〕 傅崐成编译:《美国海岸警卫队海上执法的技术规范》,中国民主法制出版社 2013 年版,第 3 页。

〔3〕 U. S. Code Title 14. Part 1 Chapter 5 Functions and Powers.

制能力和指挥效能。[4]

（二）日本

日本建有完备的海上执法机构，即效仿美国的"海岸警备队"建立的日本海上保安厅。该保安厅成立于1948年5月1日，实际上是一支海上准军事力量，号称日本"第二海军"，平时隶属于日本国土交通省，战时由日本防卫省直接指挥。

海上保安厅的主要职能包括海上治安管理、海上交通安全管理、海难救助、海洋环境保护和海上防灾。2012年8月29日，日本通过海上保安厅法修正案，赋予海上保安官离岛行使警察权，可以对"非法"登陆者进行搜查并逮捕（原海上保安厅法规定，海上保安官行使警察权的范围仅限于海上）。[5]

目前，海上保安厅内设总务部、装备技术部、警备救难部、海洋情报部及交通部。日本海上保安厅共辖11个管区以及海上保安大学和海上保安学校两所专业培训院校。海上保安厅还下辖69个保安部、60个海上保安署、12个航空基地、2个海上保安航空基地、11个情报通信管理部门、7个海上交通部门及国际组织犯罪对策基地、特殊警备基地、特殊救难基地等。[6]

日本海上保安厅所管辖的水域为领海、毗连区、专属经济区（EEZ）以及日美海上搜救协定（《日美SAR协定》）规定的搜寻救助区域（自日本本土东南1200海里）。其中，仅临海和专属经济区面积合计约447万平方千米，大约相当于日本国土面积的12倍。如果加上《日美SAR协定》的分担海域，日本海上保安厅负责管辖的海域大约相当于其国土面积的36倍。[7] 保安厅将日本周边海域划分为特别警备巡逻区、海峡巡逻区及周边海域巡逻区三类共13个巡逻区域。

日本海上保安厅的规模与海上行动能力在世界范围内首屈一指，甚至远超许多国家的海军。截至2013年4月1日，日本海上保安厅拥有各类船艇446艘，其中各类巡视船117艘、巡视艇238艘、特殊警备救难艇63艘、测量船、教育业务用船等28艘；还拥有各类航空机共73架，其中各类固定翼飞行机27架，各类直升机46架。海上保安厅2013年的预算为1765亿日元。至2014年3月31日，日本海上保安厅的总职员预计为12636人。[8]

（三）韩国

韩国实行统一的海洋执法管理体制，韩国海洋警察厅（Korea Coast Guard，KCG）负责韩国海洋执法工作。1953年韩国政府依据《渔业资源保护法》制定了"海洋警察队设置计划"，同年12月14日公布了《海洋警察队编制令》（总统令第844号），12月

---

〔4〕　数据来源于http：//www.uscg.mil。

〔5〕　吴谷丰：《日本参议院通过海上保安厅法修正案》，《中国日报》2012年8月29日。

〔6〕　数据来源于http：//www.kaiho.mlit.go.jp。

〔7〕　于宜法、李永祺主编：《中国海洋基本法研究》，中国海洋大学出版社2010年版，第103页。

〔8〕　数据来源于http：//www.kaiho.mlit.go.jp/jpam.pdf。

16日又公布了《海洋警察队编制执行规则》（内务部）。韩国在釜山成立了海洋警察队，隶属于内务部。1991年将其升格为海洋警察厅。

为了更好地适应维护韩国海洋权益的需要，1996年8月韩国将农林水产部、交通部、环境部、科技部、产业资源部、警察厅等13个中央政府部门的涉海职能和机构加以整合，组建海洋与水产部，统一负责渔业水产、海上交通运输、海上安全、海洋环境保护、海洋科学研究与调查、海洋资源开发利用等相关涉海事务，成为韩国唯一不按行业或功能而是按区域设置的中央政府内阁部门。该部设有海洋警察厅，实行统一海上执法。海洋与水产部的成立，标志着韩国完成了其海洋管理机构由分散管理趋向集中管理的转变。2000年，韩国出台了国家海洋发展的未来蓝图和国家战略，建立了《海洋开发基本计划：海洋韩国 Ocean Korea 21》，积极应对21世纪国内外海洋水产环境变化。目前，韩国海洋警察厅为副部级的机构，隶属韩国海洋水产部，总部位于仁川。

韩国海洋警察由海洋警察厅总部与16个海洋警察署组成，下辖88个派出所、241个办事处。目前，韩国海洋警察厅组织主要由厅长、次长以及设立的警务企划局（负责预算、人事），警备救难局（负责领海警备巡逻，防范海上军事威胁与海难救援），情报搜查局（负责海上犯罪活动的搜查、海外情报收集），装备技术局（负责海上装备、技术维护）和海洋污染管理局（负责污染监视、分析、防灾）等5个部分构成。[9] 除此之外，还有直接隶属于总部管理和培养海警专业人才的海洋警察学校、研究开发中心、维修厂三个辅助性单位。2006年12月1日起，韩国在江原道东海、全南木浦、釜山广域市分别成立东海（日本海）、西海（黄海）、南海（东海）三个地方海洋警察厅，在仁川设立海警直辖署。[10]

韩国海警的职责几乎包括了除海洋国防安全外的所有海上事务，主要负责：警备和海难救助、海上交通安全管理、海上治安、海洋环境保护、防治海洋污染等，具有警察机关的搜查、逮捕、起诉及执行与任务相关法律的职权。[11] 随着海上治安问题日趋突出和面临海上恐怖活动的现实威胁，海洋警察厅又被赋予了应对海上突发事件和海上反恐的新任务。

为维护韩国海洋权益，不断提高有效管控的能力，韩国海警通过建立海岸监控系统，严密监视韩国专属经济区水域的船舶活动，对重要航线上的船舶强化监视和检查，对"不服从检查者"采用强制手段登船检查；通过更新警备艇装备和靠前部署海警特警队，加大警戒力度，不断提高处置海上突发事件的能力；通过实施专属经济水域通讯员制度和举报奖励制度，及时发现和掌握各种海上信息。海警一旦发现进入其专属经济水

---

〔9〕 阎铁毅、孙坤：《论中国海洋行政执法主体》，《大连海事大学学报（社会科学版）》2011年第2期。

〔10〕 参见 http：//www.kcg.go.kr/global/menu_01/0103.html。访问日期：2016年8月18日。

〔11〕 参见 http：//ebook.kcg.go.kr/home/view.php? host＝main&site＝20121107_1!1250。访问日期：2016年8月18日。

域的外国渔船，一般会立即采取"警告驱离"或"武力抓捕"措施。[12]

据韩国海洋警察厅《2013 年工作报告》显示，截至 2013 年 10 月，韩国海洋警察厅拥有警察官、战斗警察巡警、一般行政等人员共 10977 人。警备舰艇（包括大型、中型、小型）的数量为 202 艘，截至 2020 年将达到 205 艘；特殊艇，包括巡查艇、消防艇等共 99 艘；航空机 23 架，包括固定翼飞机 6 架、直升机 17 架。

2014 年 4 月 16 日的"岁月号"沉船事故给韩国海洋警察厅的发展造成了致命打击。韩国总统朴槿惠在国内巨大的舆论压力之下，在 5 月 19 日对国民讲话中，宣布废除韩国海洋警察厅。随后提出了一揽子计划和相关法律法规修正案，新设了海洋警备安全本部。缩小了海洋警备安全本部的搜查、情报职能，但通过强化搜寻救助职能和统一海上交通管制职能等方式，提高了其专业性，并正在向统一的海上执法机构方向发展。新设的海洋警备安全本部以舰艇、海洋警备安全中心等设备和机构强调了以现场为中心的执行能力，将以创新思想调整内部结构，迎接新的挑战。韩国海洋执法体制的发展已经得到了东亚各国的关注。

二、中国海上执法体制

（一）中国传统海上执法体制

长期以来，中国的海洋管理在横向上表现为综合管理和部门分工相结合，即在国家海洋局综合管理基础上，再按用海类型，由相应的行业主管部门管理；在纵向上建立了中央、省、市、县四级海洋资源监督管理机关。从总体来看，中国海洋管理基本上是陆地各种资源开发行业部门管理职能向海洋的延伸，并没有一个涉海部门能够有效地实施海洋综合管理。与分散的行业管理相对应，原有的海上执法队伍主要有 5 支，即国土资源部国家海洋局的海监队伍、交通部海事局的海巡执法队伍、农业部渔业局的"中国渔政"、公安部边防管理局的海警部队、海关总署的海关缉私警察队伍。

1. 中国海监队伍

中国海监是国家海洋局领导下、中央与地方相结合的行政执法队伍，由国家、省、市、县四级海监机构共同组成。其领导机构中国海监总队成立于 1998 年。

中国海监主要负责国家海洋权益维护、海域使用管理、海洋环境保护的执法工作，依法实施巡航监视和监督管理，查处违法活动。

中国海监队伍由海监总队，3 个海区总队，11 个沿海省、自治区、直辖市总队及其所属 97 个支队、205 个大队组成，共有执法人员 8000 余人。其中，国家队伍由中国海监总队机关、3 个海区总队（北海、东海、南海）、10 个行政执法支队、3 个航空支队、3 个维权执法支队、1 个西中南沙执法站组成，执法人员 2300 余人。地方队伍由 11 个沿

---

[12]　［韩］金显基：《21 世纪海洋时代的韩国海洋警察》，韩国海洋战略研究所 2001 年版，第 7 页。

海省、自治区、直辖市总队及其所属 81 个支队、205 个县（市）大队组成，执法人员 6000 余人。

中国海监拥有海监飞机 10 架，各类执法船、艇 400 余艘，执法专用车 300 多辆，其中，千吨以上海监船 26 艘。[13]

2. 中国海事

中国海事隶属于交通运输部，是海上交通执法监督队伍，由直属海事局和地方海事局两支队伍组成，分别在不同的水域行使海事管理职能。直属海事局管辖的水域包括沿海（包括岛屿）海域和港口、对外开放水域；上述水域以外的内河、湖泊和水库等的水上安全监督工作，由省、自治区、直辖市人民政府负责。交通部共设置 14 个直属海事局、27 个地方海事机构。

海事局的职责主要包括管理水上安全和防止船舶污染，调查、处理水上交通事故、船舶污染事故及水上交通违法案件；负责外国籍船舶出入境及在中国港口、水域的监督管理；负责船舶载运危险货物及其他货物的安全监督；负责禁航区、航道（路）、交通管制区、安全作业区等水域的监督管理；管理和发布全国航行警（通）告，办理国际航行警告系统中国国家协调人的工作；审批外国籍船舶临时进入中国非开放水域；管理沿海航标、无线电导航和水上安全通信；组织、协调和指导水上搜寻救助并负责中国搜救中心日常工作；等等。[14]

3. 中国渔政

我国海洋渔政执法工作由黄渤海、东海、南海区渔政局负责。海区渔政局主要管辖海洋机动渔船拖网禁渔区线以外水域；重要渔场、渔讯；国家颁布的保护区、休渔区以及中日、中韩、中越渔业协定的水域。组织实施所负责海区的专属经济区渔政巡航是各海区渔政局一项重要职责。2000 年正式成立的农业部渔政指挥中心专门承担农业部履行的渔政管理具体行政执法及队伍建设职责，业务工作由渔业局管理和指导。主要负责组织协调全国重大渔业执法活动，特别是跨海域、大流域、跨省区的渔业执法行动，维护国家海洋权益。

4. 公安边防海警

公安边防海警，是指沿海公安边防总队及其所属的海警支队、海警大队，是维护海上治安秩序的执法力量，从属于公安边防管理部门，是公安边防部队重要的组成部分。主要任务：打击海上违法犯罪，防范、打击境外敌对势力、敌对分子和黑社会组织从海上对我国的渗透破坏活动，负责在我国管辖水域（内水、领海和毗连区）内依法行使公安边防部门管辖的刑事案件的侦查权和治安案件的调查处理权，依法对海上违法犯罪嫌

---

〔13〕 余建斌：《中国海监装备与日本相比差距明显》，《人民日报》2012 年 4 月 18 日。

〔14〕 参见 http://www.msa.gov.cn/Static/jgjj/00000000-0000-1400-0200-010000000001，访问日期：2016 年 8 月 18 日。

疑人员和船舶实施检查、追捕、扣留、押送和其他强制措施。

5. 海关缉私警察

海关缉私警察受海关总署与公安部双重领导，以海关总署领导为主。负责对其管辖的走私犯罪案件的侦查、拘留、执行逮捕、预审；对在毗连区和领海内违反安全、海关、财政、卫生或出入境管理法律法规的行为进行管制；对在领海内实施的走私犯罪、违法违规而逃逸至公海的船舶进行紧追；组织开展海关打击走私违法犯罪的国际、地区合作。

中国传统的以部门为主的分散性行业海上执法体制在较长一段时期内，为维护海上治安、生产秩序发挥了重要作用。但随着时代的发展，各种深层次的矛盾逐渐凸显出来。面对东海、黄海、南海三大海域安全形势的新情况，面对因领土主权争议频频发生的中国渔民被扣事件，原有的海上执法体制不能适应建设海洋强国要求。为此，迫切需要改革海上执法体制，建立一支近能执法、远能维权、平战结合的强大的海上执法力量。

（二）中国海上执法体制新变化

在"建设海洋强国"的国家战略背景下，为加强海洋综合管理和推进海上统一执法、提高执法效能，2013 年 3 月 10 日，第十二届全国人大审议通过《国务院机构改革和职能转变方案》，将国家海洋局及其中国海监、公安部边防海警、农业部中国渔政、海关总署海上缉私警察的队伍和职能整合，重新组建国家海洋局，以中国海警名义开展海上维权执法，接受公安部的业务指导。与此同时，为加强海洋事务的统筹规划和综合协调，设立高层次议事协调机构国家海洋委员会，负责研究制定国家海洋发展战略，统筹协调海洋重大事项。国家海洋委员会的具体工作由国家海洋局承担。

2013 年 7 月 9 日，国务院批准的《国家海洋局主要职责内设机构和人员编制规定》发布，突出强调了国家海洋局综合管理、统一执法的职责。根据《规定》，国家海洋局为副部级单位，是国土资源部管理的国家局。主要负责组织拟订海洋维权执法的制度和措施，制定执法规范和流程；在我国管辖海域实施维权执法活动；管护海上边界，防范打击海上走私、偷渡、贩毒等违法犯罪活动，维护国家海上安全和治安秩序，负责海上重要目标的安全警卫，处置海上突发事件；负责机动渔船底拖网禁渔区线外侧和特定渔业资源渔场的渔业执法检查并组织调查处理渔业生产纠纷；负责海域使用、海岛保护及无居民海岛开发利用、海洋生态环境保护、海洋矿产资源勘探开发、海底电缆管道铺设、海洋调查测量以及涉外海洋科学研究活动等的执法检查。

《规定》同时强调，国家海洋局将加强海洋综合管理、生态环境保护和科技创新制度机制建设，推动完善海洋事务统筹规划和综合协调机制，促进海洋事业发展。加强海上维权执法，统一规划、统一建设、统一管理、统一指挥中国海警队伍，规范执法行为，优化执法流程，提高海洋执法能力，维护海洋秩序和海洋权益。

重组后的国家海洋局内设 11 个机构，人员编制为 372 名。其中新增海警司、财务装备司，将原有的政策法规和规划司拆分为战略规划与经济司和政策法制与岛屿权益司。新增设的海警司同时也是海警司令部、中国海警指挥中心。该部门负责组织起草海洋维权执法的制度和措施，拟订执法规范和流程，承担统一指挥调度海警队伍开展海上维权执法活动具体工作，组织编制并实施海警业务建设规划、计划，组织开展海警队伍业务训练等工作。新组建的财务装备司加挂"海警后勤装备部"的名称，负责起草并组织实施海警队伍基建、装备和后勤建设的规划、计划，拟定经费、物资、装备标准及管理制度，组织实施装备物资采购。在人员方面，增设 1 名副局长兼任中国海警局局长，国家海洋局局长兼任中国海警局政委，同时增设中国海警局副局长 2 名、副政委 1 名。

此外，设置国家海洋局北海分局、东海分局、南海分局，履行所辖海域海洋监督和维权执法职责，对外以中国海警北海分局、东海分局、南海分局的名义开展海上维权执法。3 个海区分局在沿海省（自治区、直辖市）设置 11 个海警总队及其支队。

7 月 22 日，中国海警局正式挂牌成立。根据规定，中国海警局可以直接指挥海警总队开展海上维权执法。中国海警人员编制是 16296 人。

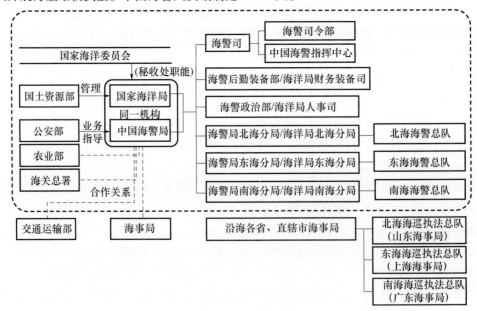

图 1　重组后的中国海上执法队伍[15]

三、中、美、日、韩海上执法体制的比较分析

---

〔15〕 根据《国家海洋局主要职责内设机构和人员编制规定》（国发〔2013〕15 号）、《结束"九龙之海"中国海警局正式持牌》（《新京报》2013 年 7 月 23 日）、山东海事局网站、上海海事局网站及广东海事局网站制作而成。

从总体上看，作为海洋强国的美国、日本及韩国的海上执法体制较为成熟，不仅海上执法主体职责明确，而且力量强大，无论在执法依据、人员、装备还是资金方面都有充足的保障。

表 2　中、美、日、韩海上执法机构对比

内容\国别	中国		美国	日本	韩国
名　称	中国海警	中国海事	海岸警卫队	海上保安厅	海洋警察厅
成立时间	2013 年整合	1998 年	1915 年	1948 年	1953 年
主管部门	国家海洋局（接受公安部业务指导）	交通运输部	国土安全部	国土交通省	海洋水产部
主要执法依据	《国务院机构改革和职能转变方案》《国家海洋局主要职责内设机构和人员编制规定》等	《中华人民共和国海上交通安全法》《中华人民共和国海上交通事故调查处理条例》等	《美国法典》	《海上保安厅法》	《海洋警备法》等
主要职能	维护国家海上安全和治安秩序渔业执法检查海域使用、海岛保护及无居民海岛开发利用、海洋生态环境保护、海洋矿产资源勘探开发、海底电缆管道铺设、海洋调查测量以及涉外海洋科学研究活动等的执法检查	水上安全监督及防止船舶污染水域船舶及海上设施检验航海保障海上搜救外国籍船舶出入境及在中国港口、水域的监督管理	国土防御海上治安海上搜救与安全海上交通海洋自然资源和环境保护	海上治安管理海难救助海上交通安全管理海洋环境保护和海上防灾	海上治安警备和海难救助海上交通安全管理海洋环境保护防治海洋污染
人员构成	多样	行政人员	军人、预备役人员、行政人员、志愿者	行政人员（具警察职能）	警察
人员数量	16296 人	—	现役官兵 4.3 万余人、预备役人员 7800 余人、志愿义务人员约 3.42 万	12636 人（至 2014 年 3 月）	警察官、战斗警察巡警、一般行政等人员共 10977 人（2013 年 10 月）
年预算（2013 年）	—	—	86.19 亿美元（约 588.68 亿元人民币）	1765 亿日元（约105.9 亿元人民币）	10836 亿韩币（约 60 亿元人民币）

续表

国别＼内容	中国		美国	日本	韩国
执法装备	—	—	大中型舰船 200 余艘，小型舰艇 1400 余艘 200 余架各类固定翼飞机和直升机	船艇 446 艘（巡视船 117 艘、巡视艇 238 艘、特殊警备救难艇 63 艘、测量船、教育业务用船等 28 艘）航空机 73 架（固定翼飞机 27 架、直升机 46 架）	舰艇 301 艘（警备舰艇 202 艘；特殊艇，包括巡查艇、消防艇等共 99 艘）航空机 23 架（固定翼飞机 6 架，直升机 17 架）
备注	表格中的数据均来源于各执法机构的官方网站；"—"表示目前无法查到公开发布的权威数据				

首先，从权力法定化的角度来看，美国、日本、韩国均以法律手段对海上执法力量的职能、权力、执法程序及权益进行规定、约束和保障，确保其一切行为在法制的框架下运行，做到有法可依。除美国海岸警卫队有《美国法典》第 14 卷专门予以规定外，日本 2001 年颁布的《海上保安厅组织规则》对海上保安厅的内部布局设置及各部门相关职责做了详细的规定；2008 年又专门出台了《海上保安厅法》《海上保安厅法施行令》，对海上保安厅的海上执法进行了全面规制；此外，还有海上保安厅职员服制等一系列针对海上执法的立法，构成了较完备的日本海上执法立法体系。

相比之下，中国在海上执法方面缺乏统一的执法依据。中国原有海上执法力量分散，隶属于不同部门，多以本部门规章、规范性文件等为执法依据。各部门的执法依据在整体上并不协调，存在职责界定不清、职责交叉等诸多问题。而且，在海上执法程序方面亦没有统一的立法规范。[16]

另外，新成立的国家海洋局和中国海警局的组织形式比较复杂，其所属上级机关和权限分配等问题不够明朗。如涉及海洋管理和执法的规章由国家海洋局起草并提请国土资源部部务会议审议通过后，由国土资源部发布，但国家海洋局又以中国海警局的名义开展海上维权执法并接受公安部业务指导。[17] 而且海警局局长（兼海洋局副局长，正

---

〔16〕 金秋：《关于中国海上执法体制的研究》，《韩国海法学会志》2006 年第 1 期。

〔17〕 《国务院办公厅关于印发国家海洋局主要职责内设机构和人员编制规定的通知》（国办发〔2013〕52 号），http://www.soa.gov.cn/zwgk/fwjgwywj/gwyfgwj/201307/t20130709_26463.html，访问日期：2016 年 3 月 12 日。

部级）的行政级别高于海警局政委（海洋局局长兼任，副部级）。[18]

其次，从海上执法力量的性质来看，无论是美国的海岸警卫队、日本的海上保安厅还是韩国的海洋警察厅，都属于准军事化综合性海洋执法队伍，拥有精良的执法装备配置，包括一些重型武器装备，组织设置精简、高效，执法任务的综合化程度较高，比很多发展中国家的海军力量还要强大。

而中国的海上执法力量在此次改革之前，除海警、海关缉私警察外，中国海监、渔政等执法力量不属于武装力量，一般情况下不配备重型武器，只有少数船只可配备轻武器，如冲锋枪、手枪、高压水枪等，在争议海域执法时常处于劣势。

再次，从执法队伍培养方面来看，由于海上执法具有专业性和复杂性的特点，对执法人员的要求颇高，因此美国建有海岸警卫队学院、日本建有海上保安大学和 2 所海上保安学校，韩国设置了海洋警察教育学院[19]，在培养专业化海上执法队伍方面，这些机构都起到了至关重要的作用。例如，日本海上保安大学负责培养海上保安厅的干部职员，学生在四年半的学习期间接受高等教育和培训，包括一般教育科目和外语科目，还有法学、行政管理学、航海学、轮机工程学、通信工程学等专业科目以及训练科目，在学完了本科教育课程之后，转入专业教育课程，同时还必须参加环球远洋航海实习，学习与海上保安实际业务相关的科目。海上保安大学除本科和专业教育课程以外，还有特修教育课程，以培养海上保安厅的初级干部，从一般海上保安官之中选拔成绩优秀的进修生，进行教育训练，学习所需要的知识和技术。补充保安官在按照严格的条件经考试合格录取后，须经海上保安大学或海上保安学校的专业培训合格后方能上岗。海上保安学校还拥有 3000 吨级训练舰。韩国海洋警察教育学院则以干部短期业务培训及新任警察教育（一年）为主，而且拥有 4200 吨级向洋号训练舰。相比之下，我国在海上执法专业人才的培养方面明显不足。

三、中国海上执法体制未来发展方向

此次中国海上执法体制的改革，是海洋管理体制的历史性转折，是中国海洋事业发展史上的重大里程碑，意味着中国向建设海洋强国跨出了关键性一步。

一方面，《联合国海洋法公约》颁布以来，整合海上执法力量已经成为海上综合执法的主流趋势和通行做法。将几支不同职能、不同隶属、不同构成的队伍整合在一起，在新的平台上实行统一执法，能够减少过去存在的由于职能相互交叉或重复而引发的不必要的矛盾和纠纷，将有利于加强海洋综合管理、减少重复建设成本、显著提高执法效率。

---

〔18〕　日本防卫省防卫研究所：《2013 中国安全保障报告》，2014 年 11 月。

〔19〕　该校创建于 2004 年 5 月，并于 2013 年 11 月更名为海洋警察教育学院（海洋警察教育学院官网：http：//kcgi.kcg.go.kr/jsp/kcga/soge/soge_ 02.jsp）。

另一方面，中国在维护海洋权益方面面临着严峻的挑战。和平时期如若轻易使用国家军队，引发冲突很可能迅速升级为军事危机甚至是战争，而统一的海上执法力量可以起到危机控制和危机处理的作用，为外交斡旋留有更大的回旋余地和有为空间。

然而，作为海上执法体制的重大改革，此次的机构整合才仅仅是一个开始，后续仍面临诸多法律问题和现实挑战，必须在结合国情的基础上，积极借鉴美、日、韩三国海洋管理和执法的经验，探索中国海上执法体制未来发展之路。

从目前情况来看，中国海上执法需进一步与国际接轨，主要应关注以下几点：

其一，完善涉海法律体系建设迫在眉睫。此次执法体制改革中机构整合先行，但尚未建立海上执法的法律法规体系。海上执法体制是海洋管理体制中的重要组成部分。一个国家的海洋管理体制须由海洋基本法来规定，而中国现行的海洋法律体系中缺失海洋基本法。现有的少量涉及海洋管理的综合性法律中原则性规定较多，具体可操作的细则较少，甚至缺乏明确的主管部门或负责机构。

此次机构整合，中国海警不仅内部人事变动复杂、工作机制尚未理顺，而且其执法权限，实施紧追、登临、检查的操作程序，经费保障等一系列具体问题目前还都无明确的规定。因此，必须尽快完善涉海法律体系建设，研究制定有关海上执法的专门立法，才能有效整合各执法力量，海上执法工作才能做到合法、有序。

其二，强化执法装备、提高执法人员素质，努力提高海上执法水平。在海上执法装备方面，整合后的中国海警局可以效仿美、日、韩，加大对海洋执法装备的投资力度，强化武器装备，优化配置资源，加强海洋执法设施建设，配置统一的现代化的海洋监视、通报和指挥体系，从而改进我国海上执法的技术手段。至于具体的武器装备标准，尤其是履行何种海上执法职能时可以使用武力、在什么区域范围内使用以及使用武力的程度还有待进一步研究和探讨。在执法人员素质方面，我国应充分学习和借鉴美、日、韩海上执法人才培养与选拔方式，积极探索成立专门的海上执法学校，培养专业性人才，努力提高我国海上执法人员素质。

其三，海上执法机构作为维护国家海上安全的重要力量，应强化演练并进一步拓展与海军的合作方式与合作领域。

美国特别强调海上力量的全面合作。2007 年 10 月，在美国海军指挥学院举行的"国际海上力量"研讨会上，美国海军、海军陆战队、海岸警卫队三支海上力量联合制定了海上战略——《21 世纪海上力量合作战略》[20]。随后，《2010 海军作战构想》（Naval Operations Concept 2010），对美国海上武装力量（包括海军、海军陆战队、海岸警卫队）如何贯彻和实施《21 世纪海上力量合作战略》进行了详细阐述。[21] 一方面，主张

---

〔20〕 Maritime Strategy of Cooperation of the United States in the 21st Century, available at：http：//www. navy. mil/maritime/Maritimestrategy. pdf.

〔21〕 Naval Operations Concept 2010, available at：http：//www. navy. mil/maritime/noc/NOC2010. pdf.

结合人道主义干预、反恐、预防冲突等特定任务的要求超越传统的部署区域，应全球布局；另一方面，海上力量通过发现和抑制来自远方的威胁，扩大国家本土防御的纵深，加强国家本土防御。海岸警卫队通过大力实施"深水"计划，实现与海军防务系统的无缝对接。

为了不断提升海上执法能力和水平，韩国海警经常组织针对性演练。如围绕驱离、抓捕外国非法作业渔船问题，韩国海警通过举行以紧急接警、模拟追击、拦截盘查、强行驱离和实施抓捕为主要课目的应急演练和协同演习，提高驱离和抓扣"非法作业"船的能力；面对恐怖组织可能实施的劫船、爆炸、污染海洋环境等新型威胁，韩国海警频繁举行海上恐怖袭击、港湾污染防护等课目的防控演练。韩国海洋警察厅的东海、西海、南海分局分别与韩国海军的第1、2、3舰队形成了联合警戒防御体制，并密切配合，通过组织联合演练，提高协同防范和联手处置能力。例如，韩国海警在对涉嫌违法船只实施检查和抓捕行动时，韩国海军通常负责外围警戒，利用舰载雷达实施全程监控，协助海警堵截逃跑的违法船只。

日本海上保安厅基本形成了与海上自卫队联动的海上警备与训练体制。海上保安厅日常情报、指挥、通信及控制系统均与海上自卫队相通。双方每年频繁举行联合巡逻和联合训练达数十次。在钓鱼岛等敏感海域，海上保安厅甚至可以根据具体事态，自己协调自卫队舰艇参与应急行动。

其四，中国海警今后应更加注重开展海洋管理、联合执法、搜救演习等国际海上执法交流与合作活动。世界及周边主要国家海上执法力量，基于非传统安全威胁的跨国性特点，十分注重加强国际执法合作。目前，美国东北部的执法机构已能与加拿大的执法机构共享恐怖活动相关的情报信息。日本2004年发起制定《亚洲反海盗合作协定》，主要形式就是执法机构之间的合作，海上保安厅每年都派舰艇与马来西亚、新加坡、印尼、印度等国海岸警卫队进行反海盗联合训练或演习。韩国海警分别与日本海上保安厅、俄罗斯边防部队多次举行反武装劫船和营救人质联合演习、联合海上反恐演习、联合海上救援和拦截违法船只演练等。

此外，由于种种原因，此次海上执法机构整合并未涉及中国海事。而在国际上，海上交通安全管理、海上搜救都是统一的海上执法不可分割的重要职责。因此，真正的海上"统一"执法还需进一步整合中国海事的相关职能。

中国经济已发展成为高度依赖海洋的外向型经济，对海洋资源、空间的依赖程度大幅提高，在管辖海域外的海洋权益也需要不断加以维护和拓展，这些都需要通过建设海洋强国加以保障。海上执法机构是维护海上安全和国家海洋权益的重要力量。维护国家海洋权益不仅涉及国家的主权和民族尊严，更事关国家可持续发展、中华民族伟大复兴的长远和根本利益，是事关国家生存、安全和发展的大局。面对建设海洋强国战略的重大历史机遇以及复杂而严峻的南海、东海海上安全形势，中国海上执法体制的改革任重而道远。

中国海洋维权执法问题研究

■ 曲亚囡*

【内容摘要】 海洋权益作为全世界共同关心的问题，各主权国家在《联合国海洋法公约》的基础上不断扩张海洋权益，引发了"海洋圈占运动"和国际海洋争端。我国作为一个海洋大国，在海域划界、海岛主权以及海洋资源的开发利用等方面的海洋权益也面临严峻的挑战，海洋执法缺少完备的法律支撑，执法队伍的素质亟待提高，执法仍然存在很多问题。我国应尽快完善海洋法律体系，提高海上执法队伍的素质，加强海上执法力量的建设，积极建立综合性的海洋维权执法体制。

【关键词】 海洋权益　海洋执法　海洋法

一、海洋权益与《联合国海洋法公约》

海洋是地球上最广阔的水体的总称，连接着各个大陆，其面积约占地球表面积的71%，但是人类对于海洋的开发却只占5%。海洋不仅为人类提供了丰富的水资源、矿产资源、生物资源及其他可再生能源，而且与人类的生存环境息息相关，同时直接关系着国家安全及一国的政治、经济和军事战略导向。随着人类对海洋的不断开发与深入研究和海洋经济的飞速发展，一场以开发海洋为标志的"蓝色革命"正在世界范围内逐渐兴起，21世纪的海洋时代全面到来。随之而来的是海洋资源的不合理开发与利用、海洋环境污染严重以及海域争端不断等一系列问题。这些问题的产生，使得各国开始重视和加强海洋立法与执法，主权国家对海洋权益的要求日益膨胀。

《联合国海洋法公约》（以下简称《公约》）作为规范各国海上行为和建立国际海洋法律秩序的国际法规则，担当着调整世界海洋法律关系的重任。它第一次明确提出了海洋权益的概念，系统地规定了一系列与海洋有关的法律制度，涉及所有国家的海洋利益。所谓海洋权益是指海洋权利和海洋利益的总称，是国家在海洋事务中依据国际法和国内法可以行使的海洋主权和可以享受的海洋利益。海洋权利是国家的主权范畴，是国家依法享有的海洋领域的权利，包括主权、管辖权和管制权。海洋利益是指"国家在开发利用海洋方面实际享有的便利和获得的收益，是国家海洋权利的具体体现和实际享有状态"[1]它是国家利益的重要组成部分，主要包括"政治利益、经济利益和安全利益"。海洋权益的实现在一定程度上要依赖于国家权力的行使，海洋利益的获得需要以海洋权利为依据。依据国际法，各国享有平等的海洋权利，但是各国的地理位置和经济发展水平存在差异，使得各国获得的海洋利益并不相同。

---

* 国际法学博士，大连海洋大学法学院讲师。

本文系辽宁省社科联2015年度咨政建言课题（2015lslzz-30）、辽宁省社会科学规划基金项目（L14BFX011）的阶段性成果。

[1] 吴继陆：《维护国家海洋权益　促进海洋经济发展》，《中国海洋报》2003年6月3日。

《公约》确定了内水、领海、毗连区、群岛水域、用于国际航行的海峡、专属经济区、大陆架、公海、国际海底区域等海域的法律地位和制度，规定了沿海国在不同海域的权益，以及资源开发、船舶航行、科学研究、海洋环境保护等方面的原则和规则，对各国海洋实践产生了全方位的影响。[2] 维护海洋权益不仅是我国未来海洋发展的重要任务，更是世界范围内各国关注的焦点问题。主权国家如何实现海洋权益，海洋立法和海洋执法成为国家主权的体现。海洋立法是海洋执法的法律基础和依据，海洋执法是维护和实现海洋权益的保障手段，一切的立法与执法都必须以维护海洋权益为落脚点和出发点。因此，加强海洋立法与执法成为各国维护海洋权益的重要手段。

二、中国海洋权益形势

我国正处于社会主义初级阶段，海洋经济正迅猛发展，与各国的海上交流与合作日益密切，虽然给我国带来了极大的海洋利益，同时也给我国带来了海域划界、岛礁主权和海洋资源的严峻挑战。

（一）南海

南海是我国海洋权益争端最复杂的区域，与东海和黄海相比，争端涉及的国家最多，海洋权益受到侵犯的情况最为严重。其中，南海岛礁的战略地位成为各国争夺的主要原因。在南海海域，与我国相邻的国家有五个，即菲律宾、文莱、马来西亚、印度尼西亚和越南。在岛礁主权争议上，这五个国家与我国均存在争议。南海总面积356万平方公里，我国主张管辖海域面积300万平方公里，而南海国家在第三次国际海洋会议期间就已经明目张胆地开展"圈海运动"，主张南海200万平方公里专属经济区和大陆架，各国主张海域与我国主张海域交叉重叠，重叠海域大部分在我国的南海海疆线（九段线）以内，这部分区域成为我国与周边国家岛礁主权争议最多的海域。各国单方面宣布岛屿和海域主权的行为，严重侵犯了我国南海诸岛主权和南沙海洋权益。

除了岛礁主权，南海其他国家对南海丰富的渔业资源和矿产资源也一直觊觎，这些丰富的海洋资源同时也是各国争夺岛礁主权的另一重要因素。自20世纪60年代联合国发现我国南海丰富的自然资源后，各国就开始采取各种各样的方式对我国的海洋资源公然掠夺。在南沙群岛附近存在争议海域的大陆架上，我国南海周边国家分别通过引进外资和技术等手段大肆开采自然资源，对其中的石油资源公然掠夺。越南、马来西亚、文莱和菲律宾都通过和外国数十家公司合作开采的方式，在我国南海海域获得上百亿的收入，石油甚至成为某些国家国民经济的第一支柱产业。此外，我国的渔业资源和渔民的生命财产安全也受到侵犯。目前，我国基本上已经丧失南沙西部传统渔场的捕鱼权[3]，

---

〔2〕 薛桂芳：《〈联合国海洋法公约〉体制下维护我国海洋权益的对策建议》，《中国海洋大学学报（社会科学版）》2005年第6期。

〔3〕 姜丽丽：《论中国海洋维权执法》，中国海洋大学2006年硕士学位论文，第10页。

我国渔民在传统海域捕鱼作业常常受到威胁。

（二）东海

东海是中国岛屿最多的海域，宽度不足 400 海里，中日韩均主张 200 海里的管辖权，这必然出现海域重叠。同时，中国、日本和韩国的海域划界标准不同，导致我国东海大陆架划界问题极为复杂。中国主张以自然延伸原则划界，即冲绳海槽是东海中日自然分界线，日本和韩国则主张以等距离线或者中间线为原则与我国划分东海大陆架。

目前，中韩两国在东海的海域争端主要是东海北部海域的划界争端，韩国对"苏岩礁"采取的单方面行动，说明韩国一直对我国在东海的海洋权益虎视眈眈，其明目张胆的举动使得中韩在东海的划界问题更加复杂。中日两国在东海的权益争端主要集中在钓鱼岛、海域划界问题以及海洋资源的争夺上。钓鱼岛作为中国的历史遗留问题，本是我国主权范围内的事项，但是中国与日本对于钓鱼岛的主权争夺由来已久，使得中日之间对钓鱼岛的主权归属悬而未决。对于大陆架和专属经济区的划界问题，中日双方因为划界的方法以及冲绳海槽和钓鱼岛的地位而产生争议。对于钓鱼岛以及大陆架和专属经济区的争夺，表面上看是两国之间的主权争端，实际上是对海洋资源的争夺。

（三）黄海

黄海位于中国大陆与朝鲜半岛之间，宽度普遍小于 300 海里，在西北与渤海相连，在南部与东海相连，海底地势平缓，是东北大陆架的一部分。在黄海，中国与朝鲜是相邻共架国，与韩国是相向共架国，中国与朝鲜和韩国不存在领土争端，但是因为中朝韩主张的划界方法不同，三国之间存在专属经济区重叠，在黄海大陆架划界上存在争议。

朝鲜目前并没有对外正式宣布自己的领海基线、基线的测定方法、领海制度以及大陆架制度，据《南方周末》报道，多名研究中朝关系的学者表示，在目前公开的官方文件中，找不到中国与朝鲜的海上边界，在以往公开的边界谈判记录中，也有部分边界坐标点没有公开。哪里是朝鲜的专属经济区，哪里是中朝渔民共同分享海洋资源的海域，这些都不为民间所知[4]。但是根据朝鲜在第三次联合国会议上的态度以及其处理国际事务的一贯立场，可以认为，朝鲜主张根据朝鲜特殊的地理环境确定其领海以外的陆地领土自然延伸为其大陆架界限，即以"纬度等分线"原则划分与我国黄海大陆架，而以"海洋半分线"原则主张 200 海里专属经济区，侵犯了我国的海洋权利。我国认为，中国与朝鲜是相邻大陆架国家，应当根据国际法的规定，以等距离线或者中间线的原则，通过协商划定中朝边界，即以中间线原则划分在黄海与朝鲜大陆架的管辖范围，同时我国主张 200 海里的专属经济区管辖权。由于中朝双方都主张 200 海里专属经济区，因此，在黄海中朝之间存在专属经济区重叠。此外，朝韩之间是黄海大陆架相邻共架国，两国之间的海上边界尚未划分，导致中朝韩三国的海洋边界问题迟迟不能解决。就今年中国渔船频频被朝鲜扣押事件来看，许多中国渔船在东经 123 度至 124 度之间就被朝鲜巡逻

---

〔4〕《中朝黄海边界线未公开 中国渔船被扣事件频发》，《京华时报》2013 年 5 月 27 日。

艇扣押，朝鲜已经开始打破之前双方承认的东经 124 度海界线，逐渐向中国海域逼近。

韩国在黄海与中国是相向共架国，主张 200 海里专属经济区，中国亦主张 200 海里专属经济区，因此中韩之间存在专属经济区重叠。韩国主张以等距离中间线原则划分，中国主张公平原则，即充分考虑海岸线的长度、底图中的淤泥以及沿海居民的数量等综合因素划分。目前中韩双方经过多年的磋商仍然没有对专属经济区和大陆架的划界达成一致，随着全球海洋资源争夺局势的紧张，韩国也开始单方面在中韩两国专属经济区重叠区域开发石油，甚至勘探区域超过中间线 50 公里，对我国的海洋资源的"觊觎"达到了"如饥似渴"的程度，公然挑衅我国的国家主权，严重侵犯了我国的海洋权益。值得庆幸的是，中韩两国都加入了《联合国海洋法公约》，为两国的磋商确立了国际法基础，双方都同意按照国际法的规则平等协商、合理划分黄海争议区，目前中韩之间的渔业问题已经由双方签订的《中韩渔业协定》所规制。

三、中国海洋执法现状

海洋维权执法离不开海洋法，从 20 世纪 80—90 年代开始，我国已经开始重视海洋立法工作，在批准《联合国海洋法公约》之后，更是采取了一系列措施加强我国海洋立法。目前，我国已经出台了上百部涉海法律、法规，初步形成了比较完整的海洋法律体系框架。我国的海洋法体系以 1992 年《中华人民共和国领海及毗连区法》和 1998 年《中华人民共和国专属经济区和大陆架法》为代表，这两部法律是维护我国海洋权益的"宪章"，对我国海洋维权具有非常重要的意义和作用。在海洋环境和生态保护方面，以我国 1982 年颁布的《海洋环境保护法》为代表，在渔业管理方面，以 2013 年修订的《渔业法》及其实施细则为代表，在海洋资源保护和利用方面，以 2001 年颁布的《海域使用管理法》和 2009 年颁布的《海岛保护法》为代表。由此可见，我国在海洋立法方面取得了很大的成就，已经基本建立起完整的海洋法律体系，为我国的海洋维权执法提供了法律基石。

随着我国海洋法律法规的制定和实施，我国主要的海上执法力量也开始形成，海监、渔政和边防等海上监察执法队伍相继建立。原中国海监主要负责对我国管辖海域实施巡航监视，查处侵犯海洋权益、违法使用海域、损害海洋环境与资源、破坏海上设施等违法违规行为，属公务员管理编制，人数大约 2000 人；原中国渔政主要负责管辖海域巡航维权、执法检查、渔业管理、代表国家行使渔政、渔港、渔船检验监督管理权，属公务员管理编制，人数约为 1200 人；原中国边防海警主要负责管辖海域维权执法，预防、制止、侦查海上违法犯罪活动，维护海域治安秩序，属现役警察编制，人数约为 1.2 万人；原海关缉私主要负责海上缉私工作，依法查缉走私犯罪案件，属公务员警察，人数约为 800 人。根据 2013 年《国务院机构改革和职能转变方案》的规定，重组海洋局，将原国家海洋局下辖的中国海监队伍、农业部下辖的渔政渔港监督队伍、海关总署下辖的缉私警察队伍以及公安部和武警总部下辖的武警边防海警部队，即上述四个海上执法队伍进行整合，统一开展海上维权执法活动，行使海上维权执法、海洋渔业执法、海上缉私和维护海上安全的执法职能。原四支队伍的海区及总队管理机构整合成中国海警局北海、东海和南海分局及 11 个海警总队，海警总队下辖 52 个支队。整合后，中国海警编制约 1.6 万余人，50 吨以上船舰 218 艘，其中 1000 吨以上船舰 57 艘，分属北海区 14 艘，东海区 21 艘，南海区 22 艘，预计 2017 年底新建船舰全部入列。海警局的诞生，标志着我国海上执法力量建设进入了新阶段，我国海上执法模式开始打破"五龙治海"的模式，由分散的执法模式向统合执法转变。目前我国的海洋维权执法主体主要是中国海警局和交通运输部海事局，二者既有明确的职责分工，又要密切合作。

四、中国海洋维权执法存在的问题

国家海洋局的重组、海警局的成立虽然整合了海上执法力量，但是海上维权执法队伍的建设并非一蹴而就，在不断的转型和整合过程中，仍然存在很多问题需要进一步研究和解决，执法过程仍然面临很多困境，诸多问题都亟待解决。

（一）海洋法律体系不完善

新中国成立以来，我国海洋立法经过几十年的发展，取得了令人瞩目的成就，形成了以宪法为根本，以海洋单行法为主体，以行政法规、规章等规范性法律文件为补充，囊括中国缔结或参加的涉海国际公约的海洋法律体系。虽然我国已经初步建立起海洋立法的框架，但是由于我国海洋立法经验少、研究不充分等原因，导致我国的海洋法律体系不完善，我国的海洋维权执法缺少坚实的法律后盾。

第一，海洋立法滞后、适应性差、操作性差。我国很多海洋法规制定之后，基本上没有进行过修订，而且很多涉海法律颁布后，配套的条例和实施细则都没有出台，直接影响涉海法律的实施效果。例如，我国经 2003 年修订的《渔业法》虽然经过了多次修订，但是其配套的《渔业法实施细则》在 1987 年颁布后迟迟没有跟上《渔业法》修订的步伐。一部法规如果适用时间过长，必然跟不上海洋形势的发展，更无法满足维护我国海洋权益的需要。

第二，海上维权执法缺少明确的法律依据。我国海警局成立之后，无论是对外维权还是对内执法，都缺少专门的执法依据，对于海警局的职能、执法权限等法律问题缺少专门的立法。《领海及毗连区法》及《专属经济区和大陆架法》并没有明确执法主体、程序和执法权限等内容，法律依据比较分散，诸如《海域使用管理法》《渔业法》《海关法》等相关涉海法律规定中，无法为我国海上维权执法提供完整的法律依据，既导致权限交叉，又容易产生执法空白地带。

第三，执法实践中，部分涉海适用司法解释不明确。例如，采挖砗磲涉嫌刑事犯罪，适用我国刑法第 341 条，如果采挖的砗磲为活体砗磲或者具备砗磲特征的死体，适用该刑法没有任何异议。但是，实际上，渔民采挖的砗磲均为埋藏在海底若干年的砗磲贝壳，如果适用刑法第 341 条，则砗磲贝壳必须解释为砗磲制品。对于砗磲制品，我国目前尚无明确的司法解释。

（二）海上执法体制不健全

中国海警局从成立到现阶段一直处于整合过渡期，一些体制性和机制性的矛盾还没有解决，海洋维权执法工作还存在很多问题和困难。

第一，在执法模式上，中国多头分散的传统海上执法模式影响海警局内部的实质整合。中国海警局成立之前，我国海上维权执法机构众多，职能也各不相同，权力多有重叠，呈现"五龙治海"的执法模式，各海上执法队伍都有其上级主管机关，已经形成了各自的执法体系。现在虽然各执法队伍已经统一划归海警局统一指挥，但是相应的执法机制和执法保障没有及时有效地做出调整，造成基层正常执法活动难以有效开展。各队伍仍然适用原执法依据，按照原有职责，以原单位的名义开展工作，海上执法队伍难以以海警局的名义开展海上执法工作，"多龙治海"的局面并没有真正消除，无法实现海上执法队伍的实质统合。

第二，执法人员的编制上，不统一的执法身份影响海洋维权的执法效率。国家海洋局将原先的海上执法队伍进行了整合，但是唯独没有整合执法人员的编制。海警局成立后，首先要解决的问题是统一海上执法人员的身份。目前，在海警局内部，海上执法人员的身份有军人、公务员、事业编制和合同工。由于原有的执法队伍的整合导致身份的不统一，往往会出现职位低但军衔高的军人不听比其职位高的领导指挥的情况。此外，由于海警对外执法暂时不具备统一的海警执法资格证，而是拿着原单位的执法证件在执法，在执法过程中如果遇到"较真"的当事人，而海警又拿不出统一的执法证件，导致海警在行使海洋维权执法职能时非常被动。

第三，在执法职能的划分上，海警局模糊的行政层级和不合理的机构设置也会影响海上执法效能。国家海洋局重组和海警局成立后，海警局与国家海洋局究竟是何关系并没有明确提出。按照我国《国务院关于部委管理的国家局设置的通知》，海洋局是国家局，而海警局并没有以国家局的身份出现，而且根据《国务院行政机构设置和编制管理条例》的规定，海警局的人员编制也不符合我国国务院行政机构设置的规定。但是，我国海警局目前是依托国家海洋局开展工作的，国家海洋局则以海警局的名义对外维权执法。海警局隶属于国家海洋局，这意味着它应当是司级单位。实际上，海警局行使的是国家海洋局的职能，那么这又意味着它应当是副部级行政单位。海警局的执行权与国家海洋局的决策权合二为一的机构设置，模糊了海警局的行政层级，不利于我国海洋维权执法的效能。此外，中国海警与地方渔政的职能如何划分，中国海警与地方公安机关、地方边防公安在职能上如何衔接以及中国海警局分局与总队之间的关系是上下级隶属关系还是同级别合作关系都没有明确。

（三）海上执法资源不充足

目前我国的海上执法资源比较分散，在执法经费和海上执法装备上存在短缺的问题。中国海警局属于国家行政机构，和交通运输部海事局的自有收入不同，其经费主要来源是国家财政拨款。目前各海警支队、海关各中队执法经费有限，而船舰使用率又很高，加上使用年限较长，导致很多执法船只到了大修年龄仍然未能安排修理。而且，很多船舶由于老化经常需要维修，机器设备维护保养经费支出很大。同时，在对海上违法行为进行扣船处罚的情况下，船舶在港口停留，船舶本身和看管人员都会产生一定费用。这些因素都在一定程度上增加了执法成本。此外，中国海警局在我国重点海域的巡航维权任务较重，经常需要从地方调配船只进行支援，如果经费不足以支付或者中央财政不能支付地方船舰补助经费，那么海警局将会暂停调用地方船舰执行任务，势必会对我国海洋维权产生相当大的影响。

除了执法经费有限，我国的海上执法设备也和海上维权执法的现实需要存在一定的差距，可以说已经达到"捉襟见肘"的程度。中国海警局原有的执法队伍中，海监拥有船艇 400 余艘，其中排水量 1000 吨的 29 艘，3000 吨级以上的共 6 艘，飞机 10 架，边防海警在武器装备上具有优势，但其巡逻船普遍较小，很难独立承担起 12 海里领海之外的维权任务，海关总署的缉私船也大多是排水量 300 吨以下的中小型船只，中国渔政则拥有兼具综合执法和综合补给能力的大型渔政船[5]。海警局成立后，具有千吨级以上船舰 57 艘，拥有固定翼飞机及直升机共 17 架，海警主力船舰为 1000 吨级，最高航速不超过 20 节，续航力不超过 5000 海里，缺少吨位大、速度快、续航能力强的执法舰，缺少综合补给舰和训练舰，执法设备数量少而且简陋。目前，我国的岛礁值守和重点海域巡航任务非常紧张，一旦遇到重点海域态势升级需加派力量时，必然无法兼顾我国全部海域。以南海为例，原渔政、海监和边防海警粤桂琼三省区海监渔政系统所辖的大中型船舶几乎都已安排长期执行南沙各专项任务，处于待命状态的多是小型船舶，难以应付复杂多变的执法任务，常态化渔业执法工作的开展几乎面临无船可派的尴尬局面。由于人力和设备的不足，我国与周边国家争议海域大部分处于失管、缺管状态，万安滩和曾母暗沙等敏感海域也基本处于监管空白的状态。

（四）海上执法人才匮乏

2013 年中国海警局成立之后，海警北海分局、东海分局和南海分局在沿海省份设置的 11 个海警总队及其支队的人员编制共 16296 名[6]根据历年《中国海洋统计年鉴》的统计，我国沿海地区有 9 个沿海省、1 个自治区、2 个直辖市，共计 53 个沿海城市、242 个沿海区县。如果以每个沿海县直属执法队伍配置 500 人、每个沿海市直属执法队伍配置 2000 人、每个沿海省直属执法队伍配置 1000 人来从事海上安全与执法工作的设想估算，我国海上执法人员实际需求超过为 23 万人。目前海警人数不超过 2 万人的数量实在无法满足我国海洋维权执法工作的现实需要，在未来相当长的时期内，我国海洋维权执法人才的缺口很大。

---

〔5〕 王琪、董鹏：《我国海上执法体制有效运行的困境与出路》，《中州学刊》2014 年第 8 期。

〔6〕 参见 http://js. people. com. cn/html/2013/07/09/240325. html，访问日期：2014 年 8 月 10 日。

此外，现有海洋维权执法人员的知识结构也不能满足我国海上安全与执法工作的需要，在处理涉外维权执法的案件时缺乏相应的专业知识和经验，执法队伍素质有待进一步提高。国家海洋局改组之后，沿海的省、市、县海洋执法部门也要陆续进行整合，形成统一的综合执法力量。原来的中国渔政、中国海上缉私警察从业人员、中国海监、边防海警的日常执法工作往往偏重于国内海上执法，而较少涉及国际海上执法，在开展海上执法国际合作和海上执法沟通交流等方面缺乏外事经验，在海洋维权执法的专业知识上仍然需要进一步扩展和加强，只有真正具备中国海警行业的综合知识与技能，我国的海洋维权执法人员才能切实维护好我国的海洋权益和国家主权。因此，国家海洋局重组后急需一支高素质、复合型、应用型的海上安全与执法人才。

五、加强中国海洋维权执法的对策建议

法律的生命力在于实施，法律的权威性也在于实施。全面推进海上执法的重点应该是保证法律严格实施，做到"法立，有犯而必施；令出，唯行而不返"[7]。在各国纷纷抢占海洋资源，维护本国海洋权益的大背景下，如何加强我国的海洋维权执法成为我国迈向海洋强国的重中之重。

（一）构建完善的海洋法律体系

随着我国海洋权益不断受到严重侵犯，海洋法律在我国海上维权执法中的重要作用日益凸显，构建完善的海洋法律体系对于我国维护海洋权益具有现实的必要性和紧迫性。尽管我国自 1996 年批准《联合国海洋法公约》之后制定了大量的海洋法律法规，但与我国海洋维权的实际需要相比还有很大差距，我国的海洋法律体系仍然存在很多缺陷。我国海洋局已经重组，不仅整合后的海洋局急需相应的法律予以规范和调整，我国严峻的海洋形势也迫切需要完善的法律。

因此，在新形势下，应当以"一带一路"战略为指导，贯彻落实依法治国的总体部署，立足海上维权执法的实际需要和海上执法队伍的长远发展，加快推进海上立法进程，推动海警法、海上维权执法条例和海洋基本法尽快出台，完善海上立法及相关司法解释，在立法上明确中国海警的队伍性质、主体地位、职责权限、执法程序等内容，建立起科学合理、层次分明、行之有效、与时俱进的完善的海洋法律体系，逐步优化海洋法，从根本上解决我国涉海法律存在的问题，使海警维权执法做到有法可依、有法可循，真正为海上维权执法提供准确适用的法律依据。

（二）建立高效的海洋执法体制

机构改革绝非一日之功，需要从理念到制度乃至技术细节的精密设计，任何改革的成功从来都不是一蹴而就的成果，不能急功近利，应当循序渐进，逐步地实现海上执法

---

〔7〕　张骞：《严格海上执法　维护海洋权益》，《中国海洋报》2014 年 12 月 15 日。

机制的有效运行。促进我国海上维权执法，既需要我国立法予以明确国家海洋局整合后的机构定位和职责权限，同时又需要合理设计机构改革路径，有效整合原有多部门海上执法力量，建立高效运行的海上执法体制[8]。当前，在深化体制改革的政策下，应当全面推进海上综合执法建设，尽快完善海上执法队伍的最终整合。

首先，在国家海洋局的内部设计上，要妥善处理人员编制问题，优化执法力量，从而提高海上执法队伍的管理效能。其次，在管理制度上，贯彻落实我国依法治国的方针政策，建立完善执法质量考评、涉案财物管理、法律责任追究等各项规章制度，健全执法监督制约机制，制定统一的执法操作规范流程，规范海上执法人员的执法行为。最后，建立信息共享与合作机制。体制的完善不仅需要内部调整，而且需要与外部的协调与融合。当前，我国海警局作为海上执法主体已经成为海洋维权的主要力量，但并不是唯一的力量，应当加强与我国海军、海事局等其他涉海维权主体的沟通与互动，加强与其他国家涉海部门的交流与合作，做好中央与地方海上执法力量的统筹与协调，建立海洋维权信息交流平台，互相借鉴、互相学习，促进完善我国的海洋执法体制。

（三）保证充足的海洋维权执法资源

随着各国海上执法力量的不断加强，我国的海上执法装备建设和美国、日本相比仍然处于落后阶段。加强海上执法装备建设，增强我国海上军事力量，不仅能够提高我国海上执法的效率和力度，而且能够彰显我国作为海洋大国足够和合理的威慑力，增加他国和我国海洋合作的信心。现阶段，中国海警局正处于整合发展的过渡阶段，精良的海上执法装备成为我国海洋维权执法必不可少的军事保障，而海上执法经费以及海上执法信息平台也成为我国海洋维权执法顺利进行必不可少的资源支持。

第一，我们应当做好统筹兼顾工作，推进执法基础设施建设，加强对巡逻舰艇武器装备的维护和保养，增加吨位大、速度快、续航能力强的执法舰数量，增加综合补给舰和训练舰等执法装备的数量，加强海上执法装备保障，重视空中执法力量的加强。海上执法装备是我国海上军事力量的体现，完备的海上执法装备必然能够对试图侵犯我国海洋权益的不轨国家产生巨大的震慑力，而且能够增加我国海警执法的信心。第二，建议有关部门建立海上执法专项经费安排制度与保障制度。海上执法经费的充足和合理利用能够调动地方船只支援重点海域巡航执法的积极性，大大提高我国海洋维权执法的效率。建议建立固定化和常态化的统一经费制度，统筹安排，专款专用，量入为出，保证重点。同时，健全海上执法经费保障监督机制，促使经费保障得以有效贯彻落实[9]。第三，建立海警执法综合电子信息系统，即"中国海警局指挥中心—海区总队指挥中心—支队指挥所—舰船指挥室"四级指控体系，"天、空、海、岸、礁"五大平台的立

---

〔8〕 王琪、董鹏：《我国海上执法体制有效运行的困境与出路》，《中州学刊》2014 年第 8 期。

〔9〕 王杰、陈卓：《我国海上执法力量资源整合研究》，《中国软科学》2014 年第 6 期。

体化、信息化的预警、通信、指挥、处置的综合电子系统。[10] 这个平台并不对外开放，而是海警局内部的信息管理与指挥系统，通过这个平台的建设，使我国的海洋维权执法信息化、智能化和科技化。在这个电子信息系统中，我国海上执法船只的数量、种类、使用状况、巡航执法的状态以及海上执法人员的执法装备的配备和执法情况等相关执法信息都能在这个系统中予以体现，便于统一指挥与管理。

（四）培养复合型的海上执法人才

中国海警局从成立以来两年有余，在这两年的海洋维权执法过程中，海警自身的综合素质对海上执法的作用日益凸显，人的因素成为海洋维权执法中至关重要的一环，海上执法对海警的要求越来越高，中国海洋维权急需一批高素质的海洋执法人才。我们应当培养一批具有基础法学理论和海洋相关学科知识、掌握扎实的海上安全与执法的专业知识，具备海上安全与执法专业技能（包括外语水平），能在国家机关及海上安全、救助等社会团体组织从事海上安全与执法工作的复合型应用型人才。

首先，完善多层次教育培训体系，坚持以教育强能力，依托军地院校优质的教育资源，借助高校海洋执法专业的先天优势，让海上执法人员不断地接受再教育，主要通过高校的继续教育掌握专业的海洋知识，从而为海上执法行为提供理论基础。其次，确立科学合理的海警执法培训制度，加强海上执法资质管理，定期组织各类执法技能培训，包括外语、海上侦查、犯罪心理学等，同时制定综合执法手册，保持各项执法工作常态化、制度化和规范化，提高海警执法人员的综合执法能力。[11] 最后，应当扩大海洋执法专业人员的队伍，带领海洋执法人员走出国门，到国外学习先进的管理技能和执法经验，拓宽工作视野，丰富工作经验。同时海警总队与地方执法队伍之间也要加强沟通和交流，发挥各自职能优势。我国海上执法人员具备了专业的理论知识和执法技能，树立起依法执法、严格执法、规范执法、公正执法、文明执法的良好形象，不仅是我国海上执法力量增强的一种体现，更有助于我国对外海洋维权过程中掌握主动性。

六、小结

随着世界各国"圈海运动"的不断深入，海洋权益争端也逐渐升级，如何实现本国的海洋权益、维护国家主权成为各国海洋维权执法的最终目的。中国作为《联合国海洋法公约》的缔约国，应当根据《联合国海洋法公约》的要求在我国进行相关海洋领域的立法，完善我国的海洋法律体系、健全海洋法律机制、落实海洋执法任务，实现海洋维权执法的效能。我国应当在深化行政体制改革的过程中，抓住契机，以"一带一路"战略为引导，加强海洋执法力量的建设，深化海洋执法体制的改革，健全海洋维权执法机

〔10〕 陈伟明、何煦：《新时期海上执法装备建设探讨》，《通信对抗》2014 年第 4 期。

〔11〕 赵骞：《严格海上执法维护海洋权益》，《中国海洋报》2014 年 12 月 25 日。

制，探索出海洋维权执法行之有效的理论体系和实践方法，不仅对于我国海洋资源的合理开发利用、海洋环境的治理与保护、海洋权益的维护和领土的完整具有非常现实的必要性，而且对于我国实现海洋战略改革、规范海洋秩序、向海洋强国迈进具有重要的实际应用价值。

论渔民渔业权的保障

■ 易传剑*

【内容摘要】由于渔业资源的持续衰退、捕捞强度过大，市场或者政府来调节和控制渔业被证明是失败的，渔民的渔业权未能得到充分保障。本文分析了渔业资源的基本属性，指出渔业管理的核心问题在于资源的使用和配置，在于促进渔业资源环境公平与可持续发展，目的在于维护公共的渔业法秩序和保障渔民渔业权之间的平衡，关键在于渔业权的保障和落实。

【关键词】渔业资源　渔业权　权利保障

改革开放 30 多年来，中国渔业取得了迅速的发展，海洋渔业产量连续多年保持世界第一，海洋捕捞机动渔船超过 20 万艘，从业人员超过 300 多万人。渔业的快速发展也带来许多突出问题，现实的情况是渔民从事渔业的基本权利没有得到有效的保障，渔民无地可种，以渔业为生。许多并不具有渔民身份的人也加入到捕捞队伍中来，严重损害了以渔业为生的渔民权益。捕捞者权益没有得到有效的保障，渔民"失海"现象严重，维权困难。渔业捕捞社会分化，大多数渔民沦为雇工,[1] 渔民贫富差距扩大。中国渔业管理过程中不可回避的是渔业权问题。

一、渔业资源的权属性质

海洋和土地一样，都是给人们用来维持他们的生存和生活的。土地上所有自然生产的果实和它所养育的生物，既是自然自发的生产的，就都归人类所共有，而没有人对于这种处在自然状态中的东西原本就具有排斥其余人的私人所有权。[2] 海洋及其资源在古罗马时期就被认为是共有物，古罗马法认为海洋资源属于共用物，海洋属于公有物，《法学阶梯》中说，"按照自然法，水、空气、海洋等这样一些物是为一切人共有的。"[3] 对于共有物和公有物，人们可以自由利用。国家作为受托方负有管理的义务。在《法国民法典》中，海洋资源属于共用物的范畴。国家对海域等海洋资源享有公共所有权，对海洋资源的法律调整，通常借助于行政法或公法规范进行。[4] 其他大陆法系国家如比利时、瑞士、意大利、智利等国的民法典中也有类似规定。格老秀斯认为海洋不能为任何人所占有，它应为一切人提供航行和捕鱼之用，海洋在本质上是不受任何国家主权控制的，所有国家都可以自由地加以利用，这就是海洋自由。萨克斯教授在《自

---

* 浙江海洋学院人事处处长，法学博士，副研究员，主要从事渔业法、海洋法、海商法教学与研究工作。

[1] 参见刘舜斌：《渔业权研究》，《中国海洋大学学报（社会科学版）》2006 年第 4 期。
[2] ［英］洛克：《政府论》，瞿菊农、叶启芳译，商务印书馆 1982 年版，第 18—19 页。
[3] ［古罗马］优士丁尼：《法学阶梯》，徐国栋译，中国政法大学出版社 1999 年版，第 111—119 页。
[4] 《法国民法典》，罗结珍译，中国法制出版社 1999 年版，第 171 页。

然资源法中的公共信托理论——有效的司法干预》一文中认为[5]，环境资源作为信托财产，全体国民作为委托人，政府作为受托人，全体国民把环境资源委托于政府管理，以实现可持续利用。其蕴含的三个重要原则是：环境利益对于全体国民意义重大，不宜纳入私人所有权的范围；环境权与个体的经济地位无关，应为全体国民所共享；政府的主要目的是增进公共利益，进一步延伸出公民环境权和国家环境管理权。中国《物权法》也规定，"矿藏、水流、海域属于国家所有"。《海域使用管理法》第 3 条规定："海域属于国家所有，国务院代表国家行使海域所有权。任何单位或者个人不得侵占、买卖或者以其他形式非法转让海域。"海域所有权由国家享有，国家行使海域使用管理的主要权力，地方政府可根据中央的授权行使部分管理权力。国家是海洋渔业资源的所有者，但是国家所有权缺少具体的代理。渔业资源的国家所有权产生捕捞者对资源获取的竞争心理，海洋渔业资源处于谁都可以自由进入捕捞、谁都不必对资源损害的后果承担责任。即"谁捕捞，谁得益"，很容易导致捕捞竞赛，使渔业资源环境受到严重破坏。海洋环境受到严重污染和破坏，不应视为"自由财产"，而应对视为全体国民的"公共财产"，不能任意占有、支配和破坏，需要共有人委托国家进行管理。

渔业资源作为一种共有资源，具有竞争性、非排他性和流动性的特点。竞争性是指由于资源的有限性，当人们都有权利使用或获取资源以取得收益时，一部分人使用了该资源或物品，就意味着其他人机会和资源的减少。一旦这种资源被某一消费者消费掉，其他消费者就没有机会对其进行消费了。一旦捕捞活动超过了渔业资源的再生能力可以承受的范围，资源的竞争性加强。这种随着捕捞强度的增加而产生的竞争性被一些学者称之为拥挤的共有财产。[6] 非排他性是指不具备独占使用权或所有权，不能阻止他人使用资源或物品的权利，也不能排除其他的潜在使用者，资源的使用者不必得到其他资源使用者的许可，也不必为此支付一定的费用。渔业资源具有的竞争性和非排他性对渔业资源的可持续发展带来严重阻碍。水生生物的洄游是一种大规模集群进行的周期性、定向性和长距离的迁移活动，是鱼类集群行为的特殊生物形式。此外，除了洄游性的鱼类，所有水生生物都可以在海洋中自由活动。尽管世界海洋总面积的 35.8% 都被划为各个国家的专属经济区，但是人们无法将渔业资源圈定在某一海域进行管理。这也是海洋渔业资源所有权不明晰的原因之一。

渔业资源的公共性、竞争性造成海洋渔业资源的非排他性。然而，与其他共有生物资源的非排他性不同的是，海洋渔业资源的获取必须要有相应的捕捞工具，如船舶、渔网等，相当于进入渔业产业的一个"基础"，也给政府的渔业产业规制提供了手段，意

---

[5] Joseph L. sax, "The Public Trust Doctrine in Natural Resources Law: Effective Judicial Intervention", *Michigan Law Review*, 1970, p. 471.

[6] 参见韩立民、张红智：《渔业经济的产业特性及相关研究范畴》，《中国海洋大学学报（社会科学版）》2005 年第 5 期。

味着对没有捕捞工具的人有了一定的排他性。同样，渔业资源的共有性决定了其获得物的所有权只能是根据捕捞者所得来确定。在自由开放性入渔条件下，任何拥有资金和意愿的人都可以进入来进行开发捕捞业。因此，渔业资源的共有性与获取中的竞争性的结合决定了渔业资源供给不足而需求过旺，结果是资源的过度开发和捕捞能力的大幅增长，最终导致渔业资源的灾难性耗竭。在造成这种悲剧性结果的同时，经济学上的资源租金也会因为资源的过度竞争而被耗尽。[7] 由于海洋渔业资源权属上的公共性，面对各种环境侵害造成人类的巨大损失，赋予政府保护资源环境的首要义务。渔业管理的根本目的在于渔业资源的有效利用和充分保护。自然资源适度开发、合理开发、高效利用，只有从根源上解决开发不当的问题，才能真正实现自然资源的保护问题。渔业管理也是如此，要实现渔业资源的合理开发和高效利用必须建立有效的渔业管理制度，否则，只会造成渔业资源的迅速衰落，渔民利益、社会利益都得不到有效和长期的保障。

二、渔业管理的核心是资源的分配和使用

政府渔业管理主要是指管理机构对渔业捕捞、养护、渔船管理等各个环节的行政管理与监督，也包含为增进社会公众环境安全和水产食品保障福利，保障水产市场公共产品的供给。过去的一百年里，尽管人类监控和评估鱼类种群资源状态的技术力量已经取得巨大的提高，但是人类理解导致渔业资源生态变化的行为方式并没有发生大的转变。渔业问题不是缺少管理，应当说，大部分渔业都处于政府管理之中，但是管理的效果不尽如人意，问题出在哪里？对此，不同的学者有不同的解释。Pontecorvo 研究了 20 世纪 50 年代以来的渔业管理，认为传统渔业管理忽略了过度捕捞给整个社会带来的问题，依靠传统的"命令与控制"式的管理手段不能解决渔业资源的衰退问题，发挥不了应有的管理绩效。[8] 例如，总可捕捞量的确定没有一个明确的标准，最大可持续产出水平的确定模糊。管理主体和被管理者的利益冲突严重，渔业管理没有充分的激励相容和对信息的充分利用。有学者认为，渔业管理制度的设计是否具有良好的诱导机制是保证渔业可持续发展的一个至关重要的因素，能否设计出将捕捞者的寻租行为和冲突发生的可能性降至最低决定了管理成功与否。也有人认为渔业管理是否有效的关键在于管理机构与管理目标是否匹配，能否在保证渔业资源利用和实现管理目标的制度成本之间找到平衡具有重要意义。张五常认为由于海洋渔业资源的自由进入状态，缺乏进入限制，产权制度不完整，从而造成渔业生产投资增加，单位捕捞活动收益降低，渔业资源整体衰退，渔业租金消散。[9]

〔7〕　H. Scott Gordon，"An Economic Approach to the Optimum Utilization of Fishery Resource"，*Journal of Fisheries Research Board of Canada*，1953，pp. 442-457.

〔8〕　联合国粮食及农业组织编：《渔业管理》，曲春红译，中国科学技术出版社 2003 年版，第 5 页。

〔9〕　张五常：《新卖桔者言》，中信出版社 2010 年版，第 44 页。

大量的理论分析和长期的实践经验表明，人们认识到解决渔业管理问题的关键在于以下四个方面：第一，什么原因诱发捕捞者的竞争性捕捞行为？如何才能避免和消除捕捞者竞争性捕捞的非理性？第二，政府主导的渔业管理的合法性基础在哪里？如何引导捕捞者遵守管理规定？第三，什么是最优的管理手段，以实现渔业资源的可持续发展？第四，如何在信息不完全的情况下进行决策，如何应对生态环境和市场力量本身所存在的不确定性，以避免因决策不当而对资源和环境造成不可逆转的损失？在渔业资源公共性的条件下，"谁捕到归谁所有"的现实境遇只会造成渔业资源的过度开发，因为任何人都关心自身的眼前获得，而不关心渔业的长远发展，只要渔业捕捞处于自由进入状态，渔业资源衰退问题就不可能从根本上得到解决。[10] 更宽泛地讲，在人类的需求看来，一切经济、社会和环境问题都有着相同的根源，那就是资源的稀缺性和人类欲望的无穷尽。政府管理的中心问题就是对资源分配和使用做出选择的问题，而所有权的明确和分配渠道的明晰也是市场经济最基本的要求。叶俊荣教授指出，环境行政的核心问题在于资源的配置和使用，行政手法解决的环境资源问题的要义在于：一是科技关联性大，环境行政往往带有浓厚的科技因素，由于信息缺失，难以判断决策的对错，纵然事后也难以检验，形成"决策于未知之中"的情形。在科技背景的牵扯下，环境规制机关成为推动科技发展的领头人。二是利益冲突严重，环境行政往往触及相当大的利益冲突，造成环境行政自由裁量权过大，容易导致验证困难与决策拖延，加之环境资源所具有的公共财产性，容易在交易的过程中制造社会成本，误导资源使用的有效方向。三是隔代平衡，由于现今运用的资源配置和使用方法，短期是不易恢复或不可恢复的，造成一代人决策，下一代人才会承担决策的后果，容易衍生代表性危机。四是国际关联，由于自然资源的属性问题，无国界、环境问题的因应制度，在考虑国际问题的时候，也必须做相应的修正和完善。[11]

---

〔10〕　慕永通：《渔业管理——以基于权利的管理为中心》，中国海洋大学出版社 2006 年版，第 2 页。
〔11〕　叶俊荣：《环境政策与法律》，台湾月旦出版公司 1991 年版，第 87—91 页。

三、渔业权的法律属性

渔业权在中国的研究刚刚起步，对于渔业权的法律属性，争议颇多。[12] 笔者认为中国渔业权的法律属性主要包含以下几方面：

第一，作为法律位阶的渔业权。中国《渔业法》没有明确规定渔业权的概念，而是对渔业及其所包含的养殖业、捕捞业加以规定。中国《宪法》第9条规定："矿藏、水流、森林、山岭、草原、荒地、滩涂等自然资源，都属于国家所有，即全民所有；由法律规定属于集体所有的森林和山岭、草原、荒地、滩涂除外。"《物权法》第123条规定："依法取得的探矿权、采矿权、取水权和使用水域、滩涂从事养殖、捕捞的权利受法律保护。"可以看出，渔业权在我国法律中没有明确的设定，但是作为渔业权内容的养殖权和捕捞权则有明确的体现。

第二，渔业权结构复杂，基于渔业权的客体可分为捕捞权和养殖权，其中捕捞权又可分为生计捕捞权和商业捕捞权，其权利性质各有不同。生计捕捞权作为一种私权，是渔民专属，天然的权利。商业捕捞权是基于捕捞许可赋予的一种准物权。养殖权则是一种用益物权。生计渔业权是渔民的固有权利，是应当给予确认和依法予以保障的。

第三，捕捞权、养殖权、海域使用权之间的相互关系错综复杂。[13] 事实上养殖权和捕捞权这两种在表面上看起来有一定相关性的权利类型，在性质上却迥然不同。养殖

---

〔12〕　关于渔业权的性质，理论界争论颇多，观点主要有：（1）渔业权是依法在特定水域上设定的从事渔业生产经营活动的权利。参见孙宪忠：《中国渔业权研究》，法律出版社2006版，第56—102页。（2）渔业权是指自然人、法人或者其他组织依照法律规定，在一定水域从事养殖或者捕捞水生动植物的权利。参见崔建远：《关于渔业权的探讨》，《吉林大学社会科学学报》2003年第3期；崔建远：《渔业权设定的理论问题》，《山东警察学院学报》2006年第2期。（3）渔业权是指依法在特定水域上设定的养殖或捕捞水生动植物资源的权利，渔业权分为渔业法上的渔业权和民法上的渔业权。参见金可可：《渔业权基础理论研究》，载吕忠梅、徐祥民主编：《环境资源法论丛》（第4卷），法律出版社2004年版，第293页。（4）还有观点认为渔业权是捕捞者的一种权利物权，所以渔业权的主体是捕捞者，而渔业权的客体可物化为"马力配额"。渔业权不同于渔业许可，渔业权由法律赋予，而渔业许可是一项渔业管理制度。渔业权具有公平、流转、保护和组织四大机能。参见刘舜斌：《渔业权研究》，《中国海洋大学学报（社会科学版）》2006年第4期。渔业权的权利性质应该是一种受到公权力"有限限制"的"私权"，为一种用益物权。参见任何平：《中国渔业权基本理论综述与探讨》，《渔业经济研究》2007第6期。（5）还有人认为渔业权不是一项独立的民事权利类型，渔业权制度的存废与海域的法律地位紧密相连。渔业权在英美法系国家并非一种财产权而是一种公权，体现为国家对海洋渔业资源进行管理的许可证制度；在以日本为代表的大陆法系国家，渔业权是一种由本权和派生权利共同组成的双层权利结构。由于中国明确宣示海域为国家所有，传统法上的渔业权制度被现有的不动产物权体系所吸收，若创设渔业权，将破坏物权法上的一物一权原则。参见税兵：《论渔业权》，《现代法学》2005年第2期。

〔13〕　日本《渔业法》将渔业界定为水产动植物的采捕业、养殖业，将渔业权分为定置渔业权、区划渔业权、共同渔业权。参见［日］田平纪男：《共同渔业权与沿岸渔业管理》，《立命馆法学》1996年第6期。在中国台湾地区，狭义上的渔业权与日本相仿，包括定置渔业权、区划渔业权、专用渔业权；而广义上的渔业权则还概括特定渔业权和入渔权、娱乐渔业经营权。参见黄异：《论渔业经营之管理制度及渔业征收与补偿》，《政大法学评论》1988年第38期；许剑英：《论渔业权》，《法学丛刊》1991年第1期；陈俊佑：《中国专用渔业权管理制度之研究》，台湾海洋大学1991年硕士学位论文；崔建远：《准物权研究》，法律出版社2003年版，第264页。

权需要海域固定，而捕捞权则有流动性。捕捞权较多涉及自然资源保护，以及国际公法的调整，而养殖权则无。捕捞权更多地体现为行政特许的特征，而养殖权则为用益物权特征。捕捞权实际上是一种海洋资源开采权，和陆地上的采矿权类似。根据一物一权原则，养殖权属于海域使用权[14]，而捕捞权不属于民法物权，应属于准物权的范畴。渔业捕捞权、海底采矿权属于准物权。捕捞权是指对自然状态的海洋生物资源直接予以获取和收益的权利，不具有排他性的特征，属于自然资源使用权的一种。在特定的海域上只能有一个养殖权人，却可以有若干捕捞权人。海域使用权是一种典型的用益物权，属于具有公法性质的私权。就海域使用权的性质而言，它不是一种纯然以对海域的使用收益为目的的权利，它所包含的价值不可以单纯地以商品价值去计算和衡量，同时，海域使用权的取得自然也不应当看作是政府当局对于沿海捕捞者的一种施舍和恩赐。[15] 海域使用权与渔业权都包括在一定海域上形成的养殖权，但是两者有着重大的区别[16]，即海域使用权的范围仅限于排他性用海活动，而渔业捕捞权为非排他性权利，不在海域使用权之列。海域使用权是明确无误地建立在国家的海洋所有权之上的，它是国家所有权派生出来的。国家通过发证的方法，把权利赋予老百姓。但是渔业权则不同，它是基于传统民生，是捕捞者自然而然就应该享有的权利。政府给捕捞者发证，只是对这个权利保护确认的一个方法而已，而不是赋予权利。渔业权不是根据国家所有权产生的，不宜作为一种用益物权的类型笼统地进行规定。渔业权中的养殖权包括在海域使用权之中，属于用益物权的范畴，当然海域使用权不仅仅限于养殖权。海域使用权不能为非排他性的渔业捕捞权、采矿权等权利类型所概括与涵盖，这些权利类型应从海域使用权中剔除出去，以明确其不同的权利属性。

---

[14] 关于海域使用权性质和权属，理论界争论不一，主要观点有：（1）自然资源使用权说。参见卞耀武等：《中华人民共和国海域使用管理法释义》，法律出版社 2002 年版，第 6 页。（2）物权说。（3）准物权说。参见林诚二：《民法总则讲义》（上），台湾瑞兴图书股份有限公司 1998 年版，第 77 页；施启扬：《民法总则》，台湾荣泰书局 1982 年版，第 29 页；李开国：《民法基本问题研究》，法律出版社 1997 年版，第 293—294 页；张俊浩主编：《民法学原理》（上），第 397 页。（4）特许物权说。参见林柏璋：《台湾水权及其法律性质之探讨》，载水利部政策法规司编：《水权与水市场》（资料汇编之二）第 220 页，转引自崔建远：《准物权的理论问题》，《中国法学》2003 年第 3 期；王利明主编：《中国物权法草案建议稿及说明》，中国法制出版社 2001 年版，第 413 页以下。（5）用益物权说。参见屈茂辉：《用益权的源流及其在中国民法上的借鉴意义》，《法律科学》2002 年第 3 期；房绍坤等：《用益物权三论》，《中国法学》1996 年第 2 期。（6）土地使用权说。参见梁慧星等：《中国物权法草案建议稿》，社会科学文献出版社 2000 年版，第 518 页。该书中提到："为海产品养殖而使用一定近海水面之权利应为民事权利，且具有用益物权的性质，应属于农地使用权之一种。"（7）独立、典型的用益物权说。参见陈甦：《中国的海域使用权制度及其对物权法的新发展》，载《制定科学的民法典——中德民法典立法研讨会文集》，第 459 页以下。

[15] 尹田：《海域物权的法律思考》，载尹田主编：《中国海域物权的理论与实践》，中国法制出版社 2004 年版，代序。

[16] 刘保玉、崔凤友等：《海域使用权研究》，载尹田主编：《中国海域物权的理论与实践》，中国法制出版社 2004 年版，第 144 页。

四、渔业权保障的缺失

捕捞权、养殖权作为一种事实上的权利存在已经是客观的现状。但是由于多方面的原因，法律保护现状和救济方式明显不足。主要表现在：

第一，行政权力和渔民权利设置位向颠倒。养殖许可、捕捞许可，根据现行的《海域使用管理法》和《渔业捕捞许可管理规定》的要求，合法养殖和捕捞活动必须得到渔业行政机关的许可。渔业行政机关也可以随时收回这类许可。从前述分析得知，渔民从事捕捞和养殖活动乃是一种习惯和天然的权利，并非来源于行政机关的恩赐。法律对于权力的维护颠倒了对于基本权利的保障。

第二，渔业权的救济不力。渔民作为习惯上或者事实上的权利在救济过程中处境尴尬。如果渔业权是渔民天然的权利，那么在面对行政机关不适当的撤销许可的时候，渔民应拥有相应的救济权利，比如可以要求复议、听证等。如果渔业权是行政机关对渔民捕捞养殖的特许，那么行政机关无须通知被许可人。

第三，作为天然的渔业权不具有停止侵害、排除妨碍、消除危险的请求权。权利边界不明确，权利人的合法利益容易受到他人的侵害，造成对渔业资源的掠夺和破坏。权利和义务的不对等，弱化了渔民养护资源的动机。

五、渔业权保障的实现途径

渔业权乃至渔业法至少有两个重要的功能，一是保护渔业资源持续发展，另一个是保护捕捞者权益。对于生计渔业，通过设定渔业权的形式赋予捕捞者予以捕捞的权利。中国渔业法制建设已经不能适应市场经济和渔业发展的要求，表现为传统的渔业法律体系和行政管理模式强调渔业资源的公共资源属性，而对其使用权属界定不清，导致行政管理手段难以对既存的权益进行有效的确认和保护，不能形成长期稳定的使用权。[17]渔业是渔民赖以生存的产业，渔业权是渔民的生存权，是渔民固有的权利。"渔民在海洋上享有的捕鱼权是基于传统的谋生手段而享受的权利……属于事实物权的范畴，对于上述这些权利尚无明确的立法予以规定，即使权利人取得这些权利没有纳入不动产登记，在司法实践中法律也必须承认这些权利享有的合法有效性，并且应该给予这些权利以应有的尊重和保护。"[18]渔业权对养护和合理利用渔业资源、保护渔民权益及促进渔村发展具有重要作用。在日本，渔业权的取得是以严格的"身份认证"为前提的，只有成为渔业协同组合的成员，才有资格享受渔业权，而且在渔业权取得上还有明确的"优先顺序"，如采用"岸礁边资源当地捕捞者利用的原则"来决定先后顺序等。在中国当前的环境下，有专家就提出渔业权的客体可物化为"马力配额"[19]，即给予一定的马力

---

〔17〕　参见 2009 年"渔业权与渔业可持续发展国际学术研讨会"综述。

〔18〕　孙宪忠：《物权法》，社会科学文献出版社 2005 年版，第 92 页。

〔19〕　刘舜斌：《渔业权研究》，《中国海洋大学学报（社会科学版）》2006 年第 4 期。

指标。

海洋渔业资源作为自然资源，核心是所有权，其他的财产权利则是在所有权的基础上衍生出来的权利，有效的所有权制度安排能够激发人们的创造力，在追求个人利益的同时增进社会利益，个人财富的满足也无形中增加整个社会的财富。[20] 渔业资源的所有权属于国家，但国有产权在实施上缺乏有效的产权管理的代理人，也缺乏有效的监管。在这种情况下，渔业资源往往会造成产权虚置，事实上退化为开放性进入状态，形成"公地状态"，进而造成对渔业资源的过度开发。在自由进入状态时，自然资源的产权未被界定，没有个体会承担资源状况恶化的全部成本，其结果就是"搭便车"和过度开发。公共资源（如海洋生物资源）产权不明的后果必然是过度捕捞，因为每个捕捞者都处在竞争性获取的过程中，直到资源消失殆尽。由于资源权属的公共性和非排他性，个人利益与公共利益既相互对立，又相互统一的关系。政府管制对于个人平衡个体利益与公共利益是至关重要，公共利益对于每个人来说都是其生存和发展的基础，个体利益最大化则是每个"理性"人的追求目标，个人利益与公共利益具有高度相关性。如果每个个体都只有个体的利益追求而不顾公共利益，那么最终结果只会导致个体利益与社会利益发生冲突，造成公共利益受损，最终损害的还是每个个体的利益。政府管制其实质就是一种资源配置方式。只要产权明确界定，自愿的交易总能产生最优的结果。市场是最有效的资源配置方式，"没有对商品的产权，则很难想象市场的形成"。"创设明晰、确凿及可让渡的且受私法保护的产权的政策"，而后通过市场机制解决问题，健全产权制度。[21] 渔业权落实的关键在于创设合理的产权制度。建立可交易的许可证制度是保障渔民渔业权落实的一个方向，可交易的许可证不仅是一个进入捕捞业的"门槛"，还是一个产权的载体，捕捞许可就代表着一定量的指定渔获物，在交易市场上可以以合理的价格买卖。合理的产权制度还有利于防止"公地悲剧"的产生，实现由管理对立向合作共享的转变。

六、结语

随着公民社会的形成，国家、社会和个人都将从海洋获取更多的利益，利益的合理取得与公平分配显得至关重要。政府与公民对社会生活的良好合作管理将实现渔业资源的善治，促使公共利益和个体利益最大化。无疑，渔业权落实和保障是实现渔业管理方式由"对立"向"共享"转变的关键。

---

[20] ［美］道格拉斯·诺斯、罗伯斯·托马斯：《西方世界的兴起》，厉以平、蔡磊译，华夏出版社 1989 年版，第 189 页。

[21] ［美］丹尼尔·F. 史普博：《管制与市场》，余晖等译，上海三联书店、上海人民出版社 1999 年版，第 58 页。

论21世纪海上丝绸之路建设对南海争端解决的影响

■ 杨泽伟*

【内容摘要】21世纪海上丝绸之路建设是国际法上一种国际合作的新形态，它将对南海争端的解决产生积极影响，如有益于推动中国与东盟国家《南海各方行为准则》的签署、有利于实现中国与东盟国家间在南海油气资源共同开发方面的新突破、有助于推进中国与东盟国家间在海洋非传统安全领域的全面合作，为南海争端的解决提供和平的外部环境等。南海争端是21世纪海上丝绸之路建设的最大挑战，但是海上丝绸之路建设步伐不会因南海争端而停顿。今后需要把21世纪海上丝绸之路的倡议以国际合作法律制度的形式转化为国际共识，并且还要完善与21世纪海上丝绸之路建设有关的国内法律制度，向海上丝绸之路沿线国家特别是东盟国家提供更多的共同产品。

【关键词】21世纪海上丝绸之路建设 争端 国际合作

2013年10月，习近平主席在访问东盟国家时提出共同建设"21世纪海上丝绸之路"的战略构想。不久，李克强总理在参加2013年中国—东盟博览会时强调，铺就面对东盟的海上丝绸之路，打造带动腹地发展的战略支点。11月，中国共产党十八届三中全会明确提出，要推进丝绸之路经济带、海上丝绸之路建设，通过陆海统筹，形成全方位开放新格局。2014年3月，李克强总理所做的政府工作报告提出，要抓紧规划建设"丝绸之路经济带"和"21世纪海上丝绸之路"。2015年是21世纪海上丝绸之路建设的关键一年，国务院政府工作报告再次明确要求，"把'一带一路'建设与区域开放相结合，加强新亚欧大陆桥、陆海口岸支点建设"。因此，研究21世纪海上丝绸之路建设对南海争端解决的影响，具有重要的理论价值和现实意义。

一、21世纪海上丝绸之路建设的国际法性质定位：一种国际合作的新形态

从21世纪海上丝绸之路建设的目标、模式及其路径来看，它是国际法上一种国际合作的新形态。

（一）21世纪海上丝绸之路建设的目标是更深层次的区域合作

21世纪海上丝绸之路建设符合中国和沿线国家的根本利益，它秉持"开放合作、和谐包容、市场运作和互利共赢"的共建原则，其目标就是要"促进经济要素有序自由流动、资源高效配置和市场深度融合，推动沿线各国实现经济政策协调，开展更大范围、

---

* 武汉大学珞珈特聘教授，"国家领土主权与海洋权益协同创新中心"博士生导师。
本文系作者主持承担的教育部哲学社会科学研究重大课题攻关项目"海上共同开发国际案例与实践研究"（13JZD039）阶段性成果之一。

更高水平、更深层次的区域合作，共同打造开放、包容、均衡、普惠的区域经济合作架构"[1]。

（二）21 世纪海上丝绸之路建设的模式是要充分利用现有国际合作机制

21 世纪海上丝绸之路建设的模式，不是摒弃现有的国际合作机制，而是要充分利用已有的双边、区域和多边国际合作机制。首先，要加强双边合作，开展多层次、多渠道沟通磋商，推动双边关系全面发展；推动签署合作备忘录或合作规划，建设一批双边合作示范。其次，要继续发挥沿线各国区域、次区域相关国际论坛、展会以及博鳌亚洲论坛、中国—东盟博览会、中国—亚欧博览会、欧亚经济论坛、中国国际投资贸易洽谈会，以及中国—南亚博览会、中国—阿拉伯博览会、中国西部国际博览会、中国—俄罗斯博览会、前海合作论坛等平台的建设性作用。最后，强化多边合作机制作用，发挥上海合作组织（SCO）、中国—东盟"10 + 1"、亚太经合组织（APEC）、亚欧会议（ASEM）、亚洲合作对话（ACD）、亚信会议（CICA）、中阿合作论坛、中国—海合会战略对话、大湄公河次区域（GMS）经济合作、中亚区域经济合作（CAREC）等现有多边合作机制的作用。[2]

（三）21 世纪海上丝绸之路建设的路径是一种多元开放的合作进程

21 世纪海上丝绸之路建设的路径是以目标协调、政策沟通为主，不刻意追求一致性，可高度灵活，富有弹性；它坚持"开放合作"的共建原则，各国和国际、地区组织均可参与，让共建成果惠及更广泛的区域。中国愿与沿线国家一道，不断充实完善"一带一路"的合作内容和方式，共同制定时间表、路线图，积极对接沿线国家发展和区域合作规划。[3]

可见，21 世纪海上丝绸之路建设是"国际合作以及全球治理新模式的积极探索"[4]。目前它已经引起各国关注，有 60 多个沿线国家和国际组织对参与"一带一路"建设表达了积极态度。[5]

---

[1] 国家发展改革委、外交部、商务部：《推动共建丝绸之路经济带和 21 世纪海上丝绸之路的愿景与行动》（2015 年 3 月 28 日），http：//www. mfa. gov. cn/mfa_ chn/zyxw_ 602251/t1249574. shtml，访问日期：2016 年 5 月 6 日。

[2] 国家发展改革委、外交部、商务部：《推动共建丝绸之路经济带和 21 世纪海上丝绸之路的愿景与行动》（2015 年 3 月 28 日），http：//www. mfa. gov. cn/mfa_ chn/zyxw_ 602251/t1249574. shtml，访问日期：2016 年 5 月 6 日。

[3] 国家发展改革委、外交部、商务部：《推动共建丝绸之路经济带和 21 世纪海上丝绸之路的愿景与行动》（2015 年 3 月 28 日），http：//www. mfa. gov. cn/mfa_ chn/zyxw_ 602251/t1249574. shtml，访问日期：2016 年 5 月 6 日。

[4] 国家发展改革委、外交部、商务部：《推动共建丝绸之路经济带和 21 世纪海上丝绸之路的愿景与行动》（2015 年 3 月 28 日），http：//www. mfa. gov. cn/mfa_ chn/zyxw_ 602251/t1249574. shtml，访问日期：2016 年 5 月 6 日。

[5] 值得注意的是，2015 年 6 月 6 日匈牙利与中国签署了《新丝绸之路谅解备忘录》。匈牙利成为首个与中国签署新丝绸之路合作协议的欧洲国家。

二、21 世纪海上丝绸之路建设对南海争端解决的积极影响

南海争端是以岛屿主权争端和海域划界争端为主，涉及南海航行通道安全、海难救助、渔业合作、油气资源的共同开发以及海上旅游观光等领域。因此，21 世纪海上丝绸之路建设对南海争端解决的积极影响，主要体现在以下几个方面。

（一）有利于增进中国与东盟国家间的相互信任、促进地区稳定，从而为南海争端的解决提供和平的外部环境

首先，21 世纪海上丝绸之路建设是中国与周边国家关系的重大战略性转变的延续。2013 年 10 月，中央召开的周边外交工作座谈会，标志着中国与周边国家关系的重大战略性调整。习近平在该座谈会上强调："无论从地理方位、自然环境还是相互关系看，周边国家对我国都具有极为重要的战略意义"；"这客观上要求我们的周边外交战略和工作必须与时俱进、更加主动"；"我国周边外交的基本方针，就是坚持与邻为善、以邻为伴，坚持睦邻、安邻、富邻，突出体现亲、诚、惠、容的理念"。[6] 21 世纪海上丝绸之路的倡议，既反映了中国政府从战略高度对周边外交的重视，也体现了对变动中的地缘战略背景下南海问题的新认识，从而有助于推动更为紧密的"中国—东盟命运共同体"的建立。目前，中国已与八个周边国家签署了睦邻友好合作条约，正在商谈签署中国—东盟睦邻友好合作条约，并愿同所有周边国家商签睦邻友好合作条约，从而为双边关系发展和地区繁荣稳定提供有力保障。

其次，21 世纪海上丝绸之路建设就是要与沿线主要国家加强政策沟通、达成深化海上合作共识。加强政策沟通、促进政治互信、达成合作新共识是海上丝绸之路建设的重要保障。在近年来的高层互访活动中，中国领导人都将海上合作作为双边会谈的重要内容之一，分别建立了中国—东盟和中国—印尼海上合作基金，并积极推动与东盟国家的部门间海洋合作，建立了海洋部门高层领导的互访和对话机制。[7]

再次，21 世纪海上丝绸之路建设就是要加强与沿线国家在人文领域的交流合作，从而实现"民心相通"。"民心相通"是海上丝绸之路建设的社会根基。广泛开展文化交流、学术往来、人才交流合作，既是传承和弘扬古代丝绸之路友好合作精神，也为深化中国与东盟国家间双边合作奠定坚实的民意基础、舆论基础。

最后，21 世纪海上丝绸之路建设也体现了一种欢迎"搭便车"的新型义利观。一方面，海上丝绸之路建设是开放的、包容的，欢迎世界各国和国际、地区组织积极参与，也包括与中国有岛屿主权争端的菲律宾等国家的共同合作。另一方面，海上丝绸之路建设坚持互利共赢原则，进一步串联、拓展和寻求中国与沿线国家之间的利益交汇

---

〔6〕《习近平在周边外交工作座谈会上发表重要讲话》（2013 年 10 月 25 日），http：//politics. people. com. cn/ n/ 013/1025/c1024-23332318. html，访问日期：2016 年 5 月 6 日。

〔7〕刘赐贵：《发展海洋合作伙伴关系、推进 21 世纪海上丝绸之路建设的若干思考》，《国际问题研究》2014 年第 4 期。

点，在追求自身利益的同时兼顾他方利益，在寻求自身发展时促进共同发展。更为重要的是，它表明了中国愿意在力所能及的范围内承担更多责任和义务，欢迎周边国家搭乘中国经济高速发展的快车，为人类和平发展作出更大的贡献。

（二）有助于推进中国与东盟国家间在海洋非传统安全领域的全面合作，从而冷却南海争端

一方面，中国与东盟各国资源禀赋各异，经济互补性较强，彼此合作潜力和空间很大。另一方面，中国与东盟各国在应对海洋非传统安全威胁，如海盗、海上恐怖主义、海上跨国犯罪、海洋环境污染、海上灾难救助、海洋天气预报与应对气候变化等方面有广泛的共同利益诉求。事实上，中国与东盟国家在非传统安全合作方面已经达成了多项协议，如 2002 年《中国与东盟关于非传统安全领域合作联合宣言》、2004 年《中华人民共和国政府和东南亚国家联盟成员国政府非传统安全领域合作谅解备忘录》、2014 年《灾害管理合作安排谅解备忘录》等。特别是，在 2011 年第十四次中国—东盟（10＋1）领导人会议暨中国与东盟建立对话关系 20 周年纪念峰会期间，温家宝总理特别提出设立中国与东盟海上合作基金，推动双方在海洋科学研究与环境保护、互联互通、航行安全与搜救、打击跨国犯罪等领域的合作。在 2014 年第十七次中国—东盟（10＋1）领导人会议上的讲话中，李克强总理建议将 2015 年确定为"中国—东盟海洋合作年"，"双方探讨举办包括相关国家海洋部长出席的海洋合作论坛，加强海上执法机构间对话合作，成立海洋合作中心"。[8]

因此，21 世纪海上丝绸之路建设，不但有助于推进中国与东盟国家间在海洋非传统安全领域的全面合作，而且还将积极推进海水养殖、远洋渔业、水产品加工、海水淡化、海洋生物制药、海洋工程技术、环保产业和海上旅游等领域的合作，从而使南海成为连接中国和东盟国家间的和平、友好和合作之海。

（三）有便于实现中国与东盟国家间在南海油气资源共同开发方面的新突破

中国与东盟国家间的油气合作已经有一定的历史，加强中国与东盟国家间的油气合作、特别是在南海油气资源共同开发方面的合作，是 21 世纪海上丝绸之路建设的重要内容。众所周知，虽然早在 20 世纪 70 年代末，中国政府提出了"主权属我、搁置争议、共同开发"原则，试图以此来解决中国与周边邻国间的领土和海洋权益争端。然而，30 多年过去了，由于有关国家缺乏共同开发的政治意愿，迄今中国与东盟国家间仍然没有成功运用"主权属我、搁置争议、共同开发"原则的案例。[9] 2005 年 4 月，中国、菲律宾和越南的三家石油公司签署了《在南中国海协议区三方联合海洋地震工作协议》，被认为朝着"主权属我、搁置争议、共同开发"原则迈出的历史性、

---

〔8〕 李克强：《在第十七次中国—东盟（10＋1）领导人会议上的讲话》，《人民日报》2014 年 11 月 14 日。

〔9〕 参见杨泽伟：《"搁置争议、共同开发"原则的困境与出路》，《江苏大学学报（社会科学版）》2011 年第 3 期。

实质性一步。

21 世纪海上丝绸之路建设，为中国与东盟国家间在南海油气资源共同开发方面的合作提供了新的契机。一方面，东盟国家通过开发油气资源来推动本国经济增长的内在动力与中国保障能源安全的多元化战略相一致。特别是中国与东盟自贸区的建立，无疑有助于双方的油气合作。另一方面，21 世纪海上丝绸之路建设与东盟国家的海洋发展战略不谋而合，从而有助于达成南海共同开发的共识，从而实现在南海油气资源共同开发方面的新突破。例如，21 世纪海上丝绸之路不但最早在印尼提议，而且中国与印尼实现海上全球互联互通的对接，海洋合作正成为中国与印尼双边合作的新引擎。诚如 2014 年11 月习近平主席在会见印尼总统佐科时所指出的："佐科总统提出的建设海洋强国理念和我提出的建设 21 世纪海上丝绸之路倡议高度契合，我们双方可以对接发展战略，推进基础设施建设、农业、金融、核能等领域合作，充分发挥海上和航天合作机制作用，推动两国合作上天入海。"佐科也表示："印尼和中国有悠久的交往历史和丰富的合作资源。印尼方希望推进两国全面战略合作，不断提升双边关系水平。双方要以海上和基础设施建设等领域为重点，带动两国整体合作。"[10]

此外，"加强能源基础设施互联互通合作"是 21 世纪海上丝绸之路建设的合作重点之一。因此，21 世纪海上丝绸之路建设无疑还将对南海石油天然气管道的建设起到促进作用。南海石油天然气管道在现有的基础上，北面部分可以经由香港一路北上，南面部分可以从印尼的纳土纳群岛一直南下，西面部分可以穿过靠近越南近海的浅层水域，东面部门可以穿过婆罗洲、菲律宾和台湾地区。[11]

（四）有益于推动中国与东盟国家《南海各方行为准则》的签署，从而形成有约束力的制度安排

2002 年，中国与东盟各国签署了《南海各方行为宣言》。2011 年，中国与东盟国家又签署了《落实〈南海各方行为宣言〉指导方针》。然而，从国际法角度来分析，无论是《南海各方行为宣言》还是《落实〈南海各方行为宣言〉指导方针》，均没有法律约束力。值得注意的是，从 2004 年开始南海各方已经举办了多次落实《南海各方行为宣言》的高官会和联合工作组会议。特别是，2012 年 7 月，东盟各国外长在东盟第 45 届外长会上一致通过了《东盟对东盟国家与中国〈南海行为准则〉的建议要素》；[12] 2012年 9 月，在第 67 届联合国大会期间，印尼向参会的东盟外长散发了其起草的《零号草

〔10〕《习近平会见印度尼西亚总统佐科》（2014 年 11 月 9 日），http：//world. people. com. cn/n/2014/1109/c1002-25999454. html，访问日期：2016 年 5 月 6 日。

〔11〕 Stewart Taggart：《南海共同开发区与亚洲海上丝绸之路》，《能源》2014 年第 1 期。

〔12〕 See Carlyle A. Thayer, ASEAN's Code of Conduct (Unofficial), Thayer Consultancy Background Brief, July 11, 2012, available at http: //zh. scribd. com/doc/101698395/Thayer_ ASEAN_ s_ Code_ of_ Conduct_ UNoffi-cial, last visited on April 17, 2015.

案：南海地区行为准则》。[13] 2013 年 9 月，落实《南海各方行为宣言》的高官会在中国苏州举行，标志着中国与东盟国家再次正式启动了《南海各方行为准则》的磋商进程。目前，中国与东盟国家关于《南海各方行为准则》已经进入了实质性磋商的深水区，但是由于各方利益不同、诉求有别，中国与东盟国家之间以及东盟国家内部对《南海各方行为准则》应当涵盖哪些内容还存在诸多分歧。

21 世纪海上丝绸之路建设的倡议，一方面，表明中国愿同东盟国家不断深化合作与信任，切实维护南海和平与稳定；另一方面，也有助于各方致力于全面有效落实《南海各方行为宣言》，达成更多的早期收获措施，并在协商一致的基础上早日签署《南海各方行为准则》，从而形成对南海声索国均有约束力法律制度。正如中国外交部长王毅所指出的："中国与东盟各国已同意在落实《南海各方行为宣言》框架下探讨推进'南海行为准则'进程……中方对制定'准则'一直持积极、开放态度"，并且坚持"合理预期、协商一致、排除干扰、循序渐进"[14] 的原则。

（五）有易于化解国际社会对南海航行自由的质疑，更好地维护和保障海上通道安全

近年来，南海航行自由问题引起了国际社会的广泛关注。质疑南海航行自由的原因主要有：南海地区存在岛屿主权与海域划界争端、区域外势力的介入以及东盟一些国家希望借助外部势力抗衡中国等。其实，南海航行自由不是问题。一方面，《联合国海洋法公约》有保障各国在不同海域航行的法律制度；另一方面，南海相关国家并未阻碍南海航行自由。目前，影响南海航行安全的因素主要是海盗和海上恐怖主义活动等。

21 世纪海上丝绸之路建设的合作重点之一就是"设施联通"，包括"推进港口合作建设，增加海上航线和班次，加强海上物流信息化合作"[15] 等。海上航道安全是 21 世纪海上丝绸之路持续稳定发展的关键，而港口码头是保障海上航道安全的重中之重，港口码头就是 21 世纪海上丝绸之路的"海上驿站"。因此，21 世纪海上丝绸之路建设正逐渐受到沿线国家的青睐。例如，马来西亚交通部部长廖中莱就指出："中国政府欢迎马来西亚在马六甲打造一座国际水平的港口，加强马中两国经济合作并配合中国海上丝绸

---

[13] See Carlyle A. Thayer, Indonesia's Efforts to Forge ASEAN Unity on a Code of Conduct, Paper for 3rd Center for Strategic & International Studies Conference on "Managing Tensions in the South China Sea", CSIS, June 5-6, 2013, available at http://csis.org/files/attachments/130606_ Thayer_ ConferencePaper. pdf, last visited on April 17, 2015.

[14] 《王毅谈"南海行为准则"进程》（2013 年 8 月 5 日），http://www.fmprc.gov.cn/mfa_ chn/zyxw_ 602251/t1064187.shtml，访问日期：2016 年 5 月 6 日。

[15] 国家发展改革委、外交部、商务部：《推动共建丝绸之路经济带和 21 世纪海上丝绸之路的愿景与行动》（2015 年 3 月 28 日），http://www.mfa.gov.cn/mfa_ chn/zyxw_ 602251/t1249574.shtml，访问日期：2016 年 5 月 6 日。

之路建设。"[16] 可见，21 世纪海上丝绸之路建设，不但能驳斥"中国无论如何都怀疑海上航行自由必要性"的论断[17]，而且能够通过与沿线国家共建海上公共服务设施，加强执法能力建设，提供海上安全公共产品，从而更好地维护和保障海上通道安全。

三、南海争端是 21 世纪海上丝绸之路建设的最大挑战

虽然"21 世纪海上丝绸之路侧重经济与人文合作，原则上不涉及争议问题"[18]，但是由于南海争端已经呈现出复杂化、法律化、区域化和国际化的趋势，所以南海争端对 21 世纪海上丝绸之路建设构成了最大的挑战。

（一）南海争端之复杂化将是 21 世纪海上丝绸之路建设的长期阻碍因素

南海是各种利益的交汇处。就其战略地位而言，南海地处太平洋和印度洋之间，其地位极为重要。它是中国大陆和近海岛屿通往外部世界的交通要冲，也是亚洲东北各港口同南亚、欧非通航的必经之路。从自然资源来看，南海海底蕴藏着大量的油气资源，南海海域的渔业资源也非常丰富。从海洋法来分析，一国如能取得南海某一岛礁或群岛的主权，就可以取得该岛礁或群岛依法享有的领海、专属经济区和大陆架，并可对其行使各种程度不同的管辖权。此外，南海争端涉及中国、越南、马来西亚、菲律宾、文莱、印尼和中国台湾等六国七方，争端各方的权利主张存在明显的重叠，且都不愿轻易做出让步，因而解决的难度非常大。[19]

虽然"21 世纪海上丝绸之路重点方向是从中国沿海港口过南海到印度洋，延伸至欧洲，从中国沿海港口过南海到南太平洋"[20]，但是南海是 21 世纪海上丝绸之路的前沿阵地和必经之路，因此，南海争端之复杂化将是 21 世纪海上丝绸之路建设的长期阻碍因素。

（二）南海争端之法律化将是 21 世纪海上丝绸之路建设的瓶颈

近几年来，南海争端之法律化趋势更加明显。一方面，国际社会对中国"九段线"的法律地位和法律依据不断地提出质疑。[21] 例如，2011 年 7 月，时任美国国务卿希拉里在东盟地区论坛安全政策会议上声称："我们也呼吁各方用符合国际法的表述方式，

〔16〕 《配合中国海上丝绸之路建设　马六甲将打造国际港口》，《参考消息》2015 年 2 月 23 日。

〔17〕 参见王庚武：《南海之外看"丝路"——一位新加坡学者眼里的"海上丝绸之路"》，《世界知识》2015 年第 4 期。

〔18〕 杨洁篪：《深化互信、加强对接，共建 21 世纪海上丝绸之路——杨洁篪国务委员在博鳌亚洲论坛 2015 年年会"共建 21 世纪海上丝绸之路分论坛暨中国东盟海洋合作年启动仪式"的演讲》（2015 年 3 月 28 日），http：//www. mfa. gov. cn/mfa_ hn/ziliao_ 611306/zt_ 611380/dnzt_ 611382/xjpcxbayzlt_ 671213/zxxx_ 671217/t1249710. shtml，访问日期：2016 年 5 月 6 日。

〔19〕 See Vasco Becker-Weinberg, *Joint Development of Hydrocarbon Deposits in the Law of the Sea*, Springer 2014, p. 163.

〔20〕 国家发展改革委、外交部、商务部：《推动共建丝绸之路经济带和 21 世纪海上丝绸之路的愿景与行动》（2015 年 3 月 28 日），http：//www. mfa. gov. cn/mfa_ chn/zyxw_ 602251/t1249574. shtml，访问日期：2016 年 5 月 6 日。

〔21〕 See Robert Beckman（eds.），Beyond Territorial Disputes in the South China Sea: Legal Framework for the Joint Development of Hydrocarbon Resources, Edward Elgar Publishing Limited 2013, p. 63.

来明确自己对南中国海提出的主张；对南中国海海域提出的诉求，应该完全出于针对地形地貌的合法诉求。"[22] 而菲律宾也在该会议上，就领土争端问题猛烈抨击中国，称中国对南中国海的主权要求没有国际法依据。[23] 另一方面，自从2013年菲律宾提出所谓的"南海仲裁案"以来，越南也在2014年表示要向国际司法机构提起仲裁。"甚至连印尼也认为，南海断续线切入纳土纳群岛，影响印尼的'领土完整'，印尼军方因此要加派军力'驻扎'纳土纳群岛。"[24] 此外，南海相关国家还片面利用《联合国海洋法公约》作出有利于己的解释，争取国际社会的同情和支持。可见，南海争端之法律化趋势仍会持续，并将成为21世纪海上丝绸之路建设的一大瓶颈。

（三）南海争端之区域化将使东盟成为21世纪海上丝绸之路建设的不可忽视的牵制力量

长期以来，南海问题的讨论及其争端，基本上限于相关国家的双边之间。而在近年来，南海问题逐渐成为了东盟系列会议的重要议题：无论是东盟地区论坛和东盟防长会议，还是东盟外长会议，都是如此。因而南海争端之区域化，即东盟化趋势特别明显。随着东盟系列会议对南海问题的关注，东盟国家对南海问题的看法也渐趋一致，即利用《联合国海洋法公约》争端解决机制解决南海争端。因此，东盟对南海问题的影响力，特别是对南海问题国际话语权的主导地位正在迅速彰显，以致逐渐形成了一种对中国不利的国际舆论——"中国的强势是南海争端矛盾激化和南海地区形势恶化的根本原因"。在这种背景下，东盟各南海问题的相关国家，日益将东盟有关机制作为处理与中国南海争端的最有力的平台。[25] 有鉴于此，中国政府也于2014年提出了处理南海问题"双轨思路"，即"有关争议由直接当事国通过友好协商谈判寻求和平解决；而南海的和平与稳定则由中国和东盟国家共同维护"[26]。总之，南海争端的区域化、特别是中国与东盟在南海问题上的分歧，不但成为影响南海争端解决的新因素，而且使东盟成为21世纪海上丝绸之路建设的不可忽视的制约力量。

（四）南海争端之国际化将影响21世纪海上丝绸之路国际合作机制的构建

美国、日本和印度等区域外势力的介入，成为影响南海形势发展变化的重要因素，并使南海争端进一步多边化、国际化。例如，进入21世纪以来，美国开始"积极关

---

〔22〕 参见《参考消息》2011年7月24日。

〔23〕 参见《参考消息》2011年7月24日。

〔24〕 蔡鹏鸿：《启动"21世纪海上丝绸之路"建设南海和平之海》，http：//cpc．people．com．n/n/2015/0206/c187710-26521311．html，访问日期：2016年5月6日。

〔25〕 参见鞠海龙：《区分主次矛盾破解"国际化"，"先开发、后合作"推动"共同开发"》，《中国社会科学报》2011年6月28日。

〔26〕 王毅：《以"双轨思路"处理南海问题》，http：//www．fmprc．gov．cn/mfa_chn/zyxw_602251/t1181457．shtml，访问日期：2016年5月6日。

注"[27] 南海问题；2014 年末，美国国务院还发表了《海洋界限：中国的南海主张》（Limits in the Seas：China's Maritime Claims in the South China Sea）的报告，毫不含糊地支持菲律宾所谓的"南海仲裁案"。[28] 日本政府则在近些年来以打击海盗活动、毒品走私、非法移民等跨国犯罪的名义，积极参加在南海地区的军事演习，频繁派遣舰船进出南海。2015 年 2 月，日本防卫大臣中谷元曾明确表示"南海局势对日本影响正在扩大"。[29]。值得注意的是，2014 年莫迪就任印度总理以后，印度政府的"东进政策"转变成"向东行动政策"。在莫迪访问华盛顿期间，印度和美国发表了一项联合声明，指出南中国海是对捍卫海上安全和确保航行自由具有重大意义的地区。此外，就在莫迪访问美国之前，印度总统普拉纳布·慕克吉在河内与越南签署了一份近海石油勘探协议。[30]另外，东盟一些国家希望借助外部势力抗衡中国。一些东盟国家声称要将南海问题提交联合国。他们认为："重要的是要引起全世界的注意；同样重要的是，要考虑群岛争端国际化的日子的来临。"[31]

总之，南海争端之国际化既增加了解决南海争端的难度，也加深了东盟一些国家对中国的疑虑和担忧，从而不利于中国与东盟国家建立战略互信，进而影响 21 世纪海上丝绸之路国际合作机制的构建。

四、认识与建议

（一）几点认识

1. 21 世纪海上丝绸之路建设是一个较长的过程

一方面，21 世纪海上丝绸之路涵盖的地域范围很广。它旨在将多个国家和地区连接起来：穿越四大洋，贯通欧洲和亚太经济圈，重点面向东盟国家，联通南亚、西亚和部分非洲、欧洲国家，自然延伸至南太平洋。另一方面，21 世纪海上丝绸之路合作的领域丰富多彩。"除了海上运输、海洋资源开发，还涉及海洋科研、海洋环保、海上旅游、海上减防灾、海上执法合作以及海上人文交流等领域；不仅要下海发展蓝色经济、建设海洋经济示范区，还要上岸建设临港产业园区、海洋科技合作园与海洋人才培训基地；不仅要利用海洋资源，还要保护海洋环境；不仅要让沿海民众富裕起来，还要让内陆和

---

〔27〕　Yann-Huei Song，"The Overall Situation in the South China Sea in the New Millennium：Before and After the September 11 Terrorist Attacks"，*Ocean Development & International Law*，July-September 2003，p. 236.

〔28〕　See the Office of Ocean and Polar Affairs，Bureau of Oceans and International Environmental and Scientific Affairs in the Department of State，Limits in the Seas：China's Maritime Claims in the South China Sea，December 5，2014，available at http：//www. state. gov/e/oes/ocns/opa/c16065. htm，last visited on April 15，2015.

〔29〕　参见 http：//mil. sohu. com/ 0150204/n408488518. shtml，访问日期：2016 年 10 月 1 日。

〔30〕　参见［美］迈克尔·库格尔曼：《从向东"看"到向东"行动"：印度自己的重返亚洲政策》，转引自《参考消息》2014 年 10 月 14 日。

〔31〕　刘复国、吴士存主编：《2010 年南海地区形势评估报告》，台湾"国立"政治大学国际关系研究中心2011 年版，第 45 页。

沿海实现联动发展，大家一道富裕起来。"[32] 21 世纪海上丝绸之路建设，就是要在如此广袤的地理范围内将上述广泛的合作领域统合起来，因而是不可能在短时间内完成、实现的。

2. 21 世纪海上丝绸之路建设对南海争端解决的积极影响不能高估，南海争端的"四化"趋势仍将继续存在

21 世纪海上丝绸之路的倡议，是中国政府针对近年来各种正面要求所做出的一种突破性回应，"向国际社会表达了中国愿意积极承担国际责任解决地区热点的姿态，让周边国家深切感受到可以分享中国发展机遇的中国气派"[33]。因此，21 世纪海上丝绸之路建设将对南海争端的解决产生积极影响，这是毋庸置疑的。然而，由于南海争端涉及有关国家的核心利益，况且经济利益与国家核心利益相比较永远处于次要地位，因此有关南海争端国家做出重大让步的可能性较小，南海争端的复杂化、法律化、区域化和国际化趋势仍会持续下去。

3. 南海争端对 21 世纪海上丝绸之路建设的消极影响有限，海上丝绸之路建设步伐不会因南海争端而停顿

如前所述，21 世纪海上丝绸之路虽然重点面向东盟国家，但是并不局限于这些国家。况且，保持南海形势稳定是各方的共同诉求。2015 年是中国—东盟海洋合作年，中国与东盟国家在海洋经济、海上联通、科研环保、海上安全、海洋人文等领域开展务实合作，包括成立中国—东盟海洋合作中心，建设中国—东盟海上紧急救助热线，设立中国—东盟海洋学院，等等。因此，南海争端对 21 世纪海上丝绸之路建设的消极影响是局部性的。事实上，自 21 世纪海上丝绸之路倡议提出近两年来，海上丝绸之路建设正在稳步推进。例如，中国与印尼、柬埔寨、缅甸、斯里兰卡、巴基斯坦、希腊等国就港口建设与运营深化合作；中国与印尼、泰国、马来西亚、印度、斯里兰卡等开展形式多样的海洋合作；中国—东盟海上合作基金和中国—印尼海上合作基金支持的项目进展顺利；等等。

（二）对策建议

1. 构建 21 世纪海上丝绸之路建设的国际合作法律制度

首先，21 世纪海上丝绸之路建设作为国际法上一种国际合作的新形态，需要把中国倡议以国际合作法律制度的形式转化为国际共识。因为从某种意义上讲，21 世纪海上丝绸之路倡议的提出，标志着中国逐渐从国际规则的被动遵守者、参与者向国际规则的积极倡导者、制定者的转变。因此，建立以中国为主导、有关国家参与的 21 世纪海上丝

---

[32] 杨洁篪：《深化互信、加强对接，共建 21 世纪海上丝绸之路——杨洁篪国务委员在博鳌亚洲论坛 2015 年年会"共建 21 世纪海上丝绸之路分论坛暨中国东盟海洋合作年启动仪式"的演讲》（2015 年 3 月 28 日），http://www.mfa.gov.cn/mfa_chn/ziliao_611306/zt_611380/dnzt_611382/xjpcxbayzlt_671213/zxxx_671217/t1249710.shtml，访问日期：2016 年 1 月 5 日。

[33] 蔡鹏鸿：《启动"21 世纪海上丝绸之路"建设南海和平之海》，《当代世界》2015 年第 2 期。

绸之路建设的国际合作法律制度迫在眉睫。其次，协调现有的双边、区域和多边的国际合作机制。就 21 世纪海上丝绸之路建设而言，目前存在不少可资利用的国际合作机制，如上海合作组织、中国—东盟"10 + 1"、亚太经合组织、亚欧会议、博鳌亚洲论坛等。因此，加强这些国际合作机制之间的沟通协调，促进资源整合和分工协作，也是构建 21 世纪海上丝绸之路建设的国际合作法律制度的重要内容之一。最后，制定《21 世纪海上丝绸之路政府间合作示范协议》。针对 21 世纪海上丝绸之路建设的重点合作领域，启动编制合作规划，制定不同类型的《21 世纪海上丝绸之路政府间合作示范协议》，以实现早期收获、产生示范效应。

2. 完善与 21 世纪海上丝绸之路建设有关的国内法律制度

一方面，设立与 21 世纪海上丝绸之路建设有关的管理机构。21 世纪海上丝绸之路建设不但面向国外，而且涉及中国国内。它在行政管辖范围方面，涵盖中国西南地区、沿海和港澳台地区，从而形成中国各地方开放态势；在牵涉的行政机构方面，包括中国国家发展与改革委员会、外交部和商务部等部门。因此，建立与 21 世纪海上丝绸之路建设有关的中央管理机构，统筹国内各种资源，以协调国内的有关工作，显得尤为必要。另一方面，建立和完善与 21 世纪海上丝绸之路建设有关的法律制度，如金融法律制度、贸易法律制度、交通运输法律制度、新能源法律制度、对外援助的法律制度以及海上丝绸之路基金管理制度等。

3. 打造形成更紧密的命运共同体

命运共同体的锻造与形成是 21 世纪海上丝绸之路建设和南海争端解决的关键。为此，一方面，要坚持"欢迎搭便车的义利观"[34]。21 世纪海上丝绸之路的倡议，实际上表明了中国愿意在力所能及的范围内承担更多责任义务；它秉持"互利共赢"的共建原则，在追求自身利益时兼顾他方利益，在寻求自身发展时促进共同发展；并且欢迎周边国家搭乘中国经济高速发展的快车，合作共赢，共同发展。另一方面，要落实"亲诚惠容"的近邻观。2013 年 10 月，习近平在中共中央周边外交工作会议上首次提出了"以亲诚惠容"为中国处理周边外交的重要理念。建设 21 世纪海上丝绸之路和建立命运共同体就是要把"亲诚惠容"的理念转化为具体的措施，并争取在 2015 年完成中国—东盟自由贸易区升级谈判和区域全面经济伙伴关系协定谈判。

4. 深化与东盟海上合作，向 21 世纪海上丝绸之路沿线国家特别是东盟国家提供更多的共同产品

中国与东盟的海上合作已经有一定的基础，如 2010 年创建了中印尼海洋与气候联合研究中心、2013 年启用了中泰气候与海洋生态联合实验室等。而 2015 年为"中国—东盟海洋合作年"。以此为契机，一方面，争取把 21 世纪海上丝绸之路议题列入中国东盟海上合作议程，把亚洲基础设施投资银行项目、海上丝绸之路基金项目优先放在南海

---

〔34〕　石源华：《亚洲命运共同体的文化内涵》，《世界知识》2015 年第 2 期。

周边国家，从而发挥示范作用；另一方面，制定"中国—东盟海上合作基金"的操作规程，深化中国东盟在海洋非传统安全领域的全面合作，让东盟国家真正感受到中国的惠益，从而把南海建成和平、合作与和谐之海。

南极海洋保护区及风险预防原则的适用问题初探

■ 朱建庚*

【内容摘要】南极海洋保护区在南极海洋生物资源委员会连续四年进行了讨论，极力推动设立的国家和组织同时也在努力推动风险预防原则在南极海洋保护中的适用，但都无果而终。本文就海洋保护区的设立及风险预防原则的适用进行了探讨，并提出了相应的建议。

【关键词】南极 海洋保护区 风险预防原则

一、南极海洋保护区

海洋保护区成为一个全球范围的热点问题始于 2002 年可持续发展世界首脑会议《约翰内斯堡行动计划》关于在 "2012 年之前建成有代表性的海洋保护区网络" 的倡议。早期的海洋保护区多是由国家在其管辖范围内海域建立的不同类型针对不同保护对象的区域，随着人类对国家管辖范围以外海域（主要包括公海、国际海底区域和南极地区）的海洋环境与生物资源保护意识的提高，公海海洋保护区应运而生。公海海洋保护区是为保护和有效管理海洋资源、环境、生物多样性或历史遗迹等而在国家管辖范围以外海域（主要包括公海、国际海底区域和南极地区）设立的海洋保护区。公海保护区问题的提出源于对国家管辖范围以外地区生物多样性保护的重视。

（一）南极海洋保护区的现状

关于南极保护区问题，早在 1991 年《关于环境保护的南极条约议定书》第 2 条 "目标与指定" 中就规定 "各缔约国承诺全面保护南极环境及依附于它的和与其相关的生态系统，待兹将南极指定为自然保护区"。随着人类对全球海洋环境的关注，南极海洋保护区问题也逐渐被提上议事日程。2005 年南极海洋生物资源养护委员会（CCAMLR）召开海洋保护区的研讨会；2007 年南大洋[1]生态分区绘图初稿完成，识别出了 11 个海洋保护区的优先区域，并且正式筹划另外 9 个区域；2009 年在英国的提议下，第 28 届南极海洋生物资源养护委员会大会设立了第一个南极海洋保护区——南奥克尼（South Orkney）南大陆架海洋保护区。该保护区位于南极半岛东侧的北威德尔海，面积约 94000 平方公里，是座头鲸的重要栖息地。

2011 年 CCAMLR 再次召开海洋保护区会议，协商一致通过了《建立 CCAMLR 海洋

---

* 法学博士，中国政法大学国际法学院副教授。

〔1〕 南大洋，是国际水文地理组织于 2000 年确认的一个海域名称，但至今仍有争议。参见 "南大洋"，中国数学科技馆：http://amuseum.cdstm.cn/AMuseum/shuiziyuan/water/02/w02_ a07.html，访问日期：2015 年 6 月 6 日。在本文中南大洋与南极海洋是可以互相替代的用语。

保护区的养护措施总体框架》[2]，根据总体框架第 2 条，海洋保护区的标准应当是：
（1）在适度的范围内保护代表性海洋生态系统、生物多样性和栖息地，保持其长期生存和完整；（2）保护关键生态系统进程、栖息地和物种，包括种群和生活史各阶段；（3）建立科学参照区域，监测自然变化和长期改变，或者监测捕捞和其他人类活动对南极海洋生物资源及它们组成的生态系统的影响；（4）保护易受人类活动影响伤害的区域，包括独特的、罕见的或高度生物多样性的栖息地和地貌；（5）保护对当地生态系统功能至关重要的地貌；（6）保护区域用来维持受气候变化影响的复原能力或适应能力。

　　2011 年 10 月南大洋联盟（Antarctica Ocean Alliance, AOA）[3]正式向 CCAMLR 提议在南大洋建立海洋保护区和禁捕区网络。该联盟基于目前最领先的研究成果，识别出了 19 个具有重要生态意义的地区，约占南大洋 40% 的海域，建议通过建立海洋保护区和禁捕保护区网络进行有效的保护。[4]该联盟先后发布了题为《南大洋的传承》系列报告。[5]与此同时，欧盟、加拿大、澳大利亚、新西兰等国积极推动南极海洋保护区的建设。CCAMLR 同意于 2012 年前在南大洋建立一个海洋保护区代表性网络，这与各成员国政府在 2002 年可持续发展世界首脑会议（WSSD）上的承诺相一致。[6]然而，2012 年 11 月，CCAMLR 第 31 届会议未能达成一致推进海洋保护区的提案，包括一项在罗斯海建立大规模禁捕保护区的新西兰—美国联合提案。[7]后来的会议在此问题上也没有任何实质性进展。[8]

---

〔2〕　Conservation Measure 91-04, General framework for the establishment of CCAMLR marine protected areas, available at：http：//antarcticocean. org/2013/11/russia-ukraine-again-block-global-efforts-for-southern-ocean-marine-protection/，visited on Jun 2, 2015.

〔3〕　一个由环境保护组织和慈善家组成的国际联盟，其成员包括：南极与南大洋联盟（ASOC）、蓝色海洋基金会（英国）、绿色和平（Greenpeace）、蓝色使命（Mission Blue，美国）、Oceans 5（美国）、世界自然基金会（WWF）、最后的海洋（The Last Ocean）、森林与鸟类组织（新西兰）、ECO（新西兰）、深浪（Deepwave，德国）、国际人道协会、韩国环保运动联盟（KFEM）、鲸与海豚保护学会。南大洋联盟的合作伙伴有：创绿中心、自然资源保护委员会（NRDC）、世界海洋保护组织（Oceana）、国际爱护动物基金会（IFAW）、海洋星球（OceanPlanet，澳大利亚）、国际海洋状况计划（IPSO）和其他国际性团体，http：//www. ghub. org/? page_ id =183，访问日期：2015 年 6 月 2 日。

〔4〕　《南极海洋生物资源养护委员会闭幕，海洋保护区计划被推迟》，http：//www. china. com. cn/haiyang/2012-12/06/content_ 27331746. htm，访问日期：2015 年 6 月 2 日。

〔5〕　包括《南大洋的传承：罗斯海保护区》《南大洋的传承：保护东南极南极沿岸地区》《南大洋的传承：环极保护愿景》、《南大洋的传承：保障对罗斯海地区的持久保护》等。参见《在海洋日回顾南极海洋保护区的全球倡议的脚踪》，http：//ghub. blog. caixin. com/archives/72279，访问日期：2015 年 6 月 2 日。

〔6〕　CCAMLR XXVIII Final Report, paragraph 7. 19.

〔7〕　Press Release：CCAMLR fails on Marine Protected Areas, available at：http：//antarcticocean. org/2012/11/press-release-ccamlr-fails-on-marine-protected-areas-2/，visited on Jun 2, 2015.

〔8〕　Russia, Ukraine again block global efforts for Southern Ocean Marine Protection, available at：http：//antarcticocean. org/2013/11/ russia-ukraine-again-block-global-efforts-for-southern-ocean-marine-protection/，visited on Jun 2, 2015.

（二）海洋保护区与公海自由的冲突

在 CCAMLR 会议中热议的海洋保护区，如果按照现有海洋法的有关海域进行划分的话，应该属于公海。按照 1982 年《联合国海洋法公约》第 87 条的规定，公海对所有国家开放，所有国家均享有公海自由。按照现有提交到 CCAMLR 的提案来看，海洋保护区的建立势必会影响到一些国家在南极海域的现有活动自由，所以遭到了一些国家的反对。[9]

到目前为止，涉及在公海范围内的海洋保护区有以下几个：1999 年，意大利、摩纳哥和法国，达成协议在三国共有海域和公海建立派拉格斯保护区，保护区位于地中海西北。2008 年开始，15 个国家承诺跨国协作保护"海底阿尔卑斯山"，建立了大西洋中央海脊海洋保护区。2009 年，第 28 届 CCAMLR 大会设立海洋保护区——南奥克尼群岛南大陆架海洋保护区。这其中，地中海派拉格斯保护区是效果比较好的一个，因为这是一个相对小范围的区域性保护。而南奥克尼群岛南大陆架海洋保护区则还缺乏实质有效的具体保护措施。

2008 年，中国代表在联合国大会上的发言体现了我国在此问题上的立场："中国代表团欢迎今年 4 月举行的'国家管辖范围以外海域生物多样性保护与可持续利用特设工作组'第二次会议所取得的进展。该工作组讨论的有关问题牵涉面广，技术性强，需要充分的时间继续深入研究。国家管辖范围以外海域生物多样性的养护和可持续利用，应立足现有的国际法律框架，加强各国、各相关国际组织和机构之间的协调与合作。在建立公海保护区问题上，尤其要符合现行的公海基本法律制度。"[10] 2013 年会议中，中国政府提出了类似的主张："中国代表团支持联大通过'国家管辖范围以外区域海洋生物多样性问题特设工作组'提出的工作建议。"中国代表团认为，公海和国际海底区域涉及国际社会整体利益，妥善处理上述区域中的海洋生物多样性问题对于维护公正合理的国际海洋秩序具有重要意义。应坚持联大在相关工作中的中心地位，充分尊重成员国的主导权，以循序渐进的方式推进工作，充分顾及各国特别是发展中国家合理利用海洋生物资源的需要。[11]

---

[9]　关于各国对于公海海洋保护区的立场可参见姜丽等：《公海海洋保护区初探》，《海洋开发与管理》2013 年第 9 期。

[10]　2008 年中国常驻联合国副代表刘振民大使在第 63 届联大关于"海洋和海洋法"议题的发言，http：// www. fmprc. gov. cn/ce/ceun/chn/lhghywj/fyywj/2008/t526610. htm，访问日期：2015 年 7 月 3 日。

[11]　2013 年中国常驻联合国代表刘结一大使在第 68 届联大关于"海洋和海洋法"议题的发言，http：// www. fmprc. gov. cn/ce/ceun/chn/lhghywj/fyywj/2013/t1107268. htm，访问日期：2015 年 7 月 3 日。

二、风险预防原则与南极海洋保护

风险预防原则（英文为 precautionary principle，德文为 versougeprinzip）[12]，作为一个明确的法律概念最早产生于德国。[13] 之后德国政府代表在 1984 年将其推广到第一次保护北海国际会议上，此后风险预防原则就频繁出现在包括国际条约在内的各国国际法律文件及各国的国内法律及政策中。

（一）风险预防原则的要素

在不同的法律文件中，对于风险预防原则的表述是不完全一样的，一般认为最典范的阐述是 1992 年《里约环境与发展宣言》原则 15："为了保护环境，各国政府应该根据其能力广泛采用风险预防措施，在有严重或不可逆转的损害的威胁时，缺乏科学确定性不应被用来作为延缓采取有效措施防止环境退化的理由。"由于具体情况不同，所以要对风险预防原则下一个总体的定义是非常困难而且几乎是不可能的，只能在具体的环境保护领域中分别对其进行定义，在这种定义的过程中，最主要的是确定风险预防原则的要素。

1. 不确定性

确定与不确定实际上是针对人类活动与环境损害之间的因果关系而言的，如果有科学证据能够充分地证明人类活动与环境损害之间存在因果关系，这种对环境的风险我们称为确定的风险，反之则称之为不确定的风险。风险预防原则的作用就是解决在科学不确定性情况下的环境保护问题。

许多环境保护公约都提到了不确定性问题。1992 年《东北大西洋海洋环境保护公约》《伦敦倾倒公约》和 1992 年《波罗的海海洋环境保护公约》提到不需要"最终的结论"（conclusive evidence）；1988 年《保护波罗的海宣言》认为不需要等待"充分的没有争议的证明"（full and undisputed scientific proof）；2001 年《生物安全议定书》规定"由于没有足够的相关科学信息和知识而缺乏科学确定性"（lack of scientific certainty due to insufficient relevant scientific information and knowledge）。

这些表述在意思上非常接近，没有本质的区别，语气和力度也没有多大差别。关键问题是，这些规定都不能精确地描绘出科学知识发展的实际状况，在实际操作中难以把握。为了解决这个问题人们也提出了一些办法。如欧盟委员会《关于风险预防原则的公报》提出必须对每种科学不确定性级别进行评估和确认，虽然科学不确定性不可避免，但就评估意见达成共识却是可行的。在确认科学不确定性级别的过程中，必须听取各个渠道的不同声音。有些情况下，可能会有少数人对业已形成的科学常识提出质疑，公报指出，即使科学建议只受到少数科学家的支持，对这些建议还是应给予足够的重视，前

---

〔12〕 不同的法律文件中，此原则的用语不完全一样，有的用 Precautionary Measure/Approach，相应地翻译为风险预防措施/方法，但法律含义并无实质区别，基本可以互相替代使用。

〔13〕 参见朱建庚：《风险预防原则与海洋环境保护》，人民法院出版社 2006 年版，第 1 页。

提是这些少数科学家的学术能力和威望得到确认。这种对观点立场的共识的重视是风险预防原则的一个重要内容，这比"最终的科学证据"等规定更具可操作性。[14] 还有一个解决风险的不确定性问题的方法，就是阈值的确定。

2. 阈值（临界点）的确定

阈值就是适用风险预防的临界线。在适用风险预防原则的时候需要达到规定的阈值。阈值的作用主要是解决适用依据问题，同时也是防止风险预防原则的滥用。风险预防原则有强弱之分的表现之一就是适用的阈值不一样。阈值高的，如严重、不可逆转的环境危害等，风险预防原则的适用就严格；阈值低的，风险预防原则的适用就要宽松。较高的阈值，潜在危害必须是重大的，否则，就不采取风险预防的措施。

因为风险预防原则在适用之前，必须满足一定的阈值，这种阈值也就是通常所说的门槛，否则会导致风险预防原则的滥用，违背风险预防原则的初衷。阈值的不一样说明在不同的场合下，风险预防原则得到适用的严格程度就不一样，到底要求哪一种阈值则取决于不同的国家或者国际组织的解释以及不同的社会、文化背景和环境风险的具体情况。

3. 成本与收益的评估

经济学家强调，十分严格的风险预防原则要得到贯彻，代价将非常高：而且可能以后出现的新信息表明，先前采取的风险预防措施根本是不必要的。因此，采取风险预防措施的社会代价可能极高，尤其当环境影响最后表现得没有预料的大。为此，在欧盟《关于风险预防原则的公报》中提出采取风险预防原则措施必须符合相称性的原则。在德国关于风险预防原则的争论中，行政机关行动的相称性是一个中心问题。1978 年德国联邦宪法法院在一判例中称：对风险进行合理评估是适当的。在任何情况下，相称性应当指导决策者通过考虑决策对不同当事方的影响来评估拟采取的措施的必要及有用性。[15]

成本效益分析方法是评估风险预防措施是否符合相称性的经济标准和方法。不过，成本效益分析奏效的前提是对该环境风险有良好的科学理解，并且有充分的时间进行成本效益分析。在适用风险预防原则中，所采取的措施是否需要仅仅"符合成本"，或一律地采取措施防止危害的发生？各条约对此的规定不一，大部分都要求采取的风险预防措施是有效益的，也就是要符合成本。

4. 根据不同的风险程度所应采取的适当预防措施

在各种公约中，当采取风险预防措施的必要性得到确认后，对于采取何种预防措施也有不同的规定，在此问题上又有强的风险预防措施与弱的风险预防措施的区别。

如 1992 年《东北大西洋海洋环境保护公约》和 1991 年《巴马科公约》都是为防止

---

〔14〕　参见胡斌：《试论国际环境法中的风险预防原则》，《环境保护》2002 年第 6 期。

〔15〕　Alan Boyle and David Freestone（eds.），*International Law and Sustainable Development*，Oxford University Press，1999，p. 168.

（prevent）结果的发生，两者是关于陆源污染和废物处理的，是风险明显大于效益的活动，所以措施相对比较严厉，属于强的风险预防措施。1992 年《生物多样性公约》也建议采取预防措施来避免风险或使风险活动的不利影响最小化。针对那些效益和风险并存且不相上下的活动，公约一般会规定得相对缓和一些，称为弱的风险预防措施。相比之下，2000 年《生物安全议定书》所规定的风险预防措施最严厉，公约规定，一旦风险程度突破阈值，缔约方就有权就进口问题做出适当的决定。这意味着如果风险的程度得到确认，一方可以单方面宣布禁止进口。欧盟委员会《关于风险预防原则的公报》认为在某些情况下，正确的答案也许是不作为或至少是不要制定一个强制性的法律措施。所采取的预防措施的种类也有很多种，例如一个强制性法律措施，一个科学研究基础或者一个建议。总体上说，对各种不同案例下所有可能的风险采取一个笼统的禁令肯定是不适当的。但是在某些案例中，禁令也可能是解决风险的唯一办法。[16]

（二）风险预防原则在南极海洋保护中的适用

以 1959 年《南极条约》为主的南极条约体系中并没有关于风险预防原则的明确规定，不过有一些条款的规定体现了风险预防的精神或内容。

1980 年《南极海洋生物资源养护管理公约》第 2（3）条列出了南极生物资源养护的三大原则：一是防止过度捕捞导致种群数量降低到无法延续的水平；二是维持并在必要时修复南极海洋生物资源中被捕捞种群、依赖种群和相关种群之间的生态关系；三是依据现有最可靠的科学研究，预防或最小化海洋生态系统变化的风险。此条款中的一些措施和用语其实包含了风险预防原则的要素和精神："任何在本公约适用区域进行的捕捞和相关行动应以本公约的规定和以下养护原则进行：（a）防止任何捕捞对象的数量低于能保证其稳定补充的水平。为此目的，其数量不应低于接近能保证年最大净增量的水平……（c）……防止在 20 或 30 年内在海洋生态系统中发生不可逆转的变化，或将发生此变化的危险性降至最低。"

1991 年《关于环境保护的南极条约议定书》第 3（2）c 条规定："在南极条约地区的活动应根据充分信息来规划和进行，其充分程度应足以就该活动对南极环境及依附于它的和与其相关的生态系统以及对南极用来从事科学研究的价值可能产生的影响做出预先评价和有根据的判定……"

由于科学不确定性的存在，在生态系统管理中运用风险预防原则对于应对海洋环境的变化尤为重要，所以致力于南极海洋保护的南大洋联盟极力主张将风险预防原则适用于南极的海洋环境保护包括其努力推动建立的海洋保护区中。

上述南极的条约中没有明确风险预防原则的主要原因是条约缔结时，此原则还没有被国际社会广泛认识。

---

[16] Communication from the Commission on the Precautionary Principle, summary Para. 5. 6.

三、建议

整个全球海洋环境的不断恶化为南极的海洋环境保护敲响了警钟，所以各国可以在 CCAMLR 的主导下通过协商建立南极的海洋保护区。具体可以通过"公约＋议定书"的模式来进行：在 1980 年《南极海洋生物资源养护管理公约》的框架之下，签订新的议定书设立海洋保护区，通过议定书对于海洋保护区的法律地位、相关方的权利和义务、权力和管理机构的设立、保护和执行的具体措施等问题进行具体明确的规定。由于风险预防原则在当前的条约实践中已经被广泛采纳，所以如果通过新的议定书的话，写入风险预防原则不会有问题，关键是在南极的海洋保护中，如何对此进行具体地规范。

从前文中关于风险预防原则的要素分析可以看出，在南极海洋保护区适用风险预防原则最关键的有两个要素，一是如何确定临界点，二是采取强还是弱的风险预防措施，其实这二者是相辅相成的。南大洋联盟主张一种比较严格的强风险预防措施，希望建立由大型海洋保护区和禁捕保护区组成的网络能够发挥出最大化的功效，确保能够更好地保护整个南大洋生态系统的复原能力。[17] 这是一种极其理想化的主张，在目前海洋保护区的实践中，情况并不乐观。美国《自然》杂志在 2014 年发布的研究称：近年虽然保护区数量迅猛增加，但其海域面积仍不到全球海洋面积的 2%，同时由于大多数并未得到有效管理，因此对于海洋恢复生物多样性的助益甚微。没有强有力的执法或者由于面积太小以至于不能广泛保护大部分濒危鱼类的保护区，都更有可能使其成为无效的保护区。有效的保护措施必须包括完全禁渔而不仅仅是限制渔业，这一点必须得到有效的政策支持并予以强制执行。[18]

尽管有消息称对中国反对在南极建立海洋保护区令人失望[19]，但如果在条件不成熟的情况下匆匆建立，其结果可能就是一种无效的海洋保护区，所以中国一直主张："《南极海洋生物资源养护公约》对南极海洋生物资源养护和管理有明确的规定，保护区的设立应遵循公约规定和相关实践，维护资源保护与合理利用的平衡，制定有针对性的、合理的管理措施和评估机制，以确保其有效性。"[20] 海洋保护区的建立要在 CCAMLR 及《南极海洋生物资源养护公约》的框架下进行，兼顾到资源保护与合理利用的关系，为保证保护区的有效性，需要同时制定具体可操作的管理措施和评估机制，避免目前很多海洋保护区流于形式、缺乏实质保护的情况发生。

---

〔17〕　参见《南大洋联盟简报》第 3 部分："应对气候变化与海洋酸化：禁捕保护区与海洋保护区的益处。"

〔18〕　参见《全球海洋保护区保护成效堪忧》，http：//env. people. com. cn/n/2014/0217/c1010-24379985. html，访问日期：2015 年 7 月 6 日。

〔19〕　参见《中俄反对建南极海洋保护区》，http：//china. cankaoxiaoxi. com/2014/1102/550483. shtml，访问日期：2015 年 6 月 26 日。

〔20〕　http：//world. huanqiu. com/hot/2015-02/5586356. htm，访问日期：2015 年 7 月 3 日。

《波茨坦公告》与《南海各方行为宣言》的
国际法效力问题

■ 马伟阳*

【内容摘要】日本想通过否认《波茨坦公告》的法律拘束力为第二次世界大战的日本战犯招尸还魂，菲律宾撇开《南海各方行为宣言》一意孤行就中菲南海争端向国际仲裁机构状告中国。那么，《波茨坦公告》和《南海各方行为宣言》到底有没有国际法拘束力？日本和菲律宾是否应当遵守这些国际文件呢？本文通过研究发现，《波茨坦公告》与1943年12月1日《开罗宣言》、1945年8月15日《日本政府致中美英苏四国政府电》、1945年9月2日《日本向同盟国家投降的降书》等国际文件一起构成了一项国际协定，对中、日等当事各方具有法律拘束力，当事各方应当严格遵照执行；《南海各方行为宣言》与《东南亚友好合作条约》、1997年《中国与东盟首脑会晤联合声明》、2004年9月3日《中华人民共和国政府和菲律宾共和国政府联合新闻公报》、2011年9月1日《中华人民共和国和菲律宾共和国联合声明》等国际文件构成了中菲之间关于和平解决南海争端的一项国际协议，即"由直接有关的主权国家通过友好磋商和谈判以和平方式解决"南海的领土与管辖权争端，这事实上排除了中菲双方通过国际仲裁等司法或准司法途径解决中菲南海争端的可能性。

【关键词】《波茨坦公告》 《南海各方行为宣言》 国际法效力

当前，日本右翼政府、政党与势力想否定第二次世界大战期间的侵华战争，想为第二次世界大战的罪恶战犯招尸还魂，其重要依据就是认为《波茨坦公告》（Potsdam Proclamation）对日本没有拘束力；而菲律宾也在中国南海叫嚣，宣称《南海各方行为宣言》（Declaration on the Conduct on the South China Sea）对其没有法律效力，向国际仲裁机构状告中国。这就涉及《波茨坦公告》和《南海各方行为宣言》的国际法效力问题。那么，公告或宣言的国际法含义到底是什么？《波茨坦公告》和《南海各方行为宣言》到底有没有条约效力？本文试图对这些问题进行论述。

一、"公告"或"宣言"等国际文件的国际法效力

《波茨坦公告》中的"公告"对应的英文为"proclamation"，《南海各方行为宣言》中的"宣言"对应的英文为"declaration"。那么，"公告（proclamation）"与"宣言（declaration）"是否有区别？含义是什么？《布莱克法律词典》认为，公告（proclamation），是指一个政府所做出的一项正式宣告（announcement）[1]；而宣言（declaration），是指一项正式声明（statement）、公告（proclamation）或宣告（announcement），尤其载

---

* 河南理工大学副教授，研究领域为国际法。
[1] Bryan A. Garner（ed.），*Black's Law Dictionary*，Tenth Edition，Thomson Reuters，2014，p. 1400.

于文件（instrument）中。[2] 可见，"公告"（proclamation）与"宣言"（declaration）[3] 的含义没有什么区别，均是对外发布的一种庄重承诺或正式宣示，用于表明国家、政府、组织或团体的立场、观点、主张、态度和政策。此外，从中国国家实践看，与"公告"和"宣言"含义相同的表述还有"声明"（statement）[4] 和"公报（Communiqué）"[5]，且使用"公告"次数较少。

从国际法上看，"公告"或"宣言"等文件有三类：一类是一国的政府或政党单独发布的用于表明其政策或主张的正式文件。例如，1776 年 7 月 4 日美国的《独立宣言》、1789 年 8 月 26 日法国颁布的《人权宣言》。一类是两个或两个以上的国家或政府共同发布的用于表明其共同意思的正式文件。例如，1998 年 11 月 26 日《中日关于建立致力于和平与发展的友好合作伙伴关系的联合宣言》，1943 年 10 月 30 日中、美、英、苏四国代表签署的《关于普遍安全的宣言》。一类是国际组织所发表的用于表明该组织成员共同立场或主张的正式文件。例如，2013 年 10 月 3 日联大通过的《国际移徙与发展高级别对话宣言（Declaration of the High-level Dialogue on International Migration and Development）》。截至 2015 年 8 月 31 日，联合国大会通过的宣言有 91 份。[6]

从国际实践看，"公告"或"宣言"等国际文件的国际法效力主要有四种：

第一种是"公告"或"宣言"等国际文件仅具有证据效力，用于证明国家的国际实践状况和国际习惯法规则存在与否。此种类型的典型代表为联合国大会通过的宣言，例如，1982 年 11 月 15 日联合国大会通过的关于和平解决国际争端的《马尼拉宣言》。

第二种是"公告"或"宣言"等国际文件与其他国际文件一起构成一项国际协议，具有"条约"效力，对当事各国具有拘束力。《波茨坦公告》就属于这种情形，下文予以详述。

---

[2] Bryan A. Garner（ed.），*Black's Law Dictionary*，Tenth Edition，Thomson Reuters，2014，p.493.

[3] 例如，1984 年 12 月 19 日《中华人民共和国政府和大不列颠及北爱尔兰联合王国政府关于香港问题的联合声明（Joint Declaration of the Government of the United Kingdom of Great Britain and Northern Ireland and the Government of the People's Republic of China on the Question of Hong Kong）》；1998 年 11 月 26 日《中日关于建立致力于和平与发展的友好合作伙伴关系的联合宣言》。

[4] 1997 年 10 月 29 日的《中美联合声明》（China-US Joint Statement，October 29，1997）、2009 年 11 月 17 日的《中美联合声明》（China-US Joint Statement，November 17，2009）、2011 年《中美联合声明》（China-U. S. Joint Statement，January 19，2011）；1972 年 9 月 29 日《中日联合声明》、2008 年 5 月 7 日《中日关于全面推进战略互惠关系的联合声明》。

[5] 例如，1972 年 2 月 28 日的《中华人民共和国和美利坚合众国联合公报（Joint Communiqué of the People's Republic of China and the United States of America）》（简称《上海公报》）、1978 年 12 月 16 日的《中华人民共和国和美利坚合众国关于建立外交关系的联合公报（Joint Communiqué on the Establishment of Diplomatic Relations between the People's Republic of China and the United States of America）》（简称《建交公报》）、1982 年 8 月 17 日的《中华人民共和国和美利坚合众国联合公报（Joint Communiqué of the People's Republic of China and the United States of America）》（简称《八一七公报》）。

[6] 联合国大会：《联合国大会决议中的宣言与公约》，http://www.un.org/chinese/documents/instruments/docs_ ch.asp? type = declarat，访问日期：2015 年 8 月 31 日。

第三种是"公告"或"宣言"等国际文件单独就构成一项国际条约，对当事各国具有拘束力。例如：1984 年 12 月 19 日《中华人民共和国政府和大不列颠及北爱尔兰联合王国政府关于香港问题的联合声明》[7] 该联合声明的国际条约效力已为中国、英国和国际法实践所认可[8] 又如：1972 年 9 月 29 日的《中日联合声明》也具有条约的国际法拘束力[9] 下文详述的《南海各方行为宣言》也属于此种类型。

第四种是"公告"或"宣言"等国际文件本身没有国际条约的效力，但是其文本中内的内容已构成国际习惯法规则的一部分。例如：1948 年 12 月 10 日联合国大会通过并发布的《世界人权宣言》已成为国际习惯法规则的一部分。[10]

二、"宣言"等具有条约效力的考虑因素

《维也纳条约法公约》第 1 条第 1 项规定：称"条约"者，谓国家间所缔结而以国际法为准之国际书面协定，不论其载于一项单独文书或两项以上相互有关之文书内，亦不论其特定名称如何（an international agreement concluded between States in written form and governed by international law, whether embodied in a single instrument or in two or more related instruments and whatever its particular designation）。可见，条约实质上主要是指国家间制定的不违反国际法的国际协定，即一国对另一国所做的并为该另一国所明示或默示接受的单方承诺，旨在设定、改变或废止国家间的权利与义务关系，对于条约当事国必须予以遵守。那么，"公告"或"宣言"等国际文件具有条约效力的判断标准或考虑因素有哪些呢？从各国实践看，判断"公告"或"宣言"等国际文件具有"条约"效力的考虑因素不仅看"公告"或"宣言"等国际文件文本的内容，即具体内容是否在当事方之间产生权利与义务的关系，而且看这些文件的形式，例如，签署、登记。

第一，是否设定了权利与义务的内容。《奥本海国际法》指出，国际文件的名称（例如，宣言）本身并不在国际上影响文件的拘束力或决定条约的特性，各国不能由于仅仅给予一项文件一种似乎不是条约的名称而避免该文件成为条约，只要该文件强调了当事各方的真实意思表示，意图在当事各方之间创设法律权利与义务，就属于条约。[11]李浩培先生进一步指出，判断一个宣言是否属于条约，只能依据当事方的意思表示确

---

〔7〕 需说明的是，虽然该文件用的"联合声明"，但英文为"Joint Declaration"即"联合宣言"。
〔8〕 港实：《从国际法看中英关于香港问题的联合声明》，《法学研究》1990 年第 1 期；[英] 安托尼·奥斯特：《现代条约法与实践》，江国青译，中国人民大学出版社 2005 年版，第 22—23 页。
〔9〕 参见 李浩培：《条约法概论》，法律出版社 2003 年版，第 25 页。
〔10〕 参见 [英] 詹宁斯、瓦茨修订：《奥本海国际法》（第一卷第二分册），王铁崖等译，中国大百科全书出版社 1998 年版，第 626—628、366 页。
〔11〕 参见 [英] 詹宁斯、瓦茨修订：《奥本海国际法》（第一卷第二分册），王铁崖等译，中国大百科全书出版社 1998 年版，第 626—628、630—631 页。

定，而确定当事方的意思，只能依据其外部的表现，尤其是宣言所使用的文字。[12] 安托尼·奥斯特也认为，一项国际文件的名称并不决定该文件的地位，具有决定性作用的是是否将该文件视为有法律拘束力文书的意志。[13] 可见，判断一份"公告""宣言"或"声明"等国际文件是否具有条约效力的核心因素是此文件的内容是否设定了当事各国的权利与义务。例如，1972 年 2 月 28 日《中华人民共和国和美利坚合众国联合公报》指出："美国认识到，在台湾海峡两边的所有中国人都认为只有一个中国，台湾是中国的一部分。美国政府对这一立场不提出异议。"1978 年 12 月 16 日的《中华人民共和国和美利坚合众国关于建立外交关系的联合公报》明确指出："美利坚合众国承认中华人民共和国政府是中国的唯一合法政府。在此范围内，美国人民将同台湾人民保持文化、商务和其他非官方关系"；"美利坚合众国政府承认中国的立场，即只有一个中国，台湾是中国的一部分"。1982 年 8 月 17 日的《中华人民共和国和美利坚合众国联合公报》重申了这些内容。这三个文件清楚地表明，在中美之间产生了国际法上的权利义务关系，即美国承认中华人民共和国政府是中国的唯一合法政府，负有不承认台湾当局是中国合法政府的国际义务，承担了世界上只有一个中国，台湾是中国不可分割的一部分的国际义务，同时，中国允许美国在"一个中国"的原则下与台湾地区进行文化、商业等非官方的民间关系与交往。

第二，国家元首、政府首脑或外交部长等国家代表是否签署。判断一份"公告"或"宣言"等文件是否具有条约效力，除了考虑上述实质性要素外还要考虑其他形式要素，国家元首、政府首脑或外交部长等国家代表的签署就是一个重要的形式因素。签署（signature）是指有权签署人将其姓名签于国际文件文本上的国家行为，有权签署的人通常有国家元首、政府首脑、外交部长或其他国家代表。签署意味着签署人所代表的国家已经确定同意该国际文件文本的内容并受其约束。如果没有任何明示或暗含的表示需要批准，那么一项条约将被推定为签署时生效。[14]《维也纳条约法公约》第 11 条与第 12 条明确规定，一国承受条约约束之同意可以"签署"表示之，且该国已明示或默示签署有之效果。1972 年 9 月 29 日的《中日联合声明》之所以构成一项国际条约的一个重要考虑因素就是当时的中国国家总理周恩来与外交部长姬鹏飞以及日本的首相田中角荣与外务大臣大平正芳在该文件上签了字。[15] 1978 年 8 月 12 日的《中日和平友好条约》进一步确认：1972 年 9 月 29 日的《中日联合声明》是两国间和平友好关系的基础，该联合声明所表明的各项原则应予严格遵守。这就默示承认了中日两国总理和外长的签署使1972 年《中日联合声明》产生了条约的效力。

---

[12]　参见李浩培：《条约法概论》，法律出版社 2003 年版，第 24 页。
[13]　参见〔英〕安托尼·奥斯特：《现代条约法与实践》，江国青译，中国人民大学出版社 2005 年版，第 20 页。
[14]　参见〔英〕安托尼·奥斯特：《现代条约法与实践》，江国青译，中国人民大学出版社 2005 年版，第 76 页。
[15]　参见李浩培：《条约法概论》，法律出版社 2003 年版，第 25 页。

第三，是否在联合国等保存机构进行了登记。《联合国宪章》第 102 条明确规定：联合国任何会员国所缔结之一切条约及国际协定应尽速在秘书处登记，并由秘书处公布之；当事国对于未经登记之条约或国际协定，不得向联合国任何机关援引之。《维也纳条约法公约》第 80 条也规定：条约应于生效后送请联合国秘书处登记或存案及记录，并公布之。《奥本海国际法》也认为，一项文件向联合国登记，可能包含着它是有意思而且被理解为一项条约。[16] 安托尼·奥斯特也认为，一项国际文件已经或没有提交登记的事实可能构成有关国家对该文件地位意图的证据。[17] 可见，登记或备案（registration）是一项国际文件被视为是否为条约的一个重要考虑因素，"公告"或"宣言"等国际文件在联合国等保存机构的登记是该项"公告"或"宣言"被视为一项国际条约的重要证据。1984 年 12 月 19 日《中华人民共和国政府和大不列颠及北爱尔兰联合王国政府关于香港问题的联合声明》具有条约效力的一个重要考虑因素就是中英双方将该文件提交了联合国秘书处进行了登记备案。[18] 当然，登记不是一项国际文件构成条约的必要条件。[19] 换句话说，登记具有对抗效力、证据效力、补强效力或优先效力，而不是生效的效力，即国际文件具有条约效力的前提条件。

三、《波茨坦公告》的法律效力

第二次世界大战后期的 1945 年 7 月 17 日，苏美英三国首脑在柏林近郊波茨坦举行会议，并于 1945 年 7 月 26 日发表了《中美英三国促令日本投降之波茨坦公告（Proclamation Defining Terms for Japanese Surrender）》（简称《波茨坦公告》或《波茨坦宣言》），苏联于 1945 年 8 月 8 日对日宣战后加入该公告或宣言，该公告主要涉及对战后日本的处理。那么，《波茨坦公告》是否具有条约效力？是否对日本具有拘束力？

第一，从内容看，该公告设定了中美英苏四国与日本的权利和义务关系。《波茨坦公告》共 13 条，其主要内容是声明四国在战胜纳粹德国后一起致力于战胜日本以及履行《开罗宣言》等对战后日本的处理。《波茨坦公告》第 2 条规定："将予日本以最后之打击，直至其停止抵抗。"第 6 条规定："欺骗及错误领导日本人民使其妄欲征服世界者之威权及势力，必须永久剔除；非将负责之穷兵黩武主义驱出世界，则和平安全及正义之新秩序势不可能。"第 7 条规定："直至日本制造战争之力量业已毁灭并有确定可信

---

〔16〕 参见〔英〕詹宁斯、瓦茨修订：《奥本海国际法》（第一卷第二分册），王铁崖等译，中国大百科全书出版社 1998 年版，第 626 页。

〔17〕 参见〔英〕安托尼·奥斯特：《现代条约法与实践》，江国青译，中国人民大学出版社 2005 年版，第 270—271 页。

〔18〕 参见港实：《从国际法看中英关于香港问题的联合声明》，《法学研究》1990 年第 1 期；〔英〕安托尼·奥斯特：《现代条约法与实践》，江国青译，中国人民大学出版社 2005 年版，第 22—23、270 页。

〔19〕 参见〔英〕安托尼·奥斯特：《现代条约法与实践》，江国青译，中国人民大学出版社 2005 年版，第 271 页。

之证据时，日本领土经盟国之指定必须占领"。第 8 条规定："《开罗宣言》之条件必将实施，而日本之主权必将限于本州、北海道、九州、四国及吾人所决定其他小岛之内。"第 10 条规定："吾人无意奴役日本民族或消灭其国家，但对于战罪人犯，包括虐待吾人俘虏在内，将处以法律之裁判，日本政府必将阻止日本人民民主趋势之复兴及增强之所有障碍予以消除，言论、宗教及思想自由以及对于基本人权之重视必须成立。"第 13 条规定："吾人通告日本政府立即宣布所有日本武装部队无条件投降，并对此种行动提供其适当而充分的诚意保证，否则，日本即将迅速完全毁灭。"可见，这些内容都清楚地表明了中美英苏四国对军国主义的日本科以的权利与义务，具备了条约的实质性要件。

第二，中美英苏四盟国和日本签署或承认了该公告。《波茨坦公告》首先由时任美国总统杜鲁门与英国首相丘吉尔签署，并电请了时任中华民国主席的蒋介石签字。日本虽然没有在《波茨坦公告》上签字，但是 1945 年 8 月 15 日《日本政府致中美英苏四国政府电》宣布："关于日本接受《波茨坦宣言》之各项规定事，天皇陛下业已颁布赦令"；"天皇陛下准备授权，并保证日本政府及日本大本营，签订实行《波茨坦宣言》各项规定之必需条件"。1945 年 9 月 2 日《日本向同盟国家投降的降书》也宣布："余等兹为天皇、日本国政府及其继续者，承约切实履行《波茨坦宣言》之条款，发布为实施宣言之联合国最高司令官，及其他特派联合国代表要求之一切命令，且实施一切措置。"还需指出的是，在该投降书上签字的，除了美国、中国、苏联等三国外，还有澳大利亚、加拿大、法国、荷兰、新西兰等盟国。可见，代表日本的裕仁天皇和政府代表已通过电报和投降书的形式承认了《波茨坦公告》的各项内容。这样一来，中美英苏等九盟国与日本关于《波茨坦公告》的内容达成了一致，符合了国际条约缔结的要素，《波茨坦公告》和 1945 年 8 月 15 日《日本政府致中美英苏四国政府电》与 1945 年 9 月 2 日《日本向同盟国家投降的降书》一起构成了一项国际协定，具有了条约的效力。

第三，《波茨坦公告》不需要在联合国秘书处登记备案。虽然《联合国宪章》第 102 条明确规定，联合国任何会员国所缔结之一切条约及国际协定应尽速在秘书处登记，对于未经登记之条约或国际协定，当事国不得向联合国任何机关援引之，但是《联合国宪章》第 102 条也明确规定，要求会员国履行前述义务的前提是"本宪章发生效力后"，即《联合国宪章》1945 年 10 月 24 日生效后的国际条约要在联合国秘书处加以登记备案。换句话说，对于 1945 年 10 月 24 日《联合国宪章》生效前的国际条约不需要履行在联合国秘书处登记的程序，没有登记不构成不可以在联合国任何机关援引的法律障碍。同理，虽然《维也纳条约法公约》第 80 条规定，条约应于生效后送请联合国秘书处登记或存案及记录，但是《维也纳条约法公约》第 4 条也明确规定："本公约仅对各国于本公约对各该国生效后所缔结之条约适用之。"所以，1980 年 1 月 27 日生效的《维也纳条约法公约》对其前的国际条约或国际文件没有拘束力。根据前述，《波茨坦公告》于 1945 年 8 月 15 日电告中美英苏四国后生效，这时《联合国宪章》和《维也纳条约法公约》所规定的关于条约登记备案的内容还没有生效，而这些规定也不属于强行法的内容。因此，《波茨坦公告》不需要在联合国秘书处进行登记备案，也就是说，《波茨坦公告》是否登记备案不影响其条约的效力，更不影响其证据效力。

由上分析可知，《波茨坦公告》单独不能构成一项国际条约，但其和 1945 年 8 月 15 日《日本政府致中美英苏四国政府电》、1945 年 9 月 2 日《日本向同盟国家投降的降书》等国际文件一起可以构成一项国际协定，对中、日等当事各方具有法律拘束力，当事各方应当严格遵照执行，这可以由《波茨坦公告》等文件的具体内容、缔约主体等客观因素加以充分证明。

此外，《波茨坦公告》第 8 条明确规定："开罗宣言之条件必将实施。"1943 年 12 月 1 日的中美英《开罗宣言》指出："我三大盟国此次进行战争之目的，在于制止及惩罚日本之侵略，三国决不为自己图利，亦无拓展领土之意思；三国之宗旨，在剥夺日本自从 1914 年第一次世界大战开始后在太平洋上所夺得或占领之一切岛屿；在使日本所窃取于中国之领土，如东北四省、台湾、澎湖群岛等，归还中华民国；其他日本以武力或贪欲所攫取之土地，亦务将日本驱逐出境；我三大盟国稔知朝鲜人民所受之奴隶待遇，决定在相当时期，使朝鲜自由与独立。"因此，《开罗宣言》应与《波茨坦公告》、1945 年 8 月 15 日《日本政府致中美英苏四国政府电》和 1945 年 9 月 2 日《日本向同盟国家投降的降书》等国际文件一起构成一项对第二次世界大战后世界秩序至关重要的国际条约。

四、《南海各方行为宣言》的法律效力

2002 年 11 月 4 日，在金边举行的中国与东盟国家领导人会议期间，中国与东盟各国外长及外长代表签署了《南海各方行为宣言》，该宣言是中国同东盟国家共同签署的一份重要的政治文件，体现了各方致力于维护南海稳定、增进互信和推进合作的政治意愿。那么，该宣言能否构成一项国际条约？该宣言的部分内容能否在中国和菲律宾间构成一项国际条约呢？

第一，宣言包含了设定权利与义务的内容。《南海各方行为宣言》序言指出："中华人民共和国和东盟各成员国政府，承诺促进 1997 年中华人民共和国与东盟成员国国家元首或政府首脑会晤《联合声明》所确立的原则和目标，希望为和平与永久解决有关国家间的分歧和争议创造有利条件。"其第 1 条规定："各方重申以《联合国宪章》宗旨和原则、1982 年《联合国海洋法公约》、《东南亚友好合作条约》、和平共处五项原则以及其他公认的国际法原则作为处理国家间关系的基本准则。"其第 3 条规定："各方重申尊重并承诺，包括 1982 年《联合国海洋法公约》在内的公认的国际法原则所规定的在南海的航行及飞越自由。"其第 4 条规定："有关各方承诺根据公认的国际法原则，包括1982 年《联合国海洋法公约》，由直接有关的主权国家通过友好磋商和谈判，以和平方式解决它们的领土和管辖权争议，而不诉诸武力或以武力相威胁。"其第 5 条规定："各

方承诺保持自我克制，不采取使争议复杂化、扩大化和影响和平与稳定的行动，包括不在现无人居住的岛、礁、滩、沙或其他自然构造上实施居住行为，并以建设性的方式处理它们的分歧。"这些条款都清楚地表明，中国与东盟各国在和平解决领土与管辖权争端，南海航行与飞越自由，不采取使争议复杂化、扩大化和影响和平与稳定的行动以及遵守《联合国宪章》宗旨和原则、1982 年《联合国海洋法公约》、《东南亚友好合作条约》和 1997 年《中国与东盟联合声明》一系列国际条约等方面设定了权利与义务。尤其是，《南海各方行为宣言》第 8 条更加明确地指出："各方承诺尊重本宣言的条款并采取与宣言相一致的行动。"这进一步表明，中国与东盟各国政府将《南海各方行为宣言》视为各方必须遵守的国际条约的承诺。

第二，宣言经过了中国与东盟国家代表的签署。《南海各方行为宣言》由中国和包括菲律宾外长布拉斯·奥普莱在内的东盟十国国家代表签署。为了显示中国和东盟各国的诚意与决心，中国政府首脑和东盟各国领导人还出席了该宣言的正式签字仪式。如前所述，根据《维也纳条约法公约》第 11 条与第 12 条的规定，"签署"本身可以构成一国承受条约约束之"同意"，不必履行国内的"批准"程序，除非当事方缔约时明确要求履行此"批准"程序。《南海各方行为宣言》第 8 条清楚地载明，中国与东盟各国政府"承诺""采取与宣言相一致的行动"。因此，经过各国政府外长签署的《南海各方行为宣言》可以视为中国与东盟国家之间的一项国际条约。

第三，中菲南海争端应当遵守宣言。2013 年 1 月 22 日，菲律宾政府将其与中国在南海的海洋管辖权争端提交了国际仲裁法庭。中菲南海争端应当遵守中菲之间的有关国际条约加以妥善解决。首先，中菲两国外长在 2002 年 11 月 4 日的《南海各方行为宣言》上签了字，并承诺"采取与宣言相一致的行动"，中菲两国应当遵守该宣言。该宣言第 4 条明确规定："它们的领土和管辖权争议由直接有关的主权国家通过友好磋商和谈判以和平方式解决，不得诉诸武力或以武力相威胁。"可见，由直接有关的主权国家通过友好磋商与谈判和平解决争端是中菲两国在宣言中做出的庄严承诺。其次，该宣言序言与第 1 条还规定，各方应当承诺遵守 1997 年《中国与东盟首脑会晤联合声明》和《东南亚友好合作条约》。有中国与菲律宾首脑都同意的《中国与东盟首脑会晤联合声明》第 8 条旗帜鲜明地指出：承诺通过和平的方式解决彼此之间的分歧或争端，不诉诸武力或以武力相威胁；有关各方同意根据公认的国际法，包括 1982 年《联合国海洋法公约》，通过友好协商和谈判解决南海争议。有中国和菲律宾都加入的《东南亚友好合作条约》第 13 条与第 17 条也规定：一旦出现直接卷入的争端，缔约各方将避免使用武力或以武力相威胁，任何时候都将通过他们之间友好谈判解决此类争端；鼓励与争端有关的缔约各方在采取《联合国宪章》中规定的其他方式之前应首先主动通过和平谈判方式解决争端。这些都充分地表明，《东南亚友好合作条约》缔约各国对"和平谈判方式解决争端"的承诺、倾向与青睐。因而，通过友好协商与和平谈判方式解决中菲南海争端也是中菲两国遵守 1997 年《中国与东盟首脑会晤联合声明》和《东南亚友好合作条约》的要求。此外，中菲之间的双边国际文件进一步证明了宣言在中菲之间具有条约效力。例如，2004 年 9 月 3 日《中华人民共和国政府和菲律宾共和国政府联合新闻公报》第 16 段重申："双方一致认为尽快积极落实中国与东盟于 2002 年签署的《南海各方行为宣言》有助于将南海变为合作之海。"2011 年 9 月 1 日《中华人民共和国和菲律宾共和国联合声明》第 15 段也"重申将通过和平对话处理争议"，并"重申尊重和遵守中国与东盟国家于 2002 年签署的《南海各方行为宣言》"。

由以上分析可知，《南海各方行为宣言》的内容在中国与东盟各国间设定了权利与义务关系，且经过了当事国外交部长签署，具备了条约的构成要件，构成了一项国家间的协议。虽然《南海各方行为宣言》没有在联合国秘书处登记备案，但这不影响该宣言的条约效力，因为 1969 年《维也纳公约法公约》等国际条约和国际习惯并没有认定"登记"是条约生效的要件。对于中菲南海争端而言，《南海各方行为宣言》、《东南亚友好合作条约》、1997 年《中国与东盟首脑会晤联合声明》、2004 年 9 月 3 日《中华人民共和国政府和菲律宾共和国政府联合新闻公报》和 2011 年 9 月 1 日《中华人民共和国和菲律宾共和国联合声明》等国际文件都清楚地表明，中菲之间关于南海争端由直接有关的主权国家通过友好磋商和谈判以和平方式解决的一致实践与庄严承诺，构成了中菲之间关于和平解决南海争端的一项国际协议，对此中菲两国应当严格遵守，不得违反，这是条约效力的要求，也是禁止反言原则的要求。进而，这份国际协议已经事实上排除了中菲双方通过仲裁等司法或准司法途径解决中菲南海争端的可能性。

结论

"公告""宣言""声明"和"公报"等词的含义没有什么区别，均是指对外发布的一种庄重承诺或正式宣告，用于表明国家、政府、组织或团体的立场、观点、态度、政策和主张。从国际实践看，"公告"或"宣言"等国际文件的国际法效力主要有四种：第一种是这些国际文件仅具有证据效力，用于证明国家的国际实践状况和国际习惯法规则存在与否；第二种是这些国际文件与其他国际文件一起构成一项国际协议，具有"条约"效力，对当事各国具有拘束力；第三种是这些国际文件本身单独就构成一项国际条约，对当事各国具有拘束力；第四种是这些国际文件本身没有国际条约的效力，但是其文本中的内容已构成国际习惯法规则的一部分。

就《波茨坦公告》而言，其本身单独不能构成一项国际条约，但其与 1943 年 12 月 1 日《开罗宣言》、1945 年 8 月 15 日《日本政府致中美英苏四国政府电》、1945 年 9 月 2 日《日本向同盟国家投降的降书》等国际文件一起构成了一项国际协定，对中、日等当事各方具有法律拘束力，当事各方应当严格遵照执行，这可以由《波茨坦公告》等文件的具体内容、缔约主体等客观存在加以充分证明。

就《南海各方行为宣言》而言，其内容为中国与东盟各国设定了权利与义务关系，且经过了当事国外交部长签署，具备了条约的核心构成要件，构成了一项国家间协议。

同时，《南海各方行为宣言》与《东南亚友好合作条约》、1997 年《中国与东盟首脑会晤联合声明》、2004 年 9 月 3 日《中华人民共和国政府和菲律宾共和国政府联合新闻公报》、2011 年 9 月 1 日《中华人民共和国和菲律宾共和国联合声明》等国际文件构成了中菲之间关于和平解决南海争端的一项国际协议，即"由直接有关的主权国家通过友好磋商和谈判以和平方式解决"南海的领土与管辖权争端，对此中菲两国应当严格遵守，不得违反，这是条约效力的要求，也是禁止反言原则的要求。

中美两国在南海问题上的利益碰撞与战略博弈

■ 李家成*

【内容摘要】近年来，美国积极介入南海争端，搅局南海，中国南海维权备受节制。美国自认为是南海利益攸关方，在南海拥有广泛的利益——维护航行飞越自由、在南海的经济利益以及反对通过武力解决争端。美国强势介入南海问题、中国能源需求增长以及中国海军战略扩张，都要求中国大力保护南海所有岛礁主权、海域资源以及海空安全。中美在南海问题上的利益碰撞导致两国在南海问题上展开了一系列战略博弈——中国南海主权诉求：合法 VS 非法；南海问题的解决方式：双边/小多边解决 VS 大多边解决；中国南海作为：维权 VS 示强。对此，中国南海战略唯有有效因应美国介入南海所带来的一系列挑战并主动塑造南海地缘环境，才能有效捍卫自身的南海合法权益。

【关键词】中美两国　南海问题　南中国海　航行自由　东南亚声索国

　　奥巴马政府上台后，随着美国逐步减少在伊拉克和阿富汗的介入，开始积极推进"亚太再平衡"战略，大规模重返东南亚[1]，一改中立模糊的南海政策传统，高调介入南海争端，积极抵制中国的南海诉求，阻止中国南海维权行动，阻止中国单独控制这一战略区域，以应对中国崛起，维持权力平衡，维护区域稳定。作为南海问题复杂难解最重要的外部搅局因素，美国对南海问题的未来走向及最终解决发挥着举足轻重的作用。因此，我们非常有必要对美国南海政策与利益、中国南海权益和举措以及中美南海博弈加以深入解析，从而为中国南海战略调整提供指南针和路线图。

一、美国在南海问题上的利益、角色与作用

　　东南亚地区是美国的传统势力范围。南海公域安全（海空域安全）不仅与南海沿岸国休戚相关，也受到在南海地区有着重大利益的美国的严重关切。为了避免处于被边缘化的离岸地位以及被排除在西太平洋之外的前景，美国清晰表达了它在南海的利益——维护航行飞越自由、在南海的经济利益以及反对通过武力解决争端。[2] 此外，美国在

　　* 辽宁大学国际关系学院国际政治系讲师、辽宁大学东北亚研究院研究员、教育部人文社科重点研究基地"辽宁大学转型国家经济政治研究中心"研究人员。
　　本文是笔者所主持的 2014 年度国家社会科学基金青年项目"中国海外军事基地建设的必要性与可行性研究"（14CGJ015）的阶段性研究成果。

〔1〕 See Jackie Calmes, "Obama's Trip Emphasizes Role of Pacific Rim," *The New York Times*, November 18, 2011, http：//www. nytimes. com/2011/11/19/world/asia/obamastrip-sends-message-to-asian-leaders. html？_ r_ 1.

〔2〕 Patrick Ventrell, "South China Sea", http：//www. state. gov/r/pa/prs/ps/2012/08/196022. htm. Marciel S., Maritime Issues and Sovereignty Disputes in East Asia. Washington DC, July15, 2009, http：//www. state. gov/p/eap/rls/rm/2009/07/126076. htm. Mark Landler and Sewell Chan, "Taking Harder Stance Toward China, Obama Lines Up Allies," *The New York Times*, October 25, 2010, http：//www. nytimes. com/2010/10/26/world/asia/26china. html.

南海的利益还包括打击海盗、海上劫掠等跨国犯罪活动与海上恐怖主义活动。

（一）维护南海航行飞越自由

南海是连接太平洋与印度洋的海上交通要道，扼守着世界三大战略航道——望加锡海峡、巽他海峡、马六甲海峡，处于东亚大陆外侧"第一岛链"的怀抱之中。海域之内，东沙、西沙、中沙、南沙四个群岛由北向南依次分布。南海海底蕴藏着丰富的油气和矿藏资源，水体中海洋生物资源极为丰富，海面又是经马六甲海峡沟通东亚、南亚、西亚、非洲和欧洲的众多海上航道的必经之处。南海诸岛及其周边水域独特的地缘战略位置和丰富的海洋资源，注定了它特有的极高的战略价值，也决定了与其相关的国际争端的尖锐性和复杂性。美国认识到，南海不仅是东南亚地区的中心，也是联接美国在西太平洋、印度洋和波斯湾地区的海空军基地的枢纽。[3]谁控制了南海这一战略要地，谁就掌握了西太平洋海上运输的生命线和制海权，从而在争夺东南亚和亚太地区主导权的斗争中取得主动。[4]因此，美国一直着力加强对南海的控制，压制住对所有海域进行排他性控制的其他诉求，以确保南海航行飞行的安全性和自由度。[5] 2010年7月，美国时任国务卿希拉里·克林顿在越南河内召开的东盟地区论坛上重申了美国在南海的生死攸关的核心利益（vital interests）——保护南海航行自由（freedom of navigation）和海洋安全。[6]美国公开表态不惜武力介入以确保这一关涉美国国家安全的核心利益，以此慑止各南海声索国不要主张影响航行与飞越自由的海洋权利。

南海航行飞越自由涉及军舰在专属经济区（exclusive economic zones，EEZs）内的通行权问题。美国认为，为了防止冲突发生，它需要预先知道中国海空军在这一带的基本动向。因此，美国坚持南海非沿岸国军舰和战机有权到专属经济区活动，所有各方都要充分尊重与遵守航行飞越自由。美国力图继续在南海地区保持进行与情报收集有关的侦察活动的权利，以及为维护国际水域航行和飞越自由采取一切行动的权利。[7]中国对此无法接受，认为这危及了自己的安全。中国要求美国海空军在这一地区活动时，每次都要提出申请，甚至排除外国在这些海空域从事与军事相关的航行和飞越等活动的权利。美国认为这限制了自己的行动自由（freedom of action）和全域介入，中国没有权利限制航行飞越自由。这是中美双方在南海地区发生军事摩擦的主要原因。

进一步追根溯源，中美在南海的这一战略利益冲突缘起于中美双方对《联合国海洋

---

〔3〕 Ian Storey, "Impeccable Affair and Renewed Rivalry in the South China Sea", *China Brief*, April 30, 2009, http://www. james-town. org/uploads/media/cb_ 009_ 9_ 02. pdf.

〔4〕 Colin Mac Andrews and Chia Lin Sien, *Southeast Asian seas*, *Frontiers for Development*, McGraw-Hill International Book Company, 1981, pp. 226-234.

〔5〕 参见张明亮：《超越航线：美国在南海的追求》，香港社会科学出版社有限公司2011年版，第396—398页。

〔6〕 Hillary Rodham Clinton, "Remarks at Press Availability", http://www. state. gov/secretary/rm/2010/07/145095. htm.

〔7〕 U. S. Senate Unanimously "Deplores" China's Use of Force in South China Sea, http://webb. senate. gov/newsroom/pressreleases/06-27-2011. cfm.

法公约》（the United Nations Convention on the Law of the Sea, UNCLOS）第 58 条及其他相关条款的适用与解释持不同立场。[8]《联合国海洋法公约》认为，国家领空（national spaces）止于领海基线 12 海里处，超过领海基线 12 海里即属于国际空间（international spaces），各国军舰和战机有权在国际空间进行军事侦察、情报收集。这是国际通行的航行和飞越自由观念。2001 年的中美撞机事件和 2009 年的"'无暇'号事件"[9]，促使中国认为有必要改变这一国际法条款在中国沿海的实施方式。连美国学者也认为，没有一个国家能够容忍外国空军侦察机和海军调查船开到本国沿岸进行情报侦查和搜集工作。[10] 然而，美国却以"反恐"和"保护航道安全"为名，每年均出动数百架次的电子侦察机和反潜巡逻机以及海洋测量船进入南海地区侦测，有时甚至逼近中国的领海、领空进行侦察活动，广泛搜集该水域的水文、地质以及海洋生态资料，伺机窥探中国军队部署乃至战备情况，与东南亚声索国共享关于南中国海的情报资源，应对南中国海的突发事件。[11] 可见，美国忌惮中国的海军现代化发展及其在南海地区影响力的增长，会限制美军在亚太的自由行动。[12] 对此，美国要求中国接受美国版的航行飞越自由观念。

（二）维护在南海的经济利益

南海是美国诸多工业原料和资源的重要产地。在美国进口的各种原料中，亚太地区提供的天然橡胶占 88%、棕榈油占 99%、椰油占 95%、钛占 97%、锡占 82%，其中大部分原料要通过南海航线。[13] 南海的油气资源极为丰富，整个南海盆地群的石油地质资源量约在 230 亿—300 亿吨之间，天然气总地质资源量约为 16 万亿立方米。南海油气储量堪称"第二个波斯湾"。[14] 东盟还是美国对外贸易迅速增长的重要市场。东盟国家所拥有的巨大市场对美国摆脱经济危机、重振国内经济有着不可替代的拉动作用。并且，南海航线还是美国远东贸易的重要海上通道。美国及其东亚盟国日本和韩国从中东和东南亚产油国进口石油和天然气等战略能源的运输很大一部分也要经过南海。

此外，美国企业在南海拥有重要的海外利益——商业利益、投资利益以及贸易利益，尤其是油气开发和石油贸易利益。美国据此认为，南海问题关系到美国和盟国的经

---

〔8〕 Sam Bateman, "The South China Sea: When the Elephants Dance", *RSIS Commentary*, 91/2010, August 16, 2010.

〔9〕 2009 年 3 月 9 日，美国海军舰艇无暇号（the USNS Impeccable）冒险进入海南 121 公里处，5 艘中国海军船只与之对垒，这反映出中国对美国监测船的敏感性。

〔10〕 Mark J·Valencia, "The South China Sea Brouhaha: Separating Substance from Atmospherics", Policy Forum 10-044, August 10, 2010, http://www.nautilus.org/publications/essays/naps-net/forum/2009-2010/the-south-china-sea-brouhaha-separating-substance-from-atmospherics.

〔11〕 参见王传剑：《南海问题与中美关系》，《当代亚太》2014 年第 2 期。

〔12〕 Susan V. Lawrance and Thomas Lum, U. S. -China Relations: Policy Issues, *CRS Report for Congress*, 2011-01-12, p. 1.

〔13〕 Bernara Fook wang loo, "Transforming the Strategic Landscape of Southeast Asia", *Contemporary Southeast Asia*, Vol. 27, No. 3, 2005, p. 404.

〔14〕 参见 http://news.china.com.cn/txt/2012-05/07/content_ 25321229.htm，访问日期：2016 年 3 月 15 日。

济安全。美国反对南海争端的任何一方对美国公司或其他国家公司施压或采取胁迫行动，以确保美国公司或其他国家公司在南海的经济活动自由、合法经济活动不受干扰和合法商务不受阻碍以及与美国海外贸易和投资直接相关的南海航线安全。[15] 部分东南亚声索国不仅通过单边强力开采南海油气资源来宣示主权，而且还拉拢美国公司介入南海油气资源开发，企图使南海问题复杂化和国际化。而美国也愿与东南亚声索国共同开发，共享南海资源。双方可谓一拍即合。美国公司几乎参与了所有南海周边国家在南海水域的油气勘探或开发。南海争端相关方"共同开发"南海，由此变成东南亚声索国与美国等国"合作盗取"南海油气资源。美国默许其石油公司同东南亚声索国在有争议的南海海域签署共同开采石油协议，实质上是将自己与东南亚声索国捆绑在一起，变相支持东南亚声索国，并与该地区形成更强有力的经济联系，寻求东盟支持以在南海问题上形成统一立场，从而维护美国在南海地区的巨大经济利益。

（三）反对通过武力解决争端

南海争端方都认为有必要通过军事力量来保护自己的利益，尤其是海上军事力量弱小的东南亚声索国。因此，南海存在爆发意外冲突和不测事故的潜在风险。对此，美国以貌似"公允"的姿态积极介入南海问题，继续宣称对南海争端"不持立场，不支持任一争端方，不偏袒南海争议任何一方"；反对任何声索方使用武力或以武力相威胁，关切对抗性言论、胁迫性经济行动，要求各方保持克制，避免采取令局势动荡的行动；强调要通过开展"预防性外交"防止南海问题升级，维护南海的和平与稳定、确保国际法受到尊重[16]、保护航道安全或航行和飞越自由；为南海争端"确立行事规则及和平处理分歧的程序"，以主导该地区的建章立制进程。[17] 美国反对通过武力解决争端，表面上是在维护南海的和平与稳定，实际上是在对中国"敲山震虎"，反对的是中国通过武力改变南海现状。

2015年4月15日，在德国吕贝克举行的 G7 外长会议单独通过了一份关于海洋安全问题的声明，涉及南海和东海局势，这在 G7 近40年历史上尚属首次。七国集团表示"继续关注东海和南海局势，对类似大规模填海造地等改变现状及增加紧张局势的任何单方面行为表示关切。我们强烈反对任何试图通过威胁、强迫或武力手段伸张领土或海洋主张的做法"。"呼吁所有国家依照国际法，寻求和平管控或解决海域争端，包括通过

---

[15] Scot Marciel, Maritime Issues and Sovereignty Disputes in East Asia. Washington, DC., July 15, 2009. http://www.state.gov/p/eap/rls/rm/2009/07/126076. htm. The Department of Defense, Remarks as Delivered by Secretary of Defense Robert M. Gates, http://www.defense.gov/speeches/speech.aspx? speechid=1483, 2010-06-05.

[16] 美国要求各方在南海地区的行动必须尊重并符合国际法，尤其是《联合国海洋法公约》的规定。

[17] 郭文静：《美官员呼吁美加入海洋法公约　加强在南海话语权》，http://world.huanqiu.com/roil/2012-05/2752198.html，访问日期：2016年3月15日。

国际社会承认的合法争端解决机制。"呼吁各方加快制定全面的"南海行为准则"。[18]
通过这份声明，美国和日本意在强拉 G7 其他成员国，为其政策站台和背书，乃至进一
步向中国施压。

美国认为，在南海地区出现的单方面行动和反应加剧了本地区的紧张，可能诱发南
海地区出现军事冲突。[19] 中国的"军力膨胀"正在打破南海的军事平衡，美国谴责中
国在南海地区"旨在改变领土现状"的"胁迫或示强行为"，指责中国"提升三沙市行
政级别以及在南海争议地区建立一个新的警备区"。[20] 对此，美国将海外军力向亚太地
区倾斜，保持并扩大在南中国海的前沿军事存在，形成强大的军事威慑力量，显示军事
存在和军事优势，以增强盟友的安全感、提高美国的国际信誉度，偏袒并支持东南亚声
索国，加强对南海地区的军事渗透，向东南亚声索国出售先进武器装备、转让先进军事
技术，加强与东南亚声索国的军事交流、培养高素质军事人才，联合东南亚声索国在南
海地区频繁举行联合军事演习[21]，致使南海成为"亚洲的火药库"，"逆裁军"现象严
重，是全球军演最频繁的地区之一。

二、中国南海权益诸项主张的依凭

南海是中国极为重要的能源和贸易通道，是关系到中国安全、发展与繁荣的"海上
生命线"。根据中国《领海法》《专属经济区与毗连区法》等有关法律，中国主张南海
所有岛礁为其领土，以岛礁为基点向外延伸 12 海里为其领海，以岛礁为基点向外延伸
200 海里为中国的专属经济区，对南海享有主权权利与管辖权。然而，美国强势介入南
海问题，削弱了中国南海权益诉求的合法性，减少了中国南海行动的自由度。这就促使
中国大力保护南海。

---

[18] G7 Foreign Ministers' Declaration on Maritime Security, Lübeck, April 15, 2015, http://www.g8.utoronto.ca/
foreign/formin150415-maritime.html.

[19] Christine Shelly, "US Policy on Spratly Islands and South China Sea", http://dosfan.lib.uic.edu/ERC/brie-
fing/daily_briefings/1995/9505/950510db.html, 1995-05-10.

[20] Hillary Rodham Clinton., "Remarks at Press Availability", Hanoi, Vietnam, July 23, 2010, http://www.sta
te.gov/secretary/rm/2010/07/145095.htm. Christine Shelly, "US Policy on Spratly Islands and South China Sea",
May 10, 1995. http://dosfan.lib.uic.edu/ERC/briefing/daily_briefings/1995/9505/950510db.html. Jim Webb,
Jr., "U.S. Senate Unanimously 'Deplores'China's Use of Force in South China Sea", Reuters? June 27, 2011, ht-
tp://webb.senate.gov/newsroom/pressreleases/06-27-2011.cfm. Patrick Ventrell, "Statement on South China
Sea", August 3, 2012, http://iipdigital.usembassy.gov/st/english/texttrans/2012/08/20120803134096.html
axzz2dnaix5sZ.

[21] 美国不仅组织了印尼、日本、马来西亚、荷兰、秘鲁、韩国、新加坡和泰国等 14 国参加的"环太平洋
军事演习"，而且组织了与文莱、印尼、马来西亚、菲律宾、新加坡、泰国的"卡拉特"多国联合水上
战备训练（Cooperation Afloat Readiness and Training, CARAT），与菲律宾联合举行了"肩并肩"军事演习
（Balikatan），与东帝汶举行了代号为"鳄鱼"的联合军事演习，还与越南在南海举行了海上人道救援演
习，与新加坡、澳大利亚、日本及韩国举行代号为"太平洋援手"的区域拯救潜艇联合演习等。美国牵头
的东南亚区域联合军演，形式多样，既有双边又有多边；内容丰富，既有传统安全又有非传统安全。

随着全球能源需求的增长，作为主要消费国的中国正在寻求新的来源来满足其日益扩展的经济。在 1993 年变成石油净进口国后，中国于 2009 年成为仅次于美国的世界第二大石油消费国，其消费量到 2030 年很可能翻倍，届时，它将成为世界最大的石油消费国。在 2010 年，中国从中东进口了 52% 的石油，加上沙特阿拉伯和安哥拉，占到了其石油进口的 66%。中国进口石油的大约 80% 通过印度洋和马六甲海峡（the Strait of Malacca）运输。[22] 这就要求中国保护日益扩展的贸易航线和能源供给。中国一直在试图实现其能源供应多元化，以减少对进口石油的依赖，一直寻求增加珠江盆地和南海周围的离岸生产。[23] 由于南海能源储备量大和油气资源的发现，越南、菲律宾竞相开发新的油田，存在着与中国发生新的冲突的可能性，中国一贯反对越南试图与国际石油公司在南海缔结开发协定。中国宣布计划到 2015 年使海上监管力量达到 16 架飞机和 350 艘舰船，它们将被用来监管运输、执行调查责任，"保护海上安全"，以及检查外国船只在"中国水域"的活动。[24]

随着中国经济力量的崛起，它的海上利益以及海军力量也随之扩展，中国海军战略[25]更加积极主动、自信进取，并部署新的海军力量，有能力对南海实施更强有力的控制。这可能会使中国与西太平洋的主导性海军力量——美国发生冲突。南海正在日益成为中美战略对抗的领域、崛起大国与守成大国展开竞争的重要地区。这重塑了南海争端，减小了东盟的作用及其与中国谈判解决该问题的能力。它会使中国更为关注美国在该地区的举动尤其是海军活动。[26]

自从海军司令（1982—1988）刘华清第一次呼吁建设远洋海军来保护中国的海上利益以来，中国一直在稳步地发展海军力量，它被视为大国地位的必备条件。在刘华清治下，中国海军战略从离岸或沿岸防御（offshore or coastal defense）转向"近海防御"

〔22〕　Office of the Secretary of Defense, "Military Power of the People's Republic of China 2008", http：// www. mcsstw. org/www/download/China_ Military_ Power_ Report_ 2008. pdf.

〔23〕　U. S. Energy Information Administration, "China," May 2011, http：//205. 254. 135. 7/countries/cab. cfm？fips _ CH；and "BP Energy Outlook 2030", January 2011, http：//www. bp. com/liveassets/bp _ internet/ globalbp/globalbp_ uk_ english/reports_ and_ publications/ statistical_ energy_ review_ 2011/STAGING/local _ assets/pdf/2030_ energy_ outlook_ booklet. pdf.

〔24〕　Wang Qian, "Maritime Forces to be Beefed up Amid Disputes", *China Daily*, June 17, 2011, http：// www. chinadaily. com. cn/ china/2011-06/17/content_ 12718632. htm.

〔25〕　中国海军战略有三大任务，它们指引着中国海军力量的发展。第一个是防止台湾宣布独立，同时慑止美国在冲突中通过海军部署来支持台湾独立。第二个任务是保护中国日益扩张的贸易航线和能源供给。第三个任务是在西太平洋部署海基第二次打击核力量，可以对美构成根本威慑。

〔26〕　Leszek Buszynski, "The South China Sea：Oil, Maritime Claims, and U. S. -China Strategic Rivalry", *The Washington Quarterly*, Spring 2012, p. 144.

（near seas defense），这覆盖了直到"第一岛链"的区域。[27] 自它在 20 年前形成后，岛链概念继续塑造着中国的海军思维，作为识别和划分利益区的一种方式。[28] 海军总司令吴胜利在 2009 年 4 月宣称，中国将建立一个"海上防御系统"来保护它的"海上安全和经济发展"。[29] 一支远洋海军需要航母，中国第一艘航母辽宁舰改建于 32000 吨的苏联航母瓦良格号（Varyag），于 2012 年入列。中国希望到 2015 年自主建造一艘 5 万—6 万吨的航母，到 2020 年建造一艘核动力航母。[30]

就海基核力量而言，中国有 4 艘携带弹道导弹的潜艇，即弹道导弹战略核潜艇（SSBN）。两艘更为现代和可靠的晋级弹道导弹战略核潜艇自 2004 年后一直在部署——它们每个都携带 12 枚 JL-2 潜射弹道导弹，射程可达 8400 公里，赋予其跨越洲际的力量。中国在未来希望部署至少 5 艘晋级核潜艇。[31]

中国需要为它的海上武器平台寻找安全的庇护所，以保护它们免受海空打击。[32] 中国海军要求在海南的安全基地能够防御潜艇和空中袭击。航母和核潜艇同样需要保证通过南海进入外部开阔海域的通道的安全，以完成它们被指派的任务；没有这个，它们会被局限在有限的海域并最终归于闲置。沿着中国的海岸线只有少数几个地方可以为它的海军提供安全的庇护所，在那里防御能被组织起来并能提供进入开阔海域的通道。一个是黄海，另一个便是海南区域和南海北部的半封闭区域，它拥有着接近马六甲海峡和到达印度洋的海上通道的优势。[33] 南海地区对中国而言变得更为重要。

出于这一原因，中国一直在海南岛的三亚建设一个地下基地，它不但能容纳核潜艇

〔27〕 Bernard D. Cole, *The Great Wall at Sea : China's Navy in the Twenty-First Century*, Naval Institute Press, 2nd edition, 2010, pp. 174, 177; and Yu Wanli, "The American Factor in China's Maritime Strategy," in Andrew S. Erickson, Lyle J. Goldstein, and Nan Li China eds. , *The United States, and 21st Century Sea Power*, Naval Institute Press, 2010, p. 483.

〔28〕 Bernard D. Cole, The Great Wall at Sea : China's Navy in the Twenty-First Century, p. 178.

〔29〕 Cui Xiaohuo and Peng Kuang, "Navy chief lists key objectives", *China Daily*, April 16, 2009, http: // www. chinadaily. com. cn/cndy/2009-04/16/content_ 7681478. htm; also see "China planning huge navy upgrade," channelnewsasia. com, April 16, 2009, http: //www. channelnewsasia. com/stories/afp_ asiapacific/ view/422735/1/. html.

〔30〕 Kenji Minemura, "China's 1st Aircraft Carrier Sets Sail for Sea Tests", *Asahi Shimbun*, August 10, 2011, http: //ajw. asahi. com/article/asia/china/AJ201108105890; and Sam LaGrone, "China Reveals Aircraft Carrier Ambitions", *Jane's Navy International*, December 23, 2010, http: //www. janes. com/products/janes/defence-security-report. aspx? id_ 1065926372.

〔31〕 Office of the Secretary of Defense, "Military and Security Developments Involving the People's Republic of China 2010", http: //www. globalsecurity. org/military/library/report/2010/2010-prcmilitary-power. pdf.

〔32〕 Toshi Yoshihara and James R. Holmes, *Red Star over the Pacific : China's Rise and the Challenge to U. S. Maritime Strategy*, Naval Institute Press, 2010, pp. 141-142.

〔33〕 Leszek Buszynski, "The South China Sea : Oil, Maritime Claims, and U. S. -China Strategic Rivalry", *The Washington Quarterly*, Spring 2012, p. 146.

还有航母以及它们的护航舰。[34] 2008 年，一艘晋级核潜艇被部署在那里。2010 年 10 月，2 艘商级核潜艇停靠在三亚。[35] 随着海南发展成为一个海军基地，南面的西沙群岛 （the Paracel Islands）在对海南提供空中掩护和海上保护方面承担着重要作用。[36]

对海南的保护是其一，而为航母和核潜艇提供可靠的进入开阔海域的通道是其二。为此，中国需要控制南沙群岛，或至少能够阻止外部大国干涉中国在延伸至马六甲海峡地区的海军行动。中国人民解放军副总参谋长张黎上将在 2009 年呼吁，在菲律宾所宣称的区域内的南沙群岛的美济礁（Mischief Reef）修建海空基地，它目前为中国所占。意图是在南海进行空中巡逻，以支持中国的渔船，并显示中国对南海的主权。[37]

刘华清为中国发展出的"区域联防"（zonal defense）概念包括将黄海和南海作为容纳海军平台的安全庇护所和通往开阔海域的安全通道，还包括为弹道导弹战略核潜艇的定期巡航和它们部署在海上的发射场提供充足的海上领土和保护性的海上空间。[38] 这就要求中国被迫寻求对海域的更强控制，不使美国海军迫近，并使其处在一个足够远的安全距离上，这样它才不会干涉中国海军在该海域的部署。为了达此目的，中国已经发展出东风-21 型弹道导弹（DF-21D），它一直被视为能够打击美国航母和其他大型海上舰只的反舰弹道导弹（Anti-Ship Ballistic Missile, ASBM）。[39] 美国太平洋司令部司令罗伯特·威拉德（Robert F. Willard）上将说，这种导弹和中国潜艇对美国海军造成了严重的威胁，甚或使美国的力量投射能力"失效"。[40] 美国国防部宣称，这种导弹拥有有效的地理定位和目标追踪能力，将使美国海军舰只在 1500 公里—2100 公里范围内处于危险之中。[41]

与区域联防这些概念相一致，中国希望美国承认其在西太平洋的势力范围，台湾和

[34]　See Thom Shanker and Mark Mazzetti, "China and U. S. Clash on Naval Fracas", *The New York Times*, March 10, 2009, http：//www. nytimes. com/2009/03/11/world/asia/11military. html.

[35]　"New Attack Sub Docked at China's Navy Base in Hainan Island", *Mainichi News*, October 21, 2010, http：// www. china-defense-mashup. com/new-attack-sub-docked-atchinas-navy-base-in-hainan-island. html.

[36]　Mark Mcdonald, "U. S. Navy Provoked South China Sea Incident, China says", *The New York Times*, March 10, 2009, http：//www. nytimes. com/2009/03/10/world/asia/10iht-navy. 4. 20740316. html.

[37]　Nong Hong and Wenran Jiang, "China's Strategic Presence in the Southeast Asian Region", in Andrew Forbes ed. Maritime Capacity Building in the Asia Pacific Region, Department of Defense, Australia, 2010, pp. 141-156.

[38]　Peter Howarth, China's Rising Sea Power：the PLA Navy's Submarine Challenge, Frank Cass, 2006, p. 175.

[39]　See Richard Fisher, Jr. , "New Chinese Missiles Target the Greater Asian Region", International Assessment and Strategy Center, July 24, 2007, http：//www. strategycenter. net/research/pubID. 165/pub_ detail. asp；Mark Stokes and Dan Blumenthal, "Why China's missiles should be our focus", *The Washington Post*, January 2, 2011, http：//www. washingtonpost. com/wp-dyn/content/article/2010/12/31/AR2010123102687. html.

[40]　See Yoichi Kato, "China's new missile capability raises tensions," Asahi. com, January 27, 2011, http：// www. asahi. com/english/TKY201101260340. html；" 'Carrier killer' won't stop US：admiral", Taipei Times, February 16, 2011, http：//www. taipeitimes. com/News/front/archives/2011/02/16/2003496000.

[41]　Office of the Secretary of Defense, "Military Power of the People's Republic of China 2009", http：// www. defense. gov/pubs/pdfs/China_ Military_ Power_ Report_ 2009. pdf.

南海都在其内。在中国看来，美国海军在西太平洋的存在阻碍着两岸统一，并为东南亚声索国在南海抵制中国诉求撑腰打气。随着美国经济的弱化，中国确实在成为西太平洋的主导大国。但是，美国认为，中国势力范围的理念超越了容纳的限度，这也是为什么奥巴马政府拒绝了它。美国在西太平洋的承诺和利益超越了这种区分，对此的任何接受都会破坏其与日本、韩国、澳大利亚、菲律宾和泰国的同盟关系。

美国将中国海军现代化的发展视为正在改变亚太军事平衡的军事扩张，认为这种改变足以使中国建立外交优势或在争端中占据上风，东南亚声索国在南海的战略压力将会升高，与美国的战略对抗会增加。[42] 不过，中国一直宣称自己没有寻求"霸权"，没有想过激烈竞争世界领导地位，不想"把美国排挤出亚洲"[43]，中国与美国可以在许多问题上进行合作，中国是"美国可以依靠的伙伴"[44]。

三、中美两国在南海问题上的战略博弈

奥巴马对亚太的重视、快速发展的中国海军、重要的地缘战略地位和巨大的地缘经济价值，使得美国的南海政策从相对中立、不介入到介入以至深度介入，致使美国对华遏制、中美战略互疑、中美海权矛盾和中美东南亚主导权之争凸显。

（一）中国南海主权诉求：合法 VS 非法

中国是最大的南海沿岸国，基于历史依据于 1946 年提出"九段线"，对南海整个海域及其之内的岛屿享有主权和管辖权。中国认为，它的诉求早于《联合国海洋法公约》（1982 年达成，1994 年在第 60 个国家批准它后实施），《联合国海洋法公约》应当调整以容纳历史权利，根据法不溯及过往的时际法原则，不能用后来的法律否定前面的历史事实。中国正在东亚地区诉诸持续的外交压力，利用国际法条款内涵的模糊性，对现有国际法做出有利于自己的解释，以改造、修正具有局限性的国际法或获得它的一个例外。中国也试图强调 UNCLOS 条款在南海的适用性。

但在美国看来，南海是公海，而非主权水域（sovereign waters）。中国对南海地区的权利主张不符合国际法。中国对"九段线"内的岛礁的主权诉求基于历史，但却不能从国际法中找到依据，反而违背了国际海洋法的三项原则。第一个是"陆地统治海洋"，这是国际海洋法的第一原则。"九段线"周围显然没有什么陆地，是在水上画出来的一条线，没有遵循这一原则。第二个是"有效占领"（effective occupation），这是由常设仲

〔42〕 Office of secretary of Defense, *Military Power of the People's Republic of China 2010*, p. 37. Leszek Buszynski, "The South China Sea: Oil, Maritime Claims, and U. S. -China Strategic Rivalry", *The Washington Quarterly*, Spring 2012, p. 152.

〔43〕 《戴秉国东盟演讲"中国无意也不可能排挤美国"》，《东方早报》2010 年 1 月 24 日。

〔44〕 Dai Bingguo, "China's Peaceful Development Is Good for America", *The Wall Street Journal*, May 10, 2011, http://online. wsj. com/article/SB10001424052748703730804576312041320897666. html.

裁法院（the Permanent Court of Arbitration）于 1928 年 4 月在帕尔马斯（Palmas）岛案例所建立的先例。[45] 有效占领意味着实施持续和不被打断的管辖的能力与意图，它有别于征服。虽然中国占据着西沙群岛，有效占领原则却相悖于中国对南沙群岛的主权宣称，除了中国在 1988—1992 年占据的 9 个岛，其他岛屿都被东南亚声索国占据着。中国有效管辖南海岛礁的证据不足，不具备坚实基础。

第三个原则是《联合国海洋法公约》所规定的对资源的诉求，必须基于专属经济区[46] 和大陆架。《联合国海洋法公约》并不支持超越专属经济区或公开宣布的大陆架的诉求。然而，中国的诉求恰好超过了它的专属经济区，并与东南亚声索国的诉求相重叠。[47] 此外，《联合国海洋法公约》第 121 条第 3 款规定：可居住（inhabitable）、能支撑经济活动的岛屿有权主张专属经济区。可居住性（inhabitability）是指有永久居民，不依赖于外部供应，诸如水这样的物资。如果严格依据法律条款进行测试，南沙地区确定符合这一条件的只有一个岛屿，那就是太平岛（Itu Aba island）。中国 1992 年通过的《领海与毗连区法》[48] 与 1998 年《专属经济区法》[49]，把南海所有的小岛屿当作岛群，视作是自己的主权领土，确立了所有岛礁都拥有专属经济区，即便有些岛礁非常小。

美国要求各声索国依据国际法相关原则对南海海域空间提出合法主张，主张中国应该把历史权利放在一边。历史权利从来不是解决争端的良好前提，反而提升了中国人的民族主义情感，无助于问题的解决。而国际法则有助于解决这类争端，而且国际法也考虑到了历史因素。提出领土主权的国家应当以法律验证为起点并围绕法律来展示其历史证据、组织其历史主张，以便使得主张具有说服力。中国政府依据历史证据对远离本国海岸、地理上没有关联的水域推进管辖权的那些做法，在国际法上难以成立。中国不愿意把"九段线"拿到桌面上来讨论，也不提"九段线"与大陆架等的关系，拒绝依据

---

[45]　关于诉求的合法性，see Mark J. Valencia, Jon M. Van Dyke, and Noel A. Ludwig, *Sharing the Resources of the South China Sea*, University of Hawaii Press, 1999, pp. 39-59；and R. Haller-Trost, *The Spratly Islands：A Study on the Limitations of International Law*, Centre of South-East Asian Studies, University of Kent at Canterbury, Occasional Paper No. 14, October 1990.

[46]　一个专属经济区是一块从海岸延伸至 320 千米的海上区域，它支持着沿岸国对那里资源的诉求。

[47]　Leszek Buszynski, "The South China Sea：Oil, Maritime Claims, and U. S. -China Strategic Rivalry", *The Washington Quarterly*, Spring 2012, p. 140.

[48]　1992 年 2 月全国人大通过的《中华人民共和国领海与毗连区法》第 2 条第 1 段为："中华人民共和国的陆地领土包括中华人民共和国大陆及其沿海岛屿、台湾及其包括钓鱼岛在内的附属各岛、澎湖列岛、东沙群岛、西沙群岛、中沙群岛、南沙群岛以及其他一切属于中华人民共和国的岛屿。"第 3 条第 1 段的内容为："中华人民共和国领海基线采用直线基线法划定，由各相邻基点之间的直线连线组成。"

[49]　中国政府在 1996 年 5 月公布了大陆领海的部分基线和西沙群岛的领海基线，全国人大常委会 1998 年 6 月 26 日通过了《专属经济区和大陆架法》。二者都没有提到哪些岛礁可以拥有专属经济区。但后者主张岛屿四周海域向外延伸 200 海里为中国所有的专属经济区。

UNCLOS 来阐明自己的主张。[50] 可见，美国开始更倾向于认为有关南海问题的"挑战"或"威胁"是由中国对南海的"非法"主权要求引起的。2010 年 7 月，美国国务卿希拉里·克林顿在越南东盟地区论坛上强调，声索国应当寻求符合《联合国海洋法公约》和陆地特征的领土诉求。这挑战了中国基于历史和首次发现的权利而非陆地特征的法律延伸的诉求。[51] 在美国的鼓动下，越南向联合国大陆架界限委员会（CLCS）提交了两份关于外大陆架（extended continental）的划界提案。[52] 菲律宾公布了领海基线法。美国要求中国尽早公布领海基线。但是，具有讽刺意味的是，美国至今仍然不是《联合国海洋法公约》的缔约国，但却以此来要求中国，公开支持南海争端的司法化。这反映出美国的虚伪做作和双重标准。

（二）南海问题的解决方式：双边/小多边解决 VS 大多边解决

关于南海争端的解决方式，中国主张南海争端应该仅限于南海声索国之间双边或小多边谈判解决，非声索国不能直接参与谈判，排除美国、日本、印度，以免将南海争端扩大化、复杂化和政治化。[53] 并且，中国不同意把岛礁主权与海域划界争端付诸国际仲裁。中国无法接受"输的判决"。中国占据力量优势，当然希望通过一对一的双边谈判形式来解决。这样中国就可以在各方面充分施展自己的优势来影响对方，以便获得对方更多的让步。不过，鉴于南海争端重叠海域涉及不同国家，中国可以接受在小多边框架下谈判解决。

东南亚声索国则主张依靠东盟进行多边谈判，提请国际机构调停或裁决。对此，美国支持东南亚声索国"抱团取暖"，这样可以弥补在双边对话中单个力量的不足。美国政府强调，所有争端方必须以《联合国海洋法公约》等现行的国际海洋法为依据主张海洋权益，通过多边谈判与和平对话的方式，按照通用国际法解决南海争端，支持制定一

---

〔50〕 2012 年 12 月 19 日，中国社会科学院薛力博士在布鲁金斯学会采访海军战争学院中国海事研究所所长 Peter Dutton 教授如何看待南海问题，http：//blog. sina. com. cn/s/blog_ c50390f90102v94f. html，访问日期：2014 年 2 月 14 日。

〔51〕 See Li Jinming and Li Dexia, "The Dotted Line on the Chinese Map of the South China Sea：A Note", *Ocean Development & International Law* 34（2003）：pp. 287-295, http：//community. middlebury. edu/_ scs/docs/Li%20and%20Li- The%20Dotted%20Line%20on%20the%20Map. pdf.

〔52〕 越南与马来西亚向联合国提交外大陆架划界的申请案主张，南海所有岛礁均应视为《联合国海洋法公约》第 121 条第 3 款所称的"岩块"，这样所有南海争端方均不得以此类"岩块"主张 200 海里专属经济区与大陆架。这主要针对中国以南海诸岛为基础主张对南海海域的领海与专属经济区等海域主权与管辖权。美国学者山姆·贝特曼认为，这种将南海各岛一概而论、等量齐观的做法并不符合实际情况。Sam Bateman, "The South China Sea：When the Elephants Dance", *RSIS Commentary*, 91/2010, August 16, 2010.

〔53〕 See Li Jinming and Li Dexia, "The Dotted Line on the Chinese Map of the South China Sea：A Note", *Ocean Development & International Law* 34（2003）：pp. 287-295, http：//community. middlebury. edu/_ scs/docs/Li%20and%20Li- The%20Dotted%20Line%20on%20the%20Map. pdf.

份"充分的、有完全约束力的南海行为准则"。[54] 表面上看，美国支持由所有南海争端方采取负责任的方式通过合作性的外交进程解决南海问题，但其实此举无疑迎合了东南亚声索国将南海问题东盟化、多边化、地区化乃至国际化的图谋[55]，而与中国所力主的双边或小多边解决南海问题的主张相悖。美国的行为客观上削弱了中国解决南海问题的话语权和主导性地位，并使南海问题进一步复杂化，增加了中国解决南海争端的难度，进而以此阻止中国的实力扩张。[56] 可见，美国正在从南海争端的"局外旁观者"变成"局内介入者"，使南海问题成为美国遏制中国的工具和平衡中国的支点。

（三）中国南海作为：维权 VS 示强

中国一向认为自己在南海维护主权和管辖权的行为合法合理。近年来，由于南海海域面积较大，地区安全局势严峻，美国"亚太再平衡战略"加紧在南海地区的部署，日本也插足南海，中国在南海的执法巡航常态化，先后派出海巡船、直升机、无人机以及水上飞机加入到南海的巡航执法队伍中，以更好地维护中国南海海洋权益。

美国认为，中国崛起是东南亚地区和平稳定最具影响力的不确定因素。中国的强势政策和作为是导致南海地区局势紧张的根本原因。[57] 中国日益增长的军事力量，处理与邻国领土纠纷问题过程中的强硬态度以及过于自信，正在改变美国长期掌控西太平洋的状态。2009 年以来，美国多次将中国在南海的维权行动视为"示强或独断行为"（assertiveness），并予以公开谴责，指责中国在南海的合理权益主张，更倾向于表达与东南亚声索国相近的共同利益，偏袒、庇护、支持菲律宾、越南等东南亚声索国的领土主权主张，帮助东南亚声索国推行它们的海军现代化计划，与东南亚声索国共同遏制中国日

---

[54] Roberts Gates, Remarks at ASEAN Defense Ministers Meeting Plus, http：//www. defense. gov/transcripts/transcript. aspx? transcriptid = 4700. The Department of Defense, Remarks as Delivered by Secretary of Defense Robert M. Gates, http：//www. defense. gov/speeches/speech. aspx? speechid ＝ 1483. 2010-06-05. The White House, Office of the Press Secretary, Joint Statement of the 2ND U. S. -ASEAN Leaders Meeting, http：// www. whitehouse. gov/the-press-office/2010/09 /24/joint-statement-2nd-us-asean-leaders-meeting. Stephen Kaufman, Clinton Urges Legal Resolution of South China Sea Dispute, http：//www. america. gov/st/peacesec-english/2010/July/20100723154256esnamfuak4. 879177e-03. html, 2010-07-23.

[55] Walter Lohman, "Spratly Islands: The Challenge to U. S. Leadership in the South China Sea", WebMemo, No・2313, February 26, 2009. Marivicmalinao, "Against China's Expansion in South China Sea-US Impelled to Strengthened Philippines Defense", http：//www. allvoices. com/contributed-news/6484702. Statement of Senator Jim Webb, "The Implications of China's Naval Modernization for the United States", Testimony before the US - China Economic and Security Review Commission, June 11, 2009, http：//www. uscc. gov/hearings/2009hearings/hr0906＿ 11. php.

[56] 曲恩道：《南海地缘政治形势发展的动因：以 2011—2012 年为研究时段》，《太平洋学报》，2013 年第 4 期，第 50 页。

[57] Walter Lohman, "United States Should Focus on Building an Enduring Relationship With Indonesia", March 9, 2010, http：//www. heritage. org/Research/Commentary/2010/03/United-States-Should-Focus-on-Building-an- Enduring-Relationship-With-Indonesia.

益上升的地区影响力。[58] 西方一些媒体更是添油加醋，乘机抹黑中国。其不公正的报道，塑造了中国南海政策过于强势的不良国际形象。然而，美国却从未提及东南亚声索国对南海岛礁的"非法占有"问题。美国南海政策实践与中国南海维权行动之间爆发潜在冲突的可能性正在增加。

最近，中美又为南中国海填海造礁等建设基础设施一事再起争议。中国认为，中国政府对南沙部分驻守岛礁进行了相关建设和设施维护，主要是为了完善岛礁的相关功能，改善驻守人员的工作和生活条件，更好地维护国家领土主权和海洋权益，更好地履行中方在海上搜寻与救助、防灾减灾、海洋科研、气象观察、环境保护、航行安全、渔业生产服务等方面承担的国际责任和义务，为中国、周边国家以及航行于南海的各国船只提供必要的服务。有关建设是中方主权范围内的事情，合情、合理、合法，不影响也不针对任何国家，无可非议。新华社还发表英文评论文章，套用意第绪语（犹太人使用的国际语），称美国为"kitbizer"（指局外人插嘴多话），反对美国就南海事务说三道四。[59]

四、中国南海战略的设计与布局

中国在南海面临着巨大的地缘政治困境——在"共同开发"遥遥无期的状态下，"搁置争议"带来的结果只能是任凭南海海洋资源被肆意开采、诸多岛礁被长期侵占。[60] 对此，中国南海战略应当进行调整：统筹"维权"与"维稳"两个大局，既"先礼后兵、强力反击、强化存在"[61]，又"主动调控、弥合分歧、推进合作"，在维护南海正当权益的同时，不影响中国—东盟关系的大局。

第一，中国应当设立专门的中央机构来负责协调各个部门的行动，改变"九龙治海"的混乱局面，制定一个统一、清晰的整体战略，提出南海断续线的官方公认定义，明确南海断续线的性质，宣称这条历史水域线是岛屿归属线，主张拥有线内的岛屿及其周边 12 海里领海主权以及 200 海里专属经济区管辖权，向世界昭示商船和民航飞机开放式使用南海专属经济区的海洋公有空间（含天空）、合法商业行为不受阻碍；依据 UN-CLOS 清晰阐明自己的历史权利，使南海断续线主张符合《联合国海洋法公约》，解释中国主权诉求的合法性，确保证据链的合法性与严密性，坐实有效的历史和国际法依据，让国际社会一些居心叵测的国家无可指责、无从下口，从而护持国际合法性和成为负责任大国。

---

〔58〕 Walter Lohman, "Spratly Islands: The Challenge to U. S. Leadership in the South China Sea", The Heritage Foundation, WebMemo, No. 2313, February 26, 2009. Leszek Buszynski, "The South China Sea: Oil, Maritime Claims, and U. S. -China Strategic Rivalry", *The Washington Quarterly*, Spring 2012, pp. 145-148.

〔59〕 参见 http://www.zaobao.com/news/china/story20150322-459592，访问日期：2016 年 3 月 15 日。

〔60〕 参见鞠海龙：《新思维找回失去的南海》，《南风窗》2009 年第 8 期。

〔61〕 "先礼后兵、强力反击"，既占领道义高地，又让对手得不偿失。

　　第二，中国应当继续尝试一些信任构建措施，通过展示政治与经济领导权让东南亚国家受益，包括签署有利于东盟的商业协定，独自或通过亚洲基础设施投资银行为东南亚国家基础设施建设提供优惠贷款，全面有效落实《南海各方行为宣言》，并在此过程中稳步推动"南海行为准则"磋商[62]，在南海地区构建一个分享权威与资源、分担责任与义务、多边法治的新天下体系[63]；继续以双轨思路处理南海问题[64]，旗帜鲜明地反对拉拢域外国家介入或者动辄单方面诉诸国际仲裁，使用好"中国—东盟海上合作基金"，建立一些海上论坛，促进各方的交流与争端的和平解决，维护好南海秩序。

　　第三，中国与东南亚声索国应当以务实和灵活的态度通过理性的对话与谈判来调整各自的立场，增加高级别官员的接触和海军舰只的互访，建立国防部热线，讨论海洋区域的联合开发，适当管控南海争端，促进中国—东盟关系。中国应当利用东盟内部关于南海问题的分歧，有针对性地采取"分而治之"的策略，从海洋科研、环保、海上救援、打捞沉船、打击海盗、海上跨国犯罪和海上恐怖活动等非敏感项目入手展开非传统安全合作，成立专门技术委员会，逐步向经济合作开发领域拓展，在前述合作的基础上探索建立长期稳定的合作机制。[65]

　　第四，中国应当继续推进海军现代化快速发展[66]，制定好军事化解决海上争端的预案，通过勘探油气、开采资源[67]、国民登岛、户籍移民、造岛建礁（油气井、人工岛）或填海扩岛作业[68]或大规模吹沙造地行动、执行南海禁渔令、向南海海底投放主权标志、设立主权碑、设置投票所、修建建筑物[69]、示威游行、派舰巡辖[70]、战机巡航、派兵驻守、基地前推、举行军演、向计划在南海进行油气资源探勘的外国石油公司

〔62〕　"南海行为准则"磋商可先制定各方都同意的基本行为原则，然后根据具体的争端区域确定参与谈判的国家，以便在协商基础上早日达成一致。

〔63〕　南海争端各方应当尝试互相承认中国领有"九段线"内所有岛礁周围的 12 海里领海、东南亚声索国领有以本土海岸线为基线向外的 12 海里领海，200 海里专属经济区可以资源分享、共同开发。至于专属经济区如何划分，可以协商谈判解决。

〔64〕　2014 年 8 月中旬，中国提出以双轨思路处理南海问题，其主要内容是：有关争议由直接当事国通过友好协商谈判寻求和平解决，而南海的和平与稳定则由中国与东盟国家共同维护。

〔65〕　吴世存、朱华友：《聚焦南海：地缘政治·资源·航道》，中国经济出版社 2009 年版，第 226 页。

〔66〕　中国海军现代化使中国成为海军大国，拥有非常强大的军事力量，可以实施足够的间接威慑，保护海洋国土并维护海洋权益，维护南海地区航行自由，保证航道安全。

〔67〕　现在，中国有了"981"钻井平台与"201"深水铺管船，深海油气开采的核心技术问题已经解决。

〔68〕　中国已经着手在中国所辖南海岛礁上填海扩岛，发展成大规模海空军基地。这样还可坐实国际海洋法的第一原则——"陆地统治海洋"。

〔69〕　中国可以在南海岛礁上建设机场、港口、雷达站、灯塔（桩）等设施。

〔70〕　中国应当派出渔政船等民事执法船只和各种军舰对南海争议海域进行定期巡航。

施压、驱离进入中国水域的外国"渔船"、管制南海专属经济区外国军事活动等措施[71]来稳步推进并强化中国在南海持续的军事存在乃至永久存在，宣示并强化对已收回岛礁的主权，坐实"有效占领"原则，保护好既得利益。同时，中国应当继续实行"岛屿跃进"战略和"渔船战略"以及"既定事实"战略[72]，扩大应用渐进战术，逐个收回被占岛礁[73]。

第五，在"中兴美衰"的时局下，中国国家力量和利益日益向海外拓展。中国需要继续强化军备，建设强大海权国家，使中国海军部署更易为地区所接受，设立南海防空识别区，重视并加强两岸合作，坚决捍卫领土主权及海洋利益。中美双方应该多从积极、开放、建设性而非冷战思维的角度看待对方，在南海安全上开展沟通与对话，定期进行海上军事措施协议（military maritime consultative agreement，MMCA）对话、成立西太平海军论坛，避免类似"'无暇号'事件"的事件发生，管控好海上争端。中国应当积极游说美国，获得美国更多的理解与合作，与海权大国美国结成伙伴，进行合作，避免冲突，避免直接挑战美国，明确宣示不影响外国商船和商务飞机通过南海的航行飞越自由和安全，确保海上通道安全，稳定获得资源与市场。而美国应当适应中国的崛起，容纳崛起大国并舒缓产生冲突的憎恨情绪，实现大国协调和权力的和平转移。美国军舰战机进入南海进行军事活动前应当向中国事先发出信息，表明意图。

展望未来，随着美国持续加强介入南海争端，南海表态逐步清晰化，并加强其在该地区的作用，美国与东南亚声索国的关系将会更为紧密，东南亚声索国在抵制中国压力时会变得更加大胆，尤其是越南与菲律宾会愈加积极且强硬，充当起急先锋。区域内声索国对南海岛屿及资源的争夺将日益激烈，与中国的关系将更加紧张。南海僵局可能会加剧，南海问题在中美关系中的外交层级将会有所提高，中国面临的南海困局会给中国南海战略带来巨大挑战——南海争端司法化会更加凸显，中美关于国际海洋法解读的"规则之争"将成为重点，两国在南海问题上的国际舆论斗争将会愈演愈烈。[74] 尽管中国与东南亚声索国在南海问题上的争端是美国与东盟展开合作最好的利益契合点之一，但是，美国十分清楚，东盟国家整体上所奉行的是"大国平衡战略"和"集体安全机制"，不愿成为美国对抗中国的棋子。并且，中美两国都不希望发生正面冲突。这成为南海和平与稳定的基本保障。

---

〔71〕 US-China Economic and Security Review Commission, 2010 Report to Congress of the U·S·-China Economic and Security Review Commission, U. S. Government Printing Office, Washington DC, 2010, pp. 134-135. Ronald O'Rourke, "China Naval Modernization: Implications for U. S. Navy Capabilities-Background and Issues for Congress", October 1, 2010, Congressional Research Service (RL33153), p. 5.

〔72〕 Goldstein L J., Strategic Implications of Chinese Fisheries Development. China Brief, The Jamestown Foundation, August 5, 2009, IX (16), pp. 10-12.

〔73〕 中国相继收复的岛礁有：1988 年的赤瓜礁（现在被建成赤瓜岛）、1995 年的美济礁、2010 年的黄岩岛。

〔74〕 参见曹群：《美国在南海争端司法化中的角色》，《南海冲突与和平化解研讨会论文集》2014 年 4 月 18 日。

辑三　海洋争端解决与南海仲裁案

《联合国海洋法公约》第 281 条和 283 条辨析

——结合中菲南海仲裁案

■ 凌 岩*

海洋占了地球表面大约 71%，总面积约为 3.6 亿平方公里。广袤的海洋及其海底蕴藏着极其丰富的生物资源和非生物资源，海洋还是重要的交通通道和国家安全的天然防御屏障，在海洋为人类创造福祉的同时，它也成为一些国家垂涎和争夺的对象，使世界各地的海洋争端层出不穷。

《联合国海洋法公约》（以下简称《海洋法公约》或《公约》）第十五部分专门规定了解决海洋争端的一系列方法和程序。该部分的第二节是有关导致有拘束力的裁决的强制程序。强制程序是指争端当事国必须接受的解决争端的程序。强制程序中有导致有拘束力的决定的强制程序，例如将争端提交海洋法法庭、国际法院、国际仲裁和《海洋法公约》附件七的强制仲裁；也有导致无拘束力的强制程序，例如第十五部分第三节和附件五第二节中的调解程序属于强制性的，但是调解委员会的报告，包括结论和建议，对当事方不具有拘束力。[1]《海洋法公约》中的强制解决争端机制与以往的争端解决机制不同之处在于，缔约国首先应诉诸《公约》第十五部分第一节自行选择的和平方法（一般为政治方法）解决争端，只有在仍未得到解决时，才能提交第二节导致有拘束力裁决的法院或法庭（《公约》第 286 条），这些法院或法庭对提交的争端就可以自动行使管辖权。这样，第十五部分第一节的规定实际上是适用第二节程序解决争端的前提条件。只有在诉诸第一节的解决争端方法但仍未解决争端的情况下，才能适用第二节的程序。

《海洋法公约》第十五部分第三节规定了适用第二节的限制和例外，允许在某些情况下沿海国无义务将争端提交法院或法庭解决，缔约国也可以声明不接受对某类争端的强制解决义务。因此，尽管第二节有关导致有拘束力的决定的强制程序是《海洋法公约》争端解决机制的主要组成部分，这节的适用也离不开第一节和第三节的规定，显然，第十五部分的三节共同构成了《海洋法公约》争端解决机制的整体。

本文拟结合中菲南海仲裁案对第十五部分第一节第 281 条和 283 条的规定进行解读和分析，厘清适用第二节程序的这两个先决条件。

一、《海洋法公约》第 283 条

第 283 条第（1）款要求一旦发生由于《海洋法公约》的解释或适用引起的争端，

---

* 中国政法大学国际法教授。
[1] 参见《海洋法公约》附件五第七条。

"争端各方应迅速就以谈判或其他和平方法解决争端一事交换意见"。该第 283 条并没有规定缔约国应当用什么方式解决争端。《公约》第 279 条规定了缔约国有以和平的方法解决争端的义务，这些和平的方法列在《联合国宪章》第 33 条第 1 项中，包括"谈判、调查、调停、和解、公断、司法解决、区域机关或区域办法之利用，或各该国自行选择之其他和平方法"。《公约》第 280 条明确规定，各缔约国可以"于任何时候协议用自行选择的任何和平方法"解决争端。选择解决争端的方式的关键在于双方的协议，或同意。争端当事方是决定用什么程序解决争端的主人。由于需要争端当事方协议用何种方法解决争端，《公约》第 283 条进而规定，争端一旦发生，缔约国就应迅速就以什么方式解决争端，即解决争端的机制交换意见。

《海洋法公约》的争端解决机制不鼓励争端发生后立即诉诸第十五部分第二节的强制解决程序。这项规定是由于在第三次联合国海洋法会议上一些代表团坚持，争端当事方的主要义务是应尽一切努力通过谈判或其他和平方式解决争端，而不是诉诸《公约》第十五部分第二节规定的机制。[2] 因此，诉诸强制解决程序应是不得已而为，为了避免争端久拖不决，侵犯有关国家或人民的权益和加剧争端当事方之间的紧张关系。在诉诸该强制程序之前应交换意见是《公约》的一个创新，在传统国际法上，并没有这样的要求。

在中菲南海仲裁案中，双方对提交仲裁是否满足了《公约》规定的交换意见的义务有不同的看法。菲律宾主张其满足了交换意见的义务，理由是，自 1995 年中菲之间就已对解决争端交换了意见，但是经历了至少 17 年的双边会议和交换外交信件，还是没有取得进展。菲律宾提出它所要的是它应享有 200 海里专属经济区内的权利，而中国一直坚持"九段线"内的海域的所有权利都属于中国。在这么长时间内，所有谈判解决的可能性都已经探索和用尽了。[3] 菲律宾称，2012 年 4 月，在交换意见后没有取得解决争端的谈判结果，菲律宾向中国发出一份外交照会，邀请中国将争端提交一个合适的司法机构，但是中国拒绝了。[4] 因此，《公约》第 283 条关于迅速交换意见的义务已得到满足。[5] 菲律宾在提交争端的通知和声明中认为，交换意见的目的是为了解决争端，交换意见被视为解决争端的方式或手段。

中国在政府的立场文件中反驳说，"事实上，迄今为止，中菲两国从未就菲律宾所

---

〔2〕 See Nordquist, Rosenne and Sohn (eds), United Nations Convention on the Law of the Sea 1982, Vol. V (1989) 29 MN 283. 1.

〔3〕 Republic of the Philippines Department of Foreign Affairs, Notification and Statement of Claim, 22 Jan. 2013, paras. 25-26.

〔4〕 Ibid., 29.

〔5〕 Ibid., 30.

提仲裁事项进行过谈判。"〔6〕 "中菲之间就有关争端交换意见，主要是应对在争议地区出现的突发事件，围绕防止冲突、减少摩擦、稳定局势、促进合作的措施而进行的"，"这些交换意见也远未构成谈判"〔7〕 菲律宾似把交换意见等同于谈判，中国主张，"根据国际法，一般性的、不以争端解决为目的的交换意见不构成谈判"；〔8〕 菲律宾外交部照会中国驻菲律宾大使馆，提出要将黄岩岛问题提交第三方司法机构时，"没有表达任何谈判的意愿"〔9〕

波恩大学国际公法研究所的 Stefan Talmon 也将交换意见的义务视为等同于以谈判解决争端的义务。他认为，谈判的主题事项必须与争端的主题事项相同，且与《公约》的解释或适用有关，只涉及《公约》一般问题的谈判是不充分的。他认为菲律宾的主张仍停留在一般的水平，不能充分表明，在双方之间有关于各方在南海海洋权利或中国的"九段线"合法性方面的交流；而且菲律宾表示，它一直对中国表达其看法，而中国一直反复表达了与其相冲突的看法；它对中国的活动多次提出抗议，中国则一贯拒绝菲律宾的抗议。他认为，第283（1）条确实要求争端当事方进行谈判，或至少，真正地试图谈判解决他们的争端。在他看来菲律宾提出的证据不能表明菲律宾切实与中国进行了谈判以期解决争端，因而不满足交换意见的义务。〔10〕

这里需要厘清的问题是，《公约》规定的交换意见的义务是为了直接解决争端的谈判还是为了达成用什么方法解决争端的共识。对于这个问题《公约》没有作出明确的解释，从《公约》用语的通常意义来看："争端各方应迅速就以谈判或其他方法解决争端一事交换意见"应意指为了达成用什么方法解决争端的协议。按照该条第 2 款的规定，这种交换意见的义务似不限于在争议开始时的初始交换意见，当解决争端的程序已经终止但还没有解决争端时双方亦应交换意见，就用以解决争端的下一个程序交换意见。即使争端已经解决了，当事方可能还会发现，在实施解决争端的方法上仍有意见分歧。在这种情况下，仍需要当事方就通过第十五部分所述的不同程序来解决这个额外的争议进一步交换意见。〔11〕 因此，《海洋法公约》规定的争端当事方交换意见的义务是为了保证争端当事方先就解决争端的方式双方达成共识或协议，如果交换意见能解决争议是最为理想的，若不能解决争端，最起码可以争取就用以解决争端的方式达成协议。

---

〔6〕 《中华人民共和国政府关于菲律宾共和国所提南海仲裁案管辖权问题的立场文件》（2014 年 12 月 7 日），第 45 段。

〔7〕 同上，第 47 段。

〔8〕 同上，第 46 段。

〔9〕 同上，第 48 段。

〔10〕 Stefan Talmon, The South China Sea Arbitration: Is There a Case to Answer? 9 February 2014, pp. 50-52, at http: //ssrn. com/abstract = 2393025.

〔11〕 Anne Sheehan, "Dispute Settlement under UNCLOS: The Exclusion of Maritime Delimitation Disputes", *University of Queensland Law Journal*, 2005, Vol. 24, No. 1, at http: //www. austlii. edu. au/au/journals/UQLawJl/2005/7. html.

在国际海洋法法庭和仲裁法庭处理的案子中，有几个涉及交换意见义务的案子，当事方都曾争论，在当事方之间没有就争端解决交换过意见，或双方的一些接触不等于交换意见，或交换意见何时可以终止，等等。[12] 本文将从这些案件中总结有关交换意见的义务的具体含义。

在国际海洋法法庭处理的路易莎号案中，Wolfrum 法官强调第 283 条规定的交换意见的义务很重要，因此必须严肃考虑第 283 条交换意见的要求。他在异议意见中指出，当事国之间没有事先进行《公约》第 283 条要求的交换意见，使法庭对争端没有初步的管辖权。他们提到圣文森特的海商管理部门与西班牙港口当局的接触不是国家政府层面上的接触，只是要求提供情报资料，没有提出主张或援引权利，因而不能视为《公约》第 283 条意义上的交换意见。此外，圣文森特 2010 年 10 月 26 日的照会只是反对继续扣船和准备在国际海洋法法庭提起诉讼，并未说明其任何主张，因此也不能认为是交换意见。[13] 但是法庭的多数判决并没有因此而认为第 283 条规定的交换意见的义务未得到满足，法庭接受和考虑了如下事实：

圣文森特和格林纳丁斯在提起这些诉讼之前，其海事管理局几次要求西班牙港口当局进一步提供有关羁押"路易莎"号的信息，但没有收到这样的信息；圣文森特和格林纳丁斯常驻联合国代表团向西班牙常驻联合国代表团发送了普通照会，反对西班牙继续扣押路易莎号等船，指出西班牙没有按照西班牙法和国际法通知船旗国就逮捕了该船，照会也通知了西班牙，如果西班牙不立即释放船只和解决由于这种不当羁押造成的损失，圣文森特和格林纳丁斯拟将该案提交国际海洋法法庭处理；西班牙对该照会没有做出反应；圣文森特和格林纳丁斯认为其已履行了《公约》第 283 条的要求。[14] 国际海洋法法庭在此案中对满足第 283 条交换意见的义务采用的标准极低，这也许与法庭当时处理的是规定临时措施问题，只需要初步来看法庭有管辖权即可。

在围海造地案中，新加坡认为，在本案，双方没有就以谈判或其他和平方法解决争端交换意见，因而《公约》第 283 条要求交换意见作为适用强制解决争端程序的先决条件没有得到满足。[15] 具体地说，马来西亚在不同场合承诺向新加坡详尽报告其关注的事项，新加坡的一贯立场是，只要马来西亚将其关注点具体化并能提供详细的报告，新加坡将与其谈判。但是马来西亚一直未履行其承诺。[16] 因此，新加坡认为在将争端正式提交国际海洋法法庭前，它未曾有机会表明自己的观点，也未曾有机会与马来西亚共

---

〔12〕 参见路易莎号案、南方蓝鳍金枪鱼案和混合氧化物工厂案。

〔13〕 The M/V "Louisa" Case, (Saint Vincentandthe Grenadines v. Kingdomof Spain), Request for Provisional Measures, Order, 23 December 2010, Dissenting Opinion of JudgeWolfrum, paras. 25-26.

〔14〕 Ibid., paras. 59-62.

〔15〕 Land Reclamation Case by Singapore in and aroundthe Straits of Johor ("Land ReclamationCase") (Malaysia v. Singapore), Provisional Measures, Order, 8 October 2003, para. 33.

〔16〕 Land Reclamation Case, paras. 40-43.

同研究双方分歧所在以寻求问题的解决，更未曾有机会就马来西亚详尽的关注点做出回复。新加坡主张，双方之间的谈判是《公约》第283条规定启动第十五部分的强制争端解决程序的前提条件，但是双方之间的谈判没有发生。[17]

马来西亚则认为其于2003年7月4日根据《公约》附件七提起仲裁程序之前，已通过外交照会的方式表明其对新加坡在柔佛海峡填海的关注，并要求通过两国高级官员会晤来友善地解决争端。但新加坡断然拒绝其要求，并称除非马来西亚能提出新的事实支持其主张，否则高级官员的会晤毫无用处。[18] 马来西亚认为一旦新加坡继续进行填海活动，就使进一步交换意见失去了意义。当争端一方认为已经没有达成协议的可能性时，就没有义务继续与争端另一方交换意见。[19]

法庭的判决指出：《公约》第283条只要求迅速就以谈判或其他和平方法解决争端交换意见。迅速交换意见义务同样适用于争端双方。[20] 法庭考虑并接受了马来西亚主张的，在提交《公约》附件七强制仲裁前的一些场合，马来西亚已在它的外交照会中通知了新加坡对其在柔佛海峡围海造田表示的担忧，曾要求新加坡召开两国高级官员的紧急会议讨论这些问题以期友好解决争端；但新加坡断然拒绝了其要求。[21] 法庭也考虑并接受了新加坡主张的，它一直通知马来西亚，准备在马来西亚具体说明其关注后进行谈判，但马来西亚在提交仲裁前并没有这样做。[22] 法庭注意到，在马来西亚提起《公约》附件七仲裁程序的声明后，马来西亚和新加坡同意在新加坡开会讨论该问题以期友好解决他们的争端，但马来西亚突然中断了谈判进程，坚持把新加坡立即中止填海工程作为进一步讨论的先决条件。[23] 法庭得出结论说，事实上，双方未能解决争端或达成解决争端的方法。法庭即认为，满足了《公约》第283条的要求。[24]

从该两案的判决可以看出，在将争端提交强制解决程序之前，提交争端的当事方都向对方发送过外交照会，表示过其对争端事项的担忧，或提出了己方的权利主张，提出过解决争端方式的建议，或通知了提交强制解决争端的意向。由于双方未能解决争端或达成解决争端的方法，法庭就认为，满足了《公约》第283条的要求。法庭并未将交换意见等同于谈判，并且明确指出，《公约》第283条只要求迅速就以谈判或其他和平方法解决争端交换意见。迅速交换意见义务同样适用于争端双方。

有学者认为交换有关协商解决纠纷的意见不同于单纯的抗议或争议，或仅要求提供

---

[17]　Land Reclamation Case.，para. 34.

[18]　Ibid.，paras. 39-40.

[19]　Ibid.，paras. 44-45.

[20]　Ibid.，paras. 37-38.

[21]　Ibid.，paras. 39-40.

[22]　Ibid.，para. 41.

[23]　Ibid.，paras. 42-43.

[24]　Ibid.，paras. 46& 51.

信息。[25] 钱德拉塞卡拉·饶法官在马来西亚和新加坡的围海造地案中也指出，交换意见的义务不是一个空洞的形式，不是争端一方的突发奇想。必须真诚地履行这个义务，法庭也有责任审查争端方是否履行了这项义务。[26] 交换意见是争端双方的义务，双方的确都必须认真对待。但是，国际实践表明，满足交换意见义务的门槛并不高。

在实践中，经常出现的一个问题是，应继续交换意见到什么程度。在马来西亚和新加坡的案件中，法庭判定，在马来西亚认为这种交换不能产生一个积极的结果时就没有义务继续交换意见。[27] 同样，在南方蓝鳍金枪鱼案件中，法庭也曾指出，当争端一方认定通过《公约》第十五部分第一节所规定的程序不可能解决争端时，该当事方就没有义务继续适用这种程序。[28] 在混合氧化物工厂案中，法庭也曾判定，当争端一方认定达成协议的可能性已经用尽，就没有义务继续交换意见。[29] 这些案件表明，能否以交换意见达成用以解决争端方法的协议似取决于争端一方的主张，海洋法法庭和仲裁法庭不强求主张交换意见的义务已用尽的一方继续交换意见。

菲律宾后来在仲裁庭听证会上也主张第 283 条规定的交换意见义务仅就用以解决争端的方法达成协议而言，并且为争端当事国仅施加了"适度的责任（modest burden）"，它的所作所为已满足了第 283 条的条件。[30] 遗憾的是，中国由于不参与而失去了进一步表明观点、提供证据和辩论的机会。

二、《海洋法公约》第 281 条

在中菲南海仲裁案中，中国主张，在涉及领土主权和海洋权利的问题上，中国一贯坚持由直接有关国家通过谈判的方式和平解决争端，并列举了 1995—2011 年间中菲之间的数项联合声明和联合公报，以及 2002 年 11 月 4 日中国政府代表与包括菲律宾在内的东盟各国政府代表共同签署的《南海各方行为宣言》（《南海宣言》）。中国认为这些双边文件以及《南海宣言》的相关规定一脉相承，表明中菲就通过友好磋商和谈判解决两国在南海的争端早有共识，也构成中菲两国之间的协议，两国据此承担了通过谈判方式解决有关争端的义务。此外，这些文件中强调必须在直接有关的主权国家之间进行谈判，显然排除了第三方争端解决程序，《公约》第十五部分第二节的强制争端解决程序

〔25〕 Stefan Talmon, p. 50.

〔26〕 Land Reclamation Case, Separate Opinion of Judge Chandrasekhar Rao, para. 11.

〔27〕 Land Reclamation Case, para. 48.

〔28〕 Southern Bluefin Tuna Cases, (New Zealand v Japan; Australia v Japan), Request for Provisional Measures, Order of 27 August 1999, para. 60.

〔29〕 Mox Plant Case, (Ireland v United Kingdom), Request for Provisional Measures, Order, 3 December 2001, para. 60.

〔30〕 Arbitration between the Republic of the Philippines and the People's Republic of China, Transcript of Day2 Hearing on Jurisdiction and admissibility, 8 July 2015, pp. 24-25.

也就不适用。[31]

中国的这个立场实际上涉及《公约》第 281 条的适用。该条第 1 款规定："作为有关本公约的解释或适用的争端各方的缔约各国，如已协议用自行选择的和平方法来谋求解决争端，则只有在诉诸这种方法而仍未得到解决以及争端各方间的协议并不排除任何其他程序的情形下，才适用本部分所规定的程序。"

适用第 281 条的规定，要解决三个问题。第一，争端各方是否已协议用自行选择的和平方法来谋求争端的解决；第二，用协议自行选择的和平方法仍解决不了争端；第三，协议中不排除任何进一步的程序来解决争端。

此外，如果双方还商定了一个时间限制，诉诸第十五部分的程序就只适用于自该期限届满之日起。有些国际协议中的确对解决争端规定了用争端各方选择的方法达成解决争端的时间限制，如果在规定的期限内达不成争端的解决，就可以认为用协议的方法解决不了争端。例如 1965 年的《内陆国家过境贸易公约》规定，如果争端各方在 9 个月内无法用和平方法解决争端，经争端一方请求，应将争端提交仲裁解决。[32]《海洋法公约》正是考虑到这种情况，第 281 条第 2 款规定了"争端各方如已就时限也达成协议，则只有在该时限届满时才适用第 1 款。在《海洋法公约》中也有类似的规定，例如《公约》第 74 条第 2 款和 83 条第 2 款关于专属经济区和大陆架划界规定，有关国家如在合理期间内未能达成如何划界，应诉诸第十五部分规定的程序。当然，如果当事双方在发生争端后协议用何种方法解决它们之间的争端时，也可以确定在一定的期限内解决不了争端的话，将适用《公约》第十五部分的争端解决程序。

1. 存在用以解决争端方式的协议

首先，要确定是否存在争端各方协议使用的和平解决争端的方法。有人认为这里的"协议（have agreed）"是指对争端双方都有拘束力的协议（agreement）。[33] 众所周知，国际协议可以采用多种形式，并冠以不同的名称，但是这些都不重要，重要的是它的法律性质和内容，[34] 是否有意产生相互权利义务的一致意思。[35]

一般，在有正式的条约或谅解备忘录时，比较容易确定存在协议。在国际海洋法法庭审理的马来西亚和新加坡案中，并没有条约或备忘录。但是新加坡坚持认为在它邀请马来西亚解决他们之间的分歧时，马来西亚接受了邀请并且双方举行了会议，这就开始

---

[31]　参见《中华人民共和国政府关于菲律宾共和国所提南海仲裁案管辖权问题的立场文件》（2014 年 12 月 7 日），第 30—44 段。

[32]　Commentary，at 23.

[33]　Stefan Talmon，p. 53.

[34]　Delimitation of the Maritime Boundary between Bangladesh and Myanmar in the Bay of Bengal（Bangladesh v. Myanmar），ITLOS Judgment，14 March 2012，para. 89.

[35]　参见李浩培：《条约法概论》，法律出版社 2003 年版，第 3 页。

了按照《海洋法公约》第281条协议进行谈判的过程，以努力友好地解决它们之间的争端。[36] 但是法庭认为第281条不可适用，因为马来西亚是在提起《公约》附件七的诉讼以后才接受邀请的，而且，因为马来西亚和新加坡同意会谈将不损害马来西亚继续进行附件七仲裁的权利或请求法庭规定临时措施的权利。[37] 因此尽管新加坡试图声称"协议谈判"是在第281条的范围内，法庭并没有接受它的主张。这里，法庭判定第281条不适用，是因为双方都同意谈判"不损害"马来西亚请求法庭规定临时措施的权利，不是因为协议的形式法庭才判定不适用第281条的。有人因此推论，法庭的命令中暗含着，第281条规定所指的"协议"并不需要包含在一个正式文件，例如条约中。[38] 在巴巴多斯诉特立尼达和多巴哥案中，仲裁法庭承认了它们在实践中同意的用谈判的方法解决他们的争端属于第281条的协议，虽然不是通过一项正式的协议达成的。[39]

还需要一提的是，这种协议是指在争端发生之前就已存在的，还是指争端发生后争端当事方之间达成的专门协议，不同的法庭对此问题也有不同的解释。巴巴多斯诉特立尼达和多巴哥案的仲裁法庭认为第281条所指的协议只包括争端当事方就特定争端的解决方法达成的临时或专门的协议。因为已有的协议为《公约》第282条所涵盖。[40] 而南方蓝鳍金枪鱼案的仲裁法庭认为第281条适用于争端当事方1993年缔结的已有的《南方蓝鳍金枪鱼保护公约》（《保护公约》），尽管《保护公约》第16条并不是争端当事国选择的一项和平解决争端的方法，而是列出了解决争端的一些程序和允许缔约国自行选择和平解决争端的其他方法，且争端当事国尚未从中选择一项解决争端的方法。裁决的主要理由是，这是由《保护公约》和《海洋法公约》两项公约产生的一个争端，《保护公约》第16条符合《海洋法公约》第281条的用语和含义，[41] 即《保护公约》第16条是争端当事国用以解决争端的方法之协议。

中菲之间没有就菲律宾提交仲裁所涉及的争议如何解决缔结过专门的协议。中国的立场文件中列举的大多数是中菲之间的联合公报或联合声明，其中比较重要的有：1995年8月10日《中华人民共和国和菲律宾共和国关于南海问题和其他领域合作的磋商联合声明》（《1995联合声明》），指出了双方"同意遵守"的八项原则。还有2002年11月4日，中国政府代表与包括菲律宾在内的东盟各国政府代表共同签署的《南海宣言》，包括了十项准则。其他文件大多确认或重申了这两项文件的规定。

---

〔36〕 Land Reclamation Case, paras. 53.

〔37〕 Ibid. , paras. 55-56.

〔38〕 Anne Sheehan, "Dispute Settlement under UNCLOS: The Exclusion of Maritime Delimitation Disputes", *University of Queensland Law Journal*, 2005, Vol. 24, No. 1, at http: //www. austlii. edu. au/au/journals/UQLawJl/2005/7. html

〔39〕 Arbitration Award (Barbados v. Trinidad and Tobago), 11 April 2006, para. 200 (ii) .

〔40〕 Arbitration Award (Barbados v. Trinidad and Tobago), 11 April 2006, para. 200 (ii) .

〔41〕 Southern Bluefin Tuna Case (Australia and New Zealand v. Japan), Award on Jurisdiction and Admissibility of 4 August 2000, paras. 54-55.

这两项文件是否构成了对中菲双方具有拘束力的协议？本文主要从两方面进行考察，一是从文件用语的通常含义结合其目的和宗旨来考察，二是从签署者的表态来考察。1995 年 8 月 9—10 日中菲两国代表团在马尼拉就南海和其他领域的合作问题进行了会谈，会后发表了《1995 联合声明》，声明中说，两国就南海问题作为一个整体，就各自立场的法律和历史根据交换了意见。双方同意在解决争端的过程中遵循八项原则，其中有五项原则与解决争端有关：（1）双方的领土争端不应影响两国关系的正常发展。有关争议应在平等和相互尊重基础上通过磋商和平友好地加以解决。（2）必须努力建立信心和相互信任，以增强该地区的和平与稳定的气氛，并避免使用武力或武力威胁解决争端。（3）在扩大共同点和缩小分歧的精神上，应采取逐步渐进的合作，以期最终通过谈判解决双边争端。（4）双方同意按照国际法公认的原则，包括《海洋法公约》解决双方的争端。（5）争端应由直接有关的国家予以解决，不影响南海的航行自由。[42]

该联合声明是在两国代表团进行了正式会谈后发表的，而且双方都感到满意，认为在实质上改善两国关系的气氛方面已经取得了一些进展，并确定和扩大了同意通过举行坦率的交流，直接解决有争议的问题领域。[43]《联合声明》所列的原则都使用了"同意"（agree）和"应该"（shall），表示两国对解决南海问题所遵循原则的承诺，以及这些原则为两国如何解决南海问题设立了义务。

《1995 联合声明》协议用什么方式解决中菲两国的南海争端呢？中国在立场文件中指出其中的第一点和第三点规定了两国以谈判解决争端的义务。[44]仔细审阅第一点，该点是指双方的领土争端应在平等和相互尊重基础上通过磋商和平友好地加以解决。中国主张南海争端的核心是领土主权问题，如果仲裁庭判定争端的性质确实如此，那么这个原则就适用于该争端的解决，但是仲裁庭也会因之失去对该案的管辖权（这个问题不在本文拟讨论的范围内）。由于仲裁法庭只管辖在《海洋法公约》的适用和解释范围内的争端，只有该点规定在南海争端方面而不是"领土争端"方面双方应通过平等和相互尊重基础上的磋商和平友好地加以解决，才对中国有利。

对于第三点"双方承诺循序渐进地进行合作以期最终谈判解决双方争议"是否规定了双方谈判解决争端的义务也是可以讨论的。一种解释可以像中国主张的，"最终谈判"明确表明旨在只选择"谈判"作为解决争端的方法。[45]但是该点似也可以解释为当时

〔42〕 http：//docslide. us/documents/joint-statement-prc-and-rp. html.

〔43〕 Ibid.

〔44〕《中华人民共和国政府关于菲律宾共和国所提南海仲裁案管辖权问题的立场文件》（2014 年 12 月 7 日），第 31、39 段。

〔45〕 Sienho Yee，South China Sea arbitration tribunal has no jurisdiction over Manila-started dispute，8 July 2015，http：//www. chinadaily. com. cn/opinion/2015-07/08/content_ 21211017. htm.

仅对双方设立了"循序渐进地进行合作"的义务，[46] 谈判解决争端可能是双方以后的最终目标。如果在声明中双方强调的是意在用谈判方式解决争端，该点的措辞似应为：双方承诺以谈判解决争端⋯而不是承诺"循序渐进地进行合作"⋯仲裁庭会如何解释这点，我们将拭目以待。

在 2002 年《南海宣言》中使用了各方"承诺（undertake）"的用语，中国在立场文件中指出这也是协议中通常用以确定当事方义务的词语。[47] 然而，菲律宾主张该宣言不具有拘束力。而且中国在很多场合亦如此承认。[48] 有的中国学者主张《南海宣言》有拘束力。[49] 但也有评论者认为该宣言是一种政治宣言，没有法律拘束力。[50] 从签署宣言的背景情况来看，20 世纪 90 年代东盟国家原本打算与中国签署一项各国的行为准则（code of conduct），然而在 1999 年的峰会上中国拒绝了东盟国家提议的行为准则。[51] 2002 年 7 月东盟国家表示制定南海行为准则将进一步促进本地区的和平与稳定，在不能签署行为准则的情况下，他们仍愿意与中国合作，签署一项行为宣言。[52] 可见，在签署《宣言》时中国和东盟国家都不认为该《宣言》具有法律拘束力。最后在签署的《宣言》第十条中写下将来有关各方要制定一个南海各方的行为准则，从用语来看，"行为准则"至少比"行为宣言"更具法律拘束力。在这种情况下，很难主张《南海宣言》是中菲达成的用以解决争端的方法的协议，因为虽然协议的形式不重要，协议的性质是否有法律拘束力却是重要的。

2. 用协议的方法未解决争端

如果在争端当事国之间确实存在用以解决争端方式的协议，那么必须证明使用这种方法不能解决争端，这是争端一方将争端提交《公约》第十五部分第二节的争端解决程序的条件之一。用协议的和平方法仍解决不了争端的问题是由谁来决定？是由争端一方决定还是需要争端双方都同意？从《公约》第 286 条关于争端任何一方有权请求将争端提交强制程序的规定来看，只要争端一方认为用协议的和平方法解决不了争端，就可以适用第十五部分第二节的争端解决程序。通过单方面的援用仲裁程序本身不能被视为违

---

〔46〕 该点的英文本是："3. In the spirit of expanding common ground and narrowing differences, a gradual and pro-gressive process of cooperation shall be adopted with a view to eventually negotiating a settlement of the bilateral disputes".

〔47〕 参见《中华人民共和国政府关于菲律宾共和国所提南海仲裁案管辖权问题的立场文件》（2014 年 12 月 7 日），第 38 段。

〔48〕 Arbitration between the Republic of the Philippines and the People's Republic of China, Transcript of Day 2 hear-ing on jurisdiction and admissibility, 8 July 2015, pp. 11-12.

〔49〕 参见余民才：《菲律宾提起南海争端强制仲裁程序与中国的应对》，《现代国际关系》2013 年第 5 期。

〔50〕 Stefan Talmon, p. 55；"Wu Shicun and Ren Huaifeng, More Than a Declaration: A Commentary on the Back-ground and the Significance of the Declaration on the Conduct of the Parties in the South China Sea", *Chinese Journal of International Law*, 2003, p. 311.

〔51〕 Ibid., p. 313.

〔52〕 Ibid.

反《公约》第 300 条对权利的滥用，或违反一般国际法的滥用权利。其单方面行使该权利而没有与另一方讨论或协议是以条约设想的方式行使是条约所赋予的权利。[53] 如果争端另一方认为仍有机会用协议的和平方法解决争端，该方可以向有关法院或法庭提出，由该法院或法庭做出裁决。[54]

在巴巴多斯和特立尼达案中，仲裁庭认定争端双方之间有临时的协议，用谈判解决他们的争端。《公约》第 74 条和 83 条也要求争端当事国用谈判的方式解决划界问题。但是经过数年的谈判还是没有解决争端。[55] 仲裁庭认为在当事方经过数年的谈判仍没有解决争端时，就不能再合理要求争端当事国交换意见以寻求用谈判解决争端。[56] 争端各方未能通过谈判解决他们的争端时，《公约》第 287 条就使当事一方有权单方面将争端提交仲裁。[57]

在南方蓝鳍金枪鱼案中，法庭一致得出结论，有关的三个国家诉诸《保护公约》第 16 条规定的方法没有达成争端的解决，第 281 条（1）的第一个要求已得到满足。尽管该第 16 条中列了几种争端解决程序，而且并不是第 16 条列出的每个方法都已被尝试，尤其日本提议的调解和仲裁；而且，尽管《保护公约》第 16 条第 2 款规定，即使当事国没有就争端提交国际法院或仲裁，也不免除缔约国寻求用其他和平解决争端的方法解决争端的责任，法庭仍认为，不能要求各方无限期地进行谈判。[58]

在中菲仲裁案中，中国提出的论点是，菲律宾不能提交仲裁，因为中菲一系列的联合声明和联合宣言要求双方通过谈判和平解决南海争端，而"事实上，迄今为止，中菲两国从未就菲律宾所提交的仲裁事项进行过谈判。"[59] 在菲律宾看来，《行为宣言》不是法律文件，其他的双边文件也没有为双方设定谈判解决争端的义务。菲律宾用了大量篇幅证明，中菲两国就争端的解决多次交换外交信件，交换意见，足以满足交换意见的义务。[60] 如果仲裁庭支持中国的主张，双方已同意寻求通过谈判解决他们的争端，那么接下来菲律宾必须证明两国之间就争端的解决进行了谈判，但是用谈判的方法解决不了争端。如果仲裁庭支持中国的主张，在两国间存在用谈判解决争端的协议，并且谈判尚未进行。仲裁庭有可能要求双方履行义务进行谈判。

---

〔53〕　Babados v. Trinidad and Tobago Award, paras. 207.

〔54〕　Commentary, at 23.

〔55〕　Arbitration Award（Barbados v. Trinidad and Tobago）, 11 April 2006, para. 201.

〔56〕　Ibid., paras. 202-205.

〔57〕　Ibid., para. 206.

〔58〕　Southern Bluefin Tuna Case（Australia and New Zealand v. Japan）, Award on Jurisdictionand Admissibility of 4 August 2000, para. 55.

〔59〕　《中华人民共和国政府关于菲律宾共和国所提南海仲裁案管辖权问题的立场文件》（2014 年 12 月 7 日），第 45 段。

〔60〕　Arbitration between the Republic of the Philippines and the People's Republic of China, Transcript of Day2 Hearing on Jurisdiction and admissibility, 8 July 2015, pp. 25-36.

谈判，正如国际法院在不同的判决中指出的，应以善意进行，有"实现一个积极的结果的真正意图"[61]，以及善意地"合理关注他方的合法权益"[62]。对谈判失败的判断，国际法院认为，国家之间的一些外交往来可以证明双方对是否履行了某些条约义务持有截然相反的观点，这就表明出现了国际争端和双方没有成功地通过直接谈判解决争端[63]。或者，只需表明"进一步谈判导致和解已不存在合理的可能性"[64]。

在诉诸仲裁之前是否确实进行了谈判，以及谈判是否失败，成为无效，或陷入僵局，这些事实问题将由仲裁法庭来裁定[65]。考虑到海洋法法庭或仲裁庭的判例中对用谈判方法解决争端但未解决争端的判断要求并不高，经过几轮或数年谈判或对话，只要一方主张解决不了争端，就不再要求继续谈判了，仲裁庭也有可能不再要求中菲双方进行谈判。

此外，如果像中国所称，在双方协议用谈判的方法解决争端的一二十年里，双方从未开始就争端的解决进行谈判，可能会使仲裁庭对双方用谈判的方法解决争端是否真正达成了一致的意思表示发生怀疑。从条约法来看，协议需要真诚地履行。协议并非绝对一成不变，如果存在当事方已从行动上破坏了协议的义务，或者缔约当时的情势已发生了根本的变化[66]，仲裁庭或许也会裁定协议成为无效，这不是完全没有可能的。

3. 排除进一步程序

争端当事方事先缔结的国际协定中有些可能有所规定，协议的争端解决机制是排他的，即使不能用协议的方法解决争端，也不能诉诸其他解决争端的程序。在这种情况下，《公约》第十五部分第二节的争端解决程序就不能适用。结果可能需要争端各方继续进行谈判协商或搁置争端暂时不予解决。《海洋法公约》的这一规定体现了《公约》尊重争端当事国双方对解决争端方法的选择自由，不强迫争端当事方以双方协议解决争端的方式以外的方式解决争端。

在南方蓝鳍金枪鱼案中，尽管海洋法法庭在规定临时措施时，认定初步看来《保护公约》第16条不排除进一步程序，在该案的管辖权和受理阶段，仲裁庭认为仍有必要审查《保护公约》的条款中是否旨在排除《海洋法公约》的强制争端解决程序[67]。

---

[61] North Sea Continental Shelf Cases (Federal Republic of Germany v. Denmark; FRG v. The Netherlands), ICJ Reports 1969, para. 85.

[62] Fisheries Jurisdiction (United Kingdom v. Iceland), ICJ Reports 1974, p. 33.

[63] Interpretation of Peace of Treaties, Advisory Opinion, ICJ Reports 1950, p. 65, pp. 74 and 76.

[64] South West Africa (Ethiopia v. South Africa; Liberia v. South Africa), Preliminary Objections, Judgment, ICJ Reports 1962, p. 345.

[65] Pulp Mills on the River Uruguay (Argentina v. Uruguay), ICJ Reports 2010, p. 64, para. 133; Georgia v. Russia, supra, para. 160.

[66] 参见《维也纳条约法公约》第60、62条。

[67] Southern Bluefin Tuna Case (Australia and New Zealand v. Japan), Award on Jurisdictionand Admissibility of 4 August 2000, para. 37.

日本主张国家缔结的条约中没有强制解决争端的条款，就意味着缔约国意在避免强制解决争端的义务，而不是隐含地承诺有这样的义务。当国家意在将《海洋法公约》的程序适用于另一个条约的争端时，他们就会在该条约中如此规定。[68]《保护公约》第16条规定了缔约国可以选择的和平解决争端的方式，其中没有写明包括《海洋法公约》第十五部分的强制仲裁的方式。[69] 再者，《保护公约》第16（2）条规定，若有关争议未得到解决，经当事各方同意，应将争议提交国际法院或仲裁解决。日本主张，这一款排除了不经争端各方的同意进行进一步的程序。[70]

澳大利亚和新西兰认为在《保护公约》或其准备文件中都没有指明该公约旨在减损《海洋法公约》的第十五部分的规定，[71] 即便争议是对《保护公约》的解释或适用。《保护公约》没有排除《海洋法公约》的强制争端解决程序。如果《保护公约》的起草者旨在排除《海洋法公约》强制争端解决程序的适用，就会做明示的规定。[72] 排除任何进一步程序的要求不能仅以暗含来满足，第16条的语言显然没有明确地排除任何进一步程序。[73] 实际上，在该案中，争端各方认为可以适用任何进一步程序或排除任何进一步程序都需要在有关协议中明确表示。

仲裁庭裁定，《保护公约》第16条的条款没有明确地排除任何程序的适用，包括《海洋法公约》第十五部分第二节的程序。[74] 但是，在第16条中没有明确排除任何程序不是决定性的。第16（1）条要求当事国之间以协商、调查、调解、仲裁、司法解决或自行选择的其他和平方法解决争议；在当事国自行选择的该条中所列的解决争议方式未予解决争端时，必须经过各案全体争端当事国的同意才能将争端提交国际法院或仲裁。争端各方的同意是必需的。没有争端各方都同意，就排除将争端提交《海洋法公约》第十五部分第二节的强制程序。仲裁庭还指出，《保护公约》第16（3）条规定，在将争端提交仲裁时，仲裁庭应按照《保护公约》附件的规定组成，这意味着，该第16条所述的仲裁不是《海洋法公约》第十五部第二节的强制仲裁，而是《保护公约》附件中规定的有自主权的和协商一致的仲裁。[75] 简而言之，该裁决认为，不必在协议中写明排除适用《海洋法公约》第十五部分第二节的强制程序，可以从协议的规定中分析推论出该协议是否排除了进一步的程序。

---

[68] Southern Bluefin Tuna Case（Australia and New Zealand v. Japan），Award on Jurisdictionand Admissibility of 4 August 2000, para. 38（i）.

[69] Ibid. , para. 39（a）.

[70] Ibid. , para. 39（b）.

[71] Ibid. , para. 41（g）.

[72] Ibid. , para. 41（b）.

[73] Ibid. , para. 41（i）.

[74] Ibid. , para. 56.

[75] Ibid. , para. 57.

对于这个有关争端解决的规定无须明示排除进一步程序的裁决有一些争议和批评。[76] 南方蓝鳍金枪鱼案的 Keith 法官在其个别意见中认为，《海洋法公约》第281（1）条的规定所设想的是，争端当事方在他们同意采取的一个特定程序中，也可以指定该程序应是排他的，争端当事方不可以诉诸其他的程序，包括《海洋法公约》第十五部分的程序。鉴于在国际司法实践和一般条约法中存在平行和重叠的和平解决争端程序，他认为，当事国如果意在协议中排除其他程序，在协议中必须有明确的表示。[77] 该裁决后不久，在英国和爱尔兰之间的混氧燃料工厂案中，Wolfrum 法官在他的个别意见中也与 Keith 法官表示了同样的观点：《海洋法公约》第十五部分主要赋予《海洋法公约》第287条所指的机构决定解释和适用本公约争端的功能，除非争端各方另有约定。如果考虑该第十五部分的目的，争端当事方之间的协议是不能被推测的。意在将《公约》的解释或适用的争端提交其他机构解决，该意图在各自的协议中必须明确予以表示。[78] 这两名法官的观点与南方蓝鳍金枪鱼案中所持观点："没有明确排除任何程序不是决定性的"截然相反。因此，有学者认为，如果以后出现有关第281条的协议的问题，法院或法庭决定此问题时可能会背离南方蓝鳍金枪鱼案裁决的推理，而根据明确表示的理论予以裁决。[79] 即，只有在争端当事方有关解决争端的协议中明确规定排除进一步程序，争端才不能被提交《海洋法公约》的强制解决程序。

在中菲仲裁案中，中国主张，1995年8月10日《中菲联合声明》第三点指出双方承诺循序渐进地进行合作以期最终谈判解决双方争议，显然在强调谈判是双方唯一的争端解决方式，双方没有意向选择第三方争端解决程序。中菲双边文件和《南海宣言》第四条反复重申以谈判方式和平地解决南海争端，并且规定必须在直接有关的主权国家之间进行，显然排除了第三方争端解决程序，虽然没有明文使用"排除其他程序"的表述，但正如南方蓝鳍金枪鱼仲裁案裁决所称：没有明示排除任何程序不是决定性的。"因此，对于中菲在南海的争端的所有问题，包括菲律宾提出的仲裁事项，双方同意的争端解决方式只是谈判，排除了其他任何方式。"[80]

菲律宾在听证会上所采取的立场是，意图排除《海洋法公约》规定的进一步程序必

〔76〕 David A. Colson & Peggy Hoyle，"Satisfying the Procedural Prerequisites to the Compulsory Dispute Settlement Mechanisms of the 1982 Law of the Sea Convention：Did the Southern Bluefin TunaTribunal Get It Right？" 34 Ocean Dev. & Int'l L. 59 2003，p. 69.

〔77〕 Southern Bluefin Tuna Case（Australia and New Zealand v. Japan），Award on Jurisdiction and Admissibility of 4 August 2000，Separate Opinion of Justice Sir Kenneth Keith，para. 18.

〔78〕 MOX Plant case，（Ireland v. United Kingdom），Provisional release，Order，3 Dec. 2001，Separate Opinion of Judge Wolfrum，p. 2.

〔79〕 Anne Sheehan，"Dispute Settlement under UNCLOS：The Exclusion of Maritime Delimitation Disputes"，*University of Queensland Law Journal*，2005，Vol. 24，No. 1，available athttp：//www.austlii. edu. au/au/journals/UQLawJl/2005/7. html.

〔80〕 《中华人民共和国政府关于菲律宾共和国所提南海仲裁案管辖权问题的立场文件》（2014年12月7日），第40—41段。

须从协议本身的条款看是明显的。[81] 菲律宾指出《南海宣言》里不但没有排除任何程序，而且还包括了《海洋法公约》的程序。菲律宾还援引了南方蓝鳍金枪鱼案中 Keith 法官的意见："《保护公约》第 16 条没有说不能将争端提交任何法庭或第三方解决，它就不能排除争端的进一步解决。"[82] 有些支持菲律宾的学者也认为，即使仲裁庭认定《南海宣言》是一个常规的、正式的协议，对签约国有拘束力，且谈判是解决争端的唯一方式，《南海宣言》中也不包含任何条款排除进一步的程序，因此，菲律宾可能不会仅限于以谈判解决这一争端。法庭可能会裁定，菲律宾可合法行使将争议提交第十五部分第二节程序的权利。[83] 仲裁庭是采纳排除《海洋法公约》第十五部分的程序不必须明确规定在协议中的标准而支持中国的主张，还是采纳排除《海洋法公约》第十五部分的程序必须明确规定在协议中的标准而支持菲律宾的观点，只能留待仲裁庭决定。

三、结论

《海洋法公约》第 281 条和 283 条的规定是争端一方将争端提交第十五部分第二节程序的两个前提条件。第 283 条规定的交换意见的义务，是指争端当事国就争端的解决方式交换意见，当然也有可能在交换意见中就解决了不太严重的争端。需要正本清源的是，该条规定本身并不要求争端当事国必须用谈判的方式解决他们的争端。从国际实践来看，交换意见的义务是比较容易满足的。经过交换意见就用以解决争端的方式达不成协议，海洋法法庭或仲裁庭不要求相关国家无限期地继续就此问题交换意见。

《海洋法公约》第 281 条规定的适用《海洋法公约》强制解决争端程序的条件是，争端当事国之间用协议解决争端的方法不能解决争端，而且该协议不排除适用其他程序解决争端。中菲双方对其争端和争端的解决不乏交换意见，至于是否达成了用谈判解决有关中菲仲裁案中争端的方式的协议，双方持对立的观点。这是仲裁法庭在裁定第 281 条的条件是否得到满足时首先要解决的问题。在分析了 1995 年《中菲联合声明》和《南海宣言》后，本文认为中国的主张有一定的欠缺，并不完全对中国有利。即便谈判是双方同意的解决争端的方式，国际实践也曾再三指出，当谈判失败，或当谈判已成为无用的或陷入僵局，或不存在进一步的谈判达成和解的可能，就不要求当事方继续谈判。当然，谈判解决争端是中国一贯的政策和立场，如果仲裁庭支持中国的主张，裁定双方应该履行其谈判义务，那是最理想的结果。但是也需要分析对中国的主张存在的不利方面，预见可能出现的其他结果。

关于争端当事方之间的协议是否排除其他程序，在国际实践中有两种标准或理论，

〔81〕 Arbitration between the Republic of the Philippines and the People's Republic of China, Transcript of Day2 Hearing on Jurisdiction and Admissibility, 8 July 2015, p. 14.

〔82〕 Ibid., pp. 15-16.

〔83〕 Emma Kingdon, "A Casefor Arbitration: The Philippines' Solution for the South China Sea Dispute", 156 *Boston College International & Comparative Law Review*, Vol. 38: 129.

一种是排除其他程序的意思不必明确规定在协议中，可以根据协议的具体规定推导出，中国持此种观点。另一种是排除其他程序的意思必须明确规定在协议中，菲律宾持此种观点。若仲裁庭裁定中菲双方确有用以解决争端方式的协议，那么就要看在此案中，仲裁庭适用何种标准来裁定，是否只有谈判是用以解决中菲争端的唯一方式。这个裁决可能会进一步澄清应采用哪种标准来确定协议中是否排除了其他解决争端的程序，这点值得关注。

最后还要提及的是，即便仲裁庭认为适用《公约》第十五部分的强制程序的条件得到满足，该仲裁庭无论如何也是无权和不可能解决中菲之间南海领土的争端的。

国际海洋法法庭首例全体咨询案述评

■ 朱晓丹*　　裴兆斌**

【内容摘要】2015 年 4 月 2 日，国际海洋法法庭首次以全体成员的方式对第 21 号案发表了咨询意见。这起案件引起了国际社会的高度关注，包括中国在内的 23 个国家和 7 个国际组织向法庭提交了书面意见。本案的焦点问题有两个：第一，国际海洋法法庭对本案是否具有咨询管辖权；第二，船旗国、相关国际组织对非法、未报告和无管束的捕鱼行为应尽何种义务？本文将围绕这两个焦点问题对本案进行梳理。

【关键词】咨询管辖权　IUU 捕鱼行为

2013 年 3 月 28 日，次区域渔业委员会向国际海洋法法庭（International Tribunal for the Law of the Sea，ITLOS）提交申请，请求法庭就以下四个问题发表咨询意见：

1. 当非法、未报告以及无管束的捕鱼行为发生在第三国的专属经济区内时，船旗国应承担何种义务？

2. 当船舶悬挂一国旗帜进行非法、未报告以及未管束的捕鱼行为时，船旗国应在何种范围内承担责任？

3. 当船旗国或国际机构在国际协议的框架下，向船舶签发捕鱼许可，船旗国或国际机构是否应对捕鱼船舶违反沿岸国法律的行为承担责任？

4. 沿岸国在保证共有种群以及有共同利益的种群，特别是小型远洋鱼类及金枪鱼类的可持续管理方面，享有何种权利，承担何种义务？

国际海洋法法庭受理本案后即组织《联合国海洋法公约》缔约国和相关各方就本案发表意见。截止到 2014 年 8 月 28 日，法庭收到来自 23 个国家和 7 个国际组织的共 30 份正式书面意见。[1] 本案作为国际海洋法法庭成立以来第一次以全体成员（Full Tribunal）的方式发表咨询意见的案件，受到了国际社会的广泛关注。法庭在经过审理等程序之后，于 2015 年 4 月 2 日公开发表了对本案的咨询意见。

笔者认为，本案实质上的争议焦点集中在两个问题上：第一，国际海洋法法庭对本案是否具有咨询管辖权；第二，船旗国、相关国际组织对非法、未报告和无管束的捕鱼

---

* 女，厦门大学国际法学博士，大连海洋大学法学院/海警学院讲师。

** 国际法学博士，大连海洋大学法学院/海警学院院长。

本文系辽宁省社科联 2015 年度咨政建言课题（2015lslzz-30）、辽宁省社会科学规划基金项目（L14BFX011）的阶段性成果。

[1] 这 23 个国家包括 22 个《公约》的缔约国（沙特阿拉伯、德国、新西兰、中国、索马里、爱尔兰、密克罗尼西亚、澳大利亚、日本、葡萄牙、智利、阿根廷、英国、泰国、荷兰、欧盟、古巴、法国、西班牙、黑山共和国、瑞士、斯里兰卡）和 1 个 1995 年《跨界鱼类种群协定》的缔约国（美国）。7 个国际组织包括联合国、联合国粮农组织、次区域渔业委员会、中美洲渔业和水产业组织、渔业局论坛、养护自然和自然资源国际联盟和加勒比区域渔业机制。

行为应尽何种义务？本文将围绕这两个焦点问题对本案进行梳理。

一、案件背景

次区域渔业委员会（Sub-Regional Fisheries Commission，SRFC）是 1985 年成立的政府间国际组织，目前有 7 个成员国。它们分别是：佛得角共和国，冈比亚共和国、几内亚共和国、几内亚比绍共和国、毛利塔尼亚伊斯兰共和国、塞内加尔共和国和塞拉利昂共和国。非法、未报告和无管束（Illegal，Unreported and Unregulated，IUU）的捕鱼行为给 SRFC 成员国造成了严重的损害。西非是 IUU 捕鱼行为的国际"重灾区"。根据《2014 年非洲发展报告》（Africa Progress Report 2014），IUU 捕鱼行为给全球经济造成的损失每年约为 100 亿—230 亿美元，给西非经济造成的损失每年约为 13 亿美元，其中仅塞内加尔一个国家在 2012 年就遭受近 3 亿美元的损失，相当于该国 GDP 的 2%。[2]

这些数字仅指直接经济损失，尚未包括 IUU 捕鱼行为给西非带来的社会、环境等损失。在西非，近 1/4 的工作岗位与渔业相关。此外，西非沿海国居民通过饮食摄取的动物蛋白近 2/3 来自鱼类。因此，IUU 捕鱼行为不仅降低了西非地区的经济收入，过渡捕捞也将减少鱼种，危害海洋环境，给西非国家居民的就业、粮食和营养安全带来风险。[3]

为了打击其专属经济区内的 IUU 捕鱼行为，SFRC 成员国着手修订相关法律。2012 年，SRFC 修订了由 7 个成员国于 1993 年缔结的《次区域渔业委员会成员国管辖下海域海洋资源准入与开发最低条件确定公约》（以下简称《MCA 公约》）。《MCA 公约》规定了 SRFC 成员国水域的渔业准入标准，并统一了成员国与第三国的缔结渔业协定的谈判口径。2012 年修订后的《MCA 公约》吸收了 20 世纪 90 年代以来国际渔业法律和政策针对 IUU 捕鱼行为的最新成果。比如，1995 年《联合国鱼类种群协定》，2001 年联合国粮农组织发起的"应对 IUU 捕鱼行为的国际行动计划"（IPOA-IUU），2009 年《港口国措施协定》（尚未生效）。这些针对 IUU 捕鱼行为的国际规范均规定了船旗国要对悬挂其国旗的船舶所从事的 IUU 捕鱼行为承担一定的义务或责任。鉴于《联合国海洋法公约》（以下简称《公约》）广泛的影响力，SRFC 希望通过 ITLOS 的咨询意见明确船旗国在《公约》的框架下是否应当对悬挂其国旗的船舶在第三国专属经济区从事的 IUU 捕鱼行为承担一定的义务和责任。于是，便有了本案四个问题的提出。

二、法庭的咨询管辖权问题

《联合国海洋法公约》第 191 条规定了国际海洋法法庭的咨询管辖权，即两个特定

---

〔2〕 Grain Fish Money：Africa Progress Report 2014，http：//www. africaprogresspanel. org/wp-content/uploads/2014/05/APP_ APR2014_ 24june. pdf，访问日期：2015 年 6 月 22 日。

〔3〕 Ibid.

机构（大会和理事会）可以向国际海洋法法庭的海底争端分庭申请咨询意见。[4] 据此，2010 年 5 月至 2011 年 2 月，法庭受理的第 17 号案（国家担保个人和实体在"区域"内活动的责任和义务的咨询意见）是国际海洋法法庭海底分庭的首例咨询意见案。[5] 除了第 191 条外，《公约》的其他条款并没有明确提及法庭的咨询管辖权。这使得除海底分庭外，国际海洋法法庭是否有咨询管辖权的国际法依据变得较为模糊。本案作为法庭成立以来第一个以全体成员的方式发表咨询意见的案件，其咨询管辖权则首先受到了质疑。

（一）争论焦点

国际海洋法法庭对 SRFC 提出的四项咨询请求是否有咨询管辖权成为了本案第一个热点问题。各国对此问题发表的意见形成了对立。一些国家认为国际海洋法法庭对咨询请求没有管辖权，比如中国、美国、英国、澳大利亚、西班牙、爱尔兰等。另一些国家则认为国际海洋法法庭对咨询请求有管辖权，比如日本、德国、荷兰、智利、新西兰等。两种观点主要的争议焦点如下。

1. **国际海洋法法庭全体成员提供咨询意见是否有国际法依据**

反对国际海洋法法庭具有咨询管辖权的主要理由是，《公约》没有明示或默示地提及由国际海洋法法庭全体成员所提供的咨询意见。倘若国际海洋法法庭行使此类咨询管辖权，将构成对《公约》的僭越。《法庭规则》第 138 条[6]不能作为任何提供咨询意见管辖权的基础，因为《法庭规则》作为程序条款，不能优先于《公约》实体条款。

而认可法庭具有咨询管辖权的一方认为《法庭规约》第 21 条[7]本身即构成法庭全体成员具有接受咨询意见请求资格的充分法律基础。《法庭规则》第 138 条没有创造出一种新的管辖权，只是指明确了法庭行使管辖权的先决条件。

2. **《法庭规约》第 21 条与《公约》第 288 条的关系**

《法庭规约》第 21 条解决的问题是法庭的管辖权。该条规定了法庭管辖权适用的三种情况：（i）根据《公约》提交给法庭的一切"争端"；（ii）根据《公约》提交给法庭的一切"申请"；（iii）根据其他协议授权法庭管辖的一切"事项"（all matters）。

---

[4] 《公约》第 191 条（咨询意见）规定："海底争端分庭经大会或理事会请求，应对它们活动范围内发生的法律问题提出咨询意见。这种咨询意见应作为紧急事项提出。"

[5] Case No. 17, Responsibilities and Obligations of States Sponsoring Persons and Entities With Respect to Activities in the Area (Request for Advisory Opinion submitted to the Seabed Disputes Chamber), https://www.itlos.org/cases/list-of-cases/case-no-17/，访问日期：2015 年 7 月 22 日。本案的中文述评可参见高之国、贾宇、密晨曦：《浅析国际海洋法法庭首例咨询意见案》，《环境保护》2012 年第 16 期。

[6] 《法庭规则》第 138 条规定："1. 如果一个符合《公约》宗旨的国际协定特别规定了可以向国际海洋法法庭提交咨询意见申请，那么法庭可以对所提交的法律问题发表咨询意见。2. 请求咨询意见的申请应由符合该国际协定或经该国际协定授权的机构向法庭提起定。3. 法庭应适用修订后的《法庭规则》第 130 条至第 137 条。"

[7] 《法庭规约》第 21 条规定："法庭的管辖权包括按照本公约向其提交的一切争端和申请，和将管辖权授予法庭的任何其他国际协定中具体规定的一切事项。"

《法庭规约》第 21 条中的"争端"一词明确规定了法庭的诉讼管辖权。相似地，"申请"一词是指根据《公约》提交给法庭的诉讼案件的申请。这一点在《法庭规约》第 23 条中得以明确规定："法庭应按照《公约》第 293 条裁判一切争端和申请。"《公约》第 293 条规定在《公约》第 15 部分"争端的解决"。"申请"一词指诉讼案件申请也可以从《公约》第 292 条"船只或其船员迅速释放"和第 294 条"初步程序"中对"申请"一词的使用找到依据。但是对第三种情况产生了争议，"事项"一词应该按照《公约》第 288 条确定的范围解释还是可以独立解释呢？

反对法庭有咨询管辖权的观点认为，《法庭规约》第 21 条旨在规定《公约》（尤其是《公约》第 288 条[8]）赋予国际海洋法法庭的诉讼管辖权。《法庭规约》第 21 条的解释应与《公约》第 288 条第 2 款保持一致，不能突破后者的范围。《公约》第 288 条明确规定了国际海洋法法庭的诉讼管辖权，因此，《法庭规约》第 21 条也应仅指诉讼管辖权。假使《公约》的缔约国试图赋予国际海洋法法庭咨询管辖权，它们完全可以在《公约》中订立这样一个内容明确的条款，但事实上它们并未如此规定。

赞同法庭有咨询管辖权的观点认为，《法庭规约》第 21 条本身即构成法庭全体成员具有接受咨询意见请求资格的充分法律基础，尤其是当某一相关国际协定（本案指《MCA 公约》）规定了法庭具有咨询管辖权。没有任何理由认为《法庭规约》第 21 条"一切事项"不包含请求咨询意见。《法庭规约》第 21 条"一切事项"仅指"一切争端"，且法庭的管辖权仅限于《公约》第 288 条第 2 款的观点不能被接受。《法庭规约》（包括第 21 条）是对《公约》第 288 条的补充。

3. 《法庭规约》第 21 条"事项"一词的解释

反对法庭有咨询管辖权的观点认为，《法庭规约》第 21 条规定的"事项"一词，即"其他任何协定赋予国际海洋法法庭管辖权的一切事项"，是指诉讼案件。正如"事项"一词在《国际法院规约》第 36 条第 1 款和《国际常设法院规约》第 36 条中的用法一样。

赞同法庭有咨询管辖权的观点认为，《法庭规约》第 21 条的目的是为了塑造法庭使其成为充满活力的机构，特别是给各国通过缔结双边或多边协定赋予法庭管辖权提供空间。赞同者认为，倘若《公约》的起草者意图通过《法庭规约》第 21 条将法庭的管辖权限制在诉讼管辖权，那么他们应当在《法庭规约》第 21 条明确使用"授权法庭诉讼管辖权"的表述。但《法庭规约》第 21 条事实上使用了"授权法庭管辖权"的表述。

---

〔8〕《公约》第 288 条（管辖权）规定："1. 第二八七条所指的法院或法庭，对于按照本部分向其提出的有关本公约的解释或适用的任何争端，应具有管辖权。2. 第二八七条所指的法院或法庭，对于按照与本公约的目的有关的国际协定向其提出的有关该协议的解释或适用的任何争端，也应具有管辖权。3. 按照附件六设立的国际海洋法法庭海底争端分庭的第十一部分第五节所指的任何其他分庭或仲裁法庭，对按照该节向其提出的任何事项，应具有管辖权。4. 对于法院或法庭是否具有管辖权如果发生争端，这一问题应由该法院或法庭以裁定解决。"

（二）法庭相关咨询意见

国际海洋法法庭一致通过认为其对本案具有咨询管辖权。

法庭首先希望澄清《公约》附件六（《法庭规约》）与《公约》之间的关系。《公约》第318 条明确规定各附件"为本公约的组成部分"。《法庭规约》第 1 条第 1 款规定"国际海洋法法庭应按照《公约》和《法庭规约》的规定组建并履行职责"。鉴于以上规定，《法庭规约》与《公约》享有同等的地位。相应地，不应认为《法庭规约》第 21 条是《公约》第 288 条的附属条款，它有独立的地位，不应被理解为从属于《公约》第 288 条。[9]

鉴于《公约》和《法庭规约》都没有明确提及国际海洋法法庭的咨询管辖权。反对和赞同法庭咨询管辖权的双方将争议的焦点集中在了《法庭规约》第 21 条。法庭认为，《法庭规约》第 21 条"根据其他协议授权法庭管辖的一切事项"的规定本身并不能确立法庭的咨询管辖权。根据《法庭规约》第 21 条，是"其他协议"授予了法庭咨询管辖权。当"其他协议"规定法庭享有咨询管辖权时，法庭依据《法庭规约》第 21 条"根据其他协议授权法庭管辖的一切事项"获得咨询管辖权。《法庭规约》第 21 条和"其他协议"紧密相连，共同构成了法庭咨询管辖权的实质性法律基础。[10]

本案中，"其他协议"是指《次区域渔业委员会成员国管辖下海域海洋资源准入与开发最低条件确定公约》。《MCA 公约》第 33 条规定："SRFC 部长会议可以授权 SRFC 的常务总长就特定的法律事项请求国际海洋法法庭发表咨询意见。"SRFC 部长会议在第十四届特别会议上通过了一项决议，决定根据《MCA 公约》第 33 条授权 SRFC 的常务总长向法庭请求咨询意见。SRFC 部长会议的这项授权决议文本已于 2013 年 3 月 27 日随 SRFC 常务总长信件提交法庭，并于 2013 年 3 月 28 日被秘书处接收。[11]

（三）法庭的自由裁量权

根据《法庭规则》第 138 条规定："法庭可以发表咨询意见"，这一措辞应当解释为，法庭在具有管辖权的情况下，仍可以拒绝做出咨询意见。法庭的咨询管辖权是法庭的一项权利，而非义务。国际法院在"威胁使用或使用核武器的合法性咨询案"中指出，在法院有咨询管辖权的情形下，原则上除非有"强制性的理由"（compelling reasons），法院不应拒绝做出咨询意见。[12] 那么本案是否存在"强制性理由呢"？

认为本案存在"强制性理由"，从而法庭应当拒绝提供咨询意见的观点认为：第一，

---

［9］ Advisory Opinion on Case No. 21, para. 52. Available at https：//www. itlos. org/fileadmin/itlos/documents/ cases/case_ no. 21/advisory_ opinion/C21_ AdvOp_ 02. 04. pdf (2015-7-22)

［10］ Advisory Opinion on Case No. 21, para. 58

［11］ Advisory Opinion on Case No. 21, para. 62.

［12］ Legality of the Threat or Use of Nuclear Weapons, Advisory Opinion, I. C. J. Reports 1996, P. 226, p. 235, para. 14.

虽然 SRFC 所提的问题属于法律问题，但这些问题内容模糊，具有一般性，并且不清晰；第二，即使本案中的四个问题可以被认为属于法律问题，但是 SRFC 所寻求的并非对现行法问题的答复，而是对未来法问题的答复，这一点已经超出了法庭作为司法机关的职能范围；第三，在涉及第三国权利义务方面的事项，如果没有第三国的同意，法庭不应该发表意见。

针对上述反对法庭管辖的理由，法庭认为：第一，就申请法庭发表咨询意见来说，SRFC 所提的问题已足够清晰。国际法院在"接纳一国加入联合国会员条件案"的咨询意见中已经指出，咨询意见只应针对法律问题做出，无论问题是抽象的法律问题或是具体的法律问题。[13] 第二，法庭并不认为 SRFC 希望通过提交咨询请求，使法庭扮演立法性的角色。法庭同时希望澄清，它不希望在司法职能范围之外扮演其他角色。第三，本案并不涉及潜在争议，在咨询程序中也就不涉及国家同意的问题。

法庭希望进一步澄清，在本案中非 SRFC 成员国的同意与本案并不相关（参见"保加利亚、匈牙利与罗马尼亚和平条约解释案"咨询意见)。[14] 本案的咨询意见只针对 SRFC 作出，旨在为其所应当采取的行动提供向导。[15] 法庭注意到法庭所做的答复将对 SRFC 的行动提供帮助，并为《公约》的施行作出贡献这一事实。[16] 法庭没有发现任何需要动用自由裁量权，作出不发表咨询意见决定的强制性理由。因此，法庭裁定，将依据 SRFC 的请求做出咨询意见。

三、对 IUU 捕鱼行为应尽的勤勉义务

法庭在认定对本案具有咨询管辖权后，于 2015 年 4 月 2 日以全体成员方式对本案的四个问题发表了咨询意见。这四个问题主要涉及船旗国、相关国际组织对非法（Illegal）、未报告（Unreported）和无管束（Unregulated）的捕鱼行为应承担何种义务和责任。通过法庭对这四个问题的咨询意见可以看出，船旗国和相关国际组织对 IUU 捕鱼行为应承担勤勉义务。

（一）法庭对四个问题的咨询意见

对 SRFC 提出的四个咨询问题，法庭发表了如下咨询意见。

对于第一个问题，法庭一致认为：船旗国有义务采取必要措施，包括采取强制措

---

〔13〕　参见国际法院"接纳一国加入联合国会员条件案（《联合国宪章》第 4 条)"咨询意见。Conditions of Admission of a State to Membership in the United Nations（Article 4 of the Charter)，Advisory Opinion，1948，I. C. J. Rrports1957-1948，P. 57，P. 61.

〔14〕　参见"保加利亚、匈牙利与罗马尼亚和平条约解释案"（Interpretation of Peace Treaties with Bulgaria，Hungary and Romania，First Phase，Advisory Opinion，I. C. J. Reports 1950，P. 65，P. 71.）。

〔15〕　同上。

〔16〕　参见关于"国家在'区域'内活动的责任与义务案"咨询意见。（Responsibility and Obligations of States in Respect to Activities in the Area，Advisory Opinion，1 February 2011，ITLOS Reports 2011，P. 10，P. 24，para. 30）。

施，保证悬挂其国旗的船舶，遵守分区域渔业委员会成员国为管理和养护其专属经济区内的海洋生物资源而颁布的法律、规章。前述的义务属于勤勉义务。[17]

对于第二个问题，法庭以 18 票赞成 2 票，反对发表如下咨询意见（COT 法官、LUCKY 法官反对）：船旗国对于悬挂其国旗的船舶在分区域渔业委员会成员国的专属经济区之内，因为非法、未报告以及无管束的捕鱼行为而违反沿岸国的法律、规章，船旗国对这种不当行为不承担责任，因为，船舶违反法律或规章的行为本质上不能归咎于船旗国。

倘悬挂其旗帜的船舶正在分区域渔业委员会成员国的专属经济区内从事非法、未报告以及无管束的捕鱼行为，而船旗国对此没有尽到勤勉义务，则船旗国应当承担责任。倘若船旗国为了防止悬挂其国旗的船舶在分区域渔业委员会成员国专属经济区内从事非法、未报告以及无管束的捕鱼行为，已采取了必要、合适的措施，从而履行了勤勉义务，则该国免于承担责任。[18]

对于第三个问题，法庭一致认为：国际组织唯有在因为违反基于渔业准入协定所产生的义务时，才承担责任，而不对单纯的成员国的行为负责。然而，倘若国际组织没有履行其应尽的勤勉义务，分区域渔业委员会的成员国，可以就悬挂该国际组织成员国国旗的船舶，在分区域渔业委员会成员国专属经济区内，与双方渔业准入协议框架内有关的捕鱼行为，违反分区域渔业委员会法律、规章的情势，要求该国际组织承担相应的责任。[19]

对于第四个问题，法庭以 19 票赞成 1 票反对，发表如下咨询意见（Ndiaye 法官反对票）：依照《联合国海洋法公约》规定（第 61 条、第 63 条、第 64 条），当共有种群处在分区域渔业委员会专属经济区时，该成员国有义务确保该种群的可持续管理。成员国的义务包括《联合国海洋法公约》第 63 条第 1 款所规定的寻求一致的义务，以及第 64 条第 1 款所规定的合作的义务。成员国的上述义务是一种"勤勉义务"，要求相关国家之间，按照《公约》第 300 条的规定，善意地进行协商。协商必须是具有实际意义的，所有相关国家必须以合作达成必要的管理措施，促进共有种群的养护和发展的目的，进行实质性努力。

（二）专属经济区内船旗国的勤勉义务

根据《公约》相关规定，沿岸国对其专属经济区内生物资源的保护和管理负主要责任。[20]《公约》第 94 条虽然规定了船旗国义务，但主要涉及确保船舶适航、安全航行和可接受的劳工标准。《公约》并未明确规定当悬挂一国旗帜的船舶违反沿岸国法律和规章时，船旗国是否要对该违法行为负责或承担某种义务？一些国际公约虽然明确规定

---

〔17〕　ITLOS/Press 227，para. 3. Available at https：//www. itlos. org/fileadmin/itlos/documents/press_ releases_ english/PR_ 227_ EN. pdf（2015-7-22）.

〔18〕　ITLOS/Press 227，para. 4.

〔19〕　ITLOS/Press 227，para. 5.

〔20〕　《联合国海洋法公约》第 56 条第 1 款 a 项、第 73 条第 1 款、第 61 条和第 62 条。

了船旗国的义务，比如 1995 年《联合国鱼类种群协定》，但是很多的船旗国都不是这些公约的缔约国。因此本案的意义在于在《公约》的框架下明确船旗国的相关义务。

咨询意见的结论认为船旗国有义务采取必要的措施"确保"（ensure）悬挂其国旗和具有其国籍的船舶不从事 IUU 捕鱼行为。[21] 这种"确保"是一种勤勉义务，这在 2011 年海底分庭对第 17 号案发表的咨询意见中已有所体现。这意味着船旗国仅是一种达到特定标准的注意义务，而不是达到某种结果（比如消除 IUU 捕鱼行为）的义务。[22] 船旗国对涉及 IUU 捕鱼的国际不法行为承担的责任和船舶不遵守沿岸国法律规章所造成损害而产生的国际责任有着本质差异，后者并不需要船旗国承担责任。笔者根据《公约》相关规定，将船旗国的勤勉义务概括为以下内容：

（1）采取强制措施确保悬挂其国旗的船舶遵守沿岸国（SRFC 成员国）法律和规章；

（2）采取必要措施确保悬挂其国旗的船舶未经授权不在沿岸国（SRFC 成员国）专属经济区内捕鱼；

（3）采取措施确保悬挂其国旗的船舶遵守沿岸国（SRFC 成员国）采取的海洋环境的保护和保全措施；

（4）合理登记船舶；

（5）采取有效机制监督确保悬挂其国旗的船舶遵守船旗国的法律和规章，并对悬挂其国旗的船舶有效地行使行政、技术及社会事项上的管辖和控制；

（6）当沿岸国（SRFC 成员国）将在其专属经济区进行 IUU 捕鱼行为的事实通知船旗国时，船旗国接到通知后，应对这一事项进行调查，并于适当时采取任何必要行动，以补救这种情况。[23]

此外，法庭也希望就单独的捕鱼行为还是重复性的此类行为是否会构成船旗国违反"勤勉"义务的问题发表了意见。法庭认为如果未采取所需的必要和恰当措施履行"勤勉"义务，确保悬挂其国旗的船舶不在 SRFC 成员国的专属经济区进行 IUU 捕鱼行为，则船旗国违反了"勤勉"的义务。至于船舶在 SRFC 成员国的专属经济区内进行 IUU 捕鱼行为的频率与船旗国是否违反"勤勉"义务没有关系。[24]

（三）相关国际组织的勤勉义务

第三个问题涉及向船舶签发捕鱼许可证的国际组织，对持有其所签发的捕鱼许可证在沿岸国专属经济区从事的 IUU 捕鱼行为应当承担何种义务和责任？实际上 SRFC 提出这一问题主要针对的国际组织是欧盟。

---

〔21〕 Advisory Opinion on Case No. 21, para. 124.
〔22〕 Advisory Opinion on Case No. 21, para. 129.
〔23〕 参见《联合国海洋法公约》第 58 条、第 62 条、第 94 条、第 192 条和第 193 条。
〔24〕 Advisory Opinion on Case No. 21. para. 150.

欧盟已同佛得角共和国、几内亚比绍共和国、毛里塔尼亚伊斯兰共和国和塞内加尔共和国签署了渔业准入协定。2014 年 1 月 1 日，欧盟开始实施新的《共同渔业政策》之后，这些欧盟签署的渔业准入协定被称为"可持续渔业伙伴关系协定"（Sustainable Fisheries Partnership Agreements，SFPAs）。欧盟因过去在外国专属经济区的过渡捕捞饱受指责，过渡捕捞同时也侵害了沿海国依据《公约》享有的剩余权。但是发展中国家由于条件限制难以对本国依《公约》享有的剩余权进行准确的评估。为了解决这一问题，欧盟"可持续渔业伙伴关系协定"旨在为沿海国的渔业资源保留最大的可持续发展空间。在"可持续渔业伙伴关系协定"之下，一项重要的变化是欧盟缩减了渔业行业准入的财政补偿，加大了对渔业行业内的财政支持。欧盟对渔业财政支持的主要方面是帮助第三国（比如 SRFC）建设渔业可持续发展的设施，包括建立科研机构、促进相关方洽谈、控制和监督设施运行等。这种财政支持在评估"勤勉义务"时，应被认为是为沿海国渔业管理政策的实施作出了积极贡献，尽到了国际组织的勤勉义务。

本案中法庭意见认为，欧盟根据渔场准入协议在 SRFC 成员国专属经济区运营的捕鱼船的活动，根据这些协议，受到该国渔业法律法规管辖。在这点上，法庭指出欧盟在口头诉讼中作出的声明"捕鱼行为需要根据沿岸国法律进行授权和执行，随着与欧盟达成协议，""这些协议要求欧盟'采取恰当措施确保其传播遵守协议和渔业管辖立法'"，以及"在该基础上，欧盟将调查所谓的欧盟船舶的违反行为，并在必要时根据协议内容和勤勉义务采取额外措施"。[25]

法庭坚持认为当国际组织履行专属渔业管辖权的过程中与 SRFC 成员国达成准入协议，允许悬挂其成员国国旗的船舶进入该国专属经济区捕鱼时，船旗国的义务变成了国际组织的义务。国际组织，作为与 SRFC 成员国达成渔场准入协议的缔约方，必须确保悬挂成员国国旗的船舶遵守 SRFC 成员国的渔业法律法规并且在该国的专属经济区不进行 IUU 捕鱼行为。[26] SRFC 成员国可以，根据《公约》附录九第 6 条第 2 款，要求国际组织或其成员国提供关于对具体事项负责的信息。国际组织和成员国必须提供信息。若未在合理时间内提供或提供矛盾信息将导致国际组织和相关成员国对损害承担连带责任。

---

〔25〕　Advisory Opinion on Case No. 21，para. 171.

〔26〕　Advisory Opinion on Case No. 21，para. 172.

论"南海仲裁案"的海洋环境保护问题

■ 刘　丹*

【内容摘要】"南海仲裁案"被视为"第一起全面涉及《海洋法公约》环境保护条款"的案例。仲裁庭的"最终裁决"不仅触及《海洋法公约》管辖权限制和管辖权例外条款,更对《海洋法公约》第 12 部分第 192、194、197、206 条等海洋环境保护条款进行了解释与适用。本文结合《海洋法公约》中海洋环境保护条款的缔约背景,侧重从条约法条约解释和典型判例实证分析的角度探寻仲裁庭对案件的分析路径,进而分析和揭露仲裁庭的若干不当裁判之处。

【关键词】南海仲裁案　《海洋法公约》　海洋环境保护　条约解释　案例

2013 年 1 月 22 日,菲律宾依据《联合国海洋法公约》(简称《海洋法公约》)的附件七"仲裁"程序单方提起南海仲裁案,案件由设在荷兰海牙的国际常设仲裁院作为登记机构。2015 年 10 月 29 日,南海仲裁案的五人临时仲裁庭做出针对管辖权和可受理性等程序问题的裁决,裁定对此案有管辖权[1]我国随即表达"不接受菲律宾提起的仲裁"的立场,表明将不会参与仲裁[2]不顾中国的强烈反对,2015 年 7 月,"南海仲裁案"仲裁庭就程序问题开庭审理,并于同年 10 月 29 日发布《管辖权和可受理性裁决》,裁定对菲律宾的部分诉求具有管辖权[3]此后,经过 2015 年 11 月对实体问题的开庭审理,仲裁庭最终在 2016 年 7 月 12 日公布《南海仲裁若干事项的裁决》[4](简称"最终裁决"),做出倾向于菲律宾的裁定。"最终裁决"公布后,我国官方迅速回应并发布《中华人民共和国外交部关于应菲律宾共和国请求建立的南海仲裁案仲裁庭所做裁决的

---

* 上海交通大学凯原法学院海洋法治研究中心副研究员。主要研究方向为国际公法(海洋法、领土争端)、国际环境法、极地法律与政策。

本文为作者主持的上海交通大学文理交叉海洋专项基金项目"以国际法为中心的南海法律战研究"(16JCHY09)和上海高校智库/上海市社会科学创新研究基地"国家海洋战略与权益研究基地"2016 年基金项目"北极公海海洋生物养护法律问题研究"(BV-COLP2016011)阶段性成果,本项目也受到中国海洋发展研究会 2016 年重点项目"日本海洋战略跟踪研究"(CAMAZD201611)的资助。

〔1〕 See Sixth Press Release (in Chinese, Oct 29 2015), available at http://www.pcacases.com/web/sendAttach/1505, access date: Jan 28, 2015.

〔2〕 See "First Press Release" (27 Aug, 2013), available at https://pcacases.com/web/sendAttach/228, access date: 30 July, 2016.

〔3〕 仲裁庭在《管辖权和可受理性裁决》中裁定:对菲律宾诉求的第 3、4、6、7、10、11、13 项有管辖权;对第 1、2、5、8、9、12、14 项诉求留待实体审理阶段再考虑管辖权问题;对第 15 项要求菲律宾缩小诉求范围并澄清内容,进而在实体阶段再考虑管辖权问题。参见 Award on Jurisdiction and Admissibility (the Republic of the Philippines v. the People's Republic of China), Award of 29 October 2015, PCA Case No 2013-19, para. 413。

〔4〕 In the Matters of the South China Sea Arbitration (the Republic of the Philippines v. the People's Republic of China), Award of 12 July 2016, PCA Case No. 2013-19.

声明》《中华人民共和国政府关于在南海的领土主权和海洋权益的声明》《中国坚持通过谈判解决中国与菲律宾在南海的有关争议》[5] 等一系列声明，批驳仲裁裁决的无效性，表明中国不接受、不承认南海仲裁的立场。除了官方声明，我国国际法学界也频频发声，对南海仲裁案的管辖权问题、2015 年《管辖权和可受理性裁决》，以及对实体审理中所涉及的历史性权利和岛礁属性等问题进行了深度分析。然而，已有研究中对"南海仲裁案"所涉海洋环境保护问题进行讨论的并不多，在官方文件中，2014 年我国外交部《立场文件》[6] 也较少涉及海洋环境保护。2015 年后，我国官方表态见于国家海洋局网站发布的关于南海岛礁扩建工程与海洋环境的技术性简短解说。[7] 结合 2015 和 2016 年两份裁决和 2015 年 7 月、11 月的庭审，从仲裁策略上，菲律宾所提的 15 项诉求是按"南海断续线—岛礁属性—海洋环境保护类诉求"的顺序依次着力的。菲律宾律师团队虽将海洋环境保护类诉求视为"兜底诉求"，却倾注大量的精力组织证据和论证。南海仲裁案更被视为"第一起全面处理《海洋法公约》第 12 部分（海洋环境保护）条款解释与适用的案件"。[8] 因此，全面梳理菲律宾对海洋环境保护的诉求并结合仲裁庭的管辖权问题，从《海洋法公约》缔约背景和实证角度分析仲裁庭对海洋环境保护条款的解释和适用中存在的问题，同时结合有关海洋环境方面证人证言的法律瑕疵，将有利于充分驳斥"南海仲裁案"临时仲裁庭所做裁决的不当与无效。

一、南海海洋环境现状和案件海洋环境保护争议

南海位于北纬 23 度 27 分与南纬 3 度 00 分和东经 99 度 10 分与东经 122 度 10 分之间，是一个半封闭海域，南北长约 3400 公里（1800 海里），东西宽约 1200 公里（650 海里），北端接台湾海峡，西部通过马六甲海峡、新加坡海峡，南部经卡里马塔海峡，海域总面积约 350 万平方公里。[9] 南海是世界上渔业资源最丰富的地区之一，已知鱼类多达 2321 种，分别隶属于 3 纲、35 目、236 科、822 属，是世界上海洋鱼类生物多样性最丰富的海区之一。[10] 南海渔业的稳定性依赖于其丰富的生物多样性。南海属于热带海

---

〔5〕　参见 http://www.fmprc.gov.cn/web/zyxw/default_9.shtml。如无特别注明，本文网络资料的访问日期均为 2016 年 10 月 20 日。

〔6〕　参见《中华人民共和国政府关于菲律宾共和国所提南海仲裁案管辖权问题的立场文件》（2014 年 12 月 7 日），http://www.fmprc.gov.cn/mfa_eng/zxxx_662805/t1217147.shtml，访问日期：2016 年 1 月 28 日。

〔7〕　参见《南沙岛礁扩建工程不会对海洋生态环境造成破坏》，http://www.soa.gov.cn/xw/hyyw_90/201506/t20150618_38598.html；丰爱平、王勇智：《南沙岛礁扩建工程未对珊瑚礁生态系统造成影响》，http://www.soa.gov.cn/xw/dfdwdt/jgbm_155/201506/t20150610_38318.html。

〔8〕　这段评论来自菲律宾聘请的律师、国际环境法学者艾兰·波义尔（Alan Boyle）的庭审答辩词。参见 Hearing on the Merits and Remaining Issues of Jurisdiction and Admissibility, Day 3, 26 Nov 2016, PCA Case No. 2013-19, p. 10.

〔9〕　任洪涛：《论南海海域环境保护管辖的冲突与协调》，《河北法学》2016 年第 8 期。

〔10〕　Ning X., Lin C., Hao Q., Liu C., et al., *Long Term Changes in the Ecosystem in the Northern South China Sea During 1976-2004*, 6 Biogeosciences (2009), pp. 2227-2243.

洋，生物群落包括红树林、珊瑚礁、海草床三种典型的热带海洋生态系统。[11] 珊瑚礁生态系统作为热带海洋突出的生态系统，被称为"热带海洋沙漠中的绿洲"，生态学家常把它与热带林相提并论。从分布的区域来看，南海的珊瑚礁大体分为南沙群岛、西沙群岛、中沙群岛、东沙群岛、海南岛、台湾岛、华南大陆沿岸、越南沿岸和菲律宾沿岸九大区域。受人类活动加剧和全球气候变暖（导致珊瑚白化）的双重影响，近几十年来，世界范围内珊瑚礁总体处于严重退化中。

在中菲"南海仲裁案"中，菲律宾提起的 15 项仲裁诉求体现在 2014 年 3 月 30 日提交的起诉状中。[12] 整体来看，菲律宾的 15 项诉求"合并同类项"后可分为三大类诉求：（1）中国所主张"九段线"[13] 的法律依据，以及中国依据"九段线"在南海主张的权利是否符合《海洋法公约》；（2）南海岛礁的法律属性及根据《海洋法公约》所能够产生的海洋权利；（3）中国南海岛礁建设和开发海洋资源所引发的海洋环境保护（含航行安全）问题。相对于南海断续线和南海岛礁属性类诉求这两大实体问题诉求，菲律宾提起的"海洋环境保护类"诉求主要体现在第 11 项（"中国未能在黄岩岛及仁爱礁克尽对海洋环境的保护及保全之《海洋法公约》义务"）诉求和第 12（b）项（"中国在美济礁的占领及建设行为违反中国保护及保全海洋环境的《海洋法公约》义务"）诉求中。"最终裁决"涉及中菲在海洋环境保护方面可能存在的法律争议点，也主要集中于渔业活动和岛礁建设行为两方面。

在菲律宾看来，中国存在"非法"渔业捕捞行为和"非法"岛礁建造这两大类违反其保护海洋环境义务的行为，违反了《海洋法公约》第 123、192、197、205 和 206条。[14] 鉴于中国没有出庭，也没有直接对菲律宾的第 11 和第 12（b）项诉求做出回应，仲裁庭将中国的官方表态和涉海部门网站上的材料视为中国对海洋环境问题的立场。"最终裁决"涉及海洋环境保护问题的法律焦点如下：

第一，渔业捕捞行为与海洋环境。菲律宾认为，中国渔民对环境造成危害的渔业行为有：黄岩岛和仁爱礁海域持续性采掘珊瑚、捕捞砗磲、海龟、鲨鱼和其他濒危物种的行为；炸鱼毁灭珊瑚，毒鱼污染环境。因此，中国"纵容"渔民的行为违反了《海洋法

---

〔11〕 宋晖等：《红树林、海草床、珊瑚礁三大典型海洋生态系统功能关联性研究及展望》，《海洋开发与管理》2014 年第 10 期。

〔12〕 See Hearing on the Merits and Remaining Issues of Jurisdiction and Admissibility, 30 Nov. 2016, PCA Case No. 2013-19, p. 204; In the Matters of the South China Sea Arbitration (the Republic of the Philippines v. the People's Republic of China), Award of 12 July 2016, PCA Case No. 2013-19, para. 1111.

〔13〕 "九段线"：又称为"U 型线""断续线"，我国外交和涉海实务部门使用"南海断续线"的称谓。如无明示，下文将采用我国的常用称谓。

〔14〕 In the Matters of the South China Sea Arbitration (the Republic of the Philippines v. the People's Republic of China), Award of 12 July 2016, para. 906.

公约》第 192、194 条。[15] 菲律宾提供的支撑证据主要为：（1）"事实"证据。菲方举证，在 2012 年 4 月 10、23、26 日"黄岩岛对峙"期间，菲律宾海军抓扣"非法捕捞"的中国渔民时，遭遇中国政府公务船舶的多次阻拦。菲方还把 1998—2006 年期间按国内法抓扣、起诉和对中国渔民定罪的多起事件和案例，作为中国渔民在政府"明知"情况下持续破坏环境的"证据"。[16]（2）专家证词——《卡朋特报告 I》[17]。报告称，采掘珊瑚对海洋环境的损害，不仅因为这会造成珊瑚礁组织结构的减损，更会对珊瑚支撑鱼类和其他海洋生物生存的作用造成影响；中国渔民非法捕捞的部分物种是国际自然保护联盟（International Union for Conservation of Nature，简称"IUCN"）"红色名录"所列的濒危物种，捕捞海龟的方式破坏珊瑚；此外，炸鱼对珊瑚礁组织结构和鱼类栖息地造成消极影响，毒鱼更会误杀非目标鱼类物种、有损渔业的可持续捕捞水平。[18]（3）其他证据如视听资料、论文和照片等，具体包括：2015 年 12 月英国广播公司所做《中国渔民破坏南海珊瑚礁》的视频专题报道，将中业岛附近渔船捕捞砗磲等珍稀物种和采掘珊瑚行为描述为对珊瑚"彻底的灾难"[19]；美国迈阿密大学生物学家约翰·麦克马纳斯（John McManus）在国际会议宣读但未公开发表的文章，文中称"中国应对南沙 39 平方公里的疏浚活动以及疏浚船推进挖掘造成 69 平方公里的砗磲损害负责……越南应对 0.26 平方公里的疏浚活动负责。南沙群岛珊瑚礁受损面积至少达到 126 平方公里，中国应对 99% 的受损面积负责"[20]；菲律宾空军 2013 年 5 月拍摄的中国海监船伴随本国从

〔15〕　In the Matters of the South China Sea Arbitration（the Republic of the Philippines v. the People's Republic of China），Award of 12 July 2016，paras. 827-835，para. 894.

〔16〕　In the Matters of the South China Sea Arbitration（the Republic of the Philippines v. the People's Republic of China），Award of 12 July 2016，para. 895.

〔17〕　《卡朋特报告 I》由美国籍海洋生物学专家肯特·卡朋特（Kent E. Carpenter）教授独著，全称是《南中国海东北海域环境侵扰及不负责任渔业对珊瑚礁和渔业的影响》，由菲律宾在起诉状和庭审中提交。See "First Carpenter Report"，Memorial of the Philippines（30 March，2014），Vol. VII，Annex 204；Hearing on the Merits and Remaining Issues of Jurisdiction and Admissibility，Day 3，26 Nov. 2016，p. 14。

〔18〕　See "First Carpenter Report"，Memorial of the Philippines（30 March，2014），Vol. VII，Annex 204，pp. 6-15；In the Matters of the South China Sea Arbitration（the Republic of the Philippines v. the People's Republic of China），Award of 12 July 2016，paras. 896-898.

〔19〕　R. Wingfield-Hayes，"Why are Chinese fishermen destroying coral reefs in the South China Sea?，" BBC（15 December 2015），available at www. bbc. com/news/magazine-35106631，visited on 30 Oct，2016.

〔20〕　在 2015 年 11 月的庭审中，菲律宾律师提及约翰·麦克马纳斯于 2015 年国际会议宣读的文章。约翰·麦克马纳斯本人 2016 年 4 月向仲裁庭提交补充信件。See J. W. McManus，"Offshore Coral Reef Damage，Overfishing and Paths to Peace in the South China Sea，" paper presented at the conference The South China Sea：An International Law Perspective on March 06，2015，Brussels，Belgium，draft as at 20 September 2015，and revised on 21 April 2016；Merits Hearing Tr.（Day 4），pp. 29-31，147-150，157；In the Matters of the South China Sea Arbitration（the Republic of the Philippines v. the People's Republic of China），Award of 12 July 2016，paras. 849-850.

事"非法捕捞"渔船的照片等。[21]

关于中国的立场,在仲裁庭看来,中国对菲方所指控的渔业活动官方表态大多强调本国对黄岩岛的主权、反对菲律宾行使管辖权。1998—2006 年期间,中国仅有的三次官方表态提及海洋环境时,也仅限于"中国关注非法采捕海龟和珊瑚问题,中国有处罚非法捕捞的法律并将惩处违法者"的表态。[22]

第二,中国的岛礁建设与海洋环境。菲律宾提出,中国从 20 世纪 90 年代到 2013 年一直在所占的岛礁上从事建设和造地活动,而从 2013 年底开始的大规模南沙岛礁建设不仅损害珊瑚礁系统,更破坏了南海脆弱的海洋生态环境,导致海洋物种栖息地的严重破坏。[23] 为支撑上述观点,菲律宾提交了关于岛礁建设环境问题的专家证词——《卡朋特报告 II》。[24]《卡朋特报告 II》认为:中国从 2013 年底开始的大规模岛礁建设对南沙岛礁和南海的生态完整性造成巨大影响;疏浚船的吹填工作无疑摧毁了珊瑚礁,吹填后的堆积物遮挡光线更会阻碍此后珊瑚的自然生长;而珊瑚的修复效果则具有不确定性。[25] 仲裁庭于 2016 年 2 月自行指定德国籍珊瑚礁问题专家塞巴斯蒂安·福斯(Sebastian Ferse)等对菲律宾的专家证词做出评价并提交《福斯报告》(Ferse Report)。[26]《福斯报告》指出,中国所占南沙岛礁的建设和疏浚工程对珊瑚礁存在直接损害,对底栖生物和其他海洋生物存在间接损害。[27]

《实体裁决》引用了几份中国有关岛礁建设的材料或官方表态,作为中国在海洋环境保护问题上的立场:(1) 2015 年 6 月 10 日国家海洋局第一海洋研究所丰爱平和王智勇两位研究人员的文章《南沙岛礁扩建工程未对珊瑚礁生态系统造成影响》。文中称,

---

[21] See Memorial, para. 6. 64, figure 6. 7, extracted from Armed Forces of the Philippines, Ayungin Shoal: Situation Update (11 May 2013) (Annex 95); Armed Forces of the Philippines, Near-occupation of Chinese Vessels of Second Thomas (Ayungin) Shoal in the Early Weeks of May 2013, pp. 3-4 (May 2013) (Annex 94).

[22] In the Matters of the South China Sea Arbitration (the Republic of the Philippines v. the People's Republic of China), Award of 12 July 2016, para. 913.

[23] In the Matters of the South China Sea Arbitration (the Republic of the Philippines v. the People's Republic of China), Award of 12 July 2016, paras. 853, 900.

[24] 《卡朋特报告 II》,这是由美国籍海洋生物学专家肯特·卡朋特和新加坡珊瑚礁生物专家 Loke-Ming Chou 合作提交的专家报告,全称是《南海多个岛礁"造地"活动对环境的影响结果》。See "Second Carpenter Report", K. E. Carpenter & L. M. Chou, Environmental Consequences of Land Reclamation Activities on Various Reefs in the South China Sea (14 Nov. 2015), Supplemental Document, Vol. II, Annex 699。

[25] See "Second Carpenter Report", K. E. Carpenter & L. M. Chou, Environmental Consequences of Land Reclamation Activities on Various Reefs in the South China Sea (14 Nov. 2015), pp. 24-25, 38.

[26] In the Matters of the South China Sea Arbitration (the Republic of the Philippines v. the People's Republic of China), Award of 12 July 2016, para. 85.

[27] 《福斯报告》的全称是《南海南沙七"礁"建造活动可能的环境影响评估》。See Sebastian Ferse, Peter Mumby and Selina Ward, Assessment of the Potential Environmental Consequences of Construction Activities on Seven Reefs in the Spratly Islands in the South China Sea (hereinafter referred to as "the Ferse Report"), p. 22, available at http://www.pcacases.com/web/sendAttach/1809, access date: 20 Oct, 2016。

"由于全球海水升温，海水酸化、渔业资源的过度捕捞以及海岸带开发等原因，现代的珊瑚礁正处于急速退化中。我国在南沙岛礁开展建设，在项目选址、施工和后期监管方面，均严格按照国内法律法规的要求，并进行了科学评估与论证，注重对生态环境和渔业资源的保护"[28]。（2）2015 年 6 月 18 日国家海洋局题为《南沙岛礁扩建工程未对珊瑚礁生态系统造成影响》的短文称，"南沙岛礁扩建工程的建设高度重视生态环境保护，采用自然仿真技术，对珊瑚礁生态环境的影响是局部、暂时和可控的，也是可恢复的"[29]。（3）2016 年 5 月 6 日外交部发言人洪磊主持例行记者会时表态称："中国坚持'绿色工程、生态岛礁'的生态环境保护理念，采用'自然仿真'思路，模拟海洋风浪吹移，搬运有关生物碎屑，逐渐进化为海上绿洲的自然过程，对珊瑚礁生态环境体系的影响很小。中方有关建设活动完成后，将大幅提升有关岛礁的生态环境保护能力。"[30]

　　第三，南沙环境影响评价问题。菲律宾认为，中国应该根据《海洋法公约》第 206 条的要求对环境影响进行评价，应实施的环境影响评价至少应涉及南海的海洋生态、涉案珊瑚礁，濒危物种和生物资源的多样性和可持续性情况。菲方还认为，并无证据证明中国实施了南海环境影响评价，中国也没有把类似的科学评估向菲方或相关国际组织公布。[31]国家海洋局题为《南沙岛礁扩建工程不会对海洋生态环境造成破坏》[32] 的短文被菲方指为不是环境影响评价报告，而是份"虚假报告"[33]。菲律宾还称，不能因为中国的不出庭而免除其环境影响评价的举证责任。[34]

二、《海洋法公约》海洋环境保护条款与相关判例

　　一般意义上的海洋环境污染，从污染源角度可分为陆源污染、船舶污染、倾倒源污染和海底开发源污染四种类型。[35] 1982 年《海洋法公约》第 12 部分"海洋环境的保护与保全"共有 11 节 44 条，包括：一般规定，全球性和区域性合作，技术援助，监测和环境评价，防止、减少和控制海洋环境污染的国际规则和国内立法、执行、保障办法、冰封区域、责任、主权豁免、关于保护和保全海洋环境的其他公约所规定的义务。对南

---

〔28〕　丰爱平、王勇智：《南沙岛礁扩建工程未对珊瑚礁生态系统造成影响》，http：//www. soa. gov. cn/xw/dfd-wdt/jgbm_ 155/201506/t20150610_ 38318. html。

〔29〕　《南沙岛礁扩建工程不会对海洋生态环境造成破坏》，http：//www. soa. gov. cn/xw/hyyw_ 90/201506/t20150618_ 38598. html。

〔30〕　《2016 年 5 月 6 日外交部发言人洪磊主持例行记者会》，http：//www. fmprc. gov. cn/web/fyrbt_ 673021/jzhsl_ 673025/t1361181. shtml。

〔31〕　In the Matters of the South China Sea Arbitration (the Republic of the Philippines v. the People's Republic of China), Award of 12 July 2016, para. 911.

〔32〕　《南沙岛礁扩建工程不会对海洋生态环境造成破坏》，http：//www. soa. gov. cn/xw/hyyw_ 90/201506/t20150618_ 38598. html。

〔33〕　Merits Hearing, Day 4, p. 185.

〔34〕　Merits Hearing, Day 4, pp. 183-184.

〔35〕　See R. R. Churchill and A. V. Lowe, *The Law of the Sea* (Manchester University Press, 1999), pp. 329-330.

海沿岸六国来说，由于海水具有流动性，南海海域是相互连通的一个整体，南海海洋污染的环境管辖问题往往会涉及沿海国、港口国和船旗国之间的交叉管辖。南海海域多种类型的海洋环境污染都是其海洋环境管辖权的重要对象，并在一定程度上存在重复管辖与冲突管辖的现象。在南海海域，沿海国家的海洋环境管辖权在管辖对象上具有一定的冲突性。[36]"南海仲裁案"中，针对菲律宾指控中国的渔业捕捞和岛礁建造这两类行为，除第 123 条"闭海和半闭海沿海国的合作"外，仲裁庭主要集中在《公约》第 12 部分第 192、194、197 和第 206 条的审查。因此，梳理《海洋法公约》海洋环境保护条款的缔约背景和相关判例，不仅有利于分析仲裁庭对海洋环境保护实体问题的条约解释与适用，更是分析仲裁庭处理案件思路不可或缺的一环。

（一）海洋环境保护条款的条约缔约背景和释义

海洋环境的保护与保全是第三次联合国海洋法会议协商的重要事项之一。根据 1970 年联合国大会决议，第三小组委员会从 1971 年开始工作，对海洋环境保护条款进行实质性讨论和起草条约条款。1972 年小组委员会专门成立了一个"海洋污染工作组"，集中对保护海洋环境和起草防止海洋污染有关公约条款开展工作。[37]第三次联合国海洋法会议进入海洋法实质性审议后，一般性辩论中广大发展中国家和部分第二世界国家主张沿海国有权根据本国的环境政策，采取一切措施保护海上环境，防治海洋污染。美、苏等则坚持国际统一的防污标准，特别在处理船舶污染上坚持船旗国的执行权。[38]最终 1982 年达成的《海洋法公约》对"海洋环境污染""倾倒"等关键术语给予定义。"海洋环境污染"是指"人类直接或间接把物质或能量引入海洋环境，其中包括河口湾，以致造成或可能造成损害生物资源和海洋生物、危害人类健康、妨碍包括捕鱼和海洋的其他正当用途在内的各种海洋活动、损坏海水使用质量和减损环境优美等有害影响。"[39]《海洋法公约》对"倾倒"用列举的方式，把"从船只、飞机、平台或其他人造海上结构故意处置废物或其他物质的行为"和"故意处置船只、飞机、平台或其他人造海上结构的行为"[40]列为倾倒行为。

第 192 条题为"一般义务"（general obligation），规定"各国有保护和保全海洋环境的义务（States have the obligation to protect and preserve the marine environment）"。第 12 部分第 1 节"一般条款"包括第 192—196 条，第 1 节的标题采用适度的条约用语，并没有对缔约国施加特殊义务或赋予定量的权利。第 192 条是第 1 节的首个条款，它是海洋

---

[36] 参见任洪涛：《论南海海域环境保护管辖的冲突与协调》，《河北法学》2016 年第 8 期。

[37] 参见陈德恭：《现代国际海洋法》，海洋出版社 2009 年，第 460 页。

[38] 参见陈德恭：《现代国际海洋法》，海洋出版社 2009 年，第 462 页。

[39] 《海洋法公约》第 1 条第（1）款第（4）项。

[40] 《海洋法公约》第 1 条第（1）款第（5）项。

环境保护与保全综合方法的核心，强调的是各国的一般性义务。[41] 该条款在强调"义务"一词时，用了英文的 obligation 而非 duty 的条约用语，前者表明"作为或不作为的法律或道德的义务"[42]，后者表明"赋予或归于他方，并且需要满足的法律义务"[43]。从条约用语角度，obligation 在承担法律义务方面明显比 duty 弱。条约草案起草委员会曾就此提出质疑并呼吁解决这一问题。[44] 第三委员会主席曾提议将 192 条的标题和正文中的 obligation 改为 duty，但最终没有被接受。[45] 最后，第 192 条的上述用语在公约的其他四种语言文本——法语、西班牙语、俄语和阿拉伯语中用的都是同一个词，仅有英文和中文文本用了不同的用语。[46] 因此，缔约过程中第 192 条 obligation 和 duty 的用语区别并没有引起很大重视。但如果涉及第 192 条施加给各国的是何种程度的义务时，对 obligation 的条约用语及其法律效果的理解就值得重视：首先，一般法律意义上，obligation 所表明的法律义务明显比 duty 弱；其次，第 192 条用了"have the obligation"，这本身就比第 12 部分其他条款中"shall"[47] 的条约用语的承担法律义务的意义弱；最后，《海洋法公约》关于海洋环境保护的缔约过程，区别于其他同时期缔结的国际环境法条约的变化就是，其重点不再放在环境损害的责任上，而是放在海洋环境保护的国际协调与合作上。[48] 从此意义上，第 192 条的"一般义务"或可称为"一般国际法原则"[49]，但却没有达到国际习惯法的层级。

第 194 条题为"防止、减少和控制海洋环境污染的措施"，共有 5 款，其中第 1 款

---

〔41〕 Myron H. Nordquist, Shabtai Rosenne and Louis B. Shoh（eds.），*United Nations Convention on the Law of the Sea* 1982：*A Commentary*，Vol. II（The Netherlands：Martinus Nijhoff Publishers，1989），p. 36.

〔42〕 Bryan A. Garner ed.，*Black's Law Dictionary*（St. Paul：West Group，Abridged Seventh Edition，2000），p. 800.

〔43〕 Bryan A. Garner ed.，*Black's Law Dictionary*（St. Paul：West Group，Abridged Seventh Edition，2000），p. 409.

〔44〕 See "Report of the Chairman of the Drafting Committee"，A/CONF. 62/L. 40（1979），section XXIV，XII Off. Rec. 95，103，United Nations Diplomatic Conferences http：//legal. un. org/diplomaticconferences/lawofthesea-1982/docs/vol_ XII/a_ conf-62_ l-40. pdf，last visited 20 Oct，2016.

〔45〕 See "Chairman，Third Committee"，A/CONF. 62/C. 3/L. 34 and Add. 1 and 2（1980），Annex，article 192，XIV Off. Rec. 185，United Nations Diplomatic Conference http：//legal. un. org/diplomaticconferences/lawofthesea-1982/docs/vol_ XIV/a_ conf-62_ c-3_ l-34％20and％20and-1％20and％202. pdf，last visited 20 Oct，2016.

〔46〕 例如，《海洋法公约》第 192 条的英文文本用了 obligation，中文文本对应的是"义务"；第 193 条的英文文本用了 duty，中文文本对应的是"职责"。

〔47〕 参见《海洋法公约》第 192 条第 2、3、4、5 款，第 195 条，第 196 条第 1 款、第 197 条、第 198 条、第 199 条、第 200 条，等等。

〔48〕 ［英］帕特莎·波尼、埃伦·波义尔：《国际法与环境》，那力等译，高等教育出版社 2007 版，第 336 页。

〔49〕 Myron H. Nordquist, Shabtai Rosenne and Louis B. Shoh（eds.），*United Nations Convention on the Law of the Sea* 1982：*A Commentary*，Vol. II（The Netherlands：Martinus Nijhoff Publishers，1989），p. 39.

和第 5 款被仲裁庭作为中国岛礁建设破坏海洋环境的"法律依据"。[50] 第 1 款规定，"各国应在适当情形下个别或联合地采取一切符合本公约的必要措施，防止、减少和控制任何来源的海洋环境污染，为此目的，按照其能力（in accordance with their capacities）使用其所掌握的切实可行的方法，并应在这方面尽力协调它们的政策（shall endeavour to harmonize their policies in this connection）"。第 194 条中和了第三次海洋法会议的两种提议——"肯尼亚提案"和加拿大、斐济等国提出的"海洋分区法"方案。正式条文第 1 款"按照（缔约国的）能力"这一用语出自"肯尼亚提案"[51]，它反映发展中国家对于第 194 条的责任可能过度施加于自身的关切。[52] 此外第 1 款中对于缔约国政策协调义务的表述，体现在国内层面就是既要有国内实体法和环境保护标准，又要通过国内各机构来执行环境保护法律法规。类似的，第 123 条要求封闭或半闭海沿海国通过区域组织协调行使和履行其在保护和保全海洋环境方面的权利和义务。[53] 第 194 条第 5 款将保护和保全海洋环境的概念扩大到"保护和保全稀有或脆弱的生态系统"和"以及衰竭、受威胁或有灭绝危险的物种和其他形式的海洋生物的生存环境"。对第 5 款"生态系统"这一术语，国际法委员会在说明国际河道非航行用途的法律问题时，将其定义为"具有相互依赖性和功能性、包含生物和非生物组成成分的生态单元"。[54]

第 197 条是第 12 部分第 2 节"全球性和区域性合作"项下的首个条款。第 2 节构成了海洋环境保护和保全方面各国合作发展海洋环境法的基础，第 197 条题为"在全球性或区域性基础上的合作"，强调在全球或区域基础上、直接或间接地通过主管国际组织进行合作，"为保护和保全海洋环境而拟订和制定符合公约的国际规则、标准和建议的办法及程序"。

第 206 条"对各种活动的可能影响的评价"，是直接规定环境影响评价的条款，它强调"各国如有合理根据认为在其管辖或控制下的计划中的活动可能对海洋环境造成重大污染或重大和有害的变化，应在实际可行范围内就这种活动对海洋环境的可能影响做出评价，并应依照第 205 条规定的方式提送这些评价结果的报告"。关于第 206 条有两点值得注意：（1）第 206 条的适用有时间要求。和第 204 条"环境污染监测"不同，第

---

[50] In the Matters of the South China Sea Arbitration（the Republic of the Philippines v. the People's Republic of China），Award of 12 July 2016，para. 993.

[51] A/CONF. 62/C. 3/L. 2（1974），article 4，5 and 7 paragraph（a），III Off. Rec. 245-46（Kenya），available at http：//101. 96. 10. 60/legal. un. org/diplomaticconferences/lawofthesea-1982/docs/vol_ III/a_ conf-62_ c-3_ l-2. pdf，last visited 20 Oct，2016.

[52] Myron H. Nordquist，Shabtai Rosenne and Louis B. Shoh（eds.），*United Nations Convention on the Law of the Sea 1982：A Commentary*，Vol. II（The Netherlands：Martinus Nijhoff Publishers，1989），pp. 64-65.

[53] 参见《海洋法公约》第 123 条（b）款。

[54] Report of the International Law Commission on the work of its 42nd session（A/45/10），Ch. IV，para. 213，section C，item 2，article 22 Commentary，para.（2），45 GARO，Supp. No. 10.，available at http：//legal. un. org/docs/？path =.. /ilc/documentation/english/reports/a_ 45_ 10. pdf&lang = EFSXP.

206 条强调计划中的活动开始前的评价[55]；（2）第 206 条的适用有涉案活动地点和污染后果的要求。第 206 条要求的"环境影响评价"要求相关污染活动发生在一国"管辖或控制下"，而且还牵涉第 194 条第 2 款所列的一国"事件或活动所造成的污染扩大到行使主权权利的区域之外"之污染结果。[56]

（二）涉海洋环境保护条款解释与适用的典型判例

"南海仲裁案"的"最终裁决"中，仲裁庭分析《海洋法公约》的海洋环境保护条款时，主要引用了 2010 年国际法院"乌拉圭河纸浆厂案"、2011 年国际海洋法法庭"担保国责任与义务咨询意见案"、2014 年国际常设仲裁院"查戈斯群岛海洋保护区案"和 2015 年国际海洋法法庭"分区域渔业委员会咨询案"等案例。[57] 从实证的角度，本节将对这些典型判例的法律要点和条约解释与适用进行梳理与分析。

1. 2010 年国际法院"乌拉圭河纸浆厂案"

围绕着乌拉圭批准在界河边修建和运营纸浆厂这一问题，阿根廷于 2006 年 5 月将争端诉诸国际法院。阿根廷指控乌拉圭违反了《1975 年乌拉圭河规约》（以下简称《1975规约》）的事先通知、环境影响评价、保护水生环境和防止污染、保护生物多样性和鱼类以及共同合作以防止污染等义务。2010 年 4 月 20 日，国际法院对"乌拉圭河纸浆厂案"做出判决："程序义务上，法院以 13 票对 1 票认定乌拉圭的行为违反《1975 规约》第 7 条应事先通知阿根廷以及乌拉圭河联合管理委员会的义务；在实体义务上，基于《1975 规约》第 41 条缔约方应保护乌拉圭河及周边环境的义务，国际法院认定乌拉圭应在许可纸浆厂建造并营运前进行环境影响评价。但国际法院最后以 11 票对 3 票，认为乌拉圭仅以国内法规定程序所作的环评，以及纸浆厂建造及营运后对乌拉圭河所产生的影响，并未违反其保护乌拉圭河及周边环境的实体义务。"[58] 本案虽不涉及海洋环境保护，但该案对环境影响评价国际法地位以及在具体个案中适用问题的论述，后来被多个国际争端解决机构所引用和借鉴，具有重要意义。

在分析环境影响评价的国际法地位时，国际法院认为，如果规划中的工业活动对特别是共享资源这样跨界特质的环境可能产生严重的负面影响时，就应该进行一般国际法上的环境影响评价，这在近年来已被越来越多的国家所接受。"似乎可以认为"环境影响评价构成了一般国际法的要求。[59] 在分析乌拉圭是否违反环境影响评价义务即环境影

〔55〕　Myron H. Nordquist, Shabtai Rosenne and Louis B. Shoh（eds.）, *United Nations Convention on the Law of the Sea 1982: A Commentary*, Vol. Ⅱ（The Netherlands: Martinus Nijhoff Publishers, 1989）, p. 122.

〔56〕　Myron H. Nordquist, Shabtai Rosenne and Louis B. Shoh（eds.）, *United Nations Convention on the Law of the Sea 1982: A Commentary*, Vol. Ⅱ（The Netherlands: Martinus Nijhoff Publishers, 1989）, p. 122.

〔57〕　In the Matters of the South China Sea Arbitration（the Republic of the Philippines v. the People's Republic of China）, Award of 12 July 2016, paras. 939-949.

〔58〕　Pulp Mills on the River Uruguay（Argentina v. Uruguay）, Judgment, I. C. J. Reports 2010, p. 14.

〔59〕　Pulp Mills on the River Uruguay（Argentina v. Uruguay）, Judgment, I. C. J. Reports 2010, p. 14, para. 204.

响评价如何适用于本案时，鉴于《1975 规约》和一般国际法都没有明确规定环境影响评价的范围和内容，国际法院认为：其一，各国有权自行决定涉案项目的国内立法和项目授权程序；其二，不同个案中环境影响评价的内容，不仅应涉及计划项目的性质和规模、对环境可能产生的负面影响，还应在实施该评价时尽到适当注意义务。[60] 应注意的是，国际法院在本案中虽将国际法上的预防原则（prevention principle）视为国际习惯法，[61] 但并没有将环境影响评价视为国际习惯法。国际法院还直接指出，环境影响评价义务的内容和范围在国际法上有不甚清晰的缺陷。乌拉圭正是因为履行了国内法程序所做的环境影响评价而被判定为并未违反保护河流及周边环境的义务。

2. 2011 年国际海洋法法庭"担保国责任与义务咨询意见案"

2010 年 3 月 1 日，瑙鲁向管理局秘书长转交一项提议，就担保国所负责任和义务的若干具体问题征求国际海洋法法庭海底争端分庭（以下简称"海底争端分庭"）的咨询意见。管理局理事会于同年 5 月通过决定，请求分庭就担保国的责任与义务等三个问题发表咨询意见。[62] "担保国责任与义务咨询意见案"是《海洋法公约》生效以来分庭受理的首例案件。深海底采矿对环境的影响是毋庸置疑的，担保国承担很多环境保护方面的义务，如"预先防范办法义务""最佳环境保护做法义务""环境影响评价义务"等成为咨询案中的法律焦点问题。

除详尽分析"确保"责任（responsibility to ensure，下文具体论述）外，海底争端分庭的法律分析中也涉及《海洋法公约》中海洋环境保护条款的第 192 条（一般义务）和第 206 条（环境影响评价）等：首先，在说明担保国责任范围时分庭引用第 192 条"保护和保全海洋环境"的规定。在结合"区域"活动的特征后，海底争端分庭认为，如果把对环境影响最大的合同方产生的废物和废水排放活动排除在区域活动之外，就意味着也同时排除了担保国应承担的污染责任，而这将与缔约国在第 192 条项下的"一般义务"相违背。[63] 其次，关于环境影响评价，海底争端分庭认为它不仅是国际习惯法的一般义务，也是《海洋法公约》第 206 条项下缔约国的直接义务。但分庭仍指出，环境影响评价的内涵和外延在国际法上仍具有不确定性。在本案中，鉴于第 206 条对环境影响评价范围和内容的规定并不明晰，为增强环境影响评价义务的明确性，海底争端分庭

---

[60] Pulp Mills on the River Uruguay (Argentina v. Uruguay), Judgment, I. C. J. Reports 2010, p. 14, para. 205.

[61] Pulp Mills on the River Uruguay (Argentina v. Uruguay), Judgment, I. C. J. Reports 2010, p. 14, para. 101.

[62] 这三个问题包括：第一，《公约》缔约国在根据《公约》以及 1994 年《关于执行 1982 年 12 月 10 日〈联合国海洋法公约〉第 11 部分的协定》（以下简称《1994 年协定》），对"区域"内的担保活动承担哪些责任和义务？第二，在缔约国根据《公约》第 153 条第 2 款（b）项担保的实体没有遵守上述公约及执行协定的情形下，赔偿责任的范围是什么？第三，为履行《公约》及《执行协定》规定的责任，担保国应采取哪些必要和适当的措施？See Responsibilities and Obligations of States with Respect to Activities in the Area, Advisory Opinion, 1 February 2011, ITLOS Reports 2011, p. 10, para. 1。

[63] Responsibilities and Obligations of States with Respect to Activities in the Area, Advisory Opinion, 1 February 2011, ITLOS Reports 2011, p. 10, para. 97.

甚至不得不从《"区域"内多金属硫化物探矿和勘探规章》等国际海底管理局的规章制度中寻求法律依据。[64]

3. 2014 年国际常设仲裁院"查戈斯群岛海洋保护区案"

2010 年 4 月 1 日英国在查戈斯群岛建立海洋保护区，覆盖约 64 万平方公里的海域。2010 年 12 月 20 日，毛里求斯依据《海洋法公约》附件七对英国提起仲裁，请求仲裁庭裁定英国无权在查戈斯群岛设立海洋保护区，且英国单方划设的行为违反该《公约》的规定。毛里求斯向仲裁庭提出 4 项请求，包括：第一，英国无权宣布设立海洋保护区或其他海洋区域，因为英国不是《海洋法公约》第 2、55、56 和 76 条等条款所明示的"沿海国"；第二，鉴于英国就查戈斯群岛问题对毛里求斯已作出的承诺，英国无权单方面宣布设立海洋保护区或其他海洋区域。依据第 56 条第 1 款（b）（iii）项、第 76 条第 8 款等，毛里求斯认为自己才是对查戈斯群岛拥有相关权利的"沿海国"；第三，对毛里求斯根据第 76 条可能向大陆架界限委员会提交的查戈斯群岛的完整划界案，英国不应采取任何措施阻碍大陆架界限委员会将来的建议；第四，英国划设的海洋保护区违反其《海洋法公约》的实体和程序义务，包括但不限于第 2、55、56、63、64、194 和第 300 条，以及《执行 1982 年 12 月 10 日〈海洋法公约〉有关养护和管理跨界鱼类种群和高度洄游鱼类种群的规定的协定》第 7 条。[65] 2015 年 3 月仲裁庭作出裁决，从程序上驳回毛里求斯的前三项仲裁请求，对第 4 项请求进行了实质审理；[66] 裁定英国划设海洋保护区的行为违反"诚意"原则和"适当顾及"义务，违反了《海洋法公约》第 2 条第 3 款、第 56 条第 2 款和第 194 条第 4 款。[67]

本案中，毛里求斯和英国对第 194 条"防止、减少和控制海洋环境污染的措施"的范围和内容存在争议。仲裁庭对 194 条多个条款的解释与适用问题予以分析：问题一，如何理解第 1 款和第 4 款都提到的"措施"，以及英国划设海洋保护区的行为是不是这样的"措施"？仲裁庭采用条约解释"上下文"的方法，援引第 5 款，将"措施"解释为"包括为保护和保全稀有或脆弱的生态系统，以及衰竭、受威胁或有灭绝危险的物种和其他形式的海洋生物的生存环境而很有必要采取的措施"[68]。英国划设海洋保护区符

[64] Responsibilities and Obligations of States with respect to activities in the Area, Advisory Opinion, 1 February 2011, ITLOS Reports 2011, p. 10, para. 145.

[65] Chagos Marine Protected Area Arbitration (Mauritius v. United Kingdom), An Arbitral Tribunal Constituted under Annex VII of UNCLOS, Award of 18 March, 2016, para. 158.

[66] Chagos Marine Protected Area Arbitration (Mauritius v. United Kingdom), An Arbitral Tribunal Constituted under Annex VII of UNCLOS, Award of 18 March, 2016, paras. 387-389.

[67] Chagos Marine Protected Area Arbitration (Mauritius v. United Kingdom), An Arbitral Tribunal Constituted under Annex VII of UNCLOS, Award of 18 March, 2016, para. 541.

[68] 《海洋法公约》第 194 条第 5 款。

合 194 条中的 "措施"。[69] 按照第 1 款, 英国虽需尽力与毛里求斯协调海洋保护区的政策 (endeavour to harmonize), 但第 1 款的用语是预期性的且并未设置截止日期, 因此英国并未违反第 194 条第 1 款项下的义务。[70] 问题二, 如何理解第 194 条第 4 款[71]的义务? 英国划设海洋保护区的行为是否违反该条款? 仲裁庭认为, 基于缔约国海洋活动互相的影响、可替代方案和涉案方权利和政策重要性的评估, 第 4 款要求在这些不同权益间达到平衡。仲裁庭结合本案认为, 第 4 款适用于毛里求斯在查戈斯群岛领海的捕鱼权, 而英国宣布的海洋保护区违反第 194 条第 4 款, 侵犯了毛里求斯依法享有的捕鱼权。[72]

4. 2015 年国际海洋法法庭 "分区域渔业委员会咨询案"

佛得角、冈比亚、几内亚等西非七国以缔结条约的方式成立分区域渔业委员会 (以下简称 "渔委会")。2013 年 3 月 28 日, 第 14 届渔委会部长会议通过决议, 依据修订后的《关于在分区域渔业委员会成员国管辖海域内最低限度利用和开发渔业资源的决定公约》第 33 条, 就船旗国义务等问题向国际海洋法法庭提出咨询意见的申请, 这是国际海洋法法庭首次以司法实践的方式明确法庭全庭的咨询管辖权。[73] 2015 年 4 月 2 日, 国际海洋法法庭针对 "分区域渔业委员会提交的咨询意见请求案" 发布了咨询意见。国际海洋法法庭认为, 船旗国在包括专属经济区在内的他国海域内的责任有一般责任和特别责任:《海洋法公约》第 192、193、91、92、94 规定船旗国的 "一般责任"; 第 58 (3) 和 62 (4) 规定在他国专属经济区的船旗国对悬挂其国旗的船舶渔业活动的 "特别责任"。[74]

《海洋法公约》并没有直接就船旗国对 IUU 捕捞的船旗国义务做出规定, 船旗国的

---

[69] Chagos Marine Protected Area Arbitration (Mauritius v. United Kingdom), An Arbitral Tribunal Constituted under Annex VII of UNCLOS, Award of 18 March, 2016, paras. 537-538.

[70] Chagos Marine Protected Area Arbitration (Mauritius v. United Kingdom), An Arbitral Tribunal Constituted under Annex VII of UNCLOS, Award of 18 March, 2016, para. 539.

[71] 《海洋法公约》第 194 条第 4 款规定: "各国采取措施防止、减少或控制海洋环境的污染时, 不应对其他国家依照本公约行使其权利并履行其义务所进行的活动有不当的干扰。"

[72] Chagos Marine Protected Area Arbitration (Mauritius v. United Kingdom), An Arbitral Tribunal Constituted under Annex VII of UNCLOS, Award of 18 March, 2016, para. 541.

[73] 渔委会请求法庭全庭就四个问题发布咨询意见: 第一, 当悬挂一国旗帜的船舶在他国的专属经济区内从事 IUU 捕捞时, 船旗国应当承担怎样的义务? 第二, 船旗国应当对悬挂其国旗并从事 IUU 捕捞的船舶负有怎样的责任? 第三, 在船旗国或国际机构的船舶依据国际公约取得捕捞许可证的情况下, 该国或国际机构是否应当就这些船舶违反沿海国家的渔业法律法规而承担责任? 第四, 在确保共享鱼种 (shared stocks) 和共同利益鱼种 (stocks of common interest), 特别是小型中上层物种及金枪鱼的可持续管理方面, 沿海国的权利和义务是什么? See Request for an Advisory Opinion Submitted by the Sub-Regional Fisheries Commission (SRFC) (Request for Advisory Opinion submitted to the Tribunal), Advisory Opinion of 2 April 2015, para. 2。

[74] Request for an Advisory Opinion Submitted by the Sub-Regional Fisheries Commission (SRFC) (Request for Advisory Opinion submitted to the Tribunal), Advisory Opinion of 2 April 2015, paras. 110-111.

相关义务源于对悬挂其国旗的船舶"确保"责任（responsibility to ensure）。国际海洋法法庭沿用了"担保国责任与义务咨询案"海底争端分庭对"确保"的分析，国际法律文件中使用"确保"责任的情形有二：其一，国家为其管辖的人员的每一项违反国际法的行为负责任是不合理的；其二，某些特殊情况下的私人行为不能归责于国家也同样是不合理的。[75] 海底争端分庭认为，"确保"责任并不要求国家管控之下的个人或组织遵守某项义务的结果得以实现，而是要求国家采取足够的措施、用尽一切方法和最大限度地保证该结果的实现即可。[76] 结合本案，法庭全庭一致认为，船旗国有责任确保对悬挂其国旗的船舶行使有效的管辖和控制，确保该船舶遵守沿海国采取的关于渔业养护措施的法律法规。[77] 法庭还提出船旗国与沿海国对渔业资源养护和管理的"适当注意义务"。鉴于新科学和技术的变化对海洋活动相应措施的影响，此时的措施尽到了适当注意义务，并不等于彼时的措施符合适当注意义务，因此对"适当注意"下的定义十分困难。[78] 结合此案，"适当注意义务"并不要求船旗国实现其管辖之下的船舶彻底禁止在他国的专属经济区中的IUU捕捞，而是要求船旗国采取足够的措施、用尽一切方法、最大限度地保证该结果（即禁止IUU捕捞）的实现。[79] 只要船旗国能够证明自己已经采取一切必须的和适当的措施以履行自己的适当注意义务，即禁止其管辖之下的船舶在他国的专属经济区中从事IUU捕捞，则其可以免除承担国际责任。换言之，船旗国的国际责任不在于其是否实现了禁止其管辖之下的船舶的IUU捕捞，而在于是否采取了足够的措施来制止IUU捕捞的发生。[80]

三、"南海仲裁案"最终裁决涉海洋环境保护诉求的不当裁判

2015年"南海仲裁案"《管辖权和可受理性裁决》裁定，对菲方诉求中的7项有管

---

〔75〕 Responsibilities and Obligations of States with Respect to Activities in the Area, Advisory Opinion, 1 February 2011, ITLOS Reports 2011, p. 10, paras. 107-109; ILC Articles on State Responsibility, Commentary to article 8, paragraph 1.

〔76〕 Responsibilities and Obligations of States with Respect to Activities in the Area, Advisory Opinion, 1 February 2011, ITLOS Reports 2011, p. 10, para. 111.

〔77〕 Request for an Advisory Opinion Submitted by the Sub-Regional Fisheries Commission (SRFC) (Request for Advisory Opinion submitted to the Tribunal), Advisory Opinion of 2 April 2015, p. 60.

〔78〕 Request for an Advisory Opinion Submitted by the Sub-Regional Fisheries Commission (SRFC) (Request for Advisory Opinion submitted to the Tribunal), Advisory Opinion of 2 April 2015, paras. 132.

〔79〕 Request for an Advisory Opinion Submitted by the Sub-Regional Fisheries Commission (SRFC) (Request for Advisory Opinion submitted to the Tribunal), Advisory Opinion of 2 April 2015, paras. 117-120.

〔80〕 Request for an Advisory Opinion Submitted by the Sub-Regional Fisheries Commission (SRFC) (Request for Advisory Opinion submitted to the Tribunal), Advisory Opinion of 2 April 2015, para. 150.

辖权，将 8 项保留至实体阶段处理，还有 1 项要求菲方澄清内容、限缩范围。[81] 在涉及海洋环境保护的诉求中，菲方第 11 项诉求，当时被仲裁庭裁定为有管辖权，第 12 项诉求管辖权问题的审议被仲裁庭保留至实体问题阶段处理。2016 年 7 月的"最终裁决"中，与其他诉求的分析类似，仲裁庭对海洋环境问题采用"管辖权——《海洋法公约》相关条款的解释与适用—结合案件事实的法律分析—结论"的"四步分析法"。《维也纳条约法公约》第 31—32 条规定了条约解释的三个原则：第一，善意解释原则，这个原则来源于"条约必须遵守"的规则；第二，条约应该按照约文所适用的词语的通常意义进行解释；第三，条约词语的通常含义不应抽象的予以解释，而应该按照词语的上下文并参照条约的目的和宗旨予以决定。[82] 那么仲裁庭在解释与适用《海洋法公约》的程序性条款（如第 298 条）和实体条款（海洋环境保护条款）时，是否遵循《维也纳条约法公约》条约解释的三原则呢？本节将结合"南海仲裁案"的"最终裁决"予以探寻。

（一）海洋环境保护议题与仲裁庭管辖权问题

菲律宾的仲裁诉求与《海洋法公约》的第 298 条"管辖权例外"和 297 条"管辖权限制"存在不可分割的关系。2016 年的最终裁决中，仲裁庭在自认"攻破"诸如案件初步事项、案件可受理性等"阀门"后，着重考察第 298 条"管辖权例外"和第 297 条"管辖权限制"。[83] 从仲裁庭对每项仲裁诉求的整体处理和裁决书体例看，与《管辖权和可受理性裁决》相比，"最终裁决"涉及海洋环境保护的管辖权时，将重点放在第 298 条，对 297 条着墨不多甚至故意回避。

仲裁庭提到，菲律宾第 11 和第 12（b）项诉求涉及第 298 条第 1 款（b）项的"军事活动例外"。[84] 仲裁庭称，鉴于几次中国官方声明都称，相关岛礁活动并非军用而是民用，因此对第 11 和第 12（b）项诉求不能适用"军事活动争端"例外，进而"确立"自己的管辖权。[85] 在庭审中，为避开第 298 条的管辖权障碍，菲方曾对"军事活动争

---

〔81〕 仲裁庭裁定：在（《管辖权和可受理性裁决》）第 400、401、403、404、407、408 和 410 段的条件限制下，对菲律宾第 3、4、6、7、10、11 和 13 项诉求（菲方要求裁定黄岩岛和中方所控制的南沙岛礁不能产生领海、专属经济区和大陆架权利、中方非法干扰了菲方享有的海洋权利）具有管辖权；将对菲方第 1、2、5、8、9、12 和 14 项诉求（菲方要求裁定中国主张的历史性权利缺乏法律依据、南海断续线不符合《公约》，以及中国在南沙部分岛礁附近的活动违反《公约》）的管辖权问题的审议保留至实体问题阶段处理；指令菲方将第 15 项诉求（要求仲裁庭裁定中国应当停止违法活动）澄清内容和限缩范围，并保留对第 15 项诉求的管辖权问题的审议至实体问题阶段。See Award on Jurisdiction and Admissibility (29 Oct 2015), PCA Case No. 2013-19, para. 413。

〔82〕 参见李浩培：《条约法概论》，法律出版社 2003 年版，第 351 页。

〔83〕 In the Matters of the South China Sea Arbitration (the Republic of the Philippines v. the People's Republic of China), Award of 12 July 2016, PCA Case No. 2013-19, paras. 149-163.

〔84〕 In the Matters of the South China Sea Arbitration (the Republic of the Philippines v. the People's Republic of China), Award of 12 July 2016, PCA Case No. 2013-19, para. 934.

〔85〕 In the Matters of the South China Sea Arbitration (the Republic of the Philippines v. the People's Republic of China), Award of 12 July 2016, PCA Case No. 2013-19, paras. 935-938.

端"进行狭义解读:"海上军事活动仅由一国武装力量操作的船舶或飞机行使,若无相反证据,那就只能推导出一国船舶或飞机所为的其他行为不是军事活动"[86] 菲方还认为,是否有军事人员驻扎或涉及"执法活动例外"与自己所提交的中方对美济礁的占领和建造活动没有关联,它又将中国在黄岩岛周边海域针对菲律宾渔船的行动定性为"非军事活动"的"执法活动"[87] 但由于专属经济区沿海国对生物资源行使主权权利和管辖权的执法行动不但涉及第 298 条,也是第 297 条第 3 款(a)项规定的"管辖限制"事项,菲律宾进而主张中方在黄岩岛周边海域进行海上执法活动的水域属于黄岩岛的领海。[88] 仲裁庭在处理第 298 条第 1 款(b)项的"军事活动例外"时,难以回避的其实是黄岩岛和美济礁的主权归属问题,而一旦涉及主权归属问题,仲裁庭就无法行使管辖权。

菲方第 11 和第 12(b)项诉求与第 297 条"管辖权限制"也存在紧密关联,2014 年底我国外交部发布的《立场文件》中没有相关的论述。第 297 条第 3 款提及对沿海国有关专属经济区内主权权利和管辖权之行使事项的渔业争端,沿海国无义务提交强制争端解决程序,具体包括:(1)沿海国其对决定可捕量、捕捞能力、分配剩余量给其他国家的争端;(2)沿海国养护和管理渔业资源法律规章中所制订的条款和条件的斟酌决定权的争端。[89] 但是,第 297 条第 1 款还规定,关于因沿海国行使公约规定的主权权利或管辖权而发生的"对公约的解释或适用的争端",沿海国应遵守《海洋法公约》第 15 部分第 2 节的争端解决程序,其中就包括"沿海国违反关于保护和保全海洋环境的特定国际规则和标准的行为"[90]。仲裁庭在 2015 年 7 月的庭审中已让菲律宾回答,第 297 条第 1 款(c)项关于海洋环境保护的规定,以及 297 条第 3 款关于渔业的规定可否适用于本案,菲律宾则以涉案争端指向的海域(黄岩岛和仁爱礁海域)不是第 297 条所特指的海域为由否认第 297 条的适用。[91] 在 2015 年 7 月的庭审中,菲方律师艾伦·波义尔(Alan Boyle)负责"海洋环境保护类"诉求部分的答辩,重点回答仲裁庭提出的第 297 条"管辖权限制"(专属经济区生物资源争端)在"海洋环境保护类诉求"中是否适用的问题。菲方声称,第 297 条对本案不适用,因为中方的"违法行为"或在"斯卡伯勒礁"(即黄岩岛)周围的领海,或在只有菲律宾享有专属经济区权利的"汤姆斯第二滩"(即仁爱礁)和美济礁附近,在上述情况下仲裁庭的管辖权不受限制。菲方还认为,自己的陈述虽涉及《海洋法公约》海洋环境部分的条款,但无意单独就《生物多样性公

---

[86] See Day 2, Hearing on Jurisdiction and Admissibility, 8th July 2015, PCA Case No. 2013-19, pp. 80-81, Permanent Court of Arbitration http://www.pcacases.com/web/sendAttach/1400, last visited 30 July, 2016.

[87] Day 2, Hearing on Jurisdiction and Admissibility, 8th July 2015, pp. 87-90.

[88] Award on Jurisdiction and Admissibility (29 Oct 2015), PCA Case No. 2013-19, para. 362.

[89] 参见《海洋法公约》第 297 条第 3 款(a)项。

[90] 《海洋法公约》第 297 条第 1 款(c)项。

[91] Award on Jurisdiction and Admissibility (29 Oct. 2015), PCA Case No. 2013-19, paras. 360-363.

约》提出对中国的相应指控。[92] 仲裁庭认为，鉴于海洋环境保护义务不分具体海域，且所涉"破坏海洋环境"的行为发生在"菲方的专属经济区"海域，第 297 条第 1 款 (c) 项赋予了仲裁庭管辖权。[93] 最终仲裁庭认定，第 297 条第 3 款和第 297 条第 1 款均无法构成对仲裁庭管辖权的排除。[94]

结合"最终裁决"，仲裁庭对第 297 条适用的焦点问题处理不当表现在：首先，第 297 条第 1 款规定，因沿海国行使主权权利或管辖权而产生公约的解释适用问题时应遵守强制争端解决程序，但前提或是沿海国违反海洋环境保护的国际规则，或（非沿海国的）其他国家违反海洋环境保护的沿海国国内法或国际法。[95] 其次，菲律宾把第 297 条第 3 款 (a) 项的适用范围解释为，该项针对强制争端解决程序的限制仅和沿海国对自己专属经济区"以内"（in the exclusive economic zone）的有关生物资源的主权权利或权利行使有关。[96] 这样解释的结果十分荒谬，《维也纳条约法公约》第 32 条规定，当对条约的通常含义进行解释，"所获结果显属荒谬或不合理时"，应结合"解释之补充资料"予以解释。然而从"最终裁决"看，仲裁庭对菲方的结论采用"拿来主义"，仲裁庭并没有尽到对第 297 条"善意解释"的义务。[97]

（二）海洋环境保护条款的条约解释与适用

"南海仲裁案"仲裁庭不仅在分析《海洋法公约》的程序性条款（例如第 298 条）时进行了条约解释，在处理海洋环境保护问题时对海洋环境保护条款更是着力进行解释与适用，这些条款包括该《公约》第 12 部分的第 192 条、194 条、197 条和第 206 条等。

1. 第 192 条

仲裁庭"最终裁决"在解释和适用第 192 条时，思路如下：首先，仲裁庭承认第 192 条采用了"一般义务"的用语，但从《公约》第 12 部分的其他条款和其他可适用的国际法规则来看，可以明确的是第 192 条已经"为缔约国施加了义务"（impose a duty on State parties）。[98] 因此，第 192 条不仅包括缔约国采取保护和保全海洋环境的积极义

---

〔92〕　See Sixth Press Release (Chinese, July 2015), available at http：//www.pcacases.com/web/view/7, access date：Aug 28, 2015.

〔93〕　Award on Jurisdiction and Admissibility (29 Oct. 2015), PCA Case No. 2013-19, para. 408.

〔94〕　See In the Matters of the South China Sea Arbitration (the Republic of the Philippines v. the People's Republic of China), Award of 12 July 2016, para. 930.

〔95〕　《公约》第 297 条第 1 款 (b)、(c) 项。

〔96〕　See Hearing on Jurisdiction and Admissibility, Day 2, 8th July 2015, pp. 78-79；In the Matters of the South China Sea Arbitration (the Republic of the Philippines v. the People's Republic of China), Award of 12 July 2016, para. 682.

〔97〕　参见刘丹：《论〈联合国海洋法公约〉第 298 条"任择性例外"——兼评南海仲裁案中的管辖权问题》，《国际法研究》2016 年第 12 期。

〔98〕　In the Matters of the South China Sea Arbitration (the Republic of the Philippines v. the People's Republic of China), Award of 12 July 2016, para. 930.

务，还包括不损害海洋环境的消极义务；其次，仲裁庭引用国际常设仲裁院的两个案例[99]后称，"缔约国在进行大规模建设活动时有预防或至少减少对环境造成损害的积极义务"，并认为这样的义务能对第 192 条"一般义务"的范围起到充实的作用；最后，第 192 条"一般义务"的内容可以从第 12 部分的其他条款如 194 条，以及第 237 条所涉的"其他国际协定的特别义务"得到细化。[100]

仲裁庭对第 192 条的上述解释和适用存在两大问题：第一，第 192 条"一般义务"的条约用语含义模糊，该条款本身难以独立产生具体而特定的法律义务，必须借助其他法律条文来充实和细化法律义务。菲方"起诉状"第 6 章将《斯德哥尔摩宣言》"第 21 项原则"和《21 世纪议程》"第 17 项原则"[101] 作为充实第 192 条义务的法律依据。由于菲方援引的这些"软法"特质的法律依据证明力弱，仲裁庭只能从国际常设仲裁院案例和第 194、237 条寻找依据以充实第 192 条的内容和范围。仲裁庭适用第 192 条的逻辑，反而说明第 192 条无法自证和无法创立具体法律义务这一天然缺陷；第二，仲裁庭对第 192 条的解释没有遵循条约解释原则。分析第 192 条给各国"施加"何种程度的义务时，必须看到第 192 条所用"have the obligation"而非第 12 部分其他条款中"shall"的条约用语所承担的法律义务弱，采用"obligation"而非"duty"一词更证明第 192 条规定的并非绝对的法律义务。仲裁裁决对紧邻第 192 条的下文——第 193 条中"duty"一词视而不见，却跨越多个条款援引 194 条和第 237 条，明显违反了"善意解释"和"上下文解释"原则。因此，对菲律宾所称的中国没有采取措施防止渔民捕捞黄岩岛和南沙群岛珊瑚和海龟等濒危和珍稀物种，以及南沙岛礁建设活动破坏海洋环境的指控，[102] 仲裁庭将 192 条作为对菲方第 11 和第 12（b）项诉求的判案依据之一，适用条款不当，法律依据不足。

2. 第 194 条

仲裁庭"最终裁决"认为，第 194 条（"防止、减少和控制海洋环境污染的措施"）第 1、2、3、5 款的义务，不仅涉及缔约国及其下属部门直接从事的活动，也涉及各国确保其管辖和控制范围内的其他活动不至于损害海洋环境。[103] 结合案情，"最终裁决"的论证如下：首先，仲裁庭引用"分区域渔业委员会咨询案""担保国责任与义务咨询

[99] 这两个案例为：（1）Indus Waters Kishenganga Arbitration（Pakistan v. India），Partial Award，18 Feb 2013，PCA Award Series（2014）；（2）Iron Rhine（"IJzeren Rijn"）Railway between the Kingdom of Belgium and the Kingdom of the Netherlands，Award of 24 May 2005，PCA Award Series（2007）.

[100] In the Matters of the South China Sea Arbitration（the Republic of the Philippines v. the People's Republic of China），Award of 12 July 2016，paras. 941-942.

[101] See The Memorial，Chapter 6，Section II-C-1.

[102] In the Matters of the South China Sea Arbitration（the Republic of the Philippines v. the People's Republic of China），Award of 12 July 2016，paras. 956，960，964，982.

[103] In the Matters of the South China Sea Arbitration（the Republic of the Philippines v. the People's Republic of China），Award of 12 July 2016，paras. 943-944.

意见案"和"乌拉圭河纸浆厂案",不仅分析"污染"这一用语,还认为第194条所含"确保"的责任要求缔约国有所作为,具体体现在它们的"适当注意"义务,这不仅要求船旗国采取适当的措施和规则,还要对这些"执行活动和行政管控保持一定程度的警惕"。[104] "最终裁决"认为,中国纵容渔民捕捞濒危和珍稀的海洋生物、毒鱼和炸鱼,违反了第194条第1、2、5款。[105] 其次,仲裁庭引用"查戈斯群岛海洋保护区案",重点分析第194条第5款和其中"生态系统"的用语。"最终裁决"认为,中国在南沙岛礁的疏浚挖掘活动的沉积物会污染海洋环境,这不仅违反第194条第1款,更违反第5款缔约国应采取措施以保护和保全"稀有和脆弱海洋生态系统"和"衰竭、受威胁或有灭绝危险的物种和其他形式的海洋生物的生存环境"的义务。[106]

仲裁庭对第194条的解释和适用存在的问题包括:第一,仲裁庭将第194条第1、2、5款作为中国纵容渔民毒鱼和炸鱼导致应承担责任的实体法基础,但第2款[107]的适用条件在本案中并不具备。第2款要求"造成其他国家(本案指的是菲国)及其环境的污染"以及"污染扩散到中国行使主权权利的区域之外"这两个条件,在本案都不能成立。更重要的是,菲方并未提出证据证明"毒鱼炸鱼造成广泛甚至跨境的污染";第二,在引用判例的基础上,仲裁庭笼统地称第194条与缔约国"确保"的责任和"适当顾及义务"均有关联,但这些判例并不能支持菲方所称的中国违反公约义务的指控。仲裁庭引用的"担保国责任与义务咨询案"中,海底争端分庭提到,国际法律文件中使用"确保"责任的情形之一是——"国家为其管辖的人员的每一项违反国际法的行为负责是不合理的",[108] 从该案并不能解读出中国对管辖范围内的每个渔民的渔业活动承担国际责任才符合"确保"责任的含义。与"分区域渔业委员会咨询案"的案情不同,南海至今都没有渔业管理的区域性组织,中菲之间既没有进行海洋划界、也没有签订渔业协议,南海渔业管理和各国对其渔民的约束主要依靠各国的国内法和执行措施。即便如此,该案法庭对"适当注意义务"也并未进行严格的解释,并不要求船旗国杜绝其管辖下的船舶在他国的专属经济区中的 IUU 捕捞,而是要求船旗国采取足够的措施最大限度

---

[104] In the Matters of the South China Sea Arbitration (the Republic of the Philippines v. the People's Republic of China), Award of 12 July 2016, para. 944.

[105] In the Matters of the South China Sea Arbitration (the Republic of the Philippines v. the People's Republic of China), Award of 12 July 2016, paras. 964, 970.

[106] In the Matters of the South China Sea Arbitration (the Republic of the Philippines v. the People's Republic of China), Award of 12 July 2016, para. 983.

[107] 《海洋法公约》第194条第2款规定:"各国应采取一切必要措施,确保在其管辖或控制下的活动的进行不致使其他国家及其环境遭受污染的损害,并确保在其管辖或控制范围内的事件或活动所造成的污染不致扩大到其按照本公约行使主权权利的区域之外。"

[108] Responsibilities and obligations of States with respect to activities in the Area, Advisory Opinion, 1 February 2011, ITLOS Reports 2011, p. 10, paras. 112.

地保证该结果（即禁止 IUU 捕捞）的实现。[109]"最终裁决"其实已经承认中国《渔业法》禁止毒鱼和炸鱼的规定构成"适当注意义务"的一部分,[110] 即使援引"分区域渔业委员会咨询案"也无法得出中国未履行"适当注意义务"的结论。

3. 第 206 条

仲裁庭结合第 204 和第 205 条的规定,认为第 206 条包括的内容为,在缔约国管辖或控制下计划中的活动可能对海洋环境造成危害后果时,其他国家应得到对其影响的通知。仲裁庭还援引"担保国责任与义务咨询意见案",认为环境影响评价已经是一项国际习惯法的一般义务和《海洋法公约》的直接义务。[111] 仲裁庭认为,尽管中国官方多次声明已进行海洋环境保护方面的研究方案,但鉴于无论是仲裁庭、仲裁庭指定的专家、菲律宾还是菲律宾聘请的专家都无法获取中国方面符合第 206 条规定的环境影响评价报告,并且中国也没有就环境影响评价是否存在的事实或内容进行沟通,"最终裁决"因此裁定中国没有履行第 206 项下的义务。[112]

仲裁庭对第 206 条的解释和适用同样存在问题:第一,从第 206 条通常含义看,缔约国对环境影响评价的实施拥有较大的裁量权,第 206 条并没有施加给缔约国以明确而严格的执行环评的法律义务。第二,关于环境影响评价的国际法地位,不同国际争端机构的定性存在差异。在"南海仲裁案"仲裁庭援引的国际海洋法法庭"担保国责任与义务咨询意见案"中,海底争端分庭认为环境影响评价是国际习惯法的一般义务和《海洋法公约》的直接义务,而国际法院在处理"乌拉圭河纸浆厂案"时却没有将其视为国际习惯法义务。而这两个案件都一致指出,环境影响评价的内容和范围并不明确,在国际法上具有不确定性,应由各国自行决定。第三,从缔约背景看,如第二章所述,第 206 条的适用有涉案活动地点和污染后果的要求。第 206 条要求的"环境影响评价"要求相关污染活动发生在一国"管辖或控制下",而且还牵涉第 194 条第 2 款所列的一国"事件或活动所造成的污染扩大到行使主权权利的区域之外"之污染结果。对于菲方所控的中国渔民捕鱼行为所致环境损害和岛礁建设行为所致环境污染,菲方并未提出证据证明造成广泛甚至跨境的污染,涉案活动和"污染结果"之间难以建立因果关系,第 206 条对本案不应予以适用。第四,即使第 206 条可以适用,"最终裁决"仍无法避免陷入"主权死结"。菲律宾的此项指控认为中国保护海洋环境的义务不取决于对黄岩岛、仁爱

---

[109]　Request for an Advisory Opinion Submitted by the Sub-Regional Fisheries Commission (SRFC) (Request for Advisory Opinion submitted to the Tribunal), Advisory Opinion of 2 April 2015, paras. 117-120.

[110]　In the Matters of the South China Sea Arbitration (the Republic of the Philippines v. the People's Republic of China), Award of 12 July 2016, para. 974.

[111]　In the Matters of the South China Sea Arbitration (the Republic of the Philippines v. the People's Republic of China), Award of 12 July 2016, paras. 947-948.

[112]　In the Matters of the South China Sea Arbitration (the Republic of the Philippines v. the People's Republic of China), Award of 12 July 2016, paras. 987-991.

礁等的主权或主权权利，重点应是中国对岛礁建设活动的管辖权和控制包括履行环境影响评价义务。中国保护海洋环境的义务是不取决于对黄岩岛、仁爱礁、美济礁的主权，但违反保护海洋环境义务责任的承担取决于对上述海洋地物的主权及其可主张的海域范围。[113]

4. 第 197 条

仲裁庭在解释第 197 条时侧重于该条的"合作义务"，并把第 123 条半闭海"区域合作"的内容一并进行解读[114]，进而认为中国的岛礁建设活动违反了合作的义务。[115] 但是，第 123 条规定闭海或半闭海沿岸国为保护生物资源、保护和保全海洋环境和从事科学研究进行合作；而最终裁决所引用的"MOX 工厂"案[116] 的法律焦点是合作、协商和互换信息的议题。仲裁庭无论引用第 197、123 条还是援引判例，都与菲方对中国破坏海洋环境的指控关联不大。

（三）海洋环境保护问题的证据和专家报告

整体来看，涉及菲方所指控的中国渔民渔业捕捞和中国岛礁建设引发的环境污染方面的证据主要包括专家报告、学术论文等。"南海仲裁案"仲裁庭的证据存在两个问题：一方面，在实体问题仲裁阶段，"仲裁庭"五名成员面对数量庞大、内容丰富的证据材料，不少证据大大超出仲裁员自身的专业和知识背景。仲裁员必须在相当有限的时间内对这些证据进行审查和判断。在当事一方行使不出庭权利的情况下，这些证据无法在庭审过程中通过交叉询问的方式得到充分质证；[117] 另一方面，仲裁庭对专家证人资格审查和证据采信审查并没有做到严格周密，因此直接影响了裁决的客观性和中立性。

仲裁庭在针对海洋环境保护指控的证据和专家审查方面存在的漏洞，表现在三个方面：

第一，作为支撑证据的专家报告是在没有进行实地调查的前提下得出的结论。专家

---

〔113〕 中国法学会菲律宾南海仲裁案研究小组：《关于中菲南海仲裁案海洋管辖权争议仲裁事项的研究报告》，http：//www. chinalaw. org. cn/Column/Column_ View. aspx？ColumnID = 893&InfoID = 19981，访问日期：2016 年 10 月 30 日。

〔114〕 In the Matters of the South China Sea Arbitration（the Republic of the Philippines v. the People's Republic of China），Award of 12 July 2016，para. 946.

〔115〕 In the Matters of the South China Sea Arbitration（the Republic of the Philippines v. the People's Republic of China），Award of 12 July 2016，paras. 984-986.

〔116〕 MOX Plant（Ireland v. United Kingdom），Provisional Measures，Order of 3 December 2001，ITLOS Reports 2001，para. 82.

〔117〕 参见秦泉：《找来的专家中立吗，菲律宾提供的证据靠谱吗》，http：//www. thepaper. cn/newsDetail_ forward_ 1476586，访问日期：2017 年 4 月 1 日。

报告既有菲方雇用专家卡朋特提交的报告，又有仲裁庭自行指定专家提交的《福斯报告》[118]，从国际争端解决机构专家证据类型看，前者属于当事方委派的专家给予的意见，后者属于仲裁庭委派的专家所做报告[119]。同样由国际常设仲裁院作为注册机构受理的"圭亚那诉苏里南案"，为解决海上划界争端，仲裁庭就曾命令专家到圭亚那进行实地调查。[120] 在本案中，《卡朋特报告》认定中国渔民捕捞活动危害濒危生物；《福斯报告》则一方面确认中国岛礁建设对珊瑚礁和鱼类栖息地造成损害[121]，一方面承认菲律宾专家报告夸大了环境损害的结果[122]，但这些专家报告都是没有到南沙涉案岛礁实地考察而得出的结论，其真实性和科学性都存在严重瑕疵。

第二，仲裁庭采纳的部分证据门槛过低。在案件实体审理中，仲裁庭还将美国生物学家约翰·麦克马纳斯未发表的学术论文列入证据之列。[123] 众所周知，未发表论文的权威性、证明力非常弱。这篇学术论文中，麦克马纳斯凭借卫星图像和菲律宾所占的中业岛（而非中国南沙七岛礁）附近的地下水检测等，就得出"中国应为南沙群岛99%面积的珊瑚礁损害负责"[124]的结论。仲裁庭将证明力低下的研究结果纳入证据链并写入裁决，足以说明其证据审查的门槛过低。

第三，按照"预先审核"（voire hire)[125] 程序，菲律宾聘请的海洋生态学者卡朋特作为专家的资格存疑。从履历上看，美国国籍的卡朋特在菲律宾政府部门——渔业与水

[118] 《福斯报告》：仲裁庭指定专家对菲律宾专家报告和中国国家海洋局相关材料的评估，以及在学术资料基础上做出了对中国岛礁建设海洋环境损害的评价。See Sebastian Ferse, Peter Mumby and Selina Ward, Assessment of the Potential Environmental Consequences of Construction Activities on Seven Reefs in the Spratly Islands in the South China Sea (hereinafter referred to as "the Ferse Report"), available at http://www.pcacases.com/web/sendAttach/1809。

[119] 参见张卫彬：《国际法院证据问题研究——以领土边界争端为视角》，法律出版社2012年版，第262—278页。

[120] See Procedural Order No. 7 of 12 March 2007; Procedural Order No. 8 of 21 May 2007.

[121] See The Ferse Report, pp. 59-60.

[122] In the Matters of the South China Sea Arbitration (the Republic of the Philippines v. the People's Republic of China), Award of 12 July 2016, para. 981.

[123] See In the Matters of the South China Sea Arbitration (the Republic of the Philippines v. the People's Republic of China), Award of 12 July 2016, paras. 849-850; The Ferse Report, p. 11.

[124] 文中称，"中国应对南沙39平方公里的疏浚活动以及疏浚船推进挖掘造成69平方公里的砗磲损害负责……越南应对0.26平方公里的疏浚活动负责。南沙群岛珊瑚礁受损面积至少达到126平方公里，中国应对99%的受损面积负责"。See In the Matters of the South China Sea Arbitration (the Republic of the Philippines v. the People's Republic of China), Award of 12 July 2016, paras. 849-850; The Ferse Report, p. 11.

[125] "预先审核"程序：最初源于英国皇室法院采用的一种询问程序。法官在证人作证前会向证人提出一些问题，以观察其是否具备作证能力；在美国，该程序是指法院对前来作为证人或陪审团的人进行初步审查。在英美程序法中，对证人或陪审团的预先询问是为了证实他们的背景、资格或知识。在大陆法系，法文术语的意思在于"说真话"。国际法院在"西南非洲案"中就引入了这一程序。参见张卫彬：《国际法院证据问题研究——以领土边界争端为视角》，法律出版社2012年版，第262—263页。

产资源部下属机构做过三年半的研究，后又在菲律宾大学研究机构从事博士后研究。[126] 卡朋特曾有过长期为菲律宾政府工作的背景和经历，从"预先审查"角度看，他作为专家的中立性值得质疑。因此，仲裁庭将《卡朋特报告》作为对菲律宾指控中国渔民从事捕捞对珊瑚礁等生态系统损害的重要支撑性证据，中立性和客观性都十分欠缺。

四、结论

"南海仲裁案"的核心是南海的领土争端和海洋划界问题，超出《海洋法公约》赋予仲裁庭的管辖权范围。然而菲律宾将 15 项诉求包装成对《海洋法公约》的解释和适用问题，仲裁庭在 2015 年的《管辖权和可受理性裁决》中曾裁定对部分事项具有管辖权，将其他事项留待实体审理阶段处理。2016 年"最终裁决"裁定仲裁庭对 15 项诉求的绝大多数具有管辖权；更吊诡的是，对包括海洋环境保护在内的众多事项，仲裁庭以全体一致的方式做出有利于菲律宾的裁定。[127] 应清醒地看到，今后不仅存在东海和南海的争端相对方提起类似于"南海仲裁"这类仲裁的可能性，该案被其他国际争端解决机构援引的效应也应为我国国际法学界所警觉。就菲律宾提起的海洋环境保护指控而言，2016 年"最终裁决"在《海洋法公约》条款的解释和适用、证据审查方面均存在问题，表现为：（1）仲裁庭适用《海洋法公约》管辖权条款（如第 297 条）时存在逻辑悖论。仲裁庭在对待涉案岛礁的法律地位时把中国视为享有岛礁产生海洋权利的"沿海国"，却在解释和适用"军事活动例外"时采纳菲方的主张，无视中国作为沿海国在涉案岛礁和周边水域从事军事活动和执法活动的"沿海国"地位，自相矛盾[128]；（2）仲裁庭在解释和适用《海洋法公约》第 12 部分的第 192、194、197、206 条时，并未恪守"条约解释三原则"即"善意解释"、"条约通常含义"和"条约上下文解释"原则，仲裁裁决中援引的相关判例也存在片面引用的现象；（3）对菲律宾指控中国渔业活动污染海洋环境，以及岛礁建设破坏珊瑚礁、生态环境的专家报告和相关证据，仲裁庭并没有尽到合理的审查义务。仲裁裁决存在以上问题，与菲律宾的仲裁事项无法跟南海岛礁主权和海洋划界切割产生直接的联系。

1992 年"里约峰会"后很长一段时间，鉴于生态系统管理是一个政策工具而非法律概念[129]，国际法院对"生态系统方法"持谨慎态度，拒绝根据环境和生态保护的需

---

[126] See K. E. Carpenter & L. M. Chou, Environmental Consequences of Land Reclamation Activities on Various Reefs in the South China Sea (14 Nov. 2015), in Supplementary Documents of the Philippines, Vol. II, Annex 699, p. 2.

[127] See In the Matters of the South China Sea Arbitration (the Republic of the Philippines v. the People's Republic of China), Award of 12 July 2016, paras. 1202-1203.

[128] 参见刘丹：《论〈联合国海洋法公约〉第 298 条 "任择性例外" ——兼评南海仲裁案中的管辖权问题》，《国际法研究》2016 年第 12 期。

[129] 参见 [英] 帕特莎·波尼、埃伦·波义尔：《国际法与环境》（第 2 版），那力等译，法律出版社 2007 年，第 338 页。

要裁定海洋划界等案件。[130] 然而，近年来国际海洋法法庭、常设仲裁院的临时仲裁庭对《海洋法公约》第 12 部分"海洋环境保护"条款则持开放态度，客观来看与当代基于生态系统的海洋管理和强调海洋环境保护法律义务的理念有关。在南海争端"高烧不退"、有关国家合作前景风云莫测的时候，海洋环境保护与渔业方面的合作不失为"低敏感度、高合作可能"的领域。《海洋法公约》第 123 条鼓励闭海和半闭海沿岸国在海洋环境的保护与保全、海洋生物资源养护与管理等方面积极合作。南海是典型的半闭海，开展海洋区域性合作具有紧迫性、合法性和必要性，对此本文提出如下建议：

第一，以构建"南海沿岸国合作机制"为契机，从紧迫议题和低敏感领域着手，周边国家可围绕生物资源可持续利用等议程，本着"先易后难、先简单后复杂"的原则推动海上合作。在渔业方面，可以探索在南沙地区建立多边渔业协定，确定争议地区的渔业资源可捕量、禁渔期和入渔制度[131]。

第二，在"基于生态系统"的全球海洋综合管理趋势[132]下，南海海洋环境保护法制机制方案呈多元化的特点、议题可塑性强，中国应发挥议题引领作用。对于低敏感度的南海海洋环境保护问题，国内外学界提出的解决方案主要有：（1）制定有约束力海洋环境区域性公约[133]；（2）建立南海海洋保护区或海洋公园[134]；（3）建立南海特别敏感海域。[135] 然而，制定具有法律约束力区域公约受政治因素影响，而采取特别敏感海域制度则受到我国国内法完备性和科学研究配套等方面的掣肘。本文认为，中国应发挥"海上丝绸之路"议题引领方和方案落实者的作用，在南海设立海洋保护区或海洋公园。今后除了完善已有的海洋保护区相关国内立法[136]和地方规章外，还应继续加强南海海域海洋保护区前期试点、选址和科学研究等方面的工作。

---

〔130〕　See *Gulf of Maine Case*（1984），I. C. J Reports. 246；*Jan Mayen Case*（1993），I. C. J Reports. 38.

〔131〕　参见吴世存：《让南海问题早点回归本位》，《环球时报》2016 年 11 月 23 日。

〔132〕　参见薛桂芳：《〈联合国海洋法公约〉与国家实践》，海洋出版社 2011 年版，第 46—47 页。

〔133〕　参见隋军：《南海环境区域保护合作的法律机制构建》，《海南大学学报（人文社会科学版）》2013 年第 6 期。

〔134〕　相关文献，参见 John W. McManus，Kwang-Tsao Shao，and Szu-Yin Lin，"Toward Establishing a Spratly Islands International Marine Peace Park：Ecological Importance and Supportive Collaborative Activities with an Emphasis on the Role of Taiwan"，*Ocean Development and International Law* 41，2010，pp. 270-280；李凤宁：《我国海洋保护区制度的实施与完善：以海洋生物多样性保护为中心》，《法学杂志》2013 年第 3 期；范晓婷主编：《公海保护区法律与实践》，海洋出版社 2015 版，第 210—223、279—284 页；陈嘉、杨翠柏：《南海生态环境保护区域合作：反思与前瞻》，《南洋问题研究》2016 年第 2 期。

〔135〕　参见管松：《南海建立特别敏感海域问题研究》，《中国海洋法学评论》2012 年第 2 期；马金星：《论特别敏感海域制度在南海的适用》，《太平洋学报》2016 年第 5 期。

〔136〕　我国关于海洋保护区的法律文件有：部门规章有 1994 年国务院颁布的《自然保护区条例》、国家海洋局 1995 年颁布的《海洋自然保护区管理办法》和 2010 年颁布的《海洋特别保护区管理办法》等；配套性法律文件，如国家海洋局 2010 年 8 月发布与实施的《国家级海洋特别保护区评审委员会工作规则》《国家级海洋公约评审标准》等。直接或间接涉及海洋保护区的还包括《海洋环境保护法》《海洋功能区划管理规定》《防治海洋工程建设项目污染损害海洋环境管理条例》《野生动物保护法》《渔业法》等国内立法。

审视南海岛礁建设法理性问题中的三个国际法维度

■ 马 博*

【内容摘要】 现有国际法，特别是海洋法对岛屿建设，特别是对人工岛礁建设的法理研究明显滞后。本文试图以当前中国在南中国海进行岛礁建设而引发的区域内国家以及西方国家的热议为背景，探讨主权国家在领海内依托所控制的岛礁进行岛礁建设在国际法上的法律效力及其局限性；从动态国际法和国际关系的角度入手，提出主权国家和平建设、开发、利用岛礁应该考量并遵循的三个国际法维度：即符合现行国际秩序的原则、地区主义的原则、遵守国内法的原则，以期为今后中国在南海断续线内建设、开发、利用岛礁提供国际法的法理支撑，更好地地捍卫中国的海洋权益。

【关键词】 岛礁建设 《联合国宪章》 《联合国海洋法公约》 南海问题

一、前言

当今社会，伴随着科学技术的不断发展，人类对海洋的战略地位、经济价值的认识，对海洋的开发与利用也在同步深入。在这一进程中，各沿海国家不断遇到国际海洋治理方面的新现象和新问题，逐渐显现出对海洋，特别是岛屿建设、开发、利用在立法、监督和规范等方面的滞后性。例如，1982 年制定的国际海洋"宪法"《联合国海洋法公约》，其中对于"人工岛屿"（Artificial Island）的定义及法律地位仅在第 60 条和第 80 条有所涉及，而对于在原有岛礁的基础上，通过采取人工添附方式进行建设的合法性，以及主权国家由此产生的相应义务与责任的法律定位都还存在着空白；目前国际法学界、学者也缺乏对此类岛礁在国际海洋法中的法理研究。

本文针对当前引起国际社会、国内外政界、学界广泛关注的有关中国政府在南中国海开展岛礁建设活动在国际上的合法性问题，拟就现行国际法对于主权国家在所控制的岛礁，通过各种形式扩大这些岛礁的面积，使其承载人类生存需要和具备发展能力等活动的适用性、法律定位、法律效力等进行探讨，并指出国际现存法律的局限性。其次，本着《联合国宪章》、《南海各方行为宣言》和《东南亚友好合作条约》精神，从国际法和国际关系的动态角度，提出主权国家和平建设、开发、利用岛礁应考量并遵循的三个国际法维度，即符合现行国际秩序原则、地区主义原则、遵守国内法原则。最后，结合中国政府在南海南沙海域岛屿（礁）建设和所修建的人工岛礁，具体分析其合法性和随之产生的相关义务，探讨中国政府应如何适应国际法准则，对南海断续线内建设、开发、利用岛礁进行正名。通过对相关国际法法规的研究，以期为国家今后的南海问题决策提供一些国际法方面的法理支撑，以便更好地捍卫中国的海洋权益和发展权利。

---

* 南京大学中国南海研究协同创新中心助理研究员、海洋法与南海研究项目主任；纽约城市大学政治学博士、纽约大学国际法硕士。

二、人工岛屿的发展现状与南海争议

兴建"人工岛屿"或基于现有岛礁开展基础设施建设，这类行为在国际上屡见不鲜。英国兴建人工岛屿的历史始于 1860 年，例如著名的圣海伦斯岛（St. Helens）就是在 1870 年建成的。波斯湾的一些石油国家为了发展经济，减少对石油的过分依赖，纷纷兴建人工岛屿以扩展旅游产业。例如阿联酋迪拜斥巨资修建全砂石结构的人工岛屿"棕榈岛"，使其成为迪拜的高档旅游度假胜地从而成为吸引全球游客的新亮点。

在南中国海，目前除了中国以外，越南、菲律宾、马来西亚、文莱等国都声称对南沙群岛拥有部分主权。周边国家实际控制岛礁的情况是：越南共攫取南沙群岛岛礁共 29 个，驻军总兵力超过 2200 人，自 20 世纪 70 年代开始大量构筑野战和永备工事，不断强化所占岛礁的防御体系，其中在南威岛、南子岛等 9 个岛礁上构筑有兼具战斗和生活功能的面状防御阵地，部署了坦克、武装直升机等重型武器装备，2004 年 5 月，越南还在南威岛加修了飞机跑道。[1] 南海主权另一声索国菲律宾共攫取中业岛、马欢岛等南沙群岛的 8 个岛礁。其中的中业岛为南沙海域的第二大岛屿，现有驻军和居民百余人，岛上还建有市政厅、学校、诊所、机场跑道等军民两用设施。[2] 马来西亚也实际控制了 5 个南沙岛礁，上面均有驻军，并且将其中的弹丸礁扩展成为著名的旅游度假胜地，建有豪华酒店和机场，每年吸引大批游客上岛观光。而今天的弹丸礁正是由马来西亚政府改变其自然原貌，将两座小礁经过陆域吹填而形成的人工岛。总体上看，南海声索国中除了文莱以外，其他国家均在各自控制的岛礁上进行了基础设施建设并部署了常规部队，移驻了居民，使之不同程度地成为了军民两用、平战结合的岛礁。

相比之下，中国在南海实际控制岛屿的建设方面，无论是扩展岛屿面积，还是改善岛上基础设施，都远远落后于周边南海诸声索国，对于中国实际行使南海主权造成了很大影响。单从运输上看，中国的海南岛到南沙最南端岛屿的距离就超过 3000 海里，而目前中国现有具备全天候航行条件的大型交通补给船"三沙 1 号"，其设计航速仅为 19 海里/小时，到达南沙群岛南部需要超过 6 天时间。[3] 即便中国同时拥有多艘大型交通补给船，依然无法有效解决南沙全部实控岛礁上的正常居住、生活和开展经营活动的问题。同时，由于南沙岛礁附近通常伴有大量珊瑚礁，大型补给船只直接停靠难，因而还会出现"大船靠不上，小船运不了"的尴尬现象。[4]

从 2014 年开始，中国在南沙海域部分实际控制的岛礁开展了大规模的建设活动，此举引发了南海一些声索国的强烈反应，并逐渐为西方政府和媒体所关注。2014 年 5 月，菲律宾外交部在一份声明中公布了中国在南沙群岛所控制岛礁上进行"扩岛"行动

〔1〕　参见 http://world. huanqiu. com/exclusive/2014-12/5248994. html，访问日期：2014 年 12 月 28 日。
〔2〕　参见 http://world. huanqiu. com/exclusive/2014-12/5248994. html，访问日期：2014 年 12 月 28 日。
〔3〕　参见《三沙 1 号，可在南海跑个来回》，《环球时报》2014 年 1 月 7 日。
〔4〕　参见《三沙 1 号，可在南海跑个来回》，《环球时报》2014 年 1 月 7 日。

的照片，对中国单方面兴建人工岛屿的行为提出了抗议，称其是"带有挑衅性质的行为"。菲律宾政府还在此后举行的东盟区域论坛上号召各方停止一切"扩岛"行为，但该倡议遭到了中方的忽略。[5] 2014 年 9 月，英国 BBC 的记者 Rupert Wingfield-Hayes 跟随菲律宾船只做了实地调查，之后以"中国的岛屿工厂"为题对此事做了报道，称"中国政府正在将数以百万吨的沙石倒入海床，将原本沉在海底的礁石变成了拔地而起的岛屿……中国政府正在南沙海域打造一堵堵的海上之墙"。[6] 与此同时，也有一些西方海洋安全观察家认为，中国建设岛礁的行为将会增添南海声索国的不信任感，甚至会被认为是恶意的。[7] 美国对中国南海岛礁建设的关切度也在 2015 年之后开始逐渐增强，认为中国将南海"军事化"的做法制造了与其他国家的对立。面对南海声索国的抗议和西方国家的横加指责，解放军副总参谋长孙建国曾表示："中国对南海部分岛礁进行的建设，主要是为了完善岛礁的相关功能，改善驻守人员的工作和生活条件，满足必要的军事防卫需求，更好地履行中方在海上搜救、防灾减灾、海洋科研、气象观测、环境保护、航行安全、渔业生产服务等方面承担的国际责任和义务。"[8]

西方国家之所以对中国在南沙群岛部分控制岛屿上进行建设的行为说三道四，是因为它们认为中国此举"违反"了国际法的准则，其"逻辑思维"主要有以下两点：一是认为中方扩充岛屿的目的是为了修建机场跑道，以便今后起降战斗机，进而在岛上建立军事基地，因此中国的"扩岛"行为被认为是"具有攻击性"的[9]；二是认为中方扩大岛礁是为了使之具备主张领海和专属经济区岛屿的应有面积，进而为主张领海权铺路，因此违背了《联合国海洋法公约》中关于"人工岛屿不可以主张领海及专属经济区"的原则。面对西方国家的指责以及国际社会越来越多的关注，2015 年 6 月，中国外交部发言人正式就南沙岛礁建设问题表态，认为"岛礁建设是中国主权范围内的事，合法、合理、合情，不针对任何国家，不会对各国依据国际法在南海享有的航行和飞越自由造成任何影响，也不会对南海的海洋生态环境造成破坏"[10]。

实际上，对于西方指责中国修建岛屿的行为"违反"国际法的这两点理由，我们只

---

〔5〕 Shannon Tiezzi, "Why Is China Building Islands in the South China Sea?" *The Diplomat*, September 10, 2014. Available at http://thediplomat.com/2014/09/why-is-china-building-islands-in-the-south-china-sea/ (accessed on January 17, 2015).

〔6〕 Rupert Wingfield-Hayes, "China's Island Factory", http://www.bbc.co.uk/news/resources/idt-1446c419-fc55-4a07-9527-a6199f5dc0e2.

〔7〕 P. K. Ghost, "Artificial Islands in the South China Sea", *the Diplomat*, September 23, 2014. http://thediplomat.com/2014/09/artificial-islands-in-the-south-china-sea/ (accessed on January 10, 2015).

〔8〕 孙建国：《中国对南海部分岛礁的建设系为更好履行责任和义务》，http://m2.people.cn/ r/ MV8xXzI3MDgyMTU4XzEwMTFfMTQzMzA1Nzk0Ng = = ，访问日期：2015 年 5 月 31 日。

〔9〕 参见孙建国：《中国对南海部分岛礁的建设系为更好履行责任和义务》，http://m2.people.cn/ r/ MV8xXzI3MDgyMTU4XzEwMTFfMTQzMzA1Nzk0Ng = = ，访问日期：2015 年 5 月 31 日。

〔10〕《外交部：南沙部分岛礁陆域吹填工程将完成》，http://china.cnr.cn/wjfwz/wqjm/20150619/ t20150619 _ 518899319.shtml，访问日期：2015 年 6 月 17 日。

要简单地进行分析就可以发现其纯属谬论。首先，两点理由均为推论或者臆想。确定一个国家是否违反国际法，应当以事实为依据，而不应对尚未发生的事情借题发挥、任意推断，解读中国"扩岛"就必然导致军事上的"攻击性"，是违反《联合国海洋法公约》的。其次，对于中国意图通过修建岛礁军事基地威胁他国、利用新建岛礁提出领海主张的推测，目前并没有显示出丝毫的证据。可见，西方国家以及越南、菲律宾所谓的中国正在"违反"国际法，经不起最基本的常识检验。可问题在于，中国政府面对国际上的普遍质疑，一方面宣称自己的行为是完全"符合"国际法的，但同时却没有对其做出详尽的法理阐释。而笼统的回应最易授人以柄，在中国今后的岛屿设施建设上不断引发新的争议。纵观整个国际战略，当前的南海问题已经超越了诸如朝核问题、台湾问题等东亚传统的热点问题，正在逐渐上升为主导亚洲大国战略竞争的新热点。[11]同时有国内学者认为，随着美国"亚太再平衡"战略的不断深入，美国对南海问题的介入正在由"选择性干预"转向"战略性干预"。[12] 为此，本文认为，中国政府除了就南海岛礁建设问题做出回应性表态外，更应注重研究和吃透国际法，最大限度地利用相关法理来阐述岛礁建设的行为是符合国际法和国际规范的。

三、《联合国海洋法公约》：岛礁建设的直接法理依据及其局限性

一个岛屿的存在对于一个国家的主权和经济发展意义重大，基于岛屿不但可以拥有1550 平方公里的领海海域，而且如果岛屿符合《联合国海洋法公约》制定的标准，还可以获得 43 万平方公里的专属经济区。但是对于人工岛屿的定义，在国际法领域内却充满了争议性和复杂性。国际法学者邹克渊在 2010 年的一篇国际会议论文中提出，自从 1982 年《联合国海洋法公约》颁布以来，人工岛屿就是一个被长期忽略的领域。而由于它涉及国家主权、海洋管辖权、海洋划界以及海洋资源开发等一系列事务，近些年来它在东亚、东南亚地区变成了一个热门话题，如果人工岛屿的修建和开发使用问题得不到法理解决和妥善处理的话，那它势必会成为该地区海洋争议新的冲突点。[13]

《联合国海洋法公约》中直接涉及人工岛屿的条款有第六十条（专属经济区内的人工岛屿、设施和结构）和第八十条（大陆架上的人工岛屿、设施和结构），其中明确规定"沿海国在专属经济区（及大陆架）内有专属权利建造并授权和管理建造、操作和使用人工岛屿"，并且这种管辖权"包括有关海关、财政、卫生、安全和移民的法律和规章方面的管辖权"。《联合国海洋法公约》对于各国人工岛屿的约束，主要体现在"不

---

〔11〕 参见朱锋：《岛礁建设会改变南海局势现状吗?》，《国际问题研究》2015 年第 3 期。

〔12〕 参见朱锋：《岛礁建设会改变南海局势现状吗?》，《国际问题研究》2015 年第 3 期。

〔13〕 Zou Keyuan, "The Impact of Artificial Islands on Territorial Disputes Over The Sparatly Islands", Conference Paper at the Second International Workshop, November 2010. Available at http：//southchinaseastudies. org/en/conferences-and-seminars-/second-international-workshop/597-the-impact-of-artificial-islands-on-territorial-disputes-over-the-sparatly-islands-by-zou-keyuan. (accessed on January 2, 2015).

得影响其他国家的航行安全以及人工岛屿不具有天然岛屿地位"上，明确指出人工岛屿"没有自己的领海，其存在也不影响领海、专属经济区或大陆架界限的划定"。由于《联合国海洋法公约》对人造岛屿的合法性做出了比较清晰的界定，所以在 1982 年《联合国海洋法公约》公布之后，国际上因为修建人工岛屿而产生的争议并不常见。目前在国际法领域因为岛礁建造和使用而产生的相关问题主要有以下三个方面：一、沿岸国在现有岛屿、岛礁的基础上通过填海建造等人工形式的"扩岛"行为是否依然符合《联合国海洋法公约》精神；二、沿岸国对于在天然岛屿、岛礁基础上扩展的新岛屿是否具有延伸海洋权利主张的权利；三、相关国家在有争议海域的岛礁上修建人工岛屿及相关设施，是否符合《联合国海洋法公约》的精神。这些问题在现存的《联合国海洋法公约》中都无法找出明确的答案，而当前发生在南海上的争议也都涉及这三点，因此，创造性地运用国际法来妥善解决以上问题就显得刻不容缓。

首先，人工岛屿和天然岛屿并不是相互对立的概念，而是相互补充的关系。《联合国海洋法公约》第 121 条对岛屿有比较明确的界定，即规定了岛屿"四面环水""高潮时露出水面""自然形成""陆地区域"，并且以是否能承载"人类居住"或"其本身的经济生活"来规定岩礁和岛屿在国际法上权利与责任的不同。尽管《联合国海洋法公约》没有明确人造岛屿的定义，但是根据对岛屿定义的精神，便可以大致衍生出人造岛屿的定义，即基于天然岛屿上建造的人工合成的部分。换句话说，一个岛屿既有天然的部分，又有人工合成部分，并且分别享有各自在《联合国海洋法公约》中的义务和责任。因此，天然岛屿与人工岛屿并不相互矛盾，而是岛屿的重要组成部分。

其次，应该意识到，随着世界形势的变化，各国对于国际海洋法，特别是对于岛礁的开发、利用及其法律依据的研究与实践，已经远远落后于时代和科技的发展。与《联合国海洋法公约》制定的 20 世纪 80 年代相比，当今无论是科学技术的发展水平，还是现实的国际关系均产生了深刻的变化。在 21 世纪的今天，发达国家的人工岛礁建造技术、海水淡化技术、科学种植海洋农产品等等技术，已经可以将之前无法维持人类生存的"弹丸之地"扩展到数平方公里，并且能够满足相关人员在岛礁上独立生活和开展生产活动的需要，"海洋城市"（Ocean City）的概念"呼之欲出"，从科学技术的角度上看，它的最终出现只是时间问题。与此同时，当代国际关系的发展也早已超越当时制定《联合国海洋法公约》时美苏"冷战"的国际大格局。当今的世界已经在不是由各个国家通过制定法律和签订条约来防止战争发生的时代，而是更加趋向通过法律、法规来促进国家、地区间进行合作以及和平利用资源，使人类社会得以可持续发展的时代。因此，国际关系上一切符合国际法、符合国际秩序的基本价值，即和平、安全、人权、正义的法理及实践创新都应该得到国际社会和各个国家的鼓励。

具体到 21 世纪的国际海洋法，它的制定特别是明确人工岛礁建设的性质和规范，既要符合当今国际法、国际关系理论的创新趋势，统筹国际法和国际关系，又要符合各个地区及相关国家的利益需求，兼顾地区利益和国家利益的实现。为此，关于人工建造的岛屿在国际法、国际关系上的定位，必须要符合《联合国宪章》的宗旨和原则；对于在南中国海范围内进行的岛礁建设，必须要立足地区形势，符合该地区的法律法规，特别是要符合《南海各方行为宣言》和中国作为缔约国之一的《东南亚友好合作条约》的宗旨和精神；中国在南海建立、开发、使用岛屿，还必须要完善和遵守中国国内的相关立法，在符合自身利益的基础上起到造福整个地区的作用，使中国政府致力于将南海建成"和平之海、合作之海、友谊之海"的目标变为现实。

四、人工岛礁建设及利用的三个国际法维度

（一）《联合国宪章》与岛礁建设

尽管《联合国海洋法公约》局限于时代而对人工岛屿的法律地位及其用途并没有过多的界定和规范，但在与时俱进的国际法、国际关系体系中，《联合国宪章》的宗旨和原则仍然是处理国际事务、化解国家间纠纷时应当参照、遵守和维护的准则。鉴于此，从《联合国宪章》中去寻找和发掘修建人工岛屿应当遵守的国际准则便成为了当前各个国家优先考虑的重点。这是因为：首先，《联合国海洋法公约》是根据《联合国宪章》精神制定出来的法案，其本身就是对《联合国宪章》在涉及海洋问题上的具体化诠释。1998 年 9 月 15 日，第五十二届联合国大会通过了题为《联合国与国际海洋法法庭的合作和关系协定》的第 251 号决议，以书面决议形式明确了联合国以及《联合国宪章》在和平解决国际海洋争端中应发挥的关键作用。[14]《协定》的第一条"总则"中还强调了国际海洋法法庭承认联合国在《联合国宪章》下的责任，特别是在国际和平与安全，经济、社会、文化和人道主义发展以及和平解决国际争端领域的责任。[15] 其次，《联合国宪章》明确了"任何国家在自己的领海及领海之外的公海修建人造岛屿与岛礁建设都不应该违背《宪章》的宗旨及原则"。最后，考虑到岛屿的开发与利用是以贯彻和发扬《联合国宪章》的精神为出发点，那么，岛礁的修建和利用就没有违背《联合国海洋法公约》，即便是它对此没有做出明文规定，而恰恰是符合国际法、发展国际法实践的行为。

1. 岛礁建设应符合的《联合国宪章》宗旨及原则

《联合国宪章》在第一章的第一条中明确规定了联合国的三大宗旨，即维持国际和平与安全、尊重人权、促进国家的可持续发展。《联合国宪章》第一章的第二条则规定了各会员国在处理国际关系问题上"不得使用或威胁使用武力……应以和平方法解决国际争端"的原则。如果将《联合国宪章》的宗旨及原则应用到当前各国处理南海岛礁建设的问题上，则各方应当本着《联合国宪章》的精神，以不违背三大宗旨为前提，采用

---

〔14〕　参见《联合国和国际海洋法法庭的合作和关系协定》，http：//www. un. org/chinese/ documents/decl-con/docs/a-res-52-251. pdf，访问日期：2015 年 1 月 6 日。

〔15〕　参见《联合国和国际海洋法法庭的合作和关系协定》，http：//www. un. org/chinese/ documents/decl-con/docs/a-res-52-251. pdf，访问日期：2015 年 1 月 6 日。

和平方式解决一切争端和纠纷，同时，岛礁建设的目的也应当最大限度地符合地区安全利益、促进保护人权以及经济的可持续发展。

（1）维护和平与安全的宗旨。首先，在公海地区修建人工岛礁、开发和建设岛屿不应影响其他国家的船只在该地区的安全航行。其次，建造和使用人造岛屿的国家应当尽力维护周边海域的航道安全。其中涉及众多非传统安全领域的治理，例如打击海盗、有组织犯罪，甚至对遇险船只提供海上救援等，这些都是维护航道安全的切实举措。鉴于岛屿使用国承担着相应的国际义务与责任，由此决定了岛礁用途的多元化，而管理人造岛屿、维护航道安全的责任又不可能由平民来完全承担，所以从维护海域、航道和岛屿安全考虑，在岛礁上驻扎必要的武装力量是符合《联合国宪章》和平与安全宗旨的。

（2）促进国际经济与社会合作宗旨。中国政府在建设、开发、利用南海岛礁的过程中，应当依据《经济、社会及文化权利国际公约》（以下简称《公约》）充分伸张自己的合法权益，并严格遵守和履行自身承担的义务。该《公约》是 1966 年第 21 届联合国大会通过的，它是将《联合国宪章》中关于保障、促进国际经济及社会合作的条款提到了保障人权的高度，并以公约的形式由各国签字、批准和加入的。该《公约》的第九章第五十五条规定，联合国以及各个成员国应该积极促进"国际间经济、社会、民生及有关问题之解决"；第五十六条规定，各成员国应该采取共同或是个别行动与联合国进行相关促进国际经济及社会进步方面的合作。第二条第一款规定，"每一缔约国家都应尽最大能力，采取个别或经由国际援助与合作的方式，承担特别是经济、技术方面的援助与合作的义务"[16]。第十一条规定，"一国政府应该个别或通过国际合作的措施充分利用科技知识以使天然资源得到最有效的开发和利用，以此保障人民的生活水准，改善生活条件"。由此可见，岛屿的开发和岛礁的建设，从微观角度看，它是切实改善居住在远离大陆岛屿上国民生活条件的必要措施；从宏观角度看，它又是一个国家通过岛屿建设，为更好地开发、利用海洋资源服务，提高国民整体生活质量的举措。所以说，它是符合国家尊重和保护人权基本原则的。同时，《公约》第十五条第四款还指出，各个国家应该充分认识到"鼓励和发展科学、文化方面的国际接触与合作的好处"。也就是说，一个国家不应该排斥与其他国家在科技领域的合作，即使是在岛礁的开发、利用过程中，技术发达的国家也可以通过多种形式参与，并以此带动该地区的科技、经济、社会的整体发展。中国政府已于 2001 年正式加入了该《公约》，并于 2003 年开始向联合国提交《公约》的实施报告。实际上，中国外交部在回应西方媒体关于在南沙群岛修建人工岛屿的目的时，也指出了"主要是为了改善居住在岛上人员的生活水平"这一点。但本文认为，国家今后再面对类似指责时，应该从法理上更进一步地明确指出，中方的行为完全符合《经济、社会及文化权利国际公约》的规定，并且是在切实履行《联合国海

---

〔16〕《经济、社会及文化权利国际公约》，http://www.un.org/chinese/hr/issue/esc.htm，访问日期：2015 年 1 月 10 日。

洋法公约》的责任与义务。

中国作为地区大国，在促进地区经济合作、提高地区人民生活水平等方面都责无旁贷。为此，中国在 2014 年首次提出了希望周边发展中国家搭中国经济发展"顺风车"的倡议。就拿修建、开发、利用岛屿和人工岛礁来说，中国政府完全可以考虑以这些岛屿和人工岛礁为依托，将其作为促进周边地区经济、社会发展的平台，提出与东南亚相关国家合作，共同开发周边海域，联合开展科学考察、海上搜救等合作事项的倡议，从而把中国政府关于"搁置争议，共同开发"的主张落到实处。

（3）促进可持续发展的宗旨。从促进可持续发展的角度看，在联合国框架下推行岛礁的建设、开发和利用，这对于世界上很多国家和地区尤为重要。1992 年国际社会在联合国环境与发展会议上通过了《21 世纪议程》，它反映了世界各国对发展和环境合作议题的一致意见和政治承诺。在这个议程之后，又有了"小岛屿发展中国家可持续发展全球会议"，这是一次探讨开发、利用海洋资源议题，最具代表性，最能体现联合国可持续发展宗旨的会议。世界上诸多小岛屿发展中国家受到自身面积狭小、全球气候变化导致海平面上升等因素对社会、经济发展的影响，为了确保当代和子孙后代的生存和可持续发展，必须面对挑战，创造性地开发、利用海洋资源，而科学技术的不断发展，特别是人工岛屿建造技术的不断成熟，实际上恰恰为它们提供了一条可持续发展的新路径。从 1994 年在巴巴多斯布里奇敦举行的"小岛屿发展中国家可持续发展全球会议"到 2014 年联合国主办的"第三届小岛屿发展中国家国际会议"，在长达 20 年的时间里，各个国家的代表多次共同探讨了小岛屿发展中国家的可持续发展问题。[17] 参会国家代表普遍认为，对现有岛礁进行扩建是一种促进可持续发展的有效措施，需要得到国际社会的广泛认同和支持。

（二）区域主义：《南海各方行为宣言》和《东南亚友好合作条约》

《联合国宪章》第三十三条在提到关于各国解决争端的手段时指出，可以利用"区域机关或区域办法"求得争端的妥善解决，并且在《联合国宪章》的第八章明确提出"区域机关或区域办法"应该成为各个国家处理彼此争端的首选途径。由此可见，在南海问题的处理上，东南亚国家联盟（简称"东盟"）应该是发挥主导作用的区域性组织，各个国家既有义务，也有责任首先在"东盟"框架内寻求南海问题的解决。

《南海各方行为宣言》（以下简称《宣言》）是中国与东盟国家在 2002 年 11 月签署的一份政治文件，其宗旨是为了维护南海局势的稳定，推动南海各声索国最终和平解决领海争议创造良好条件。[18] 中国政府自签署《宣言》后，一贯视其为维护地区稳定、增进中国与东盟各国关系的准则，并且与东盟国家成立了联合工作组，将海洋科技、海

---

〔17〕　参见《第三届小岛屿发展中国家国际会议召开》，《中国海洋报》2014 年 9 月 9 日。

〔18〕　2002 年 11 月 4 日，时任中国国务院总理朱镕基和东盟各国领导人出席了签字仪式。

洋环境保护、海上航行安全等作为优先合作领域，进行了多次磋商。[19] 各方政府在合作问题上的基本态度是，应在不损害在该地区有直接利益国家的主权和管辖权的基础上，通过双边或者多边的方式展开合作。[20] 2011 年在印度尼西亚举行的落实《宣言》的高官会上，中国与东盟就落实指针案达成一致，为推动最终制定《南海行为准则》（Code of Conduct）扫清了障碍，铺平了道路。可以说，《宣言》是中国迄今为止与东盟签署的第一份有关南海问题的政治文件，它对于解决南海争议以及合作开发南海资源，对于维护中国的主权权益和增强与东盟的互信，具有里程碑式的重要意义。

依据 1980 年生效的《维也纳条约法公约》精神，就条约而言，无论其采用何种称谓、以何种形式发布，只要签署方有达成协议的意图（intentions），它就对双方的行为产生了法律上的效力。因此，站在国际公法的角度上看，《南海各方行为宣言》已经构成了具有法律效应的"条约"效力，而中国政府在南海问题上的态度以及处理争议问题的准则也都以维护《宣言》为基本出发点。当然，也有学者指出，《宣言》仅仅只是表达了各方"搁置争议，共同开发"的意愿，它的适用范围并无实质性地涉及主权归属问题。[21] 有国际法学者声称，该《宣言》是中国—东盟之间构建的"信任措施"（Confidence Building Measures）[22]，其属性是旨在促进睦邻友好和地区稳定的政治文件，而不是解决具体争议的法律文件。[23] 而本文认为，正是因为《宣言》并未涉及各国敏感的主权问题，这一份文件的出台才成为了可能，因为它并没有排除有能力的国家在南海岛屿上的"单边开发"行为。

考虑到《宣言》对于中国和东盟各国在解决南海问题上的重要地位，因此，各国在南海修建人工岛屿、扩建岛礁或者采取其他任何措施时，其行为就必须符合《宣言》的基本准则。换句话说，判断一个国家在南海建设岛礁的合法性及合理性问题时，首先应该看这种行为是否有悖于《宣言》的准则和精神。据此，各国在处理岛礁建设所引发的纠纷和争议时，一是要符合《宣言》第一条所声明的"各方要遵从《联合国宪章》、《联合国海洋法公约》、《东南亚友好合作条约》等国际法原则，将其作为处理国际间关系以及解决分歧的准则"。二是要遵照《宣言》第三条"以和平方式解决……不诉诸武力或以武力相威胁"的原则，协商解决有关国家在岛礁建设方面存在的争议。三是要遵守《宣言》第五条"各方承诺保持自我克制，不采取使争议复杂化、扩大化和影响和平与稳定的行动"的原则。

这里面有一点值得特别注意，在《宣言》的第五条中还专门提到了"包括不在现无

---

〔19〕 参见张艺、徐松：《外交部：中国一贯严格遵守南海各方行为宣言》，《新华每日电讯》2011 年 6 月24 日。
〔20〕 参见李金明：《从东盟南海宣言到南海各方行为宣言》，《东南亚》2004 年第 3 期。
〔21〕 参见周江：《略论〈南海各方行为宣言〉的困境与应》，《南洋问题研究》2007 年第 4 期；李金明：《从东盟南海宣言到南海各方行为宣言》，《东南亚》2004 年第 3 期。
〔22〕 参见周江：《略论〈南海各方行为宣言〉的困境与应》，《南洋问题研究》2007 年第 4 期。
〔23〕 参见李金明：《从东盟南海宣言到南海各方行为宣言》，《东南亚》2004 年第 3 期。

人居住的岛、礁、滩、沙或其他自然构造上采取居住的行为，并以建设性的方式处理它们的分歧"的要求。也就是说，在南海地区修建人工岛屿是属于违反《宣言》第五条的行为。但如果我们仔细研读和推敲第五条的英文原稿就可以发现，其实这条所特指的是各方不应通过包括移民的方式对无人居住的岛礁进行破坏现状的行为。同时还需对三种情况加以考虑，一是《宣言》第五条对于在已经有人居住的岛礁上进行"扩岛"的行为并未做出详尽的规范；二是自 2002 年《宣言》签署生效之日起，应该如何判定一方或者多方的行为是否违反了第五条，对于违反行为又该如何制裁，《宣言》对此都未做出明确规定，而是要求各相关方"以建设性的方式"处理分歧；三是判断是否违反《宣言》第五条的行为，首先应当以是否影响了地区的"和平与稳定"为基本标准，而如果单纯为了改善岛屿居住者的生活质量，以及为了科学考察、维护航行安全等目的对岛屿进行扩展的行为，就不能视为对"和平与稳定"的破坏。因此，本文认为，对《宣言》第五条的精神必须放在特定的环境和行为中去解读，同时也认为，在今后制定《南海行为准则》时，各国应该对本文提出的以上问题予以澄清并作出相应的规范。此建议符合《宣言》第十条有关各方加强磋商并且达成一致的原则，有助于各方在制定和完善《南海行为准则》时参考。

除此以外，有关各方根据《宣言》第六条关于"在全面和永久解决争议前，各方应该在"海洋环境保护、海洋科学研究、海上航行安全、搜寻与救助以及打击跨国犯罪等领域进行合作"的主张，完全可以将它视为准则，把人工岛礁建设成为国际、特别是地区间和平利用海洋资源、维护地区安全与稳定的依托，并在上面驻扎专业力量，修建和配备具有军民两用属性的基础设施和装备器材。例如，根据环境保护、科学研究的需要，可以设置各类考察机构和实验室；考虑到海上搜救以及打击跨国犯罪的需要，可以驻扎军事人员和修建适当的军事设施，使其真正成为提升地区非传统安全能力的平台。

《东南亚友好合作条约》同样是具有国际法效力的文件，中国已于 2003 年 10 月经全国人民代表大会常务委员会批准，由国务院总理温家宝签字正式加入。[24] 该《条约》是由东盟国家发起，于 1976 年 2 月 24 日在印尼巴厘岛举行的东盟第一次首脑会议上签署的，它是一项旨在"促进东南亚地区各国人民之间永久和平、友好合作，以加强实力、团结和密切关系"的基础性政治文件，迄今已有包括中国、美国及欧盟在内的 27 个成员国加入，是一个跨区域的条约。该《条约》同样强调各缔约国应当遵守《联合国宪章》的精神和原则。《东南亚友好合作条约》第三章强调了合作的重要性，其中第四条指出："缔约各方将促进在经济、社会、技术、科学和行政管理领域的积极合作。"

---

〔24〕　第十届全国人民代表大会常务委员会第三次会议决定：中华人民共和国加入《东南亚友好合作条约》、《东南亚友好合作条约修改议定书》、《东南亚友好合作条约第二修改议定书》。之后在 2011 年，第十一届全国人民代表大会常务委员会第二十二次会议决定：批准 2010 年 7 月 23 日由外交部部长杨洁篪代表中华人民共和国在河内签署的《东南亚友好合作条约第三修改议定书》。

《条约》第四章强调要以和平方式解决争端，第十三条明确规定："一旦出现直接卷入的争端，它们（缔约国）将避免使用武力或以武力相威胁，任何时候都将通过它们之间友好谈判解决此类争端。"而第十四条则做出了"一旦出现上述争端，缔约各方将成立一个有部长级代表组成的机构通过地区性程序来解决争端"的规定。《东南亚友好合作条约》的这些精神同样适用于南海的岛礁建设，缔约国在各自的开发过程中，必须考虑到遵守《条约》的基本精神，注重合作，一旦由于各方所持不同态度而产生了争议，首先应该避免将事态扩大化，更不能够使用武力或以使用武力相威胁。为此，中国政府可以考虑与相关国家成立专门的协商委员会，通过东盟这个平台，按照《东南亚友好合作条约》的精神妥善处理南海岛礁建设方面存在的争议。

（三）中国国内对岛屿建设、开发、使用的立法

国内涉及海洋的法律法规源于国际海洋法，可以视其为重要的补充部分，公开宣传并且不断完善当前涉及海岛建设的国内法律法规，同样也可以增强岛屿建设的合法性和起到规范岛屿使用的功效。与日本、美国等发达国家不同，中国截至目前还没有制定出一部统一的"海洋基本法"，而在当前的海洋治理领域依照的只是一些不同时期制定的涉海法律及行政法规。在现有的国内立法中，只有 2009 年 12 月通过的、自 2010 年 3 月开始施行的《中华人民共和国海岛保护法》（以下简称《海岛保护法》）可以作为当前规范岛屿建设和使用、维护国家海洋权益的基本准则，并据此对违反该法的组织和个人进行适当的警示和惩罚。

《海岛保护法》的出台是国家首次通过立法的形式来加强对海岛的管理，规范海岛的开发利用以及环境保护工作。该法总则第一条说明了制定的目的是"为了保护海岛及其周边海域生态系统，合理开发利用海岛自然资源，维护国家海洋权益，促进经济社会可持续发展"。值得特别注意的是，该法正式出台前，在原草案的基础上增加了"维护国家海洋权益"的宗旨，它充分体现出国家已经考虑到了东海、南海有争议海域岛屿的归属以及管理、利用问题。该法明确了所管辖的海岛"包括有居民海岛和无居民海岛"。第一章第四条还规定了"无居民海岛属于国家所有，国务院代表国家行使无居民海岛的所有权"。此外，在《海岛保护法》的附则里还将"无居民海岛"定义为"不属于居民户籍管理的住址登记地的海岛"，为该法适用于在有争议海域的无固定居民居住海岛的开发、保护和执法奠定了法律基础。

《海岛保护法》总则第三条提到，各级政府应该"防止海岛及其周边海域生态系统遭受破坏"。总则第六条明确了"在需要设置海岛名称标志的海岛设置海岛名称标志；禁止损毁或者擅自移动海岛名称标志"。所以，按照该法的规定，中国政府在南海群岛设置用以宣示主权的各种标志符合国内法，不应该受到外国政府的影响，而一旦出现对方损坏标志的行为，即属于违反中国国内法的行为，可以追究其法律责任。《海岛保护法》中第三章第十八条规定，"国家支持利用海岛开展科学研究活动"，同时规定，"在海岛从事科学研究活动不得造成海岛及其周边海域生态系统破坏"。第二十二条则明确

规定了"国家保护设置在海岛的军事设施，禁止破坏、危害军事设施的行为"，其中助航、导航、测量、气象观测、海洋监测和地震监测等公益设施同样受到该法保护。这些都是符合《联合国海洋法公约》精神的。

　　鉴于目前中国国内法中尚未对经过人工"陆域吹填"后形成的新岛屿及其开发、使用、管理等问题在法律上做出明确的界定，因此，在制定统一的《海洋基本法》之前，必须从现有国际、国内的海洋立法中去探寻和确立其法律地位，从而使岛礁的建设、开发、使用纳入法理化轨道，不仅仅是要做到在国内有法可依，更重要的是要在国际法上取得绝对的合法性。同时还要与时俱进，着眼长远，尽量避免现存法律条款与现实扩岛建设的矛盾。例如，《海岛保护法》第三章"海岛的保护"中第十六条规定，"禁止采挖、破坏珊瑚和珊瑚礁"；第二十四条规定，"海岛的开发、建设不得超出海岛的环境容量。新建、改建、扩建建设项目，必须符合海岛主要污染物排放、建设用地和用水总量控制指标的要求"。第二十七条规定，"严格限制填海、围海等改变有居民海岛海岸线的行为，严格限制填海连岛工程建设"；第二十八条规定，"未经批准利用的无居民海岛，应当维持现状；禁止采石、挖海砂、采伐林木以及进行生产、建设、旅游等活动"；第三十五条规定，"在依法确定为开展旅游活动的可利用无居民海岛及其周边海域，不得建造居民定居场所，不得从事生产性养殖活动"；第三十八条规定，"禁止破坏国防用途无居民海岛的自然地形、地貌和有居民海岛国防用途区域及其周边的地形、地貌。禁止将国防用途无居民海岛用于与国防无关的目的"。这些法规不仅对今后进一步扩建岛礁、发展和改善其功能、强化其使用效益设置了障碍，还有可能授人以柄，引发国内外观察家从法律角度上的诟病，令国际社会产生质疑。例如，当前国家提出要将南沙岛礁建成军民混合使用的岛屿，那么这就与当前的《海岛保护法》第三十八条有矛盾之处。所以，新的《海洋基本法》的制定应当该尽可能地考虑到岛屿长远建设中可能出现的问题，同时，现行海洋法律法规中的部分条款也应当随着科学技术的发展进步和国家战略的调整变化进行补充和修订。最后，应该加强海岛保护的执法工作和惩戒力度。《海岛保护法》第五章第五十一条至五十五条规定了违反该法将会受到的各种处罚，视情节的轻重可以从给予治安管理处罚到追究刑事责任。这些执法和惩戒事项都应该及时和大张旗鼓地对外公布，起到广而告之、以儆效尤的作用，同时彰显中国政府依法治国和维护领土主权完整的决心。总之，完善对包括无人岛在内的海岛立法工作，是中国履行和创新《联合国海洋法公约》的义务和责任，同时也是依靠法律制度维护海洋权利，推动海洋建设和发展的一个重要环节。

五、结语：岛屿建设中应当关注的问题

　　人工岛屿的建设及其利用并非没有风险和弊端，例如沙土的流失、岛屿的下沉和溶解、对海洋生态系统的破坏以及造价昂贵等问题都将是政府需要考量的因素。众所周知，迪拜酋长国2001年斥巨资计划兴建的"三个棕榈岛工程"，因为资金问题至今也只

完成了一个，其对周边海域环境的破坏也遭到了国际社会的诟病，有报道称，人工"棕榈岛"的修建导致了近海生物，特别是珊瑚、海草等动植物的死亡，同时，因为人工岛屿改变了海浪的方向，迪拜的海岸也开始溶解。[25]《联合国海洋法公约》虽然赋予了沿岸国在专属经济区内建设人工岛屿的权利，但同时对其产生的负面作用也作出了估计。

目前，中国政府已经宣布，在南沙群岛部分岛礁的"陆域吹填"建设工程基本完成，接下来将会在岛上进行各项设施的建设。可以想象，从短期来看，南海周边国家以及西方国家将会围绕新建岛礁布设何种设施，是否会对南海航行自由以及航行安全产生影响的话题展开新一轮的探究和攻讦，尽管中国政府已经明确表明了新建成的岛礁不会对南海地区的航行自由与安全产生负面影响，岛上修建的灯塔有助于保护航行安全，等等。而从中长期来看，新建岛屿是否会对附近海洋环境产生影响，将是中国政府需要评估、同时向国际社会回答的问题。综合以上因素，从国际法、国际和地区组织、国内法这三个维度入手，为南海海域新建的岛礁正名，同时整合、规范和完善现有海洋法律法规，制定和出台统一的《海洋基本法》，是中国政府当前亟待着手的事情，在笔者看来，这也是一个发展国际海洋法千载难逢的契机。

---

[25] Zahra Moussavi and Adeleh Aghaei, "The Environment, Geopolitics and Artificial Islands of Dubai in the Persian Gulf", Procedia-Social and Behavioral Sciences 81 (2013) 311-313; Tina Butler, "The Price of 'The World': Dubai's Artificial Future ", August 23, 2005, http://news.mongabay.com/2005/0823-tina_butler_dubai.html; Maurice Picow, "Dubai's Artificial World Islands Are Killing Corals and Pushing Nature Out of the Sea", June 10, 2009, http://www.greenprophet.com/2009/06/world-islands-dubai/. (accessed on January 9, 2015)

中国南海岛礁建设活动的法律性质

■ 牟文富*

【内容摘要】 将中国在南海进行的岛礁建设视为建设人工岛是一个法律陷阱。中国有充分的理由主张相关行为是行使领土管理权，而非建设海洋法框架下的人工岛。中国对相关岛礁及附近海域的主权、管辖权、主权权利不受影响。

【关键词】 领土主权　领土管理权　人工岛屿

一、问题

近一年多来，中国在若干南海岛礁上从事了建筑施工[1]，在一定程度上改变了这些岛礁的地貌。同中国在南海问题上有利害冲突的国家如菲律宾、越南等国家则对中国展开攻击；[2] 而另一些国家，尤其是美国媒体则在法律上声援越南、菲律宾，认为中国的行为违反国际法。[3] 这些反对意见将中国的行为定性为建设人工岛屿，然后以此来界定中国行为的合法性以及所应享有的权利。中国部分媒体人士在网络上也将岛礁建设活动称之为人工岛，这是完全不了解人工岛屿概念对中国潜在影响的解读。[4]

将中国的行为界定为人工岛屿建设是一个法律上的陷阱。人工岛屿是对中国应享权利的消解而非加强。本文认为，中国对相关岛礁享有领土主权，中国的建设行为属于行使领土管理权，不属于建设人工岛屿的范畴，也不属于《联合国海洋法公约》相关规定规制的范围。国际法并不禁止一个国家对自己享有主权的岛礁进行改造、从事相关的建设活动，因此中国的行为并未违反国际法，中国应享的权利并不因建设活动而受到影响。这种立场可以避免人工岛概念带来的法律陷阱。本文主要围绕领土管理权概念、中

---

　* 四川省社会科学院法学研究所副研究员。

〔1〕 中国国家海洋局使用了"岛礁扩建工程"这样的措辞。参见国家海洋局：《南沙岛礁扩建工程不会对海洋生态环境造成破坏》，http：//www. soa. gov. cn/xw/hyyw_ 90/201506/t20150618_ 38598. html，访问日期：2015 年 9 月 9 日。

〔2〕 "China challenges int'l law with illegal artificial island construction in East Vietnam Sea"，http：//en. baomoi. com/Info/China-challenges-intl-law-with-illegal-artificial-island-construction-in-East-Vietnam-Sea/2/566688. epi.

〔3〕 Matthew Rosenberg，"China Deployed Artillery on Disputed Island，U. S. Say"，http：//www. nytimes. com/2015/05/30/world/asia/chinese-artillery-spotted-on-spratly-island. html？_ r = 0，MAY 29，2015；Andrew Jacobs，"China，Updating Military Strategy，Puts Focus on Projecting Naval Power"，http：//www. nytimes. com/2015/05/27/world/a-sia/china-updating-military-strategy-puts-focus-on-projecting-naval-power. html.

〔4〕 参见丁咚：《中国南海人工造岛有更大雄心》，http：//www. nansha. org/index. php/forum？ view = topic&catid = 1&id = 7425，访问日期：2015 年 9 月 9 日；《中国正在考虑在南海建造人工岛，该人工岛将主要用于军事基地》，http：//www. nansha. org/index. php/forum？ view = topic&catid = 1&id = 7389，访问日期：2015 年 9 月 9 日。

国的南海岛礁建设与海洋法中人工岛屿建设的差异来论证中国行为的合法性、中国的相关权利状况。

二、人工岛屿概念及其对中国南海岛礁建设活动的影响

认为中国违反国际法的理由主要建立在《联合国海洋法公约》关于人工岛屿的规定上。这些意见将中国的行为定性为是在建设人工岛，因此认为应该用《公约》中关于人工岛的规定来判断中国行为的合法性。

国际法中关于人工岛屿的概念主要出现在海洋法中，而且人工岛屿与人工设施、结构（artificial islands, installations, structures）这些术语一起使用。《联合国海洋法公约》关于人工岛的规定主要体现在近岸人工岛（第 11 条）、专属经济区内或大陆架上人工岛的管辖权（第 56 条）和专属建造权（第 60、80 条），联合国第三次海洋法大会过程中曾试图给设施下定义，但 1982 年《公约》的正式条文没有对人工岛下定义，[5] 而且公约中使用的有关术语也不统一，第 194（3）条用的是"设施和装置"（installations and devices）、第 209（2）条用的是"设施、结构和其他装置"（installations, structures and other devices）。人工岛屿在《公约》中的定义要根据 1969 年《维也纳条约法公约》的解释规则来进行解释。[6] 既然《公约》第 121（1）条关于岛屿有定义，其中的"自然形成的陆地区域"就成了判断人工岛屿的一个参照。这些人工岛屿的关键构成要素是人为干预，因此人工岛屿被认为是在海床上用人造物资或天然材料堆积建造的且高出海面的陆地区域。[7]

国外一些意见认为中国的行为属于《公约》中这些条款意义上的人工岛屿。[8] 按照这种意见，中国被视为沿海国，中国在一些岛礁上的建设活动被视为建立了全新的人工岛。如《纽约时报》网站 2015 年 5 月 29 日的一篇文章就称中国在过去 18 个月内建造了 2000 亩新的领土。[9] 另一个后果是其他国家用《公约》第 60（7）条来约束中国的相关权利，认为这些人工岛不具有岛屿地位、无自己的领海，不影响领海、专属经济区或大陆架的划定。

如果按照《海洋法公约》将中国所建设的岛礁视为人工岛，则在法律上陷入被动，

---

[5] Tanaka 最近对人工岛屿的界定也有些含糊不清："In practice, artificial islands and other installations are constructed in superjacent waters above the continental shelf." 参见 Yoshifumi Tanaka, *The International Law of the Sea*, Cambridge University Press 2012, p. 145。

[6] Alex G. Oude Elferink, "Artificial Islands, Installations and Structures", in R. Wolfrum (ed.) *The Max Planck Encyclopedia of Public International Law*, Vol. I, Oxford University Press, 2012, p. 662；A/CONF. 62/C. 2/SR. 38, See Official Records of the Third United Nations Conference on the Law of the Sea, Volume II, p. 278.

[7] See Alex G. Oude Elferink, "Artificial Islands, Installations and Structures", ibid., p. 662.

[8] Christopher Mirasola, "What Makes an Island? Land Reclamation and the South China Sea Arbitration", http://amti.csis.org/what-makes-an-island-land-reclamation-and-the-south-china-sea-arbitration/, accessed on Sept. 7, 2015.

[9] Matthew Rosenberg, "China Deployed Artillery on Disputed Island, U. S. Say", supra.

其应享的权利也受到严重损害。首先，相关岛礁本来就属于中国领土，中国也明确声明对南海相关岛屿及附近海域享有领土主权、管辖权和主权权利，中国作为沿海国是从立足于这些岛礁、而不是立足于中国大陆领土的视角来看的。如果中国建设的岛礁被视为人工岛，则中国对这些岛礁的领土主权就被消解了。其次，若中国被视为沿海国，作为人工岛的相关岛礁被视为是位于专属经济区或大陆架上的人工岛，而在海洋划界之前，专属经济区或大陆架的范围在何处还有争议，这正好给菲律宾等国家以可乘之机。再次，如果用公约第60（7）条来评判中国对这些岛礁的权利，那么本来中国享有的岛礁领土主权，以及可能享有的领海、专属经济区、大陆架也就不存在了。可以认为，将南海岛礁建设视为建设人工岛对中国而言是一个法律陷阱。

三、中国在南海岛礁上的建设活动的法律性质

1. 国际法中的领土管理权概念

在"帕尔马斯岛仲裁案"中，独任仲裁员胡伯说道："领土主权涉及显示一国活动的排他性权利。"[10]领土主权与在特定领土上的活动是一种相互构造的过程。伊恩·布朗利将这种过程中所隐含的主权和管理权两个概念分开，主权是"某种法律人格的法律速记"，而领土管理权则是政府的行政管理权中所体现的权利。[11] 在正常情况下二者是统一的，也无分开的必要。然而在历史上和平条约所构建的战后秩序中，一国法律人格不变，但其政府行政管理权可能受到限制，如受制于占领国、国际组织的支配。如二战后的德国一段时间受英、法、美、俄四占领国支配，但其法律人格并未发生变化。这种区分可以用以确定中国在南海的岛礁建设活动的法律性质。

一国在自己的领土上从事建设活动属于行使其行政管理权。中国对整个南沙群岛的主权有坚实的事实和法律基础[12]，这里不再重复论述。在此前提下，中国有权利对这些岛礁行使管理权，出于"海上搜救、防灾减灾、气象观测、生态环境保护、航行安全、渔业生产服务"等目的，[13] 中国完全可以对相关岛礁进行改造。另外，在气候变化、海平面极可能上升的情况下，加固、扩建这些岛礁成为必要的应对措施。[14] 这些权利存在的前提是对这些岛礁所享有的领土主权。

---

〔10〕 "Territorial sovereignty, as has already been said, involves the exclusive right to display the activities of a State." United Nations, Reports of International Arbitral Awards, Vol. II, p. 839

〔11〕 参见［英］伊恩·布朗利：《国际法公法原理》，曾令良等译，法律出版社2007年版，第98—99页。

〔12〕 《中华人民共和国政府关于菲律宾共和国所提南海仲裁案管辖权问题的立场文件》，载《中国国际法年刊》（2014），法律出版社2015年版，第752页。

〔13〕 参见《外交部发言人华春莹就美国国防部长卡特在香格里拉对话会上涉南海问题有关言论答记者问》，http：//www. mfa. gov. cn/mfa_ chn/fyrbt_ 602243/t1268772. shtml，访问日期：2015年9月9日。

〔14〕 Grigoris, Tsaltas, et al, "Artificial Islands and Structures as a Means Of Safeguarding State Sovereignty Against Sea Level Rise. A Law of The Sea Perspective", available at: http: //www. iho. int/mtg_ docs/com_ wg/AB-LOS/ ABLOS_ Conf6/S2P3-P. pdf, accessed on Sept. 12, 2015.

2. 南海岛礁建设与人工岛屿建设的物理差异

基于领土主权的岛礁建设当然没有什么问题。可能的争议是菲律宾在"南海仲裁案"中提出的低潮高地不能实效占有（capable of appropriation）的问题，[15] 其观点大致立足国际法院在"卡塔尔、巴林之间关于海洋划界及领土问题案"中的立场："国际法也已确立的规则是无论多小的岛屿都可以进行实效占有。相反，低潮高地不能实效占有。"[16] 中国外交部于 2014 年 12 月 7 日发布的《中华人民共和国政府关于菲律宾共和国所提南海仲裁案管辖权问题的立场文件》中指出："《公约》没有关于低潮高地能否被据为领土的规定。……国际法院在 2012 年尼加拉瓜—哥伦比亚案的判决中虽然表示"低潮高地不能被据为领土"（判决第 26 段），但未指出此论断的法律依据，未涉及低潮高地作为群岛组成部分时的法律地位，也未涉及在历史上形成的对特定的海洋区域内低潮高地的主权或主权主张。无论如何，国际法院在该案中做出上述判定时没有适用《公约》。低潮高地能否被据为领土不是有关《公约》解释或适用的问题。"[17] 需要指出的是，国际法院的立场也并非前后一致。在 2001 年作出的"卡塔尔、巴林之间关于海洋划界及领土问题案"实质问题的判决中，国际法院认为，"低潮高地是否能够被认作是'领土'的问题，国际条约法对此沉默不语。本院也未悉知存在统一、广泛的国家实践能产生一种习惯国际法，能明确无误地准许或者杜绝对低潮高地进行实效占有。"[18] 实际上，菲律宾在避免领土争端的情况下实际上却提出了一个涉及领土争端、海洋划界的先决及附带问题。[19]

此外，中国在南海岛礁的建设活动与《联合国海洋法公约》中人工岛屿建设二者之间存在明显的差异。人工岛屿建设的地点应当是一国专属经济区或大陆架，而且其基础应当是建在海底的海床（seabed）上，[20] 也就是说，人工岛屿建设的起点是海床。《公约》本身没有对"海床"下定义，最近的学术定义是这样的："海床指海底之沙、岩石、泥土或其他物质表层的顶部，且紧邻底土。"[21] 公约第 2（2）条关于领海主权范

〔15〕 Notification and Statement of Claim on West Philippine Sea，www. plj. upd. edu. ph/wp-content/uploads/2013/01/ Notification-and-statement-of-claim-on-West-Philippine-Sea. pdf，visited on Sept. 12，2015.

〔16〕 Territorial And Maritime Dispute（Nicaragua V. Colombia），judgment，2012，para. 26.

〔17〕 《中华人民共和国政府关于菲律宾共和国所提南海仲裁案管辖权问题的立场文件》，载《中国国际法年刊》（2014），法律出版社 2015 年版，第 753 页。

〔18〕 Maritime Delimitation and Territorial Questions between Qatar and Bahrain（Qatar v. Bahrain），Merits，Judgment，ICJ Reports 2001，para. 205，pp. 101-102

〔19〕 在"主权及海洋划界案"（尼加拉瓜 v. 哥伦比亚）的初步抗辩阶段有一个类似的情况。在该案中尼加拉瓜认为，争端的主题是确定两国之间的单一海洋边界，领土主权并非争议主题，但它却是最终确定海洋范围的必要先决条件。国际法院确认在该案的具体情况下主权问题是一个先决问题。Territorial And Maritime Dispute（Nicaragua V. Colombia），preliminary objection，2007，paras. 36，40.

〔20〕 Alex G. Oude Elferink，"Artificial Islands, Installations and Structures"，surpa 5，p. 662.

〔21〕 George K. Walker，*Definition for the Law of the Sea：Terms Not Defined by the* 1982 *Convention*，Martinus Nijhoff Publishers，2012，p. 293.

围、第76条关于大陆架定义、第49（2）条关于群岛国主权范围的规定中都是"海床"连带着"底土"。第1条关于"区域"的定义中将海床、洋底（ocean floor）和底土三者连在一起。从这些术语使用的语境来看，海床与水下地物、岩礁、低潮高地一样，属于一个独立范畴。由此，人工岛屿建设与对南海岛礁建设也分属不同范畴。

中国的南海岛礁建设对象可分为两类。第一类是低潮高地，如南薰礁、西门礁。第二类是高潮时仍凸出海面的岛、礁，如赤瓜礁、华阳礁、永暑礁。中国的岛礁建设活动并非从位于海底的海床开始凭空而建，而是立足于中国拥有主权的现有岛礁，其中本身有高出海平面的部分或是低潮高地，它们在国际法上的法律地位是明确的。中国进行岛礁建设的前提是对这些岛礁拥有领土主权，不能因为中国对这些岛礁进行改造就改变了它们的法律地位——由低潮高地、高出水面的岩礁变成人工岛屿。无论是改建还是扩建，都不是从海床开始建设的人工岛屿。至于低潮高地、岩礁是否拥有专属经济区和大陆架，则是另一个问题。

中国在相关岛礁上从事建设的法律基础是中国对这些岛礁拥有领土主权，改造岛礁属于行使领土管理权，行使这项权利并不为国际法所禁止。而且根据一般国际法原则，只要行使权利不妨碍他国的权利且不为国际法所禁止，相关行为就符合国际法。中国外交部已经声明，相关岛礁建设活动是为了渔业、环保、海洋管理等方面的用途，出于和平目的，并不妨碍航行自由。

综上所述，中国在南海相关岛礁上从事的建设活动属于合法地行使领土管理权，不属于建设人工岛，此前中国基于对这些岛礁的领土主权而产生的一切权利不受任何影响，包括可能拥有的领海、专属经济区、大陆架。

四、结论

中国在法律上应避免将岛礁建设定位为人工岛建设，在国际上的宣传应强化这一点，对那些在国际法上用人工岛概念消解中国领土主权的企图要抱有高度的警惕。建议中国政府在公开的新闻发布会等场合就中国的行为作出说明，避免将中国岛礁建设的解释权拱手让给他国。

中国在南沙群岛 "扩礁" 建设行为的国际法效力问题

■ 王 勇*

【内容摘要】近几年来,中国在南沙群岛的一些岛礁上开展扩礁填海的行动。尽管中国外交部对此做出了多次回应与解释,但是菲律宾、美国、日本等国家持续无理抗议或强烈指责。从国际法上分析,中国在南沙群岛的扩礁行为不仅是巩固并且扩大国家领土主权范围的正当行为,而且也是积极履行《联合国海洋法公约》与《南海各方行为宣言》的正当行为。实际上,中国在南沙群岛的扩礁行为,并未改变岛礁本身的法律属性,并有助于中国与南海周边国家通过谈判协商的方式解决南海争端。在此基础上,中国应该采取进一步的对策和措施,澄清是非,以正视听,从而更好地维护中国的国家主权以及促进南海争议问题的和平解决。

【关键词】南沙群岛 扩礁 法律效力 有效控制 《南海各方行为宣言》

导言

2014 年 4 月底以来,国际媒体争相报道中国在南沙群岛的赤瓜礁、渚碧礁、华阳礁、东门礁、南熏礁、安达礁和永暑礁这七个礁盘上开展建设港口、油库、飞机跑道等多项设施与填海工程。菲律宾就此类事件向中国提出外交抗议,美国也对中国的扩礁行为提出了无理的批评和指责。对此,中国外交部发言人华春莹于 2014 年 5 月 15 日在例行记者招待会上表示,中国对包括赤瓜礁在内的南沙群岛及其附近海域拥有无可争辩的主权。如果中方在赤瓜礁进行什么建设,完全是中国主权范围内的事情[1] 虽然截至目前中国外交部已多次严正声明中国在南沙群岛的扩礁行为是中国的国家主权行为。[2] 但是,菲律宾等国对于中国正当的扩礁行为仍进行着不依不饶的抗议和干扰活动[3];并且蛮横地指责中国严重违反了《南海各方行为宣言》,妄称中国的扩礁行为严重侵犯了菲律宾的主权,制造了南海地区的紧张局势;竭力鼓动东盟国家停止与中国磋商制定《南海行为准则》。菲律宾总统阿基诺三世甚至于 2015 年 6 月 3 日在日本公开发表演讲称,中国在南海的行为使他想起当年的纳粹德国,由于欧洲大国未能及时阻止纳粹德国

---

* 法学博士,政治学博士后,华东政法大学国际法学院教授。

〔1〕 http://www.fmprc.gov.cn/mfa_chn/fyrbt_602243/t1156442.shtml,访问日期:2015 年 7 月 18 日。

〔2〕 根据笔者统计,截至 2015 年 7 月初,中国外交部已经对于南沙群岛扩礁之事做出了 19 次回应或解释。具体分别是:中国外交部在 2014 年 5 月 15 日、2014 年 9 月 9 日、2015 年 1 月 12 日、2015 年 4 月 9 日、2015 年 4 月 10 日、2015 年 4 月 15 日、2015 年 4 月 17 日、2015 年 4 月 29 日、2015 年 5 月 4 日、2015 年 5 月 13 日、2015 年 5 月 25 日、2015 年 5 月 26 日、2015 年 5 月 28 日、2015 年 5 月 30 日、2015 年 6 月 3 日的、2015 年 6 月 16 日、2015 年 6 月 17 日、2015 年 6 月 30 日、2015 年 7 月 3 日的记者会上均对于南沙扩礁问题进行了回应或解释。特别是中国外交部发言人华春莹在 2015 年 4 月 9 日例行记者会上对此进行详细的解释和说明。

〔3〕 截至 2014 年 6 月中旬,菲律宾已经第四次针对中国在南海群岛的"扩礁"行动提出抗议。菲律宾外交部还在 2015 年 3 月 15 日、4 月 11 日和 4 月 13 日在其官网连续发表声明强烈指责中国。http://www.dfa.gov.ph/,访问日期:2015 年 5 月 15 日。

蚕食周边邻国最终导致二战爆发。[4]

从 2015 年 4 月开始，域外大国对于中国在南沙群岛的扩礁行为进行了猛烈的指责或者是采取行动。2015 年 4 月 9 日，美国总统奥巴马污蔑中国称，对中国可能利用自身"块头和肌肉"在南海地区向小国施压表示关切。[5] 2015 年 4 月 20 日，美菲在南海地区联合开展"肩并肩"军事演习时参演人数突然"翻倍"，成为美菲两国十五年来最大规模的军事演习，企图以武力威胁方式逼迫中国改变为维护领土主权所开展的正常扩礁行为。2015 年 5 月 13 日，英国《泰晤士报》网站发表题为《美国海军打算就岛屿基地问题同中国对峙》的报道称，美国正在制定计划，将派遣军舰和军机挑战中国在南中国海争议岛屿修建飞机跑道的做法。美国的"乔治·华盛顿"号和"卡尔·文森"号航空母舰一直在南沙群岛附近执行巡逻任务。2015 年 5 月 30 日，美国国防部长卡特在香格里拉对话会上发表讲话称，中国填海造地的规模和速度史无前例，超过其他声索国的总和。中国在南海的行动与国际准则和规范不"合拍"。美国对南海岛礁军事化前景及可能带来的误判和冲突风险深感忧虑。将水下岩礁变成机场不能获得主权。[6] 除了美国，日本也在积极尝试介入南海事务。2015 年 4 月 15 日，七国集团（G7）在德国吕贝克举行外长会时，在日本的竭力推动下单独通过了一份关于海洋安全问题的声明，其中提到"我们继续关注东海和南海局势，对类似大规模填海造地等改变现状及增加紧张局势的任何单方面行为表示关切。我们强烈反对任何试图通过威胁、强迫或武力手段伸张领土或海洋主张的做法"[7]。该声明完全歪曲了我国扩礁行为的正当合法性。2015 年 6 月 17 日，日本内阁官房长官菅义伟称中国在南沙的扩礁填海行动，加剧了南海的紧张气氛，日本决不承认中国对所扩岛礁的主权。[8] 反观菲律宾和越南等国，近些年一直在非法强占的南沙岛礁上大兴土木，而美日等国却三缄其口。

在上述背景下，很有必要以国际法为依据深入分析中国在南沙群岛的扩礁行为的目的、行为性质以及法律效果。具体包括扩礁行为对于中国维护领土主权的影响；评判扩礁行为是否违反《联合国海洋法公约》与《南海各方行为宣言》；扩礁行为对于岛礁本身法律属性有何影响，以及对于和平解决南海争端的影响等诸多问题。然后以此为基础，有理有据地驳斥菲律宾及域外大国的无端指责，澄清是非，以正视听，从而更好地维护中国的国家主权以及国家形象。

---

〔4〕　参见《外交部发言人答记者问》，《人民日报海外版》2015 年 6 月 4 日。

〔5〕　参见俞剑弘：《真是难为你，奥巴马》，《浙江日报》2015 年 4 月 13 日。

〔6〕　参见 http：//www. fmprc. gov. cn/mfa_ chn/fyrbt_ 602243/t1268772. shtml，访问日期：2015 年 7 月 18 日。

〔7〕　张伟：《强推 G7 声明，日本拉西方施压中国》，《新闻晨报》2015 年 4 月 17 日。

〔8〕　参见 http：//www. fmprc. gov. cn/mfa_ chn/fyrbt_ 602243/jzhsl_ 602247/t1273913. shtml，访问日期：2015 年 7 月 18 日。

一、中国在南沙群岛的扩礁行为是巩固并且扩大国家领土主权范围的正当行为

首先,中国在南沙群岛的扩礁行为是加强有效控制的正当行为。国际法院在解决涉及领土主权的判例中,形成了一项具有层级结构的判案规则,即:条约优先适用,再考虑实际保持占有,最后为有效控制。[9] 尽管南沙群岛是我国的固有领土,但是由于中国目前与南海周边国家尚未达成一致的条约来解决领土主权争议,加强有效控制对于中国维护南沙岛礁主权而言具有重要的意义。保持占有原则起源于古罗马法,原指执行官发布的用来解决自然人之间不动产所有权纠纷的命令。该原则后来进入国际法领域,主要指新独立的国家应当继承由以前殖民当局设立的行政管理边界,并优于建立在有效控制基础上的竞争性主张。[10] 作为美国的殖民地,菲律宾的疆界是由 1898 年的《美西巴黎条约》、1900 年的《美西华盛顿条约》和 1930 年的《英美条约》确定的,其西部边界从来没有超过东经 118 度[11],而现在菲律宾大肆强占东经 118 度以西的南海岛礁,完全违反了保持占有的原则。越南曾长期作为法国的殖民地。按照法国占领时期确定的领土边界,在其独立以后至 1974 年以前越南政府一直承认南沙群岛是中国的固有领土。[12] 特别是 1958 年 9 月 4 日,中国发布 12 海里的领海声明,指出:"这项规定适用于中华人民共和国的一切领土,包括东沙群岛、西沙群岛、中沙群岛、南沙群岛以及其他属于中国的岛屿。"仅仅 10 天之后,即 1958 年 9 月 14 日,越南政府总理范文同照会中国总理周恩来,郑重表示承认和赞同中国关于领海的声明。但是 1974 年以后越南政府大肆强占南沙岛礁的行为,不仅违背了自己的承诺,也严重违反了保持占有原则,更严重违反了国际法上的"禁止反言原则"。南海周边的其他国家如印度尼西亚曾作为荷兰的殖民地,马来西亚的部分领土曾作为英国的殖民地,文莱曾经作为英国的殖民地。这些国家在殖民地时期的领土范围就未曾到达过南海岛礁,且在历史上相当长的一段时期均未曾否认过中国对于南海的主权。主要理由是 1947 年中国政府将标有南海"断续线"的官方地图向世界各国发布以后,周边的东南亚国家没有一个提出过外交抗议,并且长达半个世纪之久,这等同于默认。由于中国并未成为任何国家的殖民地,且南沙群岛是中国的固有领土,保持占有原则并不妨碍中国对于南沙群岛这一固有领土行使主权。

另一方面,国际法院在解决领土争端中形成了有效控制规则。该规则有两方面的含义。对于殖民地国家而言,如果在具体的案件中适用保持占有法律,不涉及殖民边界,或者当事国对过去的殖民边界缺乏明确的同意,那么国际法院将以后殖民时期的有效控

---

[9] Anthony Connerty, *A Manual of International Dispute Resolution*, London: Commonwealth Secretariat, 2006, p. 34.

[10] 参见张卫彬:《论国际法院的三重性分级判案规则》,《世界经济与政治》2011 年第 5 期。

[11] 罗援:《处理南海问题,请美国走开》,《环球时报》2015 年 4 月 12 日。

[12] 参见 http://www.fmprc.gov.cn/mfa_chn/zyxw_602251/t1163255.shtml,访问日期:2015 年 4 月 28 日。

制作为判决的依据。而对非殖民地国家，如果缺乏条约的明确规定，国际法院则直接适用有效控制原则解决当事国之间的领土争端。[13] 尽管南海周边国家大部分曾作为外国的殖民地，但是均高度重视并且在绕开保持占有原则的前提下竭力运用实际控制规则。例如，越南采取"军占民随"的方式，在其所占的南威岛、南子岛、敦谦沙洲、鸿庥岛、景宏岛、安波沙洲等岛礁上修建大量民用设施，包括民居、医院、文化馆、幼儿园、寺庙等，并通过政府补贴等多种方式积极引入居民乃至僧人。[14] 不仅如此，越南还在鸿庥岛、南威岛、景宏岛、南子岛、中礁等较大岛礁上均有数十至数百不等的驻军，在整个南沙的驻军已达 2000 余人。其中，南威岛上修建有侦察阵地、码头、机场，部署了加农炮等重武器，并驻守有约 550 人的军队。菲律宾在其所占岛礁上修建了两个小型空军基地，将其中的 3 个岛礁建成陆军基地，其在中业岛上修建的机场甚至可以起降 C-130 大型运输机。[15] 马来西亚则在弹丸礁上填海建造人工岛、修建机场，将弹丸礁打造为全球潜水胜地。[16] 而与此形成鲜明对比的是，中国在南沙所控的岛礁的设施是最简陋的，是 20 世纪 90 年代为驻礁士兵修建的钢筋混凝土高脚屋，在南海高温、高湿、高盐的环境下历经 20 多年，这些设施如今急需修复与扩建。为了加强有效控制，我国政府于 2012 年 6 月 21 日正式撤销海南省西沙群岛、南沙群岛、中沙群岛办事处，设立三沙市，管辖南沙群岛、中沙群岛和西沙群岛及其周边海域，三沙市人民政府设在西沙的永兴岛。"撤处设市"是我国加强对包括南沙群岛在内的南海岛礁进行有效控制的重要平台，具有非常重要的国际法意义。但是要达到巩固国家领土主权的目的，仅仅存在上述行为是远远不够的。正如国际法院在 1933 年"东格林兰岛法律地位案"中所表述的那样，有效控制必须具备两个条件："实施和持续实施控制行为的意愿即主观要件"和"实际展示控制目的的行为即客观要件"。[17] 就主观要件而言，不仅要求当事国以国家名义表达对相关领土进行占领的意思，而且要求其实际占领的行为也必须是国家意志；就客观要件而言，要求国家实施和平的、实际的、充分的和持续的控制。[18] 此外，1953 年"英国诉法国有关明基埃和埃克荷斯群岛案"中，国际法院就是基于英国地方当局对明基埃和埃克荷斯群岛的行政管理做出了该群岛归属英国的判决。[19] 因此，我国在设立三沙市以后，还需要在符合国际法的前提下，有步骤、有计划地加强对南沙群岛实施开发、利用与行政管理。就此次扩礁行为来说，"（中国政府）将建设包括避风、

---

〔13〕 参见张卫彬：《论国际法院的三重性分级判案规则》，《世界经济与政治》2011 年第 5 期。

〔14〕 参见刘锋：《南沙考察报告》，中国南海研究院：《热爱海洋，关注南海——南海主题夏令营报告》，2012 年 8 月 7 日。

〔15〕 参见皮光林、吕娜：《菲律宾南海玩火》，《中国石化》2012 年第 8 期。

〔16〕 参见周云：《马来西亚要将弹丸礁搞成全球潜水胜地》，《东方早报》2009 年 4 月 28 日。

〔17〕 "Legal Status of Eastern Greenland", P. C. I. J., Series A/B, No. 53, pp. 45-46.

〔18〕 参见张磊：《加强对黄岩岛有效控制的国际法依据》，《法学》2012 年第 8 期。

〔19〕 "The Minquiers and Ecrelzos case", Judgment of November 17th, 1953, I. C. J. Reports 1953, pp. 60-72.

助航、搜救、海洋气象观测预报、渔业服务及行政管理等民事方面的功能和设施"。[20] 此外，扩礁行为还有改善驻守人员工作和生活条件的考虑。上述做法显然是基于加强行政管理的需要。因此，此次扩礁行为本质上是中国有计划有步骤加强对南沙群岛有效控制的重要措施，因而是完全正当合法的。

其次，中国在南沙群岛的扩礁行为是通过添附扩大国家领土主权范围的正当行为。添附，是指由于自然力或者人为的因素而形成新的土地。[21] 添附包括自然添附和人为添附两种形式。人为添附是指由于人工造成土地增加，例如围海造田、岸外筑堤、人工建造岛屿等，如果在无害他国的情况下，人为添附是合法的。中国在南沙群岛的扩礁行为是合情合理又合法的。第一，随着全球气候变暖，海平面的上升正在侵蚀着岛屿海岸线，甚至会吞噬海拔较低的岛屿。[22] 其中，珊瑚岛礁所受的威胁最大。[23] 为了应对气候变化引发的海平面上升以及其他危及岛礁的问题，国家在科技支持下的人工扩礁行为已经成为一种常态。[24] 第二，《联合国海洋法公约》也完全认可人工扩礁的合法性。例如，《联合国海洋法公约》第56条第1款（b）项规定：沿海国在专属经济区可以依照本公约有关条款规定的对下列事项的管辖权：（1）人工岛屿、设施和结构的建造和使用；（2）海洋科学研究；（3）海洋环境的保护和保全。《联合国海洋法公约》第60条第1款规定：沿海国在专属经济区内应有专属权利建造并授权和管理建造、操作和使用：（a）人工岛屿；（b）为第五十六条所规定的目的和其他经济目的的设施和结构；（c）可能干扰沿海国在区内行使权利的设施和结构。第三，现代国际法承认不损害他国利益的人为添附。[25] 而中国在南沙群岛的扩礁行为并没有损及任何国家的利益以及国际社会的共同利益。对此，我国外交部发言人明确指出："中方进行岛礁扩建工程经过了科学的评估和严谨的论证，坚持建设和保护并重，有严格的环保标准和要求，充分考虑到生态环境和渔业保护等问题，不会对南海的生态环境造成破坏。今后，我们还将加

[20] 参见 http：//www.fmprc.gov.cn/mfa_ chn/sp_ 612429/wjbfyrlxjzh/t1253690.shtml，访问日期：2015年6月25日。

[21] 参见王虎华主编：《国际公法学》（第4版），北京大学出版社2015年版，第182页。

[22] 参见谈中正：《科技发展与法律因应：人工固岛的国际法分析》，《武大国际法评论》2013年第2期。

[23] "How Climate is Affecting the Reef, Australian Government Great Barrier Reef Marine Park Authority"，http//www.gbrmpa.gov.au/outlook-for-the-reef/climate-change-can-affect-the-reef；"Climate Change：Rising Tides，Temperatures and Costs to Reef Communities，Coral Reef Alliance"，http：//www.coral.org/node/126.

[24] 例如，早在19世纪70年代初，汤加王国通过倾倒沙石、水泥浇铸，使密涅瓦礁（the Minerva Reefs）的两处低潮高地露出海面，并声称其为岛屿，进而将汤加王国区域延伸了100英里。Nikos Papadakis，"The Internatioanl Legal Regime of Artificial Islands"，*Sijthoff Publications on Ocean Development*，1977，p.93；also see wikipedia：Minerva Reefs，http：//en.wikipedia.org/wiki/Minerva_ Reefs. 再如，由于马尔代夫80%的陆地高于海平面不足一米，为应对气候变暖引起的海平面上升，马尔代夫需要建造海拔更高的人工岛屿，其在环礁内用沙石、混凝土、粗砾建造了Hulhumalé人工岛，环礁与人工岛的海岸有一定距离，环礁形成保护岛屿的天然屏障。See BBC news："Maldives rises to climate challenge"，http：//news.bbc.co.uk/2/hi/south_ asia/7946072.stm。

[25] 参见赵建文主编：《国际法新论》，法律出版社2000年版，第286页。

强相关海域和岛礁的生态环境监测和保护工作。"[26] 最后，按照习惯法规则，由于添附而形成的领土增加，有关国家当然取得该增加部分的主权而不必采取任何特别的步骤。因此，中国在南沙群岛的扩礁行为是通过人为添附从而扩大国家领土范围的合法行为。

综上，中国在南沙群岛的扩礁行为是巩固并且扩大国家领土主权范围的正当行为。

二、中国在南沙群岛的扩礁行为是积极履行《联合国海洋法公约》与《南海各方行为宣言》的正当行为

菲律宾总统阿基诺三世以及菲律宾外交部发言人查尔斯·乔斯均声称，中国在南沙的扩礁行为"违反"了 2002 年的《南海各方行为宣言》，造成了南海地区的紧张局势。[27] 笔者经过深入研究后认为：中国在南沙群岛的扩礁行为是积极履行《联合国海洋法公约》与《南海各方行为宣言》的正当行为。理由如下：

第一，《南海各方行为宣言》是中国与东南亚各国于 2002 年 11 月 4 日所达成的一项政治性声明，该宣言主要表达了各成员国为增进南中国海地区的和平、稳定、经济的发展与繁荣而不断努力合作的态度。《南海各方行为宣言》第 5 条的规定：各方承诺保持自我克制，不采取使争议复杂化、扩大化和影响和平与稳定的行动，包括不在现无人居住的岛、礁、滩、沙或其他自然构造上采取居住的行动，并以建设性的方式处理它们的分歧。关于第 5 条的正确理解必须要回到《南海各方行为宣言》的起草背景和措辞的本意上来。从《南海各方行为宣言》的起草背景来看，从 1998 年下半年到 1999 年，由于一些国家纷纷抢占南海上的无人岛礁导致该地区发生了多起军事对峙事件，涉及马来西亚、菲律宾、越南等国。[28] 为了缓和地区紧张局势，菲律宾希望说服中国与东盟签订一份行为准则，以使签字国承诺不占据南沙群岛目前未被占据的地区。[29] 这一主张得到了中国与东盟其他国家的响应。在《南海各方行为宣言》的缔结过程中，各国均认可：不对南海目前无人居住的岛礁实施新的占领。这一主张在宣言中表述为"不在现无人居住的岛、礁、滩、沙或其他自然构造上采取居住的行动"[30]。可见，《宣言》第 5 条的措辞本意不是针对已被占领的岛礁开展定居行动。由于中国正在实施填海扩礁工程的 7 个岛礁不仅地处中国的固有领土南沙群岛，而且早就处于中国的有效控制之下，从而根本不属于《宣言》第 5 条的禁止范围。

另一方面，作为一项政治声明，《南海各方行为宣言》不但不具有国际法上的拘束力，反而具有一定的模糊性和原则性的特点，这就给缔约国如何解释该《宣言》留下了

---

[26]　http://www.fmprc.gov.cn/mfa_chn/sp_612429/wjbfyrlxjzh/t1253690.shtml，访问日期：2015 年 6 月 25 日。

[27]　参见《菲律宾星报》2014 年 6 月 5 日。

[28]　参见李金明：《南海波涛——东南亚国家与南海问题》，江西高校出版社 2005 年版，第 140 页。

[29]　Rigoberto Tiglao, "A Storm at Sea", *Far Eastern Economic Review*, December 9, 1999, pp. 24-25.

[30]　李金明：《南海波涛——东南亚国家与南海问题》，江西高校出版社 2005 年版，第 144—146 页。

较大的自主空间。具体而言，中菲两国显然对于《南海各方行为宣言》的第 5 条的"定居行为"存在很大的分歧。中国认为基于必要的军事国防和行政管理的需要对无人岛礁采取的定居行为是完全允许的，中国外交部发言人系统地表达了这一观点："南海海区远离大陆，航线密集，渔场众多，受台风和季风影响突出，海难事故频发。本次岛礁扩建，我们将建设包括避风、助航、搜救、海洋气象观测预报、渔业服务及行政管理等民事方面的功能和设施，为中国、周边国家以及航行于南海的各国船只提供必要的服务。南沙岛礁扩建后，岛礁上的功能是多方面的、综合性的，除满足必要的军事防卫需求外，更多的是为了各类民事需求服务。"[31] 尽管菲方对此不以为然，但是其也竭力发挥自己的"想象力"，将自己在非法占据的南沙岛礁上的"扩礁"行为解释为"2002 年《南海各方行为宣言》通过之后的翻修改造行为"，以此论证自己的做法并没有违反该宣言。但是，中菲两国的争议仅仅在《南海各方行为宣言》所创设的原则性和模糊性的语境下是无法获得解决的，更不能据此认为中国违反了《南海各方行为宣言》。

第二，中国在南沙群岛的扩礁行为，恰恰是积极履行《联合国海洋法公约》与《南海各方行为宣言》的正当行为。《联合国海洋法公约》的序言明确规定："认识到有需要通过本公约，在妥为顾及所有国家主权的情形下，为海洋建立一种法律秩序，以便利于国际交通和促进海洋的和平用途，海洋资源的公平而有效的利用，海洋生物资源的养护以及研究、保护和保全海洋环境。"《联合国海洋法公约》第 56 条规定了沿海国在专属经济区内对海洋环境的保护和保全有管辖权。《联合国海洋法公约》第 121 条规定："所有国家均有权进行海洋科学研究。"《联合国海洋法公约》第 125 条规定："各国可以为和平目的进行海洋科学研究的国际合作。"《联合国海洋法公约》的上述条款均强调了国家开展海洋科学研究的权利及合作的必要性。不仅如此，中国在南沙群岛的扩礁行为，是在充分论证并确保海洋环境的前提下进行的，因而完全符合《联合国海洋法公约》第 300 条规定的"善意履行公约义务"。[32] 另一方面，《南海各方行为宣言》第 6 条规定：在全面和永久解决争议之前，有关各方可探讨或开展合作，可包括以下领域：(1) 海洋环保；(2) 海洋科学研究；(3) 海上航行和交通安全；(4) 搜寻与救助；(5) 打击跨国犯罪，包括但不限于打击毒品走私、海盗和海上武装抢劫以及军火走私。结合此次中国在南沙群岛扩礁行为的一个重要目的，为了履行中方在海上搜寻与救助、防灾减灾、海洋科研、气象观察、环境保护、航行安全、渔业生产服务等方面应承担的国际责任和义务，可见，中国在南沙群岛的扩礁行为是完全符合《南海各方行为宣言》与《联合国海洋法公约》的具体规定的。

第三，菲律宾作为《南海各方行为宣言》和《联合国海洋法公约》的缔约方，其

---

[31] http://www.fmprc.gov.cn/mfa_chn/sp_612429/wjbfyrlxjzh/t1253690.shtml，访问日期：2015 年 6 月 25 日。

[32] 参见《联合国海洋法公约》第 300 条规定："缔约国应诚意履行根据本公约承担的义务并应以不致构成滥用权利的方式，行使本公约所承认的权利、管辖权和自由。"

本身恰恰是《南海各方行为宣言》和《联合国海洋法公约》的严重违反者。首先，菲律宾侵占中国南沙岛礁的所作所为已经严重违反了《南海各方行为宣言》和《联合国海洋法公约》。迄今为止，菲律宾已经非法侵占了中国南沙群岛 8 个岛礁。尽管中国政府多次郑重要求菲方从中国岛礁上撤走一切人员和设施，但是菲方反而变本加厉。例如，菲方在非法侵占的南沙第二大岛中业岛上早已大兴土木。2013 年 12 月，菲国防部宣布将投入大量资金，升级中业岛机场跑道和海军设施。菲方甚至还宣布其在仁爱礁坐滩的一艘军舰为"菲政府部署的永久设施"，将其作为占领岛礁的依据。[33] 其次，菲律宾在处理中菲关于扩礁争端问题时也严重违反了《南海各方行为宣言》与《联合国海洋法公约》的规定。由于《南海各方行为宣言》是一项政治性声明，中菲之间关于《南海各方行为宣言》的解释争议无法通过国际司法或仲裁的方式加以解决。《南海各方行为宣言》第 4 条规定，有关各方承诺根据公认的国际法原则，包括 1982 年《联合国海洋法公约》，由直接有关的主权国家通过友好磋商和谈判，以和平方式解决它们的领土和管辖权争议，而不诉诸武力或以武力相威胁。《联合国海洋法公约》第 283 条规定了缔约国之间对于该公约的解释或适用发生争端时有交换意见的义务。海洋法庭法官 P. Chandrasekhara Rao 在其独立意见中认为：交换意见的义务不仅仅是走形式，应该被善意地履行。[34] 此外，根据《联合国海洋法公约》第 279 条："各缔约国应按照《联合国宪章》第二条第三项以和平方法解决它们之间有关本公约的解释或适用的任何争端，并应为此目的以《宪章》第三十三条第一项所指的方法求得解决。"《联合国宪章》第 33 条则规定："任何争端之当事国，于争端之继续存在足以危及国际和平与安全之维持时，应尽先以谈判、调查、调停、和解、公断、司法解决、区域机关或区域办法之利用，或各该国自行选择之其他和平方法，求得解决。"第 33 条的规定有两点值得注意：（1）谈判、调查、调停、和解、公断、司法解决、区域机关或区域办法等都是和平解决国际争端的合法方式；（2）司法解决只是其中之一，而且是排在较后的位置，谈判排在第一位，仍然是最主要、最优先的方式。反观菲律宾在处理与中国扩礁争议时的做法，不仅没有与中国协商沟通，反而在国际社会上刻意渲染中国的"扩礁行动"，竭力抹黑中国，鼓动东盟国家一致对付中国，从而严重违反了《南海各方行为宣言》与《联合国海洋法公约》规定的通过友好协商谈判解决争议。

三、中国在南沙群岛的扩礁行为并未改变岛礁本身的法律属性

根据《联合国海洋法公约》第 121 条的规定，"岛屿"与"岩礁"在法律属性上存在很大的差异，"岛屿"既有领海和毗连区，又有专属经济区和大陆架，而"岩礁"只

---

〔33〕　苏晓辉：《菲律宾炒作中国南沙填海建岛居心险恶》，《人民日报·海外版》2014 年 9 月 13 日。

〔34〕　"Case concerning Land Reclamation by Singapore in and around the Straits of Johor（Malaysia v. Singapore）", ProvisionalMeasure，Separate opinion of Judge Rao，paragraph 11.

有领海和毗连区。从这个意义上说，"岩礁"不具有管辖广袤海域的能力。从地质构造来看，南沙群岛是经过长期地壳运动形成的南海海底高原，并在海底山顶上不断积累珊瑚礁构成了南沙诸岛。南沙诸岛中共有 43 个地形在高潮时高于水面，但是只有北子岛、南子岛、中业岛、马欢岛、太平岛、鸿麻岛、南威岛这些岛上拥有淡水，根据历史记载常年有渔民捕鱼以及生产经营，比较符合岛屿的定义。[35] 除此以外的其他南沙岛礁是否符合岛屿定义确实存在争议。特别是东南亚学者对于中国在南沙群岛的岛礁法律属性保持着密切的关注。[36] 笔者认为，中国在南沙群岛的扩礁行为并未改变岛礁本身的法律属性。换言之，中国并未追求变"礁"为"岛"的法律效果。

首先，中国向来恪守关于岛屿制度的严格解释。虽然《联合国海洋法公约》第 121 条关于岛屿制度的三个条款给各国留下了巨大的解释空间，[37] 但是国际法院认为：《联合国海洋法公约》第 121 条关于岛屿制度已经成为一项国际法习惯法，对各国均有拘束力，三个条款是一个逻辑整体，不能割裂对待。[38] 另一方面，第 121 条第 3 款是各国有意写入《联合国海洋法公约》的条款，其目的是要区别不同岛屿的不同法律权利，以避免狭小的、不适于人类居住的岩礁获得过多的海域尤其是大陆架。因此，对岩礁的宽泛解释并不符合《联合国海洋法公约》第 121 条第 3 款的立法原意。[39] 正是基于此，中国在冲之鸟礁问题上一直旗帜鲜明地反对日本变礁为岛的主张和做法，并且以此为依据对于日本主张"冲之鸟礁"外大陆架之事，联合韩国向大陆架界限委员会提出抗议。

其次，中国充分尊重现代海洋法关于远洋岛礁法律属性的基本观念。现代海洋法的主要设计者、马耳他驻联合国大使早在 1971 年在联合国海底委员会上向国际共同体警告此种危险："如果以拥有无人居住的、偏远或非常狭小的岛屿为基础，可以建立 200 海里的管辖海域，那么国家管辖以外海域的国际管理的效力将严重受损。"[40] 当今国际法学界的大多数学者认为，一国对远洋中的岩礁采取"变礁为岛"的行为，是对"人类共同继承财产"的鲸吞蚕食。[41] 其掀起的霸占国际公共海域的不法行为，不仅危害到

---

[35] 参见张湘兰、樊懿:《国际法公约下的岛礁之辨》,《中国海商法研究》2013 年第 1 期。

[36] 参见白续辉:《解读岩礁问题的"东南亚特色":以学者观点为视角》,《东南亚研究》2014 年第 3 期。

[37] 《联合国海洋法公约》第 121 条的岛屿制度有三款:"(1) 岛屿是四面环水并在高潮时高于水面的自然形成的陆地区域;(2) 除第 3 款另有规定外,岛屿的领海、毗连区、专属经济区和大陆架应按照本公约适用于其他陆地的规定加以确定;(3) 不能维持人类居住或其本身的经济生活的岩礁,不应有专属经济区或大陆架。但是各国对于"自然形成""人类居住""本身""经济生活"等概念均存在巨大的解释分歧。

[38] "Territorial and Martime Dispute (Nicaragua v. Colombia)", Judgment, I. c. J. Reports 2012, p. 48, para. 138. Also see, JonathanI. Charney, "Rocks that Cannot Sustain Human Habitation", *American Journal of International Law*, Vol. 93, No. 4, 1999, p. 872.

[39] 参见黄瑶、卜凌嘉:《论〈海洋法公约〉岛屿制度中的岩礁问题》,《中山大学学报(社会科学版)》2013 年第 4 期。

[40] UN Sea-Bed Committee, Doc. A/AC. 138/SR. 57, p. 167.

[41] Roger O'Keefe, "Palm-Fringed Benefits: Island Dependencies in the New Law of the Sea", *International and Comparative Law Quarterly*, Vol. 45, No. 2, 1996, p. 419.

国际社会的共同利益，而且在一定程度上也破坏了国际社会的和平，造成国际关系的紧张。[42] 中国充分认知并且尊重这些基本的法律逻辑。

再次，通过深入比较中国在南沙岛礁的扩礁填海行为与日本将冲之鸟变"礁"为"岛"的行为，更加能够证明中国没有变"礁"为"岛"的意图。从主观方面来说，中国没有公开宣称变"礁"为"岛"的行为目的。中国已经明确指出，是基于必要的国家军事与国防安全的需要以及国家行政管理的需要才在南沙群岛进行"扩礁"活动，而且这种活动还有改善驻守人员的工作与生活条件的目的。而日本在冲之鸟进行建设的目的，是要通过主张领海、毗连区、专属经济区和大陆架，扩张本国海洋权益，侵蚀大陆架和专属经济区的资源。而这些资源本来是属于人类共同的财产，属于公海的国际海底区域，现正被日本的私有化措施所觊觎。从客观方面来说，中国没有像日本那样，通过国内法规定产生变"礁"为"岛"的法律效果。日本通过国内法将"冲之鸟礁"赋予"岛屿"的概念。日本1977年公布《领海法》和《渔业水域暂定措施法》时，在冲之鸟礁设立了12海里领海和200海里渔业水域；2010年5月18日，日本众议院又通过了《低潮线保全和基地设施整备法案》，该法案要求在没有船舶靠岸设施的"冲之鸟岛"设立经济活动基地，借此向国内外宣传冲之鸟是一座岛屿。中国也没有像日本那样，给"冲之鸟礁"设置专属经济区管理制度，即便只是进行科学调查，船旗国也要向日本提供计划性质、目标以及船只名称、吨位、路线等资料。中国更没有像日本那样，向联合国大陆架界限委员会提交关于"冲之鸟礁"的外大陆架的划界申请。日本已经于2012年11月向联合国大陆架委员会提交了延伸大陆架的申请，而大陆架的基点起始于冲之鸟。[43] 从行为特征来说，日本在冲之鸟上的建设行为是对《联合国海洋法公约》第121条之规定进行了恶意推定，属于主动"回避"国际法上的不利因素。在海洋法中存有较多剩余权利的背景下，若国家借以主权至上理论来恶意推定权利的内涵和外延，严重损害其他各国乃至整个人类社会的利益时，此做法不具有可持续性，也必将打破国际法所期望设定的利益平衡机制，从而削弱国际法的威信，使得国际法律秩序与全球治理进程陷入瘫痪。[44] 反观中国在南沙岛礁的扩礁填海行为，是以不损害其他海洋邻国利益为前提的，保证国际水道的通航自由，谨慎行使主权权利，善意行使海洋法中的剩余权利，体现了中国作为一个负责任大国的形象。

最后也是最重要的，从基本的法理逻辑来说，中国认为南沙群岛整体上作为群岛应该享有领海、专属经济区与大陆架，而中国目前只是在南沙群岛内部的某些岛礁上开展扩礁填海的行动。该行为完全是在中国的领土范围以及管辖水域之内，既不会影响国际

---

〔42〕　参见管建强：《日本"变礁为岛"的行为侵犯国际社会的共同利益》，《法学》2010年第4期。

〔43〕　参见 http：//www.un.org/depts/los/clcs_new/submissions_files/submission_jpn.htm，访问日期：2015年7月3日。

〔44〕　参见余世峰：《造岛行为的主权合法性判别》，《法学》2015年第7期。

社会的共同利益与邻国的利益，也根本无须追求"变礁为岛"的法律效果。中国政府的这一态度，可以得到很好的证明：（1）自 1947 年中华民国公布官方地图，中国一直以来均在南中国海地区标注西沙群岛、中沙群岛、东沙群岛和南沙群岛这四大群岛，以及"九段线"这条历史"断续线"。（2）1951 年 8 月 15 日中国政府外交部部长周恩来发表《关于美英对日和约草案及旧金山会议声明》，严正指出：西沙、南沙群岛的主权和东沙、中沙群岛一样，"为中国领土"。此后，我国政府多次郑重声明，东沙群岛、西沙群岛、中沙群岛和南沙群岛都是中国领土的一部分。中华人民共和国对这些岛屿及附近的海域拥有无可争辩的主权。上述声明进一步指明了中国对于南海四大群岛的领土主权。（3）1958 年 9 月 4 日中国关于领海的声明指出：中华人民共和国的领海宽度为 12 海里。这项规定适用于中华人民共和国的一切领土，包括中国大陆及其沿海岛屿，和同大陆及其沿海岛屿隔有公海的台湾及其周围各岛、澎湖列岛、东沙群岛、西沙群岛、中沙群岛、南沙群岛以及其他属于中国的岛屿。该声明不仅重申了中国对于南海四大群岛的领土主权，而且还指出了南海的四大群岛享有 12 海里的领海宽度。（4）1992 年通过的《中华人民共和国领海及毗连区法》第二条第二款规定"中华人民共和国的陆地领土包括中华人民共和国大陆及其沿海岛屿、台湾及其包括钓鱼岛在内的附属各岛、澎湖列岛、东沙群岛、西沙群岛、中沙群岛、南沙群岛以及其他一切属于中华人民共和国的岛屿。"这一法律规定再次重申了中国对于南海四大群岛的领土主权。（5）1996 年 5 月 15 日，中华人民共和国政府关于中华人民共和国领海基线的声明指出：中华人民共和国政府根据 1992 年 2 月 25 日《中华人民共和国领海及毗连区法》，宣布中华人民共和国大陆领海的部分基线和西沙群岛的领海基线。该声明已经为南海的西沙群岛划出了领海基线，从而更加具有意义。（6）2014 年 12 月 7 日中国外交部授权发布《中华人民共和国政府关于菲律宾共和国所提南海仲裁案管辖权问题的立场文件》第 21 段指出，2011 年 4 月 14 日，中国常驻联合国代表团就有关南海问题致联合国秘书长的第 CML/8/2011 号照会中亦指出："按照《联合国海洋法公约》、1992 年《中华人民共和国领海及毗连区法》和 1998 年《中华人民共和国专属经济区和大陆架法》的有关规定，中国的南沙群岛拥有领海、专属经济区和大陆架。"可以说，中国政府此时已经明确提出了对于南沙群岛作为整个群岛拥有领海、专属经济区和大陆架的主张。

另一方面，《联合国海洋法公约》虽然没有明确规定大陆国家的远洋群岛法律制度，但是《公约》也不禁止大陆国家设立远洋群岛法律制度。《联合国海洋法公约》第 46（b）条规定："群岛"是指一群岛屿，包括若干岛屿的若干部分、相连的水域或其他自然地形，彼此密切相关，以致这种岛屿、水域和其他自然地形在本质上构成一个地理、经济和政治的实体，或在历史上已被视为这种实体。中国在南海的诸岛礁在自然地理特征上符合《公约》第 46 条第 2 款关于群岛的定义，这些群岛由一群岛礁沙洲构成，与相连的水域密切相关，以致这种岛屿、水域和其他自然地形在本质上构成了一个地理上的实体。因此，《公约》关于群岛的定义对于中国确定南海地区的群岛法律制度是有积极意义的。更为重要的是，已有的国家实践也可以给中国提供很多有力的支持，例如，加拿大设立的北极群岛、丹麦设立的法罗群岛、挪威设立的斯匹次卑尔根群岛、厄瓜多尔设立的加拉帕格群岛、印度设立的安达曼—尼科巴群岛和拉克沙群岛均属于大陆国家的远洋群岛。[45] 此外，南海周边的一些国家比如越南也视南沙群岛和西沙群岛为群岛，[46] 菲律宾则视南沙群岛的某些岛礁为"卡拉延"群岛。从目前的情况来看，一些外国政府与学者竭力限制甚至否定中国在南海地区的岛礁权利，并认为中国在南海地区大部分的海洋地物无法产生管辖海域的能力，只有极少数的岛屿可以享有 12 海里的领海范围，但是上述岛屿也不应该拥有专属经济区或大陆架。[47] 甚至有外国学者还认为，中国在南海地区诸岛礁均不得享有领海，最多只能得到小的"安全地带"作为保护。[48] 从深层次上分析，上述国家与学者的一个重要的意图就是将中国在南海地区的四大群岛完全肢解之后进行碎片化处理，使其分散成为一个个没有实际管辖水域能力的海上地物，从而把中国对于南海水域的主权与管辖权的实质内容完全掏空。因此，中国必须坚持南海地区四大群岛的完整性。从这一基本的法理逻辑出发，中国根本无须追求"变礁为岛"的法律效果。

---

[45] （1）加拿大。加拿大于 1985 年颁布法令，规定其控制的北极群岛采取直线基线，并以长期行使主权为由，将基线内的水域宣布为内水。（2）丹麦。1959 年丹麦政府颁布法令，宣布法罗群岛采用直线基线制度，并于 1963 年颁布皇家第 259 号法令，宣布基线内水域为专属渔业区，但未说明这一水域是否属于内水或领海。丹麦在其法罗群岛周围划定直线基线，并规定其基线内的水域为"专属渔业区"。（3）挪威。根据 1920 年《斯匹次卑尔根协定》，挪威对其享有绝对主权。1970 年划定直线基线，并将基线以内的水域确定为内水。（4）厄瓜多尔。根据 1938 年和 1951 年的总统法令，厄瓜多尔政府视加拉帕格群岛为一个整体，用连接群岛最外缘的直线基线来划定领海。1971 年颁布高级法令第 959-A 号，肯定了上述对于加拉帕格群岛确定的直线基线，并宣布基线内的海域作为一个特殊区域，禁止国际航行，以保护该群岛的生态系统，同时宣布享有领海和大陆架。（5）印度。印度政府认为构成群岛国的群岛与大陆国的远洋群岛没有不同，沿海群岛与远洋群岛也不应该区别对待。安达曼—尼科巴群岛和拉克沙群岛也应享有群岛该有的权利。参见 Lucchini and Vocckel, *Le droit international de la mer*. Tome 1, Paris: Pedone, 1990, pp. 381-382.

[46] Stein Tonnesson, Introduction, "Ocean Diplomacy and Pro-Activity in the South China Sea", *Contemporary Southeast Asia*, Vol. 20, No. 2, Auaust 1998, p. 209.

[47] 比较有代表性的是：（1）2013 年菲律宾在针对中国提起的"南海仲裁案"中的诉讼请求所陈述的观点。Department of Foreign Affairs, Republic of the Philippines, "Notification and Statement of Claim on West Philippines Sea", http://www.dfa.gov.ph/index.php/newsroom/dfare-leases/7300-statement-by-secretary of foreign-affairs-albert-delrosario-on the -unclos-arbitral-proceedings against china-to-achieve-a-peaceful-and-durable-solution-to - thedispute-in-the-wps, accessed on 18 Novem-ber, 2014. （2）美国国务院发表的关于中国南海"九段线"的研究报告。U. S. Department of State, "limits in the Seas, China: Martime Claims in the South China Sea", Dec. 5, 2014, http://www.state.gov/documents/organization/234936.pdf（last visited Jan. 30, 2015）。

[48] Jon M. Van Dyke and Mark J. Valencia, "How are the South China Sea Claims under the Law of the Sea Convention?" *Southeast Asian Affairs* 2000, Institute of Southeast Asian, Singapore, 2000, p. 53.

四、中国在南沙群岛的扩礁行为有助于中国与南海周边国家通过谈判协商的方式解决南海争端

南海争议问题主要有两大类，一类是中国与东盟之间关于南海的航行自由与和平稳定的海洋秩序问题；另一类是中国与菲律宾、越南、马来西亚、印度尼西亚、文莱等声索国关于岛礁主权归属与海洋划界的争议问题。目前，法律方法在解决南海争议时处于无能为力的境地。中国一贯坚持通过协商谈判解决主权争端。[49] 中国既没有接受国际法院的任意强制管辖权，又对《联合国海洋法公约》第 298 条第 1 款所涉及海洋划界、领土主权、军事活动等争端提出了管辖权方面的保留。中国也没有把国际争端提交国际法院与国际仲裁的先例。早在 2013 年 2 月菲律宾单方面强行就中菲南海争议提起国际仲裁之初，中国外交部就严正表达了对于菲方"滥诉"行为的不接受和不参与的基本立场。2014 年 12 月 7 日，中国外交部授权发表中国政府关于菲律宾所提南海仲裁案管辖权问题的立场文件，全面系统地向国际社会阐述了中国不接受不参与该仲裁案管辖权的事实与理由。东盟也完全赞同中国通过协商谈判解决南海争端的态度，《南海各方行为宣言》就表达了通过友好磋商和谈判的方式解决争端，从而使中国与东盟的争议问题有望通过协商谈判获得解决。另一方面，其他声索国也并非完全接受法律方法解决南海争端。例如，越南与马来西亚均未接受国际法院的任意强制管辖权。菲律宾虽然接受了国际法院的任意强制管辖权，但对于海洋管辖权和陆地领土有关的争端做出了保留。[50] 因此，通过法律方法解决中国与其他南海声索国的争端陷入了困境。

必须指出，通过外交途径、双边谈判一直是各国解决海域划界纠纷的主要方式。根据美国中央情报局《世界概况》的统计，全世界大约 430 条海洋边界存在着划界问题。在已经划定的 228 条海洋边界中，通过双边谈判达成的协议划定有 207 条，多达 92%；而通过第三方司法或仲裁解决的仅为 21 条。[51] 中国在南沙群岛的扩礁行为有助于中国与南海周边国家通过谈判协商的方式解决南海争端。

第一，中国在南沙群岛的扩礁行为不仅不会妨碍南海的航行自由，而且还能改善南海的航行自由，从而有利于中国与东盟通过谈判协商解决彼此之间的争议。中国从未将整个南海视为本国的领海或"中国湖"。中国虽然主张"九段线"以内海域的"历史性权利"，但既不妨碍外国船舶与飞机的自由航行或飞行，又相比南海周边国家主张的专属经济区管理制度排他性弱得多，独占性小得多，留给其他国家的利益空间也大得多。[52] 众所周知，南沙群岛是东亚通往南亚、中东、非洲、欧洲必经的国际重要航道，

---

[49] 参见国家海洋局政策法规办公室编：《中华人民共和国海洋法规选编》（第 3 版），海洋出版社 2001 年版，第 3 页。

[50] 参见［日］松井芳郎编：《基本条约集》，东信堂 2010 年版，第 1183 页。

[51] 其中包括国际法院诉讼解决的 11 条、国际海洋法法庭诉讼解决的 1 条、其他第三方仲裁解决的 9 条。参见王迎龙、林平：《建设海洋强国的若干问题》，《人民法治》2015 年 6 月号。

[52] 参见傅崐成：《南（中国）海法律地位之研究》，台北一二三资讯有限公司 1995 年版，第 199 页。

有 30 多条重要的国际航线经过南沙群岛。西方国家 50% 的进口石油、80% 的战略物资需经南海主要航道运输，我国通往其他国家的 39 条航线，有 27 条航线也要经过这里。[53] 保障航道安全是保证航行安全的重要前提。正如中国外交部发言人指出：此次中国在南沙群岛的扩礁行为，可以为本国、周边国家以及航行于南海的各国船只提供必要的服务。[54] 可见，中国在南沙群岛的扩礁行为，有利于保障东盟国家以及其他国家在南海的航行自由。

第二，在目前南海争议问题的谈判过程当中，东盟成员国呈现"抱团"对付中国的趋向[55]，且在一定程度上希望域外大国的介入。产生这种状况既与有些国家大肆鼓吹"中国威胁论"以及一些学者[56]的推波助澜有着密切关系，又与东盟对中国心存疑虑有一定关系。要消除这些疑虑，中国政府既要"说"，更要"做"。面对菲美等国持续地指责或批评，中国外交部在短短一年时间当中进行了 19 次解释或说明，就是为了争取东盟以及国际舆论的理解与支持。不仅如此，中国在南沙群岛的扩礁行为还基于履行中方在海上搜寻与救助、防灾减灾、海洋科研、气象观察、环境保护、航行安全、渔业生产服务等方面所承担的国际责任和义务。中国海军司令吴胜利于 2015 年 4 月 29 日表示，欢迎国际组织和美国及相关国家在未来条件成熟时利用这些设施，开展人道主义救援减灾合作。[57] 中国正是通过上述积极作为的方式，让东盟感受到中国和平解决南海争端的诚意，这样也有助于消除东盟对中国的疑虑和担心，积极与中国合作协商解决南海争端。

第三，国际争端的解决受到国际关系力量对比的制约。[58] 对于菲律宾越南等国不断侵占南海岛礁与滋生事端的行为，中国过去主要依靠规劝或谴责的方式予以制止，但是收效甚微。特别是近期以来，菲越等国加紧动作，既不断炒作"中国威胁论"，又不断鼓吹南海争端国际化，希望借助域外大国抗衡中国。可见，没有实力和实际行动做后盾的外交永远是无力的。此次中国在南沙一些岛礁上的军事建设行为将给菲越等国以迎头痛击，有助于迫使菲越等国克制其单边行动，回到谈判桌上来。[59] 特别需要指出的是，美国是使南海局势复杂化的主要外部力量。为了推进"亚太再平衡"战略，从而掌控亚太事务的主导权，美国已经就中国及南海制定了机密战略。为了抗衡美国干预南海事务，中国不仅必须大力增强自身实力，而且还要从更大的战略谋局布势。从整个战略

---

〔53〕　参见李金明：《南海波涛——东南亚国家与南海问题》，江西高校出版社 2005 年版，第 1—2 页。

〔54〕　参见 http://www.fmprc.gov.cn/mfa_chn/sp_612429/wjbfyrlxjzh/t1253690.shtml，访问日期：2015 年 6 月 25 日。

〔55〕　参见罗国强：《东盟及其成员国关于"南海行为准则"之议案评析》，《世界经济与政治》2014 年第 7 期。

〔56〕　Mark J. Valencia, "The South China Sea: Back to Future?", *Global Asia*, July 15, 2011, p. 6.

〔57〕　参见张军社：《南海问题：坦率应增加，偏见须减少》，《人民日报·海外版》2015 年 5 月 4 日。

〔58〕　参见王铁崖：《国际法》，法律出版社 1995 年版，第 568 页。

〔59〕　参见胡波：《大陆南沙建岛的意图及策略思考》，《凤凰周刊》2014 年 7 月 11 日。

来看，南沙群岛处于越南金兰湾和菲律宾苏比克湾两大海军基地之间，是太平洋通往印度洋的海上交通要冲，也是我国南疆安全的重要屏障，从而具有十分重要的战略地位。因此，中国正在南沙群岛的扩礁行为也就是在增强自身实力的基础上为南海的和平谋局布势。只有这样，才能为中国通过谈判协商的方式解决南沙岛礁的主权争议奠定坚实的基础，从而获得主动性。

第四，中国在南沙群岛的扩礁行为与南海地区局势紧张之间没有必然的逻辑关系，相反，中国一直致力于通过谈判协商的方式和平解决南海争议问题。2002 年，中国与东盟签署了《南海各方行为宣言》，向外界展示了中国和东盟国家共同维护南海地区和平稳定的高度政治意愿。之后，中国一直恪守该《宣言》。目前中国正在与东盟国家就制定"南海行为准则"保持着积极有效的沟通，并且已经达成了一些共识。为了达成各方都能接受的解决方案，中国提出了处理南海问题的"双轨新思路"，即有关具体争议由直接当事国通过谈判和协商解决，南海和平稳定由中国和东盟国家共同加以维护。[60]即使是对于菲律宾越南等国而言，中国也始终敞开谈判协商的大门，希望其改正错误，同中方相向而行，共同维护地区的和平与稳定。

最后，中国在南沙群岛的扩礁行为促使拟议中的《南海各方行为准则》重视中国的正当诉求，促使东盟国家做出正确的回应，推动南海争端的谈判进程。2011 年 7 月，中国与东盟达成落实《南海各方行为宣言》的指导方针，承诺加快制定《南海各方行为守则》。2012 年 7 月 9 日，东盟外长们发布了东盟关于南海"六点原则"的声明。[61] 2012年 9 月，印度尼西亚在第 67 届联合国大会召开期间，向东盟各国散发其起草的《南海行为准则》"零号草案"，希望以某种"中立"的身份来推动制定《南海各方行为准则》的谈判。[62] 但是，东盟版的行为准则有一个共同点：中国和东盟以外的国家也可以签署行为准则的议定书，而这个国家其实就是美国。中国外交部关于扩礁行为的一系列的解释和说明都指出：南海问题应该由南海国家与中国协商处理，不应该有域外国家介入。《南海各方行为守则》将是具有一定法律拘束力的条约，根据"条约对第三国既无损、也无益"的原则，南海事务应当依靠南海周边国家解决，与美国没有任何关系。中国在南沙群岛的扩礁行为及中国外交部对此的解释声明，将促使东盟重视中国的正当诉求，做出正确回应，从而推动南海争端的谈判进程。

综上，中国在南沙群岛的扩礁行为有助于中国与南海周边国家通过谈判协商的方式解决南海争端。

---

〔60〕 参见罗援：《处理南海问题，请美国走开》，《环球时报》2015 年 4 月 12 日。

〔61〕 Michael Lipin, "Cambodia Says ASEAN Ministers agree to Key Elements of Sea Code", Voice of America, July 9, 2012; Michael del Callar, "DFA Chief: ASEAN Agree on Key Elements for Code of Conduct in West PHL Sea", GMA News, July 11, 2012.

〔62〕 参见罗国强：《东盟及其成员国关于"南海行为准则"之议案评析》，《世界经济与政治》2014 年第7 期。

余论

如前所述，中国在南沙群岛的扩礁行为之目的、性质和依据均具有正当合法性，扩礁行为将产生积极的法律效果。目前，南海局势已经出现改善的迹象，例如，2015 年年初，中越双方领导人一致同意，通过友好协商和谈判，共同管控好海上分歧，并在协商一致的基础上早日达成"南海行为准则"。[63] 但是在南海错综复杂的国际局势背景下，中国仍然应该十分小心谨慎，围绕扩礁行为进一步加强后续应对策略，具体来说：

第一，中国外交部可以效仿 2014 年 6 月 8 日发布的《"981"钻井平台作业：越南的挑衅和中国的立场》、2014 年 12 月 7 日授权发表的《中华人民共和国政府关于菲律宾共和国所提南海仲裁案管辖权问题的立场文件》等，以立场文件的形式向国际社会系统阐述此次南沙群岛扩礁行为的目的、意义和法律效果，从而澄清是非，以正视听。这样既可以作为对美日菲等国无端指责的正面回应，又能更好地维护中国的国家主权与形象以及促进南海争议问题的和平解决。

第二，在坚持岛礁主权归我的前提下，淡化南沙群岛"扩礁"行动之后的"岛礁"的法律属性，进一步消除东南亚国家和其他国家的疑虑。中国今后可以统一用"驻守人员"代替"驻岛人员"作为被扩岛礁上守卫人员的称谓，并且明确对外宣称南沙群岛的"扩礁"行动不改变这些岛礁本身的法律属性。实际上，东南亚国家在南海岛礁属性问题上整体上采取战略模糊、在个案上保持相对清晰的做法。[64] 这很值得中国借鉴。而且，这种做法并不妨碍今后中国与相关声索国基于个案进行争议岛礁法律属性的认定。

第三，中国政府应该通过实际行动在扩建岛礁及其周边海域，积极履行国际义务与必要的政府协助，从而进一步增强南海国家与国际社会对于中国扩礁行为的认同感。具体来说：中国政府应通过实际行动在扩建岛礁及其周边海域积极开展海上搜救与防灾减灾等活动，从而为海上的人道主义救援积极贡献力量；中国政府应该在扩建岛礁及其周边海域积极从事海洋科研、环境保护与气象观察等活动，将获得的一些数据与他国分享，并且积极与他国合作，共同促进海洋科技与环保水平的提高；中国政府还应该在被扩岛礁及其周边海域积极采取有效措施，保障过往船只的航行安全，从而为南海国际航道的安全自由畅通贡献力量。

第四，高度警惕一些别有用心的国家给中国所扩岛礁设置"人工岛屿"的陷阱。根据《联合国海洋法公约》，人工岛屿只能拥有 500 米的海上安全区，不得拥有领海、毗连区、专属经济区和大陆架等其他海域。在建岛礁一旦被归入人工岛屿之列，将丧失大量海域权益。因此，中国既要强调扩礁行为是在已有岛礁的基础上进行添附扩大领土主权范围，而这一行为并不改变岛礁本身的法律属性，中国还应当充分坚持南沙群岛的群岛法律制度，并且利用《联合国海洋法公约》关于"人工岛屿"的含义较为模糊缺乏

〔63〕　参见罗援：《处理南海问题，请美国走开》，《环球时报》2015 年 4 月 12 日。
〔64〕　参见白续辉：《解读岩礁问题的"东南亚特色"：以学者观点为视角》，《东南亚研究》2014 年第 3 期。

可适用性进行抗辩，从而避开"人工岛屿"的陷阱。

最后，在制定《南海各方行为守则》的过程中，中国应该进一步增强自身的话语权。首先是对于一些重要概念要明确其内涵与外延，例如对于《南海各方行为宣言》第5条"无人岛礁的定居行为"，应该明确将"国家基于必要的国防军事和行政管理职能需要对于无人岛礁的驻守"排除在外。其次，对于域外国家干涉南海事务的行为，应提出坚决的反对主张，强调南海争议应当由南海周边国家自行解决，并将其纳入《南海各方行为守则》当中。再次，倡导建立解决南海争议的组织机构，并且对于违反《南海各方行为宣言》与《南海各方行动守则》的行为，规定相应的制裁措施。

试论第二次世界大战结束及抗日战争
胜利后的西沙、南沙群岛处理问题

——从历史事实和国际法分析西沙、南沙群岛主权属于中国

■ 张良福*

【内容摘要】东沙、西沙、南沙等南海诸岛，曾经被日本侵占，第二次世界大战结束及抗日战争胜利后，已归还中国。中国政府派海军舰艇编队赴南海接收了东沙、西沙、南沙等南海诸岛。海峡两岸均未参加战后美国单方面主持召开的旧金山和会和签署《旧金山对日和约》。该《和约》对中国无法律拘束力，任何企图援引《旧金山对日和约》的条款来损害中国领土主权的做法，都是无效的，是违背国际法的基本原则和国际惯例的。《旧金山对日和约》没有明确规定将西沙、南沙群岛归还中国，同时也没有任何否定中国拥有西沙、南沙群岛领土主权的规定和内容，也没有规定将这些岛屿归还给别的其他国家，没有给其他国家侵占西沙、南沙群岛提供任何法理支持。从该《和约》的相关条款根本不能得出所谓"西沙、南沙群岛地位未定论"，也不能得出该《和约》是导致今日南海争端的"根源"或"祸根"的结论。《旧金山对日和约》作为一项国际条约，虽然对中国没有任何法律拘束力，但对美国、日本以及越南、菲律宾等南海周边国家是有法律拘束力的。越、菲等国企图从《旧金山对日和约》中找到侵占中国南海岛屿的"依据"完全是徒劳的。美日无权对中国政府维护和行使西沙、南沙群岛领土主权的措施评头论足。从维护二战成果和战后秩序的角度看，应该充分研究和发掘《旧金山对日和约》对维护中国西沙、南沙群岛领土主权方面的正面、积极作用与影响。

【关键词】南沙群岛　旧金山对日和约　领土主权　抗日战争

　　东沙、西沙、南沙等南海诸岛，二战期间曾经被日本侵占。第二次世界大战结束及抗日战争胜利后，包括东沙、西沙、南沙等南海诸岛在内的被日本侵占的所有中国领土已归还中国，中国政府派海军舰艇编队赴南海接收了东沙、西沙、南沙等南海诸岛。海峡两岸均未参加战后美国单方面主持召开的旧金山和会，也没有签署、批准《旧金山对日和约》。该和约规定了日本应放弃对西沙、南沙群岛的一切权利要求，同时未提及这些岛屿实际上已经归还中国的事实。多年来，越南、菲律宾为了侵占中国南沙群岛，一直试图从《旧金山对日和约》中寻找依据和借口。国外一些专家和国内个别学者也认为旧金山和会及《旧金山对日和约》造成"西沙、南沙群岛地位未定"，并且埋下了引发南海岛礁领土主权争端的"根由"。这种论调是对《旧金山对日和约》的曲解，更是对战后南海诸岛早已归还中国这一历史事实的无视。

　　正确剖析和评价第二次世界大战结束及抗日战争胜利后涉及西沙、南沙群岛处理问题，还其历史的本来面目，在当前仍然具有重要的历史意义和现实意义。本文拟从国际法和历史事实的角度，全面分析第二次世界大战结束及抗日战争胜利后，西沙、南沙群

---

　* 中国海油能源经济研究院研究员。
　　本文是国家社科基金重大项目（14ZDB165）的阶段性研究成果。

岛等被日本侵占的中国领土已无可置疑地归还给了中国，而越南、菲律宾等国企图从《旧金山对日和约》中拼凑侵占中国南海岛礁的所谓依据是完全徒劳的。

一、抗战胜利后，中国政府于 1945 年接受日本投降，1946 年派海军舰艇编队赴南海正式接收东沙、西沙、南沙群岛，恢复对南海诸岛行使领土主权

日本侵略中国时期，南海诸岛与中国大陆领土一样也被日本帝国主义肆意侵略和占领。特别是 1939 年 2 月日军攻占东沙群岛，2 月 28 日入侵海南岛，3 月 1 日占领西沙群岛，3 月 30 日占领南沙群岛，并于 4 月 9 日由日本驻台湾总督府在一份政府公报中宣布，东沙、西沙和南沙群岛已划归为日本帝国领土，属台湾高雄县管辖，并将南沙群岛改名为"新南群岛"。日军在南沙群岛的太平岛等岛屿建立电台、气象站、灯塔、淡水池、营房、潜艇基地等设施，筹建机场和各种其他军事设施，并以南沙群岛为依托侵略南海周边国家。

第二次世界大战结束和日本投降前夕，关于战后安排，1943 年 12 月 1 日中、美、英三国签署的《开罗宣言》的规定："三国之宗旨……在使日本所窃取于中国之领土，例如满洲、台湾、澎湖群岛等，归还中华民国。"1945 年 7 月 26 日中、美、英三国促令日本投降的《波茨坦公告》第八条规定："开罗宣言之条件必将实施。"据此，中国有权收复被日军侵占的所有中国领土，包括散布在南中国海的岛屿和珊瑚礁。

1945 年 8 月 15 日，日本宣布无条件投降后，侵占西沙、南沙群岛的日本驻军于 8 月 26 日宣布投降。盟军最高统帅部发布命令，在越南北纬 16 度以北，包括西沙群岛在内的日军向中国战区司令投降。中国战区司令同时命令已从南沙群岛自动撤退到海南榆林港的日军向驻扎在此地的中国驻军投降。

中国战区接受日本投降事宜与领土主权问题并没有直接关系，因此，为体现中国政府收复所有被日本侵占领土、恢复行使中国领土主权，中华政府继 1945 年 10 月 25 日收复台湾之后，立即组织以海军为主的力量，协助广东省政府，南下正式接收西沙、南沙群岛。

1946 年 9 月 2 日中华政府向有关机构发出节京陆字第 10858 号关于接收南海诸岛的训令，准备接收。[1] 同年 9 月 13 日，内政、外交、国防三部开会商谈，确定了有关接收的具体措施。

海军接收和进驻西、南沙群岛的筹备工作，由海军总司令部第二署海事处承办。海军总部调驱潜舰"永兴"号、坦克登陆舰"中建"号和护航驱逐舰"太平"号、坦克登陆舰"中业"号等四舰分别组成进驻西、南沙群岛舰队，分载国防部、内政部、空军总部、联勤总部、广州行辕、广东省政府等单位代表人员，以及技术暨测量人员，驻岛

---

[1]　参见张良福：《让历史告诉未来——中国管辖南海诸岛百年纪实》，海洋出版社 2011 年版，第 68—72 页。

部队、电台、物资等，远航西、南沙。海军总司令部决定以林遵为进驻西沙、南沙群岛舰队指挥官，并负责接收南沙的工作，姚汝钰为副指挥官，负责接收西沙的工作。

1946 年 11 月 6 日，中建、永兴、太平、中业四舰由珠江口虎门汇齐起航，8 日抵海南岛榆林港，增加了熟悉西、南沙群岛情况的渔民十余人及渔艇三艘。

中建、永兴两舰于 1946 年 11 月 23 日驶离榆林，翌日，即 11 月 24 日凌晨，抵达西沙永兴岛。29 日上午，由接收专员萧次尹（广东省府委员）、海军总司令部上校科长姚汝钰、上尉参谋张君然与"永兴""中建"两舰官兵共同在永兴岛日本炮楼附近为收复西沙群岛纪念碑揭幕，并鸣炮升旗。纪念碑系水泥所制，正面刻"海军收复西沙群岛纪念碑"及"中华民国三十五年十一月二十四日立"，背面刻有"卫我南疆"四个大字。后来，张君然任海军西沙群岛管理处主任，又重竖"海军收复西沙群岛纪念碑"，旁署"中华民国三十五年十一月二十四日张君然立"，背面刻"南海屏藩"四个大字。

"太平""中业"两舰于 11 月 12 日和 18 日两次出航皆因遭遇风浪大作，而两度折返。12 月 9 日再次从榆林港出航，驶往南沙群岛，于 12 月 12 日抵达太平岛。接收官兵们在岛上举行了接收南沙群岛的仪式，宣布太平岛归广东省管辖，在岛上设立"南沙群岛管理处"，委任了管理处主任等一批官员，行使行政权力。接收官兵们还清理了日本侵略军遗留下的残迹废墟，在岛的西南角上竖立了一块水泥碑，碑上写着"太平岛"三个大字。碑身为方锥形，正面碑文为"南沙群岛太平岛"，背面刻"中华民国三十五年十二月十二日重立"，碑左侧刻"太平舰到此"，右侧刻"中业舰到此"。在这次接收行动中，随行的科技人员测绘了太平岛的地形图（1：10000），计算出全岛的陆地面积 0.43 平方千米；踏勘了岛上的自然环境，采集了生物、地质矿产和土壤标本等。

中国政府派舰队接收西沙、南沙群岛后，分别由进驻人员成立西沙、南沙群岛管理处，收复工作宣告完成。这是有史以来中国政府首次在西沙、南沙群岛派兵驻守设防，设立行政管理机构，结束了西沙、南沙群岛没有中国政府军队驻守的历史，揭开了中国政府对西沙、南沙群岛行使领土主权管辖的新的历史篇章。随后，中国政府又于 1947 年 3 月派"太平"舰接收并进驻东沙群岛。这样，一度被日本侵占的西沙、东沙、南沙群岛又重新置于中国政府的主权管辖下。

中国政府以符合国际法、国际惯例和国家实践的方式，加强和完善对南海诸岛的领土主权管辖，例如绘制南海诸岛地图，重新核定和公布南海诸岛地名，编写南海诸岛地理志，派人调查视察，举办西沙、南沙群岛物产展览会，明确行政管辖，定期补给和换防等。

1947 年 1 月 16 日，国民政府国防部召集有关机关，召开讨论我海军接收西、南沙群岛后的建设实施会议，决定"西南沙群岛应归入我国版图，其经纬度之界限，岛名之更订由内政部审订再饬出版机构遵办，并由教育部通饬各级学校。西南沙群岛之行政隶属问题，俟最近海南行政特别区奉准设立，即归该区统辖，目前暂由海军管理"。1947 年 4 月 14 日内政部邀请各有关机关派员进行磋商，讨论《西南沙范围及主权之确定与公布案》，决定："（1）南海领土范围最南应至曾母滩，此项范围抗战前我国政府机关学校及书局出版物，均以此为准，并曾经内政部呈奉有案，仍照原案不变。（2）西南沙群岛主权之公布，由内政部命名后，附具图说，呈请国民政府备案，仍由内政部通告全国周知，在公布前，并由海军总司令部将各该群岛所属各岛，尽可能予以进驻。（3）西南沙群岛渔汛瞬届，前往各群岛渔民由海军总司令部及广东省政府予以保护及运输通讯等便利"〔2〕。

1947 年 12 月内政部核定和调整了南海诸岛各岛群的名称，按照诸岛在南海海域所处的地理位置，把团沙群岛正式改为南沙群岛，把原来的南沙群岛正式改为中沙群岛。至于南海诸岛各岛礁的名称，亦由内政部方域司拟定，正式公布《南海诸岛新旧名称对照表》。

1948 年 2 月，内政部方域司公开出版发行《中华民国行政区域图》（内政部方域司傅角今主编，王锡光等人编绘，商务印书馆印刷，1947 年 12 月制版）。该图及附图《南海诸岛位置图》在南海海域划有 11 段断续界线。这条线西起北部湾中越边界，约在东经 108 度—东经 109 度之间沿越南海岸东南海域斜向，至南海，最南至北纬 4 度左右，包括曾母暗沙，而后向北，沿巴拉望海槽、吕宋海槽，经巴士海峡，沿台湾以东。东沙群岛、西沙群岛、中沙群岛和南沙群岛等南海诸岛均标绘在 11 条断续界线内。这是第一份由中国政府公开发行的印有南海断续国界线的地图。此后，中国政府官方出版的地图和民间出版的私人地图都依此标准。这就是我们至今仍标绘在地图上南海断续线的来历。

为唤起国人对南海诸岛重要性之认识，广东省政府于 1947 年 6 月 11 日至 15 日在广州文献馆举办了一次具有学术性和国防性的西沙、南沙群岛物产展览会，公开展出各种实物、标本、照片、图表以及历史文物等珍贵资料，引起各界人士的重视，参观者达 30 余万人次。其间，广东省省府委员萧次尹主持了记者招待会，介绍接收西沙、南沙群岛经过及各岛历史沿革。

1947 年中华民国政府行政院命令将东沙、西沙、中沙、南沙四个群岛一律划归广东省政府辖区。同时命令暂由海军总司令部管辖，并由海军所设置之东沙、西沙、南沙群岛管理处，执行各该群岛之军政事宜。海军定期对守岛士兵进行补给、换防并在岛上设立气象所和无线电台，开展气象观测工作，建立航标灯塔，以及进行自然和资源调查。

中国政府的上述措施，是依据盟国的战后处理安排而采取的，更重要的是中国政府在取得抗日战争胜利后为收复所有被日本侵占的领土而采取的合情、合理、合法行为，借此向国际社会庄严宣布，一度被日本侵占的南海诸岛重新成为中国领土神圣不可分割的一部分。

---

〔2〕　张良福：《让历史告诉未来——中国管辖南海诸岛百年纪实》，海洋出版社 2011 年版，第 68—72 页。

二、中华人民共和国坚定维护和行使对西沙、南沙群岛的领土主权

国共内战与海峡两岸分裂并没有影响西沙、南沙群岛领土主权属于中国这一基本立场和历史事实，海峡两岸均坚持西沙、南沙群岛属于中国这一立场并行使主权管辖。

1945 年日本无条件投降、中国人民取得抗日战争的全面胜利，但不久，中国陷入内战，1949 年 10 月 1 日中华人民共和国在北京宣告成立，1950 年 5 月中国人民解放军解放海南岛，国民党从海南岛败退至台湾岛，随后也从西沙、南沙群岛撤走其守备人员[3]。中华人民共和国中央人民政府随即对西沙群岛、南沙群岛进行管辖和经营建设。东沙群岛、西沙群岛、中沙群岛、南沙群岛隶属中国广东省管辖。1950 年 6 月 27 日，广东省人民政府主席叶剑英在政务院第三十八次政务会议上做《广东省工作报告》，明确指出："广东全境，有大陆，有海岛如东沙群岛区、西沙群岛区、中沙群岛区、南沙群岛、万山群岛等区"，并报告人民解放军于 4 月 23 日解放海口，至 29 日解放榆林、三亚两港，完成海南全岛解放。现在海南的接收工作正在进行，各种机构正在建立。叶剑英特别强调，"广东沿海及其海上岛屿，是处在国防的最前线。海岸线全长二千五百公里，沿海岛屿星罗棋布，如东沙、西沙、中沙、南沙等群岛，又距离海岸甚遥。所以广东的实际疆域是包括宽阔海面的。保护这些海岛及沿海口岸，使不受帝国主义和国民党海盗所侵占，就不仅和保护我神圣领土有关，也直接对广东大陆的治安有关"[4]。

1950—1956 年，广东省琼海县大批渔民不断前往南沙群岛进行渔业生产活动。广东省海南行政区有关部门不断派遣人员到西沙群岛调查勘测、捕捞水产、开采磷肥、建立气象台，并对西沙群岛的渔民进行管理。例如，1953 年，海南行政区水产公司在西沙群岛开采鸟粪。1955 年 5—6 月，海南行政区组织由海南供销社、水利处、卫生处、建筑公司以及广东省农业厅等单位组成的西沙群岛调查勘探队。1955 年起广东省有关部门对西沙群岛的鸟粪进行了开采和销售。1959 年 3 月，广东省决定在西沙群岛永兴岛正式成立县级政权机构"中国共产党西、南、中沙群岛工作委员会"（简称"西沙工委"）和"西、南、中沙群岛办事处"（简称"西沙办事处"），由广东省人民政府授权，在当地行使行政管理权，处理有关事务。自此中国政府的行政机构开始驻岛行使主权，组织开发建设工作，加强对西、南、中沙群岛岛礁及其附近海域的行政管辖。中国政府对南海诸岛的行政建设，为开发南海海域提供了组织上的保障。在"西沙办事处"的筹划和安排下，海南人民组织了水产渔业公司，进行广泛的资源调查，渔业很快地发展起来。1959 年冬至 1960 年 4 月，海南行政区水产局成立海南区西沙渔业生产指挥部，组织东部沿海各县渔船到南海诸岛海域进行鱼类生产。

中国政府公开声明西沙、南沙群岛领土主权属于中国，坚决反对任何国家的图谋。1950 年 5 月 19 日，中国政府针对菲律宾企图侵占南沙群岛的言论提出了严重警告，发

---

[3]　参见《海军巡戈南沙海疆经过》，台湾学生书局 1984 年版。

[4]　叶剑英：《广东省工作报告》，《人民日报》1950 年 8 月 3 日。

表南海诸岛主权的声明。当时，菲总统季里诺在 5 月 17 日的记者招待会上以挑衅式的口吻宣称："如果国民党军队真的占领着团沙群岛（即今南沙群岛）则菲律宾就无须要求占领该地。如果在敌人手里，即威胁我们国家的安全。"季里诺为他的侵略企图制造一种荒谬的理论说："根据国际公法，该群岛应该辖于最邻近的国家，而距离团沙群岛最近的国家就是菲律宾。"对此，中国政府指出："菲律宾政府对于中国领土的这种荒谬宣传，显然是出于美国政府的指示。菲律宾挑衅者及其美国支持者必须放弃他们的这种冒险计划，否则必然引起严重的后果。中华人民共和国绝不容许团沙群岛及南海中其他任何属于中国的岛屿被外国侵犯"[5]。

海峡两岸均奉行"一个中国"原则，坚持维护中国的领土主权完整。尤其是就东沙、西沙、南沙、中沙等南海诸岛来说，海峡两岸均坚持领土主权立场，行使领土主权管辖，坚决反对任何外国对中国南海诸岛领土主权的侵犯。国共内战与海峡两岸分裂并没有影响西沙、南沙群岛领土主权属于中国这一基本立场和历史事实。

三、《旧金山对日和约》的法律地位：对中国没有任何拘束力

在研究第二次世界大战结束及抗日战争胜利后的西沙、南沙群岛领土问题、特别是《旧金山对日和约》中有关西沙、南沙群岛领土问题的处理时，必须首先要明确《旧金山对日和约》的法律地位，特别是《旧金山对日和约》对中国是否有法律拘束力的问题。

（一）《旧金山对日和约》是非法制定与通过的

《开罗宣言》《波茨坦公告》以及日本《无条件投降书》等国际文件确立了结束对日战争及战后处理日本问题的基本原则与立场。但 1951 年 9 月 4 日，美国政府一手包办在旧金山召开对日和会。与会国家 52 个，会议的过程十分简单。苏联等国代表的关于应该邀请中国参会和修改和约草案的要求和建议未被加以任何考虑。9 月 8 日，以美、英、法等 48 个国家为一方、日本为另一方签订了《对日和平条约》即《旧金山对日和约》。1952 年 4 月 28 日，美国总统杜鲁门在华盛顿宣布，《旧金山对日和约》自即日起正式生效。

《旧金山对日和约》完全是美国政府一手包办的产物。签订这一条约的旧金山会议，是一个在美国操纵下的会议，更是一个背弃国际义务的会议。旧金山和会及《旧金山对日和约》的合法性当时就受到多个国家的质疑与拒绝。与会 52 个国家，其中仅有半数是战时对日宣战的国家，而其中实际曾与日本作战者亦只不过 8 个国家而已。中国是对日作战中最重要的、起决定性作用的国家，却被拒于和会之外。印度、缅甸、南斯拉夫三国受邀但拒绝参加会议。《对日和约》的签约国，多为欧美国家，还有一些国家实际

---

〔5〕《中国政府有关人士发表南海诸岛主权的声明》，《人民日报》1950 年 5 月 20 日。

上也是英美的盟国。参会和签署主体代表利益单一，出席和会的苏联、波兰和捷克三国代表拒绝在《和约》上签字。印尼、哥伦比亚和卢森堡签署后未予批准。

美、英单独包办召开和会、片面制定对日和约，直接违反了由美、英、苏、中等国于1942年元旦共同参加签订的《联合国家共同宣言》、1943年12月1日由中、美、英共同签订的《开罗宣言》、1945年2月21日由美、英、苏共同签订的《雅尔塔协定》、1945年7月26日由美、中、英、苏所共同参加的《波茨坦公告》、1945年8月3日由苏、美、英共同签订的《波茨坦协定》等国际协定。

（二）美国非法剥夺了中国参加对日和约的准备和出席旧金山对日和会的权利

1945年日本无条件投降后不久，中国即发生内战，1949年10月1日中华人民共和国宣告成立，国民党及其所代表的中华民国败退至台湾岛。海峡两岸进入、分裂状态。中华人民共和国中央人民政府是"代表中国人民的唯一合法政府，它必须参加对日和约的准备、拟制与签订。中国国民党反动残余集团绝对没有资格代表中国人民，因而它没有资格参加任何有关对日和约的讨论和会议"[6]。

在国际上，苏联等社会主义国家以及越南、印度、印度尼西亚、缅甸等国承认中华人民共和国并建立正式外交关系。美国拒不承认新生的中华人民共和国，继续维持与台湾国民党"中华民国"政府的关系。英国宣布承认中华人民共和国。

在海峡两岸谁能代表中国出席对日和会问题上，相关国家之间的分歧很大。

苏联始终主张，应由中华人民共和国政府代表中国参加对日和会。1951年5月7日，苏联副外交部长波格莫洛夫将一份"苏联关于美国对日和约草案的意见书"交给美国驻苏联大使寇克先生。指出，苏联政府曾经始终坚持尽速缔结对日和约，认为和约的起草必须根据各国在第二次世界大战期间所订的国际协定，和约草案必须由美国、中华人民共和国、苏联与英国四国的代表共同准备，并使远东委员会所有的会员国参加。[7]

美国主张台湾方面参加对日和会，反对中华人民共和国参会。特别是在朝鲜战争爆发及中国人民志愿军入朝作战之后，美国公开将中华人民共和国定义为"侵略者"，并要对苏联共产主义的"扩张"进行遏制。因此，为了对抗苏联和中华人民共和国，美国主张由国民党政府代表中国参加对日和会，并且美国还想让国民党政府参加对日和会以提高和会的合法性和国际威望。美国1950年10月28日照会苏联政府称：开罗会议所言之中国系属"中华民国"，而非"中华人民共和国"。美国还表示，"美国与所谓'中华人民共和国政府'是没有外交关系的"[8]。

---

[6] 《关于对日和约问题 周恩来外长发表声明 我必须参加和约的准备、拟制与签订 美备忘录抹杀我抗日奋战的基本利益》，《人民日报》1950年12月15日。

[7] 参见《谴责美国对日和约草案单独媾和阴谋 苏联提出对日和约五项建议 主张召开中苏英美四国外长会议开始和约准备工作》，《人民日报》1951年5月25日。

[8] 《公然撕毁开罗宣言等国际协定 美国竟妄图与日本单独媾和》，《人民日报》1951年1月8日。

英国主张"应让中共代表中国出席对日媾和会议"。英国在 1950 年 1 月就承认了新成立的中华人民共和国，是第一个承认新中国的西方国家。澳大利亚和新西兰等英联邦国家也都支持英国的主张。在为管制日本而于 1945 年建立的远东委员会中，大部分成员国都支持英国的立场，支持由国民党政府代表中国参加对日和会的国家只剩下了美国和菲律宾这两个国家。

美国对苏联关于应由中华人民共和国参加对日和约准备工作的主张没有予以理会，但对英国的意见不得不予以重视。因为，美国不愿意失去英国及其背后的英联邦成员国的支持。为此，美国国务卿杜勒斯特意出访伦敦，经互相让步和妥协后，1951 年 6 月 19 日，英美双方达成协议，即中华人民共和国和国民党政权都不参加对日和约的签署，由日本在和约签署后自行选择同哪方缔约。这样，当 1951 年 9 月 4 日，对日和会在美国旧金山举行时，海峡两岸均未出席。在和会上，苏联、波兰、捷克斯洛伐克出席和会的代表建议邀请中华人民共和国出席会议，但遭到美国的拒绝。

众所周知，中国在抵抗和击败日本军国主义的战争中，历经艰苦卓绝的奋斗，时间最长，牺牲最大，贡献最多，因之，中国人民及其所建立的新中国政府在对日和约问题上是最具合法权利的发言者和参加者。美国政府操纵的旧金山和会，却把中国政府排斥在外，拒绝其出席会议。由此可见，旧金山对日和会及《和约》是片面、非法的。

（三）中国政府多次发表声明，指出《旧金山对日和约》对中国是丝毫没有拘束力的

中国政府在《旧金山对日和约》签署前后反复声明："对日和约的准备和拟制如果没有中华人民共和国的参加，无论其内容与结果如何，中央人民政府一概认为是非法的，因而也是无效的。"

早在旧金山会议召开之前，1950 年 12 月 4 日中国政府总理兼外长周恩来就发表声明指出："对日和约的准备和拟制如果没有中华人民共和国的参加，无论其内容与结果如何，中央人民政府一概认为是非法的，因而也是无效的。"[9]

1951 年 8 月 15 日，中国政府总理兼外长周恩来发表《关于美英对日和约草案及旧金山会议的声明》，再一次声明："对日和约的准备、拟制和签订，如果没有中华人民共和国的参加，无论其内容和结果如何，中央人民政府一概认为是非法的，因而也是无效的。"[10]

《旧金山对日和约》签订后不久，1951 年 9 月 18 日中国外交部长周恩来发表《关于美国等国家签订〈旧金山对日和约〉的声明》，严正指出，"美国政府公然违反一切国际协议，排斥中华人民共和国，于 1951 年 9 月 4 日召开了一手包办的旧金山会议，并于 9 月

---

〔9〕 《关于对日和约问题 周恩来外长发表声明 我必须参加和约的准备、拟制与签订 美备忘录抹杀我抗日奋战的基本利益》，《人民日报》1950 年 12 月 5 日。

〔10〕 《关于美英对日和约草案及旧金山会议的声明》，《人民日报》1951 年 8 月 16 日。

8 日在这一会议上，签订了对日单独和约。我全国人民对此无不表示愤慨和反对"……"中华人民共和国中央人民政府再一次声明：《旧金山对日和约》由于没有中华人民共和国参加准备、拟制和签订，中央人民政府认为是非法的，无效的，因而是绝对不能承认的。"

美国总统杜鲁门于 1952 年 4 月 28 日在华盛顿宣布：美制单独《旧金山对日和约》即日起正式生效。1952 年 4 月 29 日《人民日报》刊登文章《悍然侵犯中苏印缅等国的神圣权利　美国宣布非法的对日"和约"生效　日本变为美国"合法的"殖民地和军事基地》，严正指出："中华人民共和国、苏联等对日作战的主要国家，在美国的排斥下，完全没有参加这一'和约'的准备和拟制，并且拒绝签署与批准这个'和约'。美制和约对这些国家是丝毫没有约束力的。""中国人民坚决反对美制对日和约。我周恩来外交部长已在去年 9 月 18 日声明：我中央人民政府认为美制对日和约是非法的，无效的，因而是绝对不能承认的。"

因此，从中国政府在《旧金山对日和约》签署前后发表的声明看，该和约对中国无效。中国，作为对日作战的主要国家，在美国的排斥下，完全没有参加这一和约的准备和拟制，没有出席对日和会，并且拒绝签署与批准这个和约。无论是从国际法，还是从中国政府的态度看，《旧金山对日和约》对中国是没有丝毫约束力的。

需要指出的是，《开罗宣言》《波茨坦公告》《联合国家宣言》等关于战后处理的国际文件是《旧金山对日和约》的前约。依据国际习惯法规则和《维也纳条约法公约》的规定，如果某一条约违背了其前约，则该条约的有效性、合法性是值得怀疑的。《波茨坦公告》《开罗宣言》等国际文件的规定在《旧金山对日和约》中没有得到全面、明确、有效的落实，显然，《旧金山对日和约》不具备合法性、有效性。

并且，即便依照该和约本身的规定，也不适用于中国。该和约第二十一条、第二十五条明确规定该和约不适用于"未签署和批准"和约的国家。第二十五条规定，"本约所称盟国应为曾与日本作战并已签署及批准本约之国家。除第二十一条之规定外，本约对于非本条所指盟国之任何国家，不给予任何权利、权利根据及利益；本约之任何规定亦不得有利于非本条所指盟国而废弃或损害日本之任何权利、权利根据或利益"。第二十一条规定，"虽有本约第二十五条的规定，中国仍得享有第十条及第十四条甲款二项所规定的利益；朝鲜得享有本约第二条、第九条及第十二条所规定的利益"。也就是说中国如果不'签署及批准本约'，则第三条领土条款不适用于中国"。

（四）时至今日，中国政府从未以任何方式承认《旧金山对日和约》，继续坚持其对中国无任何约束力

对《旧金山对日和约》，中华人民共和国政府的态度和立场是一贯的。直到今天，中国政府继续不承认《旧金山对日和约》的有效性、合法性，因此中国的政策和行为并不受该和约的约束。

旧金山和会及《旧金山对日和约》通过前后，中国政府反复表示，《旧金山对日和约》对中国无效，并且中国也不承认日本随后与台湾当局签署的所谓《日华和约》。因此，战后以来，中日两国在国际法意义上仍处于战争状态。这也就是说，二战和抗日战争后期关于结束对日作战、日本宣布无条件投降以及有关领土归还的《开罗宣言》《波茨坦公告》等国际文件继续有效，也并未被任何其他文件所取代。

自20世纪50年代以来，中国政府一直致力于恢复和发展中日邦交，但中国政府始终坚持中日关系的处理必须以《开罗宣言》《波兹坦公告》等国际文件所确立的原则为基础，不能以任何形式和在任何意义上造成对战后美国一手操纵的旧金山和会及和约体系的承认或默认。为此，在中日恢复邦交关系问题的处理上，中国政府提出了关于中日复交的三原则，即：中华人民共和国政府是代表中国的唯一合法政府；台湾是中华人民共和国不可分割的一部分；日台条约是非法的、无效的，必须废除。

1972年中日建交及1978年签署和平友好条约时，中国均坚持了上述原则立场。日本承认在中国政府提出的"复交三原则"的立场上，谋求实现日中邦交正常化。1972年9月，日本首相田中角荣应周恩来总理的邀请访华。中日两国政府决定自1972年9月29日起建立外交关系，并发表《中日联合声明》。从此，中日两国结束了半个多世纪的敌对关系，开始实现邦交正常化，开创了两国关系的新时期。

《中日联合声明》体现了中国政府关于中日"复交三原则"的精神。该声明首先宣布结束两国间的战争状态，指出"战争状态的结束，中日邦交的正常化，两国人民这种愿望的实现，将揭开两国关系史上新的一页"。《中日联合声明》第一条规定："自本声明公布之日起，中华人民共和国和日本国之间迄今为止的不正常状态宣告结束。"第二条规定："日本国政府承认中华人民共和国政府是中国的唯一合法政府。"第三条规定："中华人民共和国政府重申：台湾是中华人民共和国领土不可分割的一部分。日本国政府充分理解和尊重中国政府的这一立场，并坚持遵循波茨坦公告第八条的立场。"

对于日本与台湾当局签署的所谓《日华和约》，中国向来不予承认。在双方谈判《中日联合声明》的过程中，日本外相大平正芳表示："对中方所说'日台条约是非法的、无效的，应予废除'，我们无任何异议"，但为照顾日本政府在国内的处境，大平外相希望在声明文字中避免提及，而由日方在双方邦交正常化时，自行声言"日蒋和约"的终止。中国方面对此表示理解。在两国外长商谈联合声明时确认，为照顾日方的困难，决定"'日台条约'是非法的、无效的，必须废除。这一条不再写入声明内，而用日本外交大臣谈话的形式宣告该条约的结束"。《中日联合声明》1972年9月29日签字发表后，日本外相大平正芳即举行记者招待会，对声明的内容进行说明，宣布根据《波茨坦公告》和《开罗宣言》，台湾是中国的领土；作为日中邦交正常化的结果，日本和中华民国断交；"中日和约（日蒋和约）已失去它的意义，业已终了"[11]。

《中日联合声明》发表后，中日两国为巩固和发展两国间的和平友好关系，于1978

---

[11] 张香山：《中日关系管窥与见证》，当代世界出版社1998年版，第14-17页。

年 8 月 12 日在北京正式签订《中日和平友好条约》，以法律形式确认了《中日联合声明》的各项原则，为中日关系的全面发展奠定了政治基础。

中日结束敌对战争状态、恢复邦交、发展和平友好关系，不是依据《旧金山对日和约》，而是依据《开罗宣言》《波茨坦公告》。《中日联合声明》《中日和平友好条约》与《旧金山对日和约》没有任何政治、国际法上的关联性。在《中日联合声明》以及《中日和平友好条约》中，丝毫没有出现任何肯定或认可《旧金山对日和约》的内容或文字表述。这再一次从国际法和国际政治的角度证明，《旧金山对日和约》对中国无拘束力。日本也不得不公开承认《旧金山对日和约》不适用于中国，不适用于中日关系。日本在《中日联合声明》中明确表示坚持遵循《波茨坦公告》第八条的立场，这也就是说，日本将如 1945 年 9 月 2 日日本在无条件投降书上签字承认的、"接受美、中、英三国政府元首 7 月 26 日在波茨坦宣布的，及以后由苏联附署的公告各条款"的立场，将继续履行《波茨坦公告》规定的各条款，并且接受战胜国中国依据《波茨坦公告》规定指导下的"一切要求"。

时至今日，中国政府始终坚持《旧金山对日和约》对中国无效、无拘束力这一严正立场。2013 年 5 月 26 日，国务院总理李克强访问德国、参观波茨坦会议旧址时发表讲话指出："作为一个中国人，也作为中国人民的代表，我要特别强调，《波茨坦公告》第八条明确指出：《开罗宣言》之条件必将实施。而《开罗宣言》中明确规定，日本所窃取的中国之领土，例如东北、台湾等岛屿归还中国。这是用几千万生命换来的胜利果实，也是二战后世界和平秩序的重要保证。所有热爱和平的人，都应该维护战后和平秩序，不允许破坏、否认这一战后的胜利果实"[12]。

四、《旧金山对日和约》涉及战后领土处理问题的条款严重违背《开罗宣言》《波茨坦公告》等重要国际文件的规定和精神

关于领土问题的处置，是对日战后处理的重要内容。领土问题的处理原则和基本方针已经在《开罗宣言》《波茨坦公告》等重要文件中做了明确规定。《开罗宣言》声明："三国之宗旨，在剥夺日本自从 1941 年第一次世界大战开始后在太平洋上所夺得或占领之一切岛屿；在使日本所窃取于中国之领土，例如东北四省、台湾、澎湖群岛等，归还中华民国；其他日本以武力或贪欲所攫取之土地，亦务将日本驱逐出境。"而《波茨坦公告》第 8 条规定："开罗宣言之条件必将实施，而日本之主权必将限于本州、北海道、九州、四国及吾人所决定其他小岛之内。"这就是说，所有被日本侵占的中国领土必须全部归还中国，《开罗宣言》除列举了东北四省、台湾、澎湖群岛外，还用"日本所窃取于中国之领土"及"等"措辞表明，日本归还中国的领土并不是局限于所列举的

---

[12] 《李克强在波茨坦"对日批判"　不许否认二战果实》，《环球时报》2013 年 5 月 27 日。

"东北四省、台湾、澎湖群岛",还包括所有其他被日本侵占的中国领土。东海的钓鱼岛是台湾的附属领土,南海的东沙、西沙、南沙群岛,二战期间被日本侵占并被划归台湾管辖。这些领土当然包括在应该归还中国的领土范围之内。这是不言自明的。

战后对日处理时,有关领土问题的处理理应严格按照《开罗宣言》《波茨坦公告》的相关规定处理。但自从欧洲冷战蔓延到亚洲,特别是中华人民共和国成立、中苏结盟、朝鲜战争爆发后,美国对东亚,特别是对日政策明显发生了变化,由《开罗宣言》《雅尔塔协定》《波茨坦公告》等国际文件确定的永久解除日本军事武装转变为扶持日本、美日结盟,使日本成为帮助美国对抗中苏、抵制共产主义在东亚扩张的同盟国。这一政策贯穿于美国主导对日和会、制订对日和约的全过程。

这一政策在战后领土处理问题上的突出表现就是:美国利用其对日军事占领的特权和优势地位,明目张胆地违背《开罗宣言》《雅尔塔协定》《波茨坦公告》中关于领土归属的规定和精神。一方面,只规定日本放弃对其曾侵占领土的一切权利与要求,而未提其归属,企图借此竭力淡化、弱化乃至损害中国、苏联的固有领土主权;另一方面,竭力将美国对日本的军事占领合法化、长期化,并将部分岛屿进行"托管"。1950年10月21日,美国在与远东委员会其他国家关于对日和约的非正式的谈判中,提出了美国拟议的七点和约计划。关于领土问题,美国的计划一是"台湾和千岛群岛的地位,如大国在一年之内不能获致协议,应待联合国大会决定";二是美国提出"日本人应提供某些基地供美军使用"以"保障日本的安全"。[13]

美国上述公然违背《开罗宣言》《波茨坦公告》《雅尔塔协定》等国际协定关于领土归属规定的做法,随后体现在《旧金山对日和约》的制订过程中。

1950年10月26日,美国国务院顾问杜勒斯,在纽约以美国政府关于对日和约的备忘录一件递交苏联驻安理会代表马立克。该备忘录称"同意由联合国托管琉球和小笠原群岛,而以美国为管理当局"[14]。而实际上,关于琉球群岛和小笠原群岛,不论《开罗宣言》或《波茨坦公告》,均未有托管的决定,当然更说不上要指定"美国为管理当局"的事情了。美国此种做法,纯为假借联合国名义,实行对琉球群岛与小笠原群岛等岛屿长期占领,在远东建立侵略性的军事基地。另一方面,对《开罗宣言》《雅尔塔协定》《波茨坦公告》明确规定应归还中国和苏联的领土则含糊其辞,并且无理附加各种条件,如称"接受大不列颠联合王国、苏联、中国及美国将来所作关于台湾、澎湖列岛、南库页岛与千岛群岛的地位的决定。如果在条约生效后一年以内不能获得决定时,

---

〔13〕 参见《美帝阴谋片面缔和 企图公开武装日本 提出七点计划蓄意撕毁波茨坦宣言》,《人民日报》1950年10月27日。

〔14〕 《关于对日和约问题 苏联致美国备忘录 要求对美国致苏联备忘录加以解释》,《人民日报》1950年11月26日。

则由联合国大会决定之"[15]。在该备忘录中，美国无法否认："一九四三年的《开罗宣言》已经声明把'满洲、台湾与澎湖列岛归还中国'"，但它随即称："这个宣言也像雅尔塔与波茨坦的其他战时宣言一样，美国政府认为应该考虑各种有关因素的任何最后和约来决定"[16]。而根据《开罗宣言》《波茨坦公告》及《雅尔塔协定》等国际协议的规定，台湾、千岛群岛等应分别归还中国和苏联，根本没有所谓地位问题，更谈不上由"最后和约来决定"。

1951年4月5日美国公布了《对日和约草案》，该草案即明确规定了美国托管的内容。该草案建议规定："美国得向联合国建议将北纬二十九度以南的琉球群岛、小笠原群岛、包括罗萨里奥岛（即西之岛）、火山群岛（即琉璜群岛）、巴列斯维拉岛（即冲之鸟岛）及马尔库斯岛（即南鸟岛）均列入以美国为管理当局的托管制度中。日本同意此类建议之任何一项。在此种建议提出并得到肯定决议以前，美国将有权对于上述诸岛的领土，包括其领海在内，和对其居民实施一切和任何行政、立法与司法权力。"[17]但实际上，"二战"期间有关日本战后处理的任何盟国间的国际文件或协定都不曾规定琉球群岛、小笠原群岛等应列入以美国为管理当局的托管制度，而美国在《和约草案》中的有关上述诸岛的规定则是公然假借所谓"联合国托管""美国为其唯一管理当局"的名义，将上述诸岛交由美国管辖并在其上建立军事基地。

与此形成鲜明对比的是，美国在草案中关于将台湾及澎湖列岛等归还中国的措辞与《开罗宣言》《波茨坦公告》及《雅尔塔协定》有了明显变化，并且该草案只谈到日本放弃对台湾及澎湖列岛的一切权利，而对于将台湾及澎湖列岛等归还中国一事，却只字不提。

1943年12月1日，由中、美、英三国签订的《开罗宣言》中曾明确规定："我三大盟国此次进行战争的目的，在于制止及惩罚日本之侵略。三国决不为自身图利，亦无拓展领土之意。三国之宗旨在剥夺日本自一九一四年第一次世界大战开始以后在太平洋所夺得或占领之一切岛屿，在使日本所窃取于中国之领土，例如满洲、台湾、澎湖列岛等，归还中国。日本亦将被逐出以其武力或贪欲所攫取之所有土地，我三大盟国轸念朝鲜人民所受之奴隶待遇，决定在相当期间，使朝鲜自由独立。"但美国在草案第三章"领土"中竟然严重背离《开罗宣言》的明确规定，把这个规定篡改为"日本放弃对朝鲜、台湾及澎湖列岛的一切权利，以及权利上的根据与要求"[18]。这是明显违反《开罗宣言》中关于把这些岛屿归还中国的规定。

至于美国《草案》中所谓"日本将库页岛的南部及其附近的一切岛屿归还苏维埃社

---

[15]《关于对日和约问题 苏联致美国备忘录 要求对美国致苏联备忘录加以解释》，《人民日报》1950年11月26日。

[16]《公然撕毁开罗宣言等国际协定 美国竟妄图与日本单独媾和》，《人民日报》1951年1月8日。

[17]《美国片面制订〈对日和约草案〉》，《人民日报》1951年4月22日。

[18] 程光锐：《美制"对日和约草案"是一套掠夺殖民地的计划》，《人民日报》1951年4月25日。

会主义共和国联盟，并将千岛群岛移交苏联"的规定，在表面上看来，似乎和《雅尔塔协定》的规定并无不同，但是美国在草案第八章中又做出了限制性的规定。《草案》第八章"最后条款"中规定"对任何未经签字，批准或加入本条约之国家，本条约将不给予任何权利、法律基础或利益"。关于这一点，这个草案的起草人、美国国务卿杜勒斯于 1951 年 3 月 31 日在加利福尼亚州魏蒂尔学院发表的关于对日和约问题的演说中说直截了当地说出了美国的真实意图。他说："我们建议，任何批准苏联主权的和约应视苏联是否参加和约而定。"[19] 这就是说，如果苏联不依照美国的意旨在美国提出的和约上签字，美国就可以违反《雅尔塔协定》的规定为由，随意处置千岛群岛等岛屿。

此后，《和约草案》的修改及最后通过，在领土处理问题上，虽然具体条款与内容上有变化，但其精神实质与美国 1950 年 10 月 26 日的备忘录、1951 年 4 月 5 日的《和约草案》一样。

总之，美国一手炮制的《对日和约》中关于"领土"的条款，已完全偏离、甚至是违背了《开罗宣言》《波茨坦公告》和《雅尔塔协定》等国际协定的规定和精神。

中国和苏联两国政府均对美国的做法和企图提出了严肃的抗议和声明。1950 年 12 月 4 日，外交部周恩来部长就对日和约问题发表声明时就指出："关于台湾和澎湖列岛，业已依照《开罗宣言》决定归还中国，关于库页岛南部与千岛群岛，业已依照《雅尔塔协定》决定交还及交予苏联。这些业已决定了的领土问题，完全没有重新讨论的理由。美国政府要求对于这些领土问题重新予以决定，是完全破坏了已经成立的国际协议，故意侵犯中华人民共和国和苏联的合法权益，企图从中达到侵略的目的"，"关于琉球群岛和小笠原群岛，不论《开罗宣言》或《波茨坦公告》，均未有托管的决定，当然更说不上要指定'美国为管理当局'的事情了。美国政府此种野心，纯为假借联合国名义，实行对琉球群岛与小笠原群岛的长期占领，在远东建立侵略的军事基地"[20]。

五、《旧金山和约》有无涉及西沙、南沙群岛条款及如何规定，均不影响中国对西沙、南沙群岛的领土主权。

就《旧金山和约》涉及西沙、南沙群岛条款来说，在美国片面主导的旧金山对日和约准备过程中，1951 年 4 月 5 日美国公布的《对日和约草案》未明确提及"西沙、南沙群岛"字样，直至 1951 年 7 月 12 日美国与英国同时公布的所谓经过"修正"的《对日和约草案》才明确提及"西沙、南沙群岛"，并为此专设一款。

1950 年 10 月 26 日，美国国务院顾问杜勒斯，在纽约以美国政府关于对日和约的备忘录意见递交苏联驻安理会代表马立克，未涉及西沙、南沙群岛。1951 年 4 月 5 日美国公布的《对日和约草案》未明确提及"西沙、南沙群岛"字样，仅规定"日本放弃对

〔19〕《美国片面制订〈对日和约草案〉》，《人民日报》1951 年 4 月 22 日。

〔20〕《1950 年 12 月 4 日关于对日和约问题周恩来外长发表声明》，《人民日报》1950 年 12 月 5 日

朝鲜、台湾及澎湖列岛的一切权利，权利上的根据与要求"[21]。

对此，中国政府在 1950 年 12 月 4 日关于对日和约问题的声明、1951 年 5 月 22 日周恩来外长致苏联驻华大使的照会等官方表态中都没有就"西沙、南沙群岛"做出反应，因为不论在历史上还是当时的事实上，西沙、南沙群岛主权属于中国，特别是抗日战争胜利后中国政府已经于 1946 年派海军舰艇编队赴南海正式接收了西沙、南沙群岛并派兵驻守。所以，中国政府没有必要就 1951 年 4 月 5 日美国公布的《对日和约草案》未明确提及"西沙、南沙群岛"作出反应。

在海峡对岸，台湾当局也是基于几乎与中华人民共和国政府同样的认识和理由，未就 1951 年 4 月 5 日美国公布的《对日和约草案》未明确提及"西沙、南沙群岛"做出反应。

例如，1951 年 4 月 5 日美国公布《对日和约草案》后，当时正积极与美国政府交涉以争取参加对日和会的国民党政府事实上也注意到了该《条约草案》没有对西沙、南沙群岛等领土的处置进行规定。国民党政府的时任"外交部长"叶公超的理由是："团沙群岛（南沙群岛），我向认系我国领土。日军既系 1939 年 4 月占领并将其划归台湾高雄县管辖，但投降后，即由我派舰接收，并经我划归广东省管辖。日军之占领，我似宜视为战时占领性质，故无须日本在和约内放弃。再，菲、法两国，对该群岛现仍觊觎，将其加入（和约）第三条，不但无必要，且将招致纠纷。"[22] 因此，国民党政府没有就这个问题向美国提出修改《和约草案》相应条款的要求。叶公超的指示没有提及西沙群岛问题，而国民党政府同样也没有就西沙群岛问题向美国提出修约要求。

1951 年 7 月 12 日美英两国政府同时公布了所谓经过"修正"的《对日和约草案》。这一所谓"修正草案"，和 4 月初发表的美国《草案》比较，在形式方面虽由原来的八章二十二条改为七章二十七条，但两者在内容与性质方面基本上是一般无二，只是在条文和个别字句做了修改。但在领土问题上，具体条款内容与格式上有了很大变化，将 4 月初《草案》涉及领土问题的第三条进行了分解并增加了涉及西沙、南沙群岛的内容，即修正为"第二章领土，第二条，……乙、日本放弃对台湾及澎湖列岛的一切权利、权利根据与要求。……己、日本放弃对南威岛及西沙群岛之一切权利、权利根据与要求"[23]。这是对《日和约草案》中首次出现西沙、南沙群岛的字样。与前述草案只规定日本放弃台湾和澎湖群岛的一切权利而不提归还中国一样，也只规定日本放弃对西沙、南沙群岛一切权利要求而不提归还中国。

美国为何在该《草案》中添加了"日本放弃对南威岛及西沙群岛之一切权利、权利根

[21]　《美国片面制订〈对日和约草案〉》，《人民日报》1951 年 4 月 22 日。

[22]　《1951 年 3 月美国致送对日和约临时草案的节略全文》，载《顾维钧回忆录》（第 9 分册），中华书局 1989 年版，第 63 页。

[23]　《美英对日和约草案》，《人民日报》1951 年 8 月 16 日。

据与要求"？美国没有做出任何公开的解释和说明。但从美国在该《草案》前后的外交活动与有关国家的反应来看，这是法国向美国提出交涉后的结果。1951 年 6 月初，美国国务卿杜勒斯为推动法国参加对日和会到访巴黎，法国方面向美国提出了西沙、南沙群岛的问题。7 月 12 日美英公布的《对日和约草案》增加了涉西沙、南沙的条款后，法国外交部发言人在 7 月 20 日就此称：美英"和约草案是符合法国政府的见解的，特别是关于领土的条款"，它们"确定了法国对南威岛和西沙群岛的主权"[24]。法国的言论无疑是对草案内容的一厢情愿的解读和故意歪曲，但可以由此认为，涉及"西沙、南沙群岛"条款的出现与法国的交涉密切相关，并且 8 月 23 的《人民日报》报道文章中也如此认为。

但无论美国真实的原因或意图是什么，针对美国在领土问题上再次违背《开罗宣言》和《波茨坦公告》的规定，只规定日本放弃西沙群岛和南威岛的一切权利要求而不明确将其归还中国，中国政府及时表明坚定捍卫中国对西沙、南沙群岛领土主权的立场。

1951 年 8 月 15 日，中国外交部长周恩来发表声明，谴责美英的《和约草案》破坏了《开罗宣言》《雅尔塔协定》和《波茨坦公告》中的协议，"只规定日本放弃对于台湾和澎湖列岛及对于千岛群岛和库页岛南部及其附近一切岛屿的一切权利，而关于将台湾和澎湖列岛归还给中华人民共和国及将千岛群岛和库页岛南部及其附近一切岛屿交予和交还给苏联的协议却一字不提"。该声明紧接着强调指出，"同时，草案又故意规定日本放弃对南威岛和西沙群岛的一切权利而亦不提归还主权问题。实际上，西沙群岛和南威岛正如整个南沙群岛及中沙群岛、东沙群岛一样，向为中国领土，在日本帝国主义发动侵略战争时虽曾一度沦陷，但日本投降后已为当时中国政府全部接收。中华人民共和国中央人民政府于此声明：中华人民共和国在南威岛和西沙群岛之不可侵犯的主权，不论美英对日和约草案有无规定及如何规定，均不受任何影响"[25]。在第二次世界大战后，西沙群岛和南沙群岛一样都已经经过正当、完备的手续，正式地归还了中国。

与此同时，《人民日报》发表系列相关文章，详细介绍和阐述了西沙、南沙自古以来属于中国的历史和法理依据，再次强调了中国政府坚定捍卫中国对西沙、南沙群岛领土主权的严正立场。

例如，1951 年 8 月 23 日《人民日报》发表题为《在美英所谓"对日和约草案定本"中暴露美国阴谋侵犯我台湾南威等岛主权 中国人民绝对不能容忍美国这种强盗行为》的文章，特别指出，"南威岛和西沙群岛向来是中国的领土，抗日战争时期，虽一度被日本侵占，但日本投降后，它们已为中国所全部接收……美制"草案定本"侵犯我国南威岛和西沙群岛神圣的领土主权的阴谋，尤足暴露美国政府对我国人民的敌视"，并且谴责"美国政府在与法国政府的秘密交易中，是已把中国的神圣领土，当作零用钱

---

〔24〕《在美英所谓"对日和约草案定本"中 暴露美国阴谋侵犯我台湾南威等岛主权 中国人民绝对不能容忍美国这种强盗行为》，《人民日报》1951 年 8 月 23 日。

〔25〕《周恩来外长关于美英对日和约草案及旧金山会议的声明》，《人民日报》1951 年 8 月 16 日。

来私相授受，并与法国政府狼狈为奸，共同阴谋侵占我国的南威岛和西沙群岛"。同一天的人民日报还刊登了《南威岛和西沙群岛介绍》一文，该文写道："南威岛和西沙群岛向来都是中国的领土，它们是中国南海诸岛的重要部分，中国国防线的前哨……南威岛以及整个南沙群岛和西沙群岛很久以来就属于中国领土……现在，美帝国主义又与法帝国主义狼狈为奸，阴谋侵占中国的南威岛和西沙群岛。这是中国人民所绝对不能容许的"。

因此，针对《旧金山和约》涉及西沙、南沙群岛的条款，中国政府已反复声明中国对西沙、南沙群岛的领土主权，反复强调无论《和约》有无规定及如何规定，均不影响中国的领土主权，也改变不了"西沙、南沙群岛领土主权早已归还中国"的事实。并且中国政府均坚定、一贯地行使对西沙、南沙群岛的领土主权管辖。

六、"西沙、南沙群岛地位未定论"是错误的

《旧金山对日和约》规定日本放弃对西沙群岛、南沙群岛的一切权利要求，未明确其归还中国，但不能由此得出"西沙、南沙群岛地位未定论"。

从《旧金山对日和约》的相关规定，根本不能得出"西沙、南沙群岛地位未定论"。

对领土问题进行处理仅限于《旧金山对日和约》第二章第二条，该条的全部内容是：

"甲、日本承认朝鲜之独立，并放弃对朝鲜包括济州岛、巨文岛及郁陵岛在内的一切权利、权利根据与要求。

乙、日本放弃对台湾及澎湖列岛的一切权利、权利根据与要求。

丙、日本放弃对千岛群岛及由于一九〇五年九月五日朴茨茅斯条约所获得主权之库页岛一部分及其附近岛屿之一切权利、权利根据与要求。

丁、日本放弃与国际联盟委任统治制度有关之一切权利、权利根据与要求，并接受一九四七年四月二日联合国安全理事会将托管制度推行于从前委任日本统治的太平洋各岛屿之措施。

戊、日本放弃对于南极带任何部分，由于日本国民之活动或由于其他方式而获得之任何权利、权利根据或利益之一切要求。

己、日本放弃对南威岛及西沙群岛之一切权利、权利根据与要求。

上述六条的一个共同特点是，对日本必须放弃的所有领土都没有规定其主权归属。除西沙、南沙群岛外，《和约》对其他日本占领领土的处理，同样是只规定了日本放弃这些领土的一切权利，而没有规定将这些领土归还给谁[26]。从《和约》内容和形式上

---

[26]　参见何维保：《再论〈旧金山对日和约〉关于西沙、南沙群岛的规定及影响》，《美国研究》2014 年第 4 期。

看，《旧金山对日和约》没有规定西沙群岛和南沙群岛的主权归属，并不是美国针对西沙、南沙群岛的特意安排，而是《和约》关于领土问题处理的普遍做法。美国在涉及领土处理问题时采取只规定日本放弃而不涉及归属，是出于"冷战"因素的考虑。从《旧金山对日和约》的条款和相关规定来分析，至多可以认为，在西沙群岛和南沙群岛的主权归属问题上，《旧金山对日和约》选择的实际上是一种不介入的立场，是一种对其主权归属不予置评的态度。

作为二战后盟国与战败国日本签订的和约，只规定战败国日本放弃其所侵占的领土却没有规定日本将这些领土归还给谁，这确实很不正常。这反映了该《和约》的缺陷。但这种不正常只应给《和约》本身的合理性、合法性带来消极影响，而不应对领土本身的归属地位产生消极影响。《旧金山对日和约》只规定了日本放弃对西沙群岛和南沙群岛的权利，却没有规定将其归还中国，这是《和约》的缺陷。这种缺陷只能说明《和约》的无效性、非法性，而不应该、也不会对西沙、南沙群岛的主权属于中国这一事实产生任何消极影响，不应该、也不会削弱或妨碍中国对这些岛屿的领土主权主张。

相反，《旧金山和约》的缺陷可以依据《开罗宣言》和《波茨坦公告》等来弥补。《开罗宣言》声明：三国之宗旨"在使日本所窃取于中国之领土，例如东北四省、台湾、澎湖群岛等，归还中华民国"。随后的《波茨坦公告》又予以重申。因此，在《旧金山对日和约》只规定日本放弃西沙、南沙群岛的一切权利与要求、而未明确规定将其归还给中国时，西沙、南沙群岛的归属应按照《开罗宣言》和《波茨坦公告》的规定来执行，即归还中国。并且依据国际法关于战败国处理的一般原则，处理战败国财产问题时必须遵守"物归原主"原则进行。也就是说，西沙、南沙群岛，在被日本占领前，属于中国。那么，日本战败放弃后，当然应该"物归原主"，归属中国。

并且，尤为重要的是，日本，作为战败国、《和约》的当事国，无论是在二战前、战时，还是战后，无论是在事实上，还是在官方文件中，一直明确承认西沙、南沙群岛属于中国。在旧金山和会后，日本与台湾当局签订的所谓"日华和约"中更是专门向"中华民国"声明"日本国业已放弃对于台湾及澎湖群岛以及南沙群岛及西沙群岛之一切权利、权利名义与要求"。

20世纪初年，日本人窜至南海时，遇到不少中国海南渔民，亲眼目睹中国渔民在各个岛上修筑的水井、房屋、坟墓和庙宇等物，明确知道南海诸岛早已为中国所有。

例如，1907年，日商西泽吉次纠合一百余人乘"四国丸"轮船侵占东沙岛时，首先做的事就是拆毁东沙岛上中国渔民修建的大王庙，驱赶中国渔民，毁坏其坟墓，然后悬挂上日本旗，将东沙岛改为"西泽岛"。当中国政府拿出各种文献资料证明东沙岛向为中国领土时，日本明确承认东沙岛主权早已属于中国，同意让日商撤离东沙岛。中日两国于1909年8月签订协定，随后，中国政府派兵进驻东沙岛。

当日本人窜至南沙群岛时，日本人首先见到的便是中国渔民，岛上有很多中国管辖的痕迹。例如，1918年，小仓卯之助应日本拉萨磷矿公司之邀赴南沙考察。返日后，小仓写了一本回忆录，书名叫作《暴风之岛》。该书记载指出，他们一到南沙南子岛、双子岛等岛礁时就碰见海南渔民，通过和我国渔民的笔谈，他们知道许多岛都有中国名称，并收集到海南渔民绘制的南沙群岛略图。这些生动的史料是日本侵略者在南海诸岛的耳闻目睹，从另一个角度说明，西沙、东沙、南沙群岛的领土主权早已属于中国。

而在西沙群岛，1909 年广东水师提督李准巡视西沙，鸣炮升旗，昭告中外。1921—1926 年，虽然有日本商人曾来西沙开采鸟粪，但日本政府在当时也没有敢怀疑中国对西沙群岛的主权。

日本侵华战略开始后，虽然一度占领中国沿海绝大部分地区和岛屿，但仍然承认西沙、南沙群岛主权属于中国。例如，当 1938 年 7 月 3 日法国占领西沙群岛时，日本虽早已觊觎西沙群岛，但为了阻止法国捷足先登，日本外务省立即于 7 月 6 日声明："1900 年及 1921 年英、法两国声明中，业经宣布西沙群岛系属海南岛行政区之一部，故目前安南或法国对西沙群岛之要求诚属不公。"日本派兵占领西沙、南沙群岛后，1939 年 4 月 9 日日本驻台湾总督府发表官方公告宣布，东沙、西沙和南沙群岛已划归为日本帝国领土，属台湾高雄县管辖，并将南沙群岛改名为"新南群岛"。

1945 年 8 月 15 日，日本宣布战败投降，侵占西沙、南沙群岛的日本驻军于 8 月 26 日宣布投降，并从西沙、南沙群岛自动撤退到海南榆林港，向驻扎在海南榆林港的中国驻军投降。根据 1943 年 12 月 1 日中、美、英三国签署的《开罗宣言》和 1945 年 7 月 26 日中、美、英三国促令日本投降的《波茨坦公告》的规定，中华民国政府立即组织以海军为主的力量，于 1946 年底正式接收西沙、东沙、南沙群岛，派兵驻守。

旧金山和会后，日本于 1952 年同台湾当局签订所谓"日台和约"，该"和约"第二条规定："兹承认依照公历一千九百五十一年九月八日在美利坚合众国金山市签订之对日和平条约第二条，日本国业已放弃对于台湾及澎湖群岛以及南沙群岛及西沙群岛之一切权利、权利名义与要求"。所谓的"日台和约"是双边条约，该措辞表明，日本从法律上把西沙、南沙群岛看作与台湾、澎湖列岛等一样是中国的领土，把它们一起归还给了中国。并且，事实上，当时西沙、南沙群岛早已被中国政府正式接收和派兵驻守，日本此时在同台湾的"和约"中再次声明这一点，是对西沙、南沙群岛早已归属中国这一事实的再次认可。

在此后的时间里，日本政府一直在多种场合和以多种形式承认西沙、南沙群岛是中国领土。1952 年日本外务大臣冈崎胜男亲笔签字推荐《标准世界地图集》，其中的第 15 图《东南亚图》就把东沙、西沙、中沙、南沙群岛全部绘入中国版图。

1955 年 10 月 27 日在菲律宾马尼拉召开国际民航组织太平洋地区航空会议，日本以及菲律宾、泰国、南越、澳大利亚、美国等国和中国台湾当局的代表与会，会议通过第 24 号决议，要求中国台湾当局加强南沙群岛气象台的高空气象观测，以利国际航行。通过决议时，无一国提出异议，说明与会的日本等国都承认中国在南沙群岛的领土主权。

1964 年由日本外务大臣大平正芳推荐出版的《世界新地图集》，在第 19 图中也有

"南沙（中国）"的标注，表示南沙群岛属于中国。日本中国研究所编的《新中国年鉴》（1966年）也写道："中国的沿海线，北从辽东半岛起，至南沙群岛约11000千米"。日本共同通讯社1972年出版的《世界年鉴》也记载：中国"除大陆部的领土外，有海南岛、台湾岛、澎湖列岛及中国南海上的东沙、西沙、中沙、南沙各群岛"。日本出版的《现代大百科辞典》也说：中国的领土"南到赤道附近的南沙群岛"。

1972年9月29日，中日两国签署《中日联合声明》，日本明确表示坚持遵循《波茨坦公告》第8条关于归还其侵占的中国领土的规定，实际上是再次表明了日本承认西沙、东沙、南沙群岛属于中国的立场。

总之，从《旧金山对日和约》的相关规定、日本政府的态度和战后中国政府接收并派兵驻守西沙、南沙群岛的事实，根本不能得出"西沙、南沙群岛地位未定论"。所谓"西沙、南沙群岛地位未定论"是对《旧金山对日和约》的故意曲解，更是对西沙、南沙群岛早已归还中国这个历史事实的无视。相反，无论是事实，还是相关的国际文件，均能够充分证明西沙、南沙群岛主权属中国。

七、南海问题的起源与《旧金山对日和约》无关

"西沙、南沙群岛地位未定论"是错误的，任何把《旧金山对日和约》的相关规定简单地看作是后来导致南海领土争端产生的"根源"或"祸根"的看法[27]，也完全是错误的。

中国最早发现、命名南沙群岛，最早并持续对南沙群岛行使主权管辖，对此，国际社会长期予以承认。在19世纪中叶以前，中国历朝政府一直不受干扰地行使对东沙、西沙、中沙、南沙群岛等南海诸岛的领土主权，中国人民一直和平地开发和利用着这美丽富饶、资源丰富的南海诸岛。只是在19世纪中叶以后，特别是从清朝末年起，随着中国的国势衰微，外国列强侵略扩张的魔爪伸向了中国，中国的南海诸岛开始为帝国主义所染指。特别是20世纪三四十年代，法国、日本相继占领西沙、南沙群岛。但1945年抗日战争胜利后，根据1943年12月1日中、美、英三国签署的《开罗宣言》和1945年7月26日中、美、英三国促令日本投降的《波茨坦公告》的规定，中国政府于1946年组织以海军为主的力量，协助广东省政府，正式接收西沙、南沙群岛，竖立石碑，派兵驻守。随后又审定和公布东沙、西沙、中沙、南沙四个群岛及各个岛、礁、沙、滩的名称，宣告中外。法国殖民者二战后重返越南，虽曾派海军强行在西沙群岛的珊瑚岛登陆，但在中国政府的质问下，法国驻华公使梅里蔼曾被迫表示，法国海军的行动"并非出于法国政府之指使"；后来法国自知理屈，力图避免正面交涉，提出用国际仲裁的办

---

[27] 参见张明亮：《〈旧金山对日和约〉再研究——关于其对西沙群岛、南沙群岛的处理及后果》，《当代中国史研究》2006年第1期。

法来解决这个根本不存在的"纠纷"，但也被中国政府拒绝了。[28]"这样，一度被外国非法侵占的西沙群岛和南沙群岛又重新置于中国政府的管辖之下。"[29]

　　第二次世界大战后相当长时期内，并不存在所谓的南海问题。南海周边没有任何国家对中国在南沙群岛及其附近海域行使主权提出过异议。20 世纪 60 年代末、70 年代初期，随着国际海洋法律制度发生革命性的变化和海洋开发特别是海洋油气资源开发步伐不断加快，越南、菲律宾、马来西亚等南海周边国家纷纷单方面主张大陆架和专属经济区，对南沙群岛部分或全部岛礁提出领土主权要求，并派兵占领岛礁，从而导致当今复杂敏感、涉及多国的南海问题。[30]

　　《旧金山对日和约》对西沙群岛和南沙群岛的相关规定实际上并不是促使越南和菲律宾对南沙岛屿提出领土主张的根本原因。越南和菲律宾，连同马来西亚和文莱等，都是在南海地区发现大量油气资源、新的国际海洋法律制度正在形成的 20 世纪 60 年代末、70 年代初，才开始在南海地区提出领土和权益要求的。这些国家是出于占有尽可能多的南海资源的目的，利用新的国际海洋法律制度形成之机遇，违背国际关系的基本准则，公然对中国南沙群岛提出领土主权要求。这些国家以发表有关领海、大陆架和专属经济区声明、绘制大陆架和专属经济区地图等方式，把南沙群岛的全部或部分岛礁及其海域划为本国海洋权利主张范围内。

　　因此，20 世纪 60 年代末、70 年代初以来，南海问题的产生和演变，实际上与《旧金山对日和约》没有任何直接联系。那种认为《旧金山对日和约》导致南海问题产生、或者称《旧金山对日和约》的有关规定埋下南海问题的"祸根"等说法，是完全错误的，是对《旧金山和约》相关规定的望文生义式解读和片面臆测。越南、菲律宾等国在侵占中国南沙岛礁时援引《旧金山对日和约》，其目的是为其侵占中国南海岛礁寻找所谓依据，并不是因为《旧金山对日和约》能够给其提供依据。

八、越南、菲律宾等国援引《旧金山对日和约》来为其侵占中国南海岛礁提供依据的做法，完全违背历史事实，是徒劳的

　　1975 年越南统一前，一直明确承认西沙、南沙群岛领土主权属于中国[31]，但 1975 年后，越南背信弃义，一改往日承认西沙、南沙群岛主权属于中国的立场，开始声称西沙、南沙群岛属于越南，并全盘接受南越（1975 年前越南不承认南越是代表越南的合法政府）关于西沙、南沙群岛主权的立场和论据。

　　在涉及《旧金山对日和约》问题上，多次声称，"在 1951 年旧金山签订对日和约的

---

〔28〕　参见《我国南海岛群——西沙群岛》，《人民日报》1959 年 2 月 28 日。
〔29〕　《中国对西沙群岛和南沙群岛的领土主权无可争辩》，《人民日报》1980 年 1 月 31 日。
〔30〕　参见张良福：《聚焦中国海疆》，海洋出版社 2013 年版，第 91 页。
〔31〕　参见张良福：《中国与邻国海洋划界争端问题》，海洋出版社 1996 年版，第 78—83 页。

时候，越南重申了它对斯普拉特利和帕拉塞尔群岛拥有主权，参加会议的五十一国没有提出任何异议"[32]。南越还把旧金山和会上苏联提的有关修正案没有得到通过一事故意曲解为"中国对帕拉塞尔群岛和斯普拉特利群岛的要求被绝大多数否定了"。南越外交部 1975 年 5 月《关于黄沙（帕拉塞尔）群岛和长沙（斯普拉特利）群岛的白皮书》称："苏联的修正案要把帕拉塞尔群岛和斯普拉特利群岛包括在中国的权利范围之内。""在会议的第八次全体会议中被否决了。会议主席裁决这项修正案不合程序，该裁决得到四十三票对三票及一票弃权的支持。因此，中国对帕拉塞尔群岛和斯普拉特利群岛的要求被绝大多数否定了。"[33]

南越还诡辩称，《和约》有关条款的规定，"每一项都是与某一国家有关的"，关于日本放弃西沙、南沙群岛一切权利的"己项：越南的权利"，南越外交部 1975 年 5 月《关于黄沙（帕拉塞尔）群岛和长沙（斯普拉特利）群岛的白皮书》称："条约未规定哪些国家收回日本所放弃的具体领土。然而从上面所引，显然，每一项都是与某一国家有关，例如：——乙项：中国的权利。——丙项：苏联的权利。——丁项：后来给予美国的权利。——己项：越南的权利。"[34]

越南为了达到侵占中国西沙、南沙群岛的目的，完全照搬了南越的说法，甚至变本加厉地称："在旧金山会议上，有关（故意隐去苏联代表团—作者注）将黄沙群岛与长沙群岛交还中国的提议也被否决"，"在旧金山会议上越南国家代表团团长（越南当年不承认南越是代表越南的合法政府—作者注）发表声明重申越南对黄沙群岛与长沙群岛拥有永久主权，没有遇到哪个国家的反对或保留"[35]。越南在 1979 年 9 月 28 日越南外交部白皮书《越南对于黄沙和长沙两群岛的主权》、1982 年 1 月 28 日越南外交部白皮书《黄沙群岛和长沙群岛——越南领土》等文件中也有类似表述。

其实，越南上述关于《旧金山对日和约》的说法是根本不成立的，是完全违背历史事实的。

第一，在和会上，苏联代表在大会发言时明确提出西沙、南沙群岛的领土主权属于中国，并就《和约草案》中只规定日本放弃而不明确归属的内容提出了修正案。苏联外长还举行记者招待会，再次声明了该立场。因此，所谓越南的声明"参加会议的五十一国没有提出任何异议"，完全违背历史事实。尤为重要的是，不论是中国大陆还是中国台湾当局均未被允许参加旧金山和会，"参加会议的五十一国"根本就不包括中国。并

---

〔32〕《参考资料》1974 年 1 月 20 日（上）。

〔33〕转引自戴可来、童力合编：《越南关于西、南沙群岛主权归属问题文件、资料汇编》，河南人民出版社 1991 年版，第 41 页。

〔34〕参见戴可来、童力合编：《越南关于西、南沙群岛主权归属问题文件、资料汇编》，河南人民出版社 1991 年版，第 40—41 页。

〔35〕参见戴可来、童力合编：《越南关于西、南沙群岛主权归属问题文件、资料汇编》，河南人民出版社 1991 年版，第 110—111 页。

且，在和会前后，中国政府已反复发表声明，重申中国对西沙、南沙群岛的领土主权。此外，美国出于"冷战"考虑，对苏联关于《和约草案》的任何修改建议一概不予以考虑。因此，所谓和会否决苏联的修正案，根本就不能解释为"中国对帕拉塞尔群岛和斯普拉特利群岛的要求被绝大多数否定了"[36]。

　　第二，更为重要的是，中国政府在战后早已接收西沙、南沙群岛，西沙、南沙群岛事实上已经恢复成为中国领土不可分割的一部分。

　　第三，越南所谓的"己项"是"越南的权利"，则是彻头彻尾的诡辩。《旧金山和约》在领土问题上，相关条款皆只规定日本放弃而未明确其所属，何来"己项"是"越南的权利"？相反，结合《旧金山和约》本身的规定和和会后日本与中国台湾方面签署的双边条约看，可以有力地证明《旧金山和约》中关于领土问题的"乙项""己项"均是"中国的权利"。旧金山和会后，1952年4月28日日本与中国台湾当局单独签订双边和约——《日台和约》。关于西沙和南沙群岛问题，《日台和约》第2条载称："兹承认依照公历一九五一年九月八日在美利坚合众国金山市签订之对日和平条约（以下简称金山和约）第二条，日本国业已放弃对于台湾及澎湖群岛以及南沙群岛及西沙群岛之一切权利、权利名义与要求。"日本在与中国台湾签订的双边和约中再次声明放弃"乙项""己项"所列内容。与此形成鲜明对照的是，越南与日本的任何双边协定、文件中均没有出现类似条款。并且日本政府在此前后的一系列官方行动中明确承认西沙、南沙群岛属于中国。日本方面从来没有任何官方文件或官方行为显示其承认或默认西沙、南沙群岛属于越南。

　　菲律宾声称，依据《旧金山对日和约》，南沙群岛处于"事实上的托管"、地位未定，待"盟国处理"。例如，1971年7月11日，菲律宾总统马科斯在公然派兵侵占南沙群岛部分岛屿后，在记者招待会上说，日本随着正式结束第二次世界大战的《和约》的签订，放弃了对于这个有争议的群岛的控制。他说，第二次世界大战的同盟国对于该群岛拥有"事实上的托管"，因此，任何国家没有得到同盟国的许可是不能占领这些岛屿和派军队去的。马科斯称："在1957年，我们通过当时的外交部长、已故总统卡洛斯·加西亚发表的一项声明确认：由于1951年9月8日在旧金山签署并缔结的《对日和约》，斯普拉特利群岛受同盟国的事实上的托管，根据这项和约，日本放弃它对这些岛屿的全部权利、所有权和提出要求的权利"，"由于这种托管，任何人在没有得到同盟国的允许和同意下都不得向这些岛屿的任何一个岛屿派军队"[37]。

　　1974年2月菲律宾就南沙群岛主权问题向中国台湾当局和西贡提出外交抗议照会并将其交给联合国，要求把其照会作为联合国文件散发。在该照会中菲律宾再次重申和阐

〔36〕　戴可来、童力合编：《越南关于西、南沙群岛主权归属问题文件、资料汇编》，河南人民出版社1991年版，第41页。

〔37〕　参见《参考消息》1971年7月13日。

述了所谓"同盟国的事实上的托管"的说法。菲律宾在这两个抗议照会中说，"从这个条约中可以明显地看到，帕拉塞尔群岛和斯普拉特利群岛不是割让给任何国家的，而是要归最近这次世界大战的同盟国处理的。因此，任何一个国家都绝不能通过在帕拉塞尔群岛和斯普拉特利群岛附近使用武力或者炫耀武力而获得对它们的主权"。菲律宾还宣称该《和约》未规定这些岛屿放弃给哪一个国家，所以南沙群岛地位未定，应由战胜国家或联合国决定其归属或交由托管，进而称"因为它们是无主的，不属于任何国家。因此，（菲律宾）可以通过占领而获得过这些岛屿的主权"[38]。

菲律宾上述所谓《旧金山对日和约》表明南沙群岛"不是割让给任何国家的，而是要归最近这次世界大战的同盟国处理的""受同盟国的事实上的托管""这些岛屿的领土归属没有解决"等说法是不值一驳的，是完全歪曲了《旧金山对日和约》关于领土战后处理的规定，更是与"二战"结束后西沙、南沙群岛已经属于中国的事实完全相违背。

第一，在对日和约制定过程中，美国利用其对日军事占领的特权和优势地位，为将美国对日本的军事占领合法化、长期化，精心设计了托管安排，即"由联合国托管琉球和小笠原群岛，而以美国为管理当局"。为此，《旧金山对日和约》第三条规定"日本对于美国向联合国提出将北纬二十九度以南之琉球群岛、孀妇岩岛以南之南方诸岛（包括小笠原群岛、西之岛与火山群岛）及冲之鸟岛与南鸟岛置于联合国托管制度之下，而以美国为唯一管理当局之任何提议，将予同意。在提出此种建议，并对此种建议采取肯定措施以前，美国将有权对此等岛屿之领土及其居民，包括其领水，行使一切及任何行政、立法与司法权力"。这就是《旧金山对日和约》的托管规定，托管对象仅限于"琉球群岛、小笠原群岛"等岛屿，根本就不涉及西沙、南沙群岛。该《和约》只是规定日本放弃对西沙、南沙群岛的一切权利要求，根本没有规定要对西沙群岛和南沙群岛进行任何形式的"托管"。并且，即使是美国托管"琉球群岛、小笠原群岛"等岛屿也是非法的，因为在战后对日处理问题上，不论《开罗宣言》或《波茨坦公告》，均未有托管的战后安排，更遑论要对西沙、南沙群岛托管了。因此，对于所谓"托管"一说，菲律宾无法提供盟国间存在支持这种主张的任何正式协议或文献。并且，战后中国正式接收了西沙、南沙群岛并派兵驻守，行使领土主权管辖，因而也就根本不存在菲律宾所谓的南沙群岛"受同盟国的事实上的托管"这一状况。

第二，从菲律宾在旧金山和会及和约制定期间的立场和表态来看，菲律宾没有任何理由和依据援引《旧金山对日和约》来主张其对南沙群岛的领土主权。菲律宾是旧金山和会的参加者，也是《旧金山对日和约》签署国。在旧金山和会及和约制订期间，菲律宾仅对《和约草案》中有关赔偿问题的条款表达过意见[39]，对《和约草案》中关于西

---

[38]　《参考资料》1974 年 2 月 10 日（上）。

[39]　参见《若干阿拉伯和亚洲国家代表不满美制和约》，《人民日报》1951 年 9 月 9 日。

沙、南沙群岛的条款没有表达任何意见。"对在旧金山和会期间，苏联代表的发言以及南越代表的发言，菲律宾并没有表示反对"[40]。在旧金山和会前后，中国就《对日和约草案》反复发表声明，强调西沙、南沙群岛主权属于中国，菲律宾也没有表达任何反对意见。对菲律宾上述态度的唯一合理的解释就是菲律宾根本就不认为南沙群岛是其领土。

菲律宾本来对南沙群岛没有任何权利要求，"在历史上从未涉足南沙群岛"[41]。而事实上也正是如此。菲律宾的领土范围早已由一系列国际条约所确定，其中无一涉及南沙群岛、中沙群岛（含黄岩岛），无一将南沙群岛、中沙群岛（含黄岩岛）纳入菲领土范围。1898 年《美西巴黎条约》、1900 年《美西华盛顿条约》和 1930 年《英美条约》（简称"三条约"）等明确规定了菲领土界线西限以东经 118 度为界，南沙群岛、中沙群岛（含黄岩岛）在此范围之外。1935 年菲宪法重申了三条约的法律效力，再次明文确认了菲领土范围不包括南沙群岛、中沙群岛（含黄岩岛）。尤为需要强调的是，美国于 1946 年宣布菲律宾"独立"后，又与菲律宾在 1947 年签署《美菲一般关系条约》、1952 年签署《菲美军事同盟条约》。这些条约均重申了 1898 年《美西巴黎条约》、1900 年《美西华盛顿条约》和 1930 年《英美条约》的重要地位和有效性。有关菲律宾领土范围的条约均不涉及南沙群岛，菲律宾出版的官方地图从未将南沙群岛标绘在其领土范围之内。

第三，菲律宾在脱离美国殖民统治前夕注意到南沙群岛并有非分之想，但由于其领土范围根本不包括南沙群岛，美国也从来不支持菲方的想法。1947 年菲律宾获得独立后仍然不时流露出对南沙群岛的野心，但一直遮遮掩掩，不敢公开正式提出领土主权要求。即使是 1950 年 5 月 17 日菲总统季里诺在记者招待会上做出了关于"如果国民党军队真的占领着团沙群岛（即今南沙群岛）则菲律宾就无须要求占领该地。如果在敌人手里，即威胁我们国家的安全"的表态，但这一表态真正表达出来的含义仍然是对南沙群岛属于中国没有异议，是可以接受的。1955 年 10 月国际民航组织在马尼拉召开会议，美国、英国、法国、日本、加拿大、澳大利亚、新西兰、泰国、菲律宾、南越和中国台湾当局派了代表出席。会议通过的第二十四号决议要求中国台湾当局在南沙群岛加强气象观测，而会上没有任何一个代表对此提出异议或保留[42]。即使是在 1956 年，菲律宾航海学校校长克洛马宣称在南海发现新的无主地（实际上是南沙群岛部分岛礁）、宣布成立所谓"自由共和国"并要求菲律宾政府宣布拥有该领土主权时，菲律宾政府也只是不明确、非正式地表达了对南沙群岛的领土野心。当时的菲律宾外交部长加西亚在一次

---

〔40〕　参见戴可来、童力合编《越南关于西、南沙群岛主权归属问题文件、资料汇编》，河南人民出版社 1991 年版，第 38 页。

〔41〕　戴可来、童力合编：《越南关于西、南沙群岛主权归属问题文件、资料汇编》，河南人民出版社 1991 年版，第 205 页。

〔42〕　转引自外交部文件 1980 年 1 月 30 日《中国对西沙群岛和南沙群岛的领土主权无可争辩》。

记者招待会上曾说，南中国海上包括太平岛和南威岛在内的一群岛屿，"理应"属于菲律宾，理由是它们距离菲律宾最近[43]。但在面对来自中国大陆和中国台湾当局的强烈抗议时，菲律宾政府刻意与克洛马的狂妄冒险活动保持距离，没有正式明确地对南沙群岛提出领土要求。直到 20 世纪 70 年代，菲律宾才开始正式对南沙群岛部分岛礁提出领土要求并派兵占领部分南沙岛屿。为达到侵占南沙群岛部分岛礁的目的，菲律宾开始编造各种借口、理由或依据，其中之一便是拿《旧金山对日和约》说事。但菲律宾这种拿《旧金山对日和约》说事，纯粹是找借口、找依据，根本站不住脚。

第四，菲律宾宣称"南沙群岛地位有待盟国处理"，菲律宾可以通过对"无主土地"的"占领""先占"而获得对南沙群岛部分岛礁的领土主权的论调更是没有任何国际法和事实依据。南沙群岛在第二次世界大战结束后已归还中国这一历史事实不容否认。中国政府在第二次世界大战结束前夕已依据《开罗宣言》和《波茨坦公告》，重新牢固地确立了对西沙、南沙两群岛的领土主权，而且得到了国际社会的承认。在日本投降至 1951 年《旧金山对日和约》签订之前的 1946 年 12 月，中国政府已派军舰接收了西沙、南沙群岛，并派兵驻扎。任何国家都无法依据《旧金山对日和约》及有关的法律文件来声称南沙群岛是"地位未定"，或是"无主土地"，更不能把南沙群岛当作无主土地通过占领南沙群岛而获得主权[44]。

九、结束语

《旧金山对日和约》对中国无拘束力，任何企图援引《旧金山对日和约》的条款来损害中国领土主权的做法，都是无效的，是违背国际法的基本原则和国际惯例的。

《旧金山对日和约》没有规定将西沙、南沙群岛归还中国，同时也没有任何否定中国拥有西沙、南沙群岛领土主权的规定或精神。《旧金山对日和约》没有任何文字能否定（尽管也没有肯定）中国对西沙、南沙群岛的领土主权，相关条款既没有剥夺中国对西沙、南沙群岛的主权，也没有削弱中国对这些岛屿的权利主张，就更谈不上能影响或阻碍中国对西沙、南沙群岛行使领土主权了。

《旧金山对日和约》虽然没有规定将西沙、南沙群岛归还中国，但它同样也没有规定将这些岛屿归还给别的其他国家。也就是说，《和约》根本就没有给其他国家侵占西沙、南沙群岛提供任何法理支持，没有提供任何可乘之机。

从《旧金山对日和约》的相关规定，根本不能得出"西沙、南沙群岛地位未定论"。所谓《旧金山对日和约》的有关规定导致"西沙、南沙群岛地位未定论"是完全错误的。那种认为《旧金山对日和约》的有关规定对西沙、南沙群岛的主权属于中国这一事实有消极、负面影响的看法，也是错误的，是对《旧金山对日和约》的故意曲解，

---

〔43〕 参见《外交部发言人针对菲律宾侵犯中国南沙群岛发表声明》，《人民日报》1956 年 5 月 30 日。

〔44〕 参见张良福：《中国与邻国海洋划界争端问题》，海洋出版社 1996 年版，第 94—97 页。

更是对西沙、南沙群岛早已归还中国这一历史事实的无视。相反，无论是事实上，还是相关的国际文件，均能够充分证明西沙、南沙群岛主权属于中国。战后中国政府已经依据《开罗宣言》和《波茨坦公告》的规定接收西沙、南沙群岛，西沙、南沙群岛已经事实上归还中国，无论《和约》如何规定都改变不了这一事实。

20 世纪 60 年代末、70 年代初以来，南海问题的产生和演变，与《旧金山对日和约》没有任何直接联系。那种认为《旧金山对日和约》导致南海问题产生，或者称《旧金山对日和约》的有关规定埋下了南海问题"祸根"等说法，是完全错误的，是对《旧金山和约》相关规定的望文生义式解读和片面臆测。《旧金山对日和约》不是南海争端的"根源"或"祸根"，它没有为后来菲律宾及越南的南海领土主张提供任何法理支持，因此，不宜认为《旧金山对日和约》的相关规定会对中国的南海领土主权产生消极影响。

《旧金山对日和约》作为一项国际条约，对中国没有任何拘束力，但对美国、日本是有法律拘束力的。日本已经在《和约》中宣布放弃对西沙、南沙群岛的"一切权利、权利根据与要求"，无权对当前的南海问题说三道四。并且，日本作为战败国、和约的当事国，无论是在二战前、战时，还是战后，无论是在事实上，还是在官方文件中，一直明确承认西沙、南沙群岛属于中国。日本无权对中国政府维护和行使西沙、南沙群岛领土主权的措施评头论足，更无权进行诬蔑、指责。

"和约"对中国无任何拘束力，而对越南、菲律宾等国则是有拘束力的。越南、菲律宾等国不能援引《旧金山对日和约》向中国提出包括领土主权要求在内的任何要求。越南、菲律宾企图从《旧金山对日和约》中找到侵占中国南海岛屿的"依据"完全是徒劳的。并且，不仅是徒劳的，相反，可以更雄辩地证明，中国政府一直坚定、一贯地维护和行使对西沙、南沙群岛的领土主权，而越南曾经公开承认西沙、南沙群岛领土主权属于中国，菲律宾曾经公开承认和默认西沙、南沙群岛不在本国领土范围内。

《旧金山对日和约》对于中国来说，是完全非法、无效、没有任何拘束力的，但从战后东亚地区国际关系演变的现实来看，《旧金山对日和约》是一个国际性的多边条约，并且是第一个直接涉及西沙、南沙群岛的国际条约。从维护二战成果和战后秩序的角度看，应该充分发掘《旧金山对日和约》的正面、积极作用，充分认识和研究《旧金山对日和约》在维护中国对西沙、南沙群岛领土主权方面的积极作用与影响，要大力宣传和强调第二次世界大战结束及抗日战争胜利后"一度被日本侵占的西沙、东沙、南沙群岛又重新置于中国政府的主权管辖下"[45] 这一历史事实，切不可人云亦云、无中生有或肆意臆测《旧金山对日和约》的相关规定对中国维护南海诸岛领土主权会产生消极影响。

---

[45]　《中国对西沙群岛和南沙群岛的主权无可争辩（1980 年 1 月 30 日）》，《人民日报》1980 年 1 月 31 日。又见张良福编著：《让历史告诉未来——中国管辖南海诸岛百年纪实》，海洋出版社 2011 年版，第 278 页。

论近世琉球的历史和法律地位

——兼议钓鱼岛主权归属

■ 刘 丹*

【内容摘要】中日钓鱼岛争端中，日方极力撇开《马关条约》和其取得钓鱼岛所谓"主权"之间的关联，并认为钓鱼岛列屿的行政编制隶属琉球，琉球是日本的领土，所以钓鱼岛的主权应归日本，即日方主张包含着"钓鱼岛属于琉球，琉球属于日本，所以钓鱼岛属于日本"的荒谬逻辑。本文着重对琉球地位问题"去伪"，即通过探究近世琉球（1609—1879）在历史和国际法上的地位、中琉历史上的海上自然疆界，进一步印证钓鱼岛属于中国的历史和国际法依据，从而为我国钓鱼岛的相关主权主张提供有力论据。

【关键词】琉球地位 国际法 钓鱼岛争端

　　2012 年日本政府"购岛"闹剧后，中日钓鱼岛[1]争端使两国的对立状态持续发酵，至今仍僵持不下。我国学界，尤其是大陆的相关研究中，对日本钓鱼岛"主权主张"中琉球因素的关注相对较少；由钓鱼岛争端引发的"琉球热"[2]是在 2012 年因"购岛事件"导致中日关系紧张期间凸显出来的。钓鱼岛主权问题和琉球地位问题盘根错节，对琉球地位问题"去伪"，即"琉球主权是否属于日本"[3]这个命题，除了从历史、地理和国际法加强论证我国钓鱼岛主权主张外，如再对日本结合琉球和钓鱼岛隶属关系的相关主张[4]进行有理、有力、有据的驳斥，将起到"以子之矛，攻子之盾"的效果。

---

* 上海交通大学凯原法学院副教授，上海交通大学极地与深海发展战略研究中心副研究员，法学博士。研究方向为海洋法、国际公法、国际环境法、极地法律与政策。

论文为本人主持的国家社科基金青年项目"钓鱼岛争端视角下琉球法律地位问题研究"（13CFX123）阶段性成果；本研究也得到了国家海洋局海洋发展战略研究所委托项目"琉球托管问题研究"（2012.12—2013.12）的资助。

[1] 钓鱼岛，我国称"钓鱼岛列屿""钓鱼台"等，日本称"尖阁列岛"。如无特殊说明，本文用"钓鱼岛"或"钓鱼岛列屿"指代钓鱼岛及其附属岛屿。

[2] 近年来，我国民间对琉球主权的关切越来越高，网络上还出现了"还我琉球"的声音，学术界如徐勇、唐淳风等人也发表了"琉球地位未定"的观点。其实"琉球地位未定论"早期见于台湾地区，2012 年左右才开始在大陆舆论中凸显，进而引发日本和冲绳舆论界的关注。日本政府"国有化"钓鱼岛并导致中日关系紧张化后，2012 年 5 月 8 日，《人民日报》刊登学者张海鹏、李国强署名文章《论马关条约与钓鱼岛问题》，文末提出"历史上悬而未决的琉球问题也到了可以再议的时候"。就中国政府对琉球的立场，我国外交部发言人做出回应："中国政府在有关问题上的立场没有变化。冲绳和琉球的历史是学术界长期关注的一个问题。该问题近来再度突出，背景是日方在钓鱼岛问题上不断采取挑衅行动，侵犯中国领土主权。学者的署名文章反映了中国民众和学术界对钓鱼岛及相关历史问题的关注和研究。"

[3] 本文侧重于从 1879 年以前琉球的历史和国际法地位进行论证。对于琉球在"二战"后的地位，请参阅笔者拙作《琉球托管的国际法研究——兼论钓鱼岛的主权归属问题》，《太平洋学报》2012 年第 12 期。

[4] 参见日本外务省：《关于"尖阁诸岛"所有权问题的基本见解》，http://www.mofa.go.jp/region/asia-paci/senkaku/senkaku.html，访问日期：2015 年 1 月 30 日；日本外务省：《"尖阁诸岛"问答》，http://www.mofa.go.jp/region/asia-paci/senkaku/qa_1010.html，访问日期：2015 年 1 月 30 日。

一、琉球的历史及中日琉三角关系

琉球是有着悠久历史文化传统的古老王国。琉球王国曾以东北亚和东南亚贸易的中转站而著称，贸易发达，有"万国之津梁"的美誉，其疆界的地理范围也和现在的日本冲绳县存在较大差别。然而，随着时间的推移，历史上琉球和中国在明清的朝贡册封关系并不为现代人所熟知。1879 年日本明治政府正式吞并琉球之前，琉球是有着独特历史的王国。琉球历史分为"先史时代"、"古琉球"和"近世琉球"三个时代。"先史时代"包括 12 世纪以前的旧石器时代和贝冢时代；"古琉球"是指从 12 世纪初到萨摩藩主岛津氏入侵琉球的 1609 年，约 500 年的时间；"近世琉球"则从 1609 年萨摩入侵琉球岛，到 1879 年日本明治政府宣布琉球废藩置县为止，历时 270 年。[5]

（一）琉球王国历史及中琉宗藩关系

自 1429 年琉球统一到 1879 年琉球王国被日本吞并，琉球王国横跨了"古琉球"和"近世琉球"两个时代。自 1372 年明朝先后封赐琉球三山王后，直至清光绪五年（1879年）年琉球被日本吞并、改为冲绳县为止，中国在明清两代和琉球保持了五百多年的封贡关系，中国遣册封使共 24 次[6]，琉球来贡者则更多。琉球按司察度于明朝洪武五年（1372 年）入贡，受册封为中山王[7]，此后贡使往来，历明清两朝而不绝，开始了琉球作为中国藩属国长达 500 余年的历史。自中琉建立外交关系后，凡是琉球国王病故，其世子承袭王位，必须经过明清两朝皇帝册封，才能正式对外称王。[8]自 1372 年明朝昭告琉球建立中琉封贡关系，至 1879 年日本在琉球"废藩置县"为止，琉球一直都是中国的藩属国。我国有关钓鱼岛列屿的记载，多见于明清两代册封使归国回朝复命的"述职报告"，即册封使录中。

（二）中日琉多边关系下的琉球"两属"问题

自 1609 年（明朝万历三十七年，日本江户幕府庆长十四年）萨摩藩攻破琉球，直到 1879 年明治政府在琉球废藩置县，这段时期被史学家称为琉球的"两属"时期。1609 年，日本萨摩藩的岛津氏发兵入侵琉球，掳走国王尚宁和主要大臣，史称"庆长之

---

〔5〕　参见何慈毅：《明清时期琉球日本关系史》，江苏古籍出版社 2002 年版，第 3—5 页。

〔6〕　对于清代册封琉球的次数，中日学者不存在争议，一般认为清册封琉球 8 次，册封使 16 名。但是对于明明清两代中国册封琉球的总次数，历史学界的看法各异，一般认为是 24 次，但也有 23 次的说法，主要原因是对明朝册封次数的不同看法。谢必震、武尚清和赤岭守纪一致认为明朝册封琉球 15 次，册使 27 人；方宝川则认为明朝册封琉球 14 次，册封使 26 人。有的学者以中央政府是否在琉球本地为琉球国王进行册封仪式作为标准，没有把杨载出使琉球统计在列，从该角度看，明清两代共为琉球国王举行的册封典礼就一共是 23 次而不是 24 次。参见谢必震、胡新：《中琉关系史料与研究》，海洋出版社 2010 年版，第 125—126 页；徐斌：《明清士大夫与琉球》，海洋出版社 2011 年版，第 83 页。

〔7〕　《明太祖实录》卷七十一记载，当年明太祖洪武帝遣杨载携带诏谕中山王的诏书中写道："惟尔琉球，在中国东南远处海外，未及报知，兹特遣使往谕，尔其知之。"参见《太祖实录》卷七十一，洪武五年春正月甲子条。

〔8〕　参见徐斌：《明清士大夫与琉球》，海洋出版社 2011 年版，第 36 页。

役"。翌年幕府将军德川忠秀下令将琉球以领地的方式赐给萨摩岛津氏，同意在其年俸中包含琉球纳贡份额，但要求萨摩不得更易琉球王室。琉球这种"明属中国、暗属日本"[9]的状态一直持续到日本明治维新初年。入清后，琉球进入第二尚氏王朝后期，琉球请求清政府予以册封。世子尚丰分别于天启五年（1625年）、天启六年和天启七年上表，请求中国给予册封。琉球天启年间的请封是在前述"庆长之役"后，王国受到萨摩暗中掌控下进行的。[10]"庆长之役"后，崇祯六年（1633年），在萨摩藩的不断催促下，琉球恢复和中国的封贡关系、恢复随贡互市。1872年9月，明治天皇下诏将琉球王室"升为琉球藩王，叙列华族"[11]，为吞并琉球做好了形式上的准备，1879年正式吞并琉球，这就是琉球为中日"两属"的由来。

萨摩藩入侵琉球后便从政治、经济等方面控制琉球。但为了维持中琉朝贡贸易并从中牟利，就萨琉关系，萨摩藩全面贯彻了对中国的隐瞒策略，具体包括：（1）不准琉球改行日本制度及日本名姓，以免为中国天使（册封使）所发现。例如，《纪考》称："宽永元年（天启四年，1624年）八月二十日，国相（萨摩藩对内自称'国'）承旨，命于琉球，自后官秩刑罚，宜王自制，勿称倭名，为倭服制。"[12]（2）册封使驻琉球期间，萨摩藩为欺瞒耳目所安排的措施为所有日本官员如在番奉行、大和横目以及部署，非妥善伪装混入册封者，一律迁居琉球东海岸偏僻之地，以远离中国人活动之西海岸；又如，取缔一切日文招贴、招牌；再如，一切典籍、记录、报告，均讳言"庆长之役"的日琉关系；等等。[13]（3）琉球官方出版和汇编了《唐琉球问答属》《旅行人心得》等文件。《唐琉球问答属》是由首里王府制作的，为避免"琉球漂流事件"[14]透露出萨摩藩控制琉球的内幕、以应对中国官府的问答卷。其中第一条回答琉球王国统治疆域时，答案为"统治的疆域有中山府、南山府、北山府，南面的八重山、与那国岛，北面的大岛、喜界岛，西面的久米岛、东面的伊计岛、津坚岛等三十六岛"，而当时（奄美）大岛、喜界岛已经在萨摩藩的管辖范围内，这显然在向清朝刻意隐瞒[15]；《旅行人心得》出版于乾隆二十四年（1759年），是印有中琉"标准答案"的小手册，为琉球华裔政治家蔡温所撰，目的是教育琉球入华的官员、官生和一般商人如何答复中国人可能提

---

〔9〕 郑海麟：《钓鱼岛列屿之历史与法理研究》（增订本），香港明报出版社有限公司2011年版，第124页。

〔10〕 参见徐斌：《明清士大夫与琉球》，海洋出版社2011年版，第4页。

〔11〕 米庆余：《琉球历史研究》，天津人民出版社1998年版，第112—114页。

〔12〕 参见杨仲揆：《琉球古今谈——兼论钓鱼台问题》，台湾商务印书馆1990年版，第64—65页。

〔13〕 参见杨仲揆：《琉球古今谈——兼论钓鱼台问题》，台湾商务印书馆1990年版，第64—65页。

〔14〕 琉球漂流事件：明代中琉交往后，琉球船只或贡船失事飘到中国沿海的有12起。明清两朝对包括琉球在内的漂风难民均有救助、安置和抚恤遣返的做法，形成以中国为中心，参与国包括朝贡国和非朝贡国（如日本）在内的海难救助机制。由于导致船舶漂流的原因是搞错了季风期，在"两属"时期，首里王府下达了严格遵守出港、归港期的命令，但即使这样，也不免有漂流事件的发生。参见赖正维：《清代中琉关系研究》，海洋出版社2011年版，第56—60页；[日]村田忠禧：《从历史档案看钓鱼岛问题》，韦平和译，社会科学文献出版社2013年版，第52页。

〔15〕 [日]村田忠禧：《从历史档案看钓鱼岛问题》，韦平和译，社会科学文献出版社2013年版，第52—53页。

出的问题，最重要的是有关萨琉关系的问题。[16]

二、《万国公法》视野下藩属国的国际法地位

亚洲的"宗藩/朝贡体系"是以中国为中心、以中国之周边各邻国与中国形成的双边"封贡关系"为结构的国际体系。"万国公法体系"又称"条约体系"（Treaty System），则指伴随近代殖民扩张而形成的，西方殖民列强主导的以"条约关系"为结构、以《万国公法》世界的国际秩序为基础的国际体系。[17]近代西方国际法正式和有系统地传入中国是从19世纪60年代开始的。然而，19世纪后期，清廷的藩属国如越南、缅甸、朝鲜等相继沦为欧美列强和日本的殖民地或保护国，宗藩/朝贡体制分崩离析。

（一）《万国公法》的传入及其对清政府外交的影响

近代西方国际法正式和系统地传入中国是由19世纪60年代开始的。美国传教士丁韪良（William M. P. Martin, 1827—1916）翻译的《万国公法》[18]是中国历史上第一本西方法学著作。《万国公法》在中国一经出版，就在东亚世界引起很大震撼，翌年在日本便有翻刻本和训点本出版，在很短的时间内成为日本的畅销书，后在朝鲜和越南相继翻刻刊行。[19]19世纪，中国逐渐成为西方列强在东亚的殖民目标，其间历经两次鸦片战争，到1900年《辛丑条约》的签订，中国彻底沦为半殖民地半封建社会。在这样的时代背景下，中国社会各阶层对西方国际法的传入的态度是矛盾的。一方面，清政府的确有应用国际法与西方国家外交交涉成功的案例，例如1839年林则徐禁止销售鸦片[20]和办理"林维喜案"[21]，又如普鲁士在中国领海拿捕丹麦船只事件[22]，等等，这些外交

---

〔16〕　参见杨仲揆：《琉球古今谈——兼论钓鱼台问题》，台湾商务印书馆1990年版，第64—65页。

〔17〕　费正清提出了晚清时期与朝贡体制并存的"条约体系"一词。参见 J. K. Fairbank, "The Early Treaty System in the Chinese World Order", in J. K. Fairbank eds, "The Chinese World Order: Traditional China's Foreign Relations", Havard University Press, 1969, pp. 257-275.

〔18〕　《万国公法》译自美国国际法学家亨利·惠顿（Henry Wheaton, 1785—1848）于1836年出版的《国际法原理》（Elements of International Law）一书。丁韪良翻译的《万国公法》由北京崇实馆1865年出版，该中文版译自 Element of International Law: With A Sketch of the History of the Science 的第六版。第六版是 William Beach Lawrence（1800-1881）编辑的注释版（Boston: Little, Brown and Company, 1855）。林学忠：《从万国公法到公法外交：晚清国际法的传入、诠释与应用》，上海古籍出版社2009年版，第113页。

〔19〕　参见邹振环：《丁韪良译述〈万国公法〉在中日韩传播的比较研究》，载复旦大学韩国研究中心编：《韩国学研究》（第7辑），中国社会科学出版社2000年版，第258—278页。

〔20〕　参见茅海建：《天朝的崩溃——鸦片战争再研究》，生活·读书·新知三联书店1995年版，第104—112页。

〔21〕　1839年7月，九龙尖沙咀村发生中国村民林维喜被英国水手所杀的案件。对该案的研究，参见林启彦、林锦源：《论中英两国政府处理林维喜事件的手法和态度》，《历史研究》2002年第2期。

〔22〕　1864年4月，普鲁士公使李福斯（H. Von Rehfues）乘坐"羚羊号"（Gazelle）军舰来华，在天津大沽口海面上无端拿获了三艘丹麦商船。总理各国事务衙门当即提出抗议，指出公使拿获丹麦商船的水域是中国的"内洋"（领水），按照国际法的原则，应属中国政府管辖，并以如普鲁士公使不释放丹麦商船清廷将不予以接待相威胁。在这种情况下，普鲁士释放了两艘丹麦商船，并对第3艘商船赔偿1500元，事件最终和平解决。关于此案及清政府援引《万国公法》的经过，参见王维俭：《普丹大沽口船舶事件和西方国际法传入中国》，《学术研究》1985年第5期。

纠纷的顺利解决促成清政府较快地批准《万国公法》的刊印；另一方面，清政府及其官员对国际法则倾向于从器用的层面做工具性的利用，追求对外交涉时可以援引相关规则以制夷。

甲午战争爆发前后那段时期的"国际社会"是有特定涵义的，它是以欧洲为中心、由主权独立的欧洲国家组成，进而形成一套体现西方价值观、有约束力的近代国际法规则体系，又被称为"国际法共同体"或"文明共同体"。琉球大学历史学者西里喜行指出，"东亚的近代是东亚各国、各民族与欧美列强间的相关关系的主客颠倒时代，也是东亚传统的国际制度即册封进贡体制，被欧美列强主导的近代国际秩序即万国公法所取代的时代"[23]。我国汪晖教授也认为，清朝与欧洲列强之间的冲突不是一般的国与国之间的冲突，而是两种世界体系及其规范的冲突，即两种国际体系及其规范的冲突，[24]这两种国际体系就是"朝贡体系"和近代"万国公法体系"。"万国公法体系"中，世界各国被分为"文明""不完全文明""野蛮"和"未开化"多个领域（见表1），中国等亚洲国家被视为"野蛮国"，只能适用国际法的部分原则，不能享有国家主体的完全人格。最能反映这种秩序架构上的国家权利差异的，莫过于以片面最惠国待遇、领事裁判权、协定关税为核心内容的诸多不平等条约。这种国际秩序是不折不扣的"西方中心主义"，而19世纪末20世纪初的政治现实却是在这种偏见下展开的。[25]

表1　19世纪末的"万国公法"世界的国际秩序[26]

文明人（civilized humanity）的国家	不完全"文明人"的国家	野蛮人（barbarous humanity）的国家	未开化人（savage humanity）的国家
欧洲、北美	中南美各国	土耳其、波斯、中东、暹罗、日本等	地球上其余所有地域
1）具备文明国的国内法； 2）适用国际法； 3）完全的政治承认（plenary political recognition）。	1）还未完备文明国的国内法； 2）有义务以文明国的标准对待外国人。	1）还未具备文明国的国内法； 2）部分的政治承认（partial political recognition）； 3）不平等条约（如领事裁判权）的实践对象； 4）国际法的适用需要"文明国"的承认。	1）自然的或是单纯的人类承认（natural or mere human recognition）； 2）可成为国际法先占原则下的文明国的领土。

〔23〕　[日]西里喜行：《清末中琉日关系史研究》（上），胡连成等译，社会科学文化出版社2010年版，第17页。

〔24〕　参见汪晖：《中国现代思想的兴起》（上卷），生活·读书·新知三联书店2004年版，第680页。

〔25〕　参见林学忠：《从万国公法到公法外交：晚清国际法的传入、诠释与应用》，上海古籍出版社2009年版，第243页。

〔26〕　James Lorimer, The Institute of the Law of Nations: A Treaties on the Jural Relations of Separate Political Communities, Edinburgh: W. Blackwood & Sons, 1883-1884, Vol. 1, pp. 102-103.

（二）《万国公法》中的"藩属国"

比较 19 世纪《万国公法》和 20 世纪《奥本海国际法》[27] 这两部国际法经典著作不难发现，"殖民地"其实是现代国际法所称"国际人格者"中的一种类型。而与"宗藩/朝贡体制"联系最密切的"被保护国""半主全国""藩属国"等国际法概念，在《万国公法》中被纳入"邦国自治、自主之权"专章进行论述。现代国际法意义上的"国际人格者"是指享有法律人格的国际法的主体，"国际人格者"享有国际法上所确定的权利、义务和权力。[28] 分析近现代国际法"国际人格者"的内涵和法律概念的变化与演进，对于分析琉球近现代国际法地位具有重要启示。围绕着琉球的地位问题，中、日、琉三方的外交交涉中，官方曾援引并运用《万国公法》的原则、规则和理论。

了解 19 世纪语境下"国际人格者"的类型和内涵，就要从《万国公法》中寻找初始的轨迹。参照丁韪良的中译本[29] 和 1866 年波士顿由 Little, Brown and Company 出版的英文第八版[30] 这两个版本，惠顿所著的《万国公法》[31] 在第一卷第二章中提到了"国""半主之国""被保护国"以及"藩属"等具有或部分具有"国际人格者"资格的类型，尤以对"藩属"主权问题的论述值得关注：

《万国公法》对"国"的定义为："所谓国者，惟人众相合，协力相助，以同立者也。"为说明"国家"的构成要件，惠顿特别提到，"盖为国之正义，无他，庶人行事，

---

[27] 《奥本海国际法》可谓是在 20 世纪对《万国公法》起到承前启后作用的巨著。该书的雏形是国际法学者奥本海（1858—1919 年）在 1905—1906 年出版的《国际法》两卷集，奥本海因此当选剑桥大学惠威尔国际法讲座教授。之后第二版由奥本海本人修订。此后《奥本海国际法》经过罗纳德·罗克斯伯勒、阿诺德·麦克奈尔，以及赫希·劳特派特等多位国际法知名学者多次修订并出版，被称为"剑桥书"。参见[英]詹宁斯·瓦茨修订：《奥本海国际法》（第一卷第一分册），王铁崖等译，中国大百科全书出版社 1998 年版，第 III-V 页。

[28] 参见［英］詹宁斯·瓦茨修订：《奥本海国际法》（第一卷第一分册），王铁崖等译，中国大百科全书出版社 1998 年版，第 90 页。

[29] 应注意的是，《万国公法》（中国政法大学出版社 2003 版）的点校人何勤华教授指出，丁韪良在翻译时，不仅对原书的结构、体系、章节有过调整，也对其中的内容做了大量删节。如第一卷第二章第二十三节"日耳曼系众邦会盟"，原文有近 90% 的内容被丁韪良所删，翻译出来的只是几点摘要。此外，由于受历史条件和译者中文水平的局限，还存在较多不成功的翻译之处（参见［美］惠顿：《万国公法》，丁韪良译，中国政法大学出版社 2003 年版，"点校者前言"第 51 页）。鉴于此，笔者在写作本文时，特别注意对比《万国公法》中英文版本的差异，尤其关注英文版本中有论述，而中文版本中存在删节或省略的部分。

[30] 国家图书馆外文馆藏有 *Element of International Law* 的多个版本，该书自 1836 年第一版问世后就多次再版，书的主体并无大的改动，而是由不同的编辑者加以注释，或添加国际公约作为附录。笔者参阅的是 1866 年在波士顿出版的第八版，该版本由 Richard Henry Dana 编辑并注释。参见 Henry Wheaton, *Elements of International Law*, Richard Henry Dana（edited, with notes），Boston：Little, Brown and Company, 1866, p. viii.

[31] 丁韪良翻译的《万国公法》由北京崇实馆 1865 年出版，该中文版译自 *Element of International Law：With a Sketch of the History of the Science* 的第六版，即由 William Beach Lawrence（1800-1881）编辑的注释版（Boston：Little, Brown and Company, 1855）。参见林学忠：《从万国公法到公法外交：晚清国际法的传入、诠释与应用》，上海古籍出版社 2009 年版，第 113 页。

常服君上，居住必有定所，且有领土、疆界，归其自主。此三者缺一，即不为国矣"[32]。19 世纪的国际法中，"国家"的要件主要是定居的居民、领土和疆界[33]，这和现代国际法对国家的认定标准相比明显宽松不少。《万国公法》中，国又分为"自主之国"和"半主之国"。"自主之国"是"无论何等国法，若能自治其事，而不听命于他国，则可谓自主者矣"[34]；而半主之国则因"恃他国以行其权者……盖无此全权，即不能全然自主也"被称为"半主之国"，除依据条约的阿尼合邦、戈拉告属于"半主之国"外，保护国、附庸国也被归入"半主之国"之列。[35]主权又分为对内主权和对外主权，"主权行于内，则依各国之法度，或寓于民，或归于君；主权行于外，即本国自主，而不听命于他国也。各国平战、交际，皆凭此权"[36]。

《万国公法》中单列一节论及藩属国（或藩邦）。[37] "进贡之国并藩邦，公法就其所存主权多寡而定其自主之分。"[38]即藩属国的主权，并不因为其进贡于宗主国的事实而必然受到减损，而是取决于其自主性而定。《万国公法》列举了几类"藩邦"[39]：第一，"欧罗巴滨海诸国，前进贡于巴巴里（Barbary，埃及以西的北非伊斯兰教地区）时，于其自立、自主之权，并无所碍"，即欧洲主要海洋国家并不因向巴巴里的进贡行为而失去独立自主的主权国家地位；第二，"七百年来，那不勒斯王尚有屏藩罗马教皇之名，至四十年前始绝其进贡。然不因其屏藩罗马，遂谓非自立、自主之国也"。即，那不勒斯自 17 世纪至 1818 年期间一直向罗马教皇进贡，但这并不意味着那不勒斯王国的主权有所减损。[40]

（三）清朝维护藩属国朝鲜、缅甸、越南的"公法外交"

宗藩（或藩属）制度作为中国古代国家政体的重要内容之一，早在汉朝时就已经产生。沿袭汉代，唐代的藩属制度又有所创新，是以在边疆少数民族聚居区广设羁縻府州为藩属主要实体的创新阶段。明代沿袭唐代、元代的藩属制度亦有新的举措。清王朝集

---

[32]　［美］惠顿：《万国公法》，丁韪良译，中国政法大学出版社 2003 年版，第 25—26 页。

[33]　See Henry Wheaton, *Elements of International Law*, Richard Henry Dana（edited, with notes），Boston：Little, Brown and Company, 1866, p. 22.

[34]　［美］惠顿：《万国公法》，丁韪良译，中国政法大学出版社 2003 年版，第 37 页。

[35]　See Henry Wheaton, *Elements of International Law*, Richard Henry Dana（edited, with notes），Boston：Little, Brown and Company, 1866, p. 45-46.

[36]　［美］惠顿：《万国公法》，丁韪良译，中国政法大学出版社 2003 年版，第 35—36 页。

[37]　惠顿的 *Elements of International Law* 第二章第 37 节题目就是"tributary states"，参见 Wheaton, Elements of International Law, Richard Henry Dana（edited, with notes），Boston：Little, Brown and Company, 1866, pp. 48-49。

[38]　［美］惠顿：《万国公法》，丁韪良译，中国政法大学出版社 2003 年版，第 41 页。

[39]　［美］惠顿：《万国公法》，丁韪良译，中国政法大学出版社 2003 年版，第 41—42 页。

[40]　Wheaton, *Elements of International Law*, Richard Henry Dana（edited, with notes），Boston：Little, Brown and Company, 1866, p. 49.

历代藩属制度之大成。[41]宗主国和藩邦之间的经济交流主要是通过"朝贡""赏赐"及朝贡附载贸易来实现的。费正清[42]（John King Fairbank）认为，朝贡体制是以中国为中心形成的圈层结构：第一层是汉字圈，有几个最邻近且文化相同的"属国"构成，包括朝鲜、越南、琉球和一段时期的日本；第二层是亚洲内陆圈，由亚洲内陆游牧和半游牧的"属国"和从属部落构成；第三层是外圈，一般由关山阻隔、远隔重洋的"外夷"组成，包括日本、东南亚和南亚一些国家以及欧洲。[43]清王朝将海外各国大致分两类：一是"朝贡国"（见表2），即正式建立外交关系的国家。这七个藩属国包括朝鲜、琉球、安南（今越南）、暹罗（今泰国）、缅甸、南掌（今老挝）和苏禄（今菲律宾苏禄群岛）；二是无正式外交关系，而有贸易往来的国家，包括葡萄牙、西班牙、荷兰、英国、法国等西方国家。[44]

表2　清代主要朝贡国的贡封时间一览表[45]

国别	始贡时间	受封时间
朝鲜	崇德二年（1637）	崇德二年（1637）
琉球	顺治八年（1651）	顺治十一年（1654）
安南	顺治十七年（1660）	康熙五年（1666）
暹罗	康熙三年（1664）	康熙十二年（1673）
苏禄	雍正四年（1726）	
南掌	雍正八年（1730）	乾隆六十年（1795）
缅甸	乾隆十五年（1750）	乾隆五十五年（1790）

清政府处理涉及藩属国的外交事务时，并不仅仅限于藩属国的地位问题，往往还关联国际条约、交战规则和中立法、国际习惯法、国家领土边界等复杂问题，实非本文篇幅可以囊括，不过藩属国的地位仍是清政府外交交涉中绕不开的议题。在对待朝鲜、越南、缅甸这几个藩属国自身是否为"自立之国"，以及如何对藩属国的安全提供保护或

---

[41]　黄松筠：《中国藩属制度研究的理论问题》，《社会科学战线》2004年第6期。

[42]　费正清对朝贡体制的理论基础——华夏中心主义意识，以及朝贡关系融政治、贸易、外交于一体的特征，都有开创性研究。他还以"冲击—反应"模式为框架，来研究近代中国的走势。此后许多学者分别提出"华夷秩序""天朝礼治体系""中国的世界秩序""东亚的国际秩序"等，被视为古代中国的中外关系、外交制度、外交观念等，但都与朝贡体制有关。费正清的上述观点虽可概括朝贡体制的结构，但仍应注意，亚洲内陆游牧部落与华夏文化圈内的"朝贡国"虽然同处在"朝贡体系"之中，但仍存在很大的差异；暹罗、缅甸等"朝贡国"与欧洲国家也存在差异，因为这些"朝贡国"与中国保持着正式的"封贡关系"，所以不能和欧洲国家划归一类。参见王培培：《"朝贡体系"与"条约体系"》，《社科纵横》2011年第8期。

[43]　John King Fairbank, *Trade and Diplomacy on the China Coast：The Opening of the Treaty Ports*, *1842-1854*, Stanford University Press, 1953.

[44]　参见李云泉：《朝贡制度史论——中国古代对外关系体制研究》，新华出版社2004年版，第134—148页。

[45]　参见李云泉：《朝贡制度史论——中国古代对外关系体制研究》，新华出版社2004年版，第137页。

支援的问题上，清政府的外交政策和处理方法有所不同。

朝鲜在中国众多藩属国中有"小中华"之称。清政府维护中朝宗藩关系是全方位的，不仅派出军队，更不惜改变传统的方式直接介入朝鲜的内政与外交实行直接统治，并应用国际法和条约体制以巩固宗主国地位，即使 1885 年《天津会议专条》签订后也并不承认朝鲜具有"自主之国"的国际地位。1876 年日本制造"江华岛事件"后，清政府采用了均势外交，鼓励朝鲜对欧美开国，以图用势力均衡的局面保住朝鲜。当中国明白传统的中华世界秩序已无法维持中朝关系时，开始改变外交策略，甚至应用国际法的规则试图维持中朝藩属关系，除了 1882 年"壬午兵变"后在形式上保留朝鲜自主、实质开始介入朝鲜内政外交之外，1882 年 10 月还和朝鲜缔结《中国朝鲜商民水陆章程》，用条约体制将传统中朝宗藩关系明文化。[46]

清政府出兵援越是基于"保藩固圉"[47]的边防思路，意图御敌于国门之外，起初并不想和法国直接冲突。法国在吞并越南的进程中，以外交交涉和缔结条约为主，以销毁中越宗藩关系证据为辅：首先，法国认为，按西方国际法的属国制度，"如做某国之主，则该国一切政事吏治皆为之做主，代其治理"，中国没有真正管辖越南。[48]随后法国要求中国在法越战争期间作为第三国，必须中立。[49]其次，法国运用《中法简明条约》（1884. 5. 11）、法越《第二次顺化条约》（1884. 6. 6）等系列条约，逐步做实从越南为"自主之国"到越南为法国被保护国的国际地位。尤为甚者，在《第二次顺化条约》签约换文前，法国全权公使巴德诺逼迫阮朝交出清封敕的镀金驼钮印玺，熔铸为银块[50]，借以永久销毁中越宗藩关系的证据。对中法就越南藩属国地位展开的交涉，有评价称，"从一开始就像中日在朝鲜属国地位问题上的交涉一样，注定是一场无果而终的拉锯战"[51]。

中缅官方关系迟至 18 世纪中期后建立。面对英国就缅甸藩属地位的质疑，驻英公使曾纪泽断然反驳并寻找缅甸为中国属国的论据和实物证据。曾纪泽反驳英国提出的乾隆三十五年中缅条款为两国平等条约的说法，指出它只是缅甸对华的"降表"而已。[52]

---

[46] 参见林学忠：《从万国公法到公法外交：晚清国际法的传入、诠释与应用》，上海古籍出版社 2009 年版，第 276—278 页。

[47] 马大正主编：《中国边疆通史丛书·中国边疆经略史》，中州古籍出版社 2000 年版，第 398 页。

[48] 参见郭廷以等编：《中法越南交涉档》（二），台湾"中央研究院"近代史研究所 1962 年版，第 927 页。

[49] 例如 1883 年 6 月，李鸿章收到法国来函称："法越现已交兵，按照公法，局外之国不得从旁扰与，似须法越战事少定乃可就议。"参见郭廷以等编：《中法越南交涉档》（二），台湾"中央研究院"近代史研究所 1962 年版，第 910 页。

[50] 转引自李云泉：《中法战争前的中法越南问题交涉与中越关系的变化》，《社会科学辑刊》2010 年第 5 期。

[51] 李云泉：《中法战争前的中法越南问题交涉与中越关系的变化》，《社会科学辑刊》2010 年第 5 期。

[52] 电文内容为："缅王印，乾隆五十五年颁给，系清汉文尚方大篆，银质饰金驼纽平台方三寸五分，厚一寸，其文曰'阿瓦缅甸国王之印'。特电。"参见何新华：《试析清代缅甸的藩属国地位问题》，《历史档案》2006 年第 1 期。

总理衙门把清政府颁给缅甸国王封印的尺寸、封印上的字体及内容进行说明[53]。至于英方所提缅甸在英缅冲突中没有向中国提出保护请求这一说法，清政府从缅甸违反属国义务这一角度作了解释："夫缅甸，既已臣服我朝，而此数十年间与英人私让地方，与法人私立条约，从未入告疆臣，奏达天听，是其罔知大体，自外生成，致遭祸变，咎由自取"[54]，但清政府对英国侵占缅甸并没有采取实质性的干预，对缅外交多体现实用主义色彩。另一方面，缅甸把朝贡中国仅当作是外交手段，采取了机会主义的策略。18世纪末至19世纪初，缅甸的南方邻国暹罗开始强大并对缅甸造成巨大威胁，其后英国进入缅甸南部和西部，缅甸正是在这一时期频繁进贡中国的。缅甸对其藩属国的身份实际是"暧昧态度"[55]，它既不把中国作为天朝上国，也从未主动承认是中国的藩属国。[56]

纵观19世纪中后期，"英之于缅，法之于越，倭之于球，皆自彼发难。中国多事之秋，兴灭继绝，力有未逮"[57]。19世纪末，甲午一战、清国败北。当"宗藩/朝贡体制"崩溃后，中国不得不彻底地放弃天朝观念，接受以"万国公法体制"为基础的西方世界观。

三、从中日"琉球交涉"看近世琉球的历史和国际法地位

19世纪，日本明治政府用近十年的时间，以武力强行将琉球王国划入日本的版图，这在历史上称为"琉球处分"。围绕着"琉球处分"，伴随着同时期欧美列强在亚洲推行的殖民主义，中日两国展开了漫长的磋商谈判，直到1880年"分岛改约案"琉球问题搁置，成为中日之间的"悬案"。

（一）1871—1880年中日之间的"琉球交涉"

近代中日琉球交涉是由1871年所谓的"生番事件"[58]引起的，最后两国于1874年11月签订《北京专条》而结束争端。在《北京专条》中，清廷竟承认日本侵台是"为保民义举起见"，并由中国代为赔偿抚恤银两。[59]在攫取"保民义举"名义前后，日本丝毫没有放松全面吞并琉球的步伐：1872年日本以明治天皇亲政，示意琉球朝贺并借

---

[53]　参见王彦威：《清季外交史料》（卷61），故宫博物院1932年刊本，第29页。

[54]　何新华：《试析清代缅甸的藩属国地位问题》，《历史档案》2006年第1期。

[55]　缅甸的暧昧态度表现在缅甸国王对待1790年乾隆赐给的封印态度上。当"使臣携归华文大印，其状如驼，缅王恐受制于清，初不愿接受，顾又不愿舍此重达三缅斤（十磅）之真金，乃决意接受而使史官免志其事"。参见［英］哈维：《缅甸史》（下册），商务印书馆1973年版，第453页。

[56]　参见何新华：《试析清代缅甸的藩属国地位问题》，《历史档案》2006年第1期。

[57]　路凤石：《德宗实录》（卷232，光绪十二年九月），中华书局1987年版。

[58]　生番事件又称"牡丹社事件"。同治十年（1871年）11月，琉球国太平山岛一艘海船69人遇到飓风，船只倾覆。幸存的66人凫水登山，十一月初七日，误入台湾高山族牡丹社生番乡内，和当地居民发生武装冲突，54人被杀死，幸存的12人在当地汉人杨友旺等帮助下，从台湾护送到福建。同治十一年（1872年）2月25日，福州将军兼署闽浙总督文煜等人将此事向北京奏报，京城邸报对此做了转载。参见米庆余：《琉球漂民事件与日军入侵台湾（1871—1874）》，《历史研究》1999年第1期；张植荣、王俊峰：《东海油争——钓鱼岛争端的历史、法理与未来》，黑龙江人民出版社2011年版。

[59]　参见米庆余：《琉球漂民事件与日军入侵台湾（1871—1874）》，《历史研究》1999年第1期。

此封琉球国王为藩主[60]；1874 年日本派军到台湾"讨伐生番"，屠杀民众；1879 年日本废掉琉球藩改名为日本领属的冲绳县，县官改由日本国委派。[61]被激怒的清政府于 1879 年 5 月 10 日照会日本新驻华公使，对日本单方面处分琉球的举动提出了强烈抗议。

经美国卸任总统格兰特的调停，中日两国在北京举行"分岛加约案"谈判，日方主张平分琉球，清政府主张三分方案。由于中俄伊犁边界问题爆发，清政府当时提出从速解决琉球问题并同意日本的提案。[62]1880 年 10 月 21 日，双方正式拟定了分割琉球条约稿，约文规定："大清国大日本国公同商议，除冲绳岛以北，属大日本国管理外，其宫古八重山二岛，属大清国管辖，以清两国疆界，各听自治，彼此永远不相干预。"[63]由于内部分歧，清政府采纳李鸿章"支展延宕"之拖延政策决定不批准协议草案，初衷是保存琉球社稷和避免"失我内地之利"[64]，但最终 1895 年中国在甲午战争中战败，被迫签署《马关条约》[65]并割让台湾、澎湖、辽东半岛给日本，在琉球群岛的问题上就更失去了发言权。直至甲午战争爆发之前，中日双方仍认知琉球的地位悬而未决。日本吞并琉球后，不满日本统治的琉球人流亡清朝、以求复国，被称为"脱清人"。

（二）近世琉球地位的国际法分析

历史学者西里喜行观察到，围绕着琉球的归属即主权问题，不仅中日在不同阶段的外交谈判中大量运用《万国公法》，而且 1875—1879 年琉球王国陈情特使在东京的请愿活动也曾引用《万国公法》来对抗琉球乃日本专属的主张。[66]从时际法[67]视角看，对待 19 世纪后半叶琉球国际法地位这样的议题，运用当时的国际法即《万国公法》并结合殖民入侵背景下亚洲的政治格局，才能得出相对客观的结论。当然，现代国际法

---

〔60〕 王芸生：《六十年来中国与日本》（第 1 卷），生活·读书·新知三联书店 1979 年版，第 148 页。

〔61〕 鞠德源：《评析 30 年前日本政府〈关于尖阁诸岛所有权问题的基本见解〉》，《抗日战争研究》2002 年第 4 期。

〔62〕 参见［日］井上清：《关于钓鱼岛等岛屿的历史和归属问题》，生活·读书·新知三联书店 1973 年版，第 16 页。

〔63〕 鞠德源：《评析 30 年前日本政府〈关于尖阁诸岛所有权问题的基本见解〉》，《抗日战争研究》2002 年第 4 期。

〔64〕 参见米庆余：《琉球历史研究》，天津人民出版社 1998 年版，第 226 页。

〔65〕 《马关条约》，又称《下关条约》，甲午战争清朝战败后，清政府和日本政府于 1895 年 4 月 17 日（光绪二十一年三月二十三日）在日本马关（今下关市）签署的条约，原名《马关新约》，日本称为《下关条约》或《日清讲和条约》。清朝代表为李鸿章和李经芳，日方代表为伊藤博文和陆奥宗光。

〔66〕 东京的琉球陈情使以波兰曾经附属于普鲁士、奥地利和俄罗斯三国为例，指出《万国公法》也同样允许两属国家的存在。参见[日]西里喜行：《清末中琉日关系史研究》（上），胡连成等译，社会科学文化出版社 2010 年版，第 29—32 页。

〔67〕 时际法在领土争端中是需要考虑的重要因素。时际法（Intertemporal Law），或称过渡法（Transitory Law）是指解决法律时间抵触的法律，也就是决定法律时间适用范围的法律。国际法上的"时际法"是国际常设仲裁法院"帕尔马斯岛案"由仲裁员胡伯首先提出，并逐步在领土争端解决实践和条约法中得到吸收和发展。他所表述的时际国际法是："一个法律事实应当按照与之同时的法律，而不是按照因该事实发生争端时所实行的法律或解决这个争端时所实行的法律予以判断。"参见 The Island of Palmas Case（or Miangas），United States of America v. The Netherlands（1928），Permanent Court of Arbitration，pp. 4-6，37。

理论尤其是有关国家和主权以及领土争端的理论和实践,对于现代人更好地理解琉球的国际法地位是有辅助作用的。近世琉球的历史和法律地位应从以下几个方面予以论证:

第一,"琉球专属日本论"不符合历史和国际法。中日琉球交涉过程中,清政府认为琉球自成一国,世代受中国册封,奉中国为正朔,"琉球既服中国,而又服于贵国";日本以寺岛外务卿《说略》为代表的"琉球专属日本论"则坚持认为,琉球系日本的"内政",既非"自为一国",也非"服属两国"[68],双方交涉的核心是琉球的国际地位问题。日本的说辞无论从历史还是国际法角度都有很大的漏洞。1609年萨摩藩入侵琉球后,萨摩藩为从中琉贸易中获利,不但没有斩断中琉之间的宗藩/朝贡关系,萨摩藩和琉球都还向包括中国在内的国际社会刻意隐瞒琉萨之间的关系。琉球不仅保有自己的政权和年号,还与包括日本幕府在内的亚洲周边国家展开外交和贸易交往,19世纪中期琉球以现代国际法意义上国家的名义与美国、法国、荷兰三国签订通商条约。从史实和中日琉外交关系史看,1609—1879年间琉球为中日"两属"符合历史,但同时期琉球为独立王国也是事实,该时期琉球的地位绝不是明治政府所称的"内政"问题。1879年日本出兵琉球并改为冲绳县的行为,用国际法上较为相近的概念概括就是"征服"。征服是一国不经过他国同意,以武力将其领土置于统治之下,为古代国际法承认的领土转移方式,但晚近国际法已经不再承认这是取得领土主权的合法方式[69]。现代国际法禁止以侵略战争和武力解决国际争端,这使得征服不再被认为是领土取得的有效权源。但日本是在晚近国际法禁止以武力或其他强制方式取得领土等规定之前用征服的方式占领琉球,因此难以用现代国际法主张日本征服琉球行为本身的非法性。由于琉球问题和钓鱼岛争端联系紧密,这也就使得中日间的钓鱼岛争端更显复杂[70]。

第二,历史上琉球既"中日两属"又为"独立之国"符合国际法。中日就琉球问题进行外交交涉期间,清政府主张琉球"既服中国,又服贵国",同时又是自主之国。日本对此反驳称,"既是一国,则非所属之邦土;既是所属之邦土,则非自成一国",并用《万国公法》指出清国的"逻辑矛盾",因此坚持琉球乃日本属邦之主张[71]。西里喜行认为,"从传统的册封进贡体制的逻辑来说,内政上的自主国与对外关系上的属国这二者之间并无矛盾,但对于不承认册封进贡体制的日本来说,并没有什么说服力,因此

---

[68] 以寺岛外务卿《说略》为代表的"琉球专属日本论"中,明治政府除了强调1609年萨摩藩入侵琉球王国前日本和琉球在地缘、地理、文化、种族等方面的相通性外,还提到琉球对日本的进贡早于中国,日本特设太宰府对琉球进行管理。日本还强调1609年后日本幕府已把琉球赐给萨摩藩,萨摩藩对琉球实施了包括军事、税收、法律制定等多方面的政治统治。参见米庆余:《琉球历史研究》,天津人民出版社1998年版,第199页。

[69] 参见苏义雄:《平时国际法》,台湾三民书局1993年版,第178页。

[70] 参见陈龙腾:《战后台湾与琉球关系研究》,台湾高雄复文图书出版社2012年版,第110—112页。

[71] 参见[日]西里喜行:《清末中琉日关系史研究》(上),胡连成等译,社会科学文化出版社2010年版,第30页。

中日两国的争论陷入胶着状态"[72]。清政府主张琉球既"中日两属"又"自成一国"是否有国际法依据？这就涉及《万国公法》有关国家构成的相关理论[73]。《万国公法》把现代国际法意义上的"国际人格者"分为"国""半主之国""被保护国""藩属"等类型。作为区别于"主权之国"或"半主之国"的藩属国，"进贡之国并藩邦，公法就其所存主权多寡而定其自主之分"，也就是说，藩属国的主权，并不因为其进贡于宗主国的事实而必然受到减损，而是取决于其自主性而定，1609 年萨摩藩入侵，琉球从此成为明属中国、暗属日本的事实上的"两属"状态，一直持续到日本明治维新初年。作为藩属国，琉球有国内事务自主权，宗主国中国不干涉琉球内政，只是琉球国王即位的时候派出使者进行象征性的册封。[74]宗主国中国并不企图通过朝贡贸易获取利益，更多的是以赏赐的形式对藩属国进行经济资助，主要通过强大的政治、经济、文化号召力，保持对藩属国的影响，绝非靠武力征讨和吞并。其间，琉球对内仍维持其政治统治架构、对外则以国家的身份和法国、美国、荷兰缔结双边条约；琉球的内政虽受制于萨摩藩，民间风俗也逐渐日化，但只有当清使将到达琉球时，在琉球的日本人才事先走避。本文认为，结合历史和当时的国际法，1609—1879 年琉球既是中日"两属"又是独立自主的国家，二者并不矛盾。当然，自 1879 年被日本吞并、列入版图后，琉球则沦为日本的殖民地，从此琉球的主权遭到减损，这也是不争的事实。

第三，琉球的自我认知及欧美列强态度均视琉球王国为"自成一国"。琉球末代国王尚泰将琉球定位为"属于皇国、支那……两国乃父母之国。"[75] 1867 年巴黎万国博览会时，琉球岩下佐次右卫门出席开幕式，自称是代表琉球王的使节。日本江户幕府虽向大会抗议称"琉球系江户幕府命令萨摩藩加以征服，因而成为萨摩籓的属国，不是独立于日本之外的国家"，但大会并未接受日本的抗议。[76] 1875—1879 年，琉球陈情使以东京为中心进行请愿活动，反复强调要遵守"以信义行事"，表明了不愿放弃本国的政治独立，也不愿断绝中琉关系的意愿。[77] 1879 年，向清政府求救的琉球紫巾官向德宏撰文

---

[72] [日]西里喜行：《清末中琉日关系史研究》（上），胡连成等译，社会科学文化出版社 2010 年版，第 30 页。

[73] 现有文献中已有用《万国公法》提到的欧罗巴滨海诸国和罗马教廷之间关系与琉球的地位进行类比的初步尝试，参见王鑫：《从国际法的角度分析琉球法律地位的历史变迁》，《研究生法学》2009 年第 2 期；王鑫：《从琉球法律地位历史变迁的角度透析钓鱼岛争端》，中国政法大学 2010 年硕士学位论文，第 8 页；张毅：《琉球国际法地位之国际法分析》，中国政法大学 2013 年博士学位论文，第 63—64 页。历史上也曾有类似解读，例如，为对抗明治政府提出的琉球"专属日本"主张，东京的琉球陈情使以波兰曾经附属于普鲁士、奥地利和俄罗斯三国为例，指出《万国公法》也同样允许两属国家的存在。参见[日]西里喜行编：《琉球救国请愿书集成》，法政大学冲绳文化研究所 1992 年版。

[74] 参见修斌、姜秉国：《琉球亡国与东亚封贡体制功能的丧失》，《日本学刊》2007 年第 6 期。

[75] [日] 西里喜行：《清末中琉日关系史研究》（上），胡连成等译，社会科学文化出版社 2010 年版，第 31 页。

[76] 参见李明峻：《从国际法角度看琉球群岛主权归属》，《台湾国际研究季刊》2005 年第 2 期。

[77] 参见 [日] 西里喜行：《琉球救国请愿书集成》，法政大学冲绳文化研究所 1992 年版。

对寺岛外务卿的《说略》逐条进行反驳。[78] 从当时国际社会的态度看，1840—1879 年间欧美列强不仅知道琉球"两属"的现状，还怀着要求琉球开国的目的，秉持实用主义的外交政策在中日间周旋。美国卸任总统格兰特曾调停过中日间琉球问题。1879 年在与李鸿章商讨调解琉球问题时，格兰特曾表示，"琉球自为一国，日本乃欲吞灭以自广，中国所争者土地，不专为朝贡，此甚有理，将来能另立专条才好"，此后积极协调中日"分岛改约"的外交谈判。琉球以国家的身份和法国、美国、荷兰缔结了双边条约（参见表 3），对外交往和对外缔约能力是当时的国际法对国家身份认定的重要指标，琉球"自成一国"因而也是当时国际社会所公认的。

表 3　鸦片战争后欧美舰船来琉以及缔结条约一览[79]

来航年次	国籍船名	船长人数	来航地	来航目的	缔约情况
1854. 7. 1—1854. 7. 17	美国舰队	佩里提督	那霸港	开国交涉	1854. 7. 11 缔结《琉美修好条约》
1855. 11. 6—18 55. 11. 28	法国船维豪基乌内号等三艘	格冉船长等 700 名	那霸港	条约交涉	1855. 11. 24 缔结《琉法条约》
1859. 5. 29	荷兰阿兰陀船	昉·卡佩莱尔	那霸港	条约交涉	1859. 7. 6 缔结《琉荷条约》

第四，同时期的藩属国均以条约解决藩属国地位问题并最终取得独立。在中国的册封朝贡体系中，琉球和朝鲜、越南、缅甸等是同一类型的"外藩"，其中以琉球最为恭顺。然而，自从 1879 年日本在琉球"废藩置县"后，琉球沦为日本的殖民地。同属中华宗藩/朝贡体制内的还有越南、朝鲜、缅甸等藩属国。与琉球情况不同的是，越南、朝鲜和缅甸脱离中国都有条约可循：1885 年中法战争后，法国迫使中国签署《中法新约》，取代中国的宗主国地位，成为越南的保护国；1886 年中英签订《中英缅甸条约》，英国以缅甸维持"十年一贡"换取中国对英国在缅权利的承认，逐步把缅甸变为自己的殖民地；1894 年甲午战争后，日本迫使中国签订《马关条约》，明确中国放弃对朝鲜的宗主国地位。可见，清末中国周边藩属国法律地位的变更，不仅以条约予以确认，而且经过宗主国中国的确认，这在当时成为常例。然而从 1879 年日本以武力吞并琉球国到二战结

〔78〕　向德宏称，"日本谓敝国国体、国政，皆伊所立，敝国无自主之权。夫国体、国政之大者，莫如膺封爵、赐国号、受姓、奉朔、律令、礼制诸巨典。敝国自洪武五年入贡，册封中山王，改琉求国号曰琉球。永乐年间赐国主尚姓，历奉中朝正朔，遵中朝礼典，用中朝律例，至今无异。至于国中官守之职名，人员之进退，号令之出入，服制之法度，无非敝国主及大臣主之，从无日本干预其间者。且前经与法、美、荷三国互立约言，敝国书中皆用天朝年月，并写敝国官名。事属自主，各国所深知。敝国非日本附属，岂待辩论而明哉？"参见王芸生：《六十年来中国与日本》（第 1 卷），大公报社 1932 年版，第 127—129 页。

〔79〕　参见 ［日］西里喜行：《清末中琉日关系史研究》（上册），胡连成等译，社会科学文献出版社 2010 年版，第 154—155 页。

束，中日之间除了协商过 1880 年分割琉球条约稿之外，既没有就琉球主权之变更，也没有对琉球疆域的安排达成正式协议。时过境迁，19—20 世纪，上述原属中华朝贡体系的藩属国命运多舛，但都摆脱了殖民统治，如今在联合国框架下都是独立的国家。

19 世纪中后期，中日之间的"琉球交涉"是在"宗藩/朝贡体制"和"万国公法体制"之间"文明的冲突"背景下展开的。事实证明，面对列强的入侵和国际格局的巨大冲击，国力、军力衰落的清政府完全寄希望于国际公法并以"据理访问为正办"[80]，却对西方国际法只知其"器用"不知其"巧用"，教训惨重。晚清维新运动著名活动家唐才常指出，对外交涉挫败的原因在于"虽由中国积弱使然，亦以未列公法之故，又无深谙公法之人据理力争"[81]。中日关于琉球交涉的结局，正好证明了这个道理。

四、琉球法律地位与钓鱼岛主权争端

日本外务省对钓鱼岛的"主权主张"与琉球因素密不可分。为了证明将钓鱼岛并入版图的行为符合国际法上的"先占"，日本不仅称"'尖阁诸岛'在历史上始终都是日本领土的'南西诸岛'的一部分"，还用冲绳县在 19 世纪末对钓鱼岛所谓的"实地调查"作为"历史证据"[82]。日本官方主张中，历史与国际法的领土争端理论和条约法结合十分明显。此外日本学者不仅否认中国对钓鱼岛的"原始发现"和"最先主权持有人的地位"，还提出对日本有利的钓鱼岛"主权主张"[83]。本文认为，考察琉球王国的地理

---

[80] 1877 年 4 月 12 日，琉球紫巾官向德宏乘船到闽向清朝求助，面见闽浙总督何璟和福建巡抚丁日昌，呈递琉球王陈情书，乞求代纾其国之难。面对驻日公使何如璋"阻贡不已，必灭琉球，琉球既灭，行及朝鲜"的警告和应对建议，李鸿章却主张："（何如璋）所陈上、中、下三策，遣兵船责问及约琉人以必救，似皆小题大作，转涉张皇。惟言之不听时复言之，日人自知理绌，或不敢遽废藩制改郡县，俾球人得保旧土，亦不藉寇以兵。此虽似下策，实为今日一定办法。"参见《李鸿章全集》，译署函稿，卷八，第 1 页。

[81] [清] 唐才常：《拟开中西条例馆条例》，湖南省哲学社会科学研究所编：《唐才常集》，中华书局 1980 年版，第 27 页。

[82] 参见日本外务省：《"尖阁诸岛"问答》（中译本）；日本外务省：《关于尖阁诸岛的基本见解》（中译本）。

[83] 钓鱼岛国际法研究中，具有代表性的日本学者论著，参见 [日] 入江启四郎：《尖阁列岛海洋开发的基盘》，《季刊·冲绳》，1971 年 3 月，第 56 页；[日] 入江启四郎：《日清讲和と尖阁列岛的地位》，《季刊·冲绳》1972 年 12 月，第 63 页；[日] 奥原敏雄：《尖阁列岛の领有权问题》，《季刊·冲绳》1971 年 3 月，第 56 页；[日] 尾崎重义：《关于尖阁列岛的归属》，参考 1972 年版，第 260—263 页；[日] 胜沼致一：《尖阁列岛领土问题的历史与法理》，《法学志林》1973 年第 2 期，总第 71 期；绿间荣：《尖阁列岛》，那霸：ひるぎ社 1984 年版；Unryu Suganuma, *Sovereign Rights and Territorial Space in Sino-Japanese Relations-Irredentism and the Diaoyu/Senkaku Islands*, published jointly by the University of Hawai'i press and the association for Asian studies, 2000. US; Shigeyoshi Ozaki, "Territorial Issues on the East China Sea A Japanese Position", 3 *J. E. Asia & Int'l L.* 151 2010；[日] 尾崎重义：《尖阁诸岛与日本的领有权》，《外交》2012 年第 12 期；[日] 上奏文に：《'尖阁は琉球'と明记 中国主张の根拠崩れる》，《产经新闻》，2012 年 7 月 17 日；[日] 石井望：《尖阁前史（ぜんし）、无主地（むしゅち）の一角に领有史料有り》，《八重山日报》，2013 年 8 月 3 日（平成二十五年八月三日）；等等。

范围以及中琉疆界分界，对于进一步从历史和地理角度论证钓鱼岛主权归属具有重要的意义；而 1429—1879 年间的中日琉史料更是佐证我国钓鱼岛主权主张的重要历史证据。总的来看，钓鱼岛自古属于中国而不属于琉球，这不仅有来自中日琉三方的史料佐证，还有社会文化和地理水文等方面的依据。

（一）钓鱼岛由中国人而非琉球人先发现具有社会文化和地理水文等原因

钓鱼岛自明朝初年以来一直是中国的领土，并被用作航海的航标，从未成为琉球的领土，根本原因是琉球人未能在中国人之前发现钓鱼岛。[84] 而中国人能先发现钓鱼岛，除了社会文化因素外，还有地理、地质、水文等多重因素，具体如下：（1）琉球人的造铁、造船以及航船技术较之中国落后。琉球自古缺乏铁砂以供炼制熟铁，市面上甚至缺乏作为日用品的铁器[85] 历史上琉球"地无货殖""商贾不通"，琉球人"缚竹为筏，不驾舟楫"[86]，14—15 世纪琉球的航海事业还处于低级阶段。由于琉球造船和航海技术落后，1392 年朱元璋除了赐海舟给琉球外，还赐"闽人三十六姓善操舟者，令往来朝贡"[87]。这些因素决定了琉球人不可能先发现钓鱼岛，而同时期的中国人具备造船、航海技术等条件，还发明了航海必需的指南针，中国先发现钓鱼岛则在情理之中。（2）从针路距离远近与指标岛屿多少而言，古代中国人发现钓鱼岛更具优势。据中国史料的针路和距离记载，从闽江口到钓鱼岛共约 330 公里，在基隆以西，有白犬屿、东沙山（岛）等小岛为（针路的）指标岛十分便利。而基隆到钓鱼岛之间，只有 200 公里，又有花瓶屿和彭佳屿为指标岛屿。反之从琉球的那霸到钓鱼岛有 460 公里，由古米山到钓鱼岛也有 410 公里，比基隆到钓鱼岛的距离长了一倍有余。尤其重要的是，古米山和钓鱼岛之间，只有一个面积很小的赤尾屿作为指标岛。仅考虑到赤尾屿到古米山之间需要"过海" 280 公里之远，对于航海技术和造船工程很落后的琉球人，已经是不容易克服的困难；即使此后赤尾屿到钓鱼岛的距离仅 130 公里，但因远离那霸和古米山，联络十分不便，"过海"更加不容易克服。[88] （3）从黑潮流向、钓鱼岛海域的水文状况和册封使路线看，中国人较琉球人更容易"发现"钓鱼岛，日本的"无主地论"缺乏依据。自古以来，中国人航行琉球与日本，均靠信风及洋流，洋流即为黑潮[89]（也称为"日本洋流"）。我国古代海船，由闽江经台湾北部前往琉球，正是顺着黑潮支流、乘东南季风前进。中国海船由闽江口经台湾北方前往钓鱼岛，因为是顺着黑潮支流前进、速度加

〔84〕　参见沙学骏：《钓鱼岛属中国不属琉球之史地根据》，台湾学萃杂志社 1972 年版，第 16 页。

〔85〕　同上。

〔86〕　明经世文编（卷 460），《李文节公文集》，中华书局影印本。

〔87〕　龙文彬：《明会要》（卷 77，外藩 1，琉球），中华书局 1956 年版。

〔88〕　参见沙学骏：《钓鱼岛属中国不属琉球之史地根据》，台湾学萃杂志社 1972 年版，第 17 页。

〔89〕　黑潮是太平洋北赤道洋流遇大陆后的向北分支，自菲律宾经台湾海峡及台湾东部，过八重山、宫古岛、钓鱼岛列屿，再往日本、韩国。黑潮时速平均为四、五海里，经过八重山、宫古岛、琉球诸岛和钓鱼岛列屿时，因风向和海岸冲击，又形成西侧向南洄流现象。参见杨仲揆：《中国·琉球·钓鱼岛》，香港友联研究所 1972 年版，第 26、135 页。

快，容易到达钓鱼岛，故容易发现钓鱼岛。琉球海船欲过琉球海沟前往钓鱼岛，须逆黑潮前进，因受到阻力而速度减少，航行困难，使琉球"先发现"钓鱼岛更为不可能。[90]

（4）从海底地形看，中琉之间存在自然疆界。从对马海峡到钓鱼岛及赤尾屿南侧，经台湾北部沿海及全部台湾海峡，以及广东沿海，都是 200 公尺以内的大陆礁层，这是中国领土的自然延伸。另一方面，琉球群岛东南方的短距离以内，海深达到 3000 公尺以上，最深处深达 7000 多公尺。在琉球群岛与钓鱼岛之间存在的海沟叫"琉球海沟"（Ryukyu Trench），大部分深 1000—2000 公尺，由北、东北向南、西南延长，其南部介于八重山列岛与台湾之间。上述黑潮就在琉球海沟之中，由南向北推进。黑潮和琉球海沟共同成为中国和琉球王国领土的自然疆界。[91]自古以来，琉球人在此地带以东生活，中国人在此地带以西生活。综上，由于社会文化因素和地理、地质、水文等多重因素制约，琉球人无法早于中国先发现钓鱼岛。

（二）中琉之间自古存在天然疆界并有各国史料佐证

中琉之间存在疆界、钓鱼岛属于中国的事实，早已成为中琉两国的共识。从 1372 年（明洪武五年）至 1866 年（清同治五年）近 500 年间，明清两代朝廷先后 24 次派遣使臣前往琉球王国册封，钓鱼岛是册封使前往琉球的途经之地，有关钓鱼岛的记载大量出现在中国使臣陈侃、谢杰、夏子阳、汪辑、周煌等所撰写的册封使录中。1650 年，琉球国相向象贤监修的琉球国第一部正史《中山世鉴》记载，古米山（亦称"姑米山"，今久米岛）是琉球的领土，而赤屿（今赤尾屿）及其以西则非琉球领土。1708 年，琉球学者、紫金大夫程顺则所著《指南广义》记载，姑米山为"琉球西南界上之镇山"。以上史料清楚记载着钓鱼岛、赤尾屿属于中国，久米岛属于琉球，分界线在赤尾屿和久米岛间的黑水沟（今冲绳海槽）。[92]日本方面所记载的琉球范围，典型例证如日本林子平（1783—1793）所绘《三国通览图说》（"三国"指虾夷地、朝鲜、琉球）附图中的《琉球三省并三十六岛之图》[93]；琉球方面的历史文献如蔡铎编纂，由其子蔡温年改订的《中山世谱》等都明确记载了琉球的范围。[94]从中、日、琉三国的史料和地图看，属于琉球的岛屿中，并不包括钓鱼屿、黄尾屿、赤尾屿，这是当时中日琉三方共同的

---

〔90〕 参见沙学骏：《钓鱼岛属中国不属琉球之史地根据》，台湾学萃杂志社 1972 年版，第 17 页。

〔91〕 参见沙学骏：《钓鱼岛属中国不属琉球之史地根据》，台湾学萃杂志社 1972 年版，第 17 页。

〔92〕 参见中华人民共和国国务院新闻办公室编：《钓鱼岛是中国的固有领土》，人民出版社 2012 年版，第 3—4 页。

〔93〕 林子平所绘《三国通览图说》出版于日本天明五年，即中国乾隆五十年（1785 年）秋。《三国通览图说》共有五幅《附图》，分别是：《三国通览舆地路程全图》《虾夷国全图》《朝鲜八道之图》《无人岛大小之八十余之图》《琉球三省并三十六岛之图》。参见〔日〕村田忠禧：《钓鱼岛争议》，《百年潮》2004 年第 6 期。

〔94〕 据《中山世谱》记载，琉球本岛由"三府五州十五郡"应为二十五郡组成。所谓"三府"是中头的中山府五州十郡，"岛尾"的山南府十五郡，"国头"的山北府九郡，另外有三十六岛。参见〔日〕村田忠禧：《钓鱼岛争议》，《百年潮》2004 年第 6 期。

认识。

（三）所谓钓鱼岛多次实地调查后为"无主地"既不合史实也不合国际法

日本宣称："自 1885 年以来曾多次对尖阁诸岛进行彻底的实地调查，慎重确认尖阁诸岛不仅为无人岛，而且也没有受到清朝统治的痕迹。"[95] 日本政府多年来宣称钓鱼岛是依"无主地先占"原则，透过合法程序编入。然而，日本所称的"多次实地调查"是历史问题，"无主地先占"则是国际法问题。

日本声称自 1885 年至甲午战争以来，对钓鱼岛"多次"进行"实地调查"，但是这却并非事实。明治时期的官方文件证实，日本仅在 1885 年 10 月间对钓鱼岛列屿进行过一次实地调查，而且只登陆钓鱼岛进行调查，对黄尾屿、赤尾屿均未登岛调查。[96] 当时外务大臣井上馨了解到，钓鱼岛列屿是"接近清国国境、台湾近傍之清国所属岛屿"。外务省"亲展第三十八号"文件表明，井上馨对内文卿山县有朋表达了对建立国标事项的反对，称"此时倘公开建立国标，无疑将招致清国猜疑"[97]；同年 11 月 24 日冲绳县令西村舍三也在公文中证实："此事与清国不无关系，万一发生矛盾冲突，如何处理至关重要，请予以指示。"[98] 1885 年 11 月 30 日，大政大臣三条实美给外务大臣井上馨的指令书"秘第二一八号之二"中，最终决定暂缓建设国标。[99] 佐证上述结论的证据包括：第一，日本海军省文件表明，1892 年 1 月 27 日冲绳县县令丸冈莞尔（Maruoka Kan-ji）致函海军大臣桦山资纪（Kabayama Sukenori），鉴于钓鱼岛列屿为"调查未完成"之岛屿，要求海军派遣"海门舰"前往实地调查，但海军省以"季节险恶"为由并未派遣。[100] 第二，1894 年 5 月间，冲绳县县令奈良原繁（Narahara Shigeru）致函内务省，确

〔95〕　日本外务省：《关于尖阁诸岛所有权问题的基本见解》（中译本）。

〔96〕　此次调查的结果，体现在石泽兵吾的《鱼钓岛及另外二岛调查概略》和"出云丸号"船长林鹤松的《鱼钓岛、久场、久米赤岛回航报告书》中。二人的报告提交给了代理冲绳县令西村舍三之职的冲绳县大书记官森长义。参见［日］村田忠禧：《从历史档案看钓鱼岛问题》，韦平和译，社会科学文献出版社2013 年版，第 166—169 页；李理：《近代日本对钓鱼岛的非法调查及窃取》，社会科学文献出版社 2013 年版，第 12—14 页。

〔97〕　"沖縄県久米赤島、久場島、魚釣島ヘ国標建設ノ件"（JCAHR（亚洲历史资料中心）：B03041152300），参见《日本外交文书》（第 18 卷），第 572 页。

〔98〕　B03041152300の17，日本外交文书（第 18 卷）：576.

〔99〕　"沖縄県久米赤島、久場島、魚釣島ヘ国標建設ノ件"（JCAHR（亚洲历史资料中心）：B03041152300），参见《日本外交文书》（第 18 卷），第 572 页。

〔100〕　Han-yi Shaw, The Inconvenient Truth Behind the Diaoyu/Senkaku Islands, The New York Times, September 19, 2012；台湾"外交部"：《对日本外务省网站有关钓鱼台列屿十六题问与答逐题驳斥全文》，资料来源于 http：//www. mofa. gov. tw/cp. aspx？n = FBFB7416EA72736F&s = FAA8620A0EE72A91，访问日期：2015 年 1 月 30 日。

认从 1885 年首次实地调查以来没有再实地调查。[101] 至 1894 年 8 月中日甲午战争爆发、清国战败之际，1894 年 12 月，日本内务省内务大臣野村靖向外务大臣陆奥宗光发出"密别一三三号"秘密文件，对如何答复一年前冲绳县知事第三次申请建立管辖航标一事进行磋商并称：兼并案"业经与贵省磋商后，以指令下达……唯因今昔情况已殊"[102]。这句"唯因今昔情况已殊"充分暴露日本政府趁甲午战争窃我国领土的密谋过程，更使日本试图将钓鱼岛和《马关条约》分离的主张难以自圆其说。与冲绳县花费一天时间调查大东岛并设立国标[103]相比，日本所称自 1885 年以来经由冲绳当局等多次对钓鱼岛列屿进行实地调查，以及自称钓鱼岛列屿是"无主地"等完全不是事实。另外，根据 1885 年冲绳县钓鱼岛调查报告——《鱼钓岛及另外二岛调查概略》[104]，其中反复提到英国海图中的 Hoa Pin Su，Tia u su，也都均为中国对钓鱼岛列屿的命名。[105]

　　国际法领土取得的"先占"（occupation），是一个国家意图将不属于任何国家主权下的土地，即无主地置于其主权之下、据为己有的行为。[106] 先占的成立必须确认是以

---

〔101〕 "沖縄県久米赤島、久場島、魚釣島ヘ国標建設ノ件"，JCAHR：B03041152300；Han-yi Shaw，"The Inconvenient Truth Behind the Diaoyu/Senkaku Islands"，*The New York Times*，September 19，2012；台湾"外交部"：《对日本外交省网站有关钓鱼台列屿十六题问与答逐题驳斥全文》，资料来源于 http：//www. mofa. gov. tw/cp. aspx？n = FBFB7416EA72736F&s = FAA8620A0EE72A91，访问日期：2015 年 1 月 30 日。

〔102〕 "B03041152300の29"，参见《日本外交文书》（第 18 卷）。

〔103〕 1885 年 6—7 月，内务省发出密令给冲绳县令西村舍三，指示其调查位于冲绳本岛东部的无人岛大东岛。在西村舍三的命令下，当年 8 月 29 日石泽兵吾等人乘"出云丸号"登陆南大东岛，31 日登上北大东岛，遵照指令进行实地调查，并建立名为"冲绳县管辖"的国家标志。船长林鹤松建立了题为"奉大日本帝国冲绳县之命东京共同运输公司出云丸创开汽船航路"的航标。"出云丸号"于 9 月 1 日返回那霸港。参见［日］村田忠禧著：《从历史档案看钓鱼岛问题》，韦平和译，社会科学文献出版社 2013 年版，第 150-152 页。

〔104〕 《鱼钓岛及另外二岛调查概略》记载："此岛与英国出版之日本台湾间海图下相对照，相当于 Hoa Pin su……海图上以 Tia u su 标记，实有所误。久米赤岛相当于 Raleigh Rock，唯一礁石尔……海图上以 Pinnacle 为久场岛，亦有所误。Pinnacle 一语为顶点之意……故勘其误，鱼钓岛应为 Hoa Pin Su，久场岛应为 Tia u su，久米赤岛应为 Raleigh Rock。"村田忠禧指出，报告的提交者石泽兵吾实际上是误将钓鱼屿认作花瓶屿。参见［日］村田忠禧著：《从历史档案看钓鱼岛问题》，韦平和译，社会科学文献出版社 2013 年版，第 169 页。

〔105〕 参见郑海麟：《钓鱼岛列屿之历史与法理研究》，中华书局 2007 年版，第 75 页。

〔106〕 英文 occupation 一词，在大陆国际法学家王铁崖领衔翻译的《奥本海国际法》（第 9 版）中被译为"占领"，台湾国际法学家丘宏达的《现代国际法》（陈纯一修订）在引用《奥本海国际法》同一版本涉及领土争端的部分时，将 occupation 翻译为"先占"。丘宏达认为，occupation 的翻译在领土取得方面中文译为"先占"，但在战争法上译为"占领"，两者涵义不同。军事占领（military occupation）不能取得主权。本文采用丘宏达的译法。参见丘宏达：《现代国际法》（修订第 3 版），陈纯一修订，台湾三民书局 2013 年版，第 514—515 页；[英]詹宁斯·瓦茨修订：《奥本海国际法》（第一卷第二分册），王铁崖等译，中国大百科全书出版社 1998 年版，第 74—79 页。

"无主地"（terra nullius）[107] 为前提，即先占的客体只限于不属于任何国家的土地，这种土地或者完全没有人居住，或者虽然有土著居民，但该土著居民不被认为是一个国家。[108] 虽然此原则在现代国际法还被应用，但国际公认的无主地越来越少，其影响力与认可度也渐渐衰落。先占取得的方式还必须是有效的（effective）而不能仅是拟制的（fictitious）。[109] 早期国际法并未规定先占必须具备占有和行政管理两个条件，而认为发现就可以主张主权，但 19 世纪的国际法理论和国家实践均支持先占必须有效才能取得领土主权。[110]

1972 年日本外务省《关于尖阁诸岛所有权问题的基本见解》[111] 表明，日本政府宣称对钓鱼岛拥有"主权"的"法律依据"不仅有"无主地先占"原则，还声称通过合法程序即 1895 年 1 月 14 日内阁会议决议正式将钓鱼岛编入日本领土。然而"无人岛"是否即为国际法意义上的"无主地"？日本将钓鱼岛并入其领土的程序是否符合国际法呢？

首先，钓鱼岛列屿虽为"无人岛"，但是明代起就被中国官方列入军事海防区域，列入福建的行政管辖范围，这就是一种"有效"占领的方式。冲绳县在 19 世纪末对包括大东岛在内的无人岛调查研究表明，日本有很多无人岛，无人并不意味着没有主人或所有者，必须寻找无人岛的所有者。然而，1885 年日本政府便放弃了在钓鱼岛列岛建设国标，是因为已经知道这些岛屿与清国存在关系。如果不向清国询问这些无人岛的主权，并从清国那里得到"不属于清国领土"的答复，日本政府就无法申领所谓的无人岛。[112] 事实上日本当时并非不了解国际法"无主地"的确认与占领的宣告的原则，例如

---

[107] "无主地"的概念一度在 18 世纪的国际法中流行，被欧洲各国用来为殖民行为辩护。18 世纪著名国际法学家瓦特尔（Emmerich De Vattel）的《国家间的法律》（Le Droit des Gens）中阐述了国际法上的"无主地"。他对英国占有大洋洲，或欧洲各国占有整个北美洲的行为进行合理化，将原住民的土地区别为"已垦殖"（cultivated）与"未垦殖"（uncultivated）两类。瓦特尔认为，欧美主导的国际法应当确认人类对于所栖身、使用的土地负有开发、垦殖的义务。那些居无定所的游牧部落失于开发、垦殖土地的义务本身，即意味着可以视他们从未"真正而合法地"占有这些土地；因为这些部落没有成型昭彰的社会组织者，其与土地二者间不得认作国际法上之占有关系，因而其土地为"无主地"，根据发现与先占原则，无主地向所有殖民者敞开。参见 De Vattel, Les droit des Gens, ou Principles de la Loi naturelle, appliqués a la conduit at aux affaires des Nations et des Souverains（1758），translated by Charles Ghequiere Fenwick, Carnegie institution of Washington, 1916, p. 194.

[108] 参见［英］詹宁斯·瓦茨修订：《奥本海国际法》（第一卷第二分册），王铁崖等译，中国大百科全书出版社 1998 年版，第 74 页。

[109] 参见［英］詹宁斯·瓦茨修订：《奥本海国际法》（第一卷第二分册），王铁崖等译，中国大百科全书出版社 1998 年版，第 75 页。

[110] Robert Jennings and Arthur Watts, Oppenheim's International Law, Vol. I, 9th ed., Part 2-4, Longmans Group UK Limited, 1992, pp. 689-690.

[111] 参见日本外务省：《关于尖阁诸岛所有权问题的基本见解》（中译本）。

[112] 参见［日］村田忠禧：《从历史档案看钓鱼岛问题》，韦平和译，社会科学文献出版社 2013 年版，第 150—177 页。

明治政府于 1891 年编入硫磺岛时，在 1891 年 8 月 19 日内阁决议后，曾于同年 9 月 9 日以勅令第 190 号公布；之后，明治政府 1898 年编入南鸟岛时，在 1898 年 7 月 1 日内阁决议后，也于同年 7 月 24 日以东京府告示第 58 号公布。可见日本秘密先占钓鱼台列屿不但与国际法与国际惯例不符，亦和它自己的国内实践不一致。[113]

其次，日本称，1896 年由冲绳县郡编制的敕令第 13 号将冲绳县编制成五郡。然而编制中没有提及钓鱼岛及其附属岛屿，也并未将钓鱼岛、黄尾屿等与八重山诸岛并列在一块。也就是说，钓鱼岛、黄尾屿并未被纳入敕令第 13 号的编制对象。即使在甲午中日战争结束后，日本政府也未对钓鱼岛列岛正式办理领有手续。[114] 被内阁会议批准设置的标桩，实际上冲绳县此后并没有设置。1968 年联合国亚洲远东经济委员会发布了对周边海底资源调查的结论性报告。1969 年 5 月 9 日，石垣市才匆匆在钓鱼岛上设置了界标。[115]

再次，合法的权利，不能源自非法的行为，还有两点证明日方主张自始无效：其一是在夏威夷大学东亚图书馆寻得"冲绳县"水产技师（官名）1913 年编纂的《宫古郡八重山郡渔业调查书》。其中，关于"尖阁群岛"，文中提到日本人古贺辰四郎想向日本政府租借，然而由于当时"不无清国所属之说，因此迟迟不见（日本）政府处置。适逢日清战役，依其结果台湾新入我国领土、该岛（尖阁群岛）之领域亦随之明朗"。这透露出明治政府在编入钓鱼台之前，已知并非"无主地"。其二是 1920 年 12 月 9 日《官报》第 2507 号。其中有"所属未定地之编入"与"字名设定"记载二则。"所属未定地"指的是赤尾屿，而新设名称是"大正岛"。这表示 1895 年 1 月 14 日的秘密内阁决议，既未合乎日本国内法或国际法，并再编入范围有重大疏漏，以致日本于甲午战争结束 25 年后，才将赤尾屿片面编入，改名大正岛。[116]

综上，先占成立首先必须确认是以"无主地"为前提。其次，依据文明国家所承认的一般国际法原则，无主地的确认与占领的宣告都是国际法上"无主地"有效先占原则不可或缺的要件。再次，国际法"一国不得以违法作为或不作为取得合法权利或资格"的原则，更充分说明日本窃取钓鱼岛的违法行为不得作为取得合法权利的基础。大量事实证明，日本援引"无主地先占"原则以主张钓鱼岛主权，其依据并不充分。

---

[113] 参见台湾"外交部"：《对日本外务省网站有关钓鱼台列屿十六题问与答逐题驳斥全文》，http：// www. mofa. gov. tw/cp. aspx？n = FBFB7416EA72736F&s = FAA8620A0EE72A91，访问日期：2015 年 1 月 30 日。

[114] 参见［日］村田忠禧．：《从历史档案看钓鱼岛问题》，韦平和译，社会科学文献出版社 2013 年版，第 222—223 页。

[115] 参见［日］村田忠禧．：《从历史档案看钓鱼岛问题》，韦平和译，社会科学文献出版社 2013 年版，第 201—202 页。

[116] Han-yi Shaw, "The Inconvenient Truth Behind the Diaoyu/Senkaku Islands", *The New York Times*, September 19, 2012.

五、结论

本文认为，即使在中日"两属"时期，综合考察琉球"近世"时期的历史，并结合 19 世纪以《万国公法》为代表的近代国际法，琉球仍可以定性为一个主权国家，具体为：

第一，从琉球自身纵向的历史，以及横向与琉球类似的藩属国来考察琉球的历史地位。首先，以时间轴为维度的琉球三个阶段的历史地位，第一阶段即 1609 年萨摩藩入侵"庆长之役"前，琉球为独立的王国，各国史学家对此争议不大。第二阶段即 1609—1872 年琉球"两属"时期，对琉球王国是否为独立的王国则有争议。这一时期琉球不仅保有自己的政权和年号，与包括日本幕府在内的亚洲周边家国展开外交和贸易交往，1854—1859 年间还以现代国际法意义上主权国家的名义与美、法、荷兰三国签订过通商条约，更重要的是，为便于萨摩从中琉贸易中获利，萨摩藩和琉球向包括中国在内的国际社会刻意隐瞒琉萨之间的关系。从史实和中日琉外交关系史看，不仅琉球"两属"的说法成立，琉球为独立王国也成立。第三阶段，1872—1880 年中日琉球交涉时期琉球的地位。该时期中日之间就琉球所属问题频繁的外交交涉、第三国对中日间琉球问题的斡旋，以及 1880 年中日"分岛改约案"（清政府没有签署），都印证 1872—1880 年该时期琉球地位为"悬案"的历史事实。其次，在"琉球交涉"前后，清廷和西方列强展开针对另外三个藩属国（朝鲜、越南、缅甸）的外交交涉。与琉球不同的是，清末中国的藩属国越南、朝鲜和缅甸之法律地位的变更，不仅以条约予以确认，而且经过宗主国中国的确认。然而从 1879 年日本以武力吞并琉球国到二战结束，中日之间除进行过 1880 年分割琉球条约稿的磋商外，既没有就琉球主权变更、更没有对琉球疆域的安排达成正式协议。更重要的是，上述原为中华朝贡体系的藩属国如今都已摆脱殖民统治，是联合国框架下的独立国家。

第二，基于"时际法"，从近、现代国际法考察琉球的国际法地位。首先，近代国际法的代表著作为美国人惠顿的《万国公法》。日清围绕琉球问题进行外交交涉时，"琉球两属"期间的地位问题曾成为双方争议的焦点，《万国公法》成为中日琉三方都曾援引的法律依据。根据《万国公法》的主权"国际人格者"理论，1609—1879 年琉球既为中日"两属"又是独立自主的国家，二者并不矛盾。当然，自 1879 年被日本吞并、列入版图后，琉球则沦为日本的殖民地，从此琉球的主权遭到减损，这也是不争的事实。1879 年，日本以武力吞并琉球后，遭到琉球人民的反抗，琉球的宗主国——中国也从未公开承认吞并的合法性。日本自 1879 年到"二战"期间对琉球的占领状态，是根据"征服"而非"时效"得到琉球的"不完全主权"，并不能掩盖"琉球法律地位未定"的事实。其次，根据现代国际托管制度，开罗会议中美会谈时曾达成共同托管琉球之共识，而"二战"后琉球被美国单独事实托管。此后，美国无视琉球人民独立的意愿，通过《琉球移交协议》把琉球的施政权"返还"给日本更违反了"国际托管四原则"和托管制度的信托法法理。同时，按照"剩余主权"理论，日本取得琉球的仅为施政权而非主权。

总之，从 1372—1879 年，作为中国外藩的琉球是国际法意义上的主权国家。1879年日本以武力吞并琉球，遭到琉球人民的反抗，琉球的宗主国——中国也从未公开承认吞并的合法性。日本此后到二战期间对琉球的占领不能构成对琉球的取得时效，琉球的法律地位实为未定。历届中国政府从未承认放弃过对琉球的固有权利，开罗会议中美会谈时还达成共同托管琉球之共识，根据国际托管制度以及《联合国宪章》的宗旨，琉球本应走向民族自决之路。日本以钓鱼岛隶属于"法律地位未定"的琉球来主张钓鱼岛主权本身就是站不住脚的。

菲律宾诉中国南海仲裁案管辖权问题剖析

——结合中国《立场文件》的分析

■ 罗国强*　　陈昭瑾**

【内容摘要】菲律宾不顾中国反对将中国诉至国际仲裁庭，通过"分解—重组—包装"意图绕开中方依据《公约》做出的书面声明范围，提出了纷繁复杂的13项诉求（后因菲方刻意在正式书状中加入有关海洋环境的诉求而改为15项）。中方的《立场文件》从三个方面对菲方的仲裁申请进行了管辖权抗辩，但未针对菲方诉求做出具体分析和回应。菲方的仲裁申请既不满足诉前义务也不符合《公约》的管辖权规定。菲方的15项诉求可被划分为五种类型：中国"九段线"的效力；涉案岛礁的法律地位；自然资源开发；海洋环境保护；中国在南海行使管辖权。以上诉求在本案中均具有不可接受性，而海洋环境保护诉求的凭空加入更是暴露了菲方底气不足、为确立管辖权而不择手段的滥诉行径。仲裁庭对本案应当没有管辖权。中方在出台《立场文件》之后，还应针对案件的几个关键时间节点，做更为全面的法律应对准备。

【关键词】菲律宾　南海仲裁案　管辖权　立场文件

　　2013年1月22日，菲律宾将中菲南海争端提交国际海洋法仲裁庭，就包括黄岩岛在内的南海争端，对中国启动《联合国海洋法公约》（以下简称《公约》）仲裁程序，提交国际海洋法法庭。在向中国发出的《关于西菲律宾海的通知和主张说明》中，菲律宾提出了13项诉求。2014年3月30日，菲律宾向仲裁庭提交书状，其中对此前的13项诉求做了一些调整（主要是加入了海洋环境方面的诉求并对此前诉求做了一些整合），最终向仲裁庭提出15项诉求。中国于2013年2月19日声明不接受菲方所提仲裁，并将菲方照会及所附通知退回。但国际常设仲裁院（PCA）于2013年6月25日成立了由5名仲裁员组成的仲裁庭，并于8月27日，发表了第一号程序令，确定了书面程序的初始时间表和适用规则，并于2014年6月3日确定了第二号程序令，仲裁庭确定2014年12月15日为中国提交其回应菲律宾诉状的辩诉状的日期。仲裁庭成立并不意味着仲裁庭当然的具有该案的管辖权，在本案进入实体仲裁之前，仲裁庭须审查本仲裁庭对该案是否具有管辖权，即仲裁庭的管辖权问题。

　　2014年12月7日，中国政府发表了《中华人民共和国政府关于菲律宾共和国所提南海仲裁案管辖权问题的立场文件》（以下简称《立场文件》)[1]，该文件的目的在于

　＊　武汉大学法学院教授、博士生导师，"国家领土主权与海洋权益协同中心"和"中国南海研究协同创新中心"研究员。

＊＊　武汉大学国际法研究所研究生，"国家领土主权与海洋权益协同中心"研究人员。
　　本文受2013年教育部人文社会科学重点基地重大项目"东海南海的岛屿主权与海洋划界争端中的国际法问题"（13JJD820008）的资助。

〔1〕　参见《中华人民共和国政府关于菲律宾共和国所提南海仲裁案管辖权问题的立场文件》，http：//www.fmprc.gov.cn/ce/cesg/chn/gdxw/t1217644.htm，访问日期：2014年12月12日。

阐明中国不接受、不参与该仲裁的国际法依据，揭露菲律宾滥诉的不当行为，从而肃清不利于中方的国际舆论。《立场文件》从三个方面论证了仲裁庭对本案没有管辖权，相当于进行了一次积极的管辖权抗辩，从运用国际法来维护我国海洋权益和国际形象来讲，与学术界的普遍呼吁相吻合[2]，可谓是一个不小的进步。但是，该文件并未对菲律宾提出的诉求进行有针对性的具体分析。本文试图从宏观和微观两个方面入手，具体阐述仲裁庭不具有管辖权的国际法基础，首先在宏观层面上说明仲裁庭根据国际法对本案不具有管辖权，然后具体剖析律宾 15 项诉求背后隐藏的实质主张，阐明菲律宾的主张具有不可接受性，仲裁庭应对此申请不予受理。

一、菲方仲裁申请在管辖权上的宏观瑕疵

撇开菲方书状所涉及的 15 项具体诉求暂且不谈，我们先不妨从宏观的角度，来剖析一下菲律宾单方面强行启动针对中国的国际仲裁在管辖权上有什么问题，即本案总体上来讲为何不应该被启动？

（一）菲律宾未履行诉前义务

《公约》第十五部分第一节规定了一般义务，其目的是为了通过谈判、磋商、调解等和平方法解决各方当事国之间的争端，避免走向《公约》的强制争端解决机制。

如第 283 条规定的交换意见的义务，"如果缔约国之间对本公约的解释或适用发生争端，争端各方应迅速就以谈判或其他和平方法解决争端一事交换意见。如果解决这种争端的程序已经终止，而争端仍未得到解决，或如已达成解决办法，而情况要求就解决办法的实施方式进行协商时，争端各方也应迅速着手交换意见"。该条规定了当事国的诉前交换意见的义务，即当事国需要通过谈判或其他和平方法就争端交换意见，而此处交换意见不仅仅只是一项程序上的要求，其真正的目的在于共同寻求解决方法，和平解决争端。[3]

首先，菲方并未就南海争端与中方进行任何有意义的谈判。根据国际实践，交换意见必须建立在善意的基础之上，双方必须有真实的谈判意图。在关于新加坡在柔佛海峡内及附近进行土地开发案中，国际海洋法法庭法官钱德拉塞卡尔·拉奥法官（Chandrasekhara Rao）指出，"《公约》第 283 条第一款中要求的交换意见并不仅仅是虚文浮礼，不能因为争议方的突发奇想而免除，在这点上该义务必须要善意（in good faith）地执行，法庭有义务核实双方是否执行了交换意见的义务。"[4] 在北海大陆架案中，国际法院认为当事国有义务实施有意义的谈判，若一国坚持自己的立场而不考虑任何让步，

---

〔2〕 参见罗国强：《评菲律宾就南海争端提起国际仲裁的法律运作》，《华东师范大学学报（哲学社会科学版）》2014 年第 1 期。

〔3〕 参见张海文：《〈联合国海洋法公约〉释义集》，海洋出版社 2006 年版，第 484—485 页。

〔4〕 Land Reclamation in and around the Straits of Johor（Malaysia v. Singapore）（Provisional Measures），〔Order of 8 October 2003〕 ITLOS Rep. para. 11.

则未履行该义务。[5] 在该案中，菲律宾需证明自己与中国基于善意和真实谈判的意图进行了交换意见，并试图解决争端，而不是双方仅仅提出了抗议和反对。现在菲律宾声称其已经履行了交换意见的义务，但其提出的依据仅为"中国的外交照会引发了包括菲律宾在内的许多国家的严正抗议""菲律宾抗议中国渔业禁令的实施"，等等，这并不符合《公约》第十五部分设定的意图，而对照北海大陆架案的例证则不难看出，菲方所声称的所谓"谈判"并未体现双方考虑了的立场而试图对自己的立场进行修改。

其次，菲方与中方业已进行的关于南海问题的磋商内容，与菲方在仲裁中所提出的诉求极不一致。在谈判所涉及的内容范围上，谈判时所涉及的实体问题必须与诉讼时涉及的实体问题相同，且交换意见不能仅在普遍层面上进行，而应当就诉讼时提出的主张进行意见交换。[6] 在巴巴多斯诉特立尼达和多巴哥共和国仲裁案中，常设仲裁庭指出谈判的记录必须说明法庭当前的争端属于诉前谈判时被考虑的一部分，此外谈判的问题必须与《公约》的解释和适用相关。[7] 在本案书状第七章第 II 部分 B 节中，菲律宾阐述了其已经与中国交换了意见的事实，列举了一些外交照会及互文，但其所提出的事实并未涉及其在诉状中提出 15 项诉求，而是有关海洋划界、岛屿归属问题以及历史性所有权的争端，这些也与《公约》的解释和适用无关。如中国 2009 年提交联合国秘书长反对越南和马来西亚提交大陆架界限委员会划提案，菲律宾对此提出抗议；黄岩岛的地位；九段线的地位；等等，这些均是中国声明排除管辖的范围或者《公约》不具有管辖权的事项，而针对菲律宾所提出的 15 项诉求，菲律宾与中国并未进行过一次或者多次包括全部 15 项主张的谈判或者磋商，现有的谈判记录涉及的也并非是《公约》的解释和适用。作为起诉方，基于"谁主张谁举证"的原则，菲律宾必须证明中菲两国已就全部 15 项主张进行了交换意见，并且该谈判或者其他和平方法必须是有意义的，但菲律宾并未在将争端提交国际海洋法仲裁庭之前履行第十五部分规定的交换意见的义务，从而第二节所规定的强制争端解决机制在此不能适用。

（二）菲律宾的诉求不满足《公约》第 288 条第 1 款管辖权的规定

根据《公约》第 288 条第 4 款，法院或法庭（在具体诉讼中可以是国际法院、国际海洋法法庭或者国际仲裁法庭等司法机构）有权裁定其是否具有管辖权，在本案中，摆在国际仲裁法庭面前的主要问题，就是中菲南海争端是否符合《公约》第 1 款规定的"有关公约的解释及适用的任何争端"。

虽然《公约》作为"海洋宪章"所涉事项十分广泛，但是这并不意味着"有关本

---

[5] North Sea Continental Shelf（Germany v. Denmark）（Merits）[1969] ICJ Rep. para. 85.

[6] Application of the International Convention on the Elimination of All Forms of Racial Discrimination（Georgia v. Russian Federation）[2011]，ICJ Rep. para. 161.

[7] Barbados v. Trinidad and Tobago [2006] 27 R. I. I. A. 147. para. 213.

公约的解释和适用的争端"包括了与海洋法有关的任何争端,《公约》强制争端解决机制所涉及的争端,首先在时间上,必须是公约对各当事国生效后才产生的争端。"法不溯及既往"是时际法的基本原则,1928 年帕尔马斯岛案,胡伯法官认为据以判断事实的法律只有一个,即该事实发生时正在实行的法律,他陈述道:"一个法律事实必须按照与之同时的法律,而不是按照就该事实发生争端时的法律予以判断……产生一个权利的行为受该权利产生时所实行的法律支配……"[8] 该原则也规定在《维也纳条约法公约》第 28 条之中:"除条约表示不同意思,或另经确定外,关于条约对一当事国生效之日以前所发生之任何行为或事实或已不存在之任何情势,条约之规定不对该当事国发生拘束力。"中菲两国对该点并未达成共识,《公约》对不溯及既往原则也并未有相反的规定,该原则虽然未在《公约》条款中明确规定,但《公约》的历史资料对此进行了确认:"若争端是明确发生在公约生效之前,该争端不属于那个范畴('有关本公约的解释和适用'),因此不受第 15 部分条款的管辖……"[9] 中国划定"南海九段线"(亦称"南海U 型线""南海断续线")的时间以及菲律宾非法占领南海部分岛屿的时间早于《公约》对中国的生效时间,中国早在 1947 年国民政府出版的《南海诸岛位置图》中标绘了 11 条断续线,菲律宾侵占中国南海部分岛屿则发生在 20 世纪 70 年代,中国于 1996 年才批准《公约》生效,根据"法不溯及既往"的原则,仲裁庭对此不具有管辖权。

其次,在范围上,只能有关"本公约的解释和适用",而不能是涉及主权以及有关领土的其他权利的争端。有关某一争端是否是有关特定条约解释和适用的争端的问题,国际法院曾指出:"为了回答该问题,本院不能限于注意到当事一方主张存在争端,而另一方予以否认。它必须查明所声称的对某一条约的违反……是否属于该条约的规定。"[10] "麦氏金枪鱼案"仲裁庭也明确指出:"原告主张而被告否认,以及该争端涉及《公约》的解释和适用本身并不构成一个本庭有管辖权的有关公约解释的争端。"[11] 虽然是否构成法庭或仲裁庭有管辖权的有关公约解释和适用的争端,属于法庭或仲裁庭的管辖范围,但有一点是非常明确的,即基于"陆地统治海洋的原则"(la terre domine la mer),涉及主权以及有关领土的其他权利的争端,是被明确排除在《公约》管辖权之外的。[12]《公约》在序言中便写道:"认识到有需要通过本公约,在妥为顾及所有国家主权的情形下,为海洋建立一种法律秩序,以便利国际交通和促进海洋的和平用途,海洋

---

〔8〕 Island of Palmas Case (Netherlands v. USA), R. I. A. A., Vol. 2, 1928, p. 845.

〔9〕 Shabtai Rosenne, Louis B. Sohn (eds), United Nations Convention on the Law of the Sea 1982: A Commentary (1989), vol. 5, Martinus Nijhoff, 1995, pp. 123-124.

〔10〕 Oil Plantforms (Islamic Republic of Iran v. Untied State of America), 1996, ICJ Rep p. 803.

〔11〕 Southern Bluefin Tune Case (Australia, New Zealand v. Japan), 2000, ITLOS, para. 48.

〔12〕 Alex G Oude Elferink, "The Islands in the South China Sea: How does their Presence Limit the Extent of the High Seas and the Area and the Maritime Zones of the Mainland Coasts?" 32 *Ocean Development and International Law* 169 (2001), p. 172.

资源的公平而有效的利用，海洋生物资源的养护以及研究、保护和保全海洋环境。"第298条也规定，"任何争端如果必然涉及同时审议与大陆或岛屿陆地领土的主权或其他权利有关的任何尚未解决的争端"，不应提交附件五第二节所规定的调解程序。从以上条文可以看出，虽然《公约》并未规定有关领土主权归属的条款，但我们可以明确的是，与陆地领土归属有关的争端应不属于"本公约的解释及适用的争端"，而属于排除"导致有拘束力裁判的强制程序"的事项。菲律宾在起诉状中声称仅要求仲裁庭对《公约》相关条款进行解释，不涉及领土及其他权利，但通过下文的分析可以清晰地看到，菲方的诉求只是披着"对公约解释和适用的"外衣，行强行解决南海诸岛的领土争端之实。

（三）中国做出的声明排除了国际司法与仲裁的管辖

实在国际法是国家意志合意的产物[13]，未经国家的同意，国际司法与仲裁不享有涉及该主权国家争端的管辖权。[14] 中国已于1996年批准加入《联合国海洋法公约》，这意味着中国接受《公约》第十五部分所规定的强制争端解决程序，但该争端解决制度的强制性并不是绝对的，其第十五部分第三节同时规定了"适用第二节的限制和例外"，缔约国可以通过声明的方式将某些特定的海洋争端从强制解决程序中排除出去，除非争端各方协商、法庭或仲裁庭对这些海洋争端不具有管辖权。

2006年8月，中国依据《公约》该条的规定，向联合国秘书长提交了如下书面声明："对于《联合国海洋法公约》第298条第1款（a）（b）（c）项所述的任何争端，中国政府不接受《公约》第十五部分第二节规定的任何国际司法或仲裁管辖。"依据上述规则，中国对于以下争端不接受《公约》所规定的任何国际司法或仲裁管辖：涉及历史性海湾及所有权的争端；关于军事活动，包括从事非商业服务的政府船只和飞机的军事活动的争端，以及根据第297条第2和第3款不属法院或法庭管辖的关于行使主权权利或管辖权的法律执行活动的争端；正由联合国安全理事会执行《联合国宪章》所赋予的职务的争端。

菲律宾15项的诉求，虽然表面上没包括上述海洋争端，但透过现象看本质，菲方的真正诉求在于请求仲裁庭解决南沙群岛的主权争端以及对南海相关海域进行划界，而这是不符合《公约》关于管辖权的具体规定的。

二、菲方15项诉求在管辖权上的具体瑕疵

菲律宾在其书状中提出了以下15项诉求：（1）中国在南海海域的权利和菲律宾的相关权利一样，不能超出《公约》许可的范围。（2）就中国"九段线"所包括的南海海域而言，中国所主张的主权权利、管辖权以及"历史性权利"违反了《公约》，"九

---

〔13〕　参见王铁崖主编：《国际法》，法律出版社1995年版，第9页。

〔14〕　Case of the Monetary Gold Removed from Rome in 1943, Preliminary Question, Judgement, ICJ reports, p. 19; Larsen v. Hawaii Kingdom, PCA Arbitral Tribunal, 5 February 2001, para. 11, 17.

段线"海域超过了中国在《公约》之下享有的海洋权益的地理和实质界限，是无效的。（3）黄岩岛不是主张专属经济区或大陆架权利的依据。（4）美济礁、仁爱礁和渚碧礁是低潮高地，从而不能产生领海、专属经济区或者大陆架的权益，而且它们不能够通过先占或其他方式侵占。（5）美济礁和仁爱礁属于菲律宾专属经济区及大陆架的一部分。（6）南薰礁和仁爱礁（包括东门礁）是不能够形成领海、专属经济区及大陆架权益的低潮高地，但是它们的低潮线可被用来确定基线，并由此测算鸿庥岛和景宏岛的领海宽度。（7）赤瓜礁、华阳礁和永暑礁不是主张专属经济区或大陆架权利的依据。（8）中国非法阻碍菲律宾对自身专属经济区和大陆架上生物和非生物资源主权权利的享有和实施。（9）中国不去阻止其公民和船只在菲律宾的专属经济区内开发生物资源，是违法的。（10）中国以干涉菲律宾渔民在黄岩岛传统捕鱼活动的方式妨碍其追求生计，是违法的。（11）中国违反了其在《公约》下保护和维护黄岩岛以及仁爱礁海洋环境的义务。（12）中国对美济礁的占领和建造行为违反了《公约》有关人工岛、设施和结构的规定；违反了中国在《公约》下保护和保持海洋环境的义务；构成了试图违背《公约》实施侵占的违法行为。（13）中国通过以危险方法操作其执法船，对在黄岩岛附近航行的菲律宾船舶造成严重的碰撞危险，违反了其在《公约》下的义务。（14）自本仲裁2013年1月启动以来，中国通过以下及其他方式非法地恶化并拖延争端：阻碍菲律宾在仁爱礁及其周边海域航行的权利；阻止菲律宾驻仁爱礁人员的轮换和补给；危及菲律宾驻仁爱礁人员的身体健康与生活幸福。（15）中国应停止做出进一步的违法主张及行为。[15]

菲律宾的上述15项主张可以被划分为五种类型：第一类包括第（1）（2）项诉求，有关中国"九段线"的效力；第二类包括第（3）（4）（5）（6）（7）项诉求，有关涉案岛礁的法律地位；第三类涉及第（8）（9）（10）项诉求，有关自然资源的开发；第四类包括第（11）（12）项诉求，有关海洋环境保护；第五类包括第（13）（14）（15）项诉求，有关中国在南海行使管辖权。下面按照不同的类型进行剖析。

（一）"九段线"的效力

菲律宾认为，中国对"九段线"内的海域享有历史性权利的主张，超出了《公约》第56、57、76和121条的权利范围，并阻碍了菲律宾基于这些条款在相关海域所享有的权益，从而菲律宾要求法庭对中国所主张的历史性权利进行解释，其言下之意就是中国所主张的"九段线"在国际海洋法上没有法律依据。[16] 虽然菲律宾的第（1）（2）项主张并未直接涉及第298条（a）项中的历史性海湾或所有权，但法庭要裁决菲律宾的第（1）（2）项诉求取决于中国在南海海域的权利是否能够基于《公约》以外的其他法

---

[15] Memorial of the Philippines, Arbitration under Annex VII of the United Nations Convention on the Law of the Sea, Republic of the Philippines v. People's Republic of China, 30 March, 2014, pp. 271-272.

[16] N. Elias Blood-Patterson, "Smoke on the Water: the Role of International Agreements in the Philippine-Chinese Dispute over the South China Sea", *N. Y. U. Journal of International Law and Politics* (2013-2014), p. 1228.

律基础建立，若法庭否定了南海"九段线"的效力，将直接导致中国基于"九段线"在南海提出的划界和岛屿主权的主张缺乏法律依据，从而无效。

但不难发现，仲裁庭对此诉求应不具有管辖权，理由如下：

第一，中国南海"九段线"的性质将必然涉及"九段线"内岛礁陆地领土的主权问题，以及复杂的海洋划界问题。中国南海"九段线"法律地位的争端本质上属于陆地领土争端，不是"有关本《公约》解释及适用的争端"，仲裁庭对此没有管辖权。

第二，中国南海"九段线"涉及历史性海湾及其所有权问题，属于中国基于《公约》第 298 条适用第二节声明的任择性例外的范围，仲裁庭对该事项没有管辖权。

即使仲裁庭认为其对上述诉求有管辖权，菲律宾的第（1）（2）项诉求也是不符合国际法的，菲方的第（1）项诉求涉及准据法的确定。在国际商事仲裁中，国际协议认可了仲裁协议基于当事人意思自治的原则，可以选择用当事人选择的法律。[17] 菲律宾试图依样画葫芦，将争端所适用的法律限制在《公约》的框架之内；但除非中国同意，否则本案应当适用所有相关的国际法，这不仅包括《公约》，还包括国际习惯、一般法律原则以及其他当事国同意适用的法律。这一点在《公约》中也得到了证实，如《公约》序言第八段："确认本公约未予规定的事项，应继续以一般国际法的规则和原则为准据。"第 293 条第 1 款："根据本节具有管辖权的法院或法庭应适用本公约和其他与本公约不相抵触的国际法规则。"

（二）岛礁的法律地位

表面上看来，菲律宾请求仲裁庭对《公约》第 13 条规定的低潮高地，第 121 条规定的岛屿，第 76、77、80 条有关大陆架的规定进行解释，从而确定黄岩岛、美济礁、仁爱礁、渚碧礁、南薰礁、赤瓜礁、华阳礁、永暑礁八个岛礁所享有的海洋权益，这似乎属于仲裁庭的管辖范围之内，[18] 但是实际上，由于中国"九段线"东部距离菲律宾不足 200 海里，菲律宾是在试图通过回避陆地领土主权和其他主权权利的方式，拆分、割裂南海部分岛礁的整体性，从而事实上达到海洋划界的目的。

《中华人民共和国领海及毗连区法》第 2 条规定，中华人民共和国的陆地领土包括中华人民共和国大陆及沿海岛屿、台湾及其包括钓鱼岛在内的附属各岛、澎湖列岛、东沙群岛、西沙群岛、中沙群岛、南沙群岛及其他一切属于中华人民共和国的岛屿。中国在 2014 年 4 月 14 日向联合国秘书长潘基文提交的照会中，再次声明了这一点，中国将南沙群岛视为一个整体，并对南沙群岛及附近海域享有无可争辩的主权。

菲律宾试图利用《公约》第 13、121 条中对低潮高低以及岛屿的规定，否定上述岛

---

〔17〕　参见姜茹娇：《论国际商事仲裁协议的准据法》，《中国青年政治学院学报》2003 年第 5 期。

〔18〕　Robert Beckman，"The UN Convention on the Law of the Sea and the Maritime disputes in the South China Sea"，107 *American Journal of International Law* 142（2013），p. 161.

礁所产生的海洋权益，从而确认菲律宾本国专属经济区及大陆架的权益。[19] 但南沙群岛的地理情况复杂，南沙群岛中岛礁间的距离普遍小于 200 海里，如美济礁、西门礁、渚碧礁、赤瓜礁和永暑礁距离中国台湾控制的太平岛都未超过 200 海里；同理，以上岛礁以及南薰礁、华阳礁，距离中国主张但被菲律宾非法控制的中业岛也未超过 200 海里。虽然中国一贯主张中国对九段线内的岛礁具有无可争辩的主权，但我们不得不承认的却是南沙群岛中的几个主要岛屿分别被中国、菲律宾以及越南控制，当前南沙群岛各岛礁的领土主权存在争议，领海、大陆架和专属经济区等边界重叠，南海中还有若干上述类似岛礁，仲裁庭若裁决上述 8 个岛礁的法律地位，将不可避免地涉及岛礁的领土主权以及海洋划界问题，其余岛礁的法律地位也将成为焦点。

即使仲裁庭能够从抽象的意义上裁定这些岛礁为岛屿或者岩石或低潮高低，仲裁庭对这些岛礁相关海域的海洋权益也没有管辖权，这样不但不能在实质上解决争端，反而会制造混乱，不利于中菲两国后续确定南海诸岛的领土主权以及进行海洋划界。

（三）自然资源开发

《公约》第 56 条和第 77 条分别规定了沿海国对其专属经济区和大陆架享有的主权权利，并且该主权权利具有专属性，即任何人未经沿海国明示同意，均不得勘探和开发、养护和管理海床上覆水域和海床及其底土的自然资源，以及不得在该区内从事经济性开发和勘探，如利用海水、海流和风力生产能等其他活动。仲裁庭要根据上述两条确定中国的行为是否违法，就要确定中国是否为上述条文中规定的沿海国，而判断中国是否为沿海国则必须确定中国是否拥有争议岛礁领土主权，自然资源开发的位置是属于相关岛礁的领海、大陆架还是专属经济区。[20]

菲律宾的第（8）（9）（10）项诉求建立在一个虚构的前提之上，即中国、菲律宾、越南和马来西亚等国在南海的领海、大陆架以及专属经济区界限是确定的，各国在本国的相关海域内享有专属排他的主权权利。但事实是，各国在南海相关海域的界限并未确定，而在权利重叠的海域，各沿海国均可以依照《公约》行使其主权权利，此时该权利的施行属于暂时并存状态，而不是专属排他的，若仲裁庭裁决菲律宾的以上诉求，那么实质上将对南海相关海域进行划界，并不可避免地涉及岛礁的领土主权及历史性权利或历史性所有权问题。[21]

此外，根据《公约》第 297（3）条（a）项"沿海国并无义务同意将任何有关其对专属经济区内生物资源的主权权利或此项权利的行使的争端，"提交第二节的"导致有拘束力裁判的强制程序"，仲裁庭对该诉求应不具有管辖权。

---

[19] Sienho Yee, "The South China Sea Arbitration (The Philippines v. China): Potential Jurisdictional Obstacles or Objections", 13 *Chinese Journal of International Law* (2014), para. 42-9.

[20] Stefan Talmon, Bing Bing Jia (ed.): *The South China Sea Arbitration: A Chinese Perspective*, Oxford and Portland, 2014, p. 77.

[21] 参见李文杰、邹立刚：《中国南海争端仲裁案中菲律宾诉求评析》，《中国海商法研究》2014 年第 1 期。

（四）海洋环境保护

菲律宾第（11）（12）项诉求与菲律宾的真实目的——确定岛礁的主权权利与对南海进行海洋划界无关，是菲律宾用以迷惑仲裁庭采取的一种手段，其目的在于借助海洋环境保护争议在《公约》争端解决机制中的强制性，[22] 确立整个仲裁案的管辖权。值得玩味的是，这两项海洋环境方面的诉求在菲方最初提交的申请仲裁的照会中并未出现，而是直到提交正式书状之时才加进去的，这也是菲方的诉求由 13 项改为 15 项的主要原因。由此可见，保护海洋环境并非菲方的真实诉求，菲方自知其真实诉求在管辖权依据上较弱，故而刻意加入关于属于《公约》所规定的强制程序范围内的相关海洋环境保护的诉求，以求至少有一两项诉求的管辖权能够得到确认，从而避免仲裁申请被全部驳回，延续仲裁程序并在国际舆论上继续造势。

但实际上，上述诉求对中国违反了《公约》保护和保持海洋环境的义务的论述只不过是在牵强附会、泛泛而谈，属于强行塞进书状之中的无因诉讼。首先，菲律宾与中国未就该事项进行谈判或其他和平方法解决争端一事交换意见，不满足诉前义务。其次，《公约》对于海洋生物资源养护与管理、海洋环境保护的内容主要是原则性的规定，包括防止、减少并控制海洋污染、防止过度捕捞、保护濒危物种等，[23] 但《公约》并未具体规定环境保护的方式，而是要求各国将其相关条款纳入本国国内法或者制定或通过关于保护和保全海洋环境的国际公约或者区域性条约，[24] 从而实现保护和维护海洋环境的目的。由于国际环境法上已经制定的关于保护和保全海洋环境的特定国际规则和标准很少，而在南海海域有关各国尚未达成任何此类国际规则和标准，故而并不存在所谓"特定国际规则和标准"；退一步讲，即便存在某些"特定国际规则和标准"，菲方也必须对中方违反了这些"特定国际规则和标准"进行举证。也就是说，菲方若真想坐实关于海洋环境保护的诉求，那就必须首先论证《公约》提及的"特定国际规则和标准"在南海的存在，然后论证中方违反了上述"特定国际规则和标准"。然而，菲方的书状只是泛泛地指责中方违反了《公约》保护海洋环境的义务，根本没有按照《公约》的规定来进行论证，故而并不符合启动《公约》第 297 条第 1 款（c）项强制程序的条件。再退一步讲，即便菲方第（11）（12）项诉求的管辖权能够得到确认，其本质上也与目前沸沸扬扬的南海主权和划界争端无涉，而纯属海洋环境保护问题，而且这个问题不仅

---

〔22〕　根据《公约》第 297 条第 1 款，对某些争议应适用导致有拘束力裁判的强制程序。其中（c）项为"据指控，沿海国有违反适用于该沿海国、并由本公约所制定或通过主管国际组织或外交会议按照本公约制定的关于保护和保全海洋环境的特定国际规则和标准的行为"。

〔23〕　Martin H Belsky，"The Ecosystem Model Mandate for a Comprehensive United States Ocean Policy and Law of the Sea"，26 *San Diego Law Review* 417（1989），p. 462.

〔24〕　Patricia C. Bauerlein，"The United Nations Convention on the Law of the Sea & U. S. Ocean Environmental Practice：Are We Compiying with International Law？" 17 *Loy. L. A. Internatioanl law and Competitive Law Journal* 899（1994-1995），p. 907.

仅存在于中菲之间。可以说,这两项诉求的凭空加入,恰恰暴露了菲方仲裁申请底气不足、为确立管辖权而不择手段的滥诉行径。

(五) 中国对相关海域的管辖权

表面上看来,菲律宾的第 (13) 项诉求涉及航行安全,第 (14) 项诉求涉及航行自由,但实质上,上述诉求的实质是质疑中国对南海相关海域管辖权的行使,但是管辖权的基础是一国主权的归属问题及海洋划界问题,对该问题的裁判必然涉及主权的归属问题及海洋划界问题。

仲裁庭要确定中国在黄岩岛及仁爱礁附近行为是否违法,就必须确定黄岩岛及仁爱礁的法律地位。根据《公约》,不同性质的水域对于航行自由的容忍程度不同,内水属于一国领土,外国船舶未经许可不可以在一国内海航行;领海则享有"无害通过权";毗连区一般可以自由航行,但是要受到沿海国特定的管制权制约;专属经济区和公海则对航行自由没有限制。[25] 因此,仲裁庭要判断菲律宾的上诉诉求,首先必须确定黄岩岛及仁爱礁的主权归属,其次确定上述岛礁相关海域的法律地位,而对这些问题的裁判亦不属于仲裁庭的管辖范围,由此可见仲裁庭对此不享有管辖权。

三、余论

菲律宾通过巧立名目,拆解包装 15 项诉求,提请《公约》附件七下的仲裁庭审议,但通过仔细推敲就可以发现,菲律宾所诉的主张都属于中国和菲律宾就南海相关海域岛礁主权归属争端以及海洋划界争端,不属于"有关本《公约》解释及适用的争端",或者属于《公约》"不适用第二节的限制或者例外",其主张具有不可接受性。同时,海洋环境保护诉求的凭空加入更是暴露了菲方底气不足、为确立管辖权而不择手段的滥诉行径。此外,菲律宾并未尽到《公约》所规定的诉前谈判或用和平方式解决争端的义务。菲律宾滥用《公约》争端解决机制及其管辖权规则,煽动国际舆论,颠倒是非黑白,明显违背了公约第 300 条的诚信义务。[26]

对于菲方而言,此案即便无法胜诉,只要炒作起不利于中方的国际舆论就是胜利。因此,中方尽管不应当接受仲裁庭的管辖,但也应勇于拿起国际法武器来进行积极的管辖权抗辩,阐明自身立场和法律主张,揭露菲方的滥诉本质。基于此,在菲方提出仲裁申请伊始,笔者就建议拿出合理的法律应对。[27] 然而,中方《立场文件》推出的时间比较滞后,在此前很长的一段时间,中方都没有在国际层面发出自己的声音(除了重复声明不接受仲裁的立场之外)。由此所导致的后果,就是在国际舆论的争夺中处于不利

---

[25] 参见周海忠:《国际法》,中国政法大学出版社 2008 年版,第 313—340 页。

[26] 参见罗国强、张阳成:《论国际舆论对国际法的影响——兼析对解决东南海南海争端的启示》,《南洋问题研究》2013 年第 3 期。

[27] 参见罗国强:《评菲律宾就南海争端提起国际仲裁的法律运作》,《华东师范大学学报(哲学社会科学版)》2014 年第 1 期。

的地位，给国际社会留下了中方没有足够法律依据、不敢诉诸国际法、一味回避司法解决的不良印象。这就为本案的合理解决蒙上了一层阴影。同时，从仲裁员的心理来讲，中方此前那种视仲裁庭为不存在的过于消极的态度（因为即便是对管辖权提出抗辩也不等于视仲裁庭为无物），也可能令仲裁员产生抵触情绪，反而增大了仲裁庭受理案件的可能性。伴随着《立场文件》的出台，中方应当更加重视运用国际法武器来维护自身国际权益，与菲方打好这一场法律论战。

基于宏观和具体两方面的明显瑕疵，仲裁庭若秉持公正不倚的法律职业道德，在经过初步审理后，应裁定菲方的申请不符合管辖权的规定。中方应当以国际法为武器，积极维护本国海洋权益。在《立场文件》已经实质上对仲裁庭提出积极的管辖权抗辩的同时，中方还应针对案件的几个关键时间节点（初步裁决、最终裁决、执行等），做更为全面的法律应对准备。

首先，在初步裁决做出前的第一阶段，主要的应对措施还是应当针对仲裁管辖权，中方应在认清菲律宾行为滥诉本质的基础上提出积极的管辖权抗辩（这一任务已经由《立场文件》基本完成）。

其次，假设初步裁决确立了对部分或全部仲裁申请的管辖权，而由于中国政府此前一再地、坚决地表明不接受仲裁的立场，故而这一阶段的应对措施，主要不在仲裁庭内，而在仲裁庭外，即在更为广阔的国际舞台上与菲律宾展开法律舆论战，充分论证中方所坚持的仲裁庭无管辖权的主张并揭露菲方的滥诉本质。

最后，假设仲裁庭不接受中方的管辖权抗辩，而执意做出最终裁决，那么中方可以根据最终裁决内容的不同，采取两种应对措施：其一，如果最终裁决驳回了菲方的诉求，实际上对中方有利的话，那么中方在坚持主张无管辖权的基础上，可以利用该裁决的实质内容部分，进一步说明自己在南海主张的合法性以及菲律宾的滥诉本质，还可以利用菲方败诉的有利局势，促进与南海争端当事国的谈判，争取通过协商来达成谅解，解决或者缓解南海争端。其二，如果裁决接受了菲方部分或者全部的诉求，那么中方必须予以坚决的抵制和反击。中方需要运用自身的安理会常任理事国地位以及地区大国的政治经济军事实力，坚决阻止裁决的实施或执行，并给予菲律宾经济制裁和军事遏制，让菲方得不偿失，避免其他南海争端当事国群起仿效；针对菲律宾指派的仲裁案代理人、总检察长贾德勒萨此前多次鼓动其他南海争端当事国加入菲方仲裁或各自起诉中国的恶劣行径，在必要的时候，中国甚至可以考虑退出《公约》，以防其他国家纷纷滥用其争端解决机制来打压中国对南海的合理主张；然后力争在南海营造一个多数争端当事国均倾向于谈判解决争端的氛围，在时机成熟之时，迫使菲律宾政府回到谈判桌前，与中国以及其他争端当事国协商解决南海争端。

浅析中菲"南海仲裁案"未来走向

——以临时措施制度为视角

■ 谢 琼*

【内容摘要】临时措施案件的受理享有优先性，规定的门槛低，裁决具有拘束力，有利于申请方。在中菲"南海仲裁案"中，菲律宾可能针对中国在南海的岛礁建设活动提请仲裁庭规定临时措施。如果菲律宾提出了临时措施申请，那么无论中国是否出庭，仲裁庭都可作出具有拘束力的临时措施规定。但是，临时措施只在案件最终判决出来之前有效，不能作为对实质问题是否有管辖权的裁断依据，不得影响实质问题的审理，对争端的最终解决没有太多的建设性意义。它在实践中的执行情况也并不理想。即使仲裁庭做出了临时措施规定，也不影响案件后续阶段中国的抗辩，不影响中国提出修改、撤销、废除该规定的请求。中方可从临时措施规定应具备的几大要素入手进行有针对性的抗辩。本案仲裁庭有充分理由拒绝做出规定。

【关键词】《联合国海洋法公约》 海洋争端解决 "南海仲裁案" 临时措施 南海岛礁建设

2013 年 1 月 22 日，菲律宾将与中国在南海部分海域的争端提交《联合国海洋法公约》（以下简称《公约》或 1982 年《公约》）附件七仲裁程序，揭开了这场备受关注的法律战的序幕。2015 年 7 月 7—13 日，仲裁庭单独针对部分管辖权和可受理性问题举行了听证会，询问和听取了菲律宾一方的观点。[1] 仲裁庭表示会加快案件进程，争取于 2015 年年底之前公布对案件管辖权的裁决。只要仲裁庭裁定对争端部分事项拥有管辖权，案件就可进入实质问题的审理阶段。[2]

在案件的最终判决公布之前，争端方都可以提出临时措施请求。国际上许多公约或条约的争端解决相关条款都有关于临时措施的相关规定，国际法院、国际海洋法法庭所受理的此类案件很多，所涉及的争端种类非常广泛。从海洋争端来说，海上进行的大部分活动都有可能被提请规定临时措施。而一旦出现这种请求，受理的法院（庭）就必须快速应对[3]；做出了规定临时措施的指令（Order）之后，争端方须立即执行。[4] 临时措施程序不是单独的，只能依附一个主要的诉讼或仲裁程序而存在。然而，对于受理的法庭来说，请求规定临时措施案件优先于其他所有案件。[5] 本案中，仲裁庭公布的

---

* 博士研究生，武汉大学中国边界与海洋研究院、德国波恩大学国际公法研究所（联合培养）。

〔1〕 仲裁庭通过新闻通告的形式公布了案件的进展，详情参见 http：//www.pcacases.com/web/view/7。本文所有网站的访问日期均为 2015 年 7 月 23 日。

〔2〕 Press Release No. 6（Philippines v. China），13 July 2015，p5，at http：//www.pcacases.com/web/view/7.

〔3〕 参见《国际海洋法法庭规则》（2009 年 3 月 17 日版）第 89 条，https：//www.itlos.org/fileadmin/itlos/documents/basic_ texts/Itlos_ 8_ E_ 17_ 03_ 09. pdf.

〔4〕 参见《国际法院规则》（1978 年版）第 75、78 条，《国际海洋法法庭规则》第 95 条。

〔5〕 参见《国际法院规则》第 74 条第 1 款，《国际海洋法法庭规则》第 90 条第 1 款。

《程序规则》第 21 条专门就临时措施做了规定[6]。多方证据显示，菲律宾可能会依据《公约》第 290 条，提请仲裁庭规定临时措施。如果该临时措施成立，将是历史上第二起向《公约》附件七仲裁庭提交的有关临时措施的案件。[7]

一、菲律宾是否会向仲裁庭提请临时措施？

（一）菲律宾提请临时措施的可能性

有诸多理由认为存在菲律宾在本案中向仲裁庭提请临时措施的可能性。第一，正如贝克曼（Beckman）指出的，菲律宾国内的政局决定了其想要推动案件的加速进展，以便可以尽快获得裁决结果。仲裁庭 7 月专门就管辖权问题举行听证会可能会增加菲律宾请求临时措施的可能性。外界一般认为阿基诺政权想要在 2015 年的庭审中既包括管辖权事项又包括实质事项，这样仲裁庭就很有希望在 2016 年上半年做出最后的裁决，那时他还在掌权。因此，一般会担心如果他们请求仲裁庭[8]做出临时措施，那么程序将会被推延。但是，既然仲裁庭已经决定在 2015 年 7 月单独就管辖权进行听证，菲律宾可以提出临时措施的请求。如果菲律宾做出这个请求，那么在 6—8 周之内就必须就临时措施作出指令。[9]

第二，无论是在听证会上，还是在其他场合，菲律宾都极力炒作恶化中国的岛礁建设等活动的性质及影响，这存在为临时措施申请造势的嫌疑。"中国最近大规模的围海造地活动不能从法律上改变这些地物原来的性质和特征"；"中国干扰菲律宾行使主权权利和管辖权，违反了《公约》"。"中国在南海破坏珊瑚礁的行为，并通过危险性的捕鱼实践，捕捞濒危物种，违反了《公约》，对区域内海洋环境造成了无法弥补的损害。"[10]这些观点虽然是在关于管辖权的听证会上提出，但是更像是在阅读一份早已拟好的临时措施申请。

第三，菲律宾前两个论点关于"九段线"和岛礁界定等部分的事项有可能被我国1996 年所做出的《公约》"第 298 条声明"排除管辖权的情况下，对于上文中所提事项仲裁庭确定管辖权的可能性较大。通过就这一部分提临时措施，可以在最终裁决做出之

---

[6]　Rules of Procedures（2013 年 8 月 27 日），http：//www.pcacases.com/web/view/7.

[7]　第一起案件是"莫克斯工厂案"，巧合的是，该案的仲裁庭庭长正是本案的庭长，托马斯·孟萨（Thomas A. Mensah）法官。部分情况介绍参见 http：//www.pcacases.com/web/view/100。

[8]　虽然《公约》在临时措施上给予了国际海洋法法庭特别地位，但是在本案中，仲裁庭已经组建，并且具有独立审案的能力，《公约》290 条第 5 款在此不适用，所以和以往的附件七仲裁案件中相伴的临时措施案件不同，本案的临时措施规定应根据《公约》第 290 条第 1 款直接向本案仲裁庭申请，而不是国际海洋法法庭。

[9]　Robert Beckman, "The Philippines v. China Case and Maritime Disputes in the South China Sea", paper presented to the 2015 ILA-ASIL "Asia-Pacific Research Forum", Taipei, China, May 25-26, 2015, p. 13.

[10]　节选自菲律宾在 2015 年 7 月 13 日听证会上五点主要观点的第 3、4、5 点。Press Release No. 6, Arbitration between the Republic of the Philippines and the People's Republic of China, the Hague, 13 July 2015, p. 3.

前保护争端方（菲律宾）的"合法权利"。

第四，借助临时措施程序，菲律宾可以提前获得对本案预期的效果。

首先，临时措施制度更有利于申请方。临时措施请求应与案件实质问题相关。且仲裁庭在考虑该措施之前，必须确定其对案件实质问题享有初步管辖权（prima facie jurisdiction），这样相当于变换形式地对部分实质问题进行提前审理。而从过往的案例来看，这个初步管辖权建立的门槛往往很低。由于在本案中，中国决定不出席，如果存在与案件实质问题相关的紧急情况，菲律宾提请临时措施规定的成功率很高。

其次，临时措施具有强制性，各方必须立即遵守。有学者认为，临时措施的设立就是为了应对争端方不服从案件裁决的情况。[11] 此外，一个案件中可以申请多个临时措施，对于推动案件进程十分有利。

再次，请求规定临时措施案优先于其他所有案件。国际法院处理的 LaGrand 案只用了 24 个小时就规定了临时措施。一旦菲律宾提请了临时措施申请，估计仲裁庭会很快受理，并且尽快做出决定。若临时措施得以规定，无论本案今后进展如何，至少在案件结束前，菲律宾在南海相关海域多了一个针对中国的"法律令牌"。

最后，正如菲律宾（或者和其幕后的盟友）一手"炮制"的本案一样，关于临时措施需要满足的申请条件，也有被"炮制"的可能。不管能不能成功，但是至少在舆论上有助于进一步向中国施压。

（二）菲律宾提请临时措施的可能事由

前已提及，在本案中，菲律宾提请临时措施请求的事项最有可能与中国的岛礁建设（所谓的"围海造地"）有关。[12] 此外，针对中国的捕鱼行为，所谓的破坏其航行自由等行为都有可能在其提请临时措施之列。

菲律宾可以出于任何理由提请仲裁庭规定临时措施，但必须是与为了"保全争端各方权利"和"防止海洋环境严重损害"有关。《公约》第 290 条第 1 款规定："……该法院或法庭可在最后裁判前，规定其根据情况认为适当的任何临时措施，以保全争端各方的各自权利或防止对海洋环境的严重损害。"但是在本案中，并不是只有与"保全各方权利"和"防止海洋环境严重损害"的争端可以提请临时措施，本案仲裁庭《程序规则》第 21 条规定："临时措施只有在一方请求……的情况下才可作出、修改或撤销"[13]，"该请求应是书面的，并详述所要求的措施及理由，以及可能的结果，如果没

[11] Erlend M. Leonhardsen, "Trials of Ordeal in the International Court of Justice: Why States Seek Provisional Measures When Non-Compliance Is to Be Expected", *Journal of International Dispute Settlement*, Vol. 5, 2014, pp. 306-343.

[12] Robert Beckman, "The Philippines v. China Case and Maritime Disputes in the South China Sea", paper presented to the 2015 ILA-ASIL "Asia-Pacific Research Forum", Taipei, China, May 25-26, 2015, p. 13.

[13] Rules of Procedure, Article 21 (3).

有提供，应是为了维护争端方各自的权利或保护海洋环境"[14]。本案的《程序规则》也应遵守《公约》第290条的规定，所以即使菲律宾提供了理由，也应该是与第290条第1款相一致。

临时措施案件有关的争端涉及武装冲突、在争议领土的行使职权的行为、劫持外交和领事人员、勘探争议大陆架、国外捕鱼权等。这些种种考虑表明，除了维护争议区现状，维护国际和平和良好秩序是临时措施机制的恰当目的[15]。此外，如果有对人员人身安全存在威胁的情况发生时，一般也会通过临时措施来保证其人员的安全[16]。尽管人身安全与案件的主事由"九段线及有关岛礁的性质""菲律宾在其专属经济区的权利"等不太相关，但是一般涉及人身安危的案件，法庭都会做出临时措施规定，即使是很牵强地将其归为保护"争端方的权利"。

国际法院的做法是，"维护争端方各自的权利"主要有两个层面：（1）维护案件产生时的争端现状；（2）各方不得做出使争端激化或扩大的行动。

首先，菲律宾在申请中不需要详细说明损害了其哪些权利。其次，防止海洋环境严重损害需要给出足够的证据，以证明该损害存在或可能会发生。

值得注意的是，因为临时措施案件的紧急性，法庭在考虑该案时，会大多参考申请方提出的理由，所以菲律宾提供的证据越充分，越有利于临时措施被规定，甚至被快速规定。临时措施案件与别的案件不同，申请方在提出申请时，其实就有一定胜算了[17]。

2015年4月22日，仲裁庭公布的指令中，将案件管辖权问题和实质问题分开审理，7月，仲裁庭已就管辖权问题举行了听证会，案件的管辖权问题怎么判，年底将会有一个结果，但只要案件实质问题的裁决没有公布，任何时候，只要争端方有一方提出临时措施申请，仲裁庭都必须快速应对，并做出相应的"指令"。根据国际实践，在一个案件中，可以出现多个临时措施申请，双方都可以申请，临时措施指令必须快速作出，并且不能偏离先前提出的最主要的争端实质问题的审理。

根据以上分析，菲律宾的论点可能有两点：第一，为保护环境的需要。根据《公约》第290条，法庭可以在最终裁决产生之前通过规定临时措施来阻止对环境的严重损害。可以做出的论点是中国所进行的大规模的造地工程正在对海洋环境产生严重损害。

[14] Rules of Procedure, Article 21 (1).

[15] Separate Opinion of Judge Laing, para. 2, ITLOS Case No. 2 https: //www. itlos. org/fileadmin/itlos/documents/ cases/case_ no_ 2/provisional_ measures/order_ 110398_ so_ laing_ eng. pdf.

[16] Land and Maritime Boundary between Cameroon and Nigeria case (Provisional Measures), I. C. J. Order of 15 March 1996, para. 39. http: //www. icj-cij. org/docket/files/94/7425. pdf. 在该案中，国际法院将主权权利的概念扩大到包括保护争议领土内的人员生命。

[17] 第一起是"莫克斯工厂案"，该案中先后出现了两个临时措施请求，分别提交给国际海洋法法庭和《公约》附件七仲裁庭。MOX (arbitration), Order No. 3 "Suspension of Proceedings on Jurisdiction and Merits and Request for Further Provisional Measures" of 24 June 2003, http: //www. pca-cpa. org/upload/files/MOX% 20Order%20no3. pdf。

大量的自然生长的礁石被挖掉，用作陆地填充物来建筑人工岛。菲律宾大大增加了对大规模围海造地的可能产生的环境后果的担忧，可能会考虑请求仲裁庭来规定临时措施并命令中国在裁决出来之前停止围海造地工程。[18]

第二，保护争端当事方的权利。（1）中国现在正在进行大量围海造地工程的岩礁同时也是本案中法律地位存在争议的岩礁。菲律宾请求仲裁庭规定争论中的岩礁要么是不能产生海洋区域的低潮高地，要么是只能产生 12 海里领海的礁石（因为其自身不能维持人类居住或经济生活）。中国的围海造地工程可能会使仲裁庭无法认定当中国和菲律宾就它们地位问题产生争议时，它们到底是低潮高地、岩礁还是岛屿。[19]（2）可能会以中国的行动妨碍到菲律宾的航行自由等作为请求。（3）某些冲突可能会威胁到菲律宾有关人员的人身安全等。

以上论点是为了提请临时措施可能的表面理由，但是实际上，如果菲律宾这么做，则是担心中国通过围海造地活动，改变其在南海中的战略处境。同时，根据《公约》，围海造地工程可能不会增强中国通过所主张的岩礁声索专属经济区的权利。如果该岩礁之前是一个低潮高地，而通过围海造地将其变成了一个大的人工岛，它仍然无权产生任何海洋区域。同样，如果一个岩礁包含几个自然形成，且在高潮时高于水面的岩石，但是这些岩石不能维持人类居住或其自身的经济生活，他们将有权获得 12 海里的领海，但是不能拥有专属经济区或大陆架。如果这些岩石通过围海造地被转变为大的人工岛，也不能改变他们的法律地位——他们仍然是仅能拥有 12 海里领海的礁岩。

二、仲裁庭可能会如何处理临时措施请求？

如果仲裁庭受理此临时措施申请，将会是第二起提交给《公约》附件七仲裁庭的临时措施案。在第一个案件"莫克斯工厂案"中，爱尔兰针对英国请求仲裁庭做出临时措施规定。该案仲裁庭没有任何关于临时措施的程序规则，全部参考了国际海洋法法庭关于临时措施的程序规定及做法。尽管该案因管辖权问题移交给了欧洲法院（European Court of Justice，ECJ）审议而暂停了附件七仲裁程序，但是仲裁庭在做出暂停仲裁程序决定的同时也对临时措施做了规定。本案《程序规则》中对临时措施的规定也主要是依据《公约》第 290 条的规定，且没有规定具体的细则，所以在具体的操作中，仲裁庭会依据国际海洋法法庭的《规约》和《规定》，甚至国际法院的《规约》和《规定》以及实践来处理菲律宾的申请。[20]

---

〔18〕 Robert Beckman, para. 51.

〔19〕 Robert Beckman, paras. 50-53.

〔20〕 《国际法院规约》第 41、48 条和《国际法院规则》第 73—78 条对临时措施程序进行了规定。《国际海洋法法庭规约》第 25 条和《国际海洋法法庭规则》第 89—95 条对临时措施程序进行了规定。

因而，在考虑本案仲裁庭会如何应对临时措施请求时，需要参考上述法院（庭）的做法。

（一）国际法庭处理临时措施案的一般做法

到目前为止，有七起临时措施案件根据《公约》第 290 条第 5 款提交[21]，全部提交给了国际海洋法法庭；有四起根据《公约》第 290 条第 1 款提交[22]，其中两起提交给了国际海洋法法庭（其中有一起案件由海底争端分庭受理并已作出裁决），另外的一起案件提交给了《公约》附件七项下的仲裁庭。国际法院及其前身常设国际法院[23]也已审理了四十多起临时措施案件，积累了相当多的经验。从以往的实践来看，临时措施案件中虽然法院（庭）做出规定时所依据的理由几乎都不相同，但却存在一定的相似性，有许多共同遵循的准则。在审理临时措施案件时，国际法院经常考虑"五大条件"，国际海洋法法庭考虑的"四大条件"与国际法院重合；在所规定的内容上，前后两大法院（庭）的规定，均部分甚至全部与争端方所申请规定的内容不同；在规定的执行上，法院（庭）均认为所规定的临时措施具有法律拘束力，但是在实践中，执行起来缺少必

---

[21] 根据《公约》第 290（5）条提交的这六起案件分别是：麦氏金枪鱼案（新西兰诉日本和澳大利亚诉日本，第 3、4 号案，ITLOS Order of 27 August 1999，ITLOS Rep. 1999，p. 280），莫克斯工厂案（爱尔兰诉英国，第 10 号案，ITLOS Order of 3 December 2001，ITLOS Rep. 2001，p. 95），围海造地案（马来西亚诉新加坡，第 12 号案，ITLOS Order of 8 October 2003，ITLOS Rep. 2003，p. 10），"极地曙光号"案（荷兰诉俄罗斯，第 22 号案，ITLOS Order of 22 November 2013，案件参见 https：//www. itlos. org/en/cases/list-of-cases/case-no-22/），The "Enrica Lexie" Incident（意大利诉印度，第 24 号案，案件进展参见 https：//www. itlos. org/en/cases/list-of-cases/case-no-24/）。

[22] 根据《公约》第 290（1）条提交的这四起案件分别是："塞加号"案（圣文森特和格林纳丁斯诉几内亚，第 2 号案，ITLOS Order of 11 March 1998，ITLOS Rep.，1998，p. 24），"路易斯号"案（圣文森特和格林纳丁斯诉西班牙，第 18 号案，ITLOS Order of 23 December 2010，该案裁决请参见 https：//www. itlos. org/fileadmin/itlos/documents/cases/ case_ no_ 18_ prov_ meas/18_ order_ 231210_ en. pdf ），莫克斯工厂案（爱尔兰诉英国，Order No. 3 "Suspension of Proceedings on Jurisdiction and Merits and Request for Further Provisional Measures" of 24 June 2003，参见 http：//www. pca-cpa. org/MOX% 20Order% 20no3a614. pdf？fil_ id = 81），大西洋海洋划界案（科特迪瓦诉加纳，第 23 号案，ITLOS Order of 25 April 2015，案件进展参见 https：//www. itlos. org/fileadmin/itlos/documents/cases/ case_ no. 23_ prov_ meas/C23_ Order_ prov. measures_ 25. 04. 2015_ orig_ Eng. pdf）。

[23] 虽然每一个案件中，法院或法庭几乎都使用了不一样的判断标准，且国际法院和国际海洋法法庭、本仲裁庭在临时措施案件的程序上有所不一致，但是，鉴于国际法院在这方面已经成功建立了一套判例，因此在研究公约项下的临时措施制度时，应"注意到该法院的法律和实践"。参见 Natalie Klein, *Dispute Settlement in the UN Convention on the Law of the Sea*, Cambridge University Press, 2005, p. 59。

要的法律措施[24]，执行情况并不理想。

1. 法院规定临时措施时考虑的条件

临时措施是一种"附随程序"（Incidental proceedings），涉及法院或法庭的附随管辖权（incidental jurisdiction），在该种情况下，法院或法庭不需要争端方对主案件管辖权的明确同意即可行使管辖权。[25] 国际法院在规定临时措施时会考虑是否满足五个条件：（1）初步管辖权（prima facie jurisdiction）；（2）需要寻求保护的权利应合理可信（plausibility）；（3）需要寻求保护的权利要和案件的主体事项有足够的联系；（4）存在无法弥补损害的风险；（5）紧急性。如果这五个条件有一个不满足，法庭将会否决该临时措施申请。而国际海洋法法庭在已有的临时措施案件中，除"路易斯号"（Louis）案外，均没有采用过（4），即"无法弥补"标准。此外，还有一直很热门的预防性原则（precautionary principle），国际海洋法法庭也从来没有被适用过，在有些案件中，"紧急性"这个条件也未被提及。国际海洋法法庭有权规定临时措施[26]，与其相关的条件在《公约》第 290 条已做出规定。《公约》第 287 条的法院或法庭也可以在"最终裁决前，保护争端方各自权利或避免对环境造成严重损害的适当情况下"规定临时措施。国际海洋法法庭必须首先确定其对争端有初步管辖权，所请求的措施在假定的情况下是恰当的。在诉讼的任何时候都可以呈递临时措施请求[27]，"当情况已改变或不存在时可以立即"撤销或修改[28]。

（1）初步管辖权（prima facie jurisdiction）。法庭在审理每个案件时都必须保证其拥有管辖权，临时措施案件也不例外。但是在临时措施案件中，法庭只需要确定其对先前所提交案件的实质问题拥有"初步管辖权"即可。在这个阶段只考虑"初步管辖权"，而不是"管辖权"，对于那些考虑在进入案件实质阶段前（in limine litis）就对管辖权问题进行质疑的人来说，临时措施是为了避免他们为此拒绝所有的诉讼程序，对维护国际

---

〔24〕《公约》对临时措施的规定主要基于《国际法院规约》与《国际法院规则》，但是有两点显著的区别：1、根据《公约》第 290 条第 1 款，争端提交的法院或法庭必须首先考虑其对案件是否具有"初步管辖权"，此外根据第 290 条第 5 款提交的法院或法庭（或 ITLOS）还必须考虑附件七仲裁庭对案件是否拥有"初步管辖权"。而国际法院的《规约》或《规则》中都没有此类规定。但是值得注意的是，《公约》中"初步管辖权"的制度却是从国际法院的案件实践中发展而来。2、《公约》规定临时措施规定必须是为了"保护争端各方权利"或"防止对环境的严重损害"，也就是说法院或法庭可以在没有争端各方权利需要保护时，只为了"防止对环境的严重损害"来规定临时措施，这与国际法院《规约》中仅仅为了"保护争端各方权利"而规定临时措施是明显不同的。

〔25〕"附随性"意味着首先必须有案件正在被该法院或法庭受理，其次临时措施必须与主案件的主题有关。参见 Shabtai Rosenne, *The Law and Practice of the International Court* (1920-2005), Volume I, The Court and the United Nations, Fourth Edition, Martinus Nijhoff Publishers, 2005, p. 1473.

〔26〕参见《公约》第 290 条第 1 款；《国际海洋法法庭规约》第 25 条第 1 款。

〔27〕参见《国际海洋法法庭规则》第 89 条第 1 款。

〔28〕参见《公约》第 290 条第 2 款。

和平和稳定不利，也不符合《联合国宪章》的精神。[29] 国际法院在确定自身的"初步管辖权"时，通常考虑的依据有：

法庭认为接受法庭管辖的声明（declarations of acceptance）"构成一个'初步管辖'的基础"[30]，据此得以建立初步管辖权。而当该声明中含有保留（reservation）的话，或者该保留的有效性甚至声明本身的有效性存在争议时，法院通常先行使其管辖权，并将涉及需具体考量的复杂问题留待后面的程序阶段来做决定，而不是直接否决该临时措施申请。不过，当国家对接受法院管辖的声明做出的保留没有呈现任何复杂的事项时，并且其适用性很明显将法院对该指定争端的管辖权排除掉，法院会认为其是理所当然的，并会以缺少"初步管辖权"为由否决该临时措施申请。

双方通过签订特别协议将案件提交给法庭时，法庭会将此视为显然享有"初步管辖权"的依据。在国际法院处理的临时措施案中，只有布基纳法索和马里的"边界争端案"（Frontier Dispute）是基于一项特别协议提交给法院申请做出临时保护措施的。法院在指令中明确承认"其规定这些措施的管辖权明显建立"[31]。

涉及"妥协条款"（Compromisory clauses）时，即争端"与《公约》解释或适用有关"会成为具有"初步管辖权"的依据。在南斯拉夫诉比利时"武力使用的合法性"一案中，法院基于《种族公约》第9条规定："缔约方与本公约解释、适用或履行有关的争端应被提交给国际法院……"在此种情况下，遇到（1）中的的与保留有效性有关的复杂问题时，也会承担初步管辖权，并将该问题留待后续程序阶段。例如，在与1928年《和平解决争端一般法令》有关的"核试验案"中，作为案件被告方的法国认为，将争端递交给常设国际法院的《一般法令》随着"国际联盟"的解散已经终止了。法院不同意，判定基于《一般法令》建立的管辖权看起来是"相当合理的"，并继续审查该临时措施请求。[32]

此外，当出现一方"不出庭"或"不应诉"的情况时，只要不是明显地缺乏管辖权，法庭都会做出临时措施规定，[33] 相关的法庭或法院规约中的"缺席审判"条款甚至都不会启动。国际法院审理的两起涉及一方缺席的临时措施案件，"英伊石油公司"案和"诺特鲍姆"案中，法院都没有启动《国际法院规约》第53条。最近的，国际海洋法法庭审理的"极地曙光号"（临时措施）案件中，尽管俄罗斯全程缺席，但是法庭

〔29〕 Taslim O. Elia, *The International Court of Justice and some Contemporary Problems*, Springer, 1983, p. 76.

〔30〕 Land and Maritime Boundary between Cameroon and Nigeria, Provisional Measures, Order of 15 March 1996, I. C. J. Reports（1996）, para. 31.

〔31〕 Inna Uchkunova, "Provisional Measures before the International Court of Justice", *The Law and the Practice of International Courts and Tribunals*, No. 12, 2013, pp. 391-430.

〔32〕 Inna Uchkunova, "Provisional Measures before the International Court of Justice", *The Law and the Practice of International Courts and Tribunals*, No. 12, 2013, p. 401.

〔33〕 Taslim O. Elia, *The International Court of Justice and some Contemporary Problems*, Springer, 1983, p. 38.

在最后的指令中也没有提到《国际海洋法法庭规约》第 28 条。只要有一个理由可以支持法庭或仲裁庭的"初步管辖权",则法庭不需要继续寻找其余的基础。

（2）需寻求保护的权利与主案件主题事项具有足够联系。一旦法院认为"初步管辖权"已满足,就会转向审查需要寻求保护的权利与案件的主题事项是否足够相关。这种联系,在"渔业案"中最先形成,在该案中法院指出:"请求的临时措施和原先呈递给法院的申请必须存在联系。"

（3）需寻求保护权利的合理可信。在比利时诉塞内加尔案中,法院最先形成这个要求。法院定下的这个标准与该案案情有关。乍得前总统侯赛因·哈布雷（Hissene Habre）在 1990 年被赶下台,并前往塞内加尔寻求政治庇护。塞内加尔政府批准了其请求。在该案中,法院做出了著名的判定:"在这一阶段的诉讼程序中,法院没有必要'建立比利时所主张的权利已明确存在,也不需要考虑比利时是否有能力在法院前主张这些权利';比利时所主张的权利,基于对《反对迫害公约》必要的解释,因而'似乎是合理可信的'。"[34]

（4）无法弥补的损害的危险。法院在其指令中都反复陈述了其按照《国际法院规约》第 41 条规定临时措施"前提是不应对属于争端主体事项的权利造成无法弥补的损害"。因此,只有在存在这种伤害的风险时,法院将规定临时措施。

（5）紧急性。紧急性既包括程序上的,也包括实体上的。该项情况与"无法弥补的损害"标准相互交织,法院经常通过紧急性来界定"无法弥补损害"的发生。这个要件的存在相对容易来界定。但是在实践中,实体问题上的紧急性常常不会考虑。在"巴基斯坦战犯"案件中,巴基斯坦告知法院在听证的过程中,双方会很快举行谈判,案件主题事项也将会讨论,因而请求法院推迟考虑其提交的临时措施申请,法院同意了。[35]

以上是国际法院规定临时措施案件时一般的考虑。但是,由于每个案件情况不同,所以每个案件中,法院的依据都不一样,最终采纳或不采纳哪个条件,是否做出规定,决定权完全在法院手中,其享有完全的自由裁量权。

而从国际海洋法法庭来看,依据《公约》第 290 条提起的十余起临时措施案件中,至少其中的四起被告方行使了管辖权异议。[36] 大多数原告借助第 288 条第 1 款作为享有"初步管辖权"的基础,而被告方基于《公约》第 281—283 条和第 297 条（3）（a）项作为管辖权异议的基础。[37] 在保护当事方权利不受损害方面,申请方所申请的权利不

〔34〕 Inna Uchkunova, "Provisional Measures before the International Court of Justice", *The Law and the Practice of International Courts and Tribunals*, No. 12, 2013, p. 407.

〔35〕 Shabtai Rosenne, *The Law and Practice of the International Court* (1920-2005), Volume I, The Court and the United Nations, Fourth Edition, Martinus Nijhoff Publishers, 2005, p. 1488.

〔36〕 South Bluefin Tuna Case (provisional measures), paragraph 41; MOX Case (provisional measures), paragraph 37; and Land Reclamation Case (provisional measures), para. 32.

〔37〕 Igor V. Karaman, *Dispute Resolution in the Law of the Sea*, Martinus Nijhoff Publishers, 2012, pp. 120-132.

需要明确，只需要一个"主张"即足够。法院或法庭只注意到有权利需被保护，并没有宣布它们，规定措施来冰冻这些权利直至最终裁决作出。而在国际法院和其他法院中经常使用的"无法弥补的损害"的标准不仅在《公约》第290条和《国际海洋法法庭规则》中未提到，在其实践中除了一个案例均未被使用。[38] 防止对海洋环境的严重损害在所有提交的《公约》第290条案件中几乎都有涉及，法庭甚至在当事方的申请中未提及这一条即规定与环境保护相关的临时措施，且一般针对对象是所有当事方，有时也不以规定的形式，而是建议或指导（direct）双方合作等形式来作出规定。[39] 而紧急性原则在《公约》第290条中反映在"程序上的紧急性"［《公约》第290（5）条］和"实质上的紧急性"。后者是所有评判是否规定临时措施的标准，但是因为第290（1）条中并没有规定紧急性标准，所以有关法院或法庭可以不考虑将这项原则作为规定临时措施的标准。实际上很多法院或法庭在指令中也未涉及紧急性标准。[40] 预防性原则除了在"麦氏金枪鱼案"中明确引用，所有的案件中都没有使用。沃尔夫鲁姆法官（Judge Wolfrum）认为，如果引用这个原则，意味着在申请方的请求有一定程度合理时，临时性措施将被自动批准。[41]

法庭不得"仅仅为了阻止令人后悔的事件或不幸的冲突"而规定临时措施。在"爱琴海大陆架案"中，国际法院认为一个将加速改变领土法律地位的行动，事实上不会产生无法弥补的结果。[42] 在"核试验案"中，法国很有可能进行另一个核试验，被法庭考虑，并作为规定临时措施的请求，但是在"希腊诉土耳其的大陆架案"中，土耳其可能会进一步在该大陆架进行地震勘探的行为被法院拒绝作为作出规定的原因，原因之一是法院猜测，后者的行为可以通过赔偿获得弥补。这里用到了"强权即权利"（Might is Right）原则。[43]

此外，临时措施面向未来。如果有关行为在过去就已经发生，则法院或法庭不能受理临时措施申请，因为临时措施应该是规避未来的行为。

2. 法庭规定的临时措施内容

法院或法庭在一个临时措施指令中，通常既规定有关措施，同时也会提出一些建议，还有执行报告等等，其内容部分甚至全部不同于申请方在申请中所拟的规定。即使临时措施的有关情况已经不存在了，法庭也会做出有关规定。仲裁庭所做出的规定必须保证最终

---

〔38〕　Igor V. Karaman, *Dispute Resolution in the Law of the Sea*, Martinus Nijhoff Publishers, 2012, pp. 132-138.

〔39〕　Igor V. Karaman, *Dispute Resolution in the Law of the Sea*, Martinus Nijhoff Publishers, 2012, pp. 139-140.

〔40〕　Igor V. Karaman, *Dispute Resolution in the Law of the Sea*, Martinus Nijhoff Publishers, 2012, pp. 141-148.

〔41〕　Igor V. Karaman, *Dispute Resolution in the Law of the Sea*, Martinus Nijhoff Publishers, 2012, p. 155.

〔42〕　P. C. I. J. Series A/B, No. 48, pp. 284, 288; cf. Series A, No. 8, p. 7. 转引自 Taslim O. Elia, The International Court of Justice and some Contemporary Problems, Springer, 1983, p. 71。

〔43〕　Taslim O. Elia, *The International Court of Justice and Some Contemporary Problems*, Springer, 1983, P. 83.

的案件裁决具有有效性，换句话说，就是不能使最终裁决没有价值（nugatory）。[44]

《国际海洋法法庭规约》和仲裁庭《程序规则》都没有像《国际法院规约》那样，不能视情况需要主动（propio motu）规定临时措施。必须要有申请方提供申请。申请方在提交临时措施申请时，必须写清楚理由、所规定的事项。那么仲裁庭规定的临时措施内容可以不同于申请方所申请的吗？答案是肯定的。虽然《公约》第290条需要"争端方请求"后，并且在争端各方都已知晓的情况下才可作出临时措施规定，但是对所规定的内容却没有规定。任何这样的法院或法庭，在根据《公约》第十五部分行使管辖权时（作为和其他任何其根据其他国际协定可以行使的管辖权的区分），有权力规定"在当时情况下其认为合适的任何临时措施"[45]。法庭可以做出不同于争端方所提的请求中的规定。由于国际法院的规约中本身就赋予了其这种权利，所以对于国际法院来说这一点是必然的。而国际海洋法法庭在其处理的全部八起临时措施案件中，通过"指令"所规定的临时措施基本上都和申请方所申请的不完全一致。

3. 法庭在临时措施指令的撤销、修改、终止或执行的一般做法

国际法院和法庭在判例中早已承认了临时措施的法律拘束力，但是在具体的执行中缺乏必要的法律措施。2001年，国际法院在"LaGrand案"中宣布"这些（临时）措施具有法律拘束力"，并在随后的临时措施案件中得到了重申。国际海洋法法庭在其第一个临时措施案件中就启动了国际法院关于临时措施强制性质的裁定。[46]

和临时措施有关的裁决在本质上应是临时性的。它们在"最终裁决做出之前"规定，而案件中最终的判决或裁决决定了它们的命运。这个判决或裁决可以终止它们，或永久延续或延续一段特定时间，或修改它们来配合最终裁决的条款。即使是在最终裁决之前，当最初评判规定临时措施的条件改变或完全消失时，法院或法庭可以修改或撤销该临时措施。同样的，这样做也只能在一方请求的情况下，以及给予争端方知晓的机会后。如果在完整的法庭组建之前情况改变了，那么国际海洋法法庭或其他的根据《公约》第290条第5款对规定临时措施有特别管辖权的任何其他法院或法庭可以决定这些措施是否应被改变或撤销。一旦争端最初提交的法庭组建了，就会接管临时措施的问题；该法庭可以根据《公约》第290条第1—4款修改、撤销或确认这些措施。如果最初根据第290条第5款行使职能的法院或法庭所规定临时措施，在争端被最初提交的法院或法庭组建以前就被撤销了，那么该争端最初提交的法院或法庭可以在其一组建就考虑这个事项并在认为合适的时候规定临时措施。它可以重新恢复被撤销的措施或规定不

〔44〕 Taslim O. Elia, *The International Court of Justice and Some Contemporary Problems*, Springer, 1983, p. 67.

〔45〕 Myron H. Nordquist ed., *United Nations Convention on the Law of the Sea 1982: A Commentary*, Vol. V., Martinus Nijhoff Publishers, 1989, p. 53.

〔46〕 Igor V. Karaman, *Dispute Resolution in the Law of the Sea*, Martinus Nijhoff Publishers, 2012, p. 156.

同的措施（同样是根据《公约》第 290 条第 1—4 款规定的条件）。[47]

第 290 条第 6 款明确了争端方有义务迅速遵守根据该条下所规定的（或修改的）任何临时措施。为了强化公众就临时措施意见对争端方的压力，所有的临时措施的照会，或对他们的修改或撤销，不仅会送达争端方，而且会送给法院或法庭认为合适的《公约》的其他成员方。[48]

如果一个争端方不遵守强制措施的规定，那么只有一些国际一般规则和原则起作用。[49]

（二）本案仲裁庭处理临时措施案的可能做法

虽然仲裁裁决只对争端方双方有效，并且没有先例的参考价值，但是仲裁员或法官为了维持国际法发展的一致性，往往会做出类似的决定。通常临时措施都是由一方针对另一不太情愿的被告方而提出，对方要么"不应诉"（did not appear），要么对法庭的管辖权或申请的可受理性提出抗辩。[50] 法院在对待这种事项时通常先检查启动这个特定偶然性程序的条件是否成立。当对这些条件都确定时，法院会咨询要求其规定临时措施的情况是否存在。《公约》第 290 条是一个相当复杂的条款，一方面需努力确保在需要的时候能迅速获得临时措施，另一方面这个特别的权力应审慎行使，并不能太过于干涉有关国家的权利。

仲裁庭自 2013 年 1 月 22 日受理"南海仲裁案"以来，共发布了一套程序性规则和六份新闻通告。在第四份新闻通告中，将中国于 2014 年 9 月 7 日发布的《立场文件》视为抗辩，并决定将案件的管辖权问题与实质问题分开审理。从此可以看出，仲裁庭是希望拒绝"到案"的中国能参与到案件中来。

根据上文分析，仲裁庭处理问题的顺序可能包括：

因为仲裁庭已经成立，并且没有无法审理案件的情况，公约第 290 条第 5 款在此不适用，所以可直接向仲裁庭提出临时措施申请，无需提交给国际海洋法法庭。由于仲裁庭对管辖权问题的审理还没有结果，所以在审理临时措施案件前，应首先确定其对案件享有"初步管辖权"。还需保证在本案中，争端方的临时措施申请符合规定，即确实存在紧急性情况，与案件实质问题相关，存在损害争端方权利或者对环境造成无法弥补损害的行为发生。另外，如果这些条件都不存在，仲裁庭不应作出临时措施规定。还值得注意的是，仲裁庭在考虑临时措施时，不应只保证申请方的权利，应是

---

[47] Myron H. Nordquist ed. , *United Nations Convention on the Law of the Sea 1982*：*A Commentary*，Vol. V. , Martinus Nijhoff Publishers，1989，p. 53.

[48] Myron H. Nordquist ed. , *United Nations Convention on the Law of the Sea 1982*：*A Commentary*，Vol. V. , Martinus Nijhoff Publishers，1989，p. 53.

[49] Igor V. Karaman, *Dispute Resolution in the Law of the Sea*，Martinus Nijhoff Publishers，2012，p. 157.

[50] Shabtai Rosenne, *The Law and Practice of the International Court* (1920-2005)，Volume I，The Court and the United Nations，Fourth Edition，Martinus Nijhoff Publishers，2005，p. 1491.

争端当事方双方的权利，要保证在整个仲裁案审理的过程中，双方的权利不受侵犯，换句话说，就是在案件最后的裁决出来之前，争议区的现状要与案件申请时一样。只要认为必要，仲裁庭规定的"措施"可以跟争端方所申请的不完全一致。临时措施指令公布之后，仲裁庭可以将该指令发给除争端方之外的其他缔约国，还需督促争端方及时提交履行指令的信息。如果提了多个临时措施申请，需保证不是重复的对一个争端的申请。

第一，关于损害当事方的权利，仲裁庭需审议菲律宾所提交的证据是否令人信服。在马来西亚诉新加坡关于柔佛海峡围海造地案中，马来西亚也提出了临时措施申请，最终法庭做出了有利于申请方马来西亚的临时措施指令：（1）临时措施，包括禁止新加坡以可能对马来西亚权利造成无法弥补的伤害的方式来开展"围海造地"行动。（2）双方组建一组独立的专家来开展研究，认定新加坡围海造地行为的影响，并起草合适的议案应对这些行为的不利影响。[51] 值得注意的是，该专家组按要求组建，其所提交的报告形成了争端解决的基础，于 2005 年 4 月生效。

对于"围海造地"规定临时措施，措施不太可能因为"保护争端方各自的权利"而规定，即使规定，也会是为"保护环境"的目的。常设国际法院曾在其指令中做出，其不会"仅仅为了避免令人后悔的事件或不幸的意外发生的目的"而规定临时措施。其认为，即使该活动将增加某一领土法律地位变更的机会，但是这在事实上不会造成无法弥补的结果。[52]

第二，仲裁庭在确定是否存在紧急情况，或是否存在无法弥补的损害时所参考的依据范围很广，从新闻报告到公正的国际组织的报告。如果没有相关的证据，则如 Pulp-Mills 案件中一样，仲裁庭会拒绝规定临时措施。所以菲律宾在提前临时措施案时，从证据准备起，就必须有一定的胜算。

第三，如果菲律宾所提的临时措施，可能意不在临时措施，而是对最后争端的"临时性判决"，则仲裁庭应拒绝该申请。在霍茹夫工厂案（Chorzow Factory）中，国际法院拒绝了德国的临时措施申请，因为其不是与临时措施相关，而是与有利于德国所主张的临时性"判决"有关。在核试验案中（澳大利亚诉法国），福斯特（Forster）法官的不同意见中就提到国际法院应该拒绝规定临时措施，因为它将导致做出一项临时判决。[53]

第四，如果临时措施申请的时间离案件最终裁决即将公布的时间很近，仲裁庭有可

---

〔51〕 Land Reclamation by Singapore in and around the Straits of Johor（Malaysia v. Singapore）（Provisional Measures），ITLOS Order of 8 October 2003，p. 27. https：//www. itlos. org/fileadmin/itlos/documents/cases/case_no_ 12/ 12_ order_ 081003_ en. pdf.

〔52〕 Taslim O. Elia，*The International Court of Justice and some Contemporary Problems*，Springer，1983，p. 71.

〔53〕 Dissenting Opinion of Judge Forster，I. C. J. Order of 22 June 1973，Nuclear Tests（Australia v. France），p. 18. http：//www. icj-cij. org/docket/index. php? p1 =3&p2 =3&k =78&case =58&code = af&p3 =3；Taslim O. Elia，The International Court of Justice and some Contemporary Problems，Springer，1983，p. 82.

能会拒绝该申请。尼加拉瓜案就是一个例子。

第五，内容上，本案仲裁庭可以作出不同于菲律宾所申请的临时措施规定。虽然《公约》的临时措施制度不同于国际法院，只有争端方提出申请才能做出，但是一旦这个申请提交之后，法院可以做出部分或不同于申请方申请的规定。国际海洋法法庭所作出的临时措施规定与其被请求的事项都不相同。

第六，即使规定临时措施的条件都已满足，法院也可以不规定临时措施，因为《公约》第290条只规定"可以"（may），而不是"必须"（must）。

三、中方如何应对？

（一）参加临时措施案程序？

临时措施案件对不出席的一方会非常不利。因为不仅可能会省略听证会这个环节，直接根据申请方所提申请来断案[54]，同时，在管辖权问题比较复杂的情况下，只要有一个理由支持，法庭都会选择判定其自身具有"初步管辖权"，并做出临时措施规定的指令。虽然中方的立场和态度已经很明确，不参与、不出席、不接受与本仲裁案有关的一切程序和结果，但是对于临时措施这个特殊的程序来说，在万不得已的情况下，中方参与该程序，可能需要做哪些事情，其结果可能是什么？

1. 管辖权抗辩。主要从两方面进行管辖权抗辩，从中国所做"关于第298条的声明"排除了案件管辖权；以及本案程序性要件不满足，换句话说就是《公约》第281、282、283条等条件得不到满足。从这两个角度来看，管辖权抗辩的作用并不大。首先，根据规定，管辖权问题都是由法院来决定，而不是争端方[55]。其次，"初步管辖权"的门槛很低，只要有一条证明法庭可能具有管辖权即可。当涉及"排除性声明"类似的文件时，只要不是明显排除了法院的管辖权，法院都会先认为自身具有"初步管辖权"，并将"管辖权"复杂的问题留待后续程序中予以解决。再次，这里的"初步管辖权"是指仲裁庭对主案件实质问题的管辖权，在2014年12月7日的《立场文件》中，管辖权抗辩已阐述得十分详尽，在此处不太可能会有变更。

2. 力证案件涉及事项或权利与主案件无关，作用不大。从上文分析可知，申请方在提出临时措施申请时，就已经有一定胜算了。本案中，菲律宾只将中方占领的岛屿交由

---

〔54〕 临时措施更强调听证，而不是书面诉状。一般来说，都会有一个口头陈述或公开听证程序，这是因为和所有的诉讼或仲裁程序一样，"判决"或"指令"做出之前，争端双方都必须给予平等的陈述的机会。但是，当有一方缺席时，这个程序可能会被摒弃。没有规定临时措施的被告方需要提交答辩状，但是也没有反对。

〔55〕 《国际法院规约》第36条第6款规定了国际法院授权决定其自身的管辖权，不管有没有临时措施申请的情况下都是如此。而第41条第1款的规定进一步强化了第36条第6款，该条赋予了法院规定临时措施的内在权力，即可以在一方请求下和主动（proprio motu）规定临时措施。详细分析请参见 Taslim O. Elia, *The International Court of Justice and some Contemporary Problems*, Springer, 1983, p. 76。

仲裁庭界定其地位，原本就是用心险恶。但是，菲律宾的这种做法是受到社会各界谴责的。因为涉及与领土主权归属有关的争端属于《公约》第 290 条第 1 款，已经被中国"第 298 条声明"所排除仲裁庭管辖，菲律宾故意规避谈主权归属，而只谈岛礁地位，将属于海洋划界争端中最重要的一个问题单独提交强制争端解决程序，是单方面关上了通过签订协议解决划界争端的大门，而在国际上通过当事方谈判并签订协议来解决划界问题是主流。[56] 如果仲裁庭只就该特定问题（岛礁地位）做出裁决，将会剥夺中国完全享有《公约》所赋予的权利。[57]

3. 力证菲律宾所提案不是请求规定临时措施，而是请求规定对主案件的"临时判决"，有一定作用。在国际海洋法法庭最新判决的"Enrica Lexie"号临时措施案件中，意大利请求法庭作出两条规定，但法庭在最终的指令中只对其中的第一条作出了规定，有法官认为法庭未规定第二条的理由是如果这么做将更像是"临时判决"而非临时措施，会影响到附件七仲裁庭对案件实质问题的审议。[58]

4. 力证提请临时措施的情况如紧急性、对环境损害大等不存在，成功率最大。虽然在一个案件中，争端双方都可以提多个临时措施申请，但是却不可以针对一个事项重复提出申请，所以只要提交令人说服的证据，力证该情况不存在，仲裁庭即使作出了规定，以后也不可再就该事项做出规定。虽然在很多案件中，法院都没有考虑"紧急性"这个情况，但是涉及人身安全的案件，即使"紧急性"不存在，法院也一般会做出临时措施裁决，在国际海洋法法庭最新的"极地曙光号"案件和"Enrica Lexie"号案件中都有类似的情况。所以，在没有这方面因素的情况下，证明紧急性不存在是有必要的。

5. 证明菲律宾所提并不是当前案件中的事项，而是过去的事、一直进行的事等，作用较大。因为所规定的临时措施是预防性的，而不是已经发生的。在波兰阿尔及利亚改革案（Polish Agrarian Reform case）中，法院就是这么做的，认为这与《国际法院规约》第 41 条不符合。[59]

（二）若规定临时措施的指令已作出

1. 临时措施的性质

首先，确立了初步管辖权并不意味着具有管辖权。在国际法院的实践中，就曾出现过在规定了临时措施之后，法院发现自身缺乏管辖权的情况。在这种情形下，尽管法院

---

[56] Natalie Klein, *Dispute Settlement in the UN Convention on the Law of the Sea*, Cambridge University Press, 2005, p. 276.

[57] Natalie Klein, *Dispute Settlement in the UN Convention on the Law of the Sea*, Cambridge University Press, 2005, p. 276.

[58] Declaration of Judge Paik, the "Enrica Lexie" Incident (Italy v. India), ITLOS Case of No. 24, para. 6.

[59] Taslim O. Elia, *The International Court of Justice and Some Contemporary Problems*, Springer, 1983, p. 82.

不会判定先前所规定的临时措施无效，但是通常来说，这些措施会被停止履行。[60] 但是，各方都不得采取使争端激化或扩大的行动。

其次，"不出庭"并不会妨碍临时措施的规定。但临时措施指令的作出不得影响案件接下来被告方的抗诉权。

再次，临时措施规定并不能作为对最终裁决的预判。

最后，案件结束，所规定的临时措施即予终止。

2. 中方是否应遵守？临时措施指令的效力

依据《公约》第 290 条第 6 款，争端各方应迅速遵从根据该条所规定的任何临时措施，从法律上确定了临时措施的拘束力，所以一旦临时措施指令做出，在案件结束之前，中方是应遵守的。但是，在实践中，临时措施指令的执行情况并不理想，绝大多数规定都无法得到遵守。执行得好坏是一回事，并不影响该规定的强制性效力。也有很多国家在临时措施指令做出之前或之后就已达成妥协，通过谈判或签订协议的方式使争端得到很好的解决。

3. 除了遵守之外可以做什么？

（1）管辖权抗辩。临时措施只是临时性的，案件的实质问题的审理并不会因为做出了临时措施的规定而受到影响，"初步管辖权"的确立存在诸多不严谨性，不能代表对实质问题的"管辖权"。所以，管辖权抗辩在主案件的审理中仍然十分重要。在 7 月的管辖权问题庭审中，菲律宾针对中国政府的《立场文件》中的主要论点进行了强词夺理的反驳，对于仲裁庭成员提出有针对性的问题更是巧言令色、闪烁其词，但是无论其怎么包装，都无法掩盖案件在管辖权上的漏洞，所以针锋相对的管辖权抗辩对中方十分重要。

（2）撤销、修改等申请。如果临时措施一旦做出，在条件已经不存在的情况下，只要争端一方申请，仲裁庭都可以修改、撤销、废除先前的临时措施规定。

4. 仲裁案实质问题阶段的审理还有哪些值得关注的？

除了上文的分析之外，第三方（如越南）申请介入案件也值得关注。但是无论是在临时措施阶段，还是在附件七仲裁阶段，均没有"第三方介入"的法律依据，所以如若遇到类似的请求，仲裁庭应该坚决予以拒绝。另外，南海岛礁争端涉及多国各方，关系到区域稳定和国际局势，事关重大，仲裁庭无论作出什么决定之前，除了严格遵守国际法外，都应切记不得激化南海地区争端。

---

〔60〕 英伊石油公司案，两个核试验案中，法院都是根据初步管辖权做出了临时措施规定，而后在案件实质问题的审理中又发现自身没有管辖权。在南斯拉夫针对北约成员国的武力使用的合法性案件中还出现过法院随后建立管辖权的依据，不同于其规定临时措施时建立"初步管辖权"依据的情况，参见该案判决七位法官的联合声明。还可参见 Polish Agrarian Reform case, P. C. I. J. Series A/B, No. 52, p. 153；idem., No. 58, p. 179。转引自：Taslim O. Elia, *The International Court of Justice and some Contemporary Problems*, Springer, 1983, p. 74, 和 Shabtai Rosenne, *The Law and Practice of the International Court* (1920-2005), Volume I, The Court and the United Nations, Fourth Edition, Martinus Nijhoff Publishers, 2005, p. 1474。

结论

临时措施制度是为了维护争端方的权利，保证案件最终判决具有有效性。规定临时措施应具备哪些条件及是否规定在法律上没有明确要求，法庭对此完全享有自由裁量权。如果菲律宾提出了临时措施申请，无论中国是否出庭，仲裁庭都可作出具有拘束力的临时措施规定，甚至不需要动用不应诉条款。但是，临时措施只在案件最终判决出来之前有效，不能作为对实质问题是否有管辖权的裁断依据，不得影响实质问题的审理，对争端的最终解决没有太多的建设性意义。实践中，它的执行情况也并不理想。即使仲裁庭作出了临时措施规定，也不影响案件后续阶段中国的抗辩，不影响中国提出修改、撤销、废除该规定的请求。中方可从临时措施规定应具备的几大要素入手进行针对性抗辩。从某种意义上来说，本案中，在中方的岛礁建设对环境、人员安全等影响不大的情况下，临时措施申请只是一种噱头，仲裁庭有充分理由拒绝做出规定。

确立"南海仲裁案"仲裁庭管辖权的两个基本问题

■ 刘　衡*

【内容摘要】《联合国海洋法公约》对如何确立附件七项下仲裁庭的管辖权规定了四大类法律要件。在"南海仲裁案"中,中国庭外提出的管辖权异议阐述了其中部分问题,但中菲之间是否存在"有关《公约》解释或适用的争端",以及如果存在此种"争端",菲方是否履行了"交换意见的义务"尚未充分说明。根据《公约》相关内容的谈判历史、立法宗旨以及国际海洋法法庭和仲裁庭的实践可以判断,菲方所谓的"争端"不具备争端所应具有的实质要件,不是真实的争端,中菲之间存在的海洋争端并非菲方所指"争端";假定中菲之间存在菲方所谓的"争端",基于菲方所提供的事实无法得出菲方已履行"交换意见的义务"之结论。

【关键词】《联合国海洋法公约》　附件七"仲裁"　管辖权　确立要件　"南海仲裁案"

一、引言

自 2013 年 1 月菲律宾就南海部分事项针对中国提起《联合国海洋法公约》(以下简称《公约》)附件七项下仲裁案件(以下简称该案为"南海仲裁案")以来,中国一直坚持不接受、不参与仲裁的立场。中国不应诉的主要理由是认为本案仲裁庭"对菲律宾提起的仲裁明显没有管辖权"。仲裁庭对菲方提请仲裁事项是否具有管辖权成为其无法回避的根本问题。[1] 2015 年 4 月,仲裁庭在本案第四号程序令中决定将中国庭外对管

---

　*　法学博士,中国社会科学院欧洲研究所助理研究员,武汉大学国家领土主权与海洋权益协同创新中心研究人员。

〔1〕　现阶段有关本案的研究也主要集中在仲裁庭是否具有管辖权问题上。相关重要研究成果如: Sienho Yee, "The South China Sea Arbitration (The Philoppines v. China): Potential Jurisdictional Obstacles or Objections, Chinese Journal of International Law", Vol. 13, No. 4, pp. 663-739; Stefan Talmon, "The South China Sea Arbitration: Is There a Case to Answer?", in Stefan Talmon and Bing Bing Jia eds., *The South China Sea Arbitration: A Chinese Perspective*, Hart Publishing, 2014, pp. 15-80; Michael Sheng-ti Gau, "Issues of Jurisdiction in Cases of Default of Appearance", in *The South China Sea Arbitration: A Chinese Perspective*, pp. 81-106; Haiwen Zhang and Chenxi Mi, Jurisprudential Tenability of the Philippines v. China Arbitration on South China Sea Disputes, in The South China Sea Arbitration: A Chinese Perspective, pp. 137-158;罗国强:《评菲律宾就南海争端提起国际仲裁的法律运作》,《华东师范大学学报(哲学社会科学版)》2014 年第 1 期;李文杰、邹立刚:《中菲南海争端仲裁案中菲律宾诉求评析》,《中国海商法研究》2014 年第 1 期;宋燕辉:《由〈南海各方行动宣言〉论"菲律宾诉中国案"仲裁法庭之管辖权问题》,《国际法研究》2014 年第 2 期;鲁霜慧:《国际仲裁法庭对中菲南海争端有管辖权吗?——兼论法律途径解决国际争端的局限性》,《南京政治学院学报》2014 年第 3 期;贺赞:《〈海洋法公约〉强制程序任择性例外声明的解释问题——以中菲南海争端为例》,《武汉大学学报(哲学社会科学版)》2014 年第 4 期;高婧如:《菲律宾诉中国南海争端案管辖权问题的思考》、邹立刚:《中国的相关保留对中菲南海争端案的管辖权具有排除效力》、王崇敏:《菲律宾的相关谅解与中菲南海争端案管辖权的关系问题》、黄伟:《中国对中菲南海争端案仲裁庭管辖权提出反对的效果辨析》、周江:《菲律宾在提起诉中国南海争端案之前应履行的法定义务》、金永明:《中国南海 U 形线与菲律宾诉中国南海争端案管辖权的关系》、张文彬:《菲律宾诉中国南海争端案的主体适格性问题》、李文杰:《被告方"初步反对的权利"在中菲南海争端案中的运用》,《河南财经政法大学学报》2014 年第 4 期;王建文、孙清白:《论中菲南海仲裁强制仲裁管辖权及中国的应对方案》,《南京社会科学》2014 年第 8 期。

辖权提出的质疑视为正式的管辖权异议[2]，并于 7 月 7—13 日就中方提出的管辖权异议举行了闭门听审。[3] 仲裁庭在第四号程序令中指出，除讨论中国提出的管辖权异议外，7 月听审可能会涉及管辖权的其他问题。显然，仲裁庭认识到要确立自身的管辖权，仅讨论中国目前提到的几个问题是不够的。

依据《公约》第十五部分和附件七的相关规定，确立附件七仲裁庭管辖权的法律要件有四大类：第一，主体适格，即"争端当事方"都是《公约》的缔约国；第二，客体适格，即当事方之间存在"争端"，且提请仲裁的争端是有关《公约》解释或适用，或者是与《公约》的目的有关的国际协定解释或适用的争端；第三，大前提要件，即某一争端是否可以诉诸《公约》第十五部分第二节强制程序的相关规定，这些条款主要集中在《公约》第十五部分第一节，包括第 281、282、283，以及第二节第 295 条；第四，小前提要件，即某一争端初步确定可适用"导致有拘束力裁判的程序"之规定，这些条款集中在《公约》第十五部分第二节和第三节，包括第 287 条第 3、第 4 款和第 5 款，第 297 条第 2 款（a）项、第 3 款（a）项和第 298 条。[4]

"南海仲裁案"中，中菲双方都是《公约》缔约国，主体适格要件不存在疑问。其他要件中，争议比较多的包括：双方间是否存在菲方所提"争端"（客体适格要件）？双方是否协议通过自行选择的和平方法或区域性协议解决有关争端（第 281 条和第 282 条）？菲方是否履行了"交换意见的义务"（第 283 条）？以及中方 2006 年的"第 298 条声明"是否已将有关事项排除出仲裁庭的管辖范围（第 298 条）？中方在《中华人民共和国政府关于菲律宾共和国所提南海仲裁案管辖权问题的立场文件》（以下称"《管辖权立场文件》"）中明确指出，菲方所提交的仲裁事项"实质是南海部分岛礁的领土主权问题，不涉及《公约》的解释或适用"，并对中菲两国已协议"通过谈判方式解决在南海的争端"，即使菲方所提仲裁事项"涉及有关《公约》的解释或适用的问题，也构成海域划界不可分割的组成部分，已被中国 2006 年的声明所排除"两个问题做了充分的阐述。[5] 鉴于此，本文旨在结合《公约》谈判历史和附件七"仲裁"的相关实践，深入阐释《公约》相关条文含义，进一步充实中方有关菲方所提事项是否涉及《公约》

---

[2] "'极地曙光号'案"仲裁庭的做法或许为本案仲裁庭处理该问题提供了样板。"'极地曙光号'案"是继"南海仲裁案"之后的第二起不应诉案件。在该案中，仲裁庭将不应诉俄罗斯提出的庭外管辖权异议视为正式的管辖权异议，并将该异议作为先决问题处理，专门就该异议作出了单独的《管辖权裁决》。现本案仲裁庭的做法与此完全一样。

[3] 相关信息请参见 http://www.pca-cpa.org/showpage.asp? pag_ id = 1529 或 http://www.pcacases.com/web/view/7。如无另外注明，本文所有网络资料的访问日期均为 2015 年 7 月 20 日。

[4] 有关确立附件七仲裁庭管辖权的法律要件（"四要件确立法"）的具体讨论，详见刘衡：《论确立海洋争端强制仲裁管辖权的法律要件——以〈联合国海洋法公约〉附件七仲裁为视角》，《中国海洋法学评论》2015 年第 1 期。

[5] 参见中华人民共和国外交部：《中华人民共和国政府关于菲律宾共和国所提南海仲裁案管辖权问题的立场文件》，http://www.fmprc.gov.cn/mfa_ chn/ziliao_ 611306/tytj_ 611312/zcwj_ 611316/t1217143.shtml。

的解释或适用的论述，并回答菲方是否已履行第 283 条规定之"交换意见的义务"。

二、有关《公约》的解释或适用的争端

依据《公约》第 288 条的规定，《公约》争端解决机制只适用于两种争端："有关《公约》的解释或适用的任何争端"（第 1 款）和根据其提起的有关"与《公约》目的有关的国际协定"的"解释或适用的任何争端"（第 2 款）。[6] 解决"有关《公约》的解释或适用的争端"是《公约》争端解决机制的基本和首要职能，附件七"仲裁"亦不例外。那么，什么是"有关《公约》的解释或适用的争端"？

"有关《公约》解释或适用的争端"由两个要素构成：第一，存在"争端"；第二，该争端有关"《公约》的解释或适用"。

（一）存在"争端"

当事方之间是否存在争端？最简单的思维是，既然一方提起强制仲裁，只要它所指事实并非子虚乌有，可以初步确定当事方之间存在"争端"。因此，在附件七"仲裁"实践中，对当事方之间是否存在争端的分歧不多。

在"麦氏金枪鱼案"中，日本认为它和澳大利亚、新西兰之间的分歧是科学争端，不是《公约》意义上的"法律争端"。[7] 但日本的立场未得到国际海洋法法庭（International Tribunal for the Law of the Sea，ITLOS）的支持。海洋法法庭在确立仲裁庭初步管辖权的裁定中认为，日本和澳、新之间的不同立场关乎法律。[8] 法庭分别引用了常设国际法院（Permanent Court of International Justice，PCIJ）和国际法院（International Court of Justice，ICJ）1924 年和 1962 年的论断，即"争端是法律或事实方面的争执，法律观点或利益的冲突"[9] 争端"必须是一方的主张受到他方的明确反对"[10]。既然澳、新指控日本未能遵守《公约》第 64 条、第 116—119 条项下义务和 1993 年《养护南部蓝鳍金枪鱼公约》（以下称"1993 年公约"）的规定和习惯国际法规则，而日本予以否认，这就是法律争端。[11] 其后，仲裁庭也认为日本和澳、新之间存在"争端"。[12]

〔6〕　由于"南海仲裁案"不涉及第 288 条第 2 款，本文将不具体讨论该款。

〔7〕　Southern Bluefin Tuna Cases（New Zealand v. Japan；Australia v. Japan），Request for Provisional Measures，Order，ITLOS，27 August 1999，para. 42，http：//www. itlos. org/fileadmin/itlos/documents/cases/case_ no_ 3 _ 4/ Order. 27. 08. 99. E. pdf.

〔8〕　Southern Bluefin Tuna Cases，Order，ITLOS，para. 43.

〔9〕　Mavrommatis Palestine Concessions，Judgment（Objection to the Jurisdiction of the Court），1924，P. C. I. J.，Series A，No. 2，p. 11.

〔10〕　South West Africa，Preliminary Objections，Judgment，I. C. J. Reports 1962，p. 328.

〔11〕　Southern Bluefin Tuna Cases，Order，ITLOS，para. 45.

〔12〕　Southern Bluefin Tuna Case（Australia and New Zealand v. Japan），Award on Jurisdiction and Admissibility，Arbitral Tribunal constituted under Annex VII of the United Nations Convention on the Law of the Sea，4 August 2000，para. 47，https：//icsid. worldbank. org/ICSID/FrontServlet？ requestType ＝ ICSIDPublicationsRH&actionVal ＝ ViewAnnouncePDF&AnnouncementType ＝ archive&AnnounceNo ＝7_ 10. pdf.

如果以海洋法法庭在该案中的处理作为是否存在"争端"的标准,该标准显然较低,很容易得到满足。首先,就本案而言,即使法庭认可日本的主张,即它和澳、新之间的争端只是科学争端,也构成"争端",因为"事实方面的争执"、"利益"方面的冲突均可构成"争端"。其次,只要一方明确指控他方未遵守或履行某一法律条款项下义务,表面上看不出这一指控有明显捏造的痕迹,似乎就满足了这一要求——他方如果否认指控,则说明双方之间就事实或法律存在分歧;他方如果承认指控,则等同于承认存在"争端"。在一些情况下,这可能会导致一些荒谬的情形。比如,两方可能从未就某一问题进行过讨论,但是出于某种目的,一方突然指控另一方违反某一项法律义务或者侵犯某一项法律权利。这种情况下,受指控方无论如何都会否认这一"莫须有"的事情。但是因为这一否认就可认定双方之间存在"争端"吗?显然不是。因此,海洋法法庭所引用的常设国际法院和国际法院的"争端"定义至少应包含两个实质要件:

第一,当事方此前针对所指控主题事项进行了严肃认真的正式讨论;

第二,在正式讨论中,各方就有关该主题事项的法律或事实出现了分歧或冲突,一方的观点受到他方的明确反对。

根据这两个实质要件,可以确定:首先,所谓"争端"必须是实质意义上的争端,形式意义上的"争端"不构成真实的争端。比如当事方之间有关"争端"是否存在的分歧,这是形式意义上的,不构成《公约》意义上的"争端"。国际法院在"石油平台案"中指出:"法院不能将自身限于一方认为争端存在而对方否认,而应确定所指控的对条约的违反是否确实存在。"[13] 在"渔业管辖权案"中指出:"尽管应对申请方所述有关争端的存在给予特别注意,法院自身应通过审视当事方立场,在客观基础上决定当事方之间的争端……决定有真实的争端提交到法院……法院将不仅在诉状和最后陈述的基础上,而且在外交换文、公开声明和其他相关证据的基础上做出该决定。"[14] 其次,时间上,此种分歧或冲突必须产生于一方就主题事项提出指控以前。因此,他方否定一方有关"争端"指控的行为本身对"争端"是否存在不产生任何效力。

(二)争端有关"《公约》的解释或适用"

什么是争端有关"《公约》的解释或适用"?要回答这个问题,关键是要弄明白"《公约》的解释或适用"是什么意思?《公约》的解释和《公约》的适用是两个有紧密联系但并不相同的问题。《公约》的解释是指通过一定的方法对《公约》具体条款的正确含义加以剖析[15]:其包括两个方面,一个方面是如何正确理解《公约》条款以及各条款间的联系;另一个更重要的方面是,当事各方如何在理解《公约》条款以及各条款

---

〔13〕 Case Concerning Oil Platforms (Islamic Republic of Iran v. United States of America), Preliminary Objections, Judgment, I. C. J. Reports 1996, para. 16.

〔14〕 Fisheries Jurisdiction Case (Spain v. Canada), I. C. J. Reports 1998, paras 30-31.

〔15〕 参见李浩培:《条约法概论》(第 2 版),法律出版社 2003 年版,第 334 页。

间联系的基础上，正确而且善意地加以阐述，以利于《公约》的适用。[16] 无论通过何种方法来解释《公约》条款，（1）解释必须是善意的；（2）解释的结果必须不能是明显荒谬或不合理的。否则，有关此种解释的争端属"伪装"的争端，而不是《公约》意义上有关《公约》解释的真实的争端。

《公约》的适用是指《公约》条款规定具体运用于一定主体和事项的活动，包括属人（适用的主体范围）、属时（适用的时间范围）、属地（适用的空间范围）和属事（当事方对条款规定的执行）四大要素（内容）。有关"《公约》的解释或适用"的争端可以细化为该争端的内容要么是关于如何正确理解并阐述《公约》条款的含义以及各条款间的联系，要么是关于该条款适用的主体范围、时间范围、空间范围或者当事方对条款规定的执行等。

可见，无论是《公约》的解释还是《公约》的适用，都属于实质的条约法，而不是形式的条约法。《公约》的解释或适用不是抽象的概念和仅具有程序意义，而涉及对《公约》具体条款内容的准确阐释和运用。从前面的分析可以看出，"有关《公约》的解释或适用"，更为确切的表述是"有关《公约》'条款'的解释或适用"。

（三）海洋法法庭和仲裁庭的实践

实践中，有些争端可能比较明确，比如，当事方将它们之间的争端明确界定为对《公约》某些实体条款有不同的理解，或者对如何适用某些实体条款有不同的看法等。但在一些情形中，当事方对于争端是否涉及《公约》的解释或适用存在分歧。

同样是在"麦氏金枪鱼案"中，日本在管辖权异议中指出，如果其第一个主张（"不存在法律争端"）不成立，则它和澳、新之间的争端属于"1993年公约"的适用范围，不涉及《公约》条款的解释或适用。[17] 海洋法法庭认为，"1993年公约"在当事方之间的适用不能排除任何一方援引《公约》规定的有关金枪鱼方面的权利，从而驳回日本的上述异议。[18] 仲裁庭也认为该案争端不仅涉及"1993年公约"，也涉及《公约》的解释或适用。[19] 在"围海造地案"中，被申请方新加坡并未对双方之间是否存在争端，以及如果存在争端，该争端是否涉及《公约》的解释或适用提出质疑，而是直接援引《公约》第283条，认为该条之要求尚未满足。[20] 海洋法法庭认为第283条适用于"如果缔约方之间对本《公约》的解释或适用发生争端"的情况，既然新加坡援引该条

〔16〕　参见万鄂湘等：《条约法》，武汉大学出版社1998年版，第205页。

〔17〕　Southern Bluefin Tuna Cases, Order, ITLOS, para. 46.

〔18〕　Southern Bluefin Tuna Cases, Order, ITLOS, paras. 48-52.

〔19〕　Southern Bluefin Tuna Case, Award on Jurisdiction and Admissibility, Arbitral Tribunal, para. 52.

〔20〕　Case Concerning Land Reclamation by Singapore In and Around the Traits of Johor (Malaysia v. Singapore), Request for provisional measures, Order, ITLOS, 8 October 2003, paras. 33-34, http：//www. itlos. org/fileadmin/itlos/ documents/cases/case_ no_ 12/Order. 08. 10. 03. E. pdf.

款，说明双方对它们之间是否存在有关《公约》解释或适用的争端没有分歧。[21] 在"'自由号'案"中，加纳认为双方的争端无关《公约》的解释和适用。[22] 海洋法法庭指出，"在规定临时措施之前，并不需要认定申请方所主张（《公约》）权利的明确存在，只需要确定申请方所援引条款可以为附件七仲裁庭提供初步的管辖权基础"[23]。经过分析，法庭认为《公约》第32条涉及该事项，[24] 因而"附件七仲裁庭对争端具有初步管辖权"[25]。

上述三种情形都最先出现在海洋法法庭确立附件七仲裁庭的初步管辖权过程中。从这些实践可以看出：

第一，在海洋法法庭看来，任何一项争端，只要它全部或部分涉及《公约》条款的解释或适用，就属于《公约》项下所指争端，或者至少涉及《公约》解释或适用的那部分属于《公约》项下所指争端。至于该争端是否涉及其他公约的解释或适用，不影响《公约》项下仲裁庭的管辖权。如前所述，"麦氏金枪鱼案"仲裁庭也持同样观点。

第二，确定争端是否涉及《公约》条款的解释或适用，似乎并不是一件困难的事情。海洋法法庭基本认为通过阅读申请方提请仲裁通知书所附的"权利主张所依据的理由的说明"（以下称"权利主张说明"）就可以找到答案。只要"权利主张说明"中明确援引了《公约》条款，并指出争端有关这些条款的解释或适用。除非明显不合逻辑或荒谬，申请方的说法至少可以初步接受，或者说这是争端涉及《公约》解释或适用的表面证据。但总体来说，海洋法法庭都只是确定了形式的"有关《公约》解释或适用的争端"。

鉴于海洋法法庭确立的只是仲裁庭的初步管辖权，它的这些实践并非完全不合理。是否仲裁庭确立自身的最终管辖权也采用这么宽松的标准？"麦氏金枪鱼案"仲裁庭认为，各方之间"真实的争端"应与其声称遭到违反的条约中所规定的义务有合理的关联性，[26] 并最终裁定自身对该案争端的实体审理缺乏管辖权，从而给予上述问题以否定回答。但其后附件七仲裁庭的实践与此并不一致，它们似乎更多沿用了海洋法法庭的做法，重形式而轻实质。这样，争端是否有关《公约》的解释或适用"重要的不在于其涉及什么问题，而是如何表述这些问题"，不同的表述可能决定其是否属于仲裁庭的管辖

---

[21] Case Concerning Land Reclamation, Order, ITLOS, paras. 35-36.

[22] The "Ara Libertad" Case (Argentina v. Ghana), Request for the prescription of provisional measures, Order, ITLOS, 15 December 2012, para. 51, http：//www. itlos. org/fileadmin/itlos/documents/cases/case_ no. 20/ C20_ Order_ 15. 12. 2012. corr. pdf.

[23] The "Ara Libertad" Case, Order, ITLOS, para. 60.

[24] The "Ara Libertad" Case, Order, ITLOS, paras. 61-66.

[25] The "Ara Libertad" Case, Order, ITLOS, para. 67.

[26] Southern Bluefin Tuna Case, Award on Jurisdiction and Admissibility, Arbitral Tribunal, para. 48.

范围。[27] 若如此，仲裁庭相关实践的合理性将存在问题，这可能会导致仲裁庭处理的是"伪装的"而非"真实的"争端。换言之，仲裁庭处理了本不存在的"争端"或者管辖了它本没有管辖权的争端。菲律宾或许正是基于这一思路从而提起"南海仲裁案"。

（四）中菲之间是否存在菲方所指"争端"？

综上所述，就"有关《公约》的解释或适用的争端"而言，无论是"争端"还是有关"《公约》的解释或适用"的争端都是实质的，而不仅是形式的。首先，如果形式的"争端"或者有关"《公约》的解释或适用"的争端都不存在，则"有关《公约》的解释或适用的争端"当然不存在。但是，形式的"争端"或者有关"《公约》的解释或适用"的争端存在，至多只是"有关《公约》的解释或适用的争端"可能存在的初步证据；只有在实质的"争端"和实质的有关"《公约》解释或适用"的争端都存在的情形下，才可确定存在"有关《公约》的解释或适用的争端"。基于上述理解，一个可能经常纠结的问题将会有一个简单的回答，即如果一方认为争端有关"《公约》的解释或适用"，而另一方认为争端无关"《公约》的解释或适用"，该如何认定？"麦式金枪鱼案"仲裁庭提供了答案："申请方认为争端涉及《公约》的解释或适用而被申请方不认为争端涉及《公约》的解释或适用本身不能说明一争端'有关《公约》的解释或适用'。"[28] 据此，"伪装的争端"不能依靠形式就自证为有关"《公约》的解释或适用"；欲论证其有关《公约》的解释或适用，则首先应解除"包装"才行。

对于中菲之间是否存在菲方所指"争端"，由于中方不应诉，不可能在程序中得到中方的正式回应。中方在有关该案的所有声明和答记者问，以及 2014 年 12 月 7 日公布的《管辖权立场文件》中都没有明确提及这个问题。但是首先可以肯定的是，菲方认为所提仲裁事项涉及而中国认为不涉及《公约》的解释或适用这个分歧本身不构成双方之间的"争端"。其次，中方指出，"迄今为止，中菲两国从未就菲律宾所提仲裁事项进行过谈判"[29]，这表明菲方所谓"争端"完全不具备常设国际法院和国际法院所界定"争端"的两个实质要件，并非真实的争端。最后，从中方将菲方所提仲裁事项定性为"实质上是两国在南海部分海域的海洋划界问题"或者"实质是南海部分岛礁的领土主权问题"的立场看，中方认可中菲之间存在海洋争端，只是这些争端并非菲方所界定的"争端"。在《管辖权立场文件》中，中方进一步将菲方所提仲裁事项定性为"实质是南海部分岛礁的领土主权问题，不涉及《公约》的解释或适用"，以及"即使……涉及有关《公约》解释或适用的问题，也构成海域划界不可分割的组成部分，已被中国 2006 年声明所排除，不得提交仲裁"[30]。该定性再次澄清菲方所提仲裁事项本身并非双方之间的

---

[27]　Alan E. Boyle, "Dispute Settlement and the Law of the Sea Convention: Problems of Fragmentation and Jurisdiction", *International and Comparative Law Quarterly*, Vol. 46, No. 1, 1997, pp. 44-45.

[28]　Southern Bluefin Tuna Case, Award on Jurisdiction and Admissibility, Arbitral Tribunal, para. 48.

[29]　《中华人民共和国政府关于菲律宾共和国所提南海仲裁案管辖权问题的立场文件》，第 45 段。

[30]　《中华人民共和国政府关于菲律宾共和国所提南海仲裁案管辖权问题的立场文件》，第 4—29、57—75 段。

"争端"，虽然它们与双方之间的岛礁主权争端紧密相连。需要指出，中方使用"即使
……涉及有关《公约》解释或适用的问题"的表达并不意味着其认可菲方所提仲裁事项
"涉及有关《公约》解释或适用的问题"[31]。我们注意到，或许为避免此"争端"与彼
"争端"混淆，中方未使用"争端"一词，而采用菲方"所提仲裁事项"的说法。此种
表达可谓是剥除了菲方为将"争端"与"有关《公约》的解释或适用"联系起来从形
式上精心设计的各种"包装"，将事项的"实质"暴露在阳光下。

三、交换意见的义务

《公约》第 283 条的主要目的是确立"交换意见"的基本义务，鼓励当事方为确定
以何种方式解决争端加强协商，防止一争端从非强制程序自动转入强制程序，或从一种
强制程序转入另一种强制程序[32]。同时，该条再次确认了通过谈判解决争端的重
要性[33]。

（一）基本含义

第 283 条第 1 款要求争端当事方"应迅速就以谈判或以其他和平方法解决争端一事
交换意见"，在履行该积极义务前，当事方不应诉诸强制程序（含附件七"仲裁"）。首
先，争端各方都有"交换意见"的义务。其次，各方"交换意见"的目的是确定以何
种方式（谈判或其他和平方法）来解决业已存在的争端，而不是通过它来谋求解决争
端，也就是说"交换意见"不是解决争端的一种方式。如果当事方在沟通中仅直接讨论
解决争端的细节，是否可以认为它们已就争端解决的方式达成一致？再次，该款仅提出
了"交换意见"的要求，但是对"交换意见"的程度未做规定。什么情形下可视为各
方履行了"交换意见"之义务？如一方向另一方"交换"了意见，而另一方根本不予
理会，这是否可视为履行了"交换意见"的义务？或者经过一段"合理期间"，程序是
否可继续推进？这些都有待实践考察。最后，"交换意见"义务的履行"应迅速"。

第 283 条第 2 款规定，若一种方法未能解决争端，需采用其他方法时，或者在执行
已达成的争端解决方案过程中需要时，当事方仍应"交换意见"。这表明"交换意见"
的义务不只限于寻求争端解决时的最初阶段，而是贯穿于争端解决各阶段的持续义
务[34]。这确保了只有在当事方之间经过适当协商之后，一方才能尝试采用另一种争端

---

[31] 这是一种在法律辩论中经常采用的技巧，与事实和观点的认可没有关系。即假设一种对方观点正确的情
形，再论证在该情形下也无法得出对方的结论，从而论证对方论述的错误。如日本在"麦氏金枪鱼案"
中非常熟练地运用了这一技巧。

[32] A. O. Adede, The System for Settlement of Disputes under the United Nations Convention on the Law of the Sea: A
Drafting History and A Commentary, p. 93.

[33] Natalie Klein, *Dispute Settlement in the UN Convention on the Law of the Sea*, Cambridge University Press, p. 33.

[34] Myron H. Nordquist ed., United Nations Convention on the Law of the Sea 1982: A Commentary, p. 29.

解决方法，尤其是求诸那些可导致有拘束力裁判的程序。[35]

上述理解尚未完全揭示第 283 条的真实内涵。前已提及，确立"交换意见的义务"之目的并非全在"义务"本身，而在对"通过谈判解决争端"的强调。"纳入'交换意见'的义务旨在满足各代表团的期待，即争端当事方的首要义务应是尽一切努力通过谈判解决争端。条文以一种间接的方式提及这一点，使得谈判成为交换意见基本义务的主要目的。"[36]

一旦当事方通过"交换意见"确定通过谈判解决争端，"交换意见的义务"就导向了"谈判的义务"。就谈判义务而言，问题还是在于该义务是形式的还是实质的义务。常设国际法院在"铁路交通案"中所指出，一方面，谈判的义务不仅只是进行谈判，而应尽力追求解决争端；另一方面，谈判的义务并非暗含达成协议的义务。[37] 争端方应就解决争端提出合理方案，但是不能要求另一方无条件接受本方的意见。[38] 国际法院在"北海大陆架划界案"中也指出，谈判的义务要求谈判的进行旨在达成协议，不能仅仅只是经历一个正式的谈判过程，将其作为在未达成协议的情形下自动采用其他方法的前提条件。谈判应该是有意义的，在谈判中只是坚持本方观点而不考虑任何修改的可能不能被视为"有意义"。[39] 谈判的义务暗含在谈判过程中应合理行为，这是一般要求，但是并不施加接受特定解决方案的义务——即使该义务从一方观点，甚至从客观的角度看具有合理性。[40]

当然，对谈判的强调并非忽视可用以解决争端的"其他和平方法"，如果当事方想越过直接谈判而选择其他方式，如斡旋、调解、事实调查或和解，第 283 条不是障碍。[41] 这也呼应了第 280 条有关当事方可以在任何时候自主选择和平方式解决争端的规定。

另外，《公约》第 300 条有关"善意履行《公约》义务"的规定当然适用于本条有关"交换意见的义务"。

（二）主观标准 v. 客观标准

确立"交换意见的义务"之后，理论上，应从形式和实质两方面对该义务加以阐明，并将其作为判定该义务是否履行的依据。但实践并非按此逻辑行事：一方面，无论是海洋法法庭还是仲裁庭，都没有明确提及该义务是形式义务还是也包含实质义务；另

---

[35] Myron H. Nordquist ed. , United Nations Convention on the Law of the Sea 1982: A Commentary, p. 29.

[36] Ibid.

[37] PCIJ, Series A/B, No. 42, at 116 (1931).

[38] Myron H. Nordquist ed. , United Nations Convention on the Law of the Sea 1982: A Commentary, p. 30.

[39] North Sea Continental Shelf cases (F. R. G. /Denmark; F. R. G. /Netherlands), 1969 ICJ Reports 3, at 47, para. 85 (a).

[40] Myron H. Nordquist ed. , United Nations Convention on the Law of the Sea 1982: A Commentary, p. 30.

[41] Ibid. , p. 29.

一方面，按理说，判断该义务是否履行应基于客观标准，但是实践表明"这是一个主观决定"[42]。

迄今为止，第 283 条"交换意见的义务"在实践中争议最大，大多数已决案例对该要件均有所讨论。"麦氏金枪鱼案"是对该条进行详细讨论的第一案。澳大利亚和新西兰表示它们在提起仲裁之前，已经与日本就通过何种合适方式解决它们之间的争端履行了"交换意见"的义务，并向海洋法法庭和仲裁庭出示了外交换文等书面证据[43]。日本并未对此提出异议，只是强调依据第 281 条，它们尚未穷尽第十五部分第一节通过谈判或其他和平方式解决争端的程序[44]。海洋法法庭最后裁定"如果一方判定（就通过何种和平方法解决争端）达成协议已无可能，它无义务（继续）追求十五部分第一节的程序"[45]。"一方判定（就通过何种和平方法解决争端）达成协议已无可能"很快被海洋法法庭在其他案件中一再援引，成为海洋法法庭判断"交换意见的义务"是否履行的"黄金标准"。但是争端一方何以判定达成协议"已无可能"？海洋法法庭没有明确回答。

在"MOX 核燃料厂案"中，英国辩称双方未能就通过谈判或其他和平方式解决争端交换意见，因而第 283 条之要求尚未满足[46]。爱尔兰称，早在 1999 年 7 月 30 日的信函中，它就提请英国注意通过《公约》解决争端；双方随后有一系列信函往来，这些信息足以能将争端提交附件七仲裁庭[47]。况且，它是在英国不愿意考虑立即中止 MOX 核燃料厂的运行和停止相关跨国运输之后才提交仲裁的[48]。法庭将其"黄金标准"完善为：如果一缔约方判定已无可能（就通过何种和平方法解决争端）达成协议，它没有义务继续交换意见[49]。从这些情况来看，"交换意见"的要求似乎并不难满足。只要形式上有证据（双方的往来信函是最容易和最简单的证据）证明双方就通过谈判或其他和平方法来解决争端进行了"信息交换"；至于信息交换的程度，并没有明确规定，由争端任何一方自行判断，只要它判定达成协议已无可能就可以了。该条没有向争端各方施加穷尽外交方法的任何义务。至于"迅速"的含义，法庭和当事方均未提及。

在"围海造地案"中，新加坡辩称双方尚未依据《公约》第 283 条之规定，"就以

---

[42] Natalie Klein, Dispute Settlement in the UN Convention on the Law of the Sea, pp. 33, 63.

[43] David Anderson, "Article 283 of the UN Convention on the Law of the Sea", in David Anderson, *Modern Law of the Sea: Selected Essays*, Martinus Nijhoff Publishers, 2008, p. 599.

[44] Southern Bluefin Tuna Cases, Order, ITLOS, para. 56.

[45] Southern Bluefin Tuna Cases, Order, ITLOS, para. 60.

[46] The MOX Plant Case (Ireland v. United Kingdom), Request for provisional measures, Order, ITLOS, 3 December 2001, para. 54, http://www.itlos.org/fileadmin/itlos/documents/cases/case _ no _ 10/Order. 03. 12. 01. E. pdf.

[47] The MOX Plant Case, Order, ITLOS, para. 58.

[48] Ibid. para. 59.

[49] Ibid. para. 60.

谈判或其他和平方式解决争端一事交换意见"，并认为该条使得"谈判"构成"启动第十五部分强制争端解决程序的先决条件"[50]。新加坡同时指出，判定当事方有无可能就争端解决方法达成协议"就其性质而言，应由海洋法法庭最终决定"，而非当事一方决定[51]。海洋法法庭回顾了双方此前的交流沟通情况，援引法庭之前的有关裁决，指出，"在解决争端已无可能的情况下，一缔约方无义务寻求通过《公约》第十五部分第一节程序"和"在达成协议已无可能的情况下，一缔约方无义务继续履行交换意见的义务"，判定本案中第283条的要求已经满足[52]。法庭同时援引国际法院在"喀麦隆诉尼日利亚案"中的论断，即"无论是联合国宪章还是其他国际法，都没有任何一般规则认为用尽外交谈判构成将有关事项提交本院的先决条件"[53]，作为对新加坡第283条"先决条件"说法的回应。但这其实并未正面回应和直接否定新加坡认为履行"交换意见"之义务使得"谈判"成为提起仲裁的"先决条件"之观点——虽然新加坡也走得太远了些：提起仲裁的"先决条件"是履行"交换意见"之义务而非"谈判"之义务[54]。但是新加坡无疑理解了本条对通过"谈判"解决争端的重视和强调。拉奥法官（Judge Chandrasekhara Rao）在"个别意见"中支持新加坡有关应由法庭最终判定达成协议有无可能的意见，指出"有关交换意见的要求并非一个空洞的形式，不能由争端一方凭一时兴起来决定。必须善意履行这方面的义务，而对此加以审查是法庭的职责"[55]。

海洋法法庭的做法并未得到"麦氏金枪鱼案"仲裁庭的认同。该仲裁庭虽然也认为本案中第283条项下的义务已经满足，但其原因是争端各方"已经进行了长时间、激烈和严肃的谈判"，且在谈判中申请方援引了《公约》[56]。当然，仲裁庭只是表示这些事实足以证明"交换意见的义务"已经履行，无意为如何判断该义务是否履行设定标准[57]。

遗憾的是，"麦氏金枪鱼案"仲裁庭的做法未得到其他仲裁庭的支持。在后面的巴特"海洋划界案"[58] 和圭苏"海洋划界案"[59] 中，仲裁庭和"'自由号'案"[60]中海

---

[50] Case Concerning Land Reclamation, , Order, ITLOS, paras. 33-34.

[51] Case Concerning Land Reclamation, Verbatim Record, ITLOS/PV. 03/03, p. 31.

[52] Case Concerning Land Reclamation, Order, ITLOS, paras. 35-51.

[53] Case concerning the Land and Maritime Boundary between Cameroon and Nigeria (Cameroon v. Nigeria), Preliminary Objections, Judgment, I. C. J. Reports 1998, p. 303

[54] David Anderson, Article 283 of the UN Convention on the Law of the Sea, p. 603.

[55] Case Concerning Land Reclamation, Separate Opinion of Judge Chandrasekhara Rao, para. 11.

[56] Southern Bluefin Tuna Case, Award on Jurisdiction and Admissibility, Arbitral Tribunal, para. 55.

[57] Natalie Klein, Dispute Settlement in the UN Convention on the Law of the Sea, Cambridge University Press, p. 33. 有学者认为该仲裁庭采取的是"客观标准"。参见潘俊武：《剖析1982年〈联合国海洋法公约〉中的强制争端解决机制》，《法律科学（西北政法大学学报）》2014年第4期，第200页。

[58] In the Matter of an Arbitration between Barbados and the Republic of Trinidad and Tobago, Award, Arbitral Tribunal, paras. 201-203.

[59] In the Matter of an Arbitration between Guyana and Suriname, Award, Arbitral Tribunal, paras. 408-410.

[60] The "Ara Libertad" Case, Order, ITLOS, paras. 68-72.

洋法法庭一样，都依循海洋法法庭在前三个案件中的思路处理第 283 条项下"交换意见的义务"。即先回顾一下当事方之间为谋求如何解决争端有一些交流沟通，包括照会、文书、信函和人员往来等，以此说明双方之间已履行"交换意见"的义务。至于交换的内容，法庭并未过分强调，有的案件中这些内容直接涉及案件诉求，有的案件中只是笼统提及与案件争端有联系的方面，并未特定为案件争端或具体诉求。然后法庭引述海洋法法庭在"麦氏金枪鱼案"中提出并经"MOX 核燃料厂案"完善的"黄金标准"："如果一缔约方判定就通过何种和平方法解决争端达成协议已无可能，它没有继续交换意见的义务"，以此来论证当事方已经履行第 283 条义务。

从上述实践可以确定两点，第一，"交换意见"不需要一个正式的程序，也不强求必须明确指出是第 283 条意义上的意见交换，当事方在交流中谈及有关《公约》解释或适用的争端便足以满足要求。[61] 第二，在交换意见中应提及《公约》具体条款涉及本争端也是本条的一个要件。[62] 但是核心问题仍在，即一方何以判定就通过谈判或其他和平方式解决争端事宜"已无可能达成协议"？该判定本身有客观标准还是纯主观判断？或许是这几个案件都不复杂，海洋法法庭依然没有明确回答，仲裁庭也没有明确谈及。但从实践看，主观判断色彩更浓一些，虽然也需要一定的客观事实。

无论如何，"海洋法法庭和仲裁庭都不太情愿裁定第 283 条义务未能履行"，[63] 实践中还未出现过该要件未能成就的情形。

（三）形式义务 v. 实质义务

实践初步回答了判断"交换意见的义务"是基于客观标准还是主观标准的问题，并未对理应成为判断依据的"义务"的内涵加以具体阐明。不过很明显，实践将"交换意见"的积极义务更多视为一种形式，而不强调或极少强调该强制义务具有的实质内容。如"'极地曙光号'案"专案法官安德森（David H. Anderson）认为，"交换意见"义务更多是强调寻找解决争端的最合适方式，而不是就争端的实体问题穷尽外交谈判。[64]第 283 条暗含的主要目的是为了避免出现一方完全莫名其妙地被另一方拖入针对自己的程序。[65] 比如，海洋法法庭有关第 283 条义务是否履行的论证大多在论证当事方之间是否存在"意见交换"，至于该"意见交换"的内容是否有关"以谈判或其他和平方式解决争端"则经常语焉不详，有些为"交换意见"而"交换意见"的意味。也就是说，一方"交换意见"的目的只是为了满足这个要件以便进入自己偏好的某种自愿或强制争

---

〔61〕 Natalie Klein, Dispute Settlement in the UN Convention on the Law of the Sea, p. 64.

〔62〕 Ibid.

〔63〕 David Anderson, Article 283 of the UN Convention on the Law of the Sea, p. 608.

〔64〕 The Arctic Sunrise Case (Kingdom of the Netherlands v. Russian Federation), Request for the prescription of provisional measures, Declaration of Judge ad hoc Anderson, para. 3, http://www.itlos.org/fileadmin/itlos/documents/cases/case_ no. 22/Order/C22_ Ord_ 22. 11. 2013_ decl. Anderson_ orig_ Eng. pdf.

〔65〕 Ibid.，安德森在本文所提及的有关第 283 条的学术论文中也表达了这样的观点。

端解决程序。从这个角度讲，争端解决的相关实践异化了该条的立法原意。即使从第283 条找不到质疑这种行为的表述，第 300 条善意"交换意见"的义务也可以为有些当事方为"交换意见"而"交换意见"的行为打上问号。前已提及，海洋法法庭拉奥法官在"围海造地案"的"个别意见"中指出"（第 283 条）义务必须善意履行，法庭有责任查明当事方是否如此行事"。因此，"交换意见的义务"不仅是一种形式义务，更是一种实质义务。此外，实践也没有回答如果一方向另一方"交换"了意见，而另一方不予理会时该如何处理这个问题。

　　无论"交换意见"的义务是形式义务还是实质义务，有一点是明确的，即必须是交换"有关本争端"的意见。"'极地曙光号'案"海洋法法庭法官葛里森（Judge Golitsyn）在"不同意见"中认为法庭在附件七仲裁庭是否具有初步管辖权问题上做出了错误的决定。[66] 他指出，法庭不应处理《公约》附件七仲裁庭是否具有初步管辖权这一问题，因为《公约》第 283 条第 1 款"交换意见的义务"未能得到履行。[67] 从荷兰提供的信息看，荷兰当局从未尝试与俄罗斯就通过谈判或其他和平方式解决争端交换意见。荷兰主张其在提起仲裁前与俄罗斯就争端讨论了两次，在提交临时措施请求前与俄罗斯讨论了一次都是误导，不是《公约》第 283 条第 1 款要求得到满足的令人信服的证据。第一，荷兰指出的最后一次交换意见发生在争端已提交仲裁之后；第二，10 月 1 日的交换意见发生在俄罗斯向荷兰通告其扣押船舶和人员理由之前，换言之，在争端形成和争端的存在得到确认以前。因此，这些"交换意见"不是《公约》第 283 条第 1 款定义的"交换意见"。由此判断双方从未就通过谈判或以其他和平方法解决争端事宜进行过任何严肃的"交换意见"的尝试，《公约》第 283 条第 1 款义务未能得到满足。[68]

（四）菲方是否履行了"交换意见的义务"

　　"南海仲裁案"中，菲方在提起仲裁的"权利主张说明"中专门就"交换意见的义务"的履行情况进行了说明。[69] 即使从形式义务角度，根据海洋法法庭的"主观标准"来判断，菲方所谓已满足第 283 条"交换意见的义务"之要求的说法也不成立。第一，菲方指出，最早自 1995 年起，中菲就解决菲方所提"争端"开始交换意见，最近的一次发生在 2012 年 4 月。双方这么多年的谈判仍未能解决"争端"。姑且假定中菲之间存在菲方所指"争端"，菲方所述事实也全部是真实的，但是此"交换意见"非第 283 条项下之"交换意见"。第 283 条"交换意见"的内容是"通过何种和平方法解决争端"

---

〔66〕　The Arctic Sunrise Case, Dissenting Opinion of Judge Golitsyn, http: //www. itlos. org/fileadmin/itlos/documents/cases/case_ no. 22/Order/C22_ Ord_ 22. 11. 2013_ diss. op. Golitsyn_ orig_ Eng. pdf.

〔67〕　The Arctic Sunrise Case, Dissenting Opinion of Judge Golitsyn, para. 5.

〔68〕　The Arctic Sunrise Case, Dissenting Opinion of Judge Golitsyn, paras. 9-14.

〔69〕　Notification and Statement of Claim, paras. 25-30, http: //www. dfa. gov. ph/index. php/2013-06-27-21-50-36/unclos/216-sfa-statement-on-the-unclos-arbitral-proceedings-against-china, 按常理推断，菲律宾在 2014 年 3 月底提交的诉状中应该提供了更多的信息，但该诉状尚未公开，此处分析仅涉及目前可公开获得的信息。

而非"通过某种方法如何解决争端"。菲方所述事实只能证明双方已协商通过谈判解决争端，只是经过多年谈判，"争端"仍未解决而已。第二，菲方提到在 2012 年 4 月曾邀请中方协商将争端提交"适当的裁判机构"，而中方拒绝了此邀请。首先，菲方并未明确援引《公约》条款；其次，这表明在菲方判断通过谈判解决争端已无可能后，就"通过何种和平方法"解决争端提出了新的意见。从这时起，才可以说双方就如何解决争端开始了第 283 条意义的"交换意见"。但仅在 9 个月后，菲方就提起了附件七仲裁，凭何判定双方就"通过何种和平方法解决争端"达成协议已无可能？

恰恰相反，菲方所谓"交换意见"的事实可谓是回应了中方"通过谈判方式解决在南海的争端是中菲两国之间的协议"之声明。[70] 否则，双方不会十多年来一直坚持通过谈判试图解决"争端"。中方不否认双方就谋求解决在南海的争端一直在进行谈判，并提供了更多双方谈判的具体情况和相应成果。但是中方否认双方就菲方所提仲裁事项进行过谈判。[71] 换言之，即使有关争端解决涉及第 283 条，该条之"交换意见的义务"显然没有履行。当然，中方在《管辖权立场文件》中根本没有提及第 283 条。中方的逻辑是一致的。因为既然"双方同意的争端解决方式只是谈判，排除了其他任何方式"[72]，即使这些"争端"有关《公约》的解释或适用，第 283 条也得不到适用的机会，中方当然无须提及。

四、结论

对于如何确立附件七仲裁庭的管辖权，《公约》规定了具有内在逻辑联系的四大类法律要件。依案情不同，各具体要件的争议程度有所不同。中国虽然不接受、不参与"南海仲裁案"，但通过外交声明和《管辖权立场文件》对本案争议较多的部分要件进行了分析，以阐述仲裁庭对菲方所提仲裁事项没有管辖权。本文在此基础上，对"争端有关《公约》的解释或适用"和"交换意见的义务"两个基本问题进行了全面、系统、深入的分析，尝试回答"中菲之间是否存在菲方所指'争端'"和"菲方是否履行了'交换意见的义务'"这两个疑问。

就"有关《公约》的解释或适用的争端"而言，无论是"争端"还是有关"《公约》的解释或适用"的争端都是实质的，而不仅是形式的。"伪装的争端"不能依靠形式就自证为有关"《公约》的解释或适用"。首先，菲方认为所提仲裁事项涉及而中国认为不涉及《公约》的解释或适用这个分歧本身不构成双方之间的"争端"。其次，菲方所谓的"争端"不具备争端所应具有的两个实质要件，不是真实的争端。最后，中方认可中菲之间存在海洋争端，只是这些争端并非菲方所界定的"争端"。在《管辖权立

---

[70] 参见《中华人民共和国政府关于菲律宾共和国所提南海仲裁案管辖权问题的立场文件》，第 30—56 段。

[71] 参见《中华人民共和国政府关于菲律宾共和国所提南海仲裁案管辖权问题的立场文件》，第 45 段。

[72]《中华人民共和国政府关于菲律宾共和国所提南海仲裁案管辖权问题的立场文件》，第 41 段。

场文件》中，中方不使用"争端"一词，而采用菲方"所提仲裁事项"的说法，此种表达剥除了菲方为将"争端"与"有关《公约》的解释或适用"联系起来从形式上精心设计的各种"包装"。

《公约》第283条确立"交换意见的义务"旨在鼓励当事方为确定以何种方式解决争端加强协商，防止争端从非强制程序自动转入强制程序，或从一种强制程序转入另一种强制程序，并再次确认通过谈判解决争端的重要性。在履行该积极义务前，当事方不应诉诸强制程序（含附件七"仲裁"）。该义务是形式义务还是实质义务，以及判断该义务是否履行应依据主观标准还是客观标准在理论和实践上有争论，国际海洋法法庭和仲裁庭在处理相关问题时也表现出不情愿判定该义务未履行的倾向。尽管如此，假定中菲之间存在菲方所指"争端"，即使基于菲方所提供的事实，从形式义务角度，根据主观标准来判断，菲方所谓其已履行第283条"交换意见的义务"说法也不成立。恰恰相反，菲方所谓"交换意见"的事实回应了中方"通过谈判方式解决在南海的争端是中菲两国之间的协议"之声明。

《公约》附件七第9条规定："如争端一方不出庭或对案件不进行辩护，他方可请求仲裁法庭继续进行程序并做出裁决……仲裁法庭在做出裁决前，必须……查明对该争端确有管辖权……""南海仲裁案"仲裁庭在查明本庭对菲方所提仲裁事项是否确有管辖权时，且不论其他法律要件，将很快发现本文所讨论的两个基本要件未能满足。

南沙群岛的专属经济区和大陆架问题初论

■ 赵　伟[*]

【内容摘要】中国政府已正式表明对于南沙群岛的岛礁和邻近海域享有主权和管辖权。根据相关的国际法和国内法，以上所称的"邻近海域"包括南沙群岛的专属经济区和大陆架。对这一立场，应该结合《联合国海洋法公约》第121条的规定进行分析和解读。该条第3款规定，"不能维持人类居住或其本身经济生活的岩礁，不应有专属经济区和大陆架"。结合《公约》这一条款的立法过程和立法目的，在依据该款判断有关岛礁是否应该拥有专属经济区和大陆架时，应该从严解释。根据笔者对多种资料对比分析的结果，即使对第121条从严解释，南沙群岛中仍有不少岛礁符合"应该有专属经济区和大陆架"的情形，因为从淡水资源、土壤、动植物资源等方面考察，南沙部分岛礁都可以"维持人类居住和其本身的经济生活"。

【关键词】《联合国海洋法公约》　南沙群岛　专属经济区　大陆架

南海周边国家之所以对南海诸岛竞相提出主权要求，除了对于岛屿本身主权的关注之外，还有一个更为现实的利益计算。虽然《联合国海洋法公约》不直接解决陆地主权的归属问题，但是根据《公约》的规定，确定的陆地领土能够为沿海国带来范围广阔的海域权利。根据一般国际法上的"陆地统治海洋"原则，如果有关国家取得了相关岛屿的主权，则该国能够以该岛屿为基础，根据《公约》的规定主张领海、毗连区、专属经济区和大陆架等海域。因此，岛屿的主权归属直接决定了一个国家所能享有主权和管辖权的海域范围。

中国政府已经多次表明对于南海岛礁及其邻近水域的主权和管辖权的基本立场。本文的立论即建立在南沙岛礁的主权确定地属于中国这一基础之上，所要解决的问题是：所谓的"邻近水域"是否包含相关岛礁的专属经济区和大陆架？

一、《联合国海洋法公约》第121条的内容及其缺陷

（一）《公约》第121条的内容

从1951年起，国际法委员会就开始尝试制定一项有关岛屿的法律制度。1958年第一次海洋法会议通过的《领海与毗连区公约》第10条是对岛屿的定义，"岛屿是指四面环水，高潮时仍高于水面的自然形成的陆地"。"高潮时高于水面"就排除了低潮高地和浅滩属于岛屿；"自然形成的陆地"就排除了人工结构和设施的岛屿地位。

1982年《联合国海洋法公约》继承了1958年《公约》中的定义，所不同的是，由于1982年的《海洋法公约》已经规定了专属经济区制度，因此公约对岛屿据以主张专属经济区和大陆架的能力做出了限制。《海洋法公约》第七部分"岛屿制度"第121条

---

* 河南大学法学院国际法学博士研究生。

的内容如下：

1. 岛屿是四面环水并在高潮时高于水面的自然形成的陆地；

2. 除第三款另有规定外，岛屿的领海、毗连区、专属经济区和大陆架应按照本公约适用于其他陆地领土的规定加以确定；

3. 不能维持人类居住或其本身的经济生活的岩礁，不应拥有专属经济区和大陆架。

上述第 121 条第 3 款说明，除第 3 款所规定的情况外，岛屿和其他陆地领土一样，应该有自己的领海、毗连区、专属经济区和大陆架。第 121 条第 3 款则是一个除外条款，规定了不应拥有专属经济区和大陆架的岛屿的情况。立法者制定这个除外条款的本意是防止一个国家根据一个非常小的离岸海洋地物来主张非常广阔的海洋空间和海床。比如，如果不存在和邻国的主张重叠的情况，高潮时高于海面的一个很小的海洋地物可以产生 125600 平方海里（430796 平方公里）的专属经济区，而根据《公约》规定的大陆架制度，其所拥有的大陆架权利的范围还可能更广。《海洋法公约》的制定者认为，如果一个面积非常小的陆地领土能够产生与其不成比例的非常大的海洋空间和底土空间，则是不公平的，因此制定了第 121 条第 3 款，并被各缔约国所接受。

看起来，《公约》第 121 条的规定是一个相当完善的条款。但是，如果仔细研读第 3 款的规定，会发现这个条款的内涵相当模糊，在解释和使用该条款时比较困难。第 121 条的表述最初出现在 1975 年 5 月的非正式单一协商案文（第三次联合国海洋法公约的第一个协商文本）的工作文件八的第 132 条之中，当时对其的讨论主要集中在该条第 3 款的规定，主要反映在两个方面：[2]

1. 什么样的岛屿应该被认定为第 3 款所指的"岩礁"，在实践中应该按照什么标准区分岛屿和岩礁？

2. 不能维持人类居住和其自身的经济生活的含义是什么？[3]

由于解释和适用第 121 条第 3 款的困难，很多学者建议，应该从协商文本中删除该款内容。然而，这种建议并没有被《公约》所接受。和《公约》很多部分的模糊性规定一样，这个条款实际也是一种折中方案，存在相当程度的模糊和解释空间，目的是为了使缔约国"一揽子接受"，实现《公约》的普遍性。

（二）面积不是区分第 121 条第 3 款规定的"岛屿"和"岩礁"的标准

在第三次海洋法会议期间，非洲 14 国拟根据岛屿的面积大小及其与沿海国海岸的距离远近区分其不同的法律地位，将其分为岛屿（islands）、小岛（islets）、岩石（rocks）和低潮高地（low-tide elevations）。岛屿是四面环水、高潮时露出水面、自然形

---

[2]　Informal Single Negotiating Text, Doc. A/Conf. b2/WP. 8, 7 May 1975, in Third United Nations Conference on the Law of the Sea, Official Records, Vol. IV（New York）, 170 - 171.

[3]　Robert D. Hodgson and Robert W. Smith, "The Informal Single Negotiating Text（Commit-tee II）: A Geographical Perspective," *Ocean Development and International Law Journal* 3（1976）: 230.

成的一片广大陆地；小岛是四面环水、高潮时露出水面、自然形成的一片较小的陆地；岩石是四面环水、高潮时露出水面、自然形成的一片石质高地；而低潮高地是四面环水、低潮时露出水面而高潮时淹没于水面之下的自然形成的一片陆地。另外还有罗马尼亚提出的建议案，对岛屿的大小规定了 1 平方公里的标准，并强调了维持自身的经济生活及有无人员居住等条件的重要性。[4]《公约》最终的文本没有采纳按照面积的大小对岩礁和岛屿进行区分的建议，但是却对岛屿的经济生活和居住人员等建议有所体现。

当时有很多学者和机构也曾尝试从面积大小的角度来对"岩礁"和"岛屿"做出区分。如前美国国务院的地理学家霍奇森（Hodgson）就按照面积大小，对岛屿和岩礁进行了区分，并且还区分了不同类型的岛屿[5]：（1）岩礁（rocks），面积小于 0.001 平方英里。（2）小岛（islets, isles），面积介于 0.001 平方英里和 1000 平方英里。[6]（3）岛屿（islands），面积大于 1000 平方英里。

按照霍奇森的划分，那些面积为 0.001 平方英里（2590 平方米）或者更小的岛屿，在海洋划界的意义上，应该被理解为"岩礁"。如果这个面积是当初立法者的本意，那么其面积大概是一个边长为 51 米的正方形，或者是半径为 28.7 米的圆形。[7]

按照以上所述的面积标准，霍奇森对全世界范围内可能属于《公约》第 121 条第 3 款所称的"岩礁"的情况进行了分析。如果能够接受霍奇森所提出的面积大小的标准，这些小型的海洋地物中的大部分都在沿海国海岸的附近。比如说，在阿拉斯加、智利、澳大利亚、中国、韩国和古巴的海岸附近，都存在数以千计的这种小岛屿。这种类型的近岸小岛屿很少会对国家之间的专属经济区和大陆架的划界或者国家对这些海域的权利产生影响。而沿海国近岸的那些不属于第 121 条第 3 款情况规定的岛屿，则会对国家所能主张的海域权利有很大影响。实际上，大多数沿海国都选择将这些近岸的小岛屿包含在其直线基线之内，从而使得对这些问题的讨论并无更大的实际意义。[8]

还有一些不在沿海国近岸，而是距离较远，并且会对增加沿海国所管辖海域的面积

---

[4]　参见陈德恭：《海洋法中的岛屿制度》，载赵理海主编：《当代海洋法的理论与实践》，法律出版社 1987 年版，第 244 页。

[5]　Robert D. Hodgson, "Islands: Normal and Special Circumstances," in *Law of the Sea*: *Emerging Regime of the Oceans*, *Proceedings of the Law of the Sea Institute*, eds. J. K. Gamble and G. Pontecorvo (Cambridge, MA: Ballinger, 1974), 150-151.

[6]　霍奇森还对 islets 和 isles 进行了区分，认为面积在 0.001 平方英里至 1 平方英里之间者应为 islets，面积大于 1 平方英里而不超过 1000 平方英里者应为 isles。由于很难以中文对这两种类型的小岛屿进行区分，本文统一将两者都称为"小岛"。

[7]　Robert D. Hodgson, "Islands: Normal and Special Circumstances," in *Law of the Sea*: *Emerging Regime of the Oceans*, *Proceedings of the Law of the Sea Institute*, eds. J. K. Gamble and G. Pontecorvo (Cambridge, MA: Ballinger, 1974), 231.

[8]　Robert D. Hodgson, "Islands: Normal and Special Circumstances," in *Law of the Sea*: *Emerging Regime of the Oceans*, *Proceedings of the Law of the Sea Institute*, eds. J. K. Gamble and G. Pontecorvo (Cambridge, MA: Ballinger, 1974), 232.

产生重大影响的洋中岛屿（礁石）确实存在。这个方面一个较为知名的例子是英国的罗科尔岛（Rockall）的情况。这座属于英国的小岛面积大约为 624 平方米（或 0.000241 平方英里），位置距苏格兰西北海岸 162 海里。英国公开声明罗科尔岛是属于《公约》第 121 条第 3 款规定的"岩礁"，因此该岛不应该享有专属经济区和大陆架。英国实际上也只是主张了从罗科尔岛领海基线量起 12 海里的领海，而没有对该岛的专属经济区和大陆架提出任何要求。[9]

其他可能属于第 121 条第 3 款所称"岩礁"的情况，应该还包括美国的夏威夷岛链之中的马洛礁（Maro Reef）。但是，该岛附近还有其他较大的岛屿和礁石，即使不以该岛为基础提出海域主张，对于美国的海洋权利也不会产生重大的不利影响。此外，巴西的圣彼得和圣保罗礁（St. Peter and St. Paul，面积大约为 0.0016 平方英里），新西兰的埃斯普伦礁（L'Esperance，面积大约 0.01875 平方英里）也应该属于这种情况，不过，这两个礁石的面积都稍大于霍奇森所提出的应该属于岩礁的标准。

尽管有相关的学术讨论，《公约》在以面积大小区分第 121 条第 3 款规定的"岩礁"和"岛屿"这一问题上却没有明文规定，也没有任何形式的暗示。因此，就没有一种客观的方式可以据以判定一个地理特征是否应该属于《海洋法公约》第 121 条第 3 款规定的"岩礁"，从而确定其是否应该拥有专属经济区和大陆架。法国著名海洋法学家杜比指出，"或许可以得出这样的结论，拥有岛屿特征的任何国家将抵制认为其结构只是'岩礁'的一切努力，拥有'岩礁'特征的国家将保留把它们视为岛屿的权利"。他还指出，"根据面积大小区分岛屿和岩礁必然失败，而且总是专断的"[10]。因为无论岛礁的面积大小，其所属国总是倾向于将其解释为能够主张专属经济区和大陆架的岛屿，而不是第 3 款规定的"岩礁"。因此，以面积的大小作为区分岛屿和岩礁的标准，既缺乏国际法上的依据，在实践中也是行不通的。

（三）"不能维持人类生存或者其自身的经济生活"的含义为何

既然不能按照面积大小这一"量"的标准来对岩礁和岛屿进行区分，那么第 121 条第 3 款所规定的"不能维持人类生存或者其自身的经济生活"是否提供了一个"质"的标准呢？该条第 3 款的用语是"双重否定"的形式，并且用了"或"这样一个连接词。所以，逻辑上可以这样推论：只有同时符合这两项标准，才不是《公约》第 121 条第 3 款所排除的"岩礁"，才能享有专属经济区和大陆架的权利；只要不符合这两个条件中的任意一个标准，就属于公约第 121 条第 3 款所规定的岩礁，就不应该享有专属经济区和大陆架。为了充分理解这一问题，可以从以下几个方面进行理解：

第一，公约所称的"不能维持人类居住"，是指"不能居住"还是"无人居住"？

---

[9]　See D. H. Anderson, "British Accession to the UN Convention on the Law of the Sea," *International and Comparative Law Quarterly* 46 (1977): 778.

[10]　转引自赵理海：《海洋法问题研究》，北京大学出版社 1996 年版，第 34 页。

《公约》第 121 条的定义本身没有特别指明为无人居住的岩礁，或是不能居住的礁石。另外，根据 1969 年的《维也纳条约法公约》，条约解释的原则一般以"文字的通常意义"为标准。[11] 所以，第 121 条第 3 款所规定的"不能维持人类居住"应解释为"不能居住"为宜。这样，无人居住的岩礁就不一定必然属于该条第 3 款所规定的除外情况，从而也可能享有专属经济区和大陆架。如果有人愿意在一个岛屿上居住，并且有人或者国家向这个岩礁补充食物和淡水的话，即使一个岛屿现在无人居住，仍然随时可以成为有人居住的情况。这在现代社会的条件下，并不难做到。

第二，所谓的"维持人类居住"的含义应该是什么呢？究竟维持多大数量的人类在多长时间内在一个岛屿居住，才能属于"能够维持人类居住"？《公约》也没有明确的标准。科尔认为"维持人类居住"的能力首先意味着岛上要有稳定的可饮用的淡水资源。[12] 马英九认为岛屿必须能在相当长的时间内维持人类居住。[13]

第三，"维持其自身的经济生活"究竟是指一个岩礁必须完全依赖其本身的资源，还是可以包括岩礁附近水域的资源呢？普雷斯科特（Prescott）认为，不能排除岩礁附近的资源作为"维持其本身的经济生活"的一部分。他主张，在高潮时没入水中的低潮暗礁上及其周围捕鱼，就有能否被视为经济生活的一部分的问题。[14] 马英九认为"维持岛屿本身的经济生活"所必需的资源应仅限于岛屿本身所产，而不包括其领海内及外地输入的资源。[15]

第四，一个岛屿如果其自身的资源有限，但是借助于一定的外力能够维持经济生活，能否属于《公约》第 121 条第 3 款所规定的"维持自身的经济生活"呢？这种外力的帮助或介入可能包括一个国家从其陆地领土注入一定的经济资源，也可能是通过人工的结构或设施，增加一个岛屿利用其自身和附近水域资源的能力（而非完全是人工构造一个岛屿）。根据《公约》第 121 条的规定，如果一个岛屿能够"维持人类居住或者其本身的经济生活"，则可以据以主张 200 海里的专属经济区和至少 200 海里的大陆架。对于岛屿主权的所属国来说，这样的前景为其实施以上行为提供了充分的动力，因为其有限的投入可能带来巨大的海域范围的资源。约翰斯顿（Johnston）和桑德斯（Saunders）指出，一个国家从其陆地领土注入的人工经济生活不能使一个岩礁拥有大陆架和专属经济区。[16]

以上四个方面的问题，只有第一个问题能够通过《公约》的条文明确判断，而对于

〔11〕 参见王虎华、丁成耀编：《国际公约与惯例》（国际公法卷），华东理工大学出版社 1994 年版，第 297 页。

〔12〕 Rear Admiral D. C. Kapoor I. N. （Retd.）& Captain Adam J. Kerr, A Guide to Maritime Boundary Delimitation, Carswell, 1986, p. 69.

〔13〕 参见马英九：《从新海洋法论钓鱼台列屿与东海划界问题》，台湾正中书局 1986 年版，第 130-131 页。

〔14〕 参见赵理海：《海洋法问题研究》，北京大学出版社 1996 年版，第 87 页。

〔15〕 参见马英九：《从新海洋法论钓鱼台列屿与东海划界问题》，台湾正中书局 1986 年版，第 136 页。

〔16〕 参见高健军：《中国与国际海洋法》，海洋出版社 2004 年版，第 103 页。

后三个问题,《公约》第 121 条本身并没有提供明确的标准或答案。但是,1982 年《公约》第 121 条所规定的"岛屿制度"之所以区别于 1958 年的《领海与毗连区公约》所规定的岛屿制度,就在于其为了限制某些不符合条件的岛礁享有大陆架和专属经济区的权利,以致造成严重的不公平的后果,从而在其第 121 条第 3 款规定了一个除外条款。《公约》被广泛接受,说明这个条款被为数众多的缔约国所认可。唯一的缺陷在于,它所规定的不能享有大陆架和专属经济区的岩礁的标准过于模糊,解释和适用起来较为困难。

为了使《公约》第 121 条第 3 款的规定真正有价值,就应该对其进行从严解释,否则这项规定就失去了其意义。基于以上的分析和认识,对《公约》第 121 条第 3 款规定的"不能维持人类居住或者其本身的经济生活"应该做出如下解释:

第一,"维持人类居住"意味着必须能够在相当长的时期内维持人类居住,但是,正如《公约》条文所明示,该项规定并不意味着必须"有人居住";

第二,岩礁"能够维持其本身的经济生活"所需的资源应该限于其自身所产,而不包括其领海内及附近海域的资源;

第三,一个岛屿如果是通过外力的帮助和构造增加其资源和能力,从而使其能够"维持人类居住或者其本身的经济生活",不应该被认定为能够主张大陆架和专属经济区的岛屿的情形。

二、南沙群岛可以主张专属经济区和大陆架

(一) 中国反对日本以冲之鸟礁为基点主张的大陆架权利

冲之鸟 (Okinotori) 礁是海山凸出海面的几块礁石,这个海洋地物的面积非常小,不足 10 平方米。日本政府在这个环礁之上建设了面积更大的人工设施,目的是防止其因为自然力的原因而消失。[17] 2008 年 11 月,日本向联合国大陆架委员会提出了外大陆架划界案,其中主张冲之鸟礁拥有 200 海里以内及以外的大陆架权利。[18] 日本的这一主张受到了来自中国的反对。韩国也向联合国大陆架委员会提交信件,反对日本在其大陆架主张中根据冲之鸟礁而提出的主张。[19]

2009 年 2 月 9 日,中国常驻联合国代表团就反对日本以冲之鸟礁为基点提出外大陆

---

[17] See, generally, Yann-huei Song, "Okinotorishima: A 'Rock' of an 'Island'? Recent Maritime Boundary Controversy Between Japan and Taiwan/China," in *Maritime Boundary Disputes, Settlement Processes, and the Law of the Sea*, eds. Seoung-Yong Hong and Jon M. Van Dyke (Leiden, the Netherlands: Martinus Nijhoff, 2009), pp. 151-161.

[18] 参见日本提出的外大陆架划界案,http://www.un.org/Depts/los/clcs_new/submissions_files/jpn08/jpn_execsummary.pdf。

[19] Korea, Letter to the Secretary-General of the United Nations, Doc. MUN/046/09, New York, 27 February 2009, available at the Web site of the Commission.

架划界案向联合国秘书长提交的照会中提出："中国政府认真研究了日本划界案的执行摘要，尤其该划界案以'冲之鸟礁'为基点划出的 200 海里大陆架范围以及以'冲之鸟礁'为基点延伸的 200 海里外大陆架的三个区块。应当注意，所谓的冲之鸟礁实际是《公约》第 121 条第 3 款所称的'岩礁'。因此，中国政府提请委员会委员、《公约》缔约国和联合国会员国注意，日本将冲之鸟礁列入其划界案中是不符合《公约》的。""现有的科学资料充分表明，冲之鸟礁以其自然状况，显然是不能维持人类居住或其本身的经济生活的岩礁，不应有专属经济区和大陆架，更不具备扩展 200 海里外大陆架的权利。鉴于冲之鸟礁不具备拥有任何范围大陆架的权利基础，日本划界案中以冲之鸟礁为基点划出的 200 海里以内及以外的部分均超出了《公约》有关委员会做出建议的授权。中国政府谨要求委员会不对上述部分采取任何行动。"[20]

2009 年海洋法公约缔约国会议上，中国试图将第 121 条第 3 款问题的讨论提上日程，但是未获成功。[21] 大陆架委员会还是对日本的外大陆架划界案进行了审议，不过，从大陆架委员会对日本所提交的划界案的审议结果来看，大陆架委员会也没有认可冲之鸟礁为"能够维持人类居住和其本身的经济生活"的岛屿，从而也否定了日本以冲之鸟礁作为基点所主张的外大陆架权利。按照日本提交的划界案，其所申请的外大陆架权利为 74 万平方公里，但是，最终获得委员会认可的只有其中的 31 万平方公里。未被委员会认可的区域就包括根据冲之鸟礁所主张的面积约 25 万平方公里的南九州—帕劳洋脊区块，而委员会认可的冲之鸟礁以北的四国海盆区块，其实是日本其他陆地领土的外大陆架，与冲之鸟礁无关。[22]

（二）中国明确主张南海诸岛应该拥有专属经济区和大陆架

围绕着日本以冲之鸟环礁为基点提交外大陆架划界案的这一事件，中国政府所表明的立场引起了国际社会的关注。在此之前，尽管中国政府在不同的场合一再表示对于南海诸岛的正式立场，表明对南海诸岛及其附近海域的主权，以及相关海域的主权和管辖权，但是都没有明确地就南海诸岛是否应该拥有专属经济区和大陆架表明立场。有观点认为，南海诸岛的大部分岛礁的情况和冲之鸟礁相似，如果中国政府在冲之鸟礁的问题上持反对立场，那么其对于南海诸岛中的岛礁是否应该拥有专属经济区和大陆架的立场将会变得引人关注。如果中国在南海诸岛上坚持了和冲之鸟礁相反的立场，那么其对《公约》第 121 条第 3 款的态度就自相矛盾了。[23] 但是，这种观察其实完全对南沙群岛

---

[20]　中华人民共和国常驻联合国代表团向联合国秘书长提交的照会，CML/2/2009，2009 年 2 月 9 日。参见 http：//www. un. org/Depts/los/clcs_ new/submissions_ files/jpn08/chn_ 6feb09_ c. pdf。

[21]　See Report of the Nineteenth Meeting of the States Parties，Doc. SPLOS/203，24 July 2009，paras. 70-79，106-108.

[22]　2012 年 5 月 16 日，中国外交部发言人洪磊就大陆架界限委员会公布涉冲之鸟礁问题处理结果答记者问。

[23]　Robert W. Smith，"Maritime Delimitation in the South China Sea：Potentiality and Challenges"，in *Ocean Development and International Law*，2010，41：3，pp. 214-236.

的自然地理和历史情况缺乏了解，仅从南海诸岛中的大部分岛礁面积较小，就得出其和冲之鸟礁的情况类似的结论，是缺乏深入研究和分析的。

实际上，中国对于日本以冲之鸟礁为基点提出外大陆架主张的反对立场，和其坚持南沙群岛应该拥有领海、专属经济区和大陆架的立场并不矛盾。实践上，中国政府在对日本就冲之鸟礁的划界案提出反对后不久，就正式表明了其对南沙群岛应该拥有专属经济区和大陆架的立场。

2011 年 4 月 14 日，中国常驻联合国代表团针对菲律宾于 4 月 5 日提交的 000228 号照会（其内容是因中国在反对越南—马来西亚联合划界案的照会中重申了其对南海诸岛的立场，并附有带有"U 形线"的地图。菲律宾在反对越南—马来西亚联合划界案的同时，还表示反对中国对南海诸岛的主张）向联合国秘书长提交照会。照会强调中国对南沙群岛及其附近海域享有无可争辩的主权，并对相关海域及其海床和底土享有主权权利和管辖权，中国在南海的主权及相关权利和管辖权有着充分的历史和法律依据。同时，照会中还明确表示，"中国政府自 20 世纪 30 年代以来多次公布南沙群岛的地理范围及其组成部分的名称，中国南沙群岛的范围是明确的。按照《联合国海洋法公约》、1992 年《中华人民共和国领海和毗连区法》和 1998 年《中华人民共和国专属经济区和大陆架法》的有关规定，中国南沙群岛拥有领海、专属经济区和大陆架"[24]。

三、南沙群岛哪些岛屿可以主张专属经济区和大陆架

尽管中国政府已经清楚表明南沙群岛应该有专属经济区和大陆架，但是，根据南沙群岛的情况，这种表述应该是一种概括的表述，并非是主张南沙所有岛礁都是《公约》第 121 条所规定的能够"维持人类居住和其本身的经济生活"的岛屿，从而可以据以主张专属经济区和大陆架。

南海尽管有超过 170 个海洋地物，但是其中的大部分都是淹没在水下的浅滩和沙洲。南沙群岛中只有 33 个小岛屿（沙洲）在高潮时高出海面，[25] 满足第 121 条第 1 款所规定的岛屿的定义。这些符合《公约》所定义的岛屿的南沙岛礁的面积，如果按照上述霍奇森提出的标准，则全部属于"小岛"（islets 或 isles）和岩礁（rocks 和 reefs）的标准。根据对不同来源的资料对比分析的结果，作者认为南沙群岛中面积较大的岛礁沙洲有下列 14 个（表1）。

---

〔24〕　参见 http：//www. un. org/Depts/los/clcs_ new/submissions_ files/mysvnm33_ 09/chn_ 2011_ re_ phl. pdf。

〔25〕　J. R. V. Prescott, Maritime Jurisdiction in Southeast Asia：A commentary and Map, East-West Environmental and Policy Institute Research Report, No. 2, p. 30. 其实，对于南沙群岛中在高潮时高出水面的岛礁数量，不同资料显示的数据也不一致，不过这并不影响对本文主题的讨论。

表 1　南沙群岛主要岛屿和沙洲及面积[26]

岛礁（沙洲）名	面积（平方千米）	海拔（米）
太平岛	0.432	4.3
中业岛	0.37	3.4
弹丸礁[27]	0.38	3.0
西月岛	0.16	3.0
南威岛	0.15	2.4
北子岛	0.14	3.2
南子岛	0.13	3.9
马欢岛	0.06	2.4
鸿庥岛	0.08	6.2
南钥岛	0.07	1.8
景宏岛	0.08	3.7
费信岛	0.04	1.8
敦谦沙洲	0.09	4.5
安波沙洲	0.02	2.7

以上所列南沙群岛的 14 个岛屿中，即使面积最小的安波沙洲也比日本的冲之鸟礁的面积要大很多。既然日本已经根据冲之鸟礁为基点主张了专属经济区和大陆架，那么，单纯从面积和其他自然条件的角度来说，南海诸岛礁（沙洲）中有很多都能够据以主张专属经济区和大陆架。当然，上文已经论述，面积并不是区分岛屿和礁石的标准。但是，从面积的角度进行比较，至少可以说明，即使单纯基于自然和地理环境方面的因素，中国政府提出南沙群岛应该拥有专属经济区和大陆架这一主张，也比日本政府在冲之鸟礁提出相同主张的理由要充分。

除了面积问题之外，这些散落在南海中南部的岛屿，是否能够"维持人类居住或者其自身的经济生活"呢？由于这些岛屿的面积都很小，并且周边国家对这些岛屿的主权存在争端，除了各国在较为重要的岛屿之上的驻防人员之外，即使以上所述的面积较大的岛屿中也没有人类长期居住，只有渔民作为其渔业生产的基地短期居住。另外，大部分争端方对其所控制和占据的岛屿都添加了人工设施和人工结构，除了防务的需要之外，这也从一个侧面印证了其中的大部分岛屿并不能依靠其自身的能力和资源"维持人类居住"。

上文已经论述到，对于《公约》第 121 条第 3 款的规定，应该从严解释。只有那些完全依靠其自身的能力和资源能维持人类长期居住的岛屿，才能据以主张大陆架和专属

---

[26]　此表为作者整理制作。

[27]　弹丸礁原有沙洲面积不足 0.1 平方公里，经过马来西亚 30 年来的人工添附和构造，面积已达 0.38 平方公里，仅次于南沙群岛中最大的太平岛，也是南沙群岛中第一大人工岛。

经济区。笔者认为，按照一般的理解，能够满足上述条件的岛屿应该至少符合以下条件：

（1）有较为充足的可饮用的天然淡水资源；

（2）有土壤可供植物生长，或者有动物生长繁衍的条件；

（3）以上两个条件基本可以保证岛屿能够"维持人类居住和其本身的经济生活"，就南海诸岛的情况而言，是否有人员居住可以成为一个辅助的判断标准。

用以上的三个条件对南沙群岛主要岛礁的情况进行分析，其基本情况可以列出简表如下（表2）：

表2　南沙群岛具备淡水、土壤、资源和人员的岛屿情况简表[28]

岛屿名称	淡水资源	土壤、动植物资源	岛上人员情况
太平岛	有水井，水质较好，适宜饮用	土壤肥沃；植被茂盛、热带灌木丛生，有椰子树、麻枫桐、草海桐、海岸桐、木瓜树、香蕉树等；多海鸟栖息	无常住居民；2000年后，台湾驻军改由海巡驻防，人数在百人左右
中业岛	岛西侧有大水井，水质好	土壤肥沃（中部有鸟粪层）；近岸有约60米宽的密林；多海鸟栖息	菲律宾非法占据南沙群岛的指挥中心，驻有50人左右的军队；维持了一个规模在几十人的小型居住社区
西月岛	有淡水，水质差，勉强可饮用	土质与西沙永兴岛类似，以沙土为主；灌木草丛覆盖；生长有少量高大椰树和其他植物；附近海域为良好渔场	无常住居民；菲律宾非法占据，有军队驻守，数量不详
北子岛	有水井，淡水可饮用	土壤肥沃；中部和南部为草地，西部草海桐等灌木丛生，也有乔木；附近海域渔业资源丰富	无常住居民；菲律宾非法占据，有军队驻守，数量不详
南子岛	中部有3口水井，水质良好	灌木丛生、杂有乔木；东南部有中国渔民种植的椰树（作为航行的标志）；岛上多海鸟栖息；附近海域海产资源丰富	越南在其非法占据的南沙群岛北部的据点，驻有约200人的部队
马欢岛	有可饮用的淡水	土质肥沃，可种植蔬菜	多海鸟栖息，水产资源丰富
南威岛	有可饮用的淡水	灌木丛生；海鸟群集；水产资源丰富	越南在其非法占据的南海岛礁的指挥中心，驻有一个营，约550人

〔28〕　此表为作者整理制作。

续表

岛屿名称	淡水资源	土壤、动植物资源	岛上人员情况
鸿麻岛	有淡水资源，水质差，不能饮用	林木茂盛，种有椰树；有海鸟栖息	从其位置来看，应是越南在其非法占据的郑和群礁和九章群礁的指挥中心。越南非法驻有一个连，约100人
景宏岛	有水井；淡水水质差，不能饮用	灌木丛生	越南非法驻有一个连，约100人

通过以上简表的对照分析，从"能够维持人类居住和其本身的经济生活"的角度来考察，可以得出如下简单的结论：

（1）南沙群岛有充足的热量和丰沛的雨水，全年温度都很高，非常有利于植物的生长。在有土壤发育的岛屿上，自然植被非常茂盛，有树木和草本植物。不过，由于岛上人员很少，土壤的利用率很低。[29] 所以，在南沙群岛面积较大的岛礁之上，都具备较好的土壤和植被条件。

（2）上表中所列的南沙群岛的9个岛屿，均能"维持人类居住"，因为现实的情况就是，这些岛屿上都有一定规模的相关国家的军事人员驻防，并且其轮换期一般为几个月。在菲律宾非法占据的中业岛，甚至还维持了一个常住的小型居住社区，有几十位渔民长期居住，还为岛上儿童建有幼儿园。

（3）如果以是否有可饮用的淡水资源为标准判断，则太平岛有天然可饮用的淡水资源，最符合以上条件；具备和太平岛相似条件的还有中业岛；西月岛、北子岛、南子岛、马欢岛、南威岛也有淡水，不过西月岛的淡水质量较差，勉强可饮用；鸿麻岛、景宏岛有淡水资源，但是淡水水质很差，不能饮用。[30]

如果从严解释"能够维持其自身的经济生活"，通过分析这些岛屿的淡水、土壤和动植物资源的情况，具备这种可能性的岛屿就只包括：太平岛、中业岛、北子岛、南子岛、马欢岛、南威岛等6个岛屿；西月岛也基本符合这个条件；鸿麻岛和景宏岛则因水质较差，不能饮用，从而不具备"维持其本身的经济生活"的能力。换言之，在南沙群岛的众多岛礁中，按照较为严格的解释标准，只有太平岛、中业岛、北子岛、南子岛、马欢岛、南威岛和西月岛符合《联合国海洋法公约》第121条第3款规定的"能够维持人类居住和其自身的经济生活"这一标准，从而可以据以主张大陆架和专属经济区。

---

〔29〕 参见赵焕庭主编：《南沙群岛自然地理》，科学出版社1996年版，第300-301页。

〔30〕 参见《南沙群岛简介》，"中华人民共和国三沙市地图"，星球地图出版社2012年版。

国际法视域下的人工固"岛"

——兼论我国对南海岛礁的保护性开发

■ 戴正清*

【内容摘要】全球气候变化加剧，海域权利日益重要，再加上科技日新月异，海洋地貌所属国越来越多地通过人工固"岛"措施，维护、加固和改善所属的海洋地貌，最为常见的是对岛礁的扩建。但国际法并未对人工固"岛"有任何规定，其合法性面临质疑。另外，人工固"岛"后形成的物体的法律地位较人工行为前是否发生改变，亦没有得出统一的结论。最近，我国对南海岛礁的保护性开发也被国际社会热议以及菲律宾违反《南海各方行为宣言》，单方面向国际常设仲裁法院提起南海仲裁。以上种种，究其根源，在于《联合国海洋法公约》（以下简称《公约》）第 121 条对岩礁法律地位规定得不清。鉴于目前缺乏对该条的官方解释，实有必要从学理层面对上述问题进行梳理。

【关键词】人工固"岛"　海洋地貌　《联合国海洋法公约》　法律地位

一、人工固"岛"概述[1]

人工固岛这个名词还没有形成规范性表述，中文文章中目前仅谈中正博士使用过，在其文章中的含义是指通过人工方式对现有岛屿进行维护、加固和改善的相关行为。[2]本文也欲援引该定义，但本文人工固"岛"的"岛"并不仅指岛屿，还包水下地形和低潮高地等海洋地貌。关于各海洋地貌的法律地位主要是《公约》有所规定，但仍不全面。其第 13 条规定了低潮高地制度："低潮高地是在低潮时四面环水并高于水面，但在高潮时没入水中的自然形成的陆地。如果低潮高地全部与大陆或岛屿的距离超过领海的宽度，则该高地没有其自己的领海。"第 121 条是对岛屿制度的规定："岛屿是四面环水，并且在高潮时高于水面的自然形成的陆地区域。岩礁之外的岛屿可以享有领海、毗连区、专属经济区和大陆架。但不能维持人类居住或其本身的经济生活的岩礁不享有专属经济区和大陆架。"由此可知，《公约》赋予低潮高地、岩礁和岛屿不同的海域权利，其中岛屿可主张《公约》下允许主张的全部海域权利，当不考虑岛屿面积时，其最大可享有 125664 平方海里（431014 平方公里）的海域面积。[3]而岩礁不能主张专属经济区和大陆架，言外之意，仅可以主张领海和毗连区。当不考虑岩礁面积时，其最大可享有 1810 平方海里（6207 平方公里）的海域面积。而低潮高地仅在其上有永久露出水面的

---

* 上海对外经贸大学 2014 级国际法研究生。本文受上海交通大学极地与深海发展战略研究中心刘丹副研究员的指导，特此感谢。

〔1〕 海洋地貌权属争议不是本文探讨的范围，默认所涉海洋地貌权属清晰。

〔2〕 参见谈中正：《科技发展与法律因应：人工固岛的国际法分析》，《武大国际法评论》2014 年第 2 期。

〔3〕 ［澳］维克托·普雷斯科特、克莱夫·斯科菲尔德：《世界海洋政治边界》，吴继陆等译，海洋出版社 2014 年版，第 39 页。

人工构筑物时才可作为直线基线的起讫点，并且仅可主张 500 公尺的安全区。[4] 从这数字间的比较，亦可得出某些国家企图通过人工固"岛"措施达到变礁为岛目的的内在"动力"，如日本扩建"冲之鸟礁"，并向大陆架界限委员会提交外大陆架申请的事件，但最终没有被大陆架界限委员会同意。[5] 人工固"岛"的原因并不仅指固"岛"圈地，主要还有：一是由于气候变化，全球温度上升，冰川融化导致海平面不断上升，原有岛礁面临没入水面之下的危险，其中最为典型的就是马尔代夫。[6] 二是海风的分化和海水的侵蚀不断减小岛礁的面积，最为典型的国家就是冰岛的科贝恩塞岛。[7] 三是为了利用岛礁的经济价值，在岛礁上修建旅游设施，吸引游客，最为典型的就是南海的弹丸礁。[8] 另外，随着科技的发展，沿岸国可以采取的固"岛"措施不断增多。如为了避免岛礁没入水面，可能采取如修建海堤、防波堤、护岸、护面石块和修筑海岸等海防工程的人工固"岛"的措施，[9] 为了实现岛礁的经济价值，可能采取如修建机场、旅游设施和观测站等民用设施的人工固"岛"措施，除此之外，还有填海造岛、提升暗礁等人工添附的人工固"岛"措施。

由于国际法并未对人工固"岛"有任何规定，再加上《公约》对岩礁属性规定得不清晰，这更为人工固"岛"的合法性以及通过人工固"岛"形成的物体的法律地位的界定带来了不确定性，也不利于部分国家基于对岛礁的维护以及国际义务的履行而采取的保护性开发，如我国对南海岛礁的陆域吹填。基于以上考虑，笔者认为，实有必要在国际法下对人工固"岛"行为进行分析并为我国对南海岛礁的保护性开发正名。

二、人工固"岛"行为的法律属性

人工固"岛"主要是对海洋地貌的维护、加固和改善的相关行为。一般认为，对现有海洋地貌的维护行为应与对海洋地貌的扩建行为不同。扩建行为是指对高潮时没入水下的海洋地貌进行建造，如在水下地形上修筑人工构筑物、填海造岛或人工抬升暗礁

---

〔4〕 参见《联合国海洋法〈公约〉》第 7 条第 4 款、第 60 条第 5 款。

〔5〕 Summary of Recommendations of the Commission on the Limits of the Continental Shelf in Regard to the Submission Made by Japan on 12 November 2008, http：//www. un. org/Depts/los/clcs_ new/submissions_ files/jpn08/com_ sumrec_ jpn_ fin. pdf. 如无特别注明，本文的网络资料访问日期均为 2015 年 8 月 13 日。

〔6〕 See Michael Gagain, "Climate Change, Sea Level Rise, and Artificial Islands: Saving the Maldives' Statehood and Maritime Claims through the Constitution of the Oceans ", *Colo. J. Int'l Envtl. L. &Pol'y*, Vol. 23, No. 77, 2012, pp. 79-80.

〔7〕 Jia Bing Bing, "A Preliminary Study of the Problem of the Isle of Kolbeinsey", *Nordic Journal of International Law*, Vol. 66, No. 2, 1997, p. 302.

〔8〕 参见周云：《马来西亚要将弹丸礁搞成全球潜水胜地》，《东方早报》2009 年 4 月 28 日。

〔9〕 See Clive Howard Schofield, The Trouble with Islands, A Thesis Submitted in Partial Fulfillment of the Requirements for the Degree of Master of Laws in The Faculty of Graduate Studies (law), the University of British Columbia (Vancouver), August 2009, p. 222.

等，使其在高潮时也能永久露出水面[10]或者是对现有岛礁进行扩建，增大其面积。前者较典型的是水下地形上的灯塔、马尔代夫的胡尔胡马累岛[11]以及迪拜的棕榈岛[12]；后者较典型的是日本的"冲之鸟礁"。海洋地貌的扩建可能与领土的取得方式人工添附相关，其中通过扩建行为增大海洋地貌面积的应都属于人工添附，而只在其上修筑民用设施的应属建造行为，另外，为发掘岛礁等海洋地貌经济潜力的开发行为亦属于人工固"岛"的措施。本部分具体分析海洋地貌的维护行为、建造行为、人工添附以及开发行为的法律属性。

（一）　维护行为的法律属性

关于海洋地貌的维护行为，有学者将其形象地形容为"牙医为破碎的牙套上牙套的行为"。[13]该维护行为旨在避免现有海洋地貌被溶解、风化和侵蚀，并不会侵害其他国家的海域权利，它是对已经获得法律地位的海洋地貌的维护，不同于创造一个陆地去获得法律地位。[14]该行为在国际法上应具有合法性。[15]况且，现今全球气候发生严重变化，海平面上升，如果不允许群岛国对岛屿进行加固维护，那不久的将来这些岛屿将没入水面。有专家预测，按照现今的海平面上升的速度，到 2025 年，马尔代夫将有 15%的岛屿没入水面之下。[16]因此，国际法没有理由禁止海洋地貌所属国对海洋地貌进行维护。

（二）　建造行为的法律属性

关于海洋地貌的建造行为，本文将其界定为不增大原有海洋地貌面积的基础上的修建民用设施的行为。《公约》第 60、80 条规定，沿海国在其专属经济区和大陆架内有修建人工岛屿、设施和结构的权利，只要发出通知，且不影响其他国家的海域权利即可。

---

〔10〕　Clive Ralph Symmons，"Some Problems Relating to the Definition of Insular Formations in International Law：Islands and Low-Tide Elevations"，*International Boundaries Research Unit Maritime Briefing*，Vol. 1. No. 5. 1995，p. 3.

〔11〕　参见 http：//www. iocean. net. cn/ikepu/idili/HtmlPage/2013/04/10/20130410 1354426013750. html.

〔12〕　Tina Butler，"The Price of 'The World'：Dubai's Artificial Future，"August 23，2005. http：//news. mongabay. com/2005/0823-tina_ butler_ dubai. html.

〔13〕　Andrew L Silverstein，"Okinotorishima：Artificial Preservation of a Speck of Sovereignty"，*Brooklyn Journal of International Law*，Vol. 12. No. 1，2009，p. 431.

〔14〕　Clive Ralph Symmons，"Some Problems Relating to the Definition of Insular Formations in International Law：Islands and Low-Tide Elevations"，*International Boundaries Research Unit Maritime Briefing*，Vol. 1. No. 5. 1995，p. 3.

〔15〕　Zou Keyuan，The Impact of Artificial Islands on Territorial Disputes over the Spratly Islands，21 July，2011. http：//nghiencuubiendong. vn/en/conferences-and-seminars-/second-international-workshop/597-the-impact-of-artificial-islands-on-territorial-disputes-over-the-spratly-islands-by-zou-keyuan. （last visited August 13，2015）.

〔16〕　Michael Gagain，"Climate Change，Sea Level Rise，and Artificial Islands：Saving the Maldives' Statehood and Maritime Claims through the Constitution of the Oceans"，*Colo. J. Int'l Envtl. L. &Pol'y*，Vol. 23，No. 77，2012，p. 80.

由于专属经济区和大陆架相对于领海和毗连区的主权属性更弱，根据举轻以明重原则，沿海国应该有在领海和毗连区内修建人工岛屿、设施和结构的权利。而且，灯塔、观测站等民用设施在现代海航中必不可少，灯塔作为航道上的航标，指引船只在海洋上航行，可以说是船舶夜间的透视眼，而观测站也为人类了解海洋环境和水文环境起到了至关重要的作用。难以想象国际法会禁止该建造行为。

（三）人工添附的法律属性

添附是指土地由于新的形成而增加的情形，其中又分为自然添附和人工添附。[17] 有一特殊情形，即当自然添附正在进行时，如海水干涸导致海床不断露出水面，在其中添加人工因素，加速该自然添附的形成。此一添附并不能称之为"人工"添附，因为其本质上还是自然完成的，只是人为地加速了该自然进程而已。[18] 本部分主要探讨人工添附的法律属性。

常见的人工添附有围海造田和填海造地。为了缓解人口增长的压力，部分岛屿国家和地区不得不利用填海造地的方式增加领土面积，其中较为典型的就是日本、马来西亚、新加坡和我国香港地区等地的填海造地行为。这些实践基本上都是以海岸线为基础对外填海，并且都是改善民生的工程，并未受到国际社会的反对。另外，从国际法角度，添附是迄今为止仍被普遍承认的领土取得方式之一，人工添附并没有被国际法所禁止，只是其行使应受到一定的限制，不能影响其他国家的海域权利。国际法上也规定国家不能通过改变本国领土的自然状态而使邻国领土的自然状况遭受不利影响。沿岸国在未得到对岸国允许的情况下，不能进行此类人工添附。[19] 那么可能会引发质疑，要是海岸线之外只涉及公海时，该沿海岸线的人工添附是否应无限制？笔者认为，仍应受到限制。虽然毗连区、专属经济区、大陆架和公海内的人工添附获得的陆地不应视为添附国的领土，但领海内的人工添附获得的陆地应视为添附国的领土，根据"以陆定海"的国际法原则，其也可以主张领海、毗连区、专属经济区和大陆架，这样必然在原有基础之上向公海扩张。公海作为全人类的共同继承的财产，亦不容许任何国家侵占。现代海洋法的主要设计者 Arvid Pardo 曾在 1971 年联合国海底委员会上指出，如果赋予非常偏远、狭小且无人居住的岛屿以 200 海里的管辖海域，那么必然威胁到国家管辖海域之外的国际管理的效力。[20] 那是否为了保护公海这一人类共同继承的财产而不允许任何国家进行海洋区域的人工添附呢？答案显然是否定的。从国际海洋法法庭对马来西亚诉新

[17] 参见［英］詹宁斯、瓦茨修订：《奥本海国际法》（第一卷第二分册），王铁崖等译，中国大百科全书出版社 1998 年版，第 80 页。

[18] O'Connell, Daniel P. and Ivan Anthony Shearer, *The International Law of the Sea*, Vol. I, Oxford University Press, 1982, p. 197.

[19] 参见［英］詹宁斯、瓦茨修订：《奥本海国际法》（第一卷第二分册），王铁崖等译，中国大百科全书出版社 1998 年版，第 80 页。

[20] UN Sea-Bed Committee, Doc. A/AC. 138/SR. 57, p. 167.

加坡填海造地一案的判决中亦可看出，并没有禁止新加坡填海造地，仅是要求新加坡不采取对马来西亚海域权利造成不能恢复的损害或对海洋环境造成严重威胁的方式，并且要求两国通过友好协商的方式共同履行《公约》下的义务。[21] 因此，对海洋区域的人工添附应在不侵害其他国家海域权利下进行。由于一国领土包括岛礁和领海内的任何海洋地貌，对岛礁和领海内任何海洋地貌的人工添附应和对前述领土的人工添附一样，即对岛礁和领海内海洋地貌在不侵害其他国家海域权利的情形下的人工添附应具有合法性。从《公约》第 60 条、第 80 条的规定可知，对毗连区、专属经济区、大陆架和公海内水下地形的人工添附应具有合法性，只是人工添附后的物体不能视为添附国的领土，仅可看成是人工岛屿、设施或结构等人工构筑物。[22] 此仅是对人工添附后形成的物体的权利主张做了限制，而并非禁止在该领域进行人工添附。因此，对海洋地貌的人工添附在国际法上应具有合法性。

（四）开发行为的法律属性

本文中的开发行为主要是指人类活动对岛礁等海洋地貌经济潜力的发掘，与上述三类行为应有所区别，上述三类行为主要是针对人工构筑物的修建和海洋地貌面积的扩张。其可以是开发行为的前提行为，但没有它们，开发行为也可以单独实施。领海内人工添附所形成的区域作为添附国的领土，其上的开发行为也应具有合法性。毗连区、专属经济区、大陆架和公海上的人工添附形成的是人工构筑物，其虽不能成为添附国的领土，但所有权归属添附国，并且添附国对其有专属管辖权，添附国在其上的开发行为在不影响其他国家海域权利的基础上也应具有合法性。另外，沿海国在未经人工添附的岛礁等海洋地貌上进行开发，如果符合经济原则应不会被国际法所禁止。

综上可知，不影响其他国家海域权利的人工固"岛"行为在国际法上应具有合法性。

三、人工固"岛"形成的物体的法律地位

笔者认为，在正式论述之前有必要澄清一对概念，即人工固"岛"后形成的物体法律地位的界定和对岛礁经济潜力的保护性开发具有不同的含义。前者强调的是在原海洋地貌法律属性已确定的情况下，其面积的扩张以及其上人工构筑物的修建对其法律地位是否产生影响；而后者强调的是岛礁的法律地位暂不清晰，其经济潜力的保护性开发是否有利于其法律定位的界定。此部分主要讨论前者，后者留待下部分讨论。

1956 年联合国国际法委员会定义岛屿为"正常情况下永久露出高潮水面之上的由海

---

〔21〕 Case Concerning Land Reclamation by Singapore in and around the Straits of Johor（Malaysia v. Singapore），ITLOS, Case No. 12, Order of 8 October 2003, pp. 27-28. http：//www. itlos. org/fileadmin/itlos/documents/cases/ case_ no_ 12/12_ order_ 081003_ en. pdf.

〔22〕 白桂梅主编：《国际法》（第 2 版），北京大学出版社 2010 年版，第 339 页。

水围绕的陆地区域"。但在 1958 年的第一次联合国海洋法会议上，美国代表认为应加入
"自然形成"以便区别于"人工岛屿"。〔23〕该建议最后被采纳，一直沿用至今，体现在
《公约》第 121 条上。尽管如此，通过人工延伸自然形成的岛屿，最终成为人工自然混
合体，该混合体的法律地位应如何界定在国际法上仍处于灰色地带。而且，很多海洋地
貌经过人工改造后，已经分不清哪些属于自然部分，哪些属于人工部分了。〔24〕这更为
其法律地位的界定带来了困难。另外，人工固"岛"与人工岛屿（artificial islands）之
间的关系也有待明晰。

对于海洋地貌的维护行为，其并未改变原海洋地貌的地理构造，也就不存在维护后
法律地位界定的问题。而对于通过建造行为形成的构筑物的法律地位在国际法上并无明
确规定。虽然英国检察总长 Charles Russell 在"白令海豹渔业案"（1893 年）中曾经认
为，一个国家可以主张它在公海中的低潮高地上建造的灯塔的周围有领海。〔25〕Jessup 却
不同意此一观点，认为"如果允许一个国家可以基于暗礁上的构筑物获得新的水域，这
将是一种危险的学说"。〔26〕笔者认为他的这种担忧是正确的，因为，如果这一学说被国
际法认可，各国必然在海洋上疯狂修建构筑物，到那时，海洋将无秩序可言，必然导致
海洋的新一轮争夺战。而且，在 2001 年的卡塔尔和巴林的海洋划界和领土争端案中，
国际法院的法官也认为，对露出水面的陆地的人工改造不能认为吉塔特杰拉达岛（Qit`
atJaradah）获得了《公约》下岛屿的法律地位。〔27〕Symmons 和 Papadakis 均认为，从
1958 年《领海及毗连区公约》的第 10 条和《公约》第 121 条可解读出，灯塔作为人工
构筑物本身的地位并不具有决定其依托物法律地位的作用，该依托物的法律地位仅由其
本身决定。〔28〕Gidel 和国际法委员会也均认为，仅在低潮时露出水面的低潮高地不具有
岛屿地位，即使一个建立在低潮高地上且永久露出水面的结构或装置（如灯塔）也不能
改变其不具有岛屿地位的现状。该低潮高地在构筑物建立前后的法律地位仅由其自己决
定。〔29〕笔者也倾向于海洋地貌上单纯的人工构筑物并不能改变原海洋地貌的法律地位。

Soons 认为，人工岛屿是指利用砂石、岩块等天然物质堆积而成的永久露出水面的

---

〔23〕 参见陈德恭：《现代国际海洋法》，海洋出版社 2009 年版，第 348 页。万鄂湘、杨力：《岛屿的法律地位
问题初析》，《江西社会科学》2012 年第 3 期。

〔24〕 Robert W. Smith, "Maritime Delimitation in the South China Sea: Potentiality and Challenges", *Ocean Development and International Law*, Vol. 41, No. 3, 2010, p. 223.

〔25〕 参见［英］詹宁斯、瓦茨修订：《奥本海国际法》（第一卷第二分册），王铁崖等译，中国大百科全书出
版社 1998 年版，第 29 页。

〔26〕 Philip C. Jessup, *The Law of Territorial Waters and Maritime Jurisdiction*, GA Jennings, 1927, p69.

〔27〕 "Declaration of Judge Vereshchetin", in Judgement of March 16, 2001, http://www.icj-cij.org/docket/files/
87/7031. pdf.

〔28〕 Clive Ralph Symmons, The maritime zones of islands in international law, BRILL, 1979. pp. 33-36. Nikos Papadakis, The International Legal Regime of Artificial Islands, Brill Archive, 1977, p. 90.

〔29〕 参见［英］詹宁斯、瓦茨修订：《奥本海国际法》（第一卷第二分册），王铁崖等译，中国大百科全书出
版社 1998 年版，第 25 页。

陆地，与通过管道和柱子支撑的混凝土结构的人工设施不同。[30] 这也解释了为什么《公约》第 60 条第 1 款将人工岛屿与设施和结构分开规定，是故，人工岛屿仅能由人工添附行为产生，但并不表示人工添附形成的物体就是人工岛屿。以下将从两个部分具体分析：水下地形人工添附后形成的物体的法律地位以及岛礁和低潮高地人工添附后形成的物体的法律地位。

（一）水下地形人工添附后形成的物体的法律地位

Leticia Diaz 等认为，对不具有岛礁性质的海洋地貌的人工添附后形成的物体在法律上应属于《公约》上的人工岛屿，如日本的"冲之鸟礁"。[31] 而我国学者贾兵兵认为，如果没有混凝土结构或人工设施的情况下，岛屿将无法继续存在，那么它不再是岛屿，而是人工岛屿，仅具有 500 公尺的安全区。[32] 笔者认为，对水下地形的人工添附，最后永久露出水面的应仅具有人工延伸部分，而不包括自然形成部分，应界定为人工岛屿。水下地形上的人工构筑物尽管能永久露出水面，但并不能影响水下地形的法律地位，否则《公约》第 121 条规定岛屿为自然形成，排除人工岛屿就无意义了。况且，《公约》中也规定了人工岛屿的概念。笔者倾向于将其归入此类，不具有主张领海、毗连区、专属经济区和大陆架的权利，仅具有主张 500 公尺安全区的权利，其他权利主张须依附于其所处的领海和大陆架。

（二）岛礁和低潮高地人工添附后形成的物体的法律地位

我国学者邹克渊认为，对海洋地貌的人工添附，必然涉及自然形成部分和人工添附的结合，该混合体的法律地位难以界定，应该通过条约解释进行约束和限制。[33] 笔者认为，从严格意义上说这并不能算是一种方法，因为，在界定该混合体的法律地位时，由于条约规定的模糊，必然涉及条约解释的问题。Kwiatkowska 和 Soons 认为，人工添附形成的物体的法律地位应由原高潮高地（岛礁）或低潮高地决定。[34] 对可以露出水面的海洋地貌的人工添附，最终露出水面的有可能是人工和自然的混合体，笔者认为不能一概将其称为"人工岛屿"。但是否应根据其原海洋地貌的法律地位来界定该混合体的

---

〔30〕　Alfred H. A. Soons, Artificial Islands and Installations in International Law, University of Rhode Islands Law of the Sea Institute, 1974, p. 2.

〔31〕　Leticia Diaz, Barry Hart Dubner and Jason Parent, "When is a Rock an Island-Another Unilateral Declaration Defies Norms of International Law", *Michigan State Journal of International Law*, Vol. 15, 2007, pp. 548, 555.

〔32〕　Jia Bing Bing, "A Preliminary Study of the Problem of the Isle of Kolbeinsey", *Nordic Journal of International Law*, Vol. 66, No. 2, 1997, p. 313.

〔33〕　Zou Keyuan, The Impact of Artificial Islands on Territorial Disputes over the Spratly Islands, 21 July, 2011. http://nghiencuubiendong.vn/en/conferences-and-seminars-/second-international-workshop/597-the-impact-of-artificial-islands-on-territorial-disputes-over-the-sparatly-islands-by-zou-keyuan.

〔34〕　Barbara Kwiatkowska and Alfred H. A. Soons, "Entitlement to Maritime Areas of Rocks Which Cannot Sustain Human Habitation or Economic Life of Their Own", *Netherlands Yearbook of International Law*, Vol. 21, 1990, p. 173. Andrew L. Silverstein, "Okinotorishima: Artificial Preservation of a Speck of Sovereignty", *Brooklyn Journal of International Law*, Vol. 16, No. 2, 1990, p. 429.

法律地位，须作以下具体分析：一是对低潮高地的人工添附；二是对岛屿的人工添附；三是对岩礁的人工添附。

第一，对低潮高地的人工添附。仅在低潮时，露出水面才是人工和自然的混合体，而高潮时，露出水面的仅是人工部分。Gidel、Symmons、Papadakis 和国际法委员会均认为低潮高地上的人工构筑物无法改变其依托物的法律地位，仍应由原低潮高地的法律地位所决定。而且，Van Dyke 通过对《公约》第 60 条第 8 款的目的解释认为，该第 8 款是为了抑制国家企图通过在暗礁或低潮高地上修筑人工构筑物来扩大海域。因此，暗礁或低潮高地上的人工构筑物应界定为"人工岛"。[35] 笔者也认为低潮高地上的人工部分不能改变低潮高地的法律地位，该人工部分应属于人工岛屿。但有一点值得强调的是，虽然低潮高地的人工构筑部分无法改变低潮高地的法律地位，但若该人工部分永久露出水面，其可以作为划定直线基线的一个起讫点，并可主张 500 公尺的安全区。

第二，对岛屿的人工添附。此应不会引起太大的争议。因为岛屿本来就具有《公约》允许主张的四大海域，没有必要通过人工延伸来争夺海域权利。对岛屿的人工添附可能是基于对其维护的考虑，避免因海平面上升或海水的侵蚀而变为岩礁或没入水面；也可能是为了降低本国人口增长的压力。不管如何，其主要是基于本国的民生考虑，有合理的实际用途。如果对岛屿的人工添附会改变原海洋地貌的法律地位，不能认定为岛屿，那对该所属国是极其不公平的。因为，基于正当目的对岛屿进行人工添附，最后竟不能享受人工添附前所能主张的海域权利，这是难以想象的。如果是这样，那马尔代夫将面临在丧失部分岛屿海域权利与未来变为岩礁最后没入水面的艰难抉择，无论如何也无法得出岛屿经过人工添附后会沦为岩礁的结论。因此，经过人工添附后的岛屿的法律地位应不改变。

第三，对岩礁的人工添附。此是否会改变岩礁的法律地位，在国际法学界争议不断，其中的根源在于《公约》第 121 条岛屿制度规定得不清晰，导致了一系列的法律问题，如人工添附扩大的区域能否改变岩礁维持人类居住和其经济生活的能力？如果改变了，是否就一定能改变岩礁的法律地位？暂且不谈《公约》第 121 条第 3 款在认定上能否考虑外界支持。人工添附仅是领土取得的一种方式，其直接效果是扩大岩礁面积，最多为人类提供了身处其上的更多空间，应该不涉及岩礁自身经济生活能力的提升，如果要想提升其经济生活的能力需要人类进一步的开发行为，此将在下部分讨论。况且，人类居住一般认为需要有淡水、土壤和空间，[36] 而人工添附并不能解决淡水的问题。因此，单纯的人工添附仅导致岩礁面积增大，并不能改变岩礁的法律地位。另外，根据

---

[35] Jon M. Van Dyke, "Disputes Over Islands Maritime Boundaries in East Asia", in Seoung-Young Hong and Jon M. Van Dyke (eds.), *Maritime Boundary Disputes*, *Settlement Process*, *and the Law of the Sea*, MartinusNijhoff Publishers, 2009, p. 70.

[36] Marius Gjetnes, "The Spratlys: Are they rocks or islands?", *Ocean Development & International Law*, Vol. 32, No. 2, 2001, p. 195.

《公约》第121条对岛屿的定义也可知，自然形成是认定岛屿法律地位的决定性因素，这就排除了高潮高地（岩礁）的扩张部分，即人工添附部分。既然人工添附不能改变岩礁的法律地位，那人工添附形成的物体的法律地位如何？我国台湾学者马英九先生称该物体为半人工岛，认为如果允许其拥有专属经济区和大陆架，其公平性不得不令人怀疑。[37] 笔者认为，该物体的称谓如何，并不重要，关键在于其法律地位如何。《公约》仅规定了水下地形、低潮高地、岩礁和岛屿等海洋地貌以及人工岛屿、设施和结构等人工构筑物，《公约》赋予人工构筑物的海域权利并没有不同，而赋予岛屿、岩礁、低潮高地和水下地形的海域权利的强弱依次递减。如果岩礁人工添附后形成的混合体被认定为岛礁之外的海洋地貌，岩礁所能主张的海域权利将被弱化，似有不公。但该混合体又不具备岛屿的特征，不能主张《公约》赋予岛屿的海域权利。这样一来，该混合体的法律地位仅能等同于岩礁。如果按此认定，人工添附并不能为岩礁带来额外的利益，也不会减少任何利益，符合公平原则。另外，这样认定还能避免不正当的固"岛"圈地运动，维持现有的海洋秩序，此应是最合适。

四、岛礁保护性开发对辨明其法律属性的意义

人工固"岛"行为虽然无法改变原海洋地貌的法律地位，但并不代表人工固"岛"行为在岛礁性质的辨析上毫无用处。人工固"岛"后形成的人工与自然的混合体的法律地位虽然由原岛礁决定，但原岛礁法律地位的认定在《公约》下本就不确定，尤其在岛礁维持人类居住和其自身经济生产能力的认定上。但是这两项能力的认定均与人类活动相关，如果能通过人工固"岛"行为，特别是通过对岛礁的保护性开发，发掘出经济潜力，提升这两项能力，那将有利于辨明原岛礁的法律地位。如果原岛礁被界定为岛屿，那人工固"岛"后形成的混合体被界定为岛屿也就顺理成章了。

（一）《公约》第121条第3款"自身经济生活"（economic life of their own）的理解

Kwiatkowska 和 Soons 也认为，有实际用途的人工固"岛"可以作为评判自然岛礁法律地位的决定性因素。[38] 由于《公约》第121条岛屿制度是各缔约国相互妥协的结果，规定得相对模糊，各国在具体适用上分歧较大。对于我国而言，从某种程度上来说，也为维护我国南海权益提供了灵活性，关键在于如何在南海地区创造性地实施该制度，其中最为重要的对《公约》121条第3款的"不能维持人类居住或其本身的经济生活"（cannot sustain human habitation or economic life of their own）的解释。Hodgson 和 Smith 认

---

[37]　参见马英九：《从新海洋法论钓鱼台列屿与东海划界问题》，台湾正中书局1986年版，第130页。

[38]　Barbara Kwiatkowska and Alfred H. A. Soons, "Entitlement to Maritime Areas of Rocks Which Cannot Sustain Human Habitation or Economic Life of Their Own", *Netherlands Yearbook of International Law*, Vol. 21, 1990, p. 173.

为，只要国家愿意投入足够的精力和财物，任何岩礁都能维持人类居住，这只是时间问题。[39] Roger O'Keefe 也持类似观点。[40] 笔者认为，这有过度解释《公约》第 121 条第 3 款之嫌，违背了起草者的本意。如果依此解释，根本没有将岩礁单独规定的必要，虽然今天的科学技术较缔约时有了长足的进步，如若赋予不能维持人类居住和其本身的经济生活的岩礁以广袤的专属经济区和大陆架，将有浪费海洋资源之嫌，也与专属经济区的设立是为了保护沿海区域居民的经济利益的目的相违背。[41] 因此，对该条的解释实应客观，在不过度解读起草者本意的基础上，也应考虑到科技的变化和社会生活条件的改善。

Kwiatkowska 和 Soons 认为这一款规定是考察岩礁是否具备相应能力，而非要求已经实现。[42] 我国学者赵建文也认为，不应以人类已经居住为条件。[43] 笔者也赞同，如果一个海洋地貌具备"维持人类居住"或"维持其本身的经济生活"的能力，若只因暂时无人居住而否定其岛屿性质，未免于理不合。而且，Jonathan I. Charney 更进一步认为，经济能力这一条件应面向未来，由未来的科学技术决定。[44] 因为，经济能力的测定多依赖科学技术，立法时代的科学技术认定的"没有经济价值的岩礁"在如今的科学技术看来，说不定具有重要的经济地位，而如今的科学技术无法探测到的自然资源并不代表未来无法发现。我们应该用发展的眼光去看待《公约》，承认海洋环境下经济生活的广泛性。另外，这两个标准在早期文件中是以"和（and）"连接，在第三次海洋法会议的第三次讨论会中的非正式单方谈判文件中就被"或（or）"取代，有国家建议将其解释成"和（and）"，但并没有被采纳。[45] 这一改变也表明《公约》的起草者认为在岛屿的认定过程中并不必须同时满足"维持人类居住和经济生活"的标准。[46] 笔者也

---

[39] Robert David Hodgson and Robert W. Smith，"The informal Single Negotiating Text（Committee Ⅱ）: A Geographical Perspective"，*Ocean Development & International Law*，Vol. 3，No. 3，1976，p. 231.

[40] Roger O'Keefe，"Palm-Fringed Benefits: Island Dependencies in the New Law of the Sea"，*Int'l & Comp. L. Q.* 1996，No. 45，pp. 408，412.

[41] The "Volga" Case（Russian Federation v. Australia）（Prompt Release），ITLOS，Case No. 11（Judgment of December 23，2002）. Declaration of Vice-President Vukas，3-5. https://www.itlos.org/fileadmin/itlos/documents/cases/ case_ no_ 11/11_ judgment_ 231202_ dec_ Vukas_ en. pdf.（last visited August 13，2015）. Marius Gjetnes，"The Spratlys: Are they rocks or islands?"，*Ocean Development & International Law*，Vol. 32，No. 2，2001，p. 194.

[42] Barbara Kwiatkowska and Alfred H. A. Soons，"Entitlement to Maritime Areas of Rocks Which Cannot Sustain Human Habitation or Economic Life of Their Own"，*Netherlands Yearbook of International Law*，Vol. 21，1990，p. 160.

[43] 参见赵建文主编：《国际法新论》，法律出版社 2000 年版，第 320 页。

[44] Jonathan I. Charney，"Rocks that Cannot Sustain Human Habitation"，*American journal of international law*，Vol. 93，No. 4，1999，p. 870.

[45] United Nations Office for Ocean Affairs and the Law of the sea，the Law of the Sea: Regime of Islands，UN Sales No. E. 87. V. II（1988），pp. 30，78，83，85，99. UNCLOS III，Official Records，Vol. III at 195.

[46] Jonathan I. Charney，"Rocks That Cannot Sustain Human Habitation"，*American Journal of International Law*，Vol. 93，No. 4，1999，p. 866.

认为只要满足"人类居住和其自身的经济生活"其中之一，即可成为《公约》第 121 条第 2 款中的岛屿。鉴于《公约》这一内在含义，我国对南海岛礁的保护性开发应更倾向于对经济潜力的发掘，虽然岛礁的保护性开发也能改善人类居住的环境，提高其维持人类居住的能力，但人类居住大多和自然形成有关，岛礁维持人类居住潜力的发掘较维持其经济生活潜力的发掘要难得多。

（二）岛礁经济能力的保护性开发

Jonathan I. Charney 认为，如果可以在岩礁上修建赌场来获取经济利益并对外换取经济资源（如食物、饮用水和能源）以维持自身的经济生活，即可满足《公约》第 121 条第 2 款岛屿的要求。[47] 正常的经济生活一般离不开物质资料的流通和交换，一种或几种物质资料难以维持人类的可持续发展，岛礁维持其自身经济生活能力的考察应允许其物质资源与外界进行交换。[48] Marius Gjetnes 也认为，在考察其是否具备维持其经济生活时可以允许外界的支持，因为，大多数海洋地貌只有通过人工行为才能意识到其是否具备维持其经济生活的能力。而且对《公约》第 121 条第 3 款的认识应与时俱进，顺应科技的发展和生活条件的变化。[49] Barry Hart Dubner 更认为某些行为能使有争议的岩礁的经济能力更突出，使其符合《公约》下岛屿的特征，如尽可能地占领和加固岩礁、修建人工构筑物、作为科学研究基地、将岩礁并入附近的省份、公布地图和相关历史性文件、吸引游客、许可油气开采和逮捕非法渔民、修筑相关酒店和跑道等民用设施。[50] 中国学者薛桂芳等也认为，《公约》第 121 条第 2 款的岛屿所能产生的经济收入应来源于两个部分：一是岛屿本身所能产生的经济收益；二是人工建立的经济生活带来的经济收益。[51] 言外之意，只要岛礁上人为建立的经济生活带来的经济收益可以维持岛礁自身的经济生活，应满足《公约》第 121 条第 2 款下岛屿的要求。关于岛礁的自然资源的考察范围，Marius Gjetnes 认为，一海洋地貌不论是岛屿还是岩礁，均可主张领海，在考察该经济生活标准时应包括其领海。[52] 而我国台湾学者马英九提出质疑，如果将领海考虑在内，那岩礁就可以利用其领海内的资源作为"跳板"，轻而易举地满足第二个标

〔47〕 Jonathan I. Charney，"Rocks That Cannot Sustain Human Habitation"，*American journal of international law*，Vol. 93，No. 4，1999，p. 870.

〔48〕 参见白续辉：《"规避人工岛礁陷阱"：海洋岛礁的"经济生活"概念及海洋旅游的特殊价值》，《中山大学法律评论》2014 年第 1 期。

〔49〕 Marius Gjetnes，"The Spratlys：Are They Rocks or Islands？"，*Ocean Development & International Law*，Vol. 32，No. 2，2001，p. 199.

〔50〕 Barry Hart Dubner，"The Spratly 'Rocks' Dispute——A 'Rockapelago' Defies Norms of International Law"，*Temp. Int'l & Comp LJ*，No. 9，1995，pp. 291，304-305.

〔51〕 参见薛桂芳、徐向欣：《由岛屿维持其本身的"经济生活"标准的界定谈对我国南海岛礁保护性开发》，《比较法研究》2013 年第 6 期。

〔52〕 Marius Gjetnes，"The Spratlys：Are they rocks or islands？"，*Ocean Development & International Law*，Vol. 32，No. 2，2001，p. 198.

准。[53] 笔者倾向于赞同前者，首先，《公约》并没有对"自身"做出排他性规定；其次，岛屿和岩礁具有不同的法律地位的目的在于排除岩礁主张专属经济区和大陆架的可能，只要不将此考虑在内，对于充分利用海洋权益应有益处，并不违背《公约》的宗旨。而且，对于岛礁而言，其附近水域内的资源是最容易获取的，也是最重要的资源，如果将它们排除在外，现有大部分岛屿都将难以维持其自身经济生活，在认定"自身经济生活"时最为科学合理的是将岛礁、领海及其底土内的资源纳入考察范围。[54] 另外，Jonathan L. Hafetz 根据"岩礁自身"这一表述提出了更为精辟的见解，在争议岛礁附近建立海洋公园或自然保护区，有利于促进鱼类的生长，增加旅游收入、减少污染，这种可持续发展带来的经济收入更符合《公约》对岛屿的要求，这样就能实现"岩礁"向岛屿的过渡。这种解释也符合《公约》的文本和宗旨，最后实现海洋的可持续发展。[55] 岛屿的认定也有利于形成海洋文化，丰富人类的社会意识形态，并且可以推进海洋开发和岛屿管理制度的建立，加速海洋的可持续发展和全球治理现代化。

鉴于《公约》第 121 条岛屿制度规定的模糊，笔者认为，对岛礁的保护性开发，有利于发掘出岛礁的经济潜力，提升其维持自身经济生活的能力，对将其界定为《公约》下的岛屿实有助益。

五、我国对南海岛礁应采取保护性开发

（一）我国南海陆域吹填工程的法律属性

我国的南海诸岛由东沙、南沙、西沙和中沙四大群岛构成，其中的岛、礁、沙、滩，星罗棋布，仅南沙群岛范围内就分布着 230 多个，其中，大约有 50 个岛礁露出水面。[56] 南海的气候变化非常敏感，海洋灾害和极端恶劣天气频发，作为台风、暴雨、大雾等极端恶劣天气的高发区，其气象观测预报显得尤为重要，而且我国承担了世界气象组织（WMO）规定的为全球海上遇险安全系统 XI—印度洋责任区（包括南海区域）提供海洋气象情报的国际义务。[57] 除此之外，我国还承担了海上搜救、海洋科研、生态环境保护、航行安全等方面的国际义务。另外，气候变化，海平面上升，海水侵蚀都使岛礁面临没入海面的危险。我国基于履行国际义务、满足各类民事需求以及维护岛礁的考虑，对南海岛礁实施陆域吹填工程，是行使主权的表现，不仅具有合法性而且是合情、合理的。陆域吹填是指在河流湖泊、海边以及岛礁等场所围湖围海，再将围堤外水

〔53〕 参见马英九：《从新海洋法论钓鱼台列屿与东海划界问题》，台湾正中书局 1986 年版，第 129 页。

〔54〕 参见黄瑶、卜凌嘉：《论〈海洋法公约〉岛屿制度中的岩礁问题》，《中山大学学报（社会科学版）》2013 年第 4 期。

〔55〕 Jonathan L. Hafetz, "Fostering Protection of the Marine Environment and Economic Development: Article 121 (3) of the Third Law of the Sea Convention", Am. U. Int'l L. Rev, No. 15, 2000, pp. 583, 626-627.

〔56〕 参见吴世存主编：《南沙争端的起源与发展》，中国经济出版社 2010 年版，第 4 页。

〔57〕 参见 http://news.xinhuanet.com/local/2015-06/19/c_1115674454.htm。

底的淤泥砂石等抽出填到围堤内人工制造出陆地的工程，属于人工固"岛"中人工添附的一种。

我国对南海岛礁实施人工固"岛"行为，不针对任何国家和地区，也没有影响各国依据国际法在南海享有的航行和飞越自由，更没有破坏南海的海洋生态环境。南海岛礁扩建之前，对其可行性进行了严格的科学评估与论证，并且选址都是在没有珊瑚礁或已死亡的地方。在实施过程中，坚持的是生态保护理念，采用的是自然仿真技术思路，采取的是生态保护措施，最终修建的是"生态岛礁"。实施结束后，也开展了生态补偿和珊瑚礁群落重建等措施。[58] 国家海洋局第一海洋研究所研究员丰爱平和高级工程师王勇智均认为我国对南海岛礁的扩建并未对珊瑚礁产生过多影响。中国海洋行业标准《近岸海洋生态健康评价指南》（HY/T 087-2005）将珊瑚礁生态系统划分为健康、亚健康和不健康三个等级。南沙岛礁的珊瑚礁在南海岛礁扩建前已被列入亚健康等级，扩建结束后，南海岛礁的珊瑚礁健康综合评价表明仍为亚健康。另外，南海岛礁的扩建也有意避开了该区域内主要经济鱼类的产卵期，而且，南海并不是一个封闭的海域，其营养盐和饵料生物可以从周围海域获得。[59] 我国对南海岛礁采取的人工固"岛"措施并没有对海洋生态环境造成过多的不良影响。

（二）我国对南海岛礁应采取保护性开发

外交部发言人陆慷在 2015 年 6 月 16 日答记者问上回答，我国对南海部分岛礁的陆域吹填工程将于近期完成，下阶段将开展满足相关功能的设施建设。[60] 笔者认为，在满足相关功能设施建设的同时也应当注重对岛礁经济潜力的开发。《公约》赋予岛礁不同的海域权利，如果我国能对南海岛礁进行保护和开发，发掘出岛礁的经济潜力，那它很可能会满足《公约》对岛屿的要求。而且，从南海仲裁案的实体层面来看，这样做对我国也是相对有利的。虽然我国主张国际常设仲裁法院对菲律宾的诉求没有管辖权，但以防万一，我们还是应该考量如何从实体层面驳斥菲律宾的主张。菲律宾认为我国南海的美济礁、西门礁、南薰礁和渚碧礁是水下地形，而赤瓜礁、华阳礁和永暑礁不能居住和维持经济生活（uninhabitable and incapable of supporting economic life），是《公约》第121 条第 3 款规定的岩礁。[61] 对于这些有争议的岛屿，我们可以通过对其经济潜力的发掘，使其岛屿的特征更加明显，届时就可以顺理成章地主张《公约》赋予的海域权利。另外，有一点值得强调的是，我国对"冲之鸟礁"的立场仅是针对个案发表意见，并不

---

〔58〕 参见 http：//www. soa. gov. cn/xw/hyyw_ 90/201506/t20150618_ 38598. html。

〔59〕 参见丰爱平、王勇智：《南沙岛礁扩建工程未对珊瑚礁生态系统造成影响》，http：//www. soa. gov. cn/xw/dfdwdt/jgbm_ 155/201506/t20150610_ 38318. html。

〔60〕 参见 http：//www. fmprc. gov. cn/mfa_ chn/wjdt_ 611265/fyrbt_ 611275/t1273364. shtml。

〔61〕 Notification and Statement of Claim on West Philippine Sea. pp. 6-9. http：//www. dfa. gov. ph/component/ docman/doc_ download/56-notification-and-statement-of-claim-on-west-philippine-sea？ Itemid = 546.

能代表我国政府对岩礁的整体立场，更不能无条件地适用于南海区域。[62]

经济生活一般可分为三种类型，一是农业经济生活，如岛礁农产品、海洋渔业、岛礁养殖业等。二是工业经济生活，如矿藏开发、油气开采、产品加工等。三是服务业经济生活，如海洋旅游业、气象服务业等。[63] 相较于第一类，后两类的经济收入更高，所呈现的经济能力更强，我国南海岛礁经济潜力的发掘应重点关注后两类经济生活，尤其是第三类，有利于实现海洋的可持续发展。我国南海具有丰富的矿藏资源和渔业资源[64]，这些资源的经济价值维护岛礁自身的经济生活绝对绰绰有余。除去渔业资源和矿藏资源，还可以利用岛礁的自然风光开发观光旅游业或体验式居住旅游，利用沿岸水域开发潜水业或水上公园，利用丰富的渔业资源开发垂钓旅游业或打造海产品美食文化。这些旅游业的发展不仅会产生旅游收入，还会带动就业。而且，陆域吹填工程也为在岛礁上修建宾馆、机场跑道以及其他娱乐设施提供了条件。这种对岛礁资源非破坏性的商业利用，充分尊重了岛礁的可持续发展，被作为岛礁自身经济能力考察范围应最合适不过。[65] 但对于岛礁经济潜力的发掘应符合经济原则，不能以污染海域来换取经济利益，否则就算岛礁经过保护性开发，具备维持其自身经济生活的能力也不能成为《公约》下的岛屿。该经济利益必须是直接利益，如果是通过建立灯塔，使航海业获益，该利益也不能作为衡量岛礁是否能维持其自身经济生活的因素。[66] 除此之外，可以在岛礁上修建医院、图书馆、邮局、银行、商店以及设立行政管理机构，维护岛上的生活秩序，便利游客，逐渐形成一个稳定的社区。我国台湾学者宋燕辉认为南海的永兴岛、中业岛、太平岛、弹丸礁以及南威岛符合《公约》规定的岛屿的要求，可主张专属经济区和大陆架，分析重点在于以上五个岛礁上有士兵驻守、居民生活以及修筑有飞机跑道、邮局、诊所、银行、图书馆、社区中心和旅游景点等设施。[67] 这些都是建立在现代科技支持的基础上来分析岛礁是否具备维持人类居住和其自身经济生活的能力。按此逻辑，我国对南海岛礁的保护性开发也能使其具备《公约》下岛屿的属性。

如果我国在对南海岛礁的后续建设中注重岛礁自身经济潜力的发掘，不仅可以由此获得相应的经济利益，还有助于其被界定为《公约》第 121 条第 2 款的岛屿。尽管人工

〔62〕 参见白续辉：《解决岩礁问题的"东南亚特色"：以学者观点为视角》，《东南亚研究》2014 年第 3 期。

〔63〕 参见白续辉：《"规避人工岛屿陷阱"：海洋岛礁的"经济生活"概念及海洋旅游的特殊价值》，《中山大学法律评论》2014 年第 1 期。

〔64〕 参见陈洁：《南海油气资源潜力及勘探现状》，《地球物理学进展》2007 年第 4 期。

〔65〕 参见白续辉：《"规避人工岛屿陷阱"：海洋岛礁的"经济生活"概念及海洋旅游的特殊价值》，《中山大学法律评论》2014 年第 1 期。

〔66〕 参见薛桂芳、徐向欣：《由岛屿维持其本身的"经济生活"标准的界定谈对我国南海岛礁保护性开发》，《比较法研究》2013 年第 6 期。

〔67〕 See Yann-huei Song, "The Application of Article 121 of the Law of the Sea Convention to the Selected Geographical Features Situated in the Pacific Ocean", Chinese (Taiwan) Yearbook of International Law and Affairs, Vol. 27, No. 43, 2009, pp. 59-63.

固"岛"后形成的混合体的法律地位由原岛礁的法律地位决定，但如果我国对南海岛礁的保护性开发使原岛礁的岛屿特征更加突出，那该混合体被界定为岛屿也就顺理成章了。

六、结语

随着气候的变化、海域权利的日益重要，岛礁等海洋地貌面临没入水面的危险，沿海国越来越多地承担其海上救援、海洋科研、生态环境保护、航行安全等方面的国际义务。基于以上考虑，越来越多的国家采取人工固"岛"措施对其岛礁等海洋地貌进行维护、加固和改善，以便更好地履行国际法下的义务。该行为若是基于改善民生、履行国际法义务的考虑，在不侵害其他国家海域权利的情形下，其合法性应无疑义，但是否能实现变礁为岛的目的，不能一概而论。如果人工固"岛"措施发掘出了岛礁的经济潜力，应有助于其被界定为《公约》下的岛屿。这也为我国在南海创造性地实施《公约》提供了空间，在不违背立法者意图的基础上，结合当今科技的发展以及社会生活水平的变化，以发展的眼光看待《公约》。考虑到我国对南海岛礁陆域吹填工程即将完成，在下一阶段除了建设满足相应功能的设施之外，应注重对南海岛礁经济潜力的开发，为其被成功界定为《公约》下的岛屿提供条件，尽可能地争取《公约》赋予的海域权利，维护我国在南海应有的海洋权益。

论南沙岛礁之人工修建在国际法上的若干问题

■ 杨永红*

【内容摘要】长期以来，除中国与文莱外，南海各声索国纷纷对其控制的南沙岛礁进行大规模的开发修建，然而中国在 2013 年底开始在永暑礁进行填吹工程后却引发了国际社会的激烈争论，其中岛礁之人工修建合法性与修建后的法律地位是争议的焦点问题。要弄清南沙岛礁的人工修建的法律问题，须依照《联合国海洋法公约》的规定，区分不同的海洋陆地形态，不能一概而论。《联合国海洋法公约》主要把海洋中的陆地分为岛屿、岩礁、低潮高地，在南海进行的人工修建的地形均包括以上三类，而在这些地形上进行的建设导致不同的法律地位。中国现在南沙岛礁进行建设后的法律地位也不尽相同。

【关键词】岛屿　岩礁　低潮高地　人工岛屿　填海造地

中国目前在南沙岛礁的人工修建将国际社会的注意力集中到了岛礁的人工修建问题上，美国与菲律宾等国指责中国在南海上的建设活动非法，影响了国际航行自由，损害周围生态环境，所建设的设施属于人工岛屿，不能拥有领海、毗连区、专属经济区等的海域，并要求中国停止修建。[1] 中国坚称中国有权为海难救助、海洋科考、环境保护等在中国拥有主权的南海岛礁上修建人工设施。显然，中国与美国、菲律宾等在岛礁修建上分歧巨大。争议的焦点集中在国家是否有权在岛礁或其他海洋地物上进行人工修建？这些人工修建是填海造地还是修建人工岛屿？是否所有的人工修建都将改变岛礁性质？在低潮高地，或没入水中的浅滩、礁石上架设平台，或对岛礁的人工维护之间是否存在区别，与岛礁的自然形成属性之间的关系如何？对岛礁、低潮高地、低潮低地等的修建维护所带来的法律地位又有何不同？下面将根据《联合国海洋法公约》以及相关的国际法规则回答上述问题。

一、《联合国海洋法公约》下海域中的陆地

岛礁之人工修建的国际法问题无疑与《联合国海洋法公约》（以下简称《海洋法公约》）下的岛屿制度紧密相连，同时当然也与海洋中其他性质的陆地及人工设施有着千丝万缕的关系。因此，我们必须澄清《海洋法公约》下的关于海洋中的相关陆地概念。

---

* 西南政法大学国际法学院副教授，硕士研究生导师，研究方向为国际法、欧盟法、海洋法、中国与国际法等。

〔1〕 Patrick M. Renz and Frauke Heidemann, Uncertainty Despite Transparency: China's Communication on Land Reclamation, Inside Asia, May 5, 2015, http://www.international-relations.asia/china-land-reclamation-south-china-sea/.

（一）岛屿与岩礁

《海洋法公约》第八章"岛屿制度"仅有第121条一个条文，该条款无疑成为现在最富争议的一个条款。它确定了岛屿的定义、其所产生的法律效力及岩礁等特殊情形：第一，该条第一款明确"岛屿是四面环水并在高潮时高于水面的自然形成的陆地区域"；第二，规定除不能维持人类居住或其本身的经济生活的岩礁的例外情形，岛屿可拥有领海、毗连区、专属经济区和大陆架；第三，明确不能维持人类居住或其本身经济生活的"岩礁"不应有专属经济区与大陆架，但可以拥有领海与毗连区。

由于《海洋法公约》并没有对岩礁进行明确的定义，尽管没有在第3款中继续使用"岛屿"一词转而使用"岩礁"（rocks）一词，但是结合第121条第1、2、3款的规定，一般认为，第121第3款所称岩礁是第121条1款中的岛屿，因此，岩礁也需满足"四面环水""在高潮时高于水面""自然形成""陆地区域"四个法律构成要件，但不能满足"能维持人类居住或其本身的经济生活"的条件，因此而区别于满足该条件的岛屿。故岩礁仍位于"岛屿制度"条目之下，是岛屿的一种，更准确地说，是具有特殊地位的岛屿次级类型（sub-category of islands）。[2]尽管有人主张岩礁不是岛屿的一种，是独立于岛屿以外的一种海洋地质形态，第121条第3款不是关于岛屿的规定，而是关于岩礁的规定[3]。但是依照《维也纳条约法公约》（以下简称《公约》）关于条约的解释规则[4]，对《公约》第121条所含三款的规定应当作为一个整体来予以解读，而不应把它们分割开来单独理解。将第3款作为独立于第1款和第2款的部分进行解释，从而得出岛屿和岩礁是两种完全不同的地理形态的观点，实际上是不恰当地割裂了第121条各款之间的关系，违反了条约解释上的整体原则。如日本政府在冲之鸟礁的划界案中，将《公约》第121条第3款的岩礁视为独立于《公约》第121条第1款中的岛屿之外的概念，这样就难以理解岩礁究竟是何种性质的海洋地质形态[5]。目前，较普遍的看法是认为岩礁即为"不具有重要意义的微型小岛"，因此需具备岛屿的基本特征。国际法院关于尼加拉瓜诉哥伦比亚领土及海洋边界案的判决中显然主张的是岩礁的岛屿性质，进

---

〔2〕　Robert Beckman and Leonardo Bernard, Disputed Areas in the South China Sea: Prospects for Arbitration or Advisory Opinion, The 3rd International Workshop on The South China Sea: Cooperation for Regional Security and Development, 3—5 November, 2011, Hanoi, Vietnam；金永明：《岛屿与岩礁的法律要件论析———以冲之鸟问题为研究视角》，《政治与法律》2010年第12期；Jon M. Van Dyke, Joseph R. Morgan, Jonathan Gurish, "The Exclusive Economic Zone of the Northwest Hawaiian Is-land: When Do Uninhabited Island Generate an EEZ", 25 *San Diego Law Review* (1988), p. 435；Jonathan I. Charney, "Rocks That Cannot Sustain Human Habitation", 93 *American Journal of International Law* (1999), p.867.

〔3〕　参见金永明：《岛屿与岩礁的法律要件论析——以冲之鸟问题为研究视角》，《政治与法律》2010年第12期。

〔4〕　《维也纳条约法公约》第三十一条规定解释之通则：条约应依其用语按其上下文并参照条约之目的及宗旨所具有之通常意义，善意解释之。

〔5〕　黄瑶、卜凌嘉：《论〈海洋法公约〉岛屿制度中的岩礁问题》，《中山大学学报（社会科学版）》2013年第4期。

一步地明确了岩礁只是一种特殊的岛屿。[6]此外，值得注意的是是否属于《公约》第 121 条第 3 款的岩礁，与其地质结构是岩石或者沙砾还是珊瑚礁等不是海洋法所考虑的条件。因此，第 121 条实际上将岛屿划分为"可拥有领海、毗连区、专属经济区和大陆架"的与"不可拥有专属经济区、大陆架而只能拥有领海与毗连区"。这里为了行文的方便以岛屿指代前者，岩礁指代后者。二者在海洋法上本质上都是岛屿，但基于是否满足"维持人类居住或其本身的经济生活"这一标准从而在海洋的划界上有着不同的意义。

鉴于此，国际法院与国际仲裁庭在其裁决中曾数次予以明确，只要是自然形成的四面环海在高潮是露出水面的陆地，无论大小，无论是岛屿还是岩礁，都拥有 12 海里的领海，领海与其他沿海国重叠的除外。[7]美国国务院地理学专家霍奇森（Hodgson）曾建议，将面积不足 0.001 平方公里的岛礁明确为岩礁，而面积在 0.001 平方公里—1 平方公里的为小岛（islets），岛屿（islands）则在 1000 平方公里以上。用这样的分类法作为衡量岛屿的标准，虽然看似较容易操作，但显然是与《海洋法公约》的规定不一致的。[8]因为该《公约》只将是否满足维持人类生活或其经济生活的特征视为岩礁与岛屿划分的唯一标准。遗憾的是，国际社会并未对这一至关重要的标准取得一致的解释。学界对此莫衷一是，国家因为各自利益驱动也是分歧极大，而国际法院虽在多个海洋划界案中面临该标准的解释问题，但数次以大陆与大型岛屿的大陆架和专属经济区与小型岛屿（如果有大陆架与专属经济区）的海域重叠因此缺乏解释的必要性拒绝对上述条件加以解释。[9]事实上，不论在国家间的海洋划界实践中还是国际司法机构做出的划界判决或裁决中，都很少直接适用《海洋法公约》第 121 条第 3 款来判断岩礁在海洋划界中的法律效力。国家单方主张岛屿拥有权利的海域的实践中，也没有形成岩礁法律地位认定的统一标准。[10]

虽然缺乏对于"维持人类生活或其经济生活"具体含义的有效解释，但是对于那些显然缺乏社会经济属性的"面积狭小、缺乏植被和无人居住的岛礁"属于岩礁似乎没有争议。国际法院在海洋划界案中拒绝给予这类性质的岛屿影响大陆架、专属经济区的划

---

〔6〕 Territorial and Maritime Dispute (Nicaragua v. Colombia), I. C. J. Judgment of 19 November 2012, p. 176.

〔7〕 Dubai-Sharjah Border Arbitration (1981), International Law Reports (ILR), Vol. 91, p. 674; Dispute concerning Delimitation of the Maritime Boundary between Bangladesh and Myanmar in the Bay of Bengal (Bangladesh/Myanmar), Judgment of 14 March 2012, ITLOS, pp. 55-56, para. 169; Territorial and Maritime Dispute (Nicaragua v. Colombia), pp. 178-181.

〔8〕 参见赵理海：《关于南海诸岛的若干法律问题》，《法制与社会发展》1995 年 第 4 期。

〔9〕 Maritime Delimitation in the Black Sea (Romania v. Ukraine), Judgment, I. C. J. Reports 2009, pp. 122-123, para. 187; Territorial and Maritime Dispute (Nicaragua v. Colombia), p. 180.

〔10〕 参见樊懿：《海洋法下的岛礁之辨》，武汉大学 2013 年博士学位论文，第 84 页。

界效力，[11] 而英国在 1997 年批准联合国海洋法公约之时因 Rockall 系无人居住的岩礁自愿放弃了原来对 Rockall 主张专属经济区与大陆架的宣称，[12] 同时日本对冲之鸟礁进行人工扩建变礁为岛进而主张专属经济区与大陆架的做法，均表明国家认可面积狭小、缺乏植被、无人居住的岛礁难以成为拥有辽阔专属经济区与大陆架的岛屿。

（二）低潮高地、人工岛屿及其他人工设施

《海洋法公约》还规定了低潮高地、人工岛屿、港口及其他人工建设。《海洋法公约》第 13 条定义，低潮高地是在低潮时四面环水并高于水面但在高潮时没入水中的自然形成的陆地，明确如果低潮高地全部或一部分与大陆或岛屿的距离不超过领海的宽度，该高地的低潮线可作为测算领海宽度的基线，同时在第 2 款中规定当低潮高地全部与大陆或岛屿的距离超过领海的宽度，则该高地没有其自己的领海。在该《公约》的第 7 条第 4 项规定了低潮高地成为领海基线的条件，即 "在低潮高地上筑有永久高于海平面的灯塔或类似设施，或以这种高地作为划定基线的起讫点已获得国际一般承认者"，除此之外，直线基线的划定不应以低潮高地为起讫点。因此，低潮高地只有在其与大陆或岛屿距离在 12 海里以内时可影响海洋的划界，且上面筑有永久高于海平面的灯塔或类似设施，或者国际社会已普遍承认以某低潮高地作为划定基线的起讫点，否则没有任何划界的影响力。

《海洋法公约》第 11 条将永久海港体系的组成部分视为陆地领土的一部分，但是将近岸设施与人工岛屿排除在永久海港体系之外。此条款显示人工设施永久地与大陆相连便可成为大陆的一部分，但与大陆有海水相隔的领海区域中的近岸设施与人工岛屿则不能视为大陆的一部分，无划界影响力。只有在低潮高地上的永久存在的如灯塔或类似设施，才可成为领海基线的一部分。

另外《海洋法公约》还在第 12 条提及另一人工设施——泊船处，规定当通常用于船舶装卸和下锚的泊船处全部或一部分位于领海的外部界限以外的时候，仍被包括在领海范围之内。该款显然给予了此人工设施以特殊的地位，将位于领海外部界线之外泊船处置于主权之下，但是其对于海洋的划界影响甚小。

值得注意的是，《海洋法公约》没有提供人工岛屿的定义，只是包含了若干适用于人工岛屿管辖权的规定。《公约》准许国家、尤其是沿海国家有在专属经济区、大陆架建造人工岛屿与各国在不妨碍航行自由的前提下有在公海修建人工岛屿的权利以及这些

---

[11] 在 2001 年卡塔尔诉巴林的海洋划界及领土争议案中，国际法院认为 Qit'at Jaradah 是一个面积狭小、缺乏植被、无人居住的小岛不能作为划定中间线的基点，未能拥有不合理的划界效力，See Maritime Delimitation and Territorial Questions between Qatar and Bahrain（Qatar v Bahrain），Merits，Judgment，I. C. J. Reports 2001，pp. 104-109，para. 219；在 2009 年黑海海洋边界案中，Serpent's Island 不被视为划定专属经济区的临时中间线的基点，See Maritime Delimitation in the Black Sea（Romania v Ukraine），I. C. J. Reports 2009，pp. 109-110，para. 149。

[12] FOI response by HM Government 8 March 2012，https：//www.whatdotheyknow.com/request/97923/response/262438/attach/html/3/0109%2012.pdf.html.

国家对这些岛屿的管辖权。虽然没有规定在领海修建人工岛屿的规定，但是由于沿海国领海主权的本质是对陆地领土主权的延伸，这就决定了沿海国有权在其领海内修建人工岛屿与装置，只是《海洋法公约》第 11 条规定"近海设施和人工岛屿不得被视为永久的海港工程"，防止国家通过修建人工岛屿及近岸设施影响海洋划界。应该说与人工修建的海中建筑物相关的最重要条款莫过于《海洋法公约》的"专属经济区"章节中第 60 条。该条规定沿海国在专属经济区内应有专属权利建造并授权和管理建造、操作和使用，它们对这种人工岛屿、设施和结构应有专属管辖权，包括有关海关、财政、卫生、安全和移民的法律和规章方面的管辖权。该条第 8 项规定，"人工岛屿、设施和结构不具有岛屿地位。它们没有自己的领海，其存在也不影响领海、专属经济区或大陆架界限的划定"。沿海国仅有权在人工岛屿、设施和结构周围设立特别 500 米宽度范围的安全区。《公约》明确将人工岛屿排除在海洋法的岛屿之外，也否认其拥有任何划界的影响力。在该《公约》第 80 条规定了第 60 条比照适用于大陆架上的人工岛屿、设施和结构，而第 87 条规定的公海自由之修建人工岛屿与设施需受到大陆架制度的限制。[13]

　　以上《海洋法公约》中关于海域中的陆地及人工修建物的规定将海域中的陆地划分为岛屿，岩礁，低潮高地，人工岛屿或其他人工设施，并分别对岛屿、低潮高地做了定义，但是却没有对岩礁之"不具有维持人类居住或其本身的经济生活"的社会经济功能进行解释，造成实践中岛礁法律地位认定困难。无论是国家还是学者对于"维持人类居住或其本身的经济生活"这一划分岛屿与岩礁的决定性条件分歧极大，而国际法庭与仲裁庭均未对此进行明确解释。同时由于《海洋法公约》未对人工岛屿加以定义，海洋法意义上的"人工岛屿"中是否拥有自然因素，人工修建的部分在多大程度上决定着修建的设施的法律地位都不得而知。而岩礁是否会因为大规模的人工修建变成一个能够维持人类居住并产生经济价值的岛屿后将其法律地位转变成为人工岛域呢？在《海洋法公约》的条文中难以找到明确的答案。[14] 这导致了各国纷纷自行采取行动，对一些明显不满足"维持人类居住或其本身的经济生活"条件的岩礁大兴土木对这些岩礁进行修建改造，变礁为岛，进而宣称其拥有专属经济区与大陆架。这又引发了其他利益相关国的反对，国际关系的紧张，导致不少国家加入到岩礁扩建的竞赛中。[15] 在南海区域岩礁的人工修建从一开始的个例到现在的普遍情形便是明证。

〔13〕 参见《联合国海洋法公约》第 87 条第 1 款 d 项。

〔14〕 Jon M. Van Dyke and Robert A. Brooks, "Uninhabited Islands: Their Impact on the Ownership of the OceansRe-sources", *Ocean Development and International Law*, Vol. 12, 1983, pp. 267-270; 吴晓明：《岛屿制度探究——从"冲之鸟礁"谈起》，《经济研究导刊》2012 年第 14 期。

〔15〕 Carl Thayer, No, "China Is Not Reclaiming Land in the South China Sea", *The Diplomat*, 2015.06.07, http://thediplomat.com/2015/06/no-china-is-not-reclaiming-land-in-the-south-china-sea/; 吴晓明：《岛屿制度探究——从"冲之鸟礁"谈起》，《经济研究导刊》2012 年第 14 期; Yann-huei Song, "The Application of Article 121 of the Law of the Sea Convention to the Selected Geographical Features Situated in the Pacific Ocean", *Chinese Journal of International Law*, Volume 9 Issue 4 (2010), p. 694.

二、南沙群岛之人工修建状况

南沙群岛属于远离大陆领土的岛礁群体，根据 1983 年中国地名委员会公布的南海地名，南沙群岛共有 189 个岛、沙洲、礁、暗沙、暗滩等地形。[16]其中沙洲、暗沙、暗滩及部分岩礁无法满足海洋法中的岛礁的条件，属于低潮高地或低潮低地，除了在领海区域的低潮高地可成为领海基线起讫点外，其他的地形对海洋划界不具备任何划界影响力。南沙诸岛中共有 43 个地形在高潮时高于水面，这些地形均满足前述岛屿的自然构成要件，即四面环水并在高潮时高于水面的自然形成的陆地区域。其中有 15 个地形面积在 0.04 平方公里以上，面积最大的太平岛拥有 0.49 平方公里，太平岛、南子岛、南威岛、中业岛、马欢岛、景宏岛以及鸿麻岛被认为能够维持人类居住或其本身的经济生活。[17]可见绝大部分的岛礁，高地并不具备岛屿的社会经济属性。

如前所述，由于《联合国海洋法公约》赋予了岛屿与陆地领土相同的法律地位，岛屿可以拥有一系列海洋区域，包括领海、毗连区、专属经济区和大陆架。另外，一个国家若拥有岛屿，不但意味着其享有岛屿延伸海域的国家管辖权以及海域内各种自然资源的开发权利，还有助于其在与邻国进行海洋划界时处于优势地位。由于南沙群岛及其附属岛屿在南海资源开发与海洋划界的影响力，各声索国自然愿意对其实际控制的岛礁进行人工修建，这样可使自己的国家能够处于一个较优势的地位。事实上，国家进行填海造地的活动由来已久，新加坡早在 1822 年就开始了造地活动，[18]而荷兰围海造陆更有800 年的历史，其有 1/4（约 7000 平方公里）的国土是从大海里"夺"过来的。[19]最近在亚洲又再现围海造陆的热潮，无论是陆地向大海扩张，还是将岩礁建设为岛屿，在亚洲各国竞相展开。新加坡、马来西亚、日本、韩国、菲律宾、越南等国无一不热衷于此。[20]在南沙群岛里，争端各国均已对自己控制的岩礁进行了人工修建，旨在为实现国家利益和主张海域管辖权提供了有利的支持。[21]

越南在中国南沙 20 多个岛礁实施大规模填海造地活动，并同步建设了港池、跑道、导弹阵地、办公楼、营房、宾馆、灯塔等大批固定设施。其中，南威岛原本面积只有

---

〔16〕　参见张海文主编：《〈联合国海洋法公约〉释义集》，海洋出版社 2006 年版，第 239 页。

〔17〕　参见樊懿：《海洋法下的岛礁之辨》，武汉大学 2013 年博士学位论文，第 116 页。

〔18〕　Singapore's First Land Reclamation Project Begins 1822, http：//eresources. nlb. gov. sg/history/events/feddcf2a-2074-4ae6-b272-dc0db80e2146.

〔19〕　Daniel Curtis, Medieval land reclamation and the creation of new societies. Comparing Holland and the Po Valley, 800-1500.

〔20〕　Banyan, "Such Quantities of Sand：Asia's Mania for "'reclaiming'" Land from the Sea Spawns Mounting Problems", *The Economist*, Feb 28th 2015, http：//www. economist. com/news/asia/21645221-asias-mania-reclaiming-land-sea- spawns-mounting-problems-such-quantities-sand.

〔21〕　Statement of David Shear Assistant Secretary of Defense for Asian & Pacific Security Affairs Before the Senate Committee on Foreign Relations May 13, 2015 http：//www. foreign. senate. gov/imo/media/doc/051315_ Shear_ Testimony. pdf.

0.15 平方米,如今越南却建有大量的人工建筑和设施,包括一个直升机停机坪、一个可容纳小型固定翼螺旋桨飞机的 610 米长跑道和一个拥有两处泊位的小码头,其能源来自太阳能装置和风力涡轮机。岛上有各种植被,还有水源可用于人员洗浴、衣物洗涤和植物灌溉。据统计约有 550 名士兵和平民住在岛上。另外,越南还计划将该岛开发为一个旅游景点。另一个南海诸岛的主要声索国菲律宾亦在其占领下的中业岛(天然陆地面积只有约 0.33 平方米)兴建了大量的人工设施,包括一个市政大厅、多功能厅、健康中心、学校、水过滤厂、码头、通讯塔、军营和简易机场跑道设施。菲律宾还于 2001 年向该岛迁移了 300 名居民。菲方也筹划将该岛开发为旅游景区。除此之外,还在中业岛、马欢岛和费信岛等岛礁建设旅游设施。而马来西亚所控制的弹丸礁,面积只有 0.1 平方公里,但经过施工修建,拥有了大量人工建筑和设施,岛上的会议和餐饮设施可以一次性接待 200 余人。[22]

中国自 2013 年末起,开始实施填海造地作业。中国使用了最新的造地技术,用绞吸船把水下的砂石抽出来吹填到现有的岛礁上,使得原来的自然岩礁部分与后来建设的部分融合在一起,因此,中国海洋问题专家刘锋称:"中国在南沙群岛的施工作业是陆域吹填,并不是填海造地与人工造岛。"[23] 永暑礁原来只有哨所露出水面,面积很小,到 2015 年 6 月 28 日经过吹填工程,扩建至 2.8 平方公里,美济礁扩建至 5.42 平方公里,渚碧礁扩建到 3.95 平方公里。[24]

对于在南海海域修建的各类人工建筑,新加坡国立大学东亚研究所原高级研究员邹克渊(Zou Keyuan)将其划分为三类。第一类是海面临时人工设施,如石油钻井平台。一旦项目完成,这些设施将被拆除和移走。第二类是附加在天然岛屿上的临时性或永久性人工设施与结构,如机场跑道。第三类是在天然岩礁和礁石基础上建设的永久性人工岛屿。在许多经过人工改造的岛屿上,已经很难分清哪些是自然部分,哪些是人工部分。[25] 他进一步指出,《公约》的相关条款可以适用于第一类和第二类设施,第三类构造则因情况特殊而难以根据《公约》甚至现有的全部相关国际法进行定义——说它们是自然形成的岛礁,它们却与人工设施紧密混合在一起;说它们是人工岛屿,它们却并非经由人工手段固定在海床上,不论其是在高潮高地还是在低潮高地上均为自然基底。[26]

---

〔22〕 参见樊懿:《海洋法下的岛礁之辨》,武汉大学 2013 年博士学位论文,第 116—121 页;白续辉:《规避"人工岛屿陷阱":海洋岛礁的"经济生活"概念及海洋旅游的特殊价值》,《中山大学法律评论》第 12 卷第 1 辑;2015 年 4 月 27 日外交部发言人洪磊主持例行记者会,http://www.fmprc.gov.cn/mfa_chn/fyrbt_602243/jzhsl_602247/t1258197.shtml。

〔23〕 《陆域吹填工程即将完成 中国公布南沙岛建显透明》,《环球时报》2015 年 6 月 17 日。

〔24〕 数据来自 Wikipedia。

〔25〕 Zou Keyuan, "The Impact of Artificial Islands on Territorial Disputes over the Spratly Islands", The 2nd International Workshop on the South China Sea: Cooperation for Regional Security and Development, Ho Chi Minh City, Vietnam, 10-12.

〔26〕 Ibid.

换言之，对于岩礁或低潮高地建成的岛屿是界定为人工岛屿还是岛屿或是未进行修建之前的自然状态均在海洋法公约中难以找到明确的答案。由于人工岛屿与岛屿二者的法律地位完全不同，变礁为岛的法律后果当然备受争议。值得注意的是邹克渊将对高潮高地的岩礁与低潮高地的礁石进行人工修建为岛屿地形不加区别地称为人工岛屿，虽然他认为难以对这一类进行划定，但使用人工岛屿这个措辞是不恰当的，而且由于《海洋法公约》将岩礁视为陆地可拥有有限海域，而低潮高地在海洋法公约中未获得陆地的身份，无法获得任何海域，在这两类地形上建设岛型地形是有本质区别的。（具体论述见第三部分）

三、南沙岛礁的人工修建引发的若干法律争议

由于越南、菲律宾、马来西亚、文莱等南海争端国的本土距离南海海域较近，而中国本土大陆则距离该南海水域较远。假设将在南海上所有经人工改造的岛礁定义为"人工岛屿"，其结果基本不影响上述国家从本土大陆的领海基线测量划定广阔的专属经济区与大陆架，而地理上处于不利地位的中国则会由此丧失基于相关岛礁的大量海域权利，只能划定 500 米的人工岛屿的海上安全区。[27] 变礁为岛是否会令原本的岩礁丧失其原有的法律地位对于中国而言至关重要。

1. 填海造陆（Land Relamation）与人工岛屿（Artificial Island）的关系

众所周知，美国及其他反对者指责中国人工修建岛屿，声称中国在南海所建系人工岛屿无法享有任何拥有主权权利的海域。Carl Thayer 指出，中国是在礁石与低潮高地上修建人工岛屿，因为《海洋法公约》未给予礁石与低潮高地领土主权的地位，因此不是填海造地，不能拥有领海、专属经济区、大陆架等。[28] 他的意见具有相当的代表性，不少"中国威胁论"的支持者对于中国的行为多从敌意的角度出发，加上南海的地理环境的特殊性与南海领土争端的复杂性，中国在南海上的举动常常被人误读。

要正确解读中国人工扩岛的所带来的法律争议，必须澄清填海造地与修建人工岛屿的这两个相牵连的概念。填海造地和建设人工岛屿具有一定的相似性，而基于新围垦出来的陆地对海洋空间提出权利声索是合法的，虽然一国的此类单边法律行动可能会导致国际争端或其他困扰邻国的问题。[29] 事实上，"填海造地"现在已经是广为采用的一种领土添附的合法方式，如众所皆知的荷兰围海造地，以及中国香港、新加坡的相同工程

〔27〕 参见白续辉：《规避"人工岛屿陷阱"：海洋岛礁的"经济生活"概念及海洋旅游的特殊价值》，《中山大学法律评论》第 12 卷第 I 辑，第 222—223 页。

〔28〕 Carl Thayer, "No, China Is Not Reclaiming Land in the South China Sea", *The Diplomat*, 2015. 06. 07, http://thediplomat.com/2015/06/no-china-is-not-reclaiming-land-in-the-south-china-sea/.

〔29〕 Zou Keyuan, "The Impact of Artificial Islands on Territorial Disputes over the Spratly Islands", The 2Nd International Workshop on the South China Sea: Cooperation for Regional Security and Development, Ho Chi Minh City, Vietnam, 10-12.

都被视为合法的获得领土的方式。[30] 长期以来填海造地已成为一些沿海小国极为重要的活动，比利时、荷兰、新加坡、阿联酋等海湾国家均视其为获取土地的一种途径并将其发展成为而一项颇具影响力的工业。通过填海造地新加坡的陆地从 580 平方公里增加到 680 平方公里。[31] 同时它也是防止海平面上升保护海岸的重要手段。根据国际法协会关于国际海洋法下的领海基线报告，气候变迁和海平面的上升正日益侵蚀陆地海岸，特别对于那些地理处于低位的发展中的小岛国而言，影响更加严重，与那些大力进行填海造陆的国家相反，由于其无力修建有效的保护性设施，其领海基线却会向陆退行。[32] 因此，填海造地对于有能力的沿海国对海岸进行修建业已相当普遍。[33] 无论是修建保护性建筑还是进行填海造地，国际法均未也对这些活动加以禁止。马来西亚与新加坡填海造地案表明国家的填海造地只要不破坏环境与损害其他国家的利益便为合法。[34]

尽管在许多文章中将填海造地与修建人工岛屿未加区别地予以使用，如迪拜修建的 Palm 岛，即被引为修建人工岛屿的典范也被视为是填海造地，但是填海造地与修建人工岛屿在国际法上却是有区别的。首先，填海造地是在一国的主权范围内的扩大陆地的行为，通常发生在内水及领海，有时会导致人为的扩张领土。荷兰皇家海军的水文测量服务中心的研究表明，荷兰的填海造地工程改变了其海岸的低潮线，从而改变了其领海基线，荷兰的领陆、领海、专属经济区等都随之朝向海方向推进。[35] Carleton 指出日本、阿联酋、荷兰、新加坡均将人为改造出来的陆地视为大陆及岛屿的一部分。[36] 美国联邦最高法院曾判定路易斯安那州的废土堆积的堤坝构成领海基线的一部分。[37] 因此，国家实践表明填海造地可能会导致领海基线的变化，所造的陆地与大陆或岛屿相连，无疑

---

[30] Martin Dixon, *Textbook on International Law*, Oxford University Press, p, 151.

[31] Response of Singapore in Case concerning Land Reclamation 2002 (ITLOS), para. 30.

[32] The International Law Association Committee on Baselines under the International Law of the Sea, Baselines under the International Law of the Sea, submitted to International Law Association Sofia Conference (2012), p. 25.

[33] Grigoris, Tsaltas, Tilemachos, Bourtzis, Gerasimos, Rodotheatos, Artificial Islands and Structure as a Means of Safeguarding State Sovereignty against Sea Level Rise. A Law of the Sea Perspective, http://www.iho.int/mtg_docs/com_wg/ABLOS/ABLOS_Conf6/S2P3-P.pdf.

[34] Tommy Koh and Jolene Lin, "The Land Reclamation Case: Thoughts and Reflections", *Singapore Year Book of International Law*, Vol. X, 2006, pp. 1-7; Kog Yue-Choong, Environmental Management and Conflict in Southeast Asia – Land Reclamation and its Political Impact, The Working Paper of the Institute of Defence and Strategic Studies in the Nanyang Technological University, http://www.rsis.edu.sg/wp-content/uploads/rsis-pubs/WP101.pdf.

[35] Leendert Dorst, Alex Oude Elferink, Thijs Ligteringen, Recent Changes in the Dutch Baseline: the Inseparable Connection of Human Activities and Natural Process; Leendert Dorst, Ina Elema, Hydrographic Service of the Royal Netherlands Navy, The effects of changing baselines on the Limits of the Netherlands in the North Sea, http://www.iho.int/mtg_docs/com_wg/ABLOS/ABLOS_Conf5/Abstracts/Session6-Paper3-Dorst.pdf.

[36] Christopher Carleton, Problems Relating to Man-made Basepoints under UNCLOS, presented at Current Problematic Issues in the Law of the sea (Dublin, 3-4 June 2010).

[37] United States v. Louisiana, 394 US 11, 41 (1969).

是国家领土的一部分，可成为领海基线的一部分。而人工岛屿可以修建在领海、内水、专属经济区、大陆架、公海等区域，在专属经济区、大陆架区域内所修建的人工设施不具备填海造陆的性质。《海洋法公约》虽未给予人工岛屿一个明确的定义，通常理解人工岛屿是人工修建的四面环水、在高潮时高出水面且能够保持一定时间跨度和固定形态的地理形态。[38] 其次，与填海造地的领土性质不同，人工岛屿的法律地位在海洋法公约下不具备陆地的性质，且在不同的区域有不同的法律地位。在领海、内水的区域，修建人工岛屿与填海造地有些类似，均属于沿海国主权范围，其主权是基于沿海国在领海及内水的主权基础之上，但与之不同的是不能成为领海基线的起讫点；而在沿海国享有主权权利的专属经济区、大陆架及不在国家管辖下的公海内，沿海国或旗帜国对人工岛屿与设施没有主权，只有专属管辖权。[39]《海洋法公约》明确拒绝给予人工岛屿与岛屿及岩礁一样的法律地位，因此，它没有划界影响力，除了 500 米的安全区没有任何海洋区域。显然，人工岛屿不同于填海所扩大的陆地的法律地位，虽然在领海、内水的人工岛屿类似于填海造地，但是它仍不同于与陆地紧紧相连的填海工程，它不能如后者一样成为领海基线的一部分。

综上所述，南海上的人工扩建是填海造陆还是修建人工岛屿取决于其修建的基础，如果是对岛屿与岩礁（必须是高潮高地）进行修建，当然属于填海造地，如果是将低潮高地及低潮低地等改建为岛状地形，则为人工岛屿，其法律地位取决于所在的海域，在领海、内水，则属于沿海国的主权范围，若修建在低潮高地上或可成为领海基线的起讫点，在专属经济区、大陆架、公海，沿海国或旗帜国对此仅享有管辖权，除了 500 米安全区不可以单独拥有任何海域。

2. 人工修建是否能够使岩礁变成岛屿或人工岛屿

要实现对岛礁的开发利用，修建交通设施是基础条件。即使对于那些不具备开发条件的岛礁，避免其受大海的侵蚀甚至随海平面的上升被淹没，修建保护性建筑也是十分必要的。对于有领土争端的岛礁而言，建设军事设施是声索国对岛礁行使"有效控制"的一个重要标志。而且由于岛屿与岩礁区别的标准为能否"维持人类居住或其自身的经济生活"，因此对于一些不具备条件的或是否具备该条件存有争议的岩礁，主权国或声索国通常极为重视通过建设以满足岛屿的社会经济条件。航标设施、生活设施、军事设施、保护性建筑通常成为岩礁建设中较通常的人工建设。在南海上的岛礁由于领土主权争议，声索国对其控制下的岛礁均不同程度地进行人工建设。目前在中国加入此类修建后，争议也随之而来。

尽管天然岩礁的主权国往往是希望通过改造变礁为岛，但却遭到了不少学者及国家的强烈反对。一类观点认为，此类岩礁将沦为"人工岛屿"，按照《公约》的规定不具

〔38〕　The Legal issues of the Ocean Cities, By Cordula Fitzpatrick, Paris 1998, p. 3.

〔39〕　参见《联合国海洋法公约》第60、80、87条。

有领海、毗连区、专属经济区、大陆架；[40]另一类则主张，对岩礁进行过度的人工改造，并不改变岩礁的原有法律性质，即不能使其上升至岛屿地位，也不能改变原有的岩礁拥有的领海与毗连区。美国在中国对永暑礁的人工改造上显然支持前一种观点。这种观点是缺乏法律依据的。其一，作为岩礁已然拥有领海，在领海内进行人工修建是基于沿海国的主权，不违反国际法。只是根据《海洋法公约》第 11 条规定，"为了划定领海的目的，构成海港体系组成部分的最外部永久海港工程视为海岸的一部分。近岸设施和人工岛屿不应视为永久海港工程"。可见此条款意在防止沿海国通过在领海修建人工岛屿与设施扩展领海而已，并不禁止在领海内进行修建改造。而对岩礁的人工改造并非单独修建人工岛屿，而是在作为领陆的岩礁上进行的人工修建，因此当属填海造陆，须适用"领海"一章的规定。此举不能适用 < 公约 > 中专属经济区一章中关于第 60 条的规定，并根据该公约第 80 条与第 87 条（d）项的规定比照适用于大陆架和公海，但却不能适用于领海、内水与领陆。因此，如果对岩礁的修建导致地理形态已然变礁为岛，使岩礁具备岛屿的社会经济属性，因此将岩礁从领陆的地位转变成了人工岛屿，其连接的领海转变成公海或者专属经济区等，这既不现实也缺乏国际法基础。而日本冲之鸟礁（Okinotorishima）的案例其实也证明了这点，日本变礁为岛的人工修建，虽未让冲之鸟礁获得国际社会对岛屿的认可，但也没有让它失去岩礁的地位变成人工岛屿。尽管冲之鸟礁至多有一张特大号床的大小，由两块遭侵蚀的凸起构成，无疑符合"无法维护自身经济生活"的岩礁的描述，因此没有资格享有专属经济区等海域[41]，但在 1987 年和 1993 年，日本东京都政府和中央政府分别在冲之鸟礁周围修建钢筋防浪堤以及水泥外墙，防止该地形遭到海水侵蚀，并在冲之鸟礁的水较浅部分搭建有高脚平台，平台上拥有一个配备海洋勘探设备的三层楼建筑、一个直升机停机坪和气象站。2005 年日本政府在冲之鸟礁上安装了雷达系统，并给予该地形行政区划地址："小笠园村 1 号冲之鸟岛"，建立基金支持渔民定期前来捕鱼以及科学家到该处进行研究以填补冲之鸟礁的经济生活。2007 年，日本海上保安厅在地形上修筑了灯塔，2013 年开始修建冲之鸟礁的港口，预计于 2016 年年末完成港口建设工程。[42] 日本实际上试图通过人工扩岛满足岛屿的社会经济属性，进而主张冲之鸟礁拥有超过 400000 平方公里的专属经济区海域以及大陆架，超过整个日本的领土面积。日本于 2008 年向联合国大陆架界限委员会提交了包括冲之鸟礁在内的太平洋南部和东部的海域及大陆架主张申请，2012 年 4 月，联合

[40]　Summary of Recommendations of the Commission on the Limits of the Continental Shelf in Regard to the Submission Made by Japan on 12 November 2008, paras. 16, 17, 18.

[41]　Yann-huei Song, "The Application of Article 121 of the Law of the Sea Convention to the Selected Geographical-Features Situated in thePacific Ocean", *Chinese Journal of International Law*, Volume 9 Issue 4 (2010), pp. 692-693；白续辉：《规避"人工岛屿陷阱"：海洋岛礁的"经济生活"概念及海洋旅游的特殊价值》，载谢进杰主编：《中山大学法律评论》第 12 卷第 1 辑。

[42]　参见 http://asahichinese.com/article/news/AJ201303210077。

国大陆架界限委员会因冲之鸟礁的法律地位有争议未对其南部大陆架区域提出建议。[43]中国、韩国也只是反对冲之鸟礁拥有专属经济区与大陆架，无意要求确认其为人工岛屿，剥夺其岩礁的地位。因此，对岩礁进行的修建不能让其丧失原有的法律地位。因此，由于半人工构造而到达岛屿之社会经济标准虽可能扩大陆地的面积但尚不能根本改变岩礁的法律地位以产生其他海域权利。[44]

事实上，岛屿是否不得含有任何人工因素是极富争议的。已故的著名国际海洋法大法官赵理海在 1995 年曾引用奥康奈尔的观点，称"自然形成"一词含糊不清，既可指构筑的材料，也可指开拓岛屿过程中的人类活动的因素[45]，指出实际上自然形成的岛屿和人工岛屿之间的界限有时难以划清，并列举了在海上筑起某一屏障后海中沙石由于海流的作用而移动在该屏障的周围堆积起来形成岛屿的情形。因此，他主张：虽我国在南沙的永暑礁建立海洋观测站，并在赤瓜礁、华阳礁、南薰礁、东门礁、诸碧礁建造高脚屋并派人驻守，但这些岩礁历史上早已存在，不属于人工岛屿，因而应有自己的领海和毗连区。[46]这个观点在 20 年后的现在仍然具备充分的说服力。

还有人从维护目的出发判断人工修建的合法性。由于海平面的上升，人工修建保护性设施对于那些露出水面的面积十分狭小的礁石更为必要，因为如果不采取行动，这些岩礁会迅速地没入海水。因此有学者对这类"人工建设"加上了限制，认为人工修建的主观目的应是保护岛屿的生态环境，巩固其在海洋中的合理地位，而不是以争取岛屿法律地位以及增强岛礁在划界中的效力故意破坏其自身生态和性质的"人工建造"，岛屿的人工建设维护与其受到生态威胁需存在因果关系，还有，不应损害他国合法的海洋权益，破坏航道安全以及整体海洋生态环境。只有符合这些条件的人工建造、架设、修复以及维护将不会改变岛屿与所具备的"自然形成"属性，经过上述改造的岛屿应不属于《海洋法公约》第 60 条规定的"人工岛屿"。[47]

实际上，海洋法中并无禁止对岩礁进行修建与开发的规则，而修建及开发岩礁无疑是主权国家的权利。由于岩礁属于一国的领陆，因此对其扩建成岛屿本质上是填海造陆，目前并无国际法规则禁止对岛礁进行填海造陆，而一国进行人工修建的主观动机是难以论证的，所以修建后果只要不破坏环境与损害其他国家的利益，国家进行填海造地

---

〔43〕　参见丘君：《谎言不能掩盖事实——"日本划界案建议执行摘要"解读》，http：//www. soa. gov. cn/xw/hyyw_ 90/201211/t20121109_ 1233. html；《日本申请冲之鸟大陆架延伸 中韩反对联合国未批》，《环球时报》2014 年 9 月 10 日；Martin Fackler，"A Reef or a Rock？ Question Puts Japan in a Hard Place to Claim Disputed Waters，Charity Tries to Find Use For Okinotorishima"，*Wall Street Journal*，2005，2（16）：Al。

〔44〕　Robert Beckman，International Law and China's Reclamation Works in the South China Sea，submitted to 2nd Conference on South China Sea in April 24-25，2015，http：//cil. nus. edu. sg/wp/wp-content/uploads/2015/04/ Beckman-Nanjing-Draft-17-April-2015. pdf。

〔45〕　参见赵理海：《关于南海诸岛的若干法律问题》，《法制与社会发展》1995 年第 4 期。

〔46〕　同上。

〔47〕　参见张湘兰、樊懿：《国际法公约下的岛礁之辨》，《中国海商法研究》2013 年第 1 期。

即是合法的，马来西亚与新加坡填海造地案也表明了这一点。如前所述，《海洋法公约》中关于领海基线的规定实际上允许填海造地所形成的港口与低潮高地上的永久设施通过改变领海基线合法地扩张领土。这些规则也当然适用于岛礁的领海基线。判断人工建设的法律后果，应考虑这样几个因素。首先，对岛礁进行维护和修复的主体须为国家，这种"人工建造"行为须是国家行为；其次，"人工建造"的客体在建设维护之前便具备岛礁的自然属性并符合其构成要件；低潮高地或低潮低地则不在此列。贝克曼教授认为，无论如何，各国不能将不具备高潮高地地位的相关海洋地形地貌归入岛屿或岩礁之列。即便低潮高地与永久沉没于水下的海洋地形地貌经改造后获得了高出海面的建筑结构，仍不能基于其主张海域权利，因为根据"陆地统治海洋"原则，相关海域只能基于大陆领土或岛屿主张和获得；低潮高地与水下地形地貌被改造为人工岛屿、设施或结构（建立在低潮高地和水下地形地貌之上）后，应在国家管辖权、安全区等问题上适用《公约》中关于人工岛屿、设施和结构的条款。因此，就现存的海洋法而言，即使人工修建岩礁可能会导致其领海基线向海扩张，是否能够将礁的法律地位转变为岛尚不清楚，但退一步而言，即使填海造地不能令岩礁转变为岛屿，也不能导致岩礁变成人工岛屿从而令主权国丧失领海及毗连区。

3. 争议领土的人工修建之合法性

争议领土的岛礁由于领土归属不明，有人主张不应当进行大量的人工修建。美方认为中国对争议岩礁的修建非法，呼吁中国立即停止"填海造地"行为，但是在实践中并没有形成禁止对争议领土进行修建开发的相关习惯与条约。反而由于领土存在争议，实际控制国多积极修建军事设施、生活设施、交通设施，以便于表明一国对于争议领土的有效控制。南海诸岛的主要声索国均对其控制的岛礁进行了大规模的修建。而且在国际法上，此类修建并不被禁止。美国要求中国停止在争议岛礁上的人工修建的行为在国际法上的确难寻依据。不过，若有关国家利益因此受到损害，受害国可以对他国的填海造陆进行磋商。如马来西亚2002年曾对新加坡的填海造陆提出过诉讼，后在专家委员会鉴定新加坡的填海造陆行为带来的后果之后通过协商解决，而近来新加坡对马来西亚的填海造陆行为提出的异议导致马来西亚停工一年在今年的1月填海造陆的计划在大幅度修改后才获得马来西亚政府许可。[48]

4. 低潮高地及低潮低地上的人工建设

由于《海洋法公约》下低潮高地完全不同于岛礁，除了在领海可能成为领海基线的起讫点外，其不拥有其他任何影响划界的能力，本身在海域的地位自然取决于它所在海域的法律地位，当其在领海时，修建在它之上的人工岛屿即在国家主权管辖之下，或可

---

〔48〕 Banyan, "Such quantities of Sand: Asia's Mania for "Reclaiming" Land From the Sea Spawns Mounting Problems", *The Economist*, Feb. 28th 2015, http://www.economist.com/news/asia/21645221-asias-mania-reclaiming-land-sea-spawns-mounting-problems-such-quantities-sand。

成为领海基线的起讫点；如果在专属经济区、大陆架修建的人工岛屿即适用《海洋法公约》第60条及相关条款的规定；在公海上则需受到"大陆架"一章规定的限制。低潮低地无论处于何处海域，只是该海域的一部分，沿海国可在其上面修建人工岛屿及设施，但不可以拥有领海、毗连区、专属经济区、大陆架等海域，不具备划界的影响力，而其他国家在别国的专属经济区、大陆架区域内修建人工设施需获得沿海国的同意。

5. 中国在南海岛礁的人工修建之法律地位

如前所述，中国在南海的岛礁上进行的人工修建之性质，事实上取决于修建之前的自然状态。对于高潮高地之岩礁的修建属于填海造地，但是对低潮高地的修建则属于修建人工岛屿与设施。因此对于永暑礁、华阳礁、赤瓜礁、南薰礁进行扩建，应当是填海造地，而对于美济礁等低潮高地的修建则属于修建人工岛屿及设施。填海造地的合法性取决于中国的修建是否符合前述的限制性条件，不损害环境与不侵犯别国的合法权益。对此，中国外交部发言人回应，南沙岛礁建设是中国主权范围内的事，合法、合理、合情，不针对任何国家，不会对各国依据国际法在南海享有的航行和飞越自由造成任何影响，也不会对南海的海洋生态环境造成破坏。[49]

在高潮高地上修建的码头、防波堤、海堤、码头站台、停泊处等类似具有防海浪冲击的功能的设施被认为是海岸线的一部分，因此可以是正常领海基线。[50]在永暑礁上，中国对此的改造修建属于中国的主权范围之内的领海或内水填海造地，扩建的港口、飞机跑道等实际与岩礁融为一体，可成为领海基线的一部分。[51]

而最富争议的莫过于美济礁这样的低潮高地上的人工建设。[52]根据《海洋法公约》，低潮高地无法如岛礁一样拥有领海、毗连区、专属经济区、大陆架，只有在领海的低潮高地，可修建的人工设施如系位于低潮高地上的灯塔或类似设施，根据《公约》第7条，可构成影响领海基线确定的因素。但是对领海、专属经济区、大陆架区域内的低潮高地大规模扩建成为岛屿，属于人工岛屿。美济礁的位置距离太平岛比距离菲律宾的巴拉望岛更近，因此，位于中国的专属经济区内。[53]在中国专属经济区内，中国当然有权对低潮高地进行建设，所建成的岛状地形应属人工岛屿，可拥有500米安全区，中国对其享有专属管辖权。

〔49〕　http：//www. fmprc. gov. cn/mfa_ chn/fyrbt_ 602243/t1278340. shtml。

〔50〕　UN Office of Ocean Affairs and Law of the Sea, Baselines：An Examination of the Relevant Provisions of the Unit-ed Nations Convention on the Law of the Sea 3, UN Sales No. E. 88. V. 5；UN Division for Ocean Affairs and the Law of the Sea, Handbook on the Delimitation of Maritime Boundaries 7, UN Sales No. E. 01. V. 2 (2000) .

〔51〕　Mary Fides A. Quintos, "Artificial Islands in China South Sea and their Impact on Regional Security", *Foreign Service Institution Insight*, Vol. II, No. 2 march 2015.

〔52〕　参见樊懿：《海洋法下的岛礁之辨》，武汉大学2013年博士学位论文，第121页；Mischief Reef, From Wikipedia, https：//en. wikipedia. org/wiki/Mischief_ Reef。

〔53〕　参见吴杰伟：《中菲"美济礁"争端》，《东南亚研究》1999年第5期。

　　目前中国政府在岩礁修建问题上尚没有一个全面的、明确的、正式的表态，但从已披露的信息来看，中国在永暑礁等原属岩礁上经过扩建具备岛屿之社会经济属性后，并没有因此主张专属经济区与大陆架，强调的是扩建岩礁系其主权范围内的事情，这表明中国认为扩建是在其领海范围内进行的。当美国军机近距离靠近永暑礁时，据美媒报道，中国海军告知美机已进入中国领空请其离开，在领海之外的区域未对别国的飞机船舶予以干预。而中国外交部发言人称"中方南沙岛礁建设的主要目的是为了更好地履行在海上搜寻与救助、防灾减灾、海洋科研、气象观察、生态环境保护、航行安全、渔业生产服务等方面承担的国际责任和义务"[54]，而非通过建设获得专属经济区与大陆架。这些都表明似乎中国对岛礁的建设并无将原有岩礁之法律地位转变为岛屿的意图。

---

[54] http：//www. fmprc. gov. cn/mfa_ chn/fyrbt_ 602243/jzhsl_ 602247/t1267027. shtml.

对蛙人国际法地位的思考与我国南海维权的对策分析

■ 李志文* 吕 琪**

【内容摘要】越南在南海频频干扰中国船只和钻井平台的正常工作和通行，对中国的南海主权进行挑衅，也危害南海的安全与稳定。2014年越南派出蛙人妨碍中国"海洋石油981"钻井平台在南海专属经济区的勘探工作，引发了关注。蛙人在国际法中并没有明确的定位，比照国际法现有概念对其进行单一的国际法地位的确认存在着一定的局限性。本文从对蛙人的国际法地位设置理念出发，进行了蛙人国际法地位的分类设置，区分战时与非战时，以蛙人从事的具体活动分别考虑其国际法地位。通过对蛙人国际法地位的思考，分析针对越南利用蛙人等手段在南海争议海域实施的挑衅活动所应采取的维权对策。

【关键词】蛙人 国际法地位 南海维权

2015年6月25—8月20日，中国再次在南海部署"海洋石油981"钻井平台，进行油气勘探，引发越南的关注[1]。2014年5月"海洋石油981"钻井平台首次在中国西沙群岛毗连区内开展钻探活动，受到越南方面的非法强力干扰，尤其是向该海域派出"蛙人"大量布放渔网、漂浮物等障碍物，引发了中越海上对峙[2]。越南一直将蛙人部队视为其保卫"岛屿主权"和"专属经济区、大陆架的主权和管辖权"的王牌力量，曾凭借蛙人占领了南海部分岛礁[3]，而蛙人在南海对中国船只的干扰是中国南海权益维护中不容忽视的威胁。《联合国海洋法公约》虽然规定了军舰和政府船舶的豁免权，但并未就脱离船舶后的蛙人的国际法地位做出规定，这导致在实践中难以拿捏对蛙人的处理，也凸显了对蛙人国际法地位研究的意义。

一、蛙人概念的再定义

蛙人的名称源自其经常装备的形似蛙脚形状的游泳工具，而正是由于相关装备的相似性，使得其概念在日常的广义使用上几乎与民间潜水员同义，特别在新闻报道的使用中，已经将蛙人的概念与消防、水务部门的潜水员混同。但论及蛙人这个名词的起源，本是个军事概念，特指通过游泳或依靠水肺潜水来进行作战活动的战术人员[4]。这类

---

　* 女，大连海事大学法学院教授、博士生导师，研究方向为海洋法、海商法。

　** 女，大连海事大学法学院2015级国际法专业博士研究生。

　本文为教育部重大攻关项目"中国与邻国海洋权益争端问题的国际法理研究"（12JZD048）研究成果。

〔1〕 参见 http：//www.cankaoxiaoxi.com/china/20150628/832517.shtml，2015-7-10。如无特别注明，本文所有网络资料的访问日期均为2015年7月10日。

〔2〕 参见 http：//www.fmprc.gov.cn/chn/gxh/cgb/zwbd/wshd/t1163702.htm。

〔3〕 参见 http：//news.xinhuanet.com/world/2014-06/09/c_126595155.htm。

〔4〕 US Navy（2006），"19". US Navy Diving Manual, 6th revision. United States：US Naval Sea Systems Command，p.13.

战术人员往往被称作战斗蛙人，即狭义上的蛙人。战斗蛙人通常被用来执行反恐、侦查、监视、情报搜集、商船护卫、水雷清理等多种任务，这类任务也决定了蛙人属于典型的军事人员。蛙人在不同的语境下有着不同的语义，分析蛙人的国际法地位，首先应对其进行国际法意义上的定义。

所谓国际法意义上的定义，是指定义中存在影响国际法地位的因素，以此区别于普通的解释性定义。对蛙人进行国际法意义上的定义应同时考虑两个方面，即身份和行为。从身份角度分析，由于在国际法的相关公约中，军事人员与非军事人员有着不同的法律地位，存在不同的权利义务关系，从身份角度下定义，首要的前提在于采取蛙人的狭义概念，将蛙人限制于军事人员的范围内，以军事人员的框架对其行动加以限制，避免与一般民间人员混淆。定义中的身份与行为之间同时也是一个递进的关系，以军事人员之身份做出的行为往往多为军事行为。所以蛙人概念的理想定义结构应该是以身份为内涵，兼列举其常就行为作为外延。而蛙人的军事行为具有隐秘性、高破坏性与自身脆弱性三大显著特点。其隐秘性在于，蛙人作战时多位于水下，单位体积小，装备相对简单，进入任务区域后就不再需要额外的推动装置，这使得声纳难以发现；而蛙人的破坏性在于其作战方式，诸如在水下设置障碍物、在船身安装磁吸炸弹等手段，对各类船只、石油钻井平台等海上单位有着极大的破坏力。越南战争时期，越方的蛙人部队就曾经潜入码头，炸伤美国运输航母致其搁浅，若不是港口水深仅 15 米，该运输航母必沉无疑。[5] 与蛙人自身的隐秘性与高破坏性形成强烈对比的是蛙人自身的脆弱性。蛙人为了保证执行任务时的灵活以及受自身携带能力的限制决定其自身装备以轻量化为主，几乎没有防护性可言，但其面对的往往是重量万倍于自己的现代化武器。不对蛙人加以防范会付出惨烈代价，而应对失当超出必要限度又有违国际人道法，这就在反蛙人的应对手段选择上有了值得探讨之处。故针对蛙人军事行为的特点，应在蛙人概念的外延中列举规定其有代表性的军事活动，为蛙人的国际法规制奠定基础。

综上所述，本文对蛙人做出具有国际法意义的定义为：蛙人是指一种特殊的军事人员，依靠相关设备以潜水、泅渡的方式对海上、港口目标执行军事活动；包括但不限于非破坏性的侦查、监视、情报搜集，与高破坏性的水下布障、定点爆破等活动等。

二、对蛙人国际法地位的现有认识

对蛙人法律地位的研究始于实践需要——越南干扰中国"海洋石油 981"钻井平台事件催生了为蛙人的法律规制找到国际法依据的需求，而规制的前提正是确认蛙人的法律地位。国际法各渊源中包括《联合国海洋法公约》并未就蛙人做特殊规定。在这种现背景下，常将蛙人依附于国际法渊源中有所规定的现存概念，或者作为现存概念的引

---

〔5〕 Battalion History, 93rd Trans / 121st AHC, Early History.

申，使蛙人获得与这些概念相同或相近的法律地位，这就是对蛙人法律地位现有认识的逻辑。目前对蛙人的国际法地位的研究并不多，在实践中存在着不同的认识，对蛙人的国际法地位可以做出三种处理：认为蛙人是军舰的延伸；认为蛙人等同于间谍；认为蛙人为交战人员。

（一）蛙人是军舰的延伸

将蛙人视为军舰的延伸有现实和法律两方面的基础做支撑。现实基础在于，蛙人在执行任务时确实多以军舰为平台，下水后采用 DPV[6] 推进到达任务区域，而 DPV 的性质属于军舰附属船舶还是属于单兵装备有模糊之处[7]。以"海洋石油 981"钻井平台事件为例，此平台至越方本土最近距离为 133 海里[8]，这样长的距离如果不依赖军舰为平台，仅依靠蛙人的运动自持力是难以到达的。从这层意义上来看，蛙人无法脱离军舰独立执行远海任务，技术上可以认为蛙人是军舰武力的延伸。法律基础在于，军舰本身是《公约》有所界定的概念[9]，将蛙人依附于军舰，视为军舰武力的一部分，有一定可行性，为蛙人的国际法地位找到了出口。这种认定的意义在于将蛙人与军舰捆绑，可依据《公约》对军舰在不同海域的航行制度、活动限制对蛙人做出同样的规制[10]。

然而这种处理也存在一定的问题。首先，军舰在海洋法中本身就是一个特殊的概念，其特殊性体现在军舰的豁免权上。[11] 如果将蛙人视为军舰的武力延伸，蛙人是否也能获得与军舰同样的豁免权这一问题值得商榷。虽然 DPV 通常属于军舰装载武装设备的一部分，且蛙人执行任务时多采用 DPV 作为推进手段，但总体上 DPV 是蛙人的辅助设备，在任务中处于核心地位的是蛙人而非 DPV，这时 DPV 实际上已经外化为蛙人脱离舰船的手段[12]。此外虽然可通过法律拟制蛙人为军舰的延伸，但是蛙人的自然属性是人而非船舶，所以赋予蛙人以军舰同等的豁免权，其法律基础并不充分。其次，《公约》关于军舰的定义较为详尽，需要满足数个要件。但实践中蛙人并不一定以军舰为平台，也可从民用船只如渔船上入水执行任务，在这种情况下将蛙人视为军舰的延伸就比较牵

〔6〕 DPV A Diver Propulsion Vehicle，also known as an underwater propulsion vehicle or underwater scooter is an item of diving equipment used by scuba and rebreather divers to increase range underwater.

〔7〕 由于 DPV 的种类繁多，大至舰载小型蛙人运送潜艇小至手持水下动力板都可归为此类，这就使 DPV 的性质有了争议。

〔8〕 http://www.fmprc.gov.cn/chn/gxh/wzb/zwbd/gzhd/t1165697.htm。

〔9〕《联合国海洋法公约》第二部分领海和毗连区中 C 分节，适用于军舰和其他用于非商业目的的政府船舶的规则中第 29 条对军舰给出了定义："军舰"是指属于一国武装部队、具备辨别军舰国籍的外部标志、由该国政府正式委任并名列相应的现役名册或类似名册的军官指挥和配备有服从正规武装部队纪律的船员的船舶。

〔10〕《联合国海洋法公约》第二部分领海和毗连区中 C 分节，适用于军舰和其他用于非商业目的的政府船舶的规则第 30 条：如果任何军舰不遵守沿海国关于通过领海的法律和规章，而且不顾沿海国向其提出遵守法律和规章的任何要求，沿海国可要求该军舰立即离开领海。

〔11〕《联合国海洋法公约》第 95 条：军舰在公海上不受船旗国以外任何国家管辖的完全豁免权。

〔12〕 Kimura，S. Going the Distance：Use of Diver Propulsion Units，para. 281.

强。最后，通过前文对蛙人概念再梳理可以发现，蛙人执行的任务不同，目标的位置也不尽相同，面对远海目标蛙人确实需要舰只辅助推进到任务区，但是面对港口目标时，蛙人可以直接从海岸下水，"一刀切"地将蛙人视为军舰延伸显然无法适用于此种情况。

将蛙人视为军舰延伸的处理方法虽然能够借助《公约》对军舰的限制及于蛙人之上，适合目前我国"海洋石油981"钻井平台的现实情况，但并不周全。尤其是考虑到越南经常使用武装渔船等民用船只运送蛙人，将其视为军舰的延伸，很可能使越南找到绕过国际法的借口。

（二）蛙人等同于间谍

《奥本海国际法》将间谍界定为"一国为了秘密获取军事和政治情报而派往国外的秘密人员"。蛙人执行任务时通常以隐秘的方式从水下接近目标，其装备为了确保这种隐秘性，往往加以特殊改造，使自身更难被发现[13]，更有效率地执行诸如情报收集等任务。蛙人上述特性与《海牙第四公约》第二章中关于间谍的定义十分相近[14]。因此，将蛙人视为间谍使其获得与间谍同样的国际法地位具有可能。国际法对间谍活动的法律规制在不断加强，近代国际法对间谍的认定仅限于在交战地带内收集情报者，经过两次世界大战后间谍活动的范围得到拓展，大致可以界定为一国通过侦察、偷窃、监视等秘密方式，在另一国不知情的情况下未经许可从该国获取军事、政治、经济及其他机密信息的行为[15]，突破了时间和空间的限制，不限定于战时和交战地带。各国实践中为了对本国发现的间谍严加惩处，又制定了一系列相关的国内法，除了在刑法、保密法等法律中对间谍行为及其量刑处罚加以规定外，还制定了各种专门的法律法规。可见，将蛙人等同于间谍的地位认识，其优势在于能使对蛙人的规制上升到较高水平上。

将蛙人视为间谍也存在着弊端：第一，无法覆盖蛙人的整体活动，缺乏全面性，部分蛙人的活动并不属于间谍活动的范围。蛙人与间谍的行为活动并不完全重叠，根据前文对蛙人的定义，蛙人除了情报收集活动，也会进行诸如散布渔网、障碍物，甚至在船体、海上目标直接进行爆破等破坏活动。第二，蛙人的高破坏能力与针对间谍非破坏型的情报收集活动的法律规制存在不平衡。国际法对间谍的处理遵循一定的原则：间谍未经军事法庭审判不得惩罚；对间谍的惩处只限于现行犯，不能追究被捕之前的间谍行为[16]。这些规则如果适用于蛙人，对其的处理很难落到实处，一旦蛙人执行完毕任务

---

〔13〕 传统的采用压缩空气罐的开放式水下呼吸器在使用时产生的大量气泡易被发现，于是催生了蛙人专用的全封闭式呼吸器，不会产生气泡。

〔14〕 Hague Convention（Ⅳ）respecting the Laws and Customs of War on Land and its annex：Regulations concerning the Laws and Customs of War on Land. Article 29.

〔15〕 Glenn Sulmasy，JohnYoo．"Counterintuitive：Intelligence Operations and International Law"，*Michigan Journal of International Law*，Vol. 28：626.

〔16〕 Hague Convention（Ⅳ）respecting the Laws and Customs of War on Land and its annex：Regulations concerning the Laws and Customs of War on Land. Article 30/31.

后返回军舰，则难以对其进行惩处。第三，传统国际法对间谍的处理主要集中在战争法的规定，对和平时期的间谍行为非同寻常地予以漠视[17]，然而和平时期的间谍交换则已成为一种尚未被国际社会正式确认但又被各国较广泛使用的惯例，国际法对间谍这一类主体的模糊处理，很难对平时的蛙人投放进行有效规制。

将蛙人等同于间谍的处理方式虽然能够丰富对蛙人的法律规制依据，但是具体规制实效并不理想，也无法覆盖蛙人的所有军事活动。

（三）蛙人是交战人员

为了全面概括蛙人的活动，势必出现一个蛙人有着为人与为物（军舰延伸）两种属性的情况，容易产生混乱。交战人员是战争法中规定的合法参与作战的人员，包括军队和具备条件的民兵、志愿军，未占领的居民在一定情况下也可视为交战人员[18]。将蛙人归入交战人员之列，则统一了其为人的属性，且将受到《海牙公约》的限制，在作战中遵守战争法和惯例，使蛙人的投入与使用更规范。

将蛙人视为交战人员处理也具有局限性，体现在两方面：一方面，蛙人的投入与使用并不仅仅在战时或武装冲突时，在和平年代蛙人的活动也非常活跃，仅依靠《海牙公约》难以有效规范其行为；另一方面，交战人员的认知虽然稳妥，但是过于保守，没有充分考虑到海洋活动的特殊性。随着海洋资源勘测、开发能力的提升，未来国际社会的焦点与矛盾必然会从陆地转移，对本身就多于海洋活动的蛙人，不为未来预留空间显然是不恰当的。

将蛙人归类于一般交战人员避免了其他拟制地位下蛙人性质混乱的问题，但是并未考虑海洋活动的特殊之处，且战时与否对蛙人法律地位的影响也需要考量。

三、对蛙人国际法地位的理想设置

国际法地位标示了一个概念由国际法赋予的权利（或保护），设定的义务（或限制），整体上反映了国际法对此概念的一个权利义务二元化的设置状况。就一个在国际法上并没有具体规定的概念探寻其国际法地位的过程，就是对其国际法地位的认识，就是对此概念权利义务的设置活动，其目的也是出于填补这二元设置的空白的需要，使得或保护或限制都有章可循。以国际法现有概念为基础对一个未曾规范的概念设置权利义务的规制，较为容易得到接受，比起创设一个新的国际法概念更有效率和可操作性，前文对蛙人国际法地位的认识即遵循了这个逻辑。然而，前文对蛙人国际法地位的认知都存在着一定的局限性。本文认为对蛙人国际法地位的理想设置，应当遵循一定的理念，

---

[17] 参见黄志雄：《论间谍活动的国际法规制——兼评 2014 年美国起诉中国军人事件》，《当代法学》2015年第 1 期。

[18] Hague Convention（IV）respecting the Laws and Customs of War on Land and its annex：Regulations concerning the Laws and Customs of War on Land. Article 1.

进行全面的考虑。

（一）蛙人国际法地位的设置理念

首先，蛙人的国际法地位应与蛙人的特殊性对应。

蛙人国际法地位的讨论发乎实践，从侧面反映了国际法在此处空白状态的同时，也印证了蛙人的特殊性。本文认为虽然对空白概念进行有效率的设置逻辑是以国际法已有的相近概念为基础，但不代表为了贴近已有的相近概念要放弃待设置空白概念的特殊性。放弃了特殊性的设置，空有与相近概念的联系，没有实际意义和价值。如将蛙人的国际法地位认识为战斗人员，脱离了海洋行动的特殊性，即不符合本文探讨蛙人国际法地位的初衷，也无法满足在南海争端中规制蛙人非法干扰中国船只的行为的需求。蛙人的特殊性主要在于行动范围的复杂、行动方式的隐秘，以及自身脆弱性与高破坏性的反差，对其国际法地位的设置应与这些特殊性同步，方具有实践意义。

其次，对蛙人的限制应与对蛙人的保护并重。

从实践出发的问题往往会诱使人从理想结果开始逆推以找寻达到理想结果的处理方式，本文即是从成功反制蛙人的理想结果出发逆推规制蛙人的国际法依据。在这样的思路下，对蛙人的规制有效率的同时，通常对蛙人的保护也就忽视了。蛙人的国际法地位的理想设置也应重视对蛙人的保护，不与《国际人道法》的精神相悖，而具备这样的设置理念往往也会更易于被接受。

最后，蛙人的国际法地位设置要整体全面。

所谓整体就是蛙人的整个设置体系中不存在彼此矛盾的部分，所谓全面就是在设置细节上覆盖蛙人的所有情况，不出现一种设置无法解释蛙人概念所有外延的情况。例如，不能只为了规制蛙人的情报收集行为就在设置上忽视蛙人的破坏行为，只为了保护远海钻井平台就在设置上忽略了对港口目标的保护等。显然，实现这一理念的前提就是准确把握蛙人的内涵和外延，并在结构设计上考虑到不同条件下蛙人相关属性的不同变化，也只有这样才能使蛙人的国际法地位的预期设置达到逻辑上的严谨。

（二）蛙人国际法地位的分类设置

蛙人本身是一个复杂的概念，体现在蛙人活动范围的广泛性、活动内容的多样性，以及其活动性质的模糊性。本文认为，对一个复杂概念的法律地位进行预期设置，首要的是将这种复杂向有序转化，再依序进行设置。

针对蛙人活动的特性，本文提出层层递进的三阶基础分类。第一阶，根据投放蛙人的背景状态，分为战时投放与非战时投放，所谓战时投放指的是将蛙人投入任务时与目标所属国于战争状态下，而非战时投放指的是将蛙人投入任务时未与目标处于战争状态下；第二阶，根据蛙人的活动范围，将其拟制分类为岸基蛙人与舰基蛙人，所谓岸基蛙人指的是蛙人由陆地入水执行任务的情况，而舰基蛙人指的是蛙人由舰船入水执行任务的情况；第三阶，根据蛙人的活动性质，将其具体行为分为情报活动与破坏活动两大类。三阶基础分类法虽然烦琐，但通过三个阶层的分类，各类别层层排列组合，能够全面、有序地概括蛙人所有类型的活动，也契合了前述蛙人国际法地位的设置理念。

在通过三阶基础分类对蛙人概念进行有序转化的基础上，进一步对各个阶层的蛙人的国际法地位进行分析。

（1）第一阶分类为战时投放蛙人的国际法地位

战时投放的蛙人由于处于战争状态，属于《海牙公约》中的交战人员，这样无论战时投放的蛙人在第二阶分类属于岸基还是舰基，无论其从事的是第三阶分类中的情报活动还是破坏活动，都属于《海牙公约》中交战人员的国际法地位，受到《海牙公约》的限制与保护。

（2）第一阶分类为非战时投放蛙人的国际法地位

非战时投放的蛙人的国际法地位的设置较为复杂。

非战时投放的舰基蛙人从事情报活动时，蛙人可视为军舰的延伸。主要是从以下两方面考虑：第一，使用 DPV 从事情报活动的蛙人，其任务性质、物理状态与舰载的预警直升机相似，都是自然人操纵设备离舰收集情报后返舰。而舰载直升机通常视为军舰的一部分存在，在远海即便离舰也被视为军舰的延伸[19]。第二，将蛙人视为军舰的延伸，这样在应对处理蛙人的情报收集活动时，可以把处理范围及于军舰之上。具体而言，如果不将舰基情报蛙人视为军舰的延伸，那么处理的对象只限于蛙人本身；而在视为军舰延伸的情况下，根据《公约》关于军舰在不同海域航行制度的规定与剩余权利的处理，可以要求军舰和蛙人一起离开相关海域。

非战时投放蛙人从事破坏活动时，无论是岸基还是舰基，都可视为海上恐怖主义分子。这种定位主要基于：第一，非战争状态下的破坏活动是与《海牙公约》相悖的，无论目标针对的是军用舰只还是民用舰只、钻井平台等设施，由于其突然性和无差别性都与恐怖主义行为相符[20]，所以具备视同恐怖主义分子的基础。第二，由于蛙人行动的隐秘性与高破坏性，对其规制也应上升到相应的水平，也只有这样才能体现出本章前述的规制与特殊性同步的理想设置理念。国际法对海上恐怖主义行为规定了普遍管辖权，而在面对恐怖主义行为时也设置了自卫权的保护[21]，所以遭遇蛙人诸如设置水下障碍物、爆破物等高破坏性威胁，可以行使武力来保卫自身。第三，将从事破坏活动的蛙人

---

〔19〕　舰载直升机通常执行反潜、侦查、预警任务，以军舰为平台，作为军舰的手与眼存在，与舰只共同构成一个战斗体。

〔20〕　Criminal acts intended or calculated to provoke a state of terror in the general public, a group of persons or particular persons for political purposes are in any circumstance unjustifiable, whatever the considerations of a political, philosophical, racial, ethnic, religious or any other nature that may be invoked to justify them.

〔21〕　自卫是基于习惯国际法并为《联合国宪章》第 51 条所明确承认和支持的一项国际法权利。《联合国宪章》第 51 条规定："联合国任何会员国受武力攻击时，在安理会事后采取必要办法，以维持国际和平及安全以前，本宪章不得认为禁止行使单独或集体自卫之自然权利。会员国因行使此项自卫权而采取之办法，应立即向安全理事会报告，此项办法于任何方面不得影响该会按照本宪章随时采取其所认为必要行动之权责，以维持或恢复国际和平及安全。"

视为恐怖主义分子客观上体现了对蛙人的保护。虽然被视为恐怖分子的蛙人面对的是武力自卫，表面上看似乎忽视了对蛙人脆弱性的保护，但实际上一旦施行甚至仅仅发表了对蛙人的这种认知与处理方式，就会影响相对方投放蛙人进行破坏活动的决策，这样把视角放在长远的维度，客观上反而体现了对蛙人的保护。

非战时投放的岸基蛙人从事情报活动时，蛙人可视为间谍人员。根据前文对蛙人法律地位的现有认识之分析，将蛙人等同于间谍人员是有一定优势的，体现在国际法和国内法的双重规制。且在特定分类的前提上分析其国际法地位，则不存在笼统地将蛙人视为间谍时不全面的弊端。

四、蛙人国际法地位的思考对我国南海维权执法的意义

越南是中国在南海争端中存在较大分歧的争议方，越南投放蛙人干扰中国船只在南海的正常作业和活动，对中国南海岛礁驻军袭扰，已然成为中越摩擦升级的导火索，对中国南海海洋权益带来了巨大威胁。蛙人国际法地位的确定，对中国在实践中处理蛙人带来的破坏活动有着十分关键的意义，也为采取相应的处理措施提供了国际法的基础与依据。

（一）基于规制军事利用考量的对策选择

非战时投放的蛙人从事情报活动，无论将其视为军舰的延伸，还是间谍人员，都可以按照国际法中对专属经济区内军事利用的相关规定进行处理。一般认为专属经济区不属于一国的领海，沿海国享有有限的管辖权；专属经济区也不属于公海，在他国专属经济区的活动需受到一定限制。《海洋法公约》中并未直接允许或禁止在专属经济区内的军事活动，但从《海洋法公约》的相关表述中可以看出，并不排除与《联合国宪章》和其他国际法规则相一致的军事利用。1985 年联合国秘书长在一篇报告中结论性地指出："《公约》不禁止与宪章所载国际法原则特别是宪章第 2 条第 4 款和第 51 条规定相一致的军事活动。"[22]。根据相关的国际公约和国际法原则，在他国专属经济区从事的军事活动应当满足"只用于和平目的"的条件，并履行"适当顾及"义务[23]。

对"只用于和平目的"的解释存在着争议，沿海国主张在本国专属经济区设置一些对其他国家军事利用的限制，甚至主张禁止一切为军事目的的使用，认为"只用于和平目的"的精神实质就是非军事化[24]；以美国为代表的海洋国家则认为，《公约》规定的"只用于和平目的"应理解为禁止侵略行为[25]。《海洋法公约》对海洋的和平用途做出了规定，要求各缔约国"在根据本《公约》行使其权利和履行其义务时，应不对任何国

---

[22] 张海文主编：《联合国海洋法公约释义集》，海洋出版社 2006 年版，第 163 页。
[23] 参见《联合国海洋法公约》第 88、301 条，第十、十三部分。
[24] 参见李秦：《从国际法角度透视中美撞机事件》，《人民日报》2001 年 4 月 16 日。
[25] 参见李广义：《论专属经济区军事利用的法律问题》，《当代法学》2006 年第 7 期。

家的领土完整或政治独立进行任何武力威胁或使用武力"[26]。可见,"只用于和平目的"并不一般性地禁止一切军事利用,也并非限于非侵略性行为,威胁到沿海国领土完整或政治独立的军事活动都不为《海洋法公约》所允许。外国军舰派出蛙人在我国南海专属经济区从事的情报活动可分情况考虑,对服务于主权宣示目的,为打击我国在南海的军事战备、干扰我国船只在南海的正常活动而实施的情报收集、填埋或安置军事设施等活动,是对我国南海主权的侵犯和挑衅,不属于国际法所允许的军事利用;就军事测量而言,可划归于海洋科学研究的范畴,应当根据《海洋法公约》的相关规定[27],在征得我国同意的情况下,按照我国的要求行使,并共享获取的数据与资料。

"适当顾及"义务则对合理的军事利用做出了限制,明确了沿海国在专属经济区的主权权利和管辖权与他国军事利用之间发生冲突时,应以沿海国的主权权利和管辖权为先。换言之,其他国家在沿岸国专属经济区的军事利用对沿岸国经济主权和管辖构成威胁,沿岸国可以援引其管辖权来禁止该区域内的外国的军事活动和军事设施[28]。

基于上述分析,我国有权对在我国南海专属经济区内非法从事情报活动的蛙人及其附着的军舰、渔船采取措施。《海洋法公约》并未规定针对不合理的军事利用沿海国采取何种措施的具体权利,但规定了登临权、紧追权以及采取其他诸如拦截、监视、跟踪、驱逐、驱赶、警戒、护卫、警卫等措施的权力。同时,我国还有权从本国在专属经济区的主权权利出发,限制和制止相关蛙人及其附着军舰、渔船的军事活动,即使该活动为《海洋法公约》和其他国际公约所允许。此外,应当完善我国相关立法中有关专属经济区军事利用的规定,对外国船舶的无害通过进行确认和限制,禁止在我国管辖海域内从事非经许可的军事活动包括军事测量,一方面明确我国在专属经济区军事利用上的立场,另一方面为制止非法军事活动的海上执法提供国内法依据。

(二) 执法过程中采取武力手段的正当性基础

相比较于情报活动,从越南蛙人曾执行的任务来看,大多从事的是破坏性活动。除了铺设渔网、障碍物等干扰船只正常航行的活动,在越战期间还曾安置爆炸物击沉美国航母[29]。针对蛙人的高度破坏性,仅以警告、威慑难以维护我国的海洋权益,然而采取武力行动又受到国际法的严格限制,在越南蛙人干扰"981 海洋石油"钻井平台事件中,越南也曾指责中国对其装载蛙人的渔船开火。将从事破坏性活动的蛙人定位为恐怖主义,能够很好地解决在打击蛙人过程中采取武力手段的正当性基础,从而为维护海洋权益提供依据。

从对象上看,非战时从事破坏性活动的蛙人为海上恐怖主义分子,沿海国有权对其

---

[26] 《联合国海洋法公约》第 301 条。

[27] 参见《联合国海洋法公约》第十三部分。

[28] John King Gamble, Law of the Sea: Neglected Issues Proceedings. The Law of the Sea Institute,

[29] Attack on the USNS Card, WikiPedia, https://en.wikipedia.org/wiki/Attack_on_the_USNS_Card, 2015-9-20.

行使自卫权。和平解决国际争端是现代国际法的一项基本原则，《联合国宪章》规定了两种情况下使用武力的合法性，即自卫和安理会根据维持和恢复和平的需要授权使用武力[30]。按照较为广泛的认识，只有构成对国家领土完整和主权与独立的损害或威胁的武力攻击才是自卫的对象[31]。蛙人在南海从事破坏性活动所构成的恐怖主义性质与一般的海上恐怖主义存在差别，服务于其国家对南海主权的要求，不仅是对海上工作平台、渔船等的直接危害，且对我国的主权造成侵犯。

从行为性质上看，采取武力手段制止蛙人的破坏性活动需要满足必要性和相称性的条件。虽然非战时从事破坏性活动的蛙人具备强烈攻击性、巨大杀伤力和严重破坏性等海上恐怖主义的性质特征，从而使采用武力行使自卫具备了国际法的合理性，但在使用武力上仍然需要符合必要性和相称性。"必要性"指的是以武力作为最后手段，当穷尽一切和平手段仍无法消除破坏性活动带来的危害性后果时，方可采取；"相称性"指的是所采取的武力手段的严厉程度应与破坏行为的严重程度相协调。[32] 对于在我国南海经济专属区从事破坏性活动的蛙人，应当以促使其停止破坏活动、离开我国管辖海域为目的，对于已丧失战斗能力、返回军舰并离开管辖海域的蛙人，应当停止对其使用武力。

另一方面，为了更好地打击作为海上恐怖主义的蛙人的破坏行为，应当完善我国相关的反恐立法。我国立法中对恐怖主义的规范仅体现在《刑法》和《国家安全法》中针对一般性的恐怖主义的原则性规定，我国交通部和中国海事局已制定有《船舶海上保安规则》与《港口设施保安规则》，但主要针对海上保安事件，与海上恐怖主义的内涵和外延仍有一定的差异。因此，为了更好地处理诸如以武装渔船派出蛙人非法袭扰中国船只的事件，必须在国内立法中完善海上恐怖主义的相关内容，落实如《制止危及海上航行安全非法行为公约》《制止危及大陆架固定平台安全非法行为议定书》等国际公约中反对和打击海上恐怖主义活动的内容，对防范和制裁海上恐怖主义活动提供依据和指导，明确和规范执法力量在海上反恐过程中的武力使用。

（三）加强海军协助海上维权执法

中国海军负担着保卫国家海上方向安全、维护领海主权和海洋权利的任务[33]。近年来，随着南海争端的持续升级，中国海军通过在我国控制的南沙岛礁上设防、进行远程海军演习等形式显示海上实力，同时协助海上行政执法部门实施海上维权执法。2013年国家海洋局重组之后发布了"三定"方案，明确了中国海警局负责展开海上维权执法工作，并规定了与公安、渔政、海事、海关等相关部门在海上执法方面的分工与协作。

---

[30] 参见《联合国宪章》第44、51条。

[31] 参见余敏友等：《武力打击国际恐怖主义的合法性问题》，《法学研究》2003年第6期。

[32] 参见卢卫彬、张传江：《海上执法中武力使用问题研究》，《太平洋学报》2013年第5期。

[33] http://www.scio.gov.cn/zfbps/gfbps/2009/201101/t847522_2.htm.

"三定"方案之后，我国基本形成了由中国海警、中国海监为主要执法力量的海上维权执法队伍。中国海军进行的海上维权行动并非国家海上维权执法的范畴，但中国海军却能够为海上维权执法提供保障和支持。

我国目前在南海海域主要由中国海警和中国海事的政府公务船负责日常的维权执法活动，以巡航、护航、安全保护为主要的执法手段。长久以来我国海警船、海监船等海上执法船在舰载武器的配备上较为落后，面对外国执法船或军舰的挑衅和袭扰的应对能力也十分有限。2013 年中国海警船开始配备自卫武器或预留武器装备位置，提升了海上执法能力，但与我国周边国家的海上执法船的武装力量比较，中国海警的装备无论是从数量上还是力量上仍然处于弱势。从 2015 年 10 月起，越南海岸警卫队将被允许使用舰载武器威慑和驱逐外国船只，此举被认为是专门指向中国[34]。因此，中国海军在协助中国海警执行日常的海上维权执法活动中，发挥着坚实的后备作用。在越南派出蛙人干扰"981 海洋石油"钻井平台事件中，中国海军也出动了 6 艘军舰实施护航，打击了越南船只的恶意冲撞和蛙人的破坏活动。

《海洋法公约》规定了军舰在公海的登临权、紧追权以及其他维护沿海国海洋权益的权利，是海军协助海上执法部门，共同承担海上维权任务的国际法基础。但从我国国内法的规定来看，虽然《领海及毗连区法》与《专属经济区和大陆架法》确认了登临权和紧追权，但对海军协助海上维权执法再无具体法律授权的规定，海上军事行动的程序预案也并不完善。因此，有必要完善相关立法明确海军协助海上维权执法的职能，同时通过信息共享、协同机制提升平时和战时的海警海军协同配合能力。

---

〔34〕　Watch Out China: Vietnam's Coast Guard Will Fight Back. The Diplomat, http://thediplomat.com/2015/09/watch-out-china-vietnams-coast-guard-will-fight-back/.

海洋执法协调机制研究

■ 阎铁毅 *

【内容摘要】 2012 年党的十八大报告中明确提出"提高海洋资源开发能力，发展海洋经济，保护海洋生态环境，坚决维护国家海洋权益，建设海洋强国"的发展战略。2013 年国家海洋局的重组响应了这一发展战略，对保护国家领土主权、维护国家海洋权益具有重大意义。改革两年多来，无论是在执法效率，还是在执法水平、方式上，都较以前有了明显的变化，从形式上已经达到各国通常的做法。当然，也存在一定的问题，但是，解决问题的方案不应当是建立一个海洋管理机关、一支海洋执法队伍的简单思路，而是需要借鉴各国做法从协调机制方面找进路，从加强民间力量方面找方案。

【关键词】 海洋执法协调机制　分散　协调　民间力量

一、多个国家海洋管理部门、海洋执法队伍综述

（一）各国海洋管理部门介绍

美国海洋管理主要由国土安全部、运输部、商务部、内政部、环境保护局、国家运输安全委员会、联邦海事委员会 7 个部委负责；加拿大海洋管理主要由海洋渔业部、交通部、环境部、公共安全部、运输安全委员会 5 个部门负责；日本海洋管理主要由国土交通省、农林水产省、法务省、财务省、文部科学省、经济产业省、环境省、外务省 8 个部门负责；韩国海洋管理主要由国民安全处、海洋水产部、国土交通部、农林畜产部、企划财政部、法务部、环境部、未来创造科学部 8 个部门负责；越南海洋管理主要由交通部、国防部、公安部、农业和乡村发展部、财政部、自然资源环境部 6 个部门负责；马来西亚海洋管理主要由交通部、国内事务和内部安全部、科技创新部、自然资源与环境部、财政部、农业部 6 个部门负责；澳大利亚海洋管理主要由农、渔、林业部，环境、水资源、文化遗产和艺术部，司法部，基础设施、运输、区域发展与地方政府部，资源、能源与旅游部 5 个部门负责；瑞典海洋管理主要由企业、能源和交通部，国防部，农业部，财政部，环境部 5 个部门负责；英国海洋管理主要由运输部，环境、食品与农村事务部，内政部，税务和海关总署 4 个部门负责。

---

* 大连海事大学法学院教授，主要研究方向为行政法学。

本文为以下基金项目的研究成果：国家社科规划基金项目"海洋行政体制改革的法律保障研究"（13BFX037），教育部哲学社会科学研究重大课题攻关项目"世界主要海洋国家涉海管理体制及海上执法力量建设研究"（13JZDH040），司法部项目"海洋污染损害救济措施优化配置研究"（12SFB5053），辽宁省社科规划基金项目"海上油污损害赔偿立法模式转型与风险分担机制社会化研究"（L11DFX022）。

（二）各国海洋执法队伍介绍

美国海洋执法主要由海岸警备队、海关与边境保护局、移民与海关执行局、国家海洋渔业局4支执法队伍负责。海岸警备队、海关与边境保护局、移民与海关执行局隶属于国土安全部；国家海洋渔业局隶属于商务部下设的国家海洋与大气管理局。

加拿大海洋执法主要由海事局、海岸警备队、渔业和水产管理局、边境事务署、皇家骑警5支执法队伍负责。海事局隶属于交通部；海岸警备队、渔业和水产管理局隶属于海洋渔业部；边境事务署、皇家骑警隶属于公共安全部。

日本海洋执法主要由海上保安厅、运输安全委员会、海难审判所、地方运输局、水产厅、出入境管理局、海关7支执法队伍负责。海上保安厅、运输安全委员会、海难审判所、地方运输局隶属于国土交通省；水产厅隶属于农林水产省；出入境管理局隶属于法务省；海关隶属于财务省关税局。

韩国海洋执法主要由海洋警备安全本部、中央海难安全审判院、地方海洋港湾厅、渔业指导事务所、关税厅、出入境管理事务所6支执法队伍负责。海洋警备安全本部隶属于国民安全处；中央海难安全审判院、地方海洋港湾厅隶属于海洋水产部；渔业指导事务所隶属于农林畜产部；关税厅隶属于企划财务部；出入境管理事务所隶属于法务部。

越南海洋执法主要由海岸警卫队、海事局、交通运输安全署、注册局、出入境管理局、海关、渔业总局7支执法队伍负责。海岸警卫队隶属于国防部；海事局、交通运输安全署、注册局隶属于交通部；出入境管理局隶属于公安部；海关隶属于财政部；渔业总局隶属于农业和农村发展部。

马来西亚海洋执法主要由海事执法局、海事局、皇家警察水警行动队、移民局、环境局、皇家海关署、渔业局7支执法队伍负责。海事执法局隶属于总理府；海事局隶属于交通部；皇家警察水警行动队、移民局隶属于国内事务和内部安全部；环境局隶属于自然资源和环境部；皇家海关署隶属于财政部；渔业局隶属于农业部。

澳大利亚海洋执法主要由海事局、运输安全局、海关与边境保卫局、联邦警察、渔业管理局、检验检疫局6支执法队伍负责。海事局、运输安全局隶属于基础设施、交通、区域发展和地方政府部；海关与边境保卫局、联邦警察隶属于司法部；渔业管理局、检验检疫局隶属于农、渔、林业部。

瑞典海洋执法主要由海事局、海岸警备队、运输管理机构、事故调查委员会、海关署、环境保护局6支执法队伍负责。海事局、运输管理机构隶属于企业、能源和交通部；海岸警备队、事故调查委员会隶属于国防部；海关署隶属于财政部；环境保护局隶属于环境部。

英国海洋执法主要由海事和海岸警备局、海上事故调查局、边境局、海洋和渔业管理局4支执法队伍负责。海事和海岸警备局、海上事故调查局隶属于运输部；边境局隶属于内政部；海洋和渔业管理局隶属于环境、食物和农村事务部。

二、多个国家政府机构间建立协调机制的情况

1992 年联合国环境与发展大会通过的《21 世纪议程》指出，"每个沿海国家都应考虑建立，或在必要时加强适当的协调机制（例如高级别规划机构），在地方一级和国家一级上，对沿海和海洋区及其资源实施综合管理，实现可持续发展"。据 2006 年"海洋、海岸与岛屿全球会议"统计，约有 100 个沿海国制定了海洋综合管理计划并实施了海洋综合管理。[2]

（一）主要从中央政府各机关角度建立的协调机制

分散型行业管理是社会管理的常态，是各国必须运用的行业、专业管理方式，尤其是经济、科技的快速发展，使得社会专业分工越来越细化，社会管理的行业、专业分工也随之不断细化。从社会管理的发展阶段来看，海洋管理是陆上分散型行业管理不断向海洋上延伸的结果。

现代社会管理是不断分工与合作的结果。社会管理分工过程中产生的问题也只能通过加强综合协调来解决，从中央政府的角度来说，各个海洋国家在海洋管理过程中采用海洋管理部门的分工，海洋执法队伍的分工，在此基础上，建立合作、协调机制，一般在海洋管理部门之间建立协调机制，例如，日本在政府内部设立了海洋开发关系省厅联络会议等 5 个部门间的协调机构，或者在海洋执法队伍之间建立协调机制，例如，瑞典政府设立了两个与海洋环境工作有关的协调机构：海洋环境协调组和海洋环境委员会。或者是在中央政府、各个海洋管理部门以及各个海洋执法队伍之间建立更加综合的协调机制，例如日本在内阁设立了国家海洋政策统一协调机构——综合海洋政策本部等。

有些国家还在远海执法中成立综合或者较为统一的海洋执法队伍，如海岸警备队、海上保安厅、海洋警察安全本部等，高度整合国家的海上执法人员、装备、资源等，高效率低成本统一处理现场，靠岸后再分散由各个归口单位进行实质上的处理，尽管如此，这些国家也不是只有一支海上执法队伍，近海的执法工作仍由担负远海执法职责的队伍与中央其他几支执法队伍，还有地方政府的执法队伍共同完成，并且在这种协调、组织的过程中带有明显的各个国家的国情、特色，例如海上执法人员是公务员、警察抑或军人的身份，是隶属于某个行业性的部委、警察系统抑或军队，各国差别很大。

（二）主要从中央、地方政府协调角度建立的协调机制

上述内容主要是从中央政府各机关层面来探讨的，海洋管理与海洋执法工作中还同时存在着地方政府的海洋管理部门与执法队伍，中央政府与地方政府需要分工与合作，不同的地方政府之间也需要分工与合作，这里还涉及宪制当中中央和地方的分权制衡关系。例如，根据美国有关法律规定，美国联邦政府与州政府在海洋管理上有明确的职责划分。美国沿岸 3 海里以内海域由沿海各州负责立法，实施管理，州政府在 3 海里以内

---

〔2〕 李巧稚：《国外海洋政策发展趋势及对我国的启示》，《海洋开发与管理》2008 年第 12 期。

有绝对的管辖权。3 海里以外到 200 海里专属经济区联邦政府负责有关安全、防卫、外事、航运、科研调查等职能，其他事项由沿海州政府管理。

因此，海洋管理会涉及中央政府层面不同海洋管理部门之间的分工、不同海洋执法队伍之间的分工、地方政府层面不同海洋管理部门之间的分工、不同海洋执法队伍之间的分工、中央政府与地方政府之间的分工、不同的地方政府之间的分工，实际上，地方政府往往还不止一级，例如美国沿海地方政府，就包括州与市县政府，存在州政府层面与市县政府层面的不同海洋管理部门之间的分工、不同海洋执法队伍之间的分工。协调机制也因应上述分工在各个层面展开，有时要跨部门和队伍，跨中央和地方，有时又要由中央统一建立协调机制，而且即使由中央统一建立协调机制后，原先大大小小的、横向纵向的协调机制仍然存在。这些庞杂和混乱的情况正是美国等各个海洋国家海洋管理的现实，也是在经济、科技快速发展过程中，社会管理不断分工与合作的复杂局面在海洋管理中的折射。解决问题的关键是如何在这种复杂局面中运用制度文明和人的能动性加强管理，在管理水平与实际需求的不断博弈中获得高效，实现动态、系统管理，而不是静态、机械处置，在这方面没有一劳永逸的措施。

例如，进入 21 世纪，美国海洋政策委员会对美国的海洋管理政策进行了最为彻底的评估，提出把制定新的国家海洋政策框架，促进海洋科学和教育，海洋资源管理和开发转向基于生态系统管理的目标，改善对联邦部门活动和政策的协调。

美国政府于 2010 年 7 月通过了《关于海洋、我们的海岸与大湖区管理的行政令》，成立国家海洋委员会，同时撤销 2004 年成立的海洋政策委员会，并采纳《政府部门间海洋政策特别工作组最终报告》，要求联邦各部门采取措施贯彻实施，明确了国家海洋委员会的地位，国家海洋委员会成为确定美国海洋政策的权威部门，协调联邦政府各部门和其他机构更加有效地工作。[3]

但行政令除了规定上面的重要事务，对具体工作是非常原则与笼统的，不具有像关于行政处罚、行政强制、行政许可等方面法律、法规规定的权力、义务直接适用那样的特点，因此，需要通过会议，通过工作人员的能动性去进行实际处置。国家海洋委员会的组成人员包括：国务卿、交通部长、内政部长、商务部长、国土安全部长、国防部长、环境质量委员会主席、NOAA 局长、环保署署长等，定期召开部长级会议，统筹协调联邦各部门的涉海事务。指导委员会隶属国家海洋委员会，成员包括国家海洋委员会主席、国家科技政策办公室和国家环境质量委员会以及部门间海洋资源管理政策委员会和部门间海洋科技政策委员会的领导。成员每两个月至少举行一次会议，具体协商海洋管理工作。此外，国家海洋委员会主席还定期与其他国家海洋管理机构、国际海事组

---

[3]　The White House Council on Environmental Quality, Final Recommendations of the Inter-agency Ocean Policy Task Force, July 19, 2010, P5, available at: http://www. white house. gov/files/documents/OPTF-Final-Recs. pdf.

织、北极理事会等国际组织合作。

在国家海洋委员会成立之前到现在，美国海岸警备队与相关部门和地方政府建立的合作与协调机制仍然运行有效。海岸警备队与联邦政府中 21 个部门有合作关系，并签署了执法协议，由海岸警备队承担大部分海上执法任务，并在日常工作中，及时交换信息，保持联动。澳大利亚与美国相似，也采取联邦政府和州政府之间既有分工又有协作的海洋管理体制。

三、多个国家政府与民间建立协调机制的情况

鼓励各种社会力量广泛参与海洋管理，是国际社会广泛采用的做法。美国海上救助应急管理包括政府部门和民间组织。政府力量主要是美国的海岸警备队，其既有海上救助队伍和空中救助队伍，也有陆上救助队伍。美国海岸警备队在总司令部下面分设太平洋和大西洋海区司令部，拥有 9 个管区，35 个基地和 1208 个站点，拥有各类舰艇约 2020 艘，飞机约 211 架，[4] 海岸警卫队现有现役人员 38000 人，预备役人员 8000 人，而志愿者队伍被编为辅助海岸警备队（U. S. Coast Guard Auxiliary），人员大约 35000 人，[5] 有 5000 条以上的船艇和约 300 个飞行器，[6] 这些志愿义务人员多属于航海、船艇、无线电等方面的爱好者，他们从事的辅助工作多为在海上支援搜寻与救援工作，包括向游艇乘员宣传安全知识，登上游艇进行安全检查，监听海上无线电讯号，传送急电，针对海上救助中的风险进行演习、救助等，使得搜救的覆盖范围更加扩大，形成强大的海上险情应急的社会整体能力。海岸警备队是政府力量与民间力量的指挥、协调机构。一般情况下，发生海难事故，由海岸警卫队搜救协调中心根据收集到的信息对事故分级并采取相应的行动。如果情况紧急，搜救协调中心会通知海岸警卫队及辅助海岸警备队前往救援。若辅助海岸警备队先到达事故现场，搜救协调中心评估其能否独立完成救助，若可以胜任，则海岸警卫队退出，若不能胜任，由海岸警卫队提供必要的协助。

广泛利用民间力量也是日本海上搜救体制的一个特点，日本沿海民间较早的组织"日本水难救济会"总部设在东京，在沿海道、府、县设有 24 个分部，分部再下设 295 个救助所和 115 个分所。日本水难救济会拥有 19000 多名救助人员，海上保安厅将其视为海难应急体制中的一个重要组成部分，进行指导、协助。[7] 1988 年 4 月，海上保安厅

---

〔4〕 根据美国海岸警备队官方网站资料整理。如无特别注明，本文的网络资料的访问日期均为 2015 年 8 月 29 日。

〔5〕 引自美国海岸警备队官方网站资料：In order to accomplish these missions the Coast Guard has 38, 000 active-duty men and women, 8, 000 Reservists, and 35, 000 Auxiliary personnel who serve in a variety of job fields ranging from operation specialists and small-boat operators and maintenance specialists to electronic technicians and aviation mechanics. http：//www. uscg. mil/top/careers. asp。

〔6〕 根据美国海岸警备队官方网站资料整理。

〔7〕 参见陈小虎：《世界各国搜救组织架构的共同趋势探析》，《中国水运》2010 年第 5 期。

又成立一个由 8600 名成员、37 个分支机构组成的"日本海上保安厅朋友"（Friends of JCG），还动员中老年妇女组成生命守护妇女（Lifeguard Ladies，LGL），对压力过重的人群——渔民提供帮助。海上保安厅是政府力量与民间力量的指挥、协调机构。

民间海上搜救力量是英国海上搜救体系的中流砥柱。具体的海上搜救力量则包括军队、皇家海岸警备队以及以皇家救生艇协会（Royal National Lifeboat Institution，RNLI，以下简称"RNLI"）为首的民间力量。依照统计，英国 90% 以上的海上搜救任务是由民间力量完成的。[8] 其中英国皇家救生艇协会扮演着主要角色。该协会是由皇家慈善机构成立的一个志愿组织机构，有近 200 年的历史，接受海事和海岸警备署（the Maritime and Coastguard Agency）、皇家救生协会（Royal Lifesaving Society）的专业培训，主要负责实施海上人命救助，增进海上安全。协会在全英国设有 232 个救生艇站，其中 130 个救生艇站拥有全天候工作的救生艇和 68 艘近岸航行救生艇，其他 102 个救助站配备了近岸航行救生艇；另外协会还有 59 个海滩救生设施站。该协会共有 5000 多名志愿者船员，协会负责此类人员的培训工作。协会每年约 1.23 亿英镑的运行费用均来自社会捐助。除了英国皇家救生艇协会外，皇家救生协会也是海上人民救助的一支重要力量。该协会成立于 1891 年，目前在全世界 40 多个国家或地区包括香港设有办事机构，拥有志愿者近 70000 人，已发展成一个国际性组织。该协会除了进行海滩救援外，还有游泳池救生等。[9]

在英国的海上搜救体系中，海事和海岸警备署所设立的海上搜救协调中心（Maritime Rescue Coordination Centre，MRCC）主要负责海上搜救的组织与协调工作。

英国海上搜救协调机制由两个层次（英国搜救战略委员会与协调组织机构）、三个方面（海上搜救、陆上搜救和航空器搜救）组成。英国搜救战略委员会由内务部、国家防御部、交通部、海事和海岸警备署、警察委员会、卫生急救委员会、皇家救生船委员会组成，每年至少召开两次会议，负责制定搜救的政策与标准、搜救组织框架及各成员义务。交通部、海事和海岸警备署、皇家海岸警备队及海上搜救协调中心共同组成组织协调机构，承担搜寻和救助工作。

发生海难事故时，MRCC 接到搜救信息，将其分类分级，迅速协调辖区内的救助力量前往搜救。MRCC 按照地理位置设立，统一协调接警、响应、指挥搜救工作，不受地方政府干预，各部门、搜救组织和志愿者均配合 MRCC 指挥，按程序进行搜救。虽然各搜救队伍相互独立，但各方协作性、配合性较好，定期召开业务会议，就搜救工作事项达成共识。如 RNLI 建立救生艇基地会事先听取 MRCC 的意见，救生艇出动时会及时向 MRCC 报告，离开基地超过 3 小时的，要安排好替代救生艇，以保证随时待命，迅速进

---

〔8〕　参见 http://rnli.org/Pages/default.aspx，访问日期：2015 年 5 月 6 日。

〔9〕　参见彭信发：《我国海上自愿搜救服务的思考》，《安全生产与监督》2007 年第 4 期。

行搜救。[10]

在英国，海上搜救协调系统的组织机构如下：交通部（Department for Transport）、海上和海岸警备署（MCA）、皇家海岸警备队（HMCC）、海上搜救和救助协调分中心（MRCC）。

英国于 2004 年制定了《国内紧急状态法》，目前已经形成以该法为总纲，以《应急准备》和《应急处置和回复》两个文件为具体指导，地方法规和部门规章相结合的条块结合、纵横交错的较为完善的法律体系。《国内紧急状态法》要求各级政府负责对灾害和威胁进行评估，处置者将根据评先评负的结果决定是否制定预案。

重视应急预案的修订工作。应急预案中具有关于应急预案的修订条款。例如，英国的有关规定要求每三个月就应当对应急预案当中的联系方式等信息进行修正，并应当阶段性地对预案进行重新审查，如果修订，应当及时公布。

在海上搜救方面，瑞典成立的海上救助协调中心（MRCC）负责沿海和三大湖（维纳恩湖、韦特恩湖、梅拉伦湖）的搜救工作。MRCC 由瑞典海事局、海岸警备队和海军共同组建，对海上搜救工作实行统一指挥、分头协调。瑞典海事局负责海上与航空搜救工作。瑞典的民间组织海上搜救协会承担了瑞典 70% 的海上搜救任务。

四、我国海洋执法协调机制的建设实践

（一）我国海洋管理主体及社会公众

1. 国家海洋局

1964 年 7 月 22 日，国家海洋局经国务院批准成立，由海军代管，负责我国海洋资源的统一管理、海洋信息的整编与海洋公益服务，并分别在青岛、宁波和广州三地设立北海、东海和南海分局，行使相关海域的海洋行政管理职权。1980 年，国务院决定由国家科学技术委员会管理国家海洋局，并赋予其海洋行政管理的全新职能。1983 年 3 月 1 日，《海洋环境保护法》生效，国家海洋局开始使用"中国海监"的名称承担海洋监察执法工作。1998 年 10 月 19 日，中央机构编制委员会办公室正式批准成立"中国海监总队"。[11] 形成国家海洋局领导、中央与地方相结合的海洋行政执法队伍，由国家、省、市、县四级海监机构组成，共有北海、东海与南海海监总队，主要职责是根据法律法规的规定，对我国海岸带和海域进行巡航监视，查处违法使用海域、损害海洋生态环境、扰乱海上秩序等违法行为。

1983 年，国家海洋局成为国务院的直属机构，明确了其统一协调组织国家海洋事务、组织海洋科研和公益服务的职能。1998 年 3 月 10 日，国务院机构方案决定由国土

---

[10] 参见程明远：《中外海上救助的比较与借鉴》，《世界海运》2011 年第 12 期。

[11] 1998 年 10 月 19 日，中编办颁发文件《关于国家海洋局船舶飞机调度指挥中心更名为中国海监总队的批复》，批准成立中国海监机构。

资源部管理国家海洋局，国家海洋局成为隶属于国土资源部的部管国家局，负责监管海域的使用、海洋环境的保护以及海洋科研活动。[12]

2013 年 3 月 14 日，第十二届全国人大第一次会议审议并通过了《国务院机构改革和职能转变方案》。方案指出，将原国家海洋局及其中国海监、公安部边防海警、农业部中国渔政、海关总署海上缉私警察的队伍和职责整合，重新组建国家海洋局，由国土资源部管理。主要职责是，拟订海洋发展规划，实施海上维权执法，监督管理海域使用，海洋环境保护等。国家海洋局以中国海警局名义开展海上维权执法，接受公安部业务指导。

根据中国政府网 2013 年 7 月 9 日公布的国务院批准的《国家海洋局主要职责内设机构和人员编制规定》，国家海洋局内设海警司、海域综合管理司、科学技术司等 11 个机构，并设立中国海警总队、国家海洋环境预报中心、北海分局、东海分局、南海分局等直属单位。国家海洋局主要负责海洋维权执法制度和措施的拟定、海域使用的监管、海洋环境的保护、海洋经济运行的综合监测和评估以及国家海洋委员会具体工作的承担等。[13] 根据该规定，重新组建的国家海洋局在海洋综合管理和海上维权执法两个方面的职责得到加强。2013 年 7 月 22 日清晨，国家海洋局机关大楼挂上了崭新的"国家海洋局"和"中国海警局"两块牌子。

2. 中华人民共和国海事局

1998 年 11 月 18 日，原港务监督局和原船舶检验局经国务院批准合并组成中华人民共和国海事局（以下称"海事局"），成为实行垂直管理的交通运输部直属机构。我国海事系统由 14 个直属海事机构和 28 个地方海事机构组成，主要负责拟定和组织实施国家水上安全、防止船舶污染、船舶及海上设施检验的政策法规和技术标准，保障水上交通安全和防止船舶污染，负责船舶和海上设施检查、发证工作，负责船员、引航员的培训、考试发证管理，管理通航环境，履行国际海事条约规定的义务，开展国际合作、交流事宜。

此外，中国海上搜救中心的日常管理工作由海事局负责，海事局的副局长担任中国海上搜救中心总值班室主任。2012 年，广东省海上搜救中心办事机构职能转至广东海事局，至此，我国所有省级以上海上搜救中心的职能已转至海事部门，海上搜救工作更加有效顺畅。[14]

3. 地方海洋行政执法机关

我国沿海省市根据相关法律、法规并结合其自身情况，建立海洋行政执法机关，具

---

〔12〕　参见严耀：《大部制背景下我国海洋行政管理体制改革研究》，广东海洋大学 2014 年硕士学位论文。

〔13〕　国家海洋局的主要职责，参见 http://www.soa.gov.cn/zwgk/bjgk/jgzz/201212/t20121201_16732.html，访问日期：2015 年 5 月 17 日。

〔14〕　参见 http://news.china.com/domestic/945/20111227/16953686.html。

体分为以下三种：第一种，设置专门的海洋行政执法机关，比如，上海市合并了国家海洋局东海分局与原地方海洋行政执法机构，成立统一的海洋行政执法机关。第二种，设立海洋和渔业相统一的海洋行政执法机关。多数沿海省市设立了海洋与渔业厅（局），行使海洋管理和渔业管理两项职能，同时受国家海洋局和农业部渔业局的双重领导。第三种，建立由国土资源部门管理的海洋行政执法机关。其中，广西壮族自治区、天津市与河北省建立了国土资源厅（局），整合了国土、海洋、矿产等职能，通过下设的海洋行政管理部门管理海洋事务。

在海上搜救工作的开展上，沿海省市海上搜救分支机构具体承担从信息监测、预警、险情报告的分析与分级响应、险情的指挥与控制到医疗、保险保障等工作，切实履行其海上搜救等行政执法职责。

4. 涉海行业管理单位

涉海行业部门对其所管辖的海洋资源进行开发利用或者保护海洋环境，我国涉海部门众多，主要涉海行业部门的分工是：国家和地方政府的渔业管理部门负责海洋渔业资源的开发与管理；石油部门，如国务院国有资产监督管理委员会管理的中石油、中海油负责开发海洋油气资源；轻工业部门负责海洋盐业资源的开发与管理；旅游部门管理滨海旅游业等。

5. 社会公众

社会公众主要包括涉海企业、科研机构、社会相关组织和一般公众。其中科研机构如涉海类高等院校、学术单位以及从事研究海洋开发利用和可持续发展的技术研究机构等。涉海企业和一般公众范围更加广泛，据统计，我国现有渔船总数达 106 万艘，是世界上渔船数量最多的国家，约占世界总数的 1/4，其中海洋渔船总数达 31.61 万艘。[15]我国注册海员数量多达 57 万，承担着我国 90% 的对外贸易运输。[16]

（二）为协调海洋事务专门建立的机构及制度

1. 中国海上搜救中心

1989 年，国务院和中央军委联合发文，在交通部设立中国海上搜救中心，负责统一组织和协调全国的海上搜救工作。2005 年国家海上搜救部际联席会议制度建立，中国海上搜救中心成为负责国家海上搜救部际联席会议制度的具体实施和管理的日常办事机构，负责海上搜救和重大海上溢油应急处置工作的组织协调与指挥、保障，负责实施《国家海上搜救应急预案》及《国家重大海上溢油应急处置预案》的编制与实施，负责拟定并监督实施水路、公路应急预案及重大突发事件的组织协调工作，负责重要通航水域障碍物清除工作以及应急信息的收集分析等多项工作。2006 年 1 月 22 日，国务院颁布《国家海上搜救应急预案》，形成了中国海上搜救中心指挥协调、专业力量与社会力

---

〔15〕 参见 http：//politics. people. com. cn/GB/70731/17482746. html。

〔16〕 参见 http：//www. chinanews. com/gn/2014/06-19/6298957. shtml。

量相结合、多部门参加配合、全社会参与的海上搜救体制。

中国海上搜救中心、省级海上搜救中心和市（地）级或县级海上搜救分支机构共同组成了我国海上搜救体制，为了协调各级海上搜救机构，发生海上事故时，事故发生地的海上搜救机构最先行动，按照自下而上的顺序依次响应。[17] 此外，我国海上搜救还建立了与国外搜救机构的协调机制，由中国海上搜救中心负责协调与国外搜救机构的救助行动。[18]

2. 国家海上搜救部际联席会议制度

相比 2013 年设立的国家海洋委员会，国家海上搜救部际联席会议制度是我国实施较早的海洋执法协调机制的典型范例。2005 年 5 月 22 日，经国务院正式批准，由交通运输部牵头，交通运输部、农业部、海关总署、国家海洋局、公安部、卫生部、民航总局、气象局、安全监管总局、总参谋部、武警部队、海军、空军（2006 年增加信息产业部和民政部）组成国家海上搜救部际联席会议制度，负责统筹研究解决全国海上搜救和船舶污染等突发事件，提出有关建议，研究确定各组成部门的职责，协调各部门统一行动，并对沿海省市的海上搜救工作实施指导、监督。

3. 国家重大海上溢油应急处置联席会议制度

国家重大海上溢油应急处置联席会议制度是继国家海上搜救部际联席会议制度之后又一个海洋执法协调机制的范例。2012 年 10 月，国务院批准建立国家重大海上溢油应急处置联席会议制度，除国家海上搜救部际联席会议的成员外，中国远洋和中国海运两大国有航运企业及中石油、中海油、中石化三大国有石油公司也成为会议成员。国家海上搜救部际联席会议制度负责研究解决海上重大溢油事故的重大问题，制定解决方案，研究审议国家重大海上溢油应急处置预案，组织协调各部门海上溢油应急行动并指导监督地方海上溢油应急处置工作的开展。

4. 国家海洋委员会

2013 年 3 月 14 日，第十二届全国人大第一次会议审议并通过了《国务院机构改革和职能转变方案》。方案指出，为加强海洋事务的统筹规划和综合协调，设立高层次议事协调机构国家海洋委员会，负责研究制定国家海洋发展战略，统筹协调海洋重大事项。国家海洋委员会的具体工作由国家海洋局承担。

此次改革符合"十八大"提出的建设海洋强国的战略目标，同时也是对海洋争端频发的一个回应。改革后，客观上有利于解决我国现行海上执法力量分散，重复检查、重复建设等问题，提高海洋执法力度和效率，加强海洋资源保护和合理利用，更好地维护国家海洋权益。

---

〔17〕　参见《国家海上搜救应急预案》第 5.6.1 条。

〔18〕　参见《国家海上搜救应急预案》第 5.5.5 条。

5. 部际联席会议五项工作制度[19]

2014 年 2 月 24 日，交通部出台五项工作制度，旨在具体实施国家海上搜救部际联席会议制度和国家重大海上溢油应急处置联席会议制度的职责。

《国家海上搜救和重大海上溢油应急处置部际联席会议工作制度》规定了部际联席会议制度的职责及工作规则、各成员的工作要求，为高效协调的海上应急协调机制设置了总章程。

《国家海上搜救和重大海上溢油应急处置部际联席会议联络员工作制度》规定部际联席会议联络员负责对海上的应急事故做出预测评估，并提出相应的应急对策。以上两项工作制度为部际联席会议的成员提供了一个高效通畅的议事协调平台。

《国家海上搜救和重大海上溢油应急处置紧急会商工作制度》规定部际联席会议紧急会商研究制定海上应急处置工作方案，是海上搜救和溢油应急处置的技术、决策支持保障制度。

为了较好地履行海上搜救和溢油事故的应急职责，提高各成员间的协调性和紧急应变技能，《国家海上搜救和溢油应急处置联合演习工作制度》建立了各成员间的联合演习制度。

《国家海上突发事件咨询专家组工作章程》规定了咨询专家组的工作机制，专门为海上事故的应急处置提供咨询意见。

（三）我国海洋执法协调机制下的执法依据

我国的相关海洋立法起步较晚，且至今没有一部可以协调各海洋行政执法机关执法事务的基本法律，但随着国家对海洋战略地位的重视，我国的海洋立法从无到有，相关法律、法规、规章和政策陆续出台，我国海洋立法的基本框架已基本形成。我国海洋行政协调执法的依据散见于各类涉海法律、法规和规章、政策以及相关国际条约、协定中。

比如，1984 年 1 月 1 日施行的《海上交通安全法》第 30 条规定："各涉海部门应相互保持通信联络，以保障海上航行的安全。"2002 年 1 月 1 日施行的《海域使用管理法》第 41 条规定："为维护国家和个人的海域合法权益，行使海洋监督管理权的相关部门应密切配合、互相支持。"2007 年 11 月 1 日施行的《突发事件应对法》第 4 条规定："国家建立统一领导、综合协调、分类管理、分级负责、属地管理为主的应急管理体制。"2013 年 1 月 1 日施行的《海南省沿海边防治安管理条例》第 5 条规定："公安边防机关建立与外事、交通运输、海洋与渔业等主管部门的执法联动工作机制，共享执法信息，及时应对海上紧急事件，共同维护沿海边防治安。"国际条约如 1985 年 7 月 24 日对中国生效的《1979 年海上搜寻救助公约》规定缔约国对其海岸附近海上遇险的搜救义务、

---

[19] 参见 http://www.moc.gov.cn/zhuzhan/jiaotongxinwen/xinwenredian/201402xinwen/ 201402/t20140223_1581720.html。

建立救助协调中心的义务。

五、国外海洋执法协调机制建设对我国的启示

上述各国的海洋执法协调机制的建设具有共同的特点，纵观其海洋执法协调机制的建设实践，不难总结出对我国的启示：

第一，制定明确的海洋政策。例如，英美两国均有专门的海洋政策制定机关，研究国家的海洋发展状况并推出相应的指导政策。在海洋政策的制定中，需要根据现代社会管理的常态，借鉴各国的实践经验，以综合治理为方向，而不应当是建立一个海洋管理机关、一支海洋执法队伍的简单思路。

第二，制度的规定法律化。我国在这方面成绩斐然，但尚需制定法律、行政法规，将各种预案、制度法律化，例如，对已经确立的国家海上搜救和重大海上溢油应急处置部际联席会议工作制度在法律、行政法规中加以规定，明确相关主体法律地位及职责，为其工作的开展提供法律上的依据。但在建设中需要结合本国特点，逐步积累经验，运用辩证思维，多利用法律的优点保护我国这种海洋地理不利国家，避免法律的缺点阻遏我国海洋事业发展的脚步，切不可不顾国情，简单、盲目地跟进美、日等海洋强国的立法步伐。

第三，建立跨部门的协调机制建设。跨部门协调机制是海洋行政执法的必然趋势，通过协调加强各部门间的合作，强化海洋行政执法的效果。跨部门的协调机构要注重专业性与综合性，我国在这方面并不逊色，在此不赘。

第四，海洋执法协调机制的建设要注重吸收民间力量，民间有条件的组织和志愿者可发挥其灵活性与及时性，形成行政机关指挥、协调，民间力量大量参与的海上执法机制。目前，这一点是我国明显的短板，与国外差距甚大，并与我国拥有最多海洋渔船、最多海船船员的情形极不相称，需要尽快改革。